LA VOZ DE AMUNET

VICTORIA ÁLVAREZ

LA VOZ DE AMUNET

NOCTURNA
EDICIONES

c/ Corazón de María, 39, 8.º C, esc. dcha. 28002 Madrid
info@nocturnaediciones.com
www.nocturnaediciones.com

Primera edición en Nocturna: abril de 2019
Segunda edición: julio de 2021

Preimpresión: Elena Sanz Matilla
Impreso en España / *Printed in Spain*
Técnica Digital Press

Código IBIC: YFB
ISBN: 978-84-16858-88-0
Depósito Legal: M-3018-2019

Para Selene

No puedo decirles a dónde vamos, pero sí que es un lugar en el que conquistar gloria y saber.

Napoleón Bonaparte

Aquí mismo levantaré la ciudad que me ordenas. Erigiré la urbe más majestuosa que jamás haya visto la tierra de Kemet y la llamaré Akhetatón.

Akhenatón

Prólogo

Hubo una época en la que odié la luz del sol más que ninguna otra cosa, pero he pasado tanto tiempo en la oscuridad que casi me he olvidado de cómo era.

Bajo la arena del desierto, los días se confunden con las noches y los años parecen alargarse como siglos. Si siguiera teniendo ojos con los que mirar en torno a mí, no creo que me sirviesen de mucho; es como estar atravesando a nado un océano negro e inabarcable. Supongo que me encuentro rodeada de ofrendas funerarias, objetos de oro y lapislázuli y toda clase de textos sagrados, pero esa magia ha dejado de tener sentido para mí. Si ni siquiera mi propio poder fue capaz de salvarme, dudo que unos sortilegios escritos por un artesano sobre la tapa de mi ataúd me ayuden a alcanzar el Más Allá.

Mientras permanezco aquí tendida, el silencio me hace ser aún más consciente de lo que ocurre sobre mi cabeza. He escuchado alaridos de angustia y carcajadas, promesas de amor y juramentos de venganza, sollozos entrecortados y blasfemias. He oído cómo nacían niños sobre la misma tierra que siglos más tarde sería pisoteada por ejércitos. No sólo los de Kemet, sino también los que lo invadieron: primero fueron los griegos, un poco después los romanos. Más tarde, los musulmanes convirtieron nuestros templos en mezquitas, diluyendo aún más la imprecisa barrera que separa el pasado del presente.

Pero en medio de esta algarabía, cuando empiezo a estar segura de que nada podrá cambiar aquí abajo, algo me arranca poco a poco de mi somnolencia. Un ruido que hasta ahora no había captado cerca de mí: el del acero impactando contra la piedra, seguido por algo parecido al desprendimiento de unas rocas. Por primera vez desde que estoy en este sitio, la curiosidad me hace despabilarme cuando unos pasos, tan inseguros como cabría esperar de quienes todavía siguen vivos, arrancan ecos a la parte superior de mi prisión.

Percibo sus exclamaciones de alborozo, sus correteos entusiasmados. Sus comentarios sobre lo que piensan hacer con todo el oro que acaban de encontrar. Pero al cabo de un rato se marchan, temiendo seguramente que mi maldición caiga sobre ellos, y vuelvo a quedarme sola en la oscuridad: un imperio de sombras para una reina caída.

Aunque no todo ha vuelto a ser como antes. Un suspiro parece abrirse camino desde el exterior, arrastrando consigo el aroma de la noche, del desierto que duerme, del escorpión y el chacal. Los hombres han dejado una diminuta abertura a sus espaldas, y eso me hace comprender que mi suerte puede estar a punto de cambiar. Porque a veces las cosas invisibles son las más peligrosas por lo desapercibidas que pasan.

De haber tenido una boca, la habría usado para sonreír en vez de para gritar. Poco importa cuánto se alargue mi espera: por fin he descubierto lo que debo hacer y, si hay algo que me sobra, es tiempo. No falta mucho para que aquellos que me convirtieron en lo que soy, estén donde estén ahora mismo, comiencen a temer por su propia eternidad.

Porque sabrán que se aproxima la hora de mi liberación. La hora de ajustar cuentas.

1

Shaheen

El Cairo, 1799

Aquella noche tenía el color del lapislázuli y el resplandor de unas estrellas que recordaban a diamantes derramados de un joyero. El firmamento parecía contemplarse a sí mismo en el inabarcable océano de casas, del que sobresalían como islas las cúpulas cinceladas de los palacios y los alminares de las madrasas y las mezquitas; y mientras la ciudad permanecía sumida en un aparente sopor, una sombra más oscura que la noche y silenciosa como un gato saltaba de un tejado a otro en el barrio residencial de Esbekiya.

Si alguien se hubiera atrevido a asomarse a la calle, sin duda habría presenciado una curiosa estampa: un muchacho de dieciocho años pequeño y delgado como un niño, con una cabellera ensortijada por debajo de las orejas y una mancha blanca en la mejilla izquierda que recordaba vagamente a un halcón. Habría que tener, no obstante, una vista prodigiosa para fijarse en él, ya que su blusón y sus bombachos oscuros, tan remendados que costaba saber de qué color habían sido, casi le hacían parecer invisible.

En circunstancias normales, el palacio que Shaheen se disponía a asaltar estaría custodiado por una docena de guardias armados, pero esa noche poseía la quietud de un mausoleo. Lo único que se oía en las estancias situadas bajo sus pies era el lamento de las mujeres que el dueño de la casa, en su afán por huir de El Cairo, había dejado atrás.

—Casi todas las residencias de esta zona están desiertas, así que no creo que haya problemas —había susurrado su amigo Ahmed antes de separarse en el callejón. Era un par de años mayor que Shaheen y tan musculoso que siempre se sentía insignificante a su lado—. Prueba por el ala oeste; me han dicho que era la destinada al harén.

—Pero las esposas del jeque aún siguen ahí dentro —dijo Shaheen, ajustándose el fajín deshilachado alrededor del blusón—. Si alguna se da cuenta de lo que intento hacer…

—También seguirán ahí las joyas que no haya podido cargar en sus camellos. Sólo son mujeres, pequeño halcón. —Ahmed le dedicó una de esas sonrisas que hacían que se le secara la garganta—. Ninguna se atrevería a plantarle cara a un saqueador armado.

Mientras empezaba a descolgarse de una arquería a otra, agarrándose a molduras con arabescos y posando los pies en repisas de alabastro, Shaheen pensó una vez más que aquello debía de ser lo único bueno que había traído la ocupación extranjera. Desde que las tropas de un tal Napoleón Bonaparte habían entrado en la ciudad el año anterior, los dirigentes mamelucos que habían estado gobernando un Egipto convertido en provincia del imperio otomano habían puesto pies en polvorosa, dejando sus palacios en manos de los *farengi*, como llamaban a los invasores de piel blanca y ojos de agua, y ladronzuelos locales como ellos dos, dispuestos a arriesgar una mano a cambio de un puñado de oro.

Desde el oscuro patio, los sollozos de las mujeres eran aún más audibles y Shaheen se las imaginó tendidas sobre las alfombras del harén, con sus velos de gasa adornados con cuentas y sus vestidos de brocados. Detrás de una de las ventanas más alejadas no brillaba ninguna lámpara, de modo que se deslizó sigilosamente hacia allí para forzar, con su fiel daga de acero de Damasco, una celosía tan delicada que parecía hecha de encaje.

Ahí no encontrarás nada de valor —sonó de repente dentro de su cabeza—, *a menos que pretendas vender a mis nueras como esclavas. No merece la pena ni que lo intentes.*

Shaheen se detuvo en el acto. La voz que acababa de oír era femenina, algo quebradiza…, como la de una anciana que llevara demasiado tiempo sin hablar con nadie.

—¿Quién eres tú? —preguntó en un susurro.

Alguien que te observa desde que te subiste a nuestro tejado —respondió ella con la mayor naturalidad—. *Supongo que es lo que mejor se me daba cuando aún estaba viva: espiar a través de los agujeros de las celosías.*

Shaheen se mordió el labio, tratando de disimular su impaciencia. Habían pasado once años desde la primera vez que le habló un espíritu, en circunstancias que preferiría no tener que recordar, pero la aprensión que le hacían sentir esos encuentros seguía sin remitir del todo. Que captase las voces de aquellos que ya habían partido era peligroso, algo sobrenatural de lo que no hablaba el Corán y que por tanto, en opinión de Shaheen, tenía que ser cosa de los *yinns*, los genios invisibles que poblaban las leyendas.

Sin embargo, su extraño don también tenía sus ventajas. Muchos espíritus se habían quedado anclados a esa dimensión por culpa de sus familiares, y echar una mano a quien quisiera robarles era su peculiar modo de vengarse…, como parecía suceder en aquel caso.

—Me imagino que serías una de las mujeres del harén —siguió diciendo mientras se guardaba la daga dentro del fajín—. ¿Una de las esposas del jeque, una de sus hijas…?

Una madre que debería haberle dado más zapatillazos para meterlo en vereda, de haber sabido la clase de cretino en la que se convertiría.

Esta vez no pudo contener una sonrisa; en ocasiones era imposible que le cayeran mal, por muy muertos que estuviesen.

—He oído decir que el dueño de la casa se marchó a Palestina con sus sirvientes la semana pasada —susurró.

Por eso estás tú aquí, ¿no?

Le pareció oír un bufido por encima del *jamsin*, el viento procedente del desierto que arrastraba remolinos de arena por el patio.

Huyó como un cobarde en cuanto el ejército extranjero puso un pie en la ciudad. Abandonó a sus esposas y concubinas, sin importarle lo que pudieran hacerles nuestros enemigos, y desapareció en plena noche sin despedirse de nadie. Por suerte para la familia, mi esposo confiaba aún menos que yo en el sentido común de nuestro hijo y se aseguró de dejar fuera de su alcance la mayor parte de mis joyas después de mi muerte.

Esto hizo que Shaheen enderezara las orejas como un zorro. Ahí tenía la oportunidad que estaba buscando: servirse del rencor de quien ya no tenía nada que perder.

Bien pensado, puede que tu aparición haya sido providencial —continuó la anciana tras unos segundos en los que no se oyó nada más que los gimoteos de las mujeres—. *Tras el fallecimiento de mi marido, no quedó nadie que supiera la localización de todas esas alhajas. Si te comprometes a dejar la mitad donde mis nueras puedan dar con ellas, para que empiecen una nueva vida lejos de El Cairo, te revelaré dónde están escondidas.*

—¿Y de dónde sacas que voy a aceptar ese trato? —protestó Shaheen, tratando de tomar las riendas del asunto—. ¿Qué te hace pensar que no me marcharé con tus cosas?

Un criminal no habría entrado a escondidas como has hecho tú a sabiendas de que sólo queda un puñado de mujeres en la casa. Lo siento, pero no engañas a nadie con ese ceño.

Con un gruñido malhumorado, Shaheen se apartó a regañadientes de la celosía y, siguiendo las instrucciones del espíritu, avanzó por el sombrío lateral del patio hasta dejar atrás las estancias del harén. Tampoco parecía haber guardias en esa parte del recinto ni en el diminuto jardín rebosante de palmeras y jazmines al que le condujeron sus pasos.

Una fuente de mármol se erguía en el centro, aunque daba la impresión de llevar bastante tiempo sin agua. El viento había depositado pequeñas montañas de arena en el interior. *Ahí* —indicó la voz cuando Shaheen se detuvo—. *Dentro de la pila, bajo el suelo…*

—¿Escondisteis un tesoro en la fuente? —se sorprendió Shaheen, observando los mosaicos de colores del fondo—. Pero ¿qué pasaba con él cuando la llenabais de agua?

Precisamente, que a nadie se le ocurría sospechar que hubiera algo dentro. Busca entre la arena, en la parte de la derecha cercana al brocal, donde hay un azulejo suelto.

Sin poder ocultar su extrañeza, Shaheen se metió en la fuente y empezó a escarbar en el desierto en miniatura. Fue revelando rosetones de teselas azules y plateadas hasta que, al apartar uno de los montículos con el pie, algo más se desplazó bajo su zapatilla.

Ahí está.

Uno de los azulejos se había hundido hacia un lado y debajo se distinguía un objeto revestido de cuero. Cuando apartó la loseta con cuidado, vio una arqueta tan infestada de moho que no pudo evitar arrugar la nariz al sacarla del agujero.

Pese a que el agua de la fuente se hubiera colado en el interior, su contenido seguía reluciendo de tal modo que se quedó sin habla.

No se te ocurra olvidarte de tu promesa.

—Descuida —murmuró Shaheen. Los dedos le temblaron al sumergirlos entre los adornos de oro; había brazaletes con esmeraldas incrustadas, sartas de perlas enredadas entre sí, anillos cuyos diamantes habían sido colocados formando una rosa...—. Nunca había visto nada igual. —Cogió con cuidado un pendiente, observando cómo la cascada de pedrería brillaba en la penumbra—. Cada una de estas piezas debe de valer una fortuna.

Pues espero que os sirvan de provecho a tu amigo y a ti. Al menos, así evitaremos que se oxiden dentro de una caja.

Con los ojos haciéndole chiribitas aún, Shaheen sacó unas bolsas de su blusón y las llenó con el contenido de la arqueta; luego devolvió esta a su escondite y lo cubrió con el azulejo. Diez minutos más tarde, tras dejar una de las bolsas junto a la celosía forzada y despedirse del espíritu, se encontraba bajando por un lateral del palacio hacia el callejón en el que Ahmed seguía esperándole.

—¿Ya de vuelta? ¿Tan pronto? —El rostro de su amigo, enmarcado por una barba incipiente, se iluminó al notar lo que traía consigo—. Déjame echar un vistazo a eso.

Su reacción no fue muy distinta de la de Shaheen al mirar en la bolsa. Ahmed soltó un pequeño grito que se apresuró a acallar, aunque no parecía haber nadie más por allí.

—Esta vez te has superado. No me puedo creer lo que estoy viendo. —Las joyas lanzaron destellos en la noche cuando hundió los dedos en ellas—. El viejo Aziz se va a volver loco cuando las vea —siguió susurrando—. Nos besará el trasero después de esto.

—Me basta con que esta vez nos pague lo acordado —repuso Shaheen. Cogió las alhajas para devolverlas a la bolsa, y se disponía a cerrarla cuando algo le hizo detenerse.

Había un collar entre las demás joyas en el que no se había fijado antes. Era uno de los objetos más hermosos que había visto en su vida, adornado con pequeñas lágrimas de plata repujada que tintinearon como cascabeles cuando lo cogió casi con reverencia.

—Seguro que el jeque se lo regaló a su primera mujer, para evitar que se encelara de las que todavía estaban por llegar. —Ahmed sonrió, aunque Shaheen no le secundó.

«Mis joyas —había dicho el alma en pena—, las que mi esposo escondió después de mi muerte». Casi pudo imaginársela con aquel collar, aunque no conociera más que su voz: una dama aún hermosa, de ojos mordaces y cabello entrecano cubierto por un velo...

—Tengo que regresar un momento al patio —dijo pasados unos segundos, y ante la sorpresa de Ahmed, añadió—: Creo que se me ha caído algo mientras estaba trepando.

—Shaheen, eso es tentar demasiado a la suerte. Con esto tenemos de sobra para...

—No es ninguna joya, sino mi daga. Y ya sabes que no pienso ir a ninguna parte sin mi daga. —Tras echarse la pesada bolsa al hombro, Shaheen se agarró a la moldura más cercana para ascender—. No tardaré más que unos minutos, te lo prometo.

Haciendo caso omiso a las protestas de su amigo, que no parecía entender por qué seguía cargando con el botín, volvió a trepar como una araña por el exterior del palacio hasta el tejado. Nada parecía haber cambiado en el oscuro patio, pero, cuando se disponía a emprender el descenso hacia el harén, oyó: *Creía que te habría faltado tiempo para echar a correr, muchacho. Al final vas a tener menos seso del que imaginaba.*

—No me hagas pensármelo dos veces —rezongó Shaheen. Abrió otra vez la bolsa y rebuscó en el interior hasta sacar el collar de plata—. Esto te perteneció a ti, ¿verdad?

Hubo un momento de silencio. *Me lo regaló mi Mahmud cuando nos prometimos.*

—Entonces debería continuar en tus manos, no en las de un mercader capaz de vender a su madre con tal de prosperar. Como tú ya no tienes, que sean las de tus nueras.

Estaba a punto de regresar a la celosía para colocarlo con las demás cosas cuando la anciana le hizo detenerse otra vez. *Me parece que tienen más que suficiente con lo que les has dejado. De no haber sido por tu ayuda, habrían acabado mendigando en el zoco.*

—Sólo soy un ladrón. —Shaheen había enrojecido—. No me des las gracias por…

Hay muchos tipos de ladrones, tantos como personas. Ahora que mi descendencia podrá contar con una segunda oportunidad, creo que no me queda mucho más que hacer aquí. —¿Eran imaginaciones suyas o la voz había empezado a debilitarse?—. *Espero que te den una buena cantidad por ello, si ese mercader del que hablas tiene un mínimo de decencia.*

Sus palabras cada vez eran más tenues, semejantes a un suspiro. Aunque siguiera siendo invisible, Shaheen casi pudo verla apagarse como una lámpara de aceite. *Eres un buen chico* —fue lo último que le oyó decir—, *que nadie te convenza de lo contrario.*

Y, cuando quiso darse cuenta, se había disuelto en uno de los remolinos de arena del patio.

2

Khay

Uaset, 1346 a. de C.

El nido estaba medio escondido entre los marjales de papiros, no muy lejos de las elegantes propiedades de la ribera este. Más allá de la zona sombreada por las palmeras y los árboles frutales, el Nilo resplandecía como una serpiente de escamas plateadas sobre la que cruzaban sin cesar las siluetas de las oropéndolas y las garzas, y también algún que otro cocodrilo que se desperezaba al sol del mediodía. Tras dejar atrás las últimas tierras de cultivo, los niños habían descendido hasta la hondonada en medio de un silencio que a Khay no le pareció que presagiara nada bueno, aunque sus sospechas se quedaron cortas.

—Un solo huevo —se había limitado a decir el cabecilla, un chiquillo que, pese a tener diez años como los demás, parecía de catorce, pues era una cabeza más alto y el doble de corpulento—. Tráenoslo y te habrás ganado el derecho a formar parte del grupo.

—Cuando me dijisteis que tenía que superar una prueba, pensé que os referíais a hacer algunas cuentas —dijo Khay, tratando de disimular su inquietud. Enroscada sobre sí misma como una cuerda, una serpiente mucho menos inofensiva que el Nilo los seguía con la mirada, sacudiendo suavemente la cola con la que protegía una docena de huevos.

—Para eso podríamos habernos quedado en el templo —le recordó su compañero, y esbozó una sonrisa de superioridad—. Todos lo hemos hecho antes que tú, así que, si no quieres que sigamos considerándote un tullido inútil, ya sabes lo que se espera de ti.

—Deberíamos buscar otro nido —susurró uno de los pequeños, mirando los marjales con aprensión—. Si hay más de esas por aquí, Sebni, estaremos en problemas. El maestro Nebmaat nos contó que las que tienen ese color suelen ser las más peligrosas de Kemet.

—Henu..., Henu tiene razón —contestó Khay, cada vez más lívido—. Nos advirtió que el veneno de esas serpientes es mortal. Una simple picadura, por pequeña que sea...

—Para ser el que más varazos recibe, es curioso cómo le respetas —se burló Sebni.

—Esto no tiene nada que ver con sus castigos. Nebmaat nos ha azotado alguna vez a todos, pero del ataque de ese bicho —Khay tragó saliva— no nos recuperaríamos nunca.

Comparado con los que le acompañaban, aquel niño de rizos negros y ojos oscuros rodeados de *kohl* parecía decididamente vulnerable, y no sólo por ser el más bajo. De no estar apoyándose en una muleta, ni siquiera podría mantenerse en pie: una malformación en su pierna derecha le había retorcido el tobillo hacia dentro igual que si fuese de barro.

—¿Puedo traeros uno de los huevos rotos? —siguió preguntando. Como si hubiera comprendido lo que decía, el animal describió un amplio arco con la cola para rodear las cáscaras desperdigadas a su alrededor. «Parece que eso tampoco le haría mucha gracia».

—O nos traes uno entero o asumes que eres un cobarde —advirtió el cabecilla—. Y más vale que te decidas de una vez, porque te recuerdo que las serpientes, los cocodrilos y los hipopótamos no son lo más peligroso que acecha últimamente en la ribera del Nilo.

—¿A qué te refieres? —se sorprendió Khay—. ¿Es que hay maleantes en la zona?

—Sólo uno, pero los *medjays* no pueden hacer gran cosa contra él. Estoy hablando del último brote de peste, para que te enteres. Hace tiempo que las orillas no son seguras.

A juzgar por cómo palidecieron los otros dos niños, Khay no era el único al que no se le había ocurrido pensar en eso. En los meses que habían transcurrido desde la última cosecha, una epidemia había empezado a sembrar el pánico a ambos lados del río y sus víctimas eran tan numerosas que los habitantes de Uaset la habían bautizado como la Maldición de Sekhmet, la diosa con cabeza de leona. El recinto sagrado de Ipet Sut, en el que se ubicaba la Casa de la Vida, había protegido a los sacerdotes de Amón y sus siervos de la catástrofe, pero muchos barrios de la ciudad habían quedado despoblados.

Costaba creer que aquella zona residencial, cuyas propiedades se extendían hasta alcanzar el agua y en las que las espigas de trigo parecían a punto de reventar, estuviera tan a merced de la leona como los distritos de los pobres, pero eso no impidió que Khay sintiera un escalofrío. Sebni volvió a señalar a la serpiente con un gesto de la barbilla y el niño tragó saliva antes de aferrarse a su muleta con tanta fuerza que casi se hizo daño.

Nada más dar el primer paso, el animal se enroscó sobre sí mismo, completamente en tensión. El entrechocar de sus escamas producía un sonido semejante al de una sierra.

—La mía era mucho más pequeña —musitó el cuarto chiquillo; se llamaba Mena y tenía el cuerpo tan delgado y quebradizo como una rama—. ¿Cómo lo hiciste tú, Sebni?

—¿Y a ti qué te importa eso? —Aun así, Khay habría jurado que no las tenía todas consigo, porque lo oyó retroceder unos pasos—. Es cuestión de demostrarle a la serpiente quién es el que manda. De mirarla a los ojos hasta que se dé cuenta de que...

Se calló cuando el animal se arrojó contra Khay con un silbido. El niño, que había conseguido adivinar sus intenciones, la esquivó a tiempo antes de agacharse para coger una piedra. Cuando la lanzó hacia unos arbustos, la serpiente se retorció en esa dirección.

—Bien hecho —susurró Henu mientras Sebni resoplaba—. Ahora sólo tienes que...

—Khay, ¿qué estás haciendo? —dijo Mena, empezando a ponerse nervioso al ver que no aprovechaba para hacerse con ningún huevo—. ¿Le ha dado tiempo a morderte?

—No —respondió el pequeño en voz baja. Había fruncido el ceño al percatarse de que algo raro ocurría con la serpiente. En vez de regresar a su posición anterior, se había quedado observando la espesura en la que había caído la piedra, olvidándose al parecer de que el molesto humano contra el que acababa de arrojarse seguía estando a sus espaldas.

Era la ocasión perfecta para salirse con la suya, pero, cuando Khay alargó poco a poco una mano hacia el nido fangoso, sucedió otra cosa que lo redujo a la inmovilidad.

—¿Y ahora qué le pasa? —oyó decir a uno de los niños—. ¿Por qué se ha parado?

—Os dije que no se atrevería. —La risotada de Sebni hizo alzar el vuelo a un par de garzas cercanas—. ¿Te lo has pensado mejor, tullido? ¿Necesitas que vayamos a buscarte?

Pero Khay siguió sin prestar atención. Su asombro no hizo más que crecer cuando la serpiente se desenroscó muy despacio para empezar a alejarse de la ribera. Se deslizó pendiente arriba haciendo caso omiso a los huevos y, cuando Khay decidió seguirla a una prudencial distancia, peleándose con el barro en el que se le hundía la muleta, se dio cuenta de que acababa de adentrarse en una zona de tierra seca. Sólo al avanzar tras ella reparó en que se trataba del camino a una de las fincas, y eso le hizo detenerse en seco.

—¡Si crees que nos darás esquinazo metiéndote ahí, estás muy equivocado! —Un puñado de barro se estrelló contra su espalda—. ¡Se lo contaremos a todo el mundo en cuanto volvamos! ¡Todos sabrán que el hijo del escriba Kheruef es un cobarde! —Pero ni siquiera eso, la auténtica razón de que los hubiera acompañado hasta allí, le hizo apartar los ojos de la entrada de la propiedad, custodiada por dos criados que charlaban entre sí.

Nunca se había acercado a aquella finca, aunque era una de las más hermosas de los alrededores de Uaset. Un murete pintado de blanco rodeaba el recinto y las voces de los campesinos se mezclaban con el susurro de los trigales peinados por el viento. Con la naturalidad de un propietario, la serpiente continuó por el camino y Khay se apresuró a doblar la esquina para seguir su rastro, aunque tuviera que ser al otro lado del murete.

«Es como si alguien la estuviese llamando en voz alta», pensó mientras se estiraba una y otra vez para localizarla, lo cual no era sencillo: el terreno estaba tan rebosante de arbustos floridos que costaba distinguir el avance, pausado aunque imperturbable, de sus escamas parduzcas. Pero al cabo de unos minutos la serpiente se detuvo y, cuando Khay apoyó los codos sobre el murete, comprendió por qué… y la boca se le abrió poco a poco.

Había una niña sentada al final del camino, entre los macizos de jazmines. Llevaba un vestido blanco que hacía que su piel pareciese aún más morena de lo que era y el pelo suelto sobre los hombros. Pero lo que le dejó sin aliento fue percatarse de que la serpiente se había parado delante de su mano alzada. Durante unos segundos no se oyó más que el piar de unos pájaros más allá de los trigales, hasta que la niña apoyó los dedos en la tierra.

Khay creyó estar teniendo una visión cuando el reptil, como si de una invitación se tratara, se subió dócilmente a la mano de ella. Una sonrisa apareció en sus regordetes labios, pero, cuando acababa de llevarse los dedos a la mejilla, acariciando la cabeza de la serpiente con su piel, una piedra se desprendió bajo el codo derecho de Khay. El grito que trató de ahogar al perder el equilibrio atrajo de inmediato la atención de la pequeña.

Cuando sus miradas se cruzaron, tuvo que obligarse a sí mismo a respirar. Era la primera vez que se encontraba ante unos ojos como los suyos, de un color que Khay sólo creía que podría tener la hierba o aquel charco misterioso situado más allá del delta al que los marineros se referían como Gran Verde. El maquillaje negro los hacía relucir de una manera sobrenatural, pero no le dio tiempo a recuperarse de su asombro; acababa de tragar saliva cuando alguien dijo: «Amunet, ¿dónde estás?» y ambos se giraron a la vez.

Una esclava negra, con la cabeza tan llena de trenzas como su vestido de colores, se acercaba por el mismo camino que la serpiente, pero al prestar atención al pequeño intruso se detuvo poco a poco. Antes de que pudiera decir nada más, Khay se soltó del murete y se marchó lo más deprisa que pudo, abrumado por la sensación de que aquellos extraños ojos lo perseguirían como si sólo fuera otro animal al que pudiesen hipnotizar.

3

Gabriel

Amarna, 1799

Si el mundo fuera un lugar un poco más justo, Gabriel Roux estaría en ese momento en algún restaurante parisino de moda con una copa de Moët et Chandon en la mano y una rubia de curvas mareantes en las rodillas, en vez de atravesando un desierto tan abrasado por el sol egipcio que parecía a punto de echar humo, con la camisa pegada al cuerpo por el incesante sudor, veintidós picaduras de mosquito repartidas por toda su anatomía y un camello empeñado en morderle la coleta cada vez que le daba la espalda.

—*Bajirao*, criatura abyecta —le advirtió al empezar a bajar una nueva duna detrás de los soldados encargados de proteger a la expedición—, tenemos que poner los dos de nuestra parte si queremos que lo nuestro funcione. Lo de darnos tiempo para conocer a otras personas no creo que sirviera de mucho, estando en medio de esta puñetera nada...

Habían dejado el Nilo a sus espaldas para adentrarse en una llanura polvorienta y desolada que moría al pie de unos acantilados. Nadie que hubiera echado un vistazo a sus ruinas diría que merecía la pena remontar el río por ellas: lo único que podía distinguirse entre la arena eran unos cuantos sillares de arenisca y alabastro, los restos desmoronados de alguna pared de ladrillo y, muy de tarde en tarde, el brillo de una diminuta esquirla de cristal dorado o de aquella cerámica azul conocida como fayenza. Para colmo de males, la presencia de una tribu de beduinos en la zona los había obligado a viajar con una escolta aún mayor de lo habitual, y Gabriel no veía el día de quitarse de encima a la soldadesca.

—No me vengas con que estoy de malas pulgas; me gustaría saber qué te parecería todo esto si hubieses nacido en París —siguió diciéndole a su camello mientras trataba de encontrar una postura más cómoda sobre la silla de montar—. Es la última vez que me dejo enredar por tío René. Este condenado desierto no está hecho para los pelirrojos.

Todavía no tenía claro cómo le quedaba una sola peca en el cuerpo, habiéndosele quemado tanto la piel en ese último año. La temblorosa bruma que parecía desprenderse de la llanura desdibujaba las siluetas de sus acompañantes, pero no le costó reconocer las de su tío y el capitán Malenfant entre los escombros de algo que recordaba a un templo.

—Se suponía que esto era una especie de premio —continuó de mal humor—, por haber sido un ayudante modelo y esas cosas. «Cuánto árabe sabe este chico», «vete con la expedición de Bonaparte y serás la envidia del Louvre»... ¿Y de qué ha servido todo eso?

Como en respuesta, su montura emitió otro de sus gruñidos borboteantes. La silla daba tantos bandazos mientras avanzaban cuesta abajo que Gabriel empezaba a marearse.

—Ya me imagino que esto te gusta tan poco como a mí. —Se inclinó como pudo para darle unas palmaditas en el cuello—. Con suerte no descubriremos más que unas cuantas inscripciones y en unos días estaremos en El Cairo. Dime, ¿hay alguna señora *Bajirao* en los establos del Instituto? ¿Una amiguita especial de esas con las que…?

Por desgracia para Gabriel, sus palmadas debieron de hacer creer al camello que lo estaba azuzando, porque echó a correr hacia el resto de la comitiva con bríos renovados.

—Un momento, ¿qué estás…? ¡Espera! —Fue un arranque tan brusco que se vio proyectado hacia un lado, y a duras penas pudo mantenerse en la silla—. ¡Te he dicho que esperes! —exclamó tirando de las riendas—. ¡*Bajirao*, te convertiré en un bolso si…!

Sus amenazas no sirvieron de gran cosa: unos segundos después estaba en el suelo mientras el animal, por fin aligerado de su molesto fardo, continuaba corriendo hacia el resto del grupo. Gabriel soltó una palabrota al verlo alejarse entre el polvo en suspensión.

—Sublime, *Bajirao* —consiguió decir casi sin aliento, y al hacerlo experimentó un acceso de tos—. No vas a ser un simple bolso. Vas a ser la nueva alfombra de mi alcoba.

Unas carcajadas le hicieron volver la cabeza, y entonces se dio cuenta de que dos de los hombres del capitán Malenfant habían presenciado su momento de gloria. Sus risas los siguieron como espíritus del desierto mientras el joven, sacudiéndose un pelo tan lleno de arena que parecía rubio en vez de rojo, se ponía en pie con un suspiro para seguirles.

El horizonte parecía un cuadro pintado con tres brochazos, el amarillo de la arena, el marrón de los acantilados y el azul casi cegador del cielo. El sol se había elevado poco antes sobre la suave hendidura que dividía en dos la pared rocosa del fondo, pero el calor empezaba a apretar tanto que Gabriel se abanicó con una mano sin dejar de caminar. A esas alturas había oído tantas cosas acerca del *jamsin*, el viento primaveral que soplaba durante cincuenta días sobre el norte de África, que no le sorprendió que los restos de la ciudad estuvieran prácticamente sepultados por la arena, ni tampoco que su bota chocara contra una piedra semienterrada que a punto estuvo de hacerle caer de nuevo.

—Lo que me faltaba —resopló mientras la apartaba de una patada. Sólo entonces se percató de que no poseía la forma irregular de los demás escombros, y eso le hizo dejar de avanzar detrás de las huellas de *Bajirao*—. ¿Y qué se supone que tenemos aquí?

El viento le había desordenado tanto el pelo que tuvo que rehacerse la coleta, y al acabar se puso de rodillas sobre la arena. Cuando retiró la que cubría aquel inesperado obstáculo, descubrió que no se trataba de uno de los sillares de arenisca con los que habían erigido los edificios de mayor tamaño, sino de un bloque de barro mucho más pequeño.

—Menudo tesoro digno de un faraón —bufó Gabriel—. Como mucho, nos servirá de fertilizante en el jardín del Instituto. Bonaparte va a estar encantado con nosotros…

Una esquina del ladrillo se descompuso en cuanto lo sacó de la arena, haciéndose polvo entre sus dedos. El muchacho sopló sobre él para limpiarlo y, nada más hacerlo, se dio cuenta de que había algo extraño en aquel objeto. A diferencia de los demás bloques de barro que había visto, presentaba unas extrañas marcas en su superficie que, cuando se lo acercó a la cara, reconoció como unas hileras paralelas de signos en forma de cuña.

—Dios mío —murmuró Gabriel, y no era una expresión cualquiera; desde que la revolución había triunfado en Francia, casi nadie recurría a ella—. ¿Es posible que esto…?

Antes de que pudiese decir nada más, un sonido inesperado a sus espaldas le hizo quedarse quieto, aunque no parecía que el viento tuviese nada que ver. El bloque cayó sobre sus rodillas cuando se dio la vuelta, con un extraño presentimiento agarrotándole el estómago, y descubrió que un hombre se había detenido a escasos metros de él.

Llevaba una túnica blanca que le llegaba hasta las sandalias y un turbante oscuro sujeto mediante un *agal*, aunque el muchacho no pudo fijarse en su vestimenta. Toda su atención había sido absorbida por la espada curva que relucía en su mano, adornada con una serpiente desde la empuñadura hasta la punta. Por segunda vez en un minuto, y en contra de lo que él mismo habría creído posible, el nombre de Dios regresó a sus labios.

—Beduinos —susurró después. «La tribu de los Beni Amram no tiene piedad», les había dicho el capitán Malenfant apenas unas horas antes, «de modo que no se separen de nosotros»—. No puede ser verdad. —Se giró aturdido hacia los soldados, unas motas azules, rojas y blancas contra los acantilados del este—. No puedo tener tan mala suerte.

Las manos le temblaban tanto que apenas pudo apoyarse en ellas para apartarse del desconocido. Se había atado el turbante de tal modo que le cubría casi por completo la cara, con sus ojos reluciendo entre los pliegues como cuentas de azabache.

—*Ana aasif, ana el-mas'ul* —consiguió articular el joven, sin dejar de alejarse. «Lo lamento, ha sido culpa mía»—. *Atmanna'ennak tesamehni*, espero que me perdone por…

—*Maalesh* —respondió el beduino, con la voz ahogada contra la tela del turbante.

Nadie que conociera a Gabriel Roux lo habría definido como humilde. Había unas cuantas cosas de sí mismo con las que estaba encantado, como sus ojos de un gris azulado y sus pómulos perfectos, pero la musculatura, por desgracia, no constaba entre ellas.

—¡Mierda! —dejó escapar cuando el árabe se arrojó contra él. Tuvo que levantarse a toda prisa para mantener la espada a distancia, aunque aquello no pareció preocupar demasiado a su atacante. «Sabe que va a divertirse de lo lindo, como el gato con el ratón».

Una vez más echó a correr en su dirección, y una vez más tuvo que esquivarle. Un soplo del *jamsin* revolvió furiosamente la arena a su alrededor, y durante unos segundos Gabriel no pudo ver otra cosa que una nube amarilla espesándose en torno a él... hasta que una sandalia se estrelló contra su estómago con tanta fuerza que lo dejó sin aliento.

El golpe le hizo caer de nuevo, esta vez de espaldas. Con el pulso desbocado, se quedó observando cómo la silueta del beduino aparecía en medio de la bruma, oscura e implacable como un demonio de *Las mil y una noches*. Los pliegues del turbante habían evitado que la arena lo cegara, y los ojos que clavaron a Gabriel aún más contra el suelo se estrecharon mientras alzaba la espada sobre su cabeza. «*Jaban*», fue lo único que pudo entender sobre el susurro del viento, una palabra cuyo significado sí conocía: «cobarde».

Pero lo siguiente que oyó no fue el silbido del acero, sino el estruendo de un disparo seguido por un grito ahogado. El ruido le hizo cerrar instintivamente los ojos hasta que, al entreabrirlos con el corazón en un puño, vio cómo el hombre se tambaleaba antes de caer al suelo, con una amapola brotando lentamente de su pecho.

—De modo que al final ha acabado haciendo justo lo que le prohibimos. —La voz que sonó a sus espaldas, impregnada de un inconfundible hastío, le hizo volverse con un respingo—. Nos habría ahorrado bastante tiempo subiendo por su cuenta a la guillotina.

Sentado sobre su purasangre blanco, Anatole Malenfant le recordó más que nunca a una escultura ecuestre. No debía de tener más de treinta años, unos ocho más que el propio Gabriel, pero la autoridad que emanaba de su persona siempre le hacía encogerse.

—Otro de esos bandidos pulgosos de Amarna —comentó con desdén, observando a la silueta inerte sobre la arena—. Das una patada a estos pedruscos y sale una docena…

—Le recuerdo que estos pedruscos, capitán, son lo que nos ha traído aquí —dijo el tío de Gabriel mientras se acercaba con su propio camello—. Y no es extraño que a esta gente no le entusiasme nuestra presencia, después de tantos siglos asentada en la zona.

A diferencia de su sobrino, René Mouret tenía el pelo oscuro, salpicado por unas cuantas canas que encontraban eco en su poblada barba, y una complexión robusta que no le impidió desmontar con agilidad. «Ven aquí, cabeza de chorlito», susurró mientras ayudaba al muchacho a ponerse en pie, sacudiéndole la arena con mal disimulado alivio.

—Pues más vale que se vayan acostumbrado, si los planes de Bonaparte terminan saliendo adelante —repuso Malenfant—. En cualquier caso, ciudadano Roux, ¿qué ha pasado con su Flintlock? ¿No se comprometieron a estar armados durante todo el viaje?

—Ni siquiera me acordé de que la llevaba conmigo —dijo Gabriel, de improviso consciente del peso de la pistola dentro de su camisa—. Ha sido todo tan inesperado que…

—Tal vez debería haberle contado más anécdotas sobre cabezas clavadas en picas en campamentos beduinos. —Los ojos del capitán le hicieron pensar más que nunca en dos glaciares, tan claros como implacables—. No parecen haberle impresionado mucho.

—Se suponía que la pólvora tenía que ser nuestro último recurso, Malenfant —se encendió el tío de Gabriel—. ¡Si no recuerdo mal, nuestro trabajo consiste en estudiar los monumentos del Antiguo Egipto, mientras que el de su destacamento es protegernos!

—Y nos lo pondrían más fácil si no se metieran solos en la boca del lobo —dijo Malenfant mientras tiraba de las riendas para hacer girar a su caballo—. Pero parece que el instinto de supervivencia está tan arraigado entre los eruditos como el sentido común.

Y con una última mirada de desprecio al cadáver, regresó sobre sus pasos seguido por el resto de la comitiva y a Gabriel no le quedó más remedio que hacer lo mismo, no sin antes retroceder para recuperar el pequeño bloque de barro. Si tenía que regresar a El Cairo convertido en el hazmerreír de los soldados, mejor hacerlo con el consuelo de que por lo menos había obtenido algo a cambio, por muy insignificante que pudiera resultar.

4

Amunet

Uaset, 1346 a. de C.

Te he dicho cientos de veces, Amunet, que debes tener más cuidado —susurró la esclava mientras peinaba el cabello de su pequeña ama, haciéndole las mismas trenzas diminutas que llevaba ella. Como cada mañana, habían ido a sentarse al lado del estanque del jardín, rodeado por un emparrado rebosante de uvas—. Imagina que te hubiera visto uno de los criados o que tu padre se hubiera acercado sin que lo oyeras... ¿Cómo crees que le sentaría saber que hemos estado ocultándole esto desde que tienes uso de razón?

—No era más que un niño, Kashla —contestó la pequeña con los ojos clavados en los nenúfares del estanque. Flotaban en el agua como princesas perezosas, sacudidos de vez en cuando por el coletazo de algún pez—. Sólo le vi un momento, pero seguro que…

—La próxima vez, podría tratarse de otra persona. Confiemos en que ese crío piense que se lo ha imaginado todo, o que lo hagan sus padres si es que se le ocurre contárselo.

—Pero ¿no dices que lo que hago es un regalo del dios Heka? —protestó Amunet mientras se giraba hacia ella—. ¿Por qué tenemos que mantener en secreto algo bueno?

—Porque incluso el mayor de los dones puede convertirse en una pesadilla —le advirtió la mujer— si a quien lo posee se le obliga a usarlo de manera indebida. Haz caso a lo que te digo: cuanta menos gente sepa lo que haces con los animales, mejor para todos.

Era uno de los pocos rincones frescos de la casa a esas horas; el disco solar estaba en su apogeo y hasta los peces que nadaban en el estanque parecían amodorrados. Hacía poco que el padre de Amunet lo había mandado construir, empleando una canalización subterránea que conducía el agua del Nilo hasta el corazón de la propiedad, y la zona se había acabado convirtiendo en una de las preferidas de la familia. Más allá del enrejado rebosante de uvas que las protegía del calor, por encima de los arbustos de malvarrosas, alhelíes y jazmines, asomaban las paredes de la casa principal, con estilizadas pinturas de amapolas resaltando sobre el ocre de las paredes. Parecía una visión perteneciente a otro mundo, pensó Amunet, los Campos de Ialú donde transcurría la vida eterna.

Mientras Kashla seguía haciéndole las trenzas, la pequeña se preguntó si pensaría lo mismo sobre el jardín. No tenía muy claro en qué creían en el país de Kush, la tierra de la que habían traído a su esclava cuando era más joven que ella, donde el oro brotaba de las rocas como los lotos del agua y sus gentes tenían la piel del color del barro. Antes de que pudiera preguntárselo, no obstante, les llegó el eco de unos pasos y, al volverse hacia la casa, la niña se dio cuenta de que alguien acababa de salir del interior.

La peluca rizada de su padre, Sennedjem, avanzaba hacia ellas entre los macizos azulados de acianos. Era un hombre delgado con los mismos ojos claros que Amunet, en los que en ese instante se percibía un destello de preocupación que las sorprendió a ambas.

—Padre —saludó la niña cuando estuvo cerca de los viñedos—. ¿Ha pasado algo?

—Diría que la demora de los segadores ha dejado de ser lo más preocupante —dejó caer la esclava, soltando las trenzas de Amunet. Por un momento, la pequeña temió que Kashla estuviera en lo cierto y su padre hubiera descubierto lo de los animales, pero no tuvo más que ver cómo se frotaba la cara con ambas manos para desechar esa idea.

—Ojalá pudiera decir que se trata de algo inesperado —les respondió—, pero esto empieza a ser una auténtica rutina. Se ha producido una nueva muerte en nuestra zona.

—¿Otra más? —Amunet abrió mucho los ojos—. ¿Quién ha sido esta vez, padre?

—Merenpath, aquel comerciante de vinos venido de Khemnu… Había acabado de construirse una nueva casa hace un par de meses, tan impresionante que haría palidecer de envidia a un nomarca. Pero no le ha servido de gran cosa ante esta condenada plaga.

De golpe, hasta el sol que caía a plomo sobre el jardín pareció oscurecerse. Tras unos segundos de silencio, Amunet se puso en pie y su padre la estrechó cariñosamente contra sí cuando se abrazó a su cintura. La ropa le olía a incienso, lo que le hizo pensar que debía de haber estado haciendo alguna ofrenda en el altar situado dentro de la casa.

—Manda colocar una estatuilla de Sekhmet junto a las demás, Sennedjem —acabó diciendo Kashla, imaginando lo mismo que ella—. Podemos sacrificar uno de los bueyes para ofrecerle su sangre a la diosa. Si conseguimos calmar su sed, no entrará en tu casa.

—Dudo que resulte tan sencillo sobornarla —contestó Sennedjem, pesaroso—. De ser así, Amenofis Neferkheperura ya habría llenado todo Kemet de estatuas de la leona.

—Pero no sabemos qué están haciendo ahora mismo en palacio. No es la primera vez que Sekhmet nos castiga con su ira; tú mismo me contaste que el anterior faraón…

—El anterior faraón era un hombre piadoso —la interrumpió su amo— y jamás dio un solo motivo de cólera a los dioses. Pero desde que su hijo ostenta la corona de las Dos Tierras, no ha hecho otra cosa que atraer su rencor sobre nosotros. Esa obsesión con el culto al disco solar, su desinterés por lo que ocurra en el resto de los templos…, ¡por no hablar de la prisa que se dio en trasladarse a otra ciudad en cuanto arreció la plaga!

—Es curioso que seas tú quien se exprese así —comentó Kashla mientras el padre de Amunet le daba una palmada en la espalda para que regresara a su regazo—. Casi me parece estar escuchando a través de tu boca a los sacerdotes de Amón, esos que dedican más tiempo a criticar al soberano que a realizar plegarias al dios con nuestros impuestos.

Pese a no entender del todo de qué estaban hablando, Amunet no pudo contener una sonrisa ante el desparpajo de la nubia. Sabía que muy pocos amos permitirían que sus esclavos les hablasen así, pero Kashla nunca había sido dócil; y por lo que ella sospechaba, su padre tampoco estaba interesado en que lo fuera. La había visto deslizarse demasiadas veces a su alcoba en plena noche, y los susurros que solían oírse al otro lado de la pared de adobe, en ocasiones hasta que el sol estaba a punto de salir, le hacían pensar que no debían de estar tratando asuntos de índole exactamente doméstica.

A la niña no le importaba. No había conocido a su madre; murió diez años antes, justo cuando ella nacía. Lo único que Sennedjem le había contado de ella era que había crecido en Mennefer, la ciudad de la que eran oriundos, y que su cuerpo se encontraba en la sepultura familiar excavada en la montaña tebana, a escasa distancia de la Grande y Majestuosa Necrópolis de Millones de Años. Allí era donde se hacían enterrar todos los faraones de Kemet y sus reinas, en la orilla en la que se ponía el dios Ra cada atardecer.

—En cualquier momento se presentará el *sehedy sesh* del templo para averiguar el volumen de la cosecha —prosiguió la esclava, disimulando a duras penas su rencor—, y sabes tan bien como yo lo que ocurrirá en cuanto los escribas hayan hecho sus cálculos.

—Cada año la misma historia —se lamentó su señor—. Empiezo a pensar que el mercader al que te compré se olvidó de mencionar que te formaste en la Casa de la Vida.

—No necesito sus enseñanzas para saber cuándo me engañan en el mercado, y con la cosecha siempre ocurre lo mismo. —Kashla agarró otro mechón de pelo de Amunet y procedió a trenzarlo mientras apretaba sus gruesos labios—. Los dioses fueron generosos estos últimos dos años y los segadores recogieron casi seiscientos sacos de trigo. Es de esperar que ahora ocurra lo mismo, pero lo único que obtendremos serán cuatrocientos…

—Porque la tercera parte de la cosecha siempre corresponde al clero de Amón. No sé cuántas veces te he repetido, Kashla, que nuestras leyes fueron dictadas hace siglos…

—Que algo tuviera sentido en el pasado no significa que siempre siga siendo así.

—¿Para qué quiere tanto trigo el dios Amón? —intervino la pequeña, sin dejar de desviar la mirada de uno a otro—. ¿No tiene fincas repartidas por toda la Tierra Negra?

—Eso me pregunto cada vez que nos visitan sus escribas —ironizó Kashla—. Debe de ser aún más glotón que tú cuando te ponemos delante una torta de dátiles con miel.

Amunet se echó a reír, pero su padre, que había alargado el brazo para coger una uva del emparrado, miró a la esclava con mala cara mientras la limpiaba contra su ropa.

—Haz el favor de no blasfemar ante mi hija —le advirtió—. Sabes que los deseos de Amón son inescrutables para quienes no poseemos el poder de comunicarnos con él.

—Lo cual no les viene nada mal a sus sacerdotes. Estarán encantados con nosotros.

—Kashla. —La voz de Sennedjem, revestida de una súbita autoridad, borró poco a poco la sonrisa de la mujer—. He dicho que ya es suficiente. Si tanto te preocupas por esta familia, si te consideras parte de ella —los ojos de Kashla se clavaron de inmediato en los de su señor—, no sigas tentando a nuestra suerte con comentarios así.

Esto hizo descender sobre los tres un silencio aún más pesado que el calor. Durante un rato no se oyó más que el áspero graznido de las garzas que sobrevolaban el río y las voces de los labriegos que se dirigían a los cobertizos, hasta que Sennedjem suspiró.

—Lo único de lo que estoy seguro —continuó en voz más queda— es de que, si a Amón se le conoce como el Oculto, es por una buena razón. No olvidéis que los muros tienen oídos, tantos como sacerdotes tiene el dios. —Y como si se arrepintiera de lo que acababa de decirles, añadió rápidamente—: Será mejor que regrese a casa. Los segadores se presentarán en el momento menos pensado, y organizar las cuadrillas lleva su tiempo.

—Padre tiene razón: las cosas nunca cambian en Kemet —dijo Amunet mientras lo observaban alejarse entre los sicomoros—. Si no lo han hecho en todos estos siglos…

—Si no lo han hecho, es porque nadie situado por encima del clero se había atrevido a alzar la voz —respondió la esclava quedamente—. Hasta ahora, Amunet. Hasta ahora.

5

Shaheen

El Cairo, 1799

La noche seguía amortajando la ciudad de los mil minaretes, pero en la tienda de antigüedades de Aziz al-Rashid, situada en uno de los callejones más retorcidos del zoco de Khan el-Khalili, reinaba tanta animación como a mediodía. Las lámparas de colores colgadas del techo arrancaban escamas de luz a los cacharros de cobre, mezclados en un galimatías de resplandores con una colección de pipas de agua, docenas de frasquitos de cristal soplado y unas cuantas estatuillas de oro demasiado parecidas a las que los antiguos egipcios solían enterrar en sus tumbas. También los ojos del orondo Aziz relucían como cristales en aquel instante, contemplando con una inconfundible avidez el despliegue de objetos que Ahmed y Shaheen acababan de esparcir sobre una de las mesas de la tienda.

—Parece que no fue mala idea enviaros a ese palacio, al fin y al cabo —dijo con los brazos cruzados contra su chilaba—. Si llego a saber que el dueño había dejado semejante tesoro tras él, os habría prestado una carretilla. ¿Os costó mucho dar con todas estas joyas?

—La verdad es que no, aunque las habían escondido bien —admitió Ahmed—. Fue Shaheen quien las encontró, como siempre; estaban debajo de los azulejos de una fuente.

—Pues que la bendición de Alá sea con nuestro pequeño halcón. Empiezo a pensar que nunca he tenido tanta suerte como la tarde en que se te ocurrió traerlo a mi tienda.

Con las piernas dobladas sobre la mesa, Shaheen continuó sacando brillo a su daga de Damasco sin decir una palabra. Después de casi diez años trabajando para él, conocía demasiado bien a Aziz y su lengua aduladora para tomarse en serio aquellos cumplidos.

—Nuestro jeque se llevará una sorpresa cuando vuelva a casa, si es que le preocupa algo más que salvar el pellejo. —Los dedos del mercader parecieron aún más toscos al toquetear el collar de plata repujada extendido ante él—. Esta pieza bien podría valer…

—Más de lo que imaginas —interrumpió Shaheen—. Pero yo que tú tendría mucho cuidado al revenderla; algo me dice que es bastante conocida entre los ricos de El Cairo.

—De eso tendré que ocuparme yo, muchacho —contestó Aziz—. Tú sigue con lo de los palacios y déjame las negociaciones a mí. De todos modos, te recuerdo que podría darte una buena cantidad por ese juguete tuyo si al final te animas a deshacerte de él…

Shaheen apartó la mano cuando quiso cogerle la daga y el mercader rompió a reír.

—Tan unidos como una avispa y su aguijón. En fin —Aziz caminó con dificultad hacia su escritorio—, me parece que deberíamos empezar a planificar el siguiente golpe.

—¿Tan pronto? —Ahmed miró a Shaheen con sorpresa—. Pero si acabamos de…

—No soy tan idiota como para enviaros a otra residencia hasta dentro de un par de semanas, no con esos malditos soldados *farengi* patrullando nuestras calles. Pero existen otros lugares donde pueden hallarse cosas de valor si uno se atreve a entrar en ellos.

A Shaheen no le dio buena espina aquello y, a juzgar por cómo Ahmed tironeó de su corta barba, un gesto que solía hacer cuando estaba inquieto, ambos pensaban lo mismo.

—He recibido un chivatazo procedente del sur —siguió diciendo Aziz en voz más baja mientras se servía una taza de café—. Hace unos cuantos años, otros dos saqueadores que trabajaban para mí consiguieron acceder a una de las tumbas de la montaña tebana.

—¿La necrópolis de los antiguos reyes de Egipto? —dijo Ahmed, desconcertado.

—Bueno, dudo que se tratara de la sepultura de un rey. Las piezas que me trajeron no eran tan ricas como las de los tesoros reales, pero me reportaron bastantes beneficios.

—Pero, si la tumba ya ha sido saqueada, ¿por qué te interesas por ella? —preguntó Shaheen con desconfianza mientras se guardaba la daga—. ¿Aún contiene algo de valor?

—Eso es justo lo que quiero saber. Y para hacerlo, os necesito a vosotros.

A una palmada de Aziz, dos negros corpulentos entraron en la tienda con algo que el mercader procedió a desplegar sobre la mesa.

Cuando Shaheen se asomó por encima de su hombro, se dio cuenta de que era una especie de mapa con un aspa marcada en él.

—Este es el lugar en cuestión, muy cerca de la orilla oeste del Nilo. Los anteriores saqueadores se encargaron de abrir una grieta por la que me imagino que podréis entrar.

—Si es que la arena del desierto no la ha cubierto en estos años —comentó Ahmed.

—Os daré unas palas por si tuvierais que apartarla, un contacto para remontar el río hasta allí y suficiente comida para el viaje de ida y el de vuelta. A cambio de vuestro trabajo, os permitiré quedaros con la cuarta parte de lo que ganemos gracias a este golpe.

«Ahmed, no», estuvo a punto de suplicar Shaheen. La expresión de su amigo había cambiado por completo, aunque no era de extrañar; teniendo en cuenta lo tacaño que era Aziz, debía de haber más en juego de lo que estaba dispuesto a reconocer.

—La cuarta parte es mucho dinero, por poco que encontremos —acabó diciendo.

—Si estáis interesados en regatear a la inversa, no tengo problema en hacerlo —se carcajeó el mercader, y sorbió su café—. Dicen que esos condenados *farengi* no tardarán en tomar el control de los accesos a la necrópolis para evitar posibles saqueos. Cuantos menos tesoros dejemos en sus cochinas manos, mejor para Egipto y para todos nosotros.

Cuando Ahmed le miró, Shaheen deseó con todas sus fuerzas que pudiera leerle la mente para decirle que aquello era una locura. No podía sacarse nada bueno de la incursión en una tumba, por muchas riquezas que hubiera dentro; todo el mundo sabía que los antiguos hechiceros de Egipto las habían encantado con poderosas maldiciones.

—Lo pensaremos esta noche y mañana te daremos una respuesta —dijo el joven al cabo de un instante—. Pero Shaheen tiene razón:

¿por qué quieres que entremos otra vez en ese lugar? ¿Y por qué has hablado de un chivatazo si ya conocías su existencia?

—Porque los anteriores saqueadores nunca me revelaron dónde estaba —contestó Aziz con una sonrisa desdibujada por el humo del café—. Sin embargo, mis hombres han dado con la grieta por puro capricho del destino: durante su última visita a la montaña tebana, se toparon con una comitiva de escarabajos que les llamó la atención y, al seguirlos hacia la zona de las tumbas, se dieron cuenta de que salían del interior de una.

—¿Fueron unos escarabajos los que los pusieron sobre la pista? —Ahmed no salía de su estupefacción—. Pero eso querrá decir que están infestando la sepultura o que…

—Los han enviado los *yinns* —susurró Shaheen—. Tal vez ellos mismos lo sean.

Pese a que en la tienda de Aziz siempre hiciera un calor agobiante, un escalofrío recorrió su espalda. Por desgracia, Ahmed debió de pensar que los demonios no eran un motivo suficiente para dejar pasar una oportunidad así, y después de coger la plata que Aziz les dio por lo del palacio, unos pasteles de carne especiada y un puñado de higos, ambos jóvenes apartaron la cortina de cuentas de la entrada para regresar al zoco.

Durante el día, Khan el-Khalili era un hormiguero humano, repleto de comerciantes musulmanes con chilabas y bombachos de seda, estudiantes de religión con ondeantes galabiyas, soldados mamelucos con turbantes emplumados y alguna que otra mujer que se dirigía a los baños envuelta en una abaya. Pero, una vez pasada la medianoche, casi todas las callejuelas estaban desiertas y las únicas luces procedían de unos cuantos cafés en los que, si uno acercaba un ojo a los agujeros de las celosías, podía distinguir el vaivén de las caderas desnudas que una bailarina mecía al ritmo de las flautas y los tamboriles.

—Esto no me gusta, Ahmed —acabó diciendo Shaheen cuando, después de hacer una breve parada en una mezquita para la oración de la noche, se encaminaron hacia el límite oeste del barrio—. No me da buena espina nada de lo que Aziz nos ha propuesto.

—Pues será la primera vez que sientas reparos ante un encargo así. Nunca he visto que te temblara el pulso durante un saqueo, ni siquiera en los palacios más importantes.

—Porque lo peor que podía pasarnos era que nos atrapase un guardia. Pero, cuando uno se atreve a cruzarse en el camino de los *yinns*, empiezan los problemas de verdad.

La risa de Ahmed los acompañó más allá de las últimas casas, donde los arrabales de El Cairo se disolvían poco a poco en la arena. Todo lo que era recelo en Shaheen, era optimismo y resolución en su amigo. Quizá por eso mismo se complementaban tan bien.

—Siempre con tus *yinns*. No he conocido nunca a una persona más supersticiosa.

—Los antiguos no sólo eran unos infieles, Ahmed, también eran retorcidos. Dicen que las paredes de sus tumbas están llenas de maldiciones contra los intrusos. —Shaheen correteó para ponerse ante él, caminando de espaldas—. Que los hechiceros encantaban a sus propios muertos para hacerlos levantarse de los ataúdes si se producía un saqueo...

—Eso sólo quiere decir que estaban obsesionados con los robos —contestó Ahmed, agarrando su rizada cabeza para apartarle a un lado—. Razón de más para que vayamos a echar un vistazo a ese lugar. De todos modos, si lo que te asusta es que los muertos tomen represalias contra nosotros, deberías detenerte ahora mismo. —Le lanzó el último higo y Shaheen lo cazó al vuelo—. Te recuerdo que vivimos rodeados de ellos.

Bajo la luna menguante, las Tumbas de los Califas parecían brotar de la arena del desierto como un genio que escapara en forma de humo de una lámpara. Situado al pie de las colinas de Mokattam, el inabarcable cementerio convertido en refugio de mendigos y descarriados rebosaba de mausoleos cubiertos por cúpulas bulbosas. Algunos estaban tan adornados que podrían pasar por palacios en miniatura, y sus primorosas molduras hacían aún más macabra la estampa de los perros sarnosos que merodeaban entre ellos.

En unas cuantas tumbas relucían unos puntos de luz, pero ni Ahmed ni Shaheen echaron un vistazo al pasar por delante. Sólo había una norma no escrita en la ciudad de los muertos: no hacer más preguntas a los demás de las que querrías que te hicieran a ti.

—Puede que esto sea lo que hemos estado esperando durante años —susurró su amigo mientras se dirigían a un alminar que se elevaba entre las cúpulas como dispuesto a apuñalar el cielo—. Ya oíste lo que nos explicó Aziz: hay mucho dinero en juego.

—Como si no lo conociéramos a estas alturas —resopló Shaheen, siguiéndolo por la escalera que ascendía alrededor—. Siempre acaba pagándonos menos de lo acordado.

—Aun así, si en la tumba hubiera algo que mereciese la pena, podríamos reunir lo necesario para dejarlo de una vez. Para desaparecer como si nunca hubiésemos existido.

La sorpresa de Shaheen le hizo agarrarse a la agrietada balaustrada. Durante unos segundos, no pudo hacer otra cosa que observar cómo Ahmed continuaba subiendo.

—¿Desaparecer? —consiguió decirle—. Te refieres a… ¿marcharnos de la ciudad?

—A empezar una nueva vida, Shaheen, una en la que no tuviéramos que depender de cretinos como Aziz. En la que no nos hiciera falta colarnos en casas ajenas, ni robar en el zoco a plena luz del día, ni temer todo el tiempo por nuestras cabezas. ¿No estás harto de preguntarte si el siguiente día será el último? ¿No tienes ganas de irte de aquí?

¿Irse de El Cairo? La mera idea le resultaba perturbadora; era como preguntarle a un caracol si le apetecía dejar atrás su concha. El Cairo formaba parte de Shaheen, nada le había hecho sentirse tan libre como él. Conocía sus callejuelas mejor que las líneas de sus propias manos, quizá porque era en ellas donde había acabado encontrando su futuro.

Cuando dejaron atrás los últimos peldaños, un tapiz de tejados de color crema se desplegó ante ellos, iluminado por unas estrellas que hacían parecer opacas y deslucidas las alhajas de la tienda de Aziz. En la pequeña plataforma no había más que unos sacos llenos de zurcidos y un polvoriento jergón que apartaron entre los dos. Ahmed se puso de rodillas para tantear las junturas de las losas de debajo hasta retirar una con cuidado.

—Piensa en todo lo que nos espera ahí fuera, más allá de esas casas. —Había varias bolsas parecidas a las que les había dado Aziz en el pequeño hueco y el joven la colocó con las demás antes de poner la losa en su sitio—. Ni siquiera tendríamos que quedarnos en Egipto si ya no nos apetece. Podríamos unirnos a una de las caravanas de Palestina…

—¿Con los mamelucos que han escapado de los *farengi*? ¿Hasta que alguno acabe descubriendo que hemos desvalijado su casa y decida tener unas palabras con nosotros?

—Pues a Turquía, entonces. A Constantinopla, a la corte del sultán. He oído decir que tienen una cúpula capaz de contener en su interior todas las de esta ciudad. Con suerte podríamos conseguir trabajo en algún zoco y volvernos aún más ricos que Aziz...

—Y tú... ¿querrías que te acompañara hasta allí? ¿Que continuáramos juntos?

A Shaheen le pareció patética la súbita timidez de su voz, pero Ahmed se limitó a mirarle con una sonrisa. Dio un tirón al jergón para recolocarlo sobre las losas.

—Parece mentira que tengas que preguntarme eso. —Se tumbó cuan largo era y cruzó los brazos detrás de la cabeza—. Si tuviera un hermano, no lo querría más que a ti.

La sonrisa que había empezado a contagiarle a Shaheen se resquebrajó poco a poco.

—Lo sé —fue lo único que pudo responder, sentándose a su lado—. Yo tampoco.

Nunca había hablado con Ahmed de su extraño poder, de que podía comunicarse con espíritus anclados a aquella dimensión. En más de una ocasión había estado a punto de hacerlo, pero la cobardía siempre acababa ganándole la partida; le daba pavor que nada volviese a ser lo que era después de confesarle algo así. Tras once años juntos, ellos dos solos contra el mundo, ya no concebía una vida de la que Ahmed no formara parte, y por eso Shaheen se obligaba a callar..., aunque en momentos como aquel, mientras observaba sus hermosos ojos rebosantes de sueños y de estrellas, el silencio doliera como un puñal.

6

Khay

Ipet Sut, 1346 a. de C.

El olor de las torcaces asadas y los panes que estaban siendo horneados para las ofrendas salió a recibirles nada más poner un pie en el templo. El trayecto de vuelta desde el Nilo había sido más trabajoso de lo que esperaba y Khay estaba tan empapado que la muleta no hacía más que resbalársele mientras cruzaban los grandes pilonos de Ipet Sut.

—Te advertí que sería una pérdida de tiempo —dijo el grandullón Sebni, a quien también le corría el sudor por sus prominentes cejas de simio. Los cuatro niños habían regresado con los faldellines con los que estudiaban en la Casa de la Vida manchados de fango y ramitas secas—. Hay que ser idiota para quedarse de brazos cruzados después de que la serpiente decidiera marcharse. Ni siquiera sirves para saquear un nido desprotegido.

—Pero lo hizo después de que le tirara una piedra —trató de defenderse Khay, aun sabiendo que no serviría de nada—. Los tres estabais cerca cuando conseguí espantarla.

—¿Y desde cuándo era eso lo acordado? Tenías que traernos un huevo entero, lo sabes de sobra. Nadie dijo nada de echar a la serpiente de allí. Además, se fue ella sola…

—Lo que no entiendo —intervino el pequeño Mena— es por qué decidiste seguirla cuando empezó a alejarse pendiente arriba. ¿No tenías miedo de que pudiera morderte?

Khay abrió la boca, pero al final prefirió guardar silencio. Por alguna razón que no habría sabido explicarse ni siquiera a sí mismo, no quería contarles a sus compañeros lo que había descubierto. No quería que la niña que se comunicaba con los animales dejara de ser su secreto, sobre todo porque estaba seguro de que no creerían ni una palabra.

—Es bien sencillo: decidió poner pies en polvorosa antes que arriesgarse a que otra serpiente apareciera cuando le robase el huevo. —Y con una risotada cruel, Sebni asestó una patada a la muleta de Khay. El golpe le hizo perder el equilibrio y caer de bruces al suelo—. Disfruta de tu nuevo título: ya no eres sólo un tullido, sino un tullido cobarde.

Se alejó riendo hacia la Casa de la Vida, seguido a toda prisa por Henu y Mena, y Khay trató de ponerse en pie. Un artesano que pasaba por allí le devolvió su muleta, y el pequeño se restregó las maltrechas rodillas antes de empezar a encaminarse, paso a paso y con la cabeza gacha, hacia el distrito en el que estaban las casas de los escribas.

En Ipet Sut solían repetir que su nombre, «el más selecto de los lugares», se debía a que nunca se habían construido unos templos más grandiosos, pero Khay sospechaba que su poderío económico también tenía mucho que ver. Comparada con las trescientas mil hectáreas del complejo religioso, la ciudad de Uaset parecía un pueblecito modesto; además de los santuarios dedicados a los distintos dioses y la Casa de la Vida en la que se formaban los escribas, Ipet Sut contaba con un enorme lago destinado a las ocas de los sacrificios, docenas de talleres de orfebres, carpinteros y tejedores, panaderías y colmenas que siempre bullían de actividad y graneros en los que el *sehedy sesh*, el escriba inspector para el que trabajaba el padre de Khay, se encargaba de que acabara la tercera parte de la cosecha recogida en cada una de las propiedades del nomo. No era de extrañar que los sacerdotes de Amón, como solía repetir su padre, estuvieran tan pagados de sí mismos como si fueran el propio faraón, con toda la riqueza de las Dos Tierras puesta a sus pies.

A esa hora del día, el calor arreciaba tanto que apenas se cruzó con nadie durante su recorrido por la zona residencial. Su hogar estaba al final de una de las estrechas calles de tierra, una más entre las casas de adobe pintadas de blanco con el nombre del dueño escrito en jeroglíficos sobre la puerta. Esta se encontraba entornada, y Khay la empujó para entrar en la única estancia de la planta baja, de la que surgía un murmullo de voces.

—... tantas víctimas en el antiguo palacio de Malkata como allí, y la situación no es mucho mejor en los nomos del sur —estaba susurrando su padre, sentado en una estera sobre el suelo de tierra. Había dos hombres más acomodados al otro lado de una mesita, sobre la que descansaban unos cuencos de madera con vino y otro con frutas: uno era el anciano Menkhaf, uno de los sacerdotes más respetados de Ipet Sut, y el otro el joven Hori, consagrado hacía apenas unos meses—. Han empezado a llamarla la Maldición de Sekhmet —siguió el padre de Khay—, lo cual sólo sirve para asustar aún más al pueblo.

—Supongo que en el fondo tiene sentido —respondió Menkhaf, que era pequeño y panzudo y cuyo cráneo, tan rasurado como el de Hori, relucía por el sudor—. Toda esta locura parece una condena divina. No me extraña que los campesinos estén aterrorizados.

—Yo diría más bien que empiezan a estar indignados —comentó Hori—. Por culpa de los tejemanejes de nuestro clero, cada vez hay más voces clamando contra el faraón.

—Vuestro clero está tan podrido que apesta —gruñó el padre de Khay, y Menkhaf asintió con pesar—. ¿Qué debería estar haciendo Amenofis Neferkheperura, según ellos?

—Quedarse en Uaset, la capital, en vez de marcharse a la nueva ciudad que se está haciendo construir. No es la mejor estrategia política, ni siquiera para un dios viviente.

—El cambio de residencia real es el menor de sus problemas —contestó el anciano Menkhaf mientras paladeaba el vino—. Hay quienes se están encargando de propagar la idea de que quien ha desatado la Maldición de Sekhmet es el propio faraón. De que está atrayendo la cólera de los antiguos dioses sobre todos nosotros por venerar a uno nuevo…

Pero entonces Hori dejó escapar un «shhhhh» y los otros dos se dieron la vuelta de inmediato. Cuando se quedaron mirando al niño, este se sintió repentinamente cohibido.

—Khay —saludó su padre. ¿Era alivio lo que había aparecido en su rostro?—. No te habíamos oído entrar. Creía que estarías en clase a estas horas, con Nebmaat...

—Hemos salido a dar un paseo por el río esta mañana —respondió su hijo—. Para estudiar la naturaleza más allá de la escritura. Ver en persona las plantas, los animales...

—Ya. —Aunque el rostro de Kheruef no perdió su melancolía, sus ojos sonrieron a Khay—. Como hemos hecho todos a los que Nebmaat nos ha dado clase. Ven a sentarte con nosotros. —Dio un golpecito en la estera—. Tenemos pasteles de miel y almendras.

Algo más animado, Khay atravesó renqueando la sencilla habitación, en la que no había más enseres que un par de grandes arcones arrinconados contra las paredes. Se dio cuenta de que el sacerdote más joven lo seguía con los ojos como a una mosca molesta.

—Sólo es un niño, Kheruef. —Había algo de impaciencia en su voz—. Deberías...

—Un niño demasiado inteligente —le advirtió su anfitrión— para los asuntos que nos ocupaban hoy. Ya seguiremos en otra ocasión. —Y cuando el pequeño se sentó a su lado, le revolvió los rizos con una sonrisa mientras Khay se hacía con uno de los pasteles.

—Alguien debería hablar con Nebmaat para que cambie de actitud —intervino el anciano Menkhaf—. Lo único que está consiguiendo es que los estudiantes se le escapen.

—«Los oídos del alumno están en su espalda» —citó el joven Hori—. Lleva medio siglo con ese método, así que no creo que le hagáis probar cosas nuevas a estas alturas.

Todavía parecía fastidiado por el abrupto final de la conversación. Tanto Menkhaf como él llevaban las túnicas blancas de los consagrados a Amón, aunque, al tratarse de un recién iniciado, Hori no tenía permitido adornarse con una piel de leopardo como la de su superior. Hacía tanto calor aquella tarde que Menkhaf se había desprendido de ella y la había dejado sobre la estera, de manera que el animal parecía participar en la reunión.

Algo en sus fauces abiertas hizo que Khay volviera a pensar en la serpiente. Dejó el pastel sobre la mesa mientras masticaba poco a poco, alzando los ojos hacia su padre.

—He visto..., he visto algo muy extraño hace un rato, en la ribera —empezó a decir.

—Ya decía yo que estabas tardando en dejarte caer por allí —se burló Hori—. Si esa es la «naturaleza» que deseabas estudiar, espero que no haya sido demasiado tímida.

—No me refería a esas cosas. —El rubor del pequeño les hizo sonreír—. Estaba con Sebni, Henu y Mena, los que van a clase conmigo. Querían que los acompañara para...

—Te he dicho que ese Sebni no me gusta en absoluto —le recordó su padre—. Es un bribón redomado al que cualquier día echarán del templo, y le estará bien empleado.

—La cuestión es —continuó Khay, aunque no pudo dejar de darle la razón— que cuando estábamos en los marjales me encontré con una serpiente. De esas que tienen las escamas de color marrón y los ojos amarillos, pero no se comportaba como las demás...

En pocas palabras les puso al corriente de lo que había presenciado. Les habló de la niña de los ojos verdes y de cómo la serpiente, como si respondiera a una llamada que no percibía nadie más, se había subido a su mano con la docilidad de un gato. Para su sorpresa, lo que esperaba que les pareciera una simple anécdota los dejó estupefactos.

—¿Esa chiquilla atrajo a la serpiente desde su casa? —dijo Menkhaf en voz queda.

—Eso pensé yo —contestó Khay mientras se acababa el pastel—. Al menos, daba la impresión de que el animal sabía a dónde se dirigía, porque no dudó ni un momento.

—Menkhaf, espero que no estés pensando seriamente que es cierto —terció Hori cuando el anciano frunció el ceño—. Eres demasiado mayor para creer en cuentos de críos.

—La vi abandonar su nido, pese a saber que quería robarle uno de los huevos —insistió Khay—, y padre me dijo que las serpientes nunca se apartan de ellos.

—¿Y qué demonios hacías tú incordiando a una, si se puede saber? —inquirió este.

El pequeño, que había empezado a chuparse los dedos pegajosos, se puso rojo una vez más. Podía sentir sobre su rostro la mirada de Menkhaf, tan inquietante como la de todos los sacerdotes a los que obligaban a depilarse el cuerpo entero, pestañas incluidas.

—Quizá sea verdad —acabó diciendo en tono pensativo—. No es la primera vez que oigo hablar de algo semejante, aunque nunca lo he visto con mis propios ojos…

—Hace siglos que no contamos con un *heka* auténtico, Menkhaf —dijo Hori—. Si ningún iniciado de Ipet Sut ha demostrado poseer ese don, dudo que una niña lo tenga.

—¿Un *heka*? —preguntó Khay, más extrañado a cada momento—. ¿Qué es eso?

—Una especie de hechicero —le explicó su padre—. Alguien a quien el dios Heka le ha concedido su poder. Pueden crear amuletos mágicos, pronunciar encantamientos…

—Juegos de manos que ni siquiera un recién nacido se creería —siguió protestando Hori, y cogió una uva del cuenco—. Lo suficientemente entretenidos para divertir a los príncipes del *kap* real, pero nada que pueda sernos de utilidad. Hace demasiado tiempo que los hechiceros se extinguieron; ahora la única magia de Kemet reside en sus dioses.

—O eso es lo que a nuestros compañeros del clero de Amón les encanta decir —le recordó el anciano. Tras guardar silencio un instante, se giró hacia Kheruef—. Tú eres uno de los escribas que suelen acompañar al *sehedy sesh*. ¿Qué sabes sobre esa familia?

—No gran cosa, la verdad —reconoció este—. El dueño de la propiedad es un tal Sennedjem que se mudó desde Mennefer hará unos diez años. Son buenos terrenos, si no me equivoco; en la última siega debieron de producir más de quinientos sacos de trigo.

—Un terrateniente respetable —dijo Menkhaf, casi hablando consigo mismo— con el que podríamos entendernos sin muchas complicaciones. Parece que estamos de suerte.

—No irás a decirnos que te estás planteando la posibilidad de… —se alarmó Hori.

—Sólo estoy sopesando nuestras opciones. Por muy ingenuo que te parezca, puede que el encuentro de Khay con esa niña no haya sido mera casualidad. Y si de verdad es capaz de hacer lo que nos ha contado —miró a Khay de una manera que el pequeño no supo descifrar—, quizá nuestras plegarias estén comenzando a surtir el efecto deseado.

Entonces sus ojos se desviaron hacia Hori y Kheruef y, aunque ninguno de los dos le respondió, el niño se dio cuenta de que aquello tenía que ver con la conversación de unos minutos antes, y un extraño sentimiento de culpa pareció agarrotarle el estómago.

7

Gabriel

El Cairo, 1799

Tengo arena por todas partes, Jean-Baptiste. La tengo en el pelo, dentro de las orejas, entre los dientes. Incluso en rincones de mi cuerpo que no sabía que existieran…

—Es cuestión de acostumbrarse a ello, señor. En unos meses, ni siquiera la notará.

—En unos meses no notaré ni mis propias piernas, porque habrán sido pasto de los condenados mosquitos. ¿Cómo podrán llevar una vida normal los habitantes de El Cairo?

—Mosquiteras en las ventanas, señor, no sé cuántas veces se lo he dicho. En cuanto a la arena, tengo entendido que la ciudad cuenta con más de trescientos baños públicos.

—Pues no entiendo por qué no hemos ido a visitar ninguno, sobre todo si también los hay de mujeres. Para plasmar el auténtico color de las escenas populares y esas cosas…

Sacudiendo la cabeza, el criado abandonó la estancia y Gabriel se sumergió más en la bañera con un suspiro de infinito alivio. Hacía tanto que no se aseaba en condiciones que la perspectiva de pasarse una tarde entera en remojo parecía un lujo versallesco. En aquel palacio mameluco convertido en sede del Instituto de Egipto, con sus intrincadas celosías, sus bóvedas estrelladas y sus suelos de mosaico, costaba creer que lo ocurrido en Amarna hubiese sido real. Como si la desoladora imagen de la ciudad en ruinas y el bandido que lo había atacado desangrándose en la arena no fuese más que un mal sueño.

«Olvídate de lo que dijo Malenfant: tú no has sido entrenado como soldado. Si te uniste a esta expedición fue para estudiar monumentos, no para matar». Tuvo que reunir toda su fuerza de voluntad para apartar aquel recuerdo de sí y, mientras se enjabonaba el pelo, se obligó a pensar en cosas más agradables como, por ejemplo, la sonrisa con la que acababa de saludarle la ciudadana Lacombe, una de las pocas mujeres que habían seguido a Bonaparte hasta allí y en cuyos ojos azules había creído entrever más de una promesa.

Pero aquello también le hizo tragar saliva, aunque por motivos distintos. La ciudadana Lacombe parecía encantadora, pero no lo suficiente como para que su azul le hiciera olvidarse del rojo que lo empapaba todo en París. «No, eso no. Ahora no». Contuvo el aliento antes de hundirse más en la bañera, rogando que el agua que le revolvía el pelo pudiese disolver aquellos recuerdos. «¿Para qué te embarcaste rumbo a Egipto, imbécil?».

—¿Gabriel? —La voz de su tío sonó extrañamente ahogada dentro del agua, como si hablara desde un acuario. El joven se apresuró a regresar a la superficie—. ¿Estás ahí?

—Ya te dije que quería darme un baño. ¿Qué ha pasado, te has quedado sin jabón?

—A diferencia de ti, mis baños no suelen durar una tarde entera. Vengo a decirte que Denon nos ha mandado llamar; me imagino que querrá que le hablemos de Amarna.

Gabriel soltó un resoplido mientras contemplaba la puerta, apartándose de la cara el pelo empapado. Le caía bien Vivant Denon, su superior tanto en el Louvre como en el recién fundado Instituto de Egipto, pero no esperaba tener que reunirse tan pronto con él.

—Pero si no llevamos ni dos horas en la ciudad. ¿No puede esperar hasta mañana?

—Si sólo nos hubiera citado él, no me importaría decírselo —contestó René—. El problema es que la reunión será en el despacho de Bonaparte, y no daba la impresión de estar muy animado cuando me crucé con ellos. De hecho, parecía de un humor de perros.

Aquello bastó para que a Gabriel se le helara la sangre, pese a lo caliente del agua.

—No puedo ir porque... Jean-Baptiste no me ha planchado la levita gris perla. Por muy lejos que estemos de París, tío, no esperarás que me presente con cualquier cosa...

—Deja de hacerte el interesante, *prima donna*, y mueve ese trasero de una vez. Y acuérdate de coger la tablilla que encontraste; no nos vendrá mal para aplacar al general.

Sobre el escritorio de la alcoba, el pequeño bloque de barro descansaba envuelto en uno de los pañuelos de Gabriel. El muchacho se quedó mirándolo mientras los pasos de René se alejaban por el corredor, pero, cuando fue evidente que no había escapatoria, no tuvo más remedio que abandonar la bañera con un juramento y, tras secarse como pudo el revuelto pelo rojo, proceder a vestirse como un soldado antes de un consejo de guerra.

El vestíbulo del palacio, como de costumbre, estaba de lo más transitado. Casi todos los muebles habían sido sustituidos por grandes cajas de madera que, apiladas unas sobre otras, servían como estanterías provisionales, mientras que en las mesas del centro se agolpaban los instrumentos de navegación, los animales disecados, las colecciones de minerales y cientos de curiosidades reunidas por los eruditos franceses durante el último año. Tras saludar a unos compañeros del Louvre, Gabriel se encaminó a la escalera que conducía al despacho del general, aflojándose discretamente el pañuelo del cuello antes de entrar.

Vio a René hablando frente a la ventana con Vivant Denon, un hombre de mediana edad que siempre le recordaba a un entusiasta duendecillo. A pesar de que los cristales se hallaban entornados, una película de sudor hacía relucir su frente despejada.

—Ah, aquí tenemos a nuestro inesperado héroe. —Sonrió mientras se secaba con un pañuelito de encaje—. ¡Es un placer tenerle de vuelta, ciudadano Roux, y de una pieza!

—También lo es para mí. —«Pero lo sería aún más si pudiera seguir ahora mismo en la bañera»—. No veía el día de volver a pisar El Cairo. Mejor dicho, nuestro instituto.

—Estaba contándole a Denon lo sucedido en Amarna —dijo René después de que Gabriel cerrara la puerta—. Se ha tirado de los pelos por no habernos acompañado esta vez. Creo que empieza a cogerle el gusto a eso de dibujar en medio de un fuego cruzado.

—Pues no está de más saberlo —comentó otra persona en cuya presencia el joven no había reparado todavía—. Puede que nos fuera de más utilidad en el campo de batalla.

Daba lo mismo cuántas veces hubiera hablado con Napoleón Bonaparte: siempre le hacía sentirse tan nervioso como un niño delante de su maestro, aunque sólo le sacara ocho años. El general se había instalado en una butaca detrás del escritorio, una visión incongruente en aquel palacio mameluco con su uniforme nacional. El sol del desierto lo había decolorado tanto que el azul de la guerrera parecía del mismo gris que sus ojos.

Eran estos en concreto los que siempre le amedrentaban. Parecían hechos de un extraño acero que no se calentaba con la cólera, sino que se volvía más frío… y más letal.

—¿Esa es la tablilla que encontraron entre las ruinas? —se emocionó Denon, y el joven la desenvolvió antes de alargársela. Los dedos expertos de su superior recorrieron cuidadosamente las hileras de signos grabados en ella—. Parece escritura cuneiforme, la empleada por los pueblos orientales. Pero no entiendo cómo puede haber acabado aquí…

—¿Correspondencia con el extranjero, tal vez? —propuso Bonaparte sin demasiado interés. Llevaba el cabello más largo que en su último encuentro, pensó Gabriel, cuando había estado contándoles algo relacionado con la toma de Acre, una antigua fortaleza de Tierra Santa que su ejército estaba asediando—. ¿Misivas diplomáticas de otros reinos?

—Para que eso sucediera, tuvo que ser una ciudad muy poderosa —comentó René mesándose la barba—, lo que refuerza nuestra teoría. Si esos bandidos están tan empeñados en mantener el control de la zona, debe de haber cosas más valiosas en ella.

—Puede que estén en lo cierto —respondió Denon, pensativo—. Quizá merecería la pena enviarles de regreso con Malenfant para investigar más a fondo los alrededores…

—O con cualquier otro de los capitanes —se apresuró a decir Gabriel—. Mientras contemos con suficientes hombres, y ellos con suficientes fusiles, me daré por satisfecho.

—Plantéenlo en la próxima reunión del Instituto, si tanto les interesa el tema —se limitó a responder Bonaparte. Cuando se incorporó tras la mesa, Gabriel volvió a pensar en lo bajo que era, y eso le hizo sentirse algo mejor—. Pero me temo que Amarna y sus tesoros tendrán que esperar. Si les hemos citado aquí esta tarde, ha sido por otro motivo.

—¿Quieren enviarnos con la próxima expedición al sur? —preguntó René con un creciente interés—. ¿Para dibujar los monumentos mientras avanzamos con el ejército?

—De eso se ocupará Denon, como ha estado haciendo hasta ahora. Bien pensado, pueden remontar el Nilo con él, pero lo que quiero encargarles será más… emocionante.

«Emocionante». Gabriel no necesitó escuchar más para echarse a temblar. En París aún seguían hablando de lo emocionante que había sido lo del rey Luis y María Antonieta.

—Ciertamente, será algo más propio de aventureros que de eruditos. Necesitamos que entren en una tumba egipcia, ciudadanos. —Ante su perplejidad, Denon rebuscó entre los papeles del escritorio para acabar cogiendo un plano que le alargó a René—. Está en la orilla oeste del Nilo, frente a la ciudad de Tebas. Se la he marcado con un círculo rojo.

—¿La capital conocida como Uaset? ¿No era justo ahí donde, según los griegos…?

—Está la principal necrópolis de los faraones, en efecto. Pero no fueron los únicos sepultados en la montaña tebana; también hubo una zona dedicada a las tumbas de los terratenientes, y allí es donde se ha descubierto recientemente la entrada a una de ellas.

—En realidad, no tan recientemente —comentó Bonaparte—. Sospechamos que una banda de ladronzuelos locales estuvo saqueándola hace unos cuantos años, pero no sabemos si se dejaron algo atrás. De ser así, podría resultar de gran interés para nosotros.

—Bastante más que nuestra tablilla de Amarna —reconoció René. Tras estudiar el plano unos segundos más, miró a Denon—. ¿Cómo consiguieron dar con la entrada?

—Eso, amigo mío, es lo más increíble de todo. —Su superior sonrió—. El mérito no fue de mis ayudantes, o eso me han asegurado; algo los condujo hasta allí.

—¿Algo? —Gabriel frunció el ceño, desconcertado—. ¿Qué quiere decir con eso?

—Unos escarabajos descendieron hasta la zona en la que habían acampado. Unos insectos espeluznantes, con unos caparazones tan gruesos que casi parecían armaduras.

—Espere, espere un momento —le interrumpió René—. ¿Está diciendo que esos bichos tenían su nido dentro de la tumba y que, cuando sus ayudantes los siguieron...?

No le hizo falta decir nada más: las cejas alegremente enarcadas de Denon fueron la respuesta que esperaba. Cada vez más confundido, Gabriel se volvió hacia Bonaparte.

—Tiene que haber sido una casualidad... ¿Cómo iban a hacer algo así a propósito?

—Me traen sin cuidado las circunstancias del hallazgo, ciudadano Roux; lo único que me interesa saber es si podremos descubrir algo de valor en ese agujero —replicó el general, tamborileando sobre los papeles de la mesa—. Por eso quiero enviarlos a Tebas lo antes posible, en el primer barco que podamos fletar rumbo al Alto Egipto. Serán dos o tres días de viaje por el río, de modo que no resultará demasiado cansado para ustedes.

—Pero… si acabamos de regresar a El Cairo, general. Ni siquiera nos ha dado tiempo a deshacer el equipaje, ni mucho menos a pasar a limpio nuestras anotaciones…

La mera idea de despedirse tan pronto del Instituto lo sumió en la miseria. Adiós a los baños de espuma de cada atardecer, a la ropa recién planchada por Jean-Baptiste, a una cama en la que pudiera descansar a salvo de serpientes y escorpiones. Adiós a las sonrisas de la ciudadana Lacombe, cuyo cuello olía a naranjas y prometía saber aún mejor.

—Supongo que preferiría que lo enviara de vuelta a París, con sus compañeros del Louvre. —La voz de Bonaparte, tan afilada como el abrecartas del escritorio, lo devolvió sin contemplaciones a la realidad—. Pero resulta que, desde que el condenado Nelson hundió nuestra flota en Abukir, estamos atrapados en un territorio absolutamente hostil.

—Eso lo sabemos de sobra, general —reconoció el muchacho. «Basta con mirar a los cairotas a los ojos. No nos consideran sólo unos infieles: nos consideran demonios».

—Entonces sabrá también que la necesidad de recaudar fondos con los que adquirir nuevos navíos empieza a ser acuciante…, tanto como para obligarnos a recurrir a algo tan innoble como el mercado negro de antigüedades. Así que, ciudadano Roux —cuando el general lo atravesó con la mirada, a Gabriel casi le temblaron las piernas—, si de veras sueña con regresar algún día a su adorado París, ya sabe lo que debe hacer en esa tumba.

8

Amunet

Uaset, 1346 a. de C.

Desde lo alto del palomar, los alrededores de Uaset recordaban más que nunca a un inmenso oasis comprimido entre las montañas, y los campos de trigo que se extendían a los pies de Amunet, sentada como un pájaro más en uno de los travesaños de madera, hacían pensar en un océano embravecido por la brisa que mecía suavemente las espigas.

Aquel era uno de sus rincones preferidos de la finca, sobre todo cuando empezaba la estación de la cosecha. Resultaba casi hipnótico observar cómo los segadores, a los que su padre había acabado de organizar en cuadrillas la tarde anterior, dejaban unas profundas cicatrices en los trigales a medida que avanzaban con sus hoces de bronce, seguidos por los que se ocupaban de atar las gavillas antes de echarlas en cestos. Desde la atalaya de la pequeña se veían relucir sus hombros cubiertos de sudor, y se oían también las risas de las criadas que les llevaban odres de agua y fingían escandalizarse con sus canciones.

Tal vez la esclava Kashla estuviera en lo cierto y no todas las tradiciones tuviesen razón de ser, pero en ese momento, mientras contemplaba un escenario dorado, verde y azul que no había cambiado en miles de años, Amunet se sintió invadida por una curiosa calma. Ella pertenecía a aquel lugar, aunque hubiera nacido lejos de Uaset; sus raíces eran tan profundas como las de la palmera de la que solía recoger dátiles cada tarde. Cerró los ojos unos segundos, aspirando el olor de la mies mezclado con el del río, y cuando volvió a abrirlos notó algo extraño, a pocos metros de la base del palomar.

Un bulto gris se movía de manera sospechosamente errática entre las espigas. Al entornar los ojos descubrió que se trataba de una paloma, y eso le hizo fruncir el ceño antes de empezar a descolgarse hábilmente, de un travesaño a otro, para alcanzar el suelo.

—¿Y a ti qué te ha pasado? —preguntó una vez en tierra—. ¿Te has caído del nido?

Al acercarse a ella, el ave se revolvió alarmada. Trató de ocultarse aún más entre las espigas, pero no pudo ir demasiado lejos: la niña se dio cuenta de que tenía un ala herida.

—Estate quieta o te harás mucho más daño —le advirtió, adentrándose tras ella en el susurrante trigal. Aquel año las espigas eran casi tan altas como Amunet—. No voy a hacerte nada, so boba —siguió diciendo—, pero puede que los segadores sí, si no te ven.

Cuando se agachó para alargarle una mano, la paloma se detuvo poco a poco. Sus ojillos anaranjados la observaron unos segundos antes de regresar obedientemente a ella.

—Eso es. —Amunet sonrió mientras la acogía en su regazo. Cuando la paloma se acurrucó contra su pecho, pudo ver que seguía teniendo extendida el ala derecha—. Será mejor que te devuelva al palomar con las otras. Tienes que descansar para ponerte buena.

El arrullo con el que le respondió le hizo sentir una súbita ternura. A Amunet no solía caerle demasiado bien la gente, sobre todo cuando no la conocía, pero los animales despertaban en ella un instinto de protección abrumador. Se levantó con el ave entre las manos para regresar al palomar, y acababa de dejarla con cuidado en uno de los pequeños nichos horadados en el exterior de la torre cuando oyó hablar a alguien al otro lado.

Se llevó una sorpresa al descubrir a su padre en compañía de dos sacerdotes, cerca de los establos a los que estaban conduciendo a los bueyes. Los reconoció enseguida por las cabezas afeitadas: eran siervos de Amón, aquellos que, según Kashla, no tardarían en aparecer para apoderarse de su cosecha. «Se va a poner furiosa cuando lo sepa», pensó la niña mientras se sumergía en el trigal, acercándose lo más sigilosamente que pudo para averiguar de qué estaban hablando con su padre y contárselo después a Kashla.

Por suerte, llevaba puestas aquella tarde sus sandalias favoritas, unas que la esclava había trenzado para Amunet con sus propias manos, y con ellas no hizo más ruido que un gato entre las espigas. Cuando estuvo cerca de los hombres, oyó decir al más anciano:

—Sabemos que no es fácil de asumir, sobre todo en los tiempos que corren. Pero en los dominios de Amón hemos contado con grandes *hekas* que empezaron a formarse a esa edad, aunque no exista constancia de que ninguno contara con un don como el suyo.

—Tiene que tratarse de un error —respondió Sennedjem. Sus ojos verdes parecían más grandes de lo normal debido a la perplejidad—. Llevo diez años con ella y nunca he presenciado nada semejante. Y teniendo en cuenta la cantidad de animales que hay aquí…

Ante esto, Amunet tuvo que agarrarse a las espigas para no caerse. Algo le oprimió el estómago como un puño de bronce, un miedo que nunca antes había sentido.

—Es posible que haya estado haciéndolo a escondidas —dijo el anciano. Llevaba una piel de leopardo alrededor del cuerpo que debía de estar dándole un calor espantoso.

—O que estemos siguiendo una pista falsa —matizó el otro sacerdote. No debía de tener más de veinte años, pero el rasurado le hacía parecer mayor—. Me he pasado el día diciéndotelo: esto es una pérdida de tiempo. Cuando antes regresemos a Ipet Sut, mejor.

—Habíamos acordado, Hori, que de esto me encargaría yo —le reprochó el anciano, y siguió diciéndole a un confundido Sennedjem—: Me gustaría hablar un rato con la niña.

—No tengo… la menor idea de dónde está ahora mismo. Amunet nunca da explicaciones sobre lo que hace, suele ir y venir a su antojo por la propiedad…

—La clase de criatura a la que resultaría más sencillo educar —contestó Hori con un resoplido de impaciencia—. Déjalo de una vez, Menkhaf. Sé por qué estás empeñado en hacerlo, pero no vas a descubrir en una cría asalvajada la esperanza que necesitamos.

—El sacerdote está en lo cierto, mi señor. —Amunet se dio cuenta entonces de que Kashla caminaba tras ellos, sujetando una bandeja con cuencos de fayenza. A juzgar por el hecho de que no se refiriera a Sennedjem por su nombre, estaba tan alarmada como la pequeña—. Sabes que he criado a tu hija como si fuera mía y nunca he observado nada extraordinario en ella. Es una niña normal, como cualquier otra de Kemet…

—Gracias por darme la razón —dijo el joven, girándose hacia ella—, pero nadie ha pedido tu opinión, esclava. Deja que tu amo se ocupe personalmente de sus asuntos.

Esto hizo que Kashla apretara sus gruesos labios, y Amunet, pese a estar cada vez más ansiosa, sintió el irrefrenable deseo de arrojarle a Hori un puñado de barro para ver si su cráneo rasurado seguía reluciendo del mismo modo. Para entonces estaban tan lejos que apenas podía escucharles y tuvo que acercarse a los mismos límites del trigal.

—Sigo diciendo que esto es un disparate —insistió Sennedjem—. Deben de haber confundido a mi Amunet con otra niña. La hija de alguno de nuestros vecinos, tal vez.

—No hay equivocación posible, tratándose de esta propiedad. Hemos seguido las indicaciones de alguien que vio actuar su magia hace poco —la pequeña abrió la boca, acordándose del niño del día anterior— para averiguar qué hay de cierto en lo que nos ha asegurado. En Ipet Sut podría aprender a controlar su poder y emplearlo con fines elevados; le enseñaríamos a participar en nuestras ceremonias, a memorizar conjuros…

—¿En Ipet Sut? —se asombró el terrateniente—. ¿Tendría que marcharse de aquí?

—Es un buen lugar, Sennedjem, y habría mucha gente dispuesta a cuidar de ella. Yo podría ocuparme personalmente de su educación, y seguro que acabaría haciendo amigos.

—Pero no lo entendéis… Amunet es la única hija que tengo, es mi niña, mi bien más preciado. ¡No podéis pedirme que renuncie a ella cuando más la necesito a mi lado!

—¿Ni siquiera sabiendo que podría ser la salvación de Kemet? —preguntó en voz queda el anciano—. ¿Lo que impediría que se hiciera añicos el trono de las Dos Tierras?

—La salvación de Kemet. Amón bendito... —Sennedjem se restregó la cara con sus delgadas manos—. Sigo sin poder creer lo que estoy oyendo. Hasta hace un rato me parecía conocer a mi propia hija y, de repente, resulta que tengo en casa a un prodigio...

—Quizá convenga asegurarnos antes de que es así —replicó Hori, y señaló con la cabeza el trigal situado a sus espaldas—. Me parece que contamos con una pequeña espía.

Dicho esto, apartó las espigas a ambos lados para descubrir a la niña agachada en el suelo. Amunet dejó escapar un grito ahogado, encogiéndose aún más sobre sí misma.

—¿Es esta la chiquilla? —se asombró el anciano Menkhaf mientras Kashla gemía.

—Amunet, ¡vuelve aquí ahora mismo! —exclamó Sennedjem cuando su hija, tras retroceder apresuradamente sobre las palmas de las manos, se puso en pie para alejarse a toda velocidad. Su cascada de trenzas se agitaba enloquecida tras ella—. ¡Amunet...!

—No os preocupéis, no irá muy lejos —les aseguró Hori—. Dejadlo de mi cuenta.

Cerca del murete pintado de blanco, unos trabajadores se encargaban de cebar a los gansos de Sennedjem introduciéndoles bolas de grano humedecido por la garganta. La precipitación con la que Amunet pasó ante ellos les hizo mirarla extrañados, pero, cuando Hori se disponía a hacer lo mismo, apretando el paso para alcanzarla, ocurrió algo que los desconcertó aún más: todas las aves se movieron a la vez para interponerse entre ambos.

—¡Apartad a estos animales de aquí! —gritó el joven, tratando de abrirse camino entre un océano de plumas blancas, marrones y grises. Había tantos gansos que casi se tropezó con ellos, y para cuando pudo quitárselos de encima, no quedaba rastro de la niña.

Tardó casi diez segundos en distinguir el revoloteo de su vestido blanco. Estaba a punto de saltar por encima del muro, y Hori se encaminó hacia allí sin dejar de farfullar.

—¿Nadie te enseñó que es de mala educación escuchar conversaciones ajenas? Me imagino que pensaste que, si te escondías hasta que nos marcháramos, dejaríamos de...

Como si lo hubiesen azuzado con un látigo, uno de los bueyes que estaban siendo devueltos a los establos se apartó de los demás para colocarse ante Hori. Este consiguió detenerse justo antes de chocar con él, titubeando ante la visión de sus afilados cuernos.

—Por la divina consorte Nut —oyó decir a Menkhaf, que se acercaba seguido por Sennedjem y Kashla; los tres estaban lívidos—. ¿Ha sido la chiquilla la que lo ha...?

—Por supuesto que no —contestó Hori, aunque no podía apartar la mirada de los oscuros ojos del buey. Ninguno le había parecido tan inteligente hasta entonces—. Sólo ha sido una casualidad con la que ha conseguido despistarnos, pero no por mucho tiempo.

Sennedjem, que se había puesto pálido, no pudo hacer otra cosa que recolocarse la rizada peluca. Siguieron a Hori a toda prisa hacia la entrada de la propiedad, en la que dos guardias asistían desconcertados a la escena, y no tardaron en distinguir a Amunet: había echado a correr por la pendiente embarrada que conducía hasta la ribera del Nilo.

—Ya te has divertido bastante, ¿no crees? —la llamó Hori. Corrió a su vez detrás de la pequeña, siguiendo las huellas dejadas por sus sandalias entre las palmeras—. ¿De verdad esperas pasarte la vida entera huyendo? ¿Piensas que no tenemos nada mejor que hacer que seguirte sin parar, como si hubiera algo en ti que mereciese la pena?

Vio cómo la niña volvía la cabeza para mirarle, aunque siguió sin detenerse pese a jadear cada vez más. Era como perseguir a una lagartija demasiado pequeña y escurridiza.

—¡Si tuvieras un poco más de sentido común, regresarías aquí para acabar cuanto antes con esto! ¡De esa manera podrías volver con tu padre, nosotros nos marcharíamos a Ipet Sut y no tendríamos que estar...! —Pero entonces Amunet tropezó con la raíz de un árbol y Hori la vio caerse de bruces entre los marjales de papiros—. Ah, menos mal.

Las plantas susurraron a su paso cuando se acercó a ella. Fue apartándolas con los brazos como había hecho antes con las espigas, seguido a cierta distancia por Menkhaf, Sennedjem y Kashla..., pero, cuando por fin se encontró ante Amunet, se detuvo en seco.

Estaba acurrucada en la espesura, toda ojos verdes y mejillas encendidas, aunque no se hallaba sola. Media docena de serpientes se arracimaban a su alrededor, inundando el aire con unos siseos que hicieron que a Hori, repentinamente blanco, se le helara la sangre.

Ninguna dio muestras de querer atacar a la niña. Sus seis cabezas estaban alzadas hacia los recién llegados y sus cuerpos se mecían adelante y atrás en completa tensión.

—Amunet. —La voz de su padre era apenas un susurro—. Por todos los dioses...

—Sabía que Khay estaba diciendo la verdad —murmuró Menkhaf. Cuando dio un paso titubeante hacia ella, una de las serpientes le enseñó los afilados colmillos—. Sabía que se trataba de un regalo de Heka, Hori. Lo único capaz de proteger a nuestro faraón.

Pero Hori ni siquiera pudo responder a su mentor. Su conmoción era mayor que la de ningún otro, quizá porque su escepticismo también lo había sido. Su única reacción fue dejarse caer de rodillas, sin preocuparse siquiera por su túnica blanca.

Rodeada por sus guardianas, Amunet se quedó mirando a su padre, todavía con la respiración entrecortada, y más tarde a Kashla. Se le encogió el corazón al advertir que había lágrimas en los ojos de la esclava, aunque no recordaba haberla visto llorar jamás.

—Me parece que vas a tener que aprender a hacerte las trenzas sola, Amunet —le susurró con la garganta atenazada por el llanto, y entonces supo que no había escapatoria.

9

Shaheen

Valle de los Nobles, 1799

La entrada de la tumba era una sonrisa apenas esbozada en la montaña. La arena que la había cubierto durante más de tres mil años había revelado una grieta tan angosta que, de no haber sido por la presencia de los escarabajos, habría pasado inadvertida a los saqueadores de Aziz al-Rashid. Pero aquella noche no parecía haber ni un solo ser vivo en la zona, con excepción de los chacales a los que se oía aullar más allá de la necrópolis.

—Sigo diciendo que deberíamos haber venido a plena luz del día —dijo Shaheen cuando acabaron de ascender la pendiente. Las dunas que resbalaban desde la montaña, sumidas en una penumbra plateada, recordaban a un misterioso paisaje lunar—. De ese modo tendríamos la seguridad de que las fuerzas malignas no tratarían de hacernos nada.

—Y saludar de paso a los campesinos con los que nos cruzáramos. —Una vez que se encontraron ante la grieta, Ahmed dejó en el suelo su saco—. Vaya, sí que es estrecha…

—Me imagino que eso quiere decir que no hay vuelta atrás —masculló Shaheen.

—Para algo eres el más pequeño de los dos. —Cuando Ahmed le revolvió el pelo, el nudo de su estómago se aflojó un tanto, aunque siguió con el ceño fruncido—. Es el momento de descubrir, pequeño halcón, si nuestro futuro está esperándonos ahí dentro.

Mordiéndose los labios, Shaheen se aseguró de llevar la daga escondida dentro del fajín mientras hacía con disimulo el signo contra el mal de ojo. Por mucho que Ahmed insistiera en que no podía haber *yinns* en aquel lugar, la sensación de que algo extraño (o alguien, lo cual era aún más inquietante) aguardaba dentro de la tumba le había hecho estar en tensión desde que habían empezado a ascender desde el río. Las luces de Tebas titilaban sobre el agua como recordándoles cuál seguía siendo la orilla de los vivos; en la oeste, donde los antiguos egipcios se habían hecho enterrar, ya no había más que muerte.

Ahmed había cogido un par de antorchas antes de embarcarse en El Cairo, y tras dos intentos consiguió encender una de ellas. Se la puso a Shaheen en la mano con una sonrisa y después se quedó observando cómo se encaramaba sobre las rocas, moviendo la tea a través de la grieta hasta que tuvo la seguridad de que no había nada al otro lado.

—Vía libre —murmuró antes de dejarla caer por el agujero. Cuando saltó detrás y apartó unas piedras para que Ahmed pudiera pasar, se llevaron tal sorpresa que durante unos instantes no pudieron decir nada, porque nunca habían imaginado una sepultura así.

Era muy distinta de las Tumbas de los Califas y tan impregnada de color como si la hubiera pintado un niño. Con la boca abierta, ambos muchachos se quedaron mirando el techo, en el que habían representado un emparrado rebosante de uvas, y las paredes perfectamente lisas, repletas de personajes retratados de perfil. La más cercana a la puerta estaba decorada con una escena en el Nilo, y Shaheen se acercó despacio a ella.

—Bendito sea el Profeta —profirió Ahmed con una carcajada nerviosa, llevándose las manos a la cabeza—. Esto es lo último que esperaba ver. ¡Parece pintado ayer!

Cuando encendió la otra antorcha y colocó las dos en la pared, en unos pequeños huecos con forma de ladrillo, el resplandor iluminó más la escena y Shaheen se percató de que en ella aparecían un padre y una hija. Él llevaba una peluca rizada y una túnica blanca; ella era una niña aún, tan pequeña que sólo le llegaba por la cintura, y tenía el pelo recogido en una maraña de trenzas diminutas. Con una mano señalaba los marjales de papiros que crecían en la orilla de enfrente mientras con la otra sujetaba la de su padre.

Había algo en su rostro, vuelto hacia el del hombre como para decirle algo, que hizo estremecerse a Shaheen. ¿Cuánto tiempo había pasado desde que se apagaron esos ojos, rodeados por un cerco de maquillaje negro? ¿Cuánto llevaban observando la oscuridad?

—Esta debe de ser la habitación en la que se dejaban las ofrendas —dijo Ahmed al cabo de un rato, acercándose a una mesa de piedra situada en el centro de la sala. En ella había un incensario y unas bandejas de frutas arrugadas por el paso de los años—. No es que quede gran cosa, pero podría servirnos. Estas figurillas suelen venderse bastante bien.

Pero Shaheen no estaba prestando atención. Al apartar los ojos de la niña, se había dado cuenta de que la cenefa zigzagueante del Nilo mostraba unas extrañas manchas de color rojo oscuro, casi marrón. Algo que no podían ser peces, ni tampoco flores de loto.

Su curiosidad se convirtió en aprensión al constatar que el muro no era lo único manchado. Una película del mismo color cubría la parte del suelo más cercana a la pared.

—Mira esto otro —continuó diciendo Ahmed, a sus espaldas—. Es una especie de estuche de oro, y todavía contiene algo pegajoso... —Lo olfateó unos segundos—. Creo que son los restos de un perfume. Por esto sí que podríamos sacar una buena cantidad...

—Ahmed —fue su susurrante respuesta—. Me parece que hay sangre en la pared.

—¿Qué estás diciendo? —Ahmed devolvió el estuche a la mesa de las ofrendas y se reunió con Shaheen, que seguía mirando el muro—. ¿No es pintura roja? —preguntó.

—No lo creo, porque también se ha derramado por el suelo. Fíjate en ese charco...

—A lo mejor es de los anteriores saqueadores. Puede que se cortaran con alguno de estos objetos y por eso decidieron marcharse sin recoger las demás piezas del tesoro.

—Pero no hemos visto sangre en la entrada —le recordó Shaheen—. Si sufrieron un accidente, deberían haber dejado un reguero al marcharse. Además, mira esto. —Se acuclilló para rascar el suelo con su daga. Los restos petrificados de una corona de flores se confundieron con el polvo—. Está demasiado seco para haberse derramado hace poco.

—¿Crees entonces que es sangre más antigua? ¿De la misma época que la tumba?

Durante casi un minuto no oyeron más que sus respiraciones, mezcladas con el aullido de los chacales que seguían merodeando por el exterior. Finalmente, Ahmed dijo:

—No tengo ni idea de qué sucedería aquí, pero me trae sin cuidado. Más nos vale echar un vistazo a esa cámara subterránea para descubrir si también tiene algo de valor.

Al fondo de la habitación, un pozo cegado con cascotes descendía hacia una sala de la que les había hablado Aziz al-Rashid. Eran de mayor tamaño de lo que habían pensado, de manera que se pusieron manos a la obra para comenzar a apartarlos entre resoplidos.

Fue un trabajo pesado que se alargó un par de horas, durante las cuales no dejaron de tender el oído temiendo percibir el eco de los cascos de algún caballo o voces que delataran que los habían seguido. Mientras tanto, la montaña de pedruscos no hacía más que crecer hasta que, cuando el pozo ya estaba más despejado, Shaheen saltó al interior para pasarle a Ahmed los últimos cascotes, tan grandes que apenas consiguió sujetarlos.

—Me parece que puedo bajar desde aquí. —El techo de la cámara sepulcral le llegaba por la cintura, pero quedaba suficiente espacio para deslizarse. Shaheen tragó saliva antes de alzar la cabeza—. Pásame una antorcha —le susurró a Ahmed.

Cuando la enarboló dando un paso adelante, las sombras retrocedieron como unos insectos alarmados por el fuego, despejando un círculo en el que algo relució. Algo tan brillante que, tras pasar tanto tiempo en penumbras, estuvo a punto de cegarle.

—Shaheen —le llamó Ahmed desde arriba, pero no obtuvo respuesta. El estupor le había dejado sin aliento—. Shaheen, ¿te encuentras bien? ¿Qué estás viendo ahí abajo?

—Cosas —fue lo único que pudo contestarle, a media voz—. Cosas maravillosas.

La antorcha temblaba tanto en su mano, cuando se aventuró unos pasos más en la sala, que los objetos parecieron saltar para darle la bienvenida. Era como haber entrado en la cueva de Alí Babá, porque mirara donde mirara no veía más que destellos: había muebles revestidos de láminas de oro, arquetas con incrustaciones de pasta de vidrio, un cofre de madera con escenas de dioses desconocidos, más figurillas como las de arriba...

En una hornacina situada al fondo, distinguió unos extraños vasos cuyos tapones habían sido esculpidos como cabezas de animales. Y a ambos lados, contra las paredes...

—Ahmed —consiguió decirle con una sacudida en el estómago—, las tengo aquí.

—¿De quiénes hablas? —Pese a que su voz sonara cada vez más lejana y el eco en la cámara resultara ensordecedor, Shaheen percibió su alarma—. ¿Hay alguien contigo?

—Las..., las momias. Las estoy viendo, están aquí. Dentro de sus cajas de madera...

Podía sentir el miedo escalando por su interior como una enredadera. Sus dedos se posaron instintivamente sobre su daga, pese a saber que no serviría nada contra un *yinn*.

—Creo que Aziz las llama «sarcófagos». —Hubo un ruido sordo en el pozo cuando Ahmed también intentó bajar, seguido por un bufido—. Esto es demasiado estrecho para que pueda seguirte, pero no importa, Shaheen. No van a hacerte nada, así que date prisa.

«Eso es fácil de decir cuando puedes echar a correr». La cara pintada sobre la tapa del más cercano, con una sonrisa que de puro calmada resultaba aterradora, hizo que a Shaheen le temblaran las manos, pero se las ingenió para dejar la antorcha en el suelo y empezar a meter a toda prisa en un saco los primeros objetos que vio a su alrededor.

Mientras lo hacía no dejaba de mirar los ataúdes de reojo, casi temiendo que se empezaran a sacudir. ¿Estarían dándose cuenta las momias de lo que hacía?

—Esto nos está llevando más tiempo del que esperaba —oyó comentar a Ahmed en cierto momento—. Si no nos apresuramos, el amanecer nos sorprenderá en esta orilla.

—Es mejor tardar un poco más que tener que hacer otro viaje hasta aquí. —Tras descartar unas sandalias de papiro, Shaheen se quedó mirando la hornacina con los cuatro vasos—. Estoy viendo algo que a Aziz podría interesarle, pero me queda poco espacio…

—He traído otro saco, no te preocupes por eso. Tú agarra todo lo que puedas.

Para alcanzar la hornacina tenía que pasar entre los ataúdes. Shaheen notaba la boca más seca que nunca, pero se obligó a avanzar paso a paso hacia su objetivo, con el mismo cuidado que habría puesto para evitar despertar a un niño. Finalmente se encontró ante los vasos, y acababa de alargar una mano hacia ellos cuando algo le hizo detenerse.

Oyó cómo Ahmed atravesaba a toda velocidad la cámara y, después, una maldición cuando chocó con algo y el estrépito de un objeto metálico cayendo al suelo.

—¿Ahmed? —se extrañó Shaheen, acercándose al pozo—. ¿Qué está ocurriendo?

—Quédate ahí abajo. —¿Por qué su amigo parecía tan preocupado de pronto? ¿Se habría topado con algo raro en el piso de arriba?—. Creo que estamos en problemas.

—¿De qué estás hablando? ¿Necesitas que suba para echarte una mano con lo…?

—¡Te he dicho que te quedes ahí abajo! ¡Escóndete ahora mismo y no te muevas!

Hasta que no acabó de decirlo, Shaheen no se dio cuenta de que su voz no era la única que se oía. Algo se colaba en el interior de la tumba, a través del agujero de la entrada: un murmullo lejano en el que no tardó en reconocer un acento particular.

«Los *farengi*», pensó mientras la temperatura de la sangre parecía descender en sus venas. Los invasores se encontraban por todas partes, incluso en la orilla de los muertos.

—¡Escóndete, Shaheen! —le instó Ahmed desde arriba, cada vez más alarmado, y no le quedó más remedio que obedecerle. Olvidando por un momento la presencia de las momias, sacó precipitadamente la daga del interior de su fajín y se acurrucó en el rincón más sombrío, entre uno de los ataúdes y la pared cubierta de signos incomprensibles.

No era la primera vez que estaban a punto de atraparles, pero siempre había sido en espacios abiertos de los que no había resultado demasiado complicado escapar. «Si nos arrinconan aquí, estaremos perdidos. No hay más que una salida». Repasó mentalmente el aspecto del piso de arriba, pero no consiguió acordarse de ningún hueco en el que pudiera esconderse Ahmed, siendo tan corpulento. Y empezaba a preguntarse si no sería mejor subir a ayudarle cuando se oyeron nuevas voces sobre su cabeza, esta vez más exaltadas.

Un *farengi* se había puesto a gritar, otro le respondió en su mismo idioma y, tras lo que sonó como un apresurado forcejeo, algo quebró en dos la quietud de la tumba: el eco ensordecedor de un disparo, seguido por un gemido que reconoció como de Ahmed.

—¡Maldi…! —profirió Shaheen mientras se ponía en pie. Tuvo que taparse la boca con una mano que no dejaba de estremecerse, obligándose a pensar que quizá no había sucedido lo que temía. Que tal vez sólo habían herido a Ahmed, que podía seguir vivo todavía…

pese a las historias sobre la crueldad de los *farengi* y a que ya no se le oyera…

Y entonces, cuando pensaba que nada podría horrorizarle más, le pareció notar cómo le decían algo al oído. Un susurro apenas, pero tan claro como las voces de arriba.

Para montar semejante alboroto, podríais haberos quedado fuera. Qué escándalo.

—¿Quién eres tú? —exclamó girando sobre sus talones. No había nadie más en la cámara, nada parecía haberse movido. Los ataúdes seguían como antes—. ¿Quién…?

Ah, parece que sí puedes oírme. Esto no me lo esperaba. —A Shaheen le dio un vuelco el corazón al comprender que no se hallaba a solas: alguien le hablaba igual que en el palacio mameluco. Alguien que había estado observando en silencio lo que hacía.

—Eres…, ¿eres un alma en pena? —consiguió preguntar; la daga le temblaba en la mano al apuntar a su alrededor—. ¿Cómo has entrado aquí si lleva tres mil años cerrado?

Me encantaría responder a tus preguntas, por obvias que puedan resultar, pero me temo que no es el mejor momento. Por si no te has dado cuenta, ese amigo tuyo acaba de morir. —Como en respuesta, las voces de los *farengi* se acercaron más al pozo; Shaheen se volvió en aquella dirección con un respingo—. *Si fuera tú, me daría prisa en esconderme.*

No hizo falta que se lo repitiera. Tropezando casi con sus propios pies, abandonó el rincón para recorrer ansiosamente la estancia con la mirada. No parecía haber ningún hueco en el que cobijarse, ninguna rendija por la que poderse deslizar…, a menos que…

—*Viens ici, je crois que je l'ai trouvé!* —sonó entonces en el pozo, al tiempo que una escalera de cuerda resbalaba desde el piso superior. Shaheen no pudo pensárselo por más tiempo: cuando quiso darse cuenta, había apartado la tapa de uno de los ataúdes para apoyarla en el suelo. La visión de la momia de dentro, envuelta en unos vendajes amarillentos, hizo que el corazón se le desbocara de nuevo, pero no había marcha atrás.

Tuvo que tirar con todas sus fuerzas de ella para sacarla del ataúd y, cuando la arrojó también al suelo, se metió dentro de la caja, agarró como pudo la tapa y la colocó como antes, asegurándose de que quedaba bien encajada. Nada más tenderse en la oscuridad del interior, oyó cómo uno de los recién llegados saltaba dentro del pozo.

La antorcha encendida debió de desconcertarle, porque empezó a llamar a voces a los demás diciendo cosas como *trop étrange* y *me rend mal à l'aise*. Shaheen se sentía al borde del desmayo, con la cara empapada de sudor y el pulso aleteando en sus sienes.

Parece que estás de suerte —volvió a oír.

Cerró los ojos con fuerza, rezando a Alá para que todo aquello no fuera más que un mal sueño. «Me encontrarán —no podía dejar de pensar—, me encontrarán y me harán lo mismo que a Ahmed».

No te adelantes a los acontecimientos —oyó otra vez—. *Puede que sean más estúpidos de lo que parecen.*

Aun en medio de su espanto, Shaheen se quedó de piedra. «¿Eres capaz de escuchar mis pensamientos?».

Tan claramente como tú los míos. —Nuevos pasos en la cámara, esta vez más enérgicos—. *A propósito, me llamo Amunet. Y eso que acabas de tirar era mi cuerpo.*

Pero para entonces Shaheen se estaba hundiendo en la oscuridad y lo último que oyó, antes de que el mundo se desvaneciera a su alrededor, fue un suspiro de resignación.

10

Khay

Ipet Sut, 1346 a. de C.

«Cuando el escriba no es más que un niño, ya empieza a florecer» —recitaba el maestro Nebmaat sin dejar de recorrer pausadamente la estancia. El ruido de la vara de junco con la que se golpeaba la mano izquierda hacía encogerse de manera instintiva a los pequeños, inclinados sobre sus tablillas—. «Se le saluda por doquier, se le envía en importantes misiones. Sin ser todavía un adulto, viste con el faldellín de la madurez…».

Sentados en el suelo de tierra, los estudiantes de la Casa de la Vida se esforzaban por transcribir a jeroglíficos lo que les estaba dictando Nebmaat, uno de los fragmentos de la *Sátira de los oficios* con los que pretendía hacerles reflexionar sobre las bondades de la profesión de escriba antes de dejarlos marchar a sus casas. Hacía un calor agobiante aquella tarde, tanto que la capa de cera que cubría las tablillas de los alumnos empezaba a ablandarse sobre sus faldellines. Cerca de la diminuta ventana del aula, Khay se secó la frente con la mano con la que no sostenía el cálamo, lamentando haber dejado atrás la edad en la que todavía podía llevar la cabeza rapada salvo por un pequeño mechón lateral.

—«He visto al herrero en su trabajo, ante la boca del horno» —continuó diciendo el maestro mientras se paseaba entre los muchachos—. «Sus dedos son como las garras de un cocodrilo y apesta más que las huevas de pescado. El jardinero, por su parte, soporta un yugo; sus hombros están combados como los de un anciano por culpa de la pértiga…».

—Creo que te has equivocado de profesión. —Khay no necesitó darse la vuelta para saber que era Sebni quien le susurraba—. Seguro que te iría mejor trabajando en los jardines del palacio de Malkata. Por lo menos, allí no desentonarías entre tus compañeros.

El niño apretó los dientes mientras acababa de dibujar el jeroglífico del hombre con una azada que representaba al jardinero. Nebmaat no dio muestras de haberlo oído.

—«El joyero está encogido todo el día, con las rodillas y la espalda encorvadas…».

—Ah, eso te vendría aún mejor. Podrías olvidarte incluso de la muleta, estando todo el tiempo sentado. —Hubo una risita nerviosa a sus espaldas, y Khay supuso que Henu o Mena estarían tratando de adular a Sebni—. Comparado con la espalda, un pie sería…

—No todos los tullidos están condenados a ser unos parias —respondió Khay, sin pararse a pensar en lo que decía. El cálamo le temblaba de ira entre los dedos—. Algunos han llegado más lejos de lo que imaginas, aunque haya tenido que ser fuera de Ipet Sut.

Por desgracia para Khay, el maestro dejó de hablar en ese preciso momento. Diez pares de ojos ribeteados de *kohl* se volvieron hacia él, incluidos los del propio Nebmaat.

—Parece que alguien tiene mucho que decir al respecto, tanto como para no poder esperar al final de la clase. Claro que tampoco debería cogernos por sorpresa —clavó la mirada en el tobillo retorcido del pequeño—, teniendo en cuenta ciertas circunstancias.

Sebni soltó una queda carcajada, pero ninguno de los otros alumnos le coreó. Tras abrirse camino entre ellos, el maestro se detuvo ante Khay, enarbolando su temida vara.

—¿Qué es eso tan importante que necesitabas compartir con nosotros? —inquirió.

—Nada —murmuró el niño, poniéndose rojo—. Es sólo que algunos textos dicen cosas muy diferentes de las de la *Sátira*. Sobre las..., sobre las personas que son como yo.

Por un instante creyó observar cómo la sombra de la duda se posaba sobre el rostro del maestro. Nebmaat era uno de los más ancianos del templo, y tan demacrado que la piel se le pegaba a los huesos como si acabara de salir del taller de los embalsamadores.

—No tengo la menor idea de a qué te refieres, chico. Conozco los textos antiguos como la palma de mi mano y, que yo sepa, no has podido consultarlos en la biblioteca...

—«No te rías del ciego ni te burles del enano ni le quites importancia a la condición del cojo» —citó el pequeño en voz más baja, aunque audible—. «No te burles de un hombre que está en la mano del dios ni le seas hostil hasta llegar a agredirlo. El hombre es arcilla y paja, el dios es su constructor». Es un proverbio que suele repetirme mi padre.

Hasta que su voz no se apagó, no fue consciente de la tensión que había invadido la estancia. Henu y Mena, sentados detrás de Sebni, lo miraban con la boca entreabierta.

—¿Y tú piensas que eso es verdad? —quiso saber el maestro tras unos segundos de escalofriante silencio. Khay se apresuró a agachar la cabeza—. ¿Crees que a ti te ha creado el mismo dios que al faraón, vida, salud y prosperidad le sean dadas, por ejemplo?

—Creo…, creo que las personas con deformidades pueden ser tan válidas como las que más si se esfuerzan por alcanzar sus metas —tartamudeó el pequeño—. Ha habido gente importante que los ha aceptado en la corte, como Khufu o la dama Mutnodjemet…

—Khufu fue uno de los más grandes reyes de Kemet, y Mutnodjemet es hermana de la Gran Esposa Real, la reina Nefertiti. —Nebmaat se agachó hasta que su rostro y el de Khay estuvieron a la misma altura; una vena palpitaba en su frente—. Tú, en cambio, no eres más que el hijo de un escriba de tercera, sin el suficiente sentido común como para saber cuándo conviene mantener la boca cerrada. Por suerte para ti, los dioses te han colocado en el camino de alguien que sabrá recordarte cuál es el lugar al que perteneces.

Ni siquiera tuvo que ordenar a Khay que se agachara. Había pasado tantas veces por aquello que le traía sin cuidado el dolor, pero la humillación de ser azotado delante de sus compañeros, sólo por haber dicho la verdad, hizo que le ardieran las mejillas.

Fueron diez zurriagazos, aunque podrían haber sido cien. Como solía ocurrirle en esos momentos, se esforzó por refugiarse en sí mismo como una tortuga en su caparazón.

—Espero que esto te ayude a atar en corto esa lengua —dijo el maestro cuando acabó de golpearle la espalda, sacudiendo el brazo con el que sostenía la vara—. Y ahora desaparece de mi vista; ya nos has hecho perder demasiado tiempo con tus majaderías.

Sumiso como un cordero, Khay abandonó la estancia con su muleta, aunque cada paso parecía costarle un esfuerzo mayor. Sólo cuando desembocó en el espacio abierto ante la Casa de la Vida, sobre cuyo enlosado se agitaban las sombras de las palmeras, se preguntó cómo podía sentirse tan disgustado consigo mismo, estando acostumbrado a los castigos de Nebmaat. Era como si una parte suya supiera que había hecho algo para merecerlos, aunque estaba convencido de que no podía tratarse de aquella conversación.

Una vez que dejó atrás los dominios de los escribas, el niño se sumergió en la bulliciosa riada que atravesaba Ipet Sut y que acabó conduciéndole a la entrada del recinto. Desde allí pudo observar cómo el sol empezaba a ponerse sobre la otra orilla, pintando de rojo la Necrópolis de Millones de Años y arrancando los últimos destellos al pavimento de plata y las estelas de lapislázuli con estrellas doradas que daban la bienvenida al templo. Los enormes colosos de Amenofis Nebmaatra, el difunto padre del faraón, también estaban bañados por la misma luz y Khay se acercó al de la derecha para posar una mano en él.

¿Cómo sería contemplar el mundo con los ojos de un dios viviente? ¿No tener que encogerse nunca más de miedo bajo la vara de un maestro, no agachar la cabeza ante la mirada condescendiente de los demás? Tal vez aquellos que trabajaban para los faraones acababan contagiándose de su seguridad en sí mismos; incluso a Khay podría ocurrirle algo así, de no ser porque… «Nada más que el hijo de un escriba de tercera», había dicho Nebmaat, y el niño se mordió los labios. No, su sitio no estaría en la corte ni en ningún lugar donde la apariencia importara más que la pureza del *ka*, la energía vital. Los dedos que había apoyado en el trono de granito resbalaron poco a poco por los jeroglíficos, y se disponía a darse la vuelta para regresar a casa cuando notó algo que le hizo detenerse.

La habría reconocido en cualquier multitud, pese a no haberla tenido más que unos segundos ante sí. La niña de los ojos verdes se acercaba por la avenida de esfinges, con Menkhaf a un lado y Hori al otro; y aunque ninguno la estaba tocando, Khay supo que no se trataba de una visita de cortesía. Tenía las mejillas arrasadas por unas lágrimas mezcla de rabia y de miedo, pero, cuando apartó la mirada con esfuerzo de los altísimos obeliscos, cuyos remates dorados refulgían con la caída de la tarde, y distinguió a Khay en la entrada del recinto sagrado, pareció convertirse en otra persona.

El cambio fue tan brusco que los sacerdotes no reaccionaron a tiempo. La niña se apartó de su lado para echar a correr hacia el pequeño con los puños apretados de rabia.

—¡Fuiste tú! ¡Fuiste tú quien se lo contó! —Al alcanzar a Khay, lo embistió con tal fuerza que los dos cayeron al suelo. Tuvo que cubrirse la cabeza con los brazos cuando ella empezó a abofetearle—. ¡Kashla decía la verdad: tenías que arruinarlo todo!

—¡Amunet…! —Khay reconoció la voz de Menkhaf y sus pasos apresurados, y al cabo de unos segundos se la habían quitado de encima—. ¡Haz el favor de comportarte!

—¡Por tu culpa me han sacado de mi casa, y no te lo pienso perdonar! —Tuvieron que agarrarla entre los dos para hacerla entrar en el templo, pero mientras se la llevaban en volandas Khay continuó oyendo sus gritos—: ¡Me las pagarás! ¡Me las pagarás!

Pero su voz no tardó en confundirse con las de los demás habitantes de Ipet Sut y, cuando el niño consiguió incorporarse, con una mano en la maltrecha mejilla, entendió por fin qué era lo que le había hecho sentirse tan culpable desde el día anterior. «Me las pagarás», siguió sonando durante un buen rato en su cabeza, mientras el coloso del faraón a cuyos pies habían caído parecía carcajearse de los dos niños con sus labios de granito.

11

Gabriel

Valle de los Nobles, 1799

Ahmed fue enterrado en la necrópolis tebana, aunque no precisamente como en los tiempos de los faraones. Una sábana remendada, unas cuerdas atadas a su alrededor y un agujero cavado a toda prisa: eso fue todo lo que sus asesinos pudieron hacer por él.

—Es mejor hacerlo desaparecer cuanto antes —dijo el capitán Malenfant mientras acababan de cubrir el hoyo con arena. Había empezado a amanecer y una claridad rosada se insinuaba sobre la orilla este del Nilo—. No sabemos cuántos de los suyos siguen por aquí, ni si están al corriente de esto. Cuantas menos pistas dejemos tras nosotros, mejor.

—Para estar tan seguro de haber actuado correctamente, es curioso lo mucho que necesita repetírselo

—comentó René. Se había sentado con Gabriel a escasa distancia de la sepultura, delante de una tienda improvisada mediante una lona roja y unos postes. Los soldados llevaban casi dos horas trasladando a su interior el ajuar funerario, mucho más rico de lo que en un primer momento, sin más luz que la de las antorchas, habían pensado.

—Tengo la conciencia absolutamente tranquila, ciudadano Mouret —respondió el capitán sin inmutarse—. Para empezar, ese joven no debería haber entrado en la tumba.

—Porque tenía menos derecho a saquearla que nuestra expedición, ¿me equivoco?

—No se haga el demagogo conmigo: sabe de sobra que las circunstancias son muy distintas. A nosotros nos ha enviado el general Bonaparte como gobernador de Egipto…

—Y estas tierras pertenecían desde hace siglos a los antepasados de ese muchacho.

—Maldita sea, ¡si sólo era un bandido! —estalló Malenfant—. ¡Un beduino salvaje que les habría cortado la garganta a los dos de no habernos ocupado de inmediato de él!

—Tiene toda la razón: sólo era un lugareño. No sé cómo se me ocurre pensar que el gobernador de Egipto necesitará tener un pueblo al que poder gobernar. —Y cuando Malenfant se alejó sacudiendo la cabeza, René se volvió hacia Gabriel. Su semblante era tan sombrío que le dio unas palmaditas en un hombro—. No te tortures por esto: no ha sido culpa tuya —le susurró—. Tendríamos que haberlo podido resolver de otra manera.

—Ahora ya no importa —respondió Gabriel, y apartó los ojos con esfuerzo de las salpicaduras de sangre de su camisa—. Me parece que iré a echar un vistazo a ese ajuar.

Dio la espalda al pequeño montículo debajo del cual había desaparecido Ahmed y se dirigió muy despacio a la tienda. Un soldado estaba colocando una arqueta taraceada en el interior, pero al reparar en su presencia saludó con la cabeza antes de retirarse. Sólo cuando la lona cayó a sus espaldas y tuvo la completa seguridad de que no había nadie observándole Gabriel se permitió desmoronarse por fin, hundiendo la cara en las manos.

Todavía le parecía sentir en los dedos el olor de la sangre del bandido, pese a haberse lavado tantas veces desde que lo sacaron de la tumba que Malenfant se había burlado de él. «Esto no ha sido culpa tuya», se repitió a sí mismo, aunque su memoria no parecía estar de acuerdo; era como si todo el horror de París hubiera embarcado rumbo a Egipto con ellos. Como si ni el propio Mediterráneo, por inabarcable que le hubiera parecido en las semanas que pasaron a bordo, consiguiera mantener sus peores recuerdos a distancia.

«Basta. Basta de pensar en eso. Han pasado cinco años. —Se restregó los ojos con un cansancio cada vez mayor; no había podido dormir nada en toda la noche—. Pero eso sí que fue culpa tuya». Con un esfuerzo sobrehumano, se obligó a prestar atención a los montones de objetos que abarrotaban la tienda, agradeciendo que las dos lámparas de aceite encendidas en el interior les arrancaran suficientes destellos como para distraerle.

Los collares, amuletos, sandalias y frascos de perfume habían sido colocados en el interior de unas cajas de madera rellenas de algodón, mientras que los muebles serían envueltos en sábanas como la que había servido a Ahmed de mortaja para transportarlos sin problemas a la embarcación. También los ataúdes estaban allí, junto con una momia que, por alguna extraña razón, se hallaba en el suelo de la cámara sepulcral.

—¿Qué es lo que hiciste para no merecer siquiera un ataúd? —dijo Gabriel, dando un paso hacia ella. Aunque había visto más cadáveres como ese en el Louvre, su aspecto le provocó un escalofrío; habían apretado tanto los vendajes alrededor de su rostro que los rasgos seguían siendo apreciables bajo la tela—. ¿Y qué vamos a hacer nosotros contigo?

La delicadeza de sus pómulos y la carnosidad de sus labios le hicieron adivinar que debía de tratarse de una mujer. «Habrá que esperar a que Denon la desenvuelva —siguió pensando—, antes de que termine en el mercado negro». Aquello le hizo sentirse un poco culpable y acabó apartando la vista para prestar atención a los dos ataúdes.

Uno había perdido casi toda la policromía de la tapa, pero la del otro estaba mucho mejor conservada. Su forma imitaba la del cuerpo humano, con los brazos cruzados sobre el pecho, y se encontraba cubierto de adornos desconocidos por Gabriel: mujeres con las alas desplegadas, escarabajos alados y representaciones de dioses parecidas a las que decoraban las paredes de la tumba. No obstante, fue su retrato lo que le hizo arrugar el entrecejo, porque había algo en él que no había visto en ningún otro sarcófago.

De nuevo se trataba de un rostro femenino, enmarcado por unas trenzas diminutas que cubrían por completo sus hombros. Cuando se detuvo a su lado, se dio cuenta de que estaba en lo cierto: los ojos pintados en la tapa no eran tan oscuros como cabría esperar de una egipcia, sino de un verde que parecía aún más claro al estar rodeado de *kohl*. Cada vez más intrigado, se inclinó para examinarlos de cerca cuando ocurrió algo inesperado.

La tapa del ataúd saltó por los aires, golpeándole en la cara con tanta fuerza que Gabriel se cayó de espaldas. El ruido de la madera contra el suelo acalló su alarido, y lo único que pudo hacer, paralizado por el espanto, fue presenciar cómo alguien se sentaba dentro del ataúd. Alguien que, sin embargo, no parecía una momia.

Su horror dio paso a una perplejidad sin límites al descubrir que se trataba de un muchacho. Tenía el pelo oscuro y rizado y vestía con unos harapos de aspecto oriental.

—¿Cómo demonios…, cómo demonios has llegado ahí? —consiguió decir Gabriel casi sin aliento, mientras trataba de ponerse en pie entre los objetos que había derribado.

—*Ia talmasni!* —dejó escapar el chico. Se dio tanta prisa en abandonar el ataúd que lo volcó sobre la arena, enviándolo lejos de sí de una patada—. *Ia tujriw ealaa lms li!*

Durante unos segundos no hicieron otra cosa que mirarse, rodeados por las voces de los soldados que seguían hablando en el exterior. Una daga había aparecido como por arte de magia en la mano del muchacho, y eso fue lo que ayudó a Gabriel a atar cabos.

—Eres otro de ellos. Otro beduino como el que nos atacó en la tumba —dijo en voz baja, empleando el árabe esta vez—. Por eso había una antorcha en la cámara sepulcral.

—Yo no soy ningún beduino —contestó el muchacho—. Apártate de mi camino.

—Perdona, pero me parece que tienes unas cuantas cosas que explicarnos. ¡Después de semejante entrada triunfal, no pretenderás que te deje marchar así como así sin que…!

En vez de responder, el chico alzó más la daga. Daba la impresión de ser bastante antigua, aunque el filo seguía reluciendo de un modo que hizo que Gabriel tragara saliva.

—He dicho que te apartes —repitió el desconocido, dando un paso en su dirección.

—¿Y qué piensas hacer si no, ensartarme como a un asado? ¿Abriéndote camino a continuación entre una docena de soldados que te harán lo mismo que a tu compañero?

—No me importa cuántos seais, *farengi*. Ni ninguna otra cosa, por vuestra culpa.

¿Por qué sus ojos brillaban ahora tanto como la daga? ¿Y cómo podía seguir empuñando el arma si temblaba de los pies a la cabeza? Pese a continuar con el corazón en un puño, Gabriel no pudo dejar de admirar el arrojo de aquel joven, semejante al de un cachorro de león acorralado por cazadores. «Santo Dios, si no es más que un chiquillo».

Pero seguía teniendo una daga y seguía estando peligrosamente furioso. Tuvo que reunir toda su fuerza de voluntad para sacar la pistola Flintlock del interior de su camisa.

—Lo siento, chico —susurró mientras le apuntaba—. No puedo dejarte marchar.

Una profunda arruga apareció entre las cejas del joven, pero sus ojos continuaron evaluándole con la misma atención. Parecía estar preguntándose qué había de cierto en aquella bravata, y la conclusión a la que acabó llegando resultó desmoralizadora: antes de que Gabriel pudiera decir nada más, el muchacho había dado una patada contra el suelo.

La arena que le arrojó a la cara lo cegó, haciéndole soltar otro grito. Se tapó como pudo los ojos con la mano que no enarbolaba la pistola y el chico aprovechó aquella fugaz distracción para arrojarse contra él, aunque no recurrió a la daga. Cuando Gabriel quiso darse cuenta, le había asestado un puñetazo en la nariz que lo envió al otro lado de la tienda, y un segundo después había echado a correr por la abertura de la lona.

De poco sirvió que se pusiera a llamar a voces a los soldados. Oyó cómo se acercaban precipitadamente a la tienda y un «¡detenedle, rápido!» cuando se cruzaron con el joven, aunque no parecieron tener mucho éxito. El ruido de sus pasos acabó siendo devorado por el desierto, y Gabriel soltó un juramento al llevarse las manos a la nariz y comprobar que volvían a estar manchadas de sangre, pese a que aquella vez sí fuera suya.

12

Amunet

Ipet Sut, 1346 a. de C.

Los odiaba a todos, del primero al último. Odiaba lo encantados que estaban consigo mismos, los aires que se daban con sus pieles y sus collares de oro, el brillo de sus cabezas rapadas cada vez que se cruzaba con ellos. Odiaba aquella jaula de piedra en la que la habían encerrado como a una criminal y también las lecciones del anciano Menkhaf, el único sacerdote amable que había conocido en el templo, porque de poco le serviría convertirse en una *heka* si no tendría permitido abandonar jamás su recinto. La creación de amuletos mágicos, la preparación de bebedizos y ungüentos y el aprendizaje de los conjuros que, a falta de poder leerlos por sí misma en los papiros, Menkhaf le hacía repetir hasta que la cabeza amenazaba con estallarle, no atenuaba el dolor de la pequeña al pensar en su casa y su familia. Incluso con la sombra de la peste extendiéndose por la Tierra Negra, la vida seguía más allá de los muros de adobe de Ipet Sut, pero a Amunet le daba la sensación de que no existía una persona más olvidada por los dioses que ella.

Su ánimo empezaba a ser tan sombrío que, al séptimo día de su llegada, Menkhaf le dio permiso para salir a dar una vuelta. Era la primera vez que ponía un pie fuera del distrito de los sacerdotes y sus pasos la condujeron de manera instintiva a la inmensa mole del templo que observaba cada mañana a través de la ventana de su alcoba. Visto de cerca era aún más impresionante, tanto que Amunet tragó saliva; los muros pintados de un blanco cegador estaban cubiertos de jeroglíficos, tantos que se preguntó si daría tiempo a leerlos en una sola vida, y el perfume del incienso que ardía en los pebeteros aumentaba la sensación de haber entrado en una dimensión creada a escala de los dioses.

Más atónita a cada instante, cruzó poco a poco el patio porticado del santuario de Amón y se detuvo en el umbral de la siguiente estancia. Un bosque de columnas crecía al otro lado, tan altas que apenas se distinguía el verde de sus capiteles, y la techumbre estaba salpicada de estrellas doradas que emulaban el cielo real. Aquello le hizo pensar en las noches pasadas a orillas del Nilo, y el dolor la golpeó de nuevo como un latigazo.

—No puedes entrar ahí. —Una voz la hizo detenerse cuando se disponía a cruzar el umbral, atraída por el rumor de los sistros que estaban tocando dentro. Al volverse se encontró con cuatro niños de su edad que la espiaban desde detrás de la escultura de un faraón. El cretino de la muleta estaba entre ellos; Amunet ardió de cólera nada más verlo.

—¿Quién dice eso? —preguntó clavando los ojos en los de Khay. No pudo evitar sentir un perverso deleite cuando este agachó la cabeza, incapaz de sostenerle la mirada.

—Los sacerdotes. —El que habló parecía ser el cabecilla del grupo—. El maestro Nebmaat nos lo repite todo el tiempo: sólo el faraón y el clero pueden traspasar esa línea.

—Y ni siquiera el faraón tiene permitido acceder a la morada del dios —intervino otro de los chiquillos—. Es Ptahmose, el Primer Profeta de Amón, el único que puede…

—Pues entonces no entiendo por qué Ptahmose no lleva la corona de las Dos Tierras.

Era consciente de lo nerviosos que estaban, pese a su bravuconería. «Me miran como si tuviesen miedo de que les maldiga. Esto va a ser muy divertido…».

—¿Es cierto lo que dicen de ti? —acabó preguntando otro—. ¿Sabes hacer magia?

—Si no lo fuera, estaría en mi casa ahora mismo —replicó ella, mirando la sala por encima del hombro—, en lugar de aguantando a cuatro idiotas preguntones.

—No pareces una *heka* —terció el más alto, entornando los ojos—. He visto a los hechiceros de Ipet Sut realizando las ceremonias de purificación en la Fiesta de Opet y no podían ser más distintos de ti. Estoy seguro de que los cuatro somos mayores que tú.

—Los conjuros funcionan sin importar la edad de quien los pronuncie —Amunet dio un paso hacia ellos—, pero podemos probar unos cuantos si no os fiáis de mí. Ayer me enseñaron uno que permite volver un cuerpo del revés, con las vísceras hacia fuera…

—Eso te lo estás inventando para asustarnos —contestó el niño pasado un instante.

—¡Caigan el agua, el fuego y la pestilencia sobre todos aquellos que se atrevan a desafiar mi poder! —Cuando la niña empezó a gritar, ellos se sobresaltaron—. ¡Que sus piernas sean cortadas como las de un buey, sus cuellos retorcidos como el de un ave…!

—¡No puedes echarnos una maldición dentro del templo! —dejó escapar otro de los chiquillos, palideciendo por momentos—. ¡Se lo…, se lo contaremos a los sacerdotes!

—¡… que su casa deje de existir en la tierra de Kemet, que su tumba se derrumbe en la necrópolis, que los dioses no acepten su pan! —Amunet alzó los brazos, ahuecando la voz—. ¡Su carne será presa del fuego, sus hijos serán presas del fuego, sus huesos…!

No pudo contener una carcajada cuando los niños, sin dejar de mirarla con los ojos desorbitados, retrocedieron poco a poco para acabar echando a correr. El eco de su risa los persiguió hasta los pilonos de entrada; cuando desaparecieron, se volvió hacia Khay.

—¿Y tú por qué sigues aquí? —quiso saber Amunet—. ¿Es que no te doy miedo?

—No creo que pudiera ir muy lejos —contestó él, aferrando mejor su muleta. Al prestarle atención, ella se dio cuenta de que no tenía un pie herido, como había pensado en su anterior encuentro: su tobillo estaba tan retorcido que casi rozaba la arena con el empeine. Por algún motivo, aquello le hizo acordarse de la paloma que había rescatado antes de marcharse de su casa y sintió una punzada de lástima mezclada con añoranza.

—¿Qué te pasó? —le preguntó en voz más baja—. ¿Has tenido algún accidente?

—Nací así. —Aunque se encogió de hombros, Khay se ruborizó—. Sebni siempre compara a mi madre con un horno defectuoso. Dice que me tuvo dentro menos tiempo del debido; por eso vine a este mundo como un tullido y a ella se la llevó consigo Osiris.

—¡Eso es muy cruel! —se indignó Amunet—. ¿Por qué vas con gente tan horrible?

Él se limitó a guardar silencio, clavando los ojos en su pie inservible. Durante un rato, lo único que sonó fue el rumor de los cánticos y los sistros de los sacerdotes.

—Voy a confesarte una cosa —dijo ella por fin, y el niño la miró—. La verdad es que aún no me han enseñado ninguna maldición, pero procuraré aprenderlas pronto. Así podré practicar con ese Sebni cuando vuelva a meterse contigo. —Se dio la vuelta para alejarse hacia el patio y, al ver que él no la seguía, lo miró—. ¿A qué esperas?

—Quieres..., ¿quieres que vaya contigo? —se sorprendió Khay—. Pero ¿a dónde?

—Bueno, es mi primera tarde libre en Ipet Sut y no conozco más que el distrito en el que está mi casa. Me vendría bien la compañía de alguien que me enseñara todo esto.

—Pareces haberte olvidado de que, si ahora tienes que vivir aquí, es por mi culpa...

—No me lo recuerdes —le avisó Amunet ominosamente— o te daré un empujón que te dejará aún más aplastado que esos relieves. Vamos, ¡no me hagas esperarte más!

Aunque seguía con el ceño fruncido, había una sombra de sonrisa en sus labios que acabó contagiándole a Khay. Tras asentir en silencio, se recolocó la muleta y se dispuso a guiarla hasta el exterior, donde no parecía haber el menor rastro de Sebni y los demás.

Durante las siguientes tres horas estuvieron recorriendo cada uno de los enclaves del recinto a los que tenían permitido acceder.

Khay le enseñó los templos dedicados a Ptah, a Montu y a Mut, tan impresionantes que a su lado ambos se sintieron diminutos como hormigas, pero también las docenas de edificaciones de menor tamaño con las que los faraones llevaban contribuyendo desde hacía más de mil años a la gloria de Ipet Sut. Le mostró el embarcadero en el que se mecían las naves del templo, encargadas de traer, de ciudades de las que Amunet nunca había oído hablar, la mirra y el incienso empleados en las ceremonias. Visitaron los puestos de los orfebres, los herreros y los tejedores, y salieron de la panadería cercana a la casa de Khay cargados de obleas de anís que fueron a comerse junto al lago sagrado. Para entonces, el sol estaba a punto de alcanzar la orilla de los muertos y el agua resplandecía como la superficie de una caldera de cobre líquido.

Puede que tuviera la lengua de una serpiente y el carácter de un genio del Amenti infernal, pero Khay no tardó en comprender que aquella niña tan extraña también era divertida. No parecía importarle tener que amoldar su paso al de él, ni pararse a charlar con unos trabajadores a los que ningún sacerdote de Amón se habría molestado en mirar.

—Nunca había estado en un sitio como este —reconoció mientras contemplaban el atardecer al borde del lago, después de jugar un rato con unas cuantas ocas a las que Amunet había atraído con un simple gesto de la mano—. Mi padre me ha llevado un par de veces a Uaset para asistir a los desfiles de las barcas sagradas, pero no tiene nada que ver con este lugar. Apuesto a que todo el palacio real cabría dentro de uno de esos patios.

—Hay otros templos importantes en la orilla oeste —le aseguró Khay—. El de la reina Hatshepsut, que se vistió de hombre para poder gobernarnos, y el de Mentuhotep con su enorme pirámide en el centro. Y dicen que más al norte, cerca del Gran Verde…

—Dudo que sean tan impresionantes como este —respondió ella, escéptica—. Es imposible que haya tantos sacerdotes ricos. No dejarían nada para el faraón y su familia.

—¿Qué quieres decir? —le preguntó Khay—. ¿Qué tienen que ver los sacerdotes?

—¿Es que no te has fijado en las joyas que salían de aquel taller? ¿En lo que debe de costar fletar todos esos barcos que me has enseñado? —Amunet se sacudió las migas de las manos y las ocas regresaron presurosas—. No me extraña que el faraón esté tan enfadado. Nuestra esclava tenía razón: el oro es lo único en lo que parecen pensar aquí.

Aquello hizo que Khay se acordara de la conversación que había escuchado entre su padre y Menkhaf: «Hay quienes se están encargando de propagar la idea de que quien ha desatado la Maldición de Sekhmet es el propio faraón». Casi le pareció oír sus susurros, tan quedos que podrían haber pasado por los de unos conspiradores.

—La tarde en que te conocí —acabó diciéndole— encontré a mi padre en casa con Menkhaf. Hablaban de que Amenofis Neferkheperura está adorando a un nuevo dios…

—Lo mismo comentaban en mi casa. —Amunet se puso en un pie de un salto, tras alejar una vez más a las aves—. Déjame tu muleta un momento. No seas tonto, no te la voy a tirar al agua —protestó al ver titubear a Khay y, cuando este se la alargó, comenzó a trazar un dibujo sobre la arena: un círculo del que brotaba una serie de líneas rectas.

—Es el sol —adivinó el niño, aunque entonces vaciló—. Espera, es… otra cosa.

—El disco solar de Atón. —Amunet fue dibujando una pequeña mano al extremo de cada rayo de luz—. Un dios que existe desde hace tiempo pero al que hasta ahora se había adorado a la vez que a

Amón, Horus, Anubis y los demás. El faraón está tratando de convencer al pueblo de que es el único auténtico…, de que los otros no son más que…

—¿Qué estáis haciendo? —Aunque no fue más que una exclamación ahogada, los dos niños alzaron la cabeza de inmediato. Menkhaf acababa de detenerse a unos pasos de ellos, con las patas de su piel de leopardo ondeando a sus espaldas; y para asombro de Khay y Amunet, se lo veía inusualmente pálido—. Por todos los dioses, Amunet…

—Sólo estábamos charlando —dijo Khay, más extrañado a cada momento—. No les hemos hecho nada a las ocas sagradas; lo único que les hemos dado es pan con anís.

Pero Menkhaf no parecía pensar precisamente en las aves. Tras quitarle la muleta a Amunet, miró un momento por encima del hombro antes de borrar el dibujo.

—Debéis tener mucho más cuidado con lo que hacéis —masculló sin dejar de alisar la arena con su sandalia—. No me quiero ni imaginar qué habría pasado de haberos visto otra persona. ¿En qué estabais pensando para dibujar eso, si se puede saber?

—¡Pero si no era más que un símbolo! —exclamó Khay débilmente—. ¡Me paso los días dibujándolos en la Casa de la Vida! ¿Qué daño puede hacer un simple símbolo?

—Ojalá lo supiera, muchacho. No te haces una idea de lo distinto que sería todo si conociéramos esa respuesta. —El desconcierto de los niños no hacía más que crecer, pero Menkhaf, en vez de darles más explicaciones, agarró a Amunet de la mano para tirar de ella hacia el distrito de los sacerdotes—. Se está haciendo tarde y mañana te espera un largo día de estudio. Será mejor que cenes cuanto antes y te marches después a la cama.

—No tengo nada de hambre —replicó ella— y, si me acuesto ahora, no me dormiré.

—Pues más vale que se te ocurra otra manera de entretenerte. Aunque, después de lo que acabo de presenciar, no sé si nos conviene concederte más tardes libres. —Y tras devolverle la muleta, el anciano se despidió de Khay—: Saluda a tu padre de mi parte.

—Adiós —contestó este con pesar.

Amunet pareció a punto de decirle algo, pero Menkhaf tiró de nuevo de su mano y no le quedó más remedio que empezar a rodear el lago. Sólo cuando sus siluetas se confundieron con las del distrito de los sacerdotes Khay apartó la vista, sorprendido por el hecho de que las tinieblas hubieran empezado a caer sobre Ipet Sut en el momento en que se había alejado de él. Junto a su pie deforme, los restos del disco solar aún parecían latir bajo la arena, como la huella de una quemadura.

13

Shaheen

El Nilo, 1799

Ahmed había muerto. Era lo único en lo que Shaheen podía pensar. Daba igual que los *farengi* estuviesen peinando la zona para dar con su paradero: el espanto por lo que había pasado hacía que incluso aquello le pareciese poco más que un contratiempo.

No habría sabido decir de dónde había sacado las fuerzas para abandonar el Valle de los Nobles. Había corrido como alma que lleva el diablo por el desierto, oyendo a sus espaldas los gritos de los soldados y algún que otro disparo, y al desembocar en la ribera se había sumergido en los marjales de papiros. En esa parte del Nilo crecían tan altos que nadie habría podido encontrarle a más de un metro de distancia y, cuando por fin tuvo la seguridad de que los había despistado, se había echado a llorar en el barro como un niño.

Debían de haber pasado horas desde entonces, porque lo que no era más que una franja rosada sobre la otra orilla se había convertido en un espléndido amanecer. Mientras tanto, los soldados también habían descendido con el ajuar de la tumba hacia una parte de la ribera situada un poco más al norte, donde los esperaba una embarcación preparada para zarpar. Con la cara congestionada por el llanto, Shaheen estuvo espiándoles entre los papiros hasta que su congoja acabó convirtiéndose en agotamiento, preguntándose cómo unos uniformes tan pulcros como aquellos podían esconder una naturaleza tan bestial.

Si te sirve de consuelo, creo que su sufrimiento no se alargó mucho —dijo una voz en su cabeza, y a Shaheen casi se le escapó un grito—. *Vi su cuerpo antes de que lo enterraran y tenía una herida muy aparatosa. Debieron de dispararle justo en el corazón.*

Ni siquiera tuvo que preguntarse quién era; habría reconocido aquella cadencia en cualquier parte. «Pero ¿tú no estabas dentro de la tumba?».

Como comprenderás, después de tres mil años encerrada en un ataúd me apetecía regresar al mundo exterior. No tengo muy claro qué ha sucedido, pero parece que, al esconderte en su interior, has roto lo que sea que me anclaba a él. Sigo siendo un alma en pena, pero un alma en pena libre.

Aquel era, sin duda, el espíritu más extraño con el que Shaheen se había cruzado. Todos los que le habían hablado hasta entonces estaban atrapados en un lugar concreto debido a un asesinato, un amor truncado, una cuenta pendiente. Sin embargo, parecía que ese acababa de adquirir la rara capacidad de ir y venir a su antojo.

«¿Dijiste que te llamabas Anu…?».

Amunet —le contestó el espíritu—. *Significaba «la invisible» en nuestra lengua, lo cual era muy apropiado en una* heka.

«¿Una qué?».

Una hechicera al servicio del dios Amón.

«Lo que me faltaba».

Puedes creértelo o no, pero es verdad. Me formé con los sacerdotes de Ipet Sut.

«¿Qué es eso de Ipet Sut?».

El templo situado ahí enfrente —dijo Amunet, y Shaheen volvió la cabeza—. *Ahora lo llamáis Karnak.*

Al tender la vista sobre el río, vislumbró las ruinas que había entrevisto con Ahmed la noche anterior. El sol había decolorado los muros dejando sus piedras al descubierto, y entre ellos se alzaba un laberinto de puertas que no conducían a ninguna parte y columnas que sólo sostenían el peso del cielo. Las malas hierbas habían crecido a su antojo sobre los sillares caídos en tierra, confundiéndose con las palmeras que los envolvían en su abrazo.

Deberías haberlo visto entonces, cuando me trajeron siendo una niña. —La repentina nostalgia del espíritu pilló a Shaheen por sorpresa—. *Había estandartes ondeando delante de los pilonos y los obeliscos estaban rematados por pirámides de oro puro, y cuando uno se adentraba en el interior, tenía la sensación de estar abriéndose camino por una selva.*

—¿Qué es lo que quieres de mí? —la interrumpió Shaheen en voz alta, secándose los ojos con una manga.

Para empezar, debería darte las gracias. Fui yo quien envió a esos escarabajos a través de una grieta de la sepultura, por si te lo estabas preguntando. —La verdad era que no se le había pasado por la cabeza, pero la confirmación de que había algo sobrenatural en eso no le causó ningún orgullo—. *Digamos que siempre tuve... una afinidad especial con los animales, cuando todavía estaba viva. Lo que no esperaba era que fuesen a atraeros a tu amigo y a ti a la vez que a los franceses.*

—Pues ahora que has dejado tu tumba, no hay mucho más de lo que tengamos que hablar —continuó Shaheen, cada vez más impaciente—. Debería marcharme antes de...

Bueno, no negaré que es un alivio estar aquí fuera, pero hay otra cosa que puedes hacer por mí, antes de que nos separemos. Dudo que encuentre a mucha gente con tu don.

El desconcierto de Shaheen aumentaba por momentos. No quería seguir con ese fantasma al lado, no después de lo que acababa de suceder. Quería regresar a El Cairo en la primera barca que pudiera robar y decirle a Aziz que se metiera sus encargos por el...

Sabré recompensarte si lo haces —continuó el espíritu, como si estuviera leyendo de nuevo sus pensamientos—. *Podemos llegar a un acuerdo satisfactorio para ambas partes.*

—Perdona, pero no creo que tengas nada que me interese. Todas tus cosas están en manos de los *farengi*, y a menos que puedas hacer aparecer de la nada unas piastras...

Hay cosas más valiosas que el oro, pequeño halcón. —Aquello le puso un nudo en la garganta; Ahmed era el único que usaba ese nombre—. *El conocimiento es una moneda de cambio que no se devalúa con los años..., sino más bien al contrario. Sé de lo que hablo.*

—Mira, me estás haciendo perder el tiempo. En cualquier momento los *farengi* se darán cuenta de que sigo aquí y, como me echen las manos encima, acabaré en el Nilo.

Tumbas. —Shaheen se calló una vez más—. *Decenas de tumbas. Cientos, si me apuras, repartidas por toda la necrópolis. Hazme el favor que te pido y te revelaré dónde están para que puedas hacerte con unos ajuares funerarios muchísimo más valiosos que el mío.*

Durante unos segundos, lo único que se oyó en el marjal fue el graznido de unas garzas y las voces de los franceses, ahogadas por la distancia. Shaheen tragó saliva, y el espíritu debió de interpretar correctamente su vacilación.

Por supuesto, siempre puedes regresar a casa y olvidarte de todo esto. Fingir que la muerte de tu amigo no ha sido en vano, que conseguiste sacar algo de esta aventura. Pero ¿qué crees que haría Ahmed si estuviera en tu situación? ¿Si siguiera vivo para escuchar mi propuesta?

—Dime de una vez qué demonios quieres —contestó Shaheen, apretando tanto los dientes que casi le dolieron—, y entonces sabré si todos esos tesoros merecerán la pena.

Es bien sencillo. Como acabas de recordarme, todo lo que enterraron conmigo se encuentra en esa embarcación, a punto de remontar el río para caer en las manos de un general apellidado Bonaparte cuya ambición no cabe dentro de su diminuto cuerpo. Pero existen ciertos objetos que no puedo dejar en su poder, no si quiero romper estas cadenas.

—¿Te refieres a que lo que no te permite partir es una de esas piezas? —contestó Shaheen sin podérselo creer. Miró el barco, cuya cubierta parecía desierta, y las siluetas de los soldados que charlaban en la orilla—. Maldita sea —gruñó.

Sabía que tomarías la decisión correcta. Eres más inteligente de lo que aparentas.

—Si eso es un cumplido, te lo puedes guardar para ti. No tengo la menor idea de cómo lo has conseguido, pero más vale que esto no me complique más la vida. —Y, tras asegurarse de que no había nadie entre el marjal y la popa del barco, Shaheen se agachó para deslizarse hacia allí, sin hacer más ruido que la serpiente más silenciosa.

Era consciente de que abundaban en aquella zona, y de que los cocodrilos también podían ser aún más letales que los *farengi.* Pero el Nilo parecía estar de su parte, porque no hubo ningún contratiempo; un minuto después estaba al pie del barco y, con el oído puesto en los que seguían hablando algo más allá, comenzó a trepar por la popa.

Tampoco había rastro del pelirrojo al que había arreado un puñetazo. Una tienda se alzaba en la trasera de la cubierta, tal vez la misma que habían desplegado cerca de la necrópolis, y los destellos del interior revelaron a Shaheen para qué la estaban usando.

—Bueno, ya estamos aquí —susurró después de colarse bajo la tela. Sólo entonces vio que había un soldado montando guardia en la entrada, y tragó saliva antes de ponerse en cuclillas—. Supongo que lo que querrás será alguno de esos adornos de oro…

No tan rápido, dedos largos. El oro no me interesa, ya te lo he dicho hace un rato.

—¿Entonces? —Shaheen paseó la vista por la acumulación de muebles, arcones de madera y cofres con piedras preciosas—. ¿Qué es lo que necesitas que encuentre para ti?

Algo mucho más modesto, pero infinitamente más importante: cuatro ladrillos. Sí, has oído bien —añadió Amunet cuando Shaheen abrió los ojos de par en par—, *cuatro bloques de arcilla parecidos a los que se usan en las construcciones, pero sobre los que me imagino que habrán escrito unos jeroglíficos. Búscalos entre todo esto y, cuando estemos de vuelta en la orilla, te explicaré lo que sospecho que ocurre con ellos.*

Los muy cretinos se habían llevado también las cosas que Shaheen había metido en un saco. La tentación de escamotear aunque sólo fuera un amuleto hizo que le picaran los dedos, pero se obligó a rebuscar en el ajuar lo más sigilosamente que pudo. Era casi imposible mover una pieza sin que las demás hicieran algún ruido, y empezaba a temer que el soldado se percatara de su presencia cuando cayó en algo que le hizo detenerse.

Los dos ataúdes también estaban en la tienda. Reconoció el que le había servido de escondite por el cabello pintado sobre la tapa, aunque al prestar más atención se dio cuenta de que le resultaba muy familiar. Esas trenzas..., esas trenzas las había visto antes.

—Eras tú —susurró Shaheen, todavía en cuclillas—. Eras la niña de las trenzas. La que aparecía en aquella pintura de la pared, yendo de la mano de su padre...

—No te pierdas esto, Gabriel: tenemos otro historiador entre nosotros. Suerte que ha aparecido justo cuando estábamos a punto de empezar a redactar nuestro inventario.

El respingo que se le escapó a Shaheen debió de oírse desde Karnak. Cuando se puso en pie a toda prisa, vio que dos hombres acababan de detenerse en la entrada después de despedir al soldado. Uno era el joven con el que se había peleado antes y el otro, un *farengi* de edad avanzada con el pelo y la barba muy espesos y salpicados de canas.

—Supongo que este es nuestro pequeño polizón de ultratumba —continuó en un tono divertido que sorprendió a Shaheen, teniendo en cuenta lo formal que era su árabe.

—Creo que lo habría reconocido en cualquier parte —replicó el pelirrojo con una mirada de rencor que no habría asustado ni a un niño—. Por lo menos, mi nariz lo haría.

Cuando dio un paso en su dirección, Shaheen se apresuró a sacar su daga. Durante unos segundos no hicieron más que observarse en la diminuta tienda atiborrada de joyas.

—Fuisteis vosotros —acabó diciéndoles—. Fuisteis vosotros quienes lo matasteis.

—Si te refieres a tu compañero, siento decir que fue un error lamentable. —Ya no había jocosidad en la voz del *farengi* de la barba—. Cuando nos topamos con él en la tumba, dimos por hecho que estaba armado. Que por eso se había arrojado sobre nosotros.

—¿Un error lamentable? —Shaheen casi escupía de pura rabia—. ¿Como cada una de las mujeres de las que os habéis aprovechado? ¿Cada niño al que os habéis comido?

—Me parece que no tienes demasiado claro lo que estamos haciendo aquí —dijo el pelirrojo con un resoplido—. Puedes recriminarnos nuestros crímenes si tantas ganas tienes, pero envaina primero esa cosa. Los niños no deberían entretenerse con cuchillos.

—Repíteme eso —amenazó Shaheen— y te remataré la nariz a puñetazo limpio.

Pese a que la cólera empezara a nublar sus sentidos, no pudo evitar pensar en lo raro que era que no hubiesen avisado a los soldados. Amunet, por su parte, guardaba silencio.

—Me imagino que querrías saquear alguna de las piezas del ajuar —dijo el hombre de más edad tras unos segundos en los que ninguno habló. De no saber que los *farengi* no podían sentir algo así, habría creído reconocer la compasión en su rostro—. Bueno, no creo que pase nada si te dejamos marcharte con algo, en compensación por lo ocurrido.

—¿Qué estás diciendo, tío? —articuló el otro—. ¿Qué dirá Bonaparte cuando…?

—Bonaparte no tiene por qué enterarse, dado que sólo nosotros sabemos qué había en la tumba. Con no incluirlo en nuestro inventario es más que suficiente.

Le hizo un gesto a Shaheen, como animándole a escoger una pieza. Su confusión era tal que durante un buen rato no pudo hacer otra cosa que mirarlos alternativamente.

—Estaba buscando…

Díselo —oyó.

«¿Qué?».

¡Díselo! ¡Han tenido tiempo de examinarlo todo!

—Estaba buscando cuatro objetos. Cuatro…, cuatro ladrillos.

—¿Ladrillos? —se extrañó el joven al que se habían referido como Gabriel—. Pero si no había ladrillos en aquel lugar. Toda la tumba está excavada en la montaña tebana.

—Es que no formaban parte de la tumba. Me parece que tenían algo escrito en ese idioma con el que…, con el que los antiguos solían decorarlo todo…, *como la tablilla que encontraste hace unos días en Amarna, aunque con escritura jeroglífica en vez de acadia.*

Pese a que su timbre fuera el de siempre, la voz que acababa de salir de sus labios era la de Amunet. Se tapó la boca de inmediato, lo cual desconcertó aún más a los *farengi*.

—Vaya —contestó el mayor—, parece que sabes bastante, para ser un ladronzuelo.

—¿Cómo has descubierto lo que encontré allí? —dejó escapar Gabriel—. ¿Cómo sabes siquiera que estuvimos en Amarna? ¡Sólo se lo hemos contado a los del Instituto!

—Eso no importa ahora. Hay asuntos más serios de los que deberíamos ocuparnos.

«¡Amunet, deja de hacer eso! ¡No me uses como una marioneta!».

Tú déjame a mí.

—Supongo que pertenecerás a la tribu que nos atacó. —Aunque indignado, Gabriel seguía mirándole con prevención—. Yo diría que con lo de hoy hemos ajustado cuentas.

—En realidad formo parte de una banda mayor, aunque nunca hayáis oído hablar de nosotros. De hecho, fueron unos compañeros míos

quienes entraron por primera vez en la tumba hace años, llevándose casi todo lo que había en la cámara de las ofrendas.

Era perturbadora la sensación de tener a Amunet dentro, como un dolor de cabeza que impedía a Shaheen sujetar las riendas de sus propias cuerdas vocales. «Creo que los que lo hicieron conocen a Aziz al-Rashid» —le informó mentalmente—, el que nos encargó el golpe de anoche».

En ese caso, puede que la codicia de esta gente nos sea de utilidad.

—*Os propongo un trato* —continuó diciendo a través de su boca—. *Vosotros me dejáis acompañaros a El Cairo en esta embarcación* —Shaheen tuvo que esforzarse para no manifestar su horror— *y yo os conduzco hasta el hombre que probablemente tiene en su poder lo que necesito. Una vez allí, os ocuparéis de comprárselo para mí.*

—Esta sí que es buena. —Gabriel rompió a reír—. No sólo tenemos que dejarte ir como si nada, sino también hacerte un regalito. Es el trato más absurdo del que hemos…

—*A cambio obtendréis un contacto de primera mano dentro del mercado negro de antigüedades. Teniendo en cuenta lo ocurrido con vuestra flota, no os vendría nada mal.*

Shaheen no entendió ni una palabra de aquello, pero los *farengi* sí que debieron de encontrarle sentido. El rostro de Gabriel mostró súbita sorpresa; el de René, interés.

—Desde luego, pareces guardar unos cuantos ases en la manga, muchacho —acabó diciéndole este. Shaheen envainó la daga poco a poco—. ¿Tienes alguna otra condición?

—*Sólo una.* —Pudo sentir, por primera vez desde que se conocían, cómo el espíritu dudaba—. *Podéis quedaros con todos los tesoros de la tienda, pero enterrad otra vez a las momias antes de partir. Lo necesitan para poder alcanzar los Campos de Ialú.*

—Pero ¿de qué está hablando ahora? —le preguntó Gabriel a René, desconcertado.

—Del Campo de Juncos. El reino de Osiris, el Más Allá, como queráis llamarlo.

—Sinceramente, no entiendo para qué hemos estudiado tanto: ahora resulta que cualquier ratero de El Cairo sabe más de historia que nosotros —rezongó el muchacho.

René, por su parte, se había quedado mirando a Shaheen con una expresión cuando menos inquietante. Por un momento se preguntó si no se estaría dando cuenta de lo que ocurría, pero sabía que era un temor absurdo; lo último que se le pasaría por la cabeza a un *farengi* descreído era que hubiese cuatro personas en vez de tres dentro de la tienda.

—Tenemos un acuerdo, entonces —dijo alargándole la mano más pálida que había visto nunca, y a Shaheen no le quedó más remedio que estrechársela pese a que, al pensar en lo sucedido con Ahmed, aquello le pareciese la más cruel de las traiciones.

14

Khay

Ipet Sut, 1346 a. de C.

A lguien que le enseñe a leer y escribir? —se asombró el maestro Nebmaat cuando un sirviente del templo se presentó sin previo aviso en su aula—. ¿Quién lo dice?

—Ha sido decisión del sacerdote Menkhaf. —El muchacho inclinó la cabeza—. Al parecer, sus obligaciones religiosas no le permiten dedicarle tanto tiempo como desearía.

—De modo que quiere endosarme a mí su formación. Porque tener que ocuparme diariamente de este hatajo de mastuerzos no es bastante trabajo para un siervo de Amón.

—Nada más lejos de la intención de mi señor, Nebmaat. No pretende delegar toda su educación en ti; lo único que solicita es que le impartas unas cuantas clases básicas.

Sentado en su puesto acostumbrado, Khay dejó a un lado el cálamo para observar de reojo a su maestro. Supo que no era el enfado lo que le había demudado el rostro, sino que Amunet estuviera implicada en todo aquello. «Le tiene tanto miedo como los demás».

—Bueno, yo no puedo malgastar mi tiempo en clases básicas, ni aunque viniera a pedírmelo el Primer Profeta de Amón en persona. Que se encargue de eso otro maestro.

—Ya hemos hablado con los demás. —Por algún motivo, aquello pareció ofender aún más a Nebmaat—. Todos han respondido lo mismo, y ninguno de los escribas se ha ofrecido tampoco a echarnos una mano. Supongo que la *heka* les impone demasiado…

—Pues habría que ser bastante estúpido para dejarse asustar así. Aunque, ahora que lo mencionas… —Los ojos del maestro vagaron un segundo por la habitación hasta posarse en Khay, y este regresó a su escritura con el corazón desbocado—. Puede que un par de horas diarias con ella sean un excelente correctivo para quienes pecan de soberbia.

—Despedíos del tullido —oyó susurrar a Sebni a sus espaldas—. Cuando la *heka* haya acabado de afilarse las garras con él, no quedará más que su muleta para enterrar.

Curiosamente, aquellas palabras parecían haber perdido el poder de herirle. Khay trató de componer una expresión lo más abatida posible cuando Nebmaat le hizo un gesto para que se acercara, aunque en su interior estaba bailando de emoción; y, tras ser despachado del aula por el maestro, se dirigió lo más rápido que pudo a casa de Menkhaf.

Era una vivienda parecida a la de su padre, aunque de mayor tamaño: tenía dos pisos, una azotea y una puerta pintada de rojo, sobre la que el niño consiguió descifrar el nombre de su propietario. También contaba con un patio desde el que se accedía al resto de habitaciones, repleto de plantas medicinales que lo convertían en un pequeño vergel.

Fue allí donde la encontró: estaba sentada en la escalera del fondo con los brazos cruzados contra el pecho y cara de pocos amigos. Aquello le hizo suponer que lo de las lecciones no le hacía la menor gracia, aunque su expresión cambió al reconocer a Khay.

—Déjame adivinar: has enfadado a tu maestro y se le ha ocurrido que este sería el castigo perfecto —saludó con una sonrisa traviesa—. ¿Estás aterrorizado ahora mismo?

—Eso depende. —Khay sonrió a su vez—. ¿Ya has aprendido ese conjuro del que le hablaste a Sebni hace días, el que permite volver un cuerpo completamente del revés?

—Estoy en ello, pero supongo que ahora lo tendré más fácil. —Y, tomándole del brazo, Amunet le hizo sentarse a su lado—. Eso sí, como saques una vara, te la tragarás.

Khay había llevado consigo un par de cálamos, su paleta para los pigmentos y una bolsa de pequeños conos rojos y negros de los que se extraía la tinta. Como Amunet no había usado nunca aquellos artilugios, también había metido en la bolsa unos cuantos fragmentos de cerámica sobre los que podrían escribir sin miedo a equivocarse, ya que el maestro Nebmaat solía poner el grito en el cielo cada vez que desperdiciaban un papiro.

Pronto sus clases acabaron formando parte de la rutina de ambos y Khay no tardó en descubrir que Amunet aprendía aún más rápido que él. En cuestión de unos meses estuvieron prácticamente al mismo nivel, y en ocasiones era la niña la que le ayudaba con los deberes de Nebmaat. Mientras tanto le hablaba de la vida que había llevado hasta entonces, de su padre y una esclava nubia llamada Kashla a la que parecía adorar, de un palomar al que trepaba para coger huevos, de una palmera que daba los que eran, según Amunet, «los dátiles más deliciosos de todo Kemet». Para alivio suyo, la nostalgia que al principio se percibía en su voz empezó a apagarse a medida que pasaba el tiempo y, para cuando concluyó la siguiente inundación, se sintió razonablemente seguro de que su amiga también consideraría Ipet Sut un hogar, aunque no fuera el que habría deseado.

Sus progresos también la volvían más ambiciosa a cada momento. Khay se quedó desconcertado la tarde en que Amunet, que había salido a esperarle a la puerta de la casa de Menkhaf, le pidió en voz baja que la acompañara a la Casa de la Vida. Al parecer, el sacerdote le había hablado de su biblioteca y quería saber cuántos papiros había en ella.

—Sólo he entrado dos veces, acompañando a mi padre —susurró Khay cuando se detuvieron ante las grandes puertas de madera de cedro. Visto desde fuera, el recinto no parecía nada del otro mundo: tenía la misma altura que el resto de los edificios y estaba precedido por un estanque en el que croaban unas ranas—. Todo cuanto nos ha dictado el dios con cabeza de ibis, cada palabra sagrada de Thot, se encuentra tras esas puertas.

—Otro templo dentro de un templo —comentó la pequeña. Se habían escondido detrás de unas palmeras para observar al guardia que, sentado en un pequeño taburete a la entrada de la biblioteca, dormitaba durante las horas de mayor calor—. Quiero entrar.

—No puedes —contestó Khay en el acto—. Ni tú ni yo somos sacerdotes lectores.

—¡Pero acabas de decirme que ya has entrado en ese lugar y no una, sino dos veces!

—Porque estaba acompañando a mi padre, y los escribas como él sí que tienen permitido el acceso. Yo no soy más que un aprendiz, y en cuanto a ti…, bueno, no sé qué es lo que puedes y no puedes hacer, pero estoy seguro de que Menkhaf no dejará que…

—Ya verás como sí —respondió Amunet con aquella sonrisa maliciosa que Khay había empezado a temer, porque casi siempre presagiaba una catástrofe—. Fíjate en esto.

Acababa de decirlo cuando algo chapoteó en el estanque, a espaldas de ambos. Al entornar los ojos, Khay se dio cuenta de que una pequeña rana había saltado del agua y se encaminaba hacia la biblioteca, seguida un segundo después por otra y por otra más.

—Amunet… —trató de decir, alarmado, pero ella le acalló tapándole la boca con los dedos. Más incrédulo a cada instante, no pudo hacer otra cosa que observar cómo los animales alcanzaban la puerta, al compás de aquella música muda que sólo Amunet era capaz de tocar, y empezaban a trepar por las piernas del guardia para deslizarse bajo su ropa.

El hombre salió de su letargo como si le hubieran pinchado. Dejó escapar un grito mientras se ponía en pie, sin duda temeroso de que se tratara de escorpiones o de algo peor, y, cuando las ranas siguieron ascendiendo por su faldellín, echó a correr como una exhalación hacia el estanque. Amunet se desternilló de la risa y Khay se giró hacia ella.

—A veces —acabó susurrando— no sé si eres una elegida de Heka o un demonio.

—Nadie me ha dicho que no pueda ser las dos cosas —se limitó a contestar ella, y le agarró rápidamente de la mano con la que no sostenía la muleta—. Vamos, ¡deprisa!

Por suerte para ambos, no parecía haber más centinelas dentro. La biblioteca era un pequeño laberinto de estancias comunicadas entre sí, con las paredes horadadas por nichos en los que se amontonaban, escrupulosamente ordenados en secciones, miles de papiros enrollados con cintas. Amunet se quedó perpleja ante aquella visión, pero Khay, al atisbar la presencia de un par de sacerdotes, tiró de ella hacia la primera estancia vacía que vieron, agradeciendo que el suelo de tierra acallara el ruido de la muleta.

También allí había papiros por todas partes, aunque no ardía ninguna lámpara, a diferencia del resto del complejo; la única iluminación procedía de las celosías del techo.

—Nunca habría imaginado que los hombres pudieran escribir tanto —murmuró la niña mientras se sentaba en una estera, junto a un gran arcón en el que habían dejado unos papiros en blanco—. ¿Crees que te dará tiempo a leerlos todos antes de marcharte?

—Llevo mucho tiempo soñando con convertirme en sacerdote lector —confesó él mientras rebuscaba entre los documentos—, así que no creo que me vaya nunca de aquí.

—Bueno, es un consuelo. —Amunet se apoyó en la pared con un resoplido—. Al menos podremos hacernos compañía el uno al otro. No me quiero ni imaginar lo mucho que me aburriría sin ti. —Cuando Khay sacó uno de los papiros, ella se apartó un poco para que pudiera sentarse a su lado—. Espera, eso sé leerlo. ¿Es el *Libro de la subida…*?

—*Libro de la salida al día* —concluyó Khay por ella, y lo desplegó con cuidado sobre sus piernas cruzadas—. Contiene las fórmulas mágicas que se escriben sobre las paredes y sarcófagos de los difuntos para ayudarles en el tránsito a los Campos de Ialú.

—¿Fórmulas mágicas? —La voz de Amunet rebosaba escepticismo—. ¿Y cómo sabemos que funcionan si ningún muerto ha regresado para contárnoslo?

—Supongo que, si tu magia funciona, esta también lo hará —se sorprendió Khay.

—Yo no he dicho que lo haga. De hecho, cuanto más tiempo paso en Ipet Sut, más segura estoy de que lo que me enseñan no es más que una patraña. Me paso el día recitando conjuros delante de escarabeos, llaves de la vida y ojos de Horus, escojo los pendientes que impiden que se te cuelen los malos espíritus por los oídos…, pero no tengo pruebas de que todo eso sirva de algo. Creo que sólo estoy jugando con las esperanzas de los demás.

—Pero…, pero yo he visto actuar tu magia, y el resto de sacerdotes también —dijo el pequeño en voz más queda—. Hace sólo unos minutos, con esas ranas del estanque…

—Eso es muy distinto. Creo en mi propia magia porque es algo que siempre me ha acompañado, la manejo como puedes hacer tú con el cálamo. Sé que, si un animal me obedece, es porque se lo he pedido, pero ¿cómo puedo estar segura de que, si una mujer da a luz, es porque le he hecho un tatuaje en vez de…? —Pero de repente les llegó el eco de unas voces acercándose y se miraron alarmados—. No tenemos dónde escondernos…

—El arcón —contestó Khay, incorporándose con esfuerzo—. Rápido, ¡ayúdame!

Entre los dos tiraron los papiros colocados sobre la tapa para poder abrirla y, tras asegurarse de que no había nada dentro, se agazaparon en el interior. Aunque era un mueble grande, estaban tan apretados que Khay pudo sentir el calor de la respiración de Amunet contra su mejilla y hasta distinguió el brillo de sus ojos en la rendija de luz que se colaba bajo la tapa. Eso le hizo alegrarse fugazmente de que ella no pudiera verle.

—¡Te has dejado la muleta ahí fuera! —masculló la niña mientras las voces, pese a no pasar de un susurro, se aproximaban cada vez más—. ¡Si nos pillan por tu culpa…!

—Calla —contestó él en el mismo tono—. Juraría que…, que se trata de mi padre.

No se había equivocado: unos segundos más tarde, la esbelta silueta de Kheruef se recortó contra la puerta. La extrañeza de Khay no hizo más que crecer al darse cuenta de que le acompañaba el joven Hori, el recién iniciado que trabajaba con Menkhaf. Daba la impresión de que discutían desde hacía un rato, aunque trataran de no levantar la voz.

—… por toda la orilla este, es una absoluta catástrofe. Han tenido que servirse del incienso para enmascarar el mal olor, aunque los *medjays* son los únicos que se atreven a pisar esas calles. Ni siquiera quedan rateros dispuestos a entrar en las casas abandonadas.

—Parece que Amenofis Neferkheperura sabía lo que hacía al trasladar la corte a Akhetatón. —Ese era Hori, y daba la impresión de estar rabioso—. Supongo que los astrólogos le advertirían de lo que podría pasarle si se quedaba en su antiguo palacio.

—Tenía motivos para desconfiar, Hori, lo sabes tan bien como yo. Eso es lo que debería darnos más miedo: que se sirvan de la Maldición de Sekhmet para acabar con él.

Algo en el tono de voz de su padre estremeció a Khay. Kheruef era de naturaleza afable, prácticamente nunca lo había visto enfadado. Amunet debió de percatarse de su inquietud, porque estiró una mano para apretar la de Khay mientras seguían escuchando:

—También sabes que no sería la primera vez que lo intentaran. Son peores que las serpientes que se esconden en la espesura, dispuestas a atacar cuando menos lo esperas.

—No es necesario que me lo repitas. Te recuerdo que convivo con ellos.

—Y por eso quiero que Menkhaf y tú os decidáis de una vez. Podemos disponerlo en cuestión de unos días, antes de que los demás tengan la oportunidad de…

—Todavía no está preparada —le interrumpió Hori—. Menkhaf dice que apenas ha memorizado un puñado de conjuros y, si no fuera por tu hijo, ni siquiera sabría leer.

Esta vez fue Amunet quien se encogió en el arcón. Khay agachó la cabeza y sus ojos coincidieron con los de ella, y supo de inmediato que empezaba a estar asustada.

—¿Y cuándo os parece conveniente actuar, entonces? —Su padre había elevado la voz sin darse cuenta—. ¿Cuando el faraón sea trasladado al taller de los embalsamadores y se desate una guerra civil por no haber engendrado más que hijas? ¿Cuando el clero de Amón se aproveche de que el trono ha quedado vacante para gobernarnos a su antojo?

—Como si no lo estuvieran haciendo ya. Dudo que exista un solo grano de trigo en el nomo que no tengan contabilizado. —Al captar un ruido de pasos, Khay volvió a observar la rendija de luz y se le encogió el corazón: el joven se había inclinado para recoger el papiro que acababa de enseñarle a Amunet—. ¿Quién se ha dejado esto aquí?

—Esto es una locura. —Vio cómo su padre sacudía la cabeza, desalentado—. Un completo suicidio si no movemos ni un dedo. Nos destruirán a todos con su ambición.

Parecía dispuesto a decir algo más, pero no llegó a hacerlo. Se oyeron nuevos pasos fuera de la estancia, esta vez más apresurados; los jadeos de alguien que corría en aquella dirección y, un instante después, uno de los ayudantes de Kheruef apareció en el umbral.

Si los dos hombres no se hubieran callado antes, lo habrían hecho al ver su expresión. Traía el rostro tan demudado que podría competir en blancura con su faldellín.

—Kheruef —dijo casi sin aliento, agarrándose a la pared—, te he estado buscando por todas partes. Tienes que venir conmigo ahora mismo; acaba de ocurrir algo terrible.

—¿De qué estás hablando? —El escriba miró alarmado a Hori—. ¿Qué ha pasado?

—Ha entrado aquí. La leona ha entrado aquí. Uno de los nuestros acaba de morir.

Por segunda vez aquella tarde, Amunet tuvo que taparle la boca a Khay para que no les delatara su grito. Los niños se miraron unos segundos antes de atender.

—Que los dioses nos asistan —acabó diciendo el joven Hori tras un silencio que pareció alargarse un siglo—. Era cuestión de tiempo que ocurriera en nuestra propia casa.

—¡Que cierren todas las puertas de inmediato! —exclamó el padre de Khay—. ¡Si no lo han hecho ya, que los sacerdotes médicos empiecen a reconocer a todo el mundo!

—¿A ochenta mil personas, Kheruef? ¿Cuánto crees que les llevará hacer algo así?

—Si hemos sobrevivido a la plaga durante todos estos años, no podemos dejar que un cabo suelto nos haga sucumbir. Ipet Sut resistirá, con sacerdotes o sin ellos. —Tras pasarse las manos por la cabeza, Kheruef se volvió hacia su ayudante—. ¿Quién ha sido?

Khay y Amunet no habrían necesitado escucharlo; el silencio hablaba por sí solo.

—El anciano Menkhaf —les susurró. Kheruef dio un paso atrás y Hori profirió un «¡no!» ahogado—. Ha sido tan…, tan rápido que nadie se lo podría haber imaginado.

—¡Pero si estuve con él hace un par de días y parecía encontrarse perfectamente!

—Según he oído decir, los síntomas aparecieron hace sólo unas horas. Empezó a tener sudores fríos, se mareó en el santuario de Amón… Los siervos del templo lo llevaron de inmediato a su casa, pero no duró mucho; estuvo vomitando un rato y poco después…

—La *heka* —murmuró Hori al cabo de un instante en el que nadie habló—. Habrá que tenerla en observación… Si ha sido la peste, estaba viviendo con Menkhaf.

—Haced que trasladen a Amunet a otra casa del distrito —ordenó Kheruef—. Que esté en cuarentena hasta que tengamos la seguridad de que no le pasa nada, y que uno de los médicos monte guardia a su lado en todo momento. Perder a Menkhaf ha sido una tragedia, pero perderla a ella sería el golpe final. —El joven pareció confundido, aunque asintió antes de retirarse. Cuando se quedaron a solas, Kheruef miró a Hori—. ¿A qué te has referido antes con eso de «si ha sido la peste»? ¿No estarás insinuando…?

—Nada que a ti no se te haya ocurrido antes. Puede que los sudores y los vómitos sean la marca distintiva de la plaga, pero también lo son del envenenamiento. Si se han atrevido a atentar contra el Señor de las Dos Tierras, dudo que les temblara el pulso a la hora de silenciar a uno de los pocos sacerdotes empeñados en plantarles cara.

15

Gabriel

El Cairo, 1799

El capitán Malenfant puso el grito en el cielo, pero el tío de Gabriel se mantuvo en sus trece: el muchacho árabe que había salido de un ataúd los acompañaría hasta El Cairo, por mucho que aquello escandalizase a los soldados. Al parecer, había llegado con él a alguna clase de acuerdo que acabaría beneficiando a la causa francesa, aunque nadie tuviese la menor idea de cuál podría ser. Por supuesto, el capitán no podía fiarse menos de un ratero adolescente, sobre todo después de haber enterrado a su compañero en el desierto, y durante los tres días de descenso por el Nilo no le quitó ojo de encima.

Tampoco es que Shaheen fuera demasiado difícil de vigilar. Nunca se acercaba a la bodega en la que habían guardado el ajuar, como Malenfant temía que hiciera, sino que se pasaba las horas muertas en un rincón de la cubierta, con los ojos empañados por unas lágrimas que se obligaba a tragarse en cuanto alguien se le acercaba. Su desolación era tan palpable que Gabriel se sentía aún más avergonzado por lo sucedido con el otro ladrón, además de intrigado por lo que pudiera haber existido entre ambos. Para que su desconcierto fuese aún mayor, se dio cuenta de que el muchacho se quedaba sumido de vez en cuando en una extraña abstracción, como si pudiera oír cosas que nadie más percibía y que, tras un par de escenas parecidas, le hicieron cuestionarse su salud mental.

En cualquier caso, una vez en El Cairo no se opuso a acompañarlos al Instituto de Egipto, aunque su expresión hizo sospechar a Gabriel que debía de imaginar que allí se practicaba magia negra, se invocaban *ifrits* o algo por el estilo. Procurando no llamar la atención de los demás estudiosos, le condujeron a una alcoba del último piso y le dieron una abaya negra y un velo, y tras asegurarse de que nadie le reconocería, se encaminaron al zoco para preguntar por los ladrillos en el negocio de antigüedades de Aziz al-Rashid.

—Supongo que no es el medio de transporte más discreto, pero estamos a bastante distancia de Khan el-Khalili —comentó René mientras atravesaban Esbekiya en un coche militar que Malenfant había accedido a prestarles. «Me parece un suicidio que quieran meterse sin escolta en ese sitio», les había asegurado, «pero allá ustedes»—. Debemos de resultar de lo más exóticos, incluso en este barrio —añadió—. Todo el mundo nos mira.

—Porque los mamelucos solían ser los únicos con caballos —dijo Shaheen desde el interior de su abaya—. Los demás teníamos que conformarnos con asnos y camellos.

—Pero nosotros somos los villanos, por supuesto —ironizó Gabriel, arrellanado en el asiento de enfrente—. Sólo tienes que echar un vistazo por la ventana para comprobar cómo ha cambiado todo gracias a Bonaparte. Ahora tenéis cafeterías, hospitales, oficinas…

—Ya los teníamos antes —repuso Shaheen—. Y no queremos deberos nada más.

Cuando dejaron atrás los alrededores del canal central, cuyos palmerales sumían el distrito francés en una acogedora sombra, a René y Gabriel les asaltó la sensación de estar accediendo a otro mundo. Las entrañas del verdadero Cairo eran un dédalo de callejuelas envueltas en un polvo amarillento, con edificios inclinados unos hacia otros para tratar de impedir el avance del sol. Allí las casas eran mucho más humildes: dos pisos de ladrillo con toldos de rayas sobre las puertas, celosías con forma de herradura y pequeños jardines en las azoteas, protegidos mediante lonas del calor abrasador. Shaheen no pudo evitar sonreír detrás de su velo al intuir lo agobiados que empezaban a estar los franceses.

—Si tan desagradable os resulta nuestro clima, no entiendo por qué os empeñais en seguir aquí —comentó con malicia—. ¿Qué habéis venido a hacer realmente en Egipto?

—Creía que eso os lo habíamos explicado de sobra. —René se secó el sudor con un pañuelo—. Liberar el país del yugo de los mamelucos para restaurar el auténtico Islam.

—¡Pero si vosotros sois unos infieles! ¡Os trae sin cuidado la palabra del Profeta!

—Esa es la justificación oficial, aunque hay otras razones —dijo Gabriel con una sonrisa mordaz—. ¿Cuál quieres escuchar? ¿La estratégica, la artística o la pragmática?

—Quiero la verdad —respondió Shaheen—. Si es que sabéis lo que significa eso.

—Bien, empecemos por la estratégica. No sé si habrás consultado algún mapa en tu vida, pero Egipto se encuentra relativamente cerca de la India, de la que procede una parte importante de las riquezas de los ingleses, nuestros enemigos más encarnizados. Si cortamos sus rutas comerciales a partir de este territorio, ya no tendrán nada que hacer.

Al verlo arrugar la nariz, Shaheen creyó que estaría pensando en los ingleses, pero sólo acababan de pasar por delante de una pequeña montaña de excrementos de camello.

—En cuanto a la justificación artística —siguió Gabriel—, mi tío y yo formamos parte de un comité de historiadores enviado por el Louvre, un importante museo francés, para estudiar de primera mano los monumentos egipcios, tanto antiguos como nuevos.

—Sacando un buen provecho, de paso, de todo aquello que caiga accidentalmente en vuestros bolsillos —dijo Shaheen con rabia—. ¿Cuál es la justificación prac…, prag…?

—Nelson, un almirante inglés, destruyó nuestra flota el año pasado en la bahía de Abukir. Necesitamos colocar este ajuar en el mercado negro para adquirir nuevos barcos.

—Bravo, Gabriel Roux —suspiró René—. Eres un maestro en el arte de la sutileza.

Shaheen no podía dar crédito a lo que oía. Aquello superaba con mucho los rumores que habían llegado a sus oídos acerca de la corrupción moral de los *farengi*. Por un instante se planteó saltar del coche en marcha, pero el inconfundible olor a especias que empezaba a colarse por las ventanas le hizo saber que estaban llegando a su destino.

Khan el-Khalili parecía un laberinto dentro de otro laberinto, tan retorcido sobre sí mismo como un molusco en su caracola. Una vez que dejaron atrás un majestuoso arco de entrada, las callejuelas pasaron a ser tan estrechas que tuvieron que continuar a pie, tras asegurar al soldado que conducía el coche que no necesitarían su ayuda. La luz del zoco era más tenue gracias a las lonas tendidas entre las fachadas, bajo las cuales deambulaba una marea humana que acudió al encuentro de los franceses como las moscas a la miel.

—En realidad, ninguna motivación habría tenido sentido de no ser por el general Bonaparte —siguió diciendo René a voz en grito mientras seguían a Shaheen entre los aguadores, los limpiabotas y los comerciantes de alfombras—. Cuando nos embarcamos en Francia, ni siquiera sabíamos a dónde nos traía. «Un lugar en el que conquistar gloria y saber», se limitó a decirnos. Supongo que siempre ha estado obsesionado con Egipto.

—¿Y qué se le ha perdido aquí a un hombre tan ambicioso? —preguntó Shaheen.

—Entre nosotros, padece de cierta megalomanía… la convicción absoluta de haber nacido para colocar a Francia a la cabeza de las naciones conocidas. Necesita demostrar al mundo que puede ser un nuevo Alejandro Magno capaz de… —René se detuvo en medio de la calle, tan bruscamente que Gabriel chocó contra él—. Pero ¿qué demonios es esto?

Apoyadas en la pared de la izquierda, siete siluetas contemplaban ciegamente el ir y venir de la multitud, como asistentes a un desfile. Tenían los brazos cruzados sobre el pecho y las cabezas inclinadas, y a nadie parecía espantarle que sus mugrientos vendajes estuvieran en contacto con las alfombras extendidas a ambos lados del siguiente puesto.

—Momias, por supuesto —dijo Shaheen—. Deberíais saberlo, ya que sois tan listos…

—¿Estás diciendo que estos son los…, los restos de antiguos faraones? —Las pecas de Gabriel destacaban aún más debido a su palidez—. ¿En un zoco, a plena luz del día?

—Bueno, como os interesa tanto estudiar nuestro pasado, los comerciantes como Aziz al-Rashid han decidido ofrecéroslo en bandeja de plata —dijo Shaheen, alzando las cejas—. Aquí tenéis un puñado de muertos reales, preparados para acompañaros a casa en cuanto hayáis recuperado esos barcos. ¿No quedarán de maravilla en vuestros salones?

Su sarcasmo, sin embargo, se disolvió al cabo de unos segundos, y Gabriel volvió a tener la desconcertante sospecha de que al chico le pasaba algo raro en la cabeza.

—Santo Dios. —A René pareció costarle lo indecible apartar la vista de los cuerpos amortajados, pero finalmente lo consiguió—. Me parece que será mejor que nos esperes aquí. Como tú mismo dijiste, puedes buscarte problemas si te ven en nuestra compañía.

—No hace falta que me lo recuerdes —le contestó Shaheen, y fue a sentarse bajo el toldo más cercano mientras sus dos acompañantes se dirigían a la entrada de la tienda.

Una cortina de cuentas caía sobre la puerta abierta y, cuando René la apartó con un tintineo, aparecieron en un abarrotado local sumido en la penumbra. Por fortuna, no parecía haber más momias dentro, aunque sí docenas de alfombras turcas apoyadas en las paredes, estanterías repletas de delicados frasquitos de cristal, mesas con artilugios metálicos que nunca habían visto y una constelación de lámparas de colores suspendidas sobre sus cabezas. Les llevó unos segundos hacerse una composición de lugar y, cuando los ojos de René se detuvieron sobre un par de estatuillas, atravesó la tienda hacia ellas.

—¡*Efendi*! —oyeron entonces desde otra puerta situada al fondo. Un hombre de mediana edad se acercaba a ellos; era tan grueso que caminaba con dificultad y ocultaba una fría sonrisa con una poblada barba negra—. ¡Qué honor poder recibiros en mi casa!

—Aziz al-Rashid, me figuro —respondió René, haciendo el tradicional *temennah*.

Al verlo saludar llevándose los dedos al corazón, los labios y la frente, el rostro del mercader perdió parte de su confianza. Aquel no parecía otro extranjero ignorante al que pudiera embaucar; algo le decía que se había dirigido a su local con una idea en mente.

—Me honra que hayáis oído hablar de mí, *efendi*. Acercaos por aquí, sentaos para tomar un café conmigo. —Haciendo caso omiso de Gabriel, guio a René con un amplio gesto de su mano hacia una mesa diminuta rodeada de almohadones—. Salta a la vista que sois un entendido en arte. Sin duda podréis dar con algo digno de vos en mi tienda.

No era la primera vez que visitaban un negocio como ese, y sabían en qué consistía el ritual: las adulaciones, las pequeñas tazas de cobre, el inevitable regateo.

—¿Puedo preguntar quién os ha hablado de mi humilde negocio? —inquirió Aziz.

—La rapidez con la que se mueven las lenguas egipcias sólo es superada por la de las francesas —respondió René, siguiéndole el juego—. Como me imagino que sabrá, el general Bonaparte está demostrando un profundo interés por el arte de sus antepasados.

—Un espíritu delicado, el de vuestro señor —se apresuró a decir Aziz—. Un alma desprendida que no ha dejado de honrarnos con su generosidad. Desde que puso un pie en El Cairo, la ciudad parece otra, hasta en los barrios más alejados del distrito francés.

—Es un consuelo que alguien lo piense —comentó Gabriel. Se había apoyado de brazos cruzados en la pared mientras dos sirvientes, con la piel tan negra como el betún, traían el café y las tazas en sendas bandejas—. Me hace sentir un poquito menos invasor.

—Si hubiera dependido de los condenados mamelucos —prosiguió el mercader, sin prestarle atención—, estaríamos ahogándonos en nuestros propios excrementos. Pero les faltó tiempo para abandonarnos en cuanto entrasteis con vuestro ejército; deberíais haber visto las caravanas que partieron al desierto esa primera noche. Incluso el sabio Alí Ben Sharif, nuestra máxima autoridad religiosa, ha huido con muchos de los demás jeques…

—Lo cual no le ha venido mal a usted —comentó René, sorbiendo el café demasiado cargado—, teniendo en cuenta las riquezas que han dejado en sus palacios.

Aziz se había incorporado para poner una pipa de agua en la mesa, pero ante esto se detuvo en el acto. También los sirvientes intercambiaron una mirada preocupada.

—¿Qué queréis decir con eso, *efendi*? —preguntó el mercader pasado un segundo.

—Me parece que no es necesario seguir fingiendo, mi estimado al-Rashid. Ambos somos hombres de negocios y sabemos muy bien lo que nos traemos entre manos…

—Aunque puede que esta visita resulte más útil de lo que creíamos —dijo Gabriel.

Se había puesto a inspeccionar un collar de plata repujada que colgaba de una de las paredes, entre relucientes racimos de sartas de perlas. Se imaginó por un instante a la ciudadana Lacombe con él y la estampa le gustó; era probable que, si se lo regalaba, se mostrara aún más entusiasta que cuando le invitó por fin a su alcoba, la semana anterior.

—Lamento llevaros la contraria, *efendi*, pero estoy perdido —siguió diciendo Aziz mientras tomaba asiento una vez más—. No sé qué os ha hecho pensar…

—Quédese tranquilo: lo que hagan sus saqueadores en las residencias mamelucas nos trae sin cuidado. Pero, si se trata de la necrópolis tebana, la situación es muy distinta.

—¿Tiene que ver esto con Ahmed y Shaheen? ¿Han sido quienes os lo han dicho?

Toda la zalamería de Aziz se había evaporado de repente; sus ojos recordaban a dos pedazos de hielo negro. Hasta Gabriel dejó de juguetear con el collar para prestar atención.

—Es la primera vez que oigo esos nombres —disimuló René—. Para ser usted un admirador entusiasta de lo que estamos haciendo en Egipto, tendría que estar al tanto de la vigilancia a la que estamos sometiendo muchos de sus monumentos. No podemos permitir que las riquezas de su pasado más glorioso acaben cayendo en manos indebidas.

—Supongo que con eso os referís únicamente a las de los míos —dijo Aziz con una seca risotada—. Habéis venido a comprar algo muy concreto, ¿verdad? ¿De qué se trata?

—De cuatro objetos procedentes de una sepultura del Valle de los Nobles. Cuatro bloques de barro del tamaño y la forma de un ladrillo, con jeroglíficos escritos en ellos.

Hubo un nuevo silencio en el que sólo se oyeron los pasos de uno de los ayudantes.

—Siento deciros, *efendi*, que ya no cuento con esas piezas —acabó respondiendo Aziz—. Estuvieron en mis manos hace años, cuando los anteriores saqueadores de esa tumba me trajeron su botín, pero me deshice de muchos de los objetos en poco tiempo.

—¿Y a quiénes les vendió los ladrillos, exactamente? ¿Siguen estando en El Cairo?

—Con tanta gente como pasa por esta tienda, es imposible que lo recuerde. Podría haber sido un mameluco, un copto o incluso de los vuestros. No os estoy mintiendo —le aseguró el mercader, llevándose una mano al pecho—. Soy un hombre temeroso de Alá.

—En ese caso, tendremos que profundizar nosotros mismos en el asunto. Aunque no sé qué pensarán las autoridades del Instituto de Egipto cuando se acerquen a hablar con usted y se encuentren a todas esas momias de antiguos faraones colocadas ahí fuera.

Esta vez Aziz tardó un poco más en responder. Cuando lo hizo, su sonrisa recordó a una naranja antaño apetecible que empezara a pudrirse entre los restos de un banquete.

—Pues deberíamos evitar que eso ocurriera, *efendi*. Lo último que deseo es causar una mala impresión a quienes tanto han hecho por nosotros. —Y sin apartar los ojos de René, hizo un gesto con la cabeza a sus ayudantes—. Un favor por otro favor..., ya sabéis.

Entonces se oyó el ruido de algo que se rompía contra el suelo y un «pero ¿qué...?» ahogado a duras penas. Cuando René se apresuró a volverse, descubrió que uno de los negros había cerrado la puerta mientras el otro rodeaba con un brazo el cuello de Gabriel. Un pequeño puñal relucía contra la nuez del joven y, cuando Aziz les espetó un «llevadlos dentro, con los demás», René hizo algo que le habría parecido imposible unos minutos antes: arrepentirse de no haber hecho caso a los consejos del capitán Malenfant.

16

Amunet

Ipet Sut, 1342 a. de C.

En contra de lo que el padre de Khay temía, los muros de Ipet Sut resistieron los zarpazos de la diosa Sekhmet. Durante los meses que siguieron a la muerte del anciano Menkhaf, algunos trabajadores del templo corrieron la misma suerte, aunque se trataba de un goteo tan lento como el del agua de una clepsidra; y cuando el faraón accedió de mala gana a las peticiones del clero de Amón y mandó erigir más de setecientas estatuas de la diosa con cabeza de leona, todos quisieron creer que su sed de sangre empezaba a aplacarse por fin. Las indagaciones de los amigos de Menkhaf para tratar de averiguar si había sido asesinado tampoco sirvieron de mucho, y con el paso del tiempo no les quedó más remedio que aceptar que seguramente el veneno no había tenido nada que ver en ello.

Entonces, al cuarto año de su traslado al templo, cuando la amenaza parecía estar aletargándose poco a poco, Amunet recibió la noticia que había estado temiendo desde que puso un pie allí. Uno de los criados de su padre se presentó en casa del joven Hori, a quien se le había encomendado la educación de la *heka* tras la muerte de Menkhaf, para anunciarle entre lágrimas que su señor acababa de sucumbir. No se habían producido más muertes en la propiedad; la esclava Kashla estaba bien, aunque rota de dolor. Pedía a su ama consuelo y asistencia en aquellos terribles momentos hasta que el *ka* de su señor, una vez concluido el ritual de la momificación, emprendiera su viaje a los Campos de Ialú.

El anuncio de que Amunet se ausentaría una temporada sacudió a Khay como un mazazo. Se habían acostumbrado a pasar juntos casi todo el tiempo que les permitían sus respectivas obligaciones, y durante las siguientes semanas no hizo más que merodear de un lado a otro, sintiendo la ausencia de la muchacha como el escozor de una herida reciente.

—Ten un poco más de paciencia, chico —le aconsejó su padre en el transcurso de una cena que a Khay le recordó demasiado a un interrogatorio—. Un funeral no es algo que se pueda preparar en un par de días, en especial si se trata del de un terrateniente.

—Eso ya lo sé —murmuró su hijo—. Amunet me explicó lo que le harían antes de marcharse… Lo del cerebro, las vísceras y los setenta días dentro de una bañera de natrón.

—Estaba pensando más bien en lo que le tocará hacer a ella. Siendo una *heka*, me imagino que se ocupará de los conjuros funerarios. —Kheruef echó un vistazo a Khay por encima de las torcaces asadas con miel que estaban compartiendo—. Una chica lista, tu Amunet. Con la lengua demasiado larga, pero las ideas claras. Y también es guapa…

—Supongo —le respondió Khay lo más vagamente que pudo—. No me he fijado.

—Pues más te vale espabilar antes de que otro se te adelante —contestó Kheruef, y se llevó un trozo de carne a la boca sin dejar de observarle—. No entiendo qué demonios os pasa a los jóvenes de hoy en día; parece que tenéis miel por dentro en vez de sangre.

Cada atardecer, Khay acudía renqueando al lago sagrado para sentarse en el mismo sitio en que habían estado contemplando la puesta de sol por primera vez. Con las ocas de Amón como única compañía, dejaba que el agua refrescara sus pies descalzos mientras se abandonaba a ensoñaciones que siempre concluían cuando Amunet aparecía ante él. No era tan ingenuo como para atreverse a ir más allá; la imagen de su pie derecho, aún más distorsionado por el agua de lo que ya estaba, era un recordatorio suficientemente cruel.

Hasta que una tarde Khay oyó el sonido de unos pasos que habría reconocido en cualquier parte y se encontró con que la Amunet de carne y hueso caminaba hacia el lago rodeada por una bandada de ocas. Su *ka* pareció alzar el vuelo dentro de su pecho al tenerla frente a él; estaba aún más hermosa de lo que recordaba, con sus largas trenzas balanceándose sobre sus hombros desnudos y un vestido blanco que, como constató con un súbito rubor, revelaba unas curvas en las que no se había fijado hasta entonces. El pesar de sus ojos también era algo nuevo, pero, cuando Amunet alzó la vista y su mirada se enlazó con la de Khay, una sonrisa apareció poco a poco en sus labios y fue como si a aquellos setenta días de separación se los llevaran las aguas del río hasta el Gran Verde.

—Los últimos de mi palmera —dijo por todo saludo mientras se sentaba a su lado y abría la mano derecha, mostrando un puñado de dátiles—. Quería compartirlos contigo.

—¿Por qué los últimos? —se sorprendió él—. ¿Es que has ordenado que la talen?

—Dado que no puedo abandonar Ipet Sut mientras sea una *heka*, no tenía sentido mantener abierta la propiedad de mi padre. —Amunet se encogió de hombros—. Se la he vendido a un vecino y he liberado a nuestros esclavos. Kashla protestó al principio, pero ha acabado aceptándolo; dice que buscará trabajo en Uaset para que sigamos viéndonos.

Aquello sorprendió tanto a Khay que no supo qué decir, porque era lo último que habría imaginado cuando Amunet acababa de trasladarse a Ipet Sut y no hacía más que extrañar su antiguo hogar. Supuso que habría sido la nubia quien adornó sus trenzas con todos esos abalorios de pasta de vidrio, casi tan verdes como sus ojos. Mientras se echaba hacia atrás el pelo con un tintineo musical, la joven empezó a contarle los pormenores del entierro de Sennedjem, cuyo cuerpo descansaba en las entrañas de la montaña tebana.

—Mi padre mandó construir la tumba hace catorce años, cuando mi madre murió al darme a luz, pero nunca había entrado en ella —comentó Amunet mientras cogía otro dátil—. Ha sido extraño contemplar los viñedos pintados en el interior… Eran idénticos a los de nuestro jardín; supongo que escogió esa decoración para sentirse como en casa.

—Si la sepultura ya estaba decorada, me imagino que no tendrías que encargarte personalmente de los conjuros —contestó Khay, sin poder apartar los ojos de su rostro.

—Sólo de los que había que escribir en su ataúd, las instrucciones del *Libro de la salida al día* para alcanzar los Campos de Ialú. —Cuando le devolvió la mirada, supo que se estaba acordando de la tarde en que se habían escondido en la biblioteca—. Sigo sin tener mucha fe en las fórmulas mágicas, pero la palabra de los dioses es otro cantar.

No fue necesario mencionar a Menkhaf; habían hablado demasiadas veces de su muerte y de cómo Kheruef y Hori sospecharon al principio que no era cosa de la peste.

—Así que ahora eres una mujer independiente y rica —cambió de tema el chico al advertir que la sombra de la tristeza había vuelto a posarse sobre su rostro—. Pronto empezarán a rondarte tantos moscones que los sacerdotes tendrán que apartarlos a palos.

—Ya tengo unos cuantos —dijo ella con una sonrisa maliciosa—. Mis vecinos no han perdido el tiempo cuando vinieron a darme sus condolencias. Thiut, por ejemplo…

—Esta sí que es buena. —Khay sonrió a su vez—. No he conocido un idiota mayor.

—Yo tampoco, pero me han contado que tiene tierras en Mennefer. También está el hermano mayor de nuestro amigo Sebni, quien parece tenerme menos miedo que él…

—Porque no te ha oído lanzar ninguna de tus maldiciones. Habría que ver la cara de Sebni si dijeras que sí. —Khay se echó a reír—. No volvería a dormir en la vida.

—Luego está Hori, nuestro Hori. —Al chico se le congeló la risa en la garganta, y Amunet continuó como si no se hubiera dado cuenta—: Me lo ha pedido hace un par de horas, nada más regresar a Ipet Sut. Es agradable saber que se me ha echado de menos.

—Hori… ¿Hori te ha pedido matrimonio? —dejó escapar Khay, y su amiga asintió.

—Es el mejor candidato, ¿no crees? Un personaje principal, miembro respetado del clero y todo eso… Hay quien dice que acabará siendo Primer Profeta de Amón cuando el anciano Ptahmose nos deje. —Y como Khay no respondió, la joven rompió a reír—. Te estoy tomando el pelo, pedazo de idiota. Sólo quería comprobar cómo te lo tomabas.

—No tendría nada de particular que acabara sucediendo —respondió Khay lo más indiferentemente que pudo—. Tienes razón: cualquier muchacha lo querría por esposo.

—Te recuerdo que vivimos en la misma casa desde la muerte de Menkhaf. Si hay alguien aquí a quien conozca bien, aparte de tu padre y de ti, es a Hori. Demasiado bien.

—Precisamente. Sólo tendría que ponerte un anillo en el dedo para hacerlo oficial.

—Lo único en lo que piensa es en intrigas políticas, y nunca me deja tomar toda la miel que querría. Claro que, si nadie más me ha echado de menos, podría pensármelo…

Khay había clavado los ojos en las palmeras reflejadas en el lago, pero eso le hizo girarse hacia ella. Durante unos segundos no hicieron otra cosa que mirarse, entre los graznidos de las ocas y el reclamo primaveral de las abubillas, hasta que Amunet dijo:

—Es por eso, ¿no es así? ¿Es por tu pie? —Khay se ruborizó aún más que antes y sacó la pierna del agua, doblándola de modo que ella no pudiera verla. Amunet guardó silencio un momento antes de decir—: ¿Cuántas veces te he dicho que eso no importa?

—Demasiadas, teniendo en cuenta lo impaciente que sueles ser. —¿Por qué tenía que delatarle la voz? ¿Por qué no podía ser como Hori, siempre tan seguro de sí mismo?

—Khay, te juro que he hecho lo que he podido, pero no había nada en la sección médica de la biblioteca que pudiera servirnos. No creo que exista ningún conjuro con el que pueda enderezarte el pie ni mi magia servirá de gran cosa en un caso como el tuyo.

—Lo sé —se apresuró a decir él, aunque con el corazón encogido—. Lo entiendo.

—Escucha, esto no quiere decir que… Khay, por favor. —Amunet le agarró la cara para que no dejara de mirarla. Le sorprendió que sus manos fueran tan suaves, y aún más no haberlo notado hasta entonces—. No pasa nada —susurró—. No tiene importancia.

—Para ti es fácil decirlo —respondió él a media voz. Nunca se había odiado tanto a sí mismo—. Por mucho que lo intentes, nunca te harás una idea de lo que es vivir así.

—¿En serio crees que no me lo puedo imaginar? ¿Después de cuatro años juntos?

—Amunet, tú no eres como yo, eres… —Le costaba encontrar su voz—. Dioses, eres perfecta. Entera y normal, como deberíamos ser todos. No sabes lo que es despertar cada día recordando que sólo eres una creación defectuosa. Nada más que una carga y una vergüenza para tu familia. —Cada vez más angustiado, apartó las manos de ella—. Si esto es todo lo que pueden darme los dioses, no entiendo por qué me han dejado vivir.

—Tal vez porque eres mucho más que un pie, aunque te cueste creerlo. O porque quieren que compruebes tú mismo la cantidad de cosas que sí te han concedido.

«Como las noches en vela pensando en ti —estuvo tentado de contestarle—. Cada uno de los sueños en los que creo tocarte, la desazón cuando vuelvo a mi casa después de haber estado contigo. La certeza de que nunca seré para ti nada más que un hermano».

—Mírame. —Eso sí pudo hacerlo, pese a lo mucho que dolía. Había añorado tanto su presencia que era como beber agua tras un día entero al sol—. Una vez conseguí que me dijeras que mis ojos eran lo que más te gustaba de mí. Pero soy mucho más que eso; también soy mis manos, mis brazos, mi pelo… Si no tuviera estos ojos, seguiría siendo yo. Si tuvieras un pie como los míos, no dejarías de ser el Khay a quien yo conozco. Tu *ka* no cambiará porque una parte de ti lo haga. Todo esto no es más que una envoltura.

Sus dedos continuaban aferrando los del muchacho y Khay se preguntó, en medio de su turbación, cómo Amunet podía ser así. Tan cruel en algunas ocasiones, implacable con quienes no le gustaban… y con un corazón tan grande cuando la ocasión lo merecía.

—Perdóname —acabó diciendo al cabo de unos segundos—. Tienes razón: ha sido muy ingrato por mi parte. Podría estar mucho peor; podría estar muerto como Menkhaf.

—Es un consuelo que sí hayas recibido el don del optimismo —ironizó ella. Khay esbozó una débil sonrisa mientras cogía el último dátil—. Aunque hay algo en lo que no te has equivocado: puedo ser muy impaciente y no me gusta nada que me hagan esperar.

Antes de que Khay pudiera preguntar a qué se refería, la muchacha se estiró para arrebatarle el dátil que acababa de llevarse a la boca. El contacto de sus labios, aunque no durara más que un parpadeo, lo dejó tan aturdido que no pudo hacer más que mirarla.

—Era el último —dijo ella a modo de disculpa, aunque, a juzgar por el modo en que sonreía, no parecía arrepentida—. Ha sido muy poco caballeroso no habérmelo ofrecido.

La perplejidad de Khay era tal que tardó un rato en reaccionar. Sólo cuando la vio sacar el hueso con la mayor calma, sin apartar los ojos de los suyos, supo que no se trataba de una broma retorcida, y el instinto acabó imponiéndose a su inseguridad: antes de que pudiera cuestionarse lo que hacía, se había inclinado para posar sus labios sobre los de ella.

Esta vez duró más, tanto que casi perdió la noción del tiempo. Fue como si su *ka* se alejara de él, como los sacerdotes decían que ocurría al morir, y se elevara hacia una dimensión en la que no había más que dicha. Incrédulo, sintió cómo se le aceleraba el corazón cuando Amunet entreabrió poco a poco la boca y el sabor del dátil se mezcló con el de sus labios, lo más dulce que recordaba haber probado. Eran blandos, húmedos y parecían creados para amoldarse a los suyos, abriéndose como las flores al amanecer; y cuando la sintió tragar con esfuerzo y sus labios se curvaron poco a poco, la sonrisa que le contagió a Khay le hizo sujetarle la cabeza con delicadeza para atraerla más hacia sí.

Los primeros besos, por desgracia, no son eternos más que en la memoria. Cuando más perdidos estaban en su silencio compartido, una voz procedente del otro extremo del lago («¡Amunet, Amunet!») cabalgó sobre el agua en su dirección, y al apartarse se dieron cuenta de que las siluetas de Hori y uno de sus criados acababan de aparecer entre las palmeras. Estaba a punto de hacerse de noche y las primeras estrellas despuntaban en el cielo, y cuando Amunet se puso en pie para reunirse con ellos, el tintineo de sus abalorios escapando de los dedos de Khay le pareció una música que sólo podían haber creado los dioses. Tenía catorce años y su vida, su auténtica vida, acababa de comenzar.

17

Shaheen

El Cairo, 1799

Debería daros vergüenza. —La furia que ardía en la voz de Amunet hizo que se le encendieran las mejillas, y Shaheen volvió a alegrarse de que con aquel velo blanco no se le viera la cara—. *¡Deberíais postraros a los pies de Osiris e implorar su perdón! ¡Por culpa de vuestra avaricia, ninguna de esas personas podrá alcanzar los Campos de Ialú!*

«No me lo reproches a mí —protestó mentalmente—. No tengo la menor idea de quién le ha proporcionado los cuerpos a Aziz. Ni Ahmed ni yo nos ocupábamos de eso».

Pero ya oíste lo que les dije a los franceses: según nuestras creencias, para que el alma de un difunto alcance el

Más Allá, sus restos tienen que ser momificados y preservados en una sepultura. Por eso les hice devolver los de mis familiares a nuestra cámara sepulcral.

«Pues no parece haber funcionado contigo».

No me lo recuerdes —dijo Amunet con una sequedad aún mayor—. *Cuanto antes recuperemos esos ladrillos, mejor.*

La visita de los *farengi* a la tienda de antigüedades se estaba alargando bastante más de lo previsto. Shaheen había acabado trasladándose a la entrada de un *ahwa* del que se escapaba un embriagador aroma a café recién hecho. Había escamoteado un pastelito de miel de una mesa, más por costumbre que por apetecerle, y se había sentado en el suelo de tierra para comérselo por debajo del velo. Desde allí pudo observar cómo un grupo de pilluelos, al pasar corriendo por delante de la hilera de momias, estiraban un brazo para tocarles las vendadas narices una tras otra y desaparecían entre risotadas.

Llevo un rato dándole vueltas a lo que ese hombre, René Mouret, mencionó acerca de su general —dijo Amunet pasado un rato.

«¿Bonaparte, ese pequeñajo ambicioso? ¿Qué más te da lo que haga?».

Me ha llamado la atención lo que te contó sobre su admiración por Alejandro.

«No sé de quién estás hablando».

Un suspiro de impaciencia. *Alejandro Magno fue un gran conquistador, como quiere serlo Bonaparte. Construyó hace dos mil años el mayor imperio conocido hasta entonces…, igual que pretende hacer él algún día.*

A Shaheen no le decía nada aquella historia. Siempre le habían asegurado que lo ocurrido antes del nacimiento del Profeta pertenecía a una era de oscuridad, un tiempo de paganismo que no merecía la pena estudiar. Aun así, había algo que no entendía…

«Cuando nos encontramos en la ribera del Nilo, dijiste que habías pasado tres mil años dentro de tu tumba. ¿Cómo puedes saber lo que ocurrió mil años después?».

Tuve tiempo de sobra para reflexionar sobre el pasado y el presente. Mientras permanecía en mi ataúd, conseguí proyectar mi consciencia más allá de aquella prisión y vi cosas que en mi época nos habrían hecho temblar. ¿No te habías parado a pensar en lo extraño que es que una habitante del antiguo Kemet hable contigo en tu propio idioma?

La verdad era que ni siquiera se le había pasado por la cabeza, aunque Shaheen no pensaba reconocerlo.

El espíritu continuó: *De Alejandro Magno se dice que permaneció una noche entera en el interior de la Gran Pirámide de Giza. Nadie sabe con certeza lo que ocurrió allí, pero fue el punto de inflexión para que pudiera hacerse con el control de Egipto. Hace unas horas, mientras te cambiabas de ropa en el Instituto, oí decir a dos de los sabios franceses que Bonaparte pretende hacer lo mismo hoy, a medianoche.*

«Pues que le aproveche. Con suerte se le caerá algún pedrusco encima y su gente tendrá que regresar a Farengistán con sus restos». Amunet soltó un *hum* pensativo, pero, como no añadió nada más, Shaheen desistió de hacerle más preguntas por el momento.

Mientras hablaban, el cielo se había oscurecido poco a poco y, cuando el almuédano de la mezquita más cercana empezó a llamar a la oración, fue consciente de nuevo de lo tarde que se estaba haciendo. Sabía que Aziz al-Rashid podía ser de lo más empagaloso con los clientes a los que quería embaucar, pero aquella demora resultaba desconcertante…

Fue entonces, al echar un vistazo a la tienda entre la muchedumbre que se dirigía a la mezquita, cuando comprendió que algo iba mal. «Amunet —la llamó—, la puerta…».

¿Qué pasa con la puerta?

«Está cerrada. Aziz nunca la cierra mientras trabaja».

La cortina de cuentas seguía cayendo sobre el vano, pero tras ella no se distinguía más que la madera. Tras un momento de indecisión, Shaheen se puso en pie, se recolocó la abaya y se encaminó hacia allí, aunque tardó unos segundos más en atreverse a llamar a la puerta. Tal vez, si uno de los ayudantes de Aziz acudía a abrir, podría hacerle creer que sólo era una mujer despistada que se había confundido de local antes de escabullirse.

Pero nadie respondió a sus golpes. Llamó esta vez más fuerte, con los mismos resultados; era como si no quedase nadie.

¿Hay alguna otra puerta por la que se puedan haber marchado los franceses? —preguntó Amunet, intrigada.

«No que yo sepa, y eso es lo que me preocupa. ¡Tendríamos que haberlos visto si hubiesen salido por aquí! —Era absurdo que se alarmara tanto; seguían siendo invasores, el enemigo a abatir, y pese a ello…—. Voy a dar la vuelta al edificio para asegurarme de que no existe ninguna otra. Tú quédate aquí y, si ves aparecer a Aziz o a los franceses, encárgate de avisarme».

Mientras se apresuraba por la callejuela de la derecha, dejando atrás a dos jóvenes que batían palmas ante un encantador de serpientes y su cobra amaestrada, no dejaba de rememorar el aspecto que presentaba la tienda por dentro. Había otra estancia al fondo en la que había visto entrar a Aziz alguna vez y hasta le parecía haber captado la luz del sol a través de un vano… De ser así, era posible que el edificio contara con un patio, pero al verse ante la parte trasera comprendió que no podría acceder por allí.

Alzó los ojos hacia la azotea, midiendo la casa con la mirada. Algunos ladrillos se habían resquebrajado por el paso del tiempo, y

Shaheen echó un vistazo a ambos lados de la calle antes de empezar a trepar. Con la abaya le costó más de lo habitual, pero se las arregló como pudo y, una vez en la parte superior, descubrió que sólo había una cosa en ella además de macetas con plantas mustias: una trampilla de cañas situada en el centro.

Llamó mentalmente a Amunet, y la pesadez que se apoderó de su cabeza le indicó que volvía a acompañarle. *Ni rastro de nuestros amigos.*

«No los llames así —refunfuñó Shaheen, aunque eso no le impidió desprenderse de la ropa y el velo—. Empiezo a pensar que los hemos conducido sin saberlo a una trampa. Si quieres recuperar tus ladrillos y darme a cambio la localización de esas tumbas, más vale que los encontremos con vida».

Con sus bombachos y su blusón remendado de siempre, se agarró a la escalera de mano que descendía hacia el interior de la casa. La habitación en la que apareció debía de servir de almacén, porque había varios rollos de vendas, sacos de arpillera y sábanas revueltas. Otra escalera comunicaba con lo que, ahora Shaheen podía verlo, era el patio interior que había imaginado, y se encaminó hacia allí sin hacer más ruido que un ratón.

Varias puertas se abrían en los cuatro laterales, pese a que la estancia se pudiera atravesar en dos zancadas. Una era la que conducía a la tienda de Aziz, pero al echar un vistazo al interior descubrió que no había nadie. Tampoco encontró a Gabriel y René en la sencilla alcoba de al lado, ni en una sala en la que aún había restos de un almuerzo.

Puede que te estés alarmando sin motivo —le dijo Amunet—. *A lo mejor sólo…*

«Esto es lo que me asusta más, este silencio. Cuando Aziz y sus ayudantes están trabajando, se les oye hablar todo el tiempo». De la cuarta habitación salía un olor espantoso y, al cubrirse la nariz, Shaheen se dio cuenta de que había una gran tina en el centro, llena de un líquido burbujeante, parecido al betún, que supuso que serviría para teñir la ropa. En la esquina más alejada, de hecho, se distinguía una levita y también un chaleco que…

—Maldita sea. —Acababa de reconocer una cabellera roja en la penumbra. Cuando dio unos pasos hacia allí, vio que Gabriel permanecía recostado en el suelo, con la boca cubierta por una mordaza—. Lo sabía —resopló Shaheen—. Es que lo sabía.

El ruido de sus pasos le hizo abrir los ojos, con una expresión aturdida que parecía deberse a un golpe en la cabeza. René también se hallaba en el mismo rincón, aunque inconsciente; ambos tenían los brazos atados a la espalda mediante unas gruesas sogas.

De modo que así se las gasta tu jefe —comentó Amunet mientras Shaheen, con un gruñido de impaciencia, tiraba de Gabriel para que se incorporara—. *Un tipo encantador…*

—El que faltaba —susurró el pelirrojo cuando le desató la mordaza, manchada por el hilo de sangre que manaba de su frente—. ¿Te ha enviado al-Rashid para rematarnos?

—Cierra esa bocaza, Roux. Como me descubran por tu culpa, no sé lo que te haré.

Habían apretado tanto los nudos que le costó horrores cortarlos con la daga. Cuando por fin lo consiguió, pasó a ocuparse de René mientras su sobrino se frotaba las muñecas.

—Y yo que creía que habías estado de su parte todo el tiempo. —Soltó un gemido, llevándose una mano a la frente—. Estoy convencido de que tengo algo roto por aquí…

—Pues deja de lloriquear o te pondré otra vez la mordaza. Tus compañeros del Instituto no sabrán cómo agradecérmelo.

Shaheen —le llamaron en un susurro.

«Ahora no, Amunet».

—Espero que estés en condiciones de trepar, porque tenemos que subir a tu tío hasta la azotea —continuó—. No sé de cuánto tiempo disponemos, pero si Aziz…

¡Shaheen! —Algo en el timbre de Amunet le obligó a detenerse—. *Hazme caso, tienes que ver esto. Acércate a la tina, deprisa.*

Ante el desconcierto de Gabriel, Shaheen soltó la soga de René y, con un suspiro, se puso en pie para dirigirse al centro de la estancia.

El contenido de la tina continuaba hirviendo, una sustancia viscosa y oscura que la única lámpara de la habitación pintaba de un verde inquietante. Al principio Shaheen no entendió qué quería señalarle Amunet, pero, cuando sus ojos se acostumbraron más a la penumbra, le pareció distinguir algo debajo de la burbujeante superficie. Algo pálido que en un primer momento confundió con unos trapos, los que creía que estaban tiñendo…

Hasta que reparó en la nariz afilada, las mejillas hundidas y los ojos cerrados, y se apartó de un salto que casi le hizo caerse encima de Gabriel.

Te lo dije. Es…, es horrible.

—No me lo puedo creer —murmuró Shaheen. Pensó en las vendas que había en el almacén, en las momias alineadas en la calle—. ¿De aquí es de donde han…?

—Alguna salida había que darles a los mendigos de la ciudad —oyó de improviso a sus espaldas—, y también a los que se empeñan en meter las narices donde no deben.

Aziz se encontraba en el umbral de la habitación, eclipsando con su corpulencia la escasa luz que caía por el patio. Shaheen se dio tanta prisa en apuntarle con la daga que casi se le cayó de la mano, y el mercader alzó una ceja cuando se situó ante los franceses.

—Esto sí que es una sorpresa. Parece que ese condenado *farengi* me mintió: sabes de sobra quiénes son. ¿Es que ahora te dedicas a confraternizar con los enemigos?

—¿Y tú a convertirlos en momias? ¿Es eso lo que pretendes hacer con estos dos?

—Bueno, con algo de suerte, podrían acabar en ese adorado museo suyo. —A Aziz se le escapó una risotada—. No desentonarían entre las demás piezas que les he vendido.

Shaheen había vuelto a abrir la boca, pero aquello le hizo cerrarla.

Creo que se refiere al Louvre —murmuró Amunet—, *el museo parisino del que proceden Roux y Mouret.*

—Fue a ellos a quienes se los enviaste —susurró Shaheen. Miró a los franceses un segundo y de nuevo a Aziz—. Los cuatro ladrillos de la tumba… ¿están en el Louvre?

—¿Otra vez con esos dichosos ladrillos? De haber sabido que eran tan interesantes, les habría pedido una cantidad mayor. —Con un bufido, el hombre comenzó a rodear la tina en su dirección; Shaheen se desplazó de inmediato hacia el otro lado—. Sí, fue otro *farengi* el que me los compró, hará unos cinco o seis años. Esperaba sacar más dinero con lo que descubrierais Ahmed y tú, aunque pareces haber vuelto con las manos vacías.

—Ahmed está muerto. Ni siquiera he podido traer su cuerpo a El Cairo conmigo.

En el silencio que siguió a esto, Shaheen observó por encima del hombro de Aziz cómo René entreabría los ojos. Gabriel, por su parte, aguardaba conteniendo el aliento.

—Pues no creo que fuera por una enfermedad—acabó diciendo Aziz—, teniendo en cuenta lo sano que parecía. ¿Fueron ellos? —Señaló a los franceses, pero Shaheen no contestó—. ¿Y todavía te preocupas por lo que les pase, habiendo acabado con tu galán?

—¿Qué acabas de decir? —Shaheen palideció—. ¿De qué estás…?

—No trates de disimular conmigo. habría que estar ciego para no darse cuenta o ser tan imbécil como tu querido Ahmed. Me traía sin cuidado que fueras una aberración mientras pudiera enriquecerme gracias a lo que hacíais, pero ahora que tu amiguito está…

Nunca llegó a acabar la frase. *Agáchate* —dijo Amunet—, *¡rápido!* —Y nada más obedecerle, Shaheen oyó el inconfundible ruido de unas botas que se acercaban a la estancia y un «*venez, à l'instant!*» procedente del patio. Después, el eco de un disparo entre las paredes de ladrillo que le hizo encogerse aún más en el suelo, junto a Gabriel y René.

Aziz no profirió ni un grito antes de caer también. Su corpachón impactó contra la tina de madera y por un instante Shaheen temió que pudiera derramarse sobre ellos. Un segundo más tarde, vio aproximarse media docena de uniformes azules, rojos y blancos.

—¿Y quién tenía razón al final, el ratón de biblioteca o el soldado? —Era el capitán Malenfant, con una pistola humeante en la mano—. Suerte que el oficial que los trajo tenía más luces que ustedes dos juntos. Le faltó tiempo para correr a decirme que habían insistido en quedarse solos, por mucho que les advertimos de que era peligroso hacerlo.

Tendido a sus pies como un elefante abatido, Aziz rodó sobre su costado antes de quedarse inmóvil, en medio del charco rojo que crecía lentamente a su alrededor. Sin inmutarse ante la conmoción de Shaheen, el capitán atravesó la sala en dos zancadas y se agachó para agarrarle por el cuello del amplio blusón, haciendo que se pusiera en pie.

—El muchacho no ha hecho nada, Malenfant —aseguró Gabriel cuando Shaheen dejó escapar un «¡eh!» entre asustado y furioso—. ¡Sólo ha tratado de defendernos!

—¿Me cree tan idiota como para tragarme algo así, ciudadano Roux? —replicó el capitán sin soltarle—. ¿Qué más necesita para entender que no se puede fiar uno de estos condenados musulmanes? Ya les expliqué cómo son, no tienen escrúpulos a la hora de…

Pero algo le hizo detenerse poco a poco al observar a Shaheen, que no dejaba de forcejear para apartarse de su lado. Los ojos claros del capitán se convirtieron en dos lunas menguantes mientras descendían por el cuerpo tembloroso del muchacho.

—Por todos los demonios… —empezó a decir en voz más queda, y sin inmutarse ante las miradas extrañadas de sus hombres, tiró de su blusón para abrírselo bruscamente.

—¡Capitán! —exclamó René, escandalizado—. Pero ¿qué cree que está haciendo?

No obstante, cuando Malenfant dejó el torso de Shaheen al descubierto, rasgando la tela hasta su cintura, también él se quedó sin habla. Unas vendas tan gruesas como las de las momias comprimían su pecho, aunque no eran capaces de disimular del todo una curvatura que en ese momento, debido a su creciente ansiedad, subía y bajaba sin parar.

—Una mujer —declaró Malenfant ante el estupor general—. Su amiguito de los dedos largos ha resultado ser una mujer. Como si no fuera ya de por sí lamentable el papel que han hecho —la soltó de forma tan súbita que Shaheen cayó al suelo, cubriéndose como podía con su ropa hecha jirones— ni la imagen que estamos dando ante esta gente.

18

Khay

Ipet Sut, 1342 a. de C.

El distrito de los escribas no era, ni mucho menos, el más refinado del recinto. Sus casas eran menos elegantes que las de los sacerdotes, las plantas de sus terrazas no tenían la misma exuberancia y la limpieza de las calles dejaba bastante que desear. Aun así, mientras regresaba del lago sagrado aquella noche, Khay pensó que nunca había visto un espectáculo tan hermoso, como si alguien acabara de pintarlo especialmente para él.

«La he besado. —Era consciente de la extrañeza con la que le miraban sus vecinos, pero ni siquiera eso bastaba para apagar su sonrisa—. He besado a Amunet. Y ella me ha besado a mí». A esa hora estaban encendiendo las primeras antorchas y el revestimiento de cal de las viviendas pasaba poco a poco del blanco a un rojo sanguinolento. Era como si Kemet entero estuviese siendo pasto de un incendio, un fuego abrasador del que Khay no había sabido nada hasta entonces, pero que, de golpe, parecía embotar sus sentidos.

Desde que había probado los labios de Amunet, algo daba la impresión de cabalgar a toda velocidad por sus venas, algo que hasta entonces había permanecido dormido. El chico aún no estaba seguro de qué era lo que reclamaba su cuerpo, pero sabía que tenía que ver con el deseo de deslizar las manos por debajo de los tirantes de ella y sentir su calor contra su propio pecho, sin una barrera de lino que los separase. Aquel pensamiento le aceleró aún más el pulso, y se apresuró hacia su casa con la sensación de que las horas que faltaban para que volvieran a verse no transcurrirían lo bastante rápido.

En muchas de las cocinas estaban empezando a preparar la cena, y los aromas de las costillas de cordero, los mújoles en salazón y las percas braseadas parecían competir entre sí, aderezados con el de los jazmines que crecían entre las casas. La de Khay tenía la puerta entornada, pero, cuando se disponía a empujarla, oyó cómo alguien le llamaba.

—Hombre, si es nuestro tullido. —No habría necesitado reconocer la voz de Sebni para saber que se trataba de él. Estaba recostado contra la casa de al lado, con un odre en la mano y los ojos ligeramente desenfocados—. Hacía mucho que no se te veía el pelo.

—Diría más bien que eres tú quien está desaparecido, desde que te echaron de la Casa de la Vida —contestó Khay—. Ni siquiera sabía que siguieses todavía en Ipet Sut.

Por toda respuesta, Sebni profirió una carcajada, aunque no pudo ser más distinta de su antigua risa. Sabía que su madre había muerto poco después de que lo expulsaran de la escuela y que su padre, harto de mantener a un holgazán, había acabado echándolo también a la calle. Desde entonces se dedicaba a pasarse las horas muertas en las casas de la cerveza y a meterse en peleas en las que siempre solía salir con algún ojo morado.

—En cambio, yo he oído que a ti te va muy bien —siguió diciéndole, con un arrastrar de palabras de lo más revelador—. Claro que siempre fuiste un alumno modelo…

—No creo que el maestro Nebmaat piense lo mismo; aún debe de dolerle el brazo de tanto sacudirme —contestó Khay, más incómodo a cada instante—. Oye, tengo que…

—Es curioso lo que hace la vida con la gente. Lo que deciden hacer los dioses con cada uno de nosotros. Me habría gustado saberlo entonces para mantener la boca cerrada.

Khay estaba tan perplejo que no podía hacer otra cosa que mirarle. ¿De verdad se encontraba ante el mismo muchacho que le había hecho la vida imposible durante años?

—Me refiero —prosiguió Sebni con dificultad— a que no me habría metido tanto contigo de haberme imaginado todo esto. Porque tener una pierna de más o de menos da lo mismo, ¿no? Para ser un escriba no te hará falta moverte de una estera, ¿verdad? Sólo aprenderte los jeroglíficos. —Dio la vuelta al odre, pero estaba vacío—. Mierda, otra vez.

«Te lo mereces —le habría respondido Amunet—, te está bien empleado por haber sido un abusón y un cretino». Aun así, cuando echó un vistazo a su ropa remendada y su enjuto torso (¿dónde estaban los músculos que solían amedrentarle?), Khay se dio cuenta de que no podía marcharse sin más, por mucho que Sebni se lo hubiera buscado.

En el fondo tenía razón: a los dioses les encantaba jugar de manera caprichosa con los mortales. Amón había sonreído a Khay como nunca esperó que lo hiciera; le había dado un hogar confortable, un futuro prometedor en Ipet Sut y, por increíble que siguiera pareciéndole, también a la chica de sus sueños. No, no podía portarse como un ingrato.

—Escucha, Sebni, ¿cuánto tiempo llevas sin comer? —Pero la cabeza del chico se había inclinado poco a poco, y Khay no tardó en oír sus ronquidos—. Está bien —dijo con un suspiro—, espera a que te traiga algo. Aunque dudo que pudieras hacer otra cosa.

Cuando entró en la casa, el olor de los pasteles de miel y almendras que preparaba su padre le hizo ser consciente de lo hambriento que estaba. Eran los mismos dulces que habían estado comiendo cuatro años antes, recordó con una sonrisa, la tarde en que había estado hablando con Kheruef y sus amigos de su encuentro con Amunet.

—Padre, soy yo —llamó en voz alta mientras se dirigía al patio—. Acabo de estar con Sebni y no tiene muy buen aspecto. Voy a darle algo de nuestra comida, ¿de acuerdo?

Kheruef no contestó; debía de estar en el piso de arriba. Khay rebuscó entre las cestas de la cocina al aire libre para coger unos bollos, que envolvió en un pedazo de lino; sacó también una vasija de agua del pequeño estanque en el que las enfriaban y, agarrándolo todo como pudo con un solo brazo, regresó a la habitación de la planta baja.

—No vas a creerte lo que me ha pasado hace un rato —siguió diciendo, y empezó a subir la escalera—. Estaba con Amunet en el lago cuando me acordé de lo que me dijiste, lo de que tenía que espabilar antes de que fuera tarde. Sigo sin saber cómo me atreví, pero…

Sin embargo, al desembocar en el piso de arriba vio que Kheruef no estaba solo, y el muchacho se calló de inmediato. Su padre se hallaba de espaldas y ante él había un hombre al que no pudo reconocer debido a una capucha negra que sólo le dejaba los ojos al descubierto. «Padre», trató de decir otra vez, pero, antes de que pudiera hacerlo, Kheruef se derrumbó poco a poco sobre las rodillas hasta acabar cayendo al suelo.

Sólo entonces distinguió el cuchillo que sujetaba el desconocido y la sangre que goteaba sobre el suelo de tierra. La misma que empezaba a empapar la ropa de su padre.

—Esto no tendría que haber ocurrido así. —Cuando el hombre le habló, su voz le recordó a otro cuchillo—. Tú no tendrías que estar aquí. Me dijeron que sólo sería uno.

A Khay se le cayeron las cosas al suelo, pero ni siquiera se dio cuenta. Con la boca tan abierta como los ojos, se quedó mirando alternativamente a Kheruef, que había dejado de moverse casi de inmediato, y al encapuchado que acababa de detenerse ante él. Nunca habría imaginado que un hombre tan amenazador pudiera observarlo con tanta tristeza.

—Vete, muchacho. —Por un momento, Khay temió haber oído mal—. Vete antes de que me vea obligado a hacerlo. Y por tu propio bien, no vuelvas nunca a Ipet Sut.

Muchos años después, cuando rememorara lo ocurrido aquella noche, seguiría sin entender cómo había llegado al piso de abajo, cómo había superado la mitad de la escalera corriendo y la otra mitad a rastras después de que se le escapara la muleta. El horror que se había apoderado de Khay no le permitía pensar; era como una inmensa maroma que lo asfixiaba de tal manera que, hasta que no regresó al exterior, no fue capaz de respirar.

Le pareció oír cómo Sebni decía algo, pero nunca supo qué era. Temblando tanto que apenas se tenía en pie, saltó como pudo dentro de un carro cargado con sacos de trigo, al que permanecía enganchada una acémila medio dormida, y agarró las riendas para tratar de azuzarla. Hasta el tercer intento no lo consiguió, y eso le hizo advertir lo que estaba ocurriendo a sus espaldas: la luz que ardía en el primer piso, a través del único ventanuco de la alcoba, había aumentado de intensidad y con demasiada rapidez.

Para cuando el carro empezó a alejarse de la casa, las primeras llamas eran visibles desde el exterior. Lo único que pudo hacer Khay, apretando las riendas con tanta fuerza que casi se las clavó, fue encomendarse a Amón, a Atón o a cualquier dios que quisiera atender a su ruego, si es que quedaba alguno dispuesto a escucharle; y sólo cuando dejó atrás la muralla de Ipet Sut y la noche se los tragó al carro y a él, pudo romper a sollozar.

19

Gabriel

El Cairo, 1799

Malenfant se comprometió a ocuparse personalmente del asunto, aunque no puso demasiado empeño en impedir que lo ocurrido en el negocio de Aziz al-Rashid acabara siendo de dominio público en el zoco. No estaba de más, en su opinión, que los cairotas se dieran cuenta de lo que podría ocurrirles a quienes se atrevieran a atacar a un francés.

—Al fin y al cabo, ahora somos nosotros la autoridad —comentó mientras dos de sus hombres sacaban a la calle a los ayudantes negros de la tienda de antigüedades— y dudo que a alguien le importe que haya un mercachifle menos en esta puñetera ciudad.

Ante esto René observó que no parecía haber aprendido nada desde lo de Ahmed, pero el capitán se limitó a contestarle que, si tantas ganas tenía de convertirse en una momia, siempre podía saltar a la tina de betún antes de que la vaciaran. Gabriel, todavía perplejo por lo que acababan de descubrir sobre Shaheen, no dijo una palabra mientras regresaban con los soldados al Instituto, ni tampoco cuando su tío se la llevó a una alcoba situada en el antiguo harén del palacio, donde se alojaban las mujeres de la expedición. Horas después, convenientemente aseado y con la herida de la frente desinfectada, seguía merodeando delante de la puerta, sin poder decidir cómo entablar conversación con ella.

Sabía que no era culpa suya haber sido incapaz de ver más allá de su disfraz, pero cada vez que pensaba en cómo se había comportado con Shaheen, sentía un latigazo de culpabilidad. Daba igual que casi le hubiera roto la nariz: el padre de Gabriel había sido un caballero y le había enseñado que a las mujeres había que tratarlas con delicadeza y galantería..., incluso cuando iban vestidas con harapos y olían peor que su camello *Bajirao*.

Finalmente se armó de valor y llamó un par de veces a la puerta. Aguardó durante unos segundos, pero Shaheen no acudió a abrir. Pensando que debía de sentirse aún más avergonzada que él, volvió a golpear la puerta con los nudillos y, cuando estaba a punto de llamarla por su nombre, le llegó el rumor de unos pasos acercándose por el corredor.

—Qué sorpresa, mi pelirrojo preferido por aquí. —Era la ciudadana Lacombe, tan sonriente, perfumada y atildada como siempre—. ¿Llevas mucho tiempo esperándome?

—Belle —dijo Gabriel, aliviado—. He venido a hablar con Shaheen, pero no sé si...

—¿El muchacho árabe que habéis rescatado del zoco? Bueno, esto es una sorpresa aún mayor. Nadie me había dicho que ahora actuáramos como una casa de beneficencia.

Llevaba el pelo dorado recogido sobre la cabeza y un cuaderno de dibujo entre los brazos. Su aspecto era tan distinto del de Shaheen, con aquel vestido blanco que dejaba la mitad de sus senos al descubierto, como el de una espléndida orquídea de un cactus.

—Sea como sea, me temo que estás perdiendo el tiempo. Hace un rato, nada más acabar mi boceto de la Esfinge —levantó el cuaderno que sostenía—, me crucé con ese chico en los muelles de Giza. Supuse que Malenfant habría insistido en echarlo a la calle.

—¿En Giza? —Gabriel abrió los ojos de par en par—. ¿Qué estaba haciendo allí?

—No tengo la menor idea, pero iba montado en uno de nuestros asnos y parecía tener bastante prisa. Dada tu sorpresa —alzó una ceja—, deduzco que nos lo ha robado.

Pero lo que Gabriel estaba sintiendo no era simple sorpresa, sino perplejidad. De repente se había acordado de que aquella noche era la elegida por Bonaparte para entrar en la Gran Pirámide, como habían hecho Alejandro Magno y Julio César antes que él. Y también de que Shaheen había estado preguntando por el general de camino a la tienda.

¿Qué era lo que había querido saber? «¿Qué se le ha perdido aquí a un hombre tan ambicioso?». Quizá sólo estaba imaginando cosas, pero a Gabriel le asaltó la extraña certeza de que no podía ser casualidad que la muchacha se hubiera dirigido a Giza. A lo mejor había entrado alguna vez en la pirámide, igual que había hecho con la sepultura en la que la encontraron, y pretendía tenderle una emboscada a Bonaparte; tal vez quería vengarse de esa manera por lo que le habían hecho a su amigo.

Después de haberla visto en acción, no se atrevía a subestimarla. Ante el desconcierto de la ciudadana Lacombe, Gabriel se despidió apresuradamente de ella y se encaminó a los establos situados en la trasera del Instituto. Una vez allí, sin acordarse siquiera de escribir una nota para su tío, mandó ensillar a *Bajirao* para ponerse en camino hacia el oeste, donde una luna reducida a una sonrisa de plata se deshacía sobre el Nilo.

Había realizado ese mismo recorrido con René unos meses antes, pero el paisaje resultaba decididamente más opresivo por la noche. A medida que se acercaba al río, las siluetas de las embarcaciones de velas triangulares aparecían una tras otra en medio de la bruma, aunque a esas horas podían contarse con los dedos de una mano. Tras despertar al dueño de una falúa amarrada en la orilla y sobornarle convenientemente para que le permitiera subir con el camello, Gabriel se adentró en el Nilo con el corazón en un puño.

—*Shukran* —murmuró cuando por fin alcanzaron el otro lado, tendiéndole unas monedas que el barquero se apresuró a aceptar. Los muelles, unas rústicas plataformas de madera cubiertas de limo, se habían vaciado desde que la ciudadana Lacombe pasó por allí, y la aldea de Giza dormitaba un poco más allá acunada por las sombras de las pirámides.

«No me mires así», pensó Gabriel cuando dejaron atrás la Esfinge, sumergida hasta los hombros en una arena salpicada de cascotes milenarios. Las enormes moles de piedra que se alzaban tras ella también parecían más amenazadoras a medianoche, pese a que la oscuridad no fuera completa: varias luces se movían a los pies de la pirámide del centro.

—Ciudadano Roux, ¿qué está haciendo usted aquí? —se extrañó Berthier, el jefe de Estado Mayor de Bonaparte, cuando detuvo a su montura junto al grupo, iluminado por unas antorchas clavadas en la arena—. Creía que estaba en el Instituto con los demás.

—¿Han visto a un desconocido rondando por la zona? —Gabriel no quería entrar en demasiados detalles acerca de Shaheen—. ¿Un muchacho árabe con el cabello rizado?

—Los únicos árabes que nos acompañan son estos —respondió Berthier, y señaló a un par de sirvientes de piel oscura que, supervisados por el capitán Malenfant, cuidaban de unos asnos cargados de mantas y provisiones—. ¿Es que ha pasado algo con ese chico?

—Eso es lo que me pregunto yo. Me imagino que estarán esperando a Bonaparte…

—Hemos acompañado al general a la Cámara del Rey, esa habitación situada en el corazón de la pirámide, pero nos ha despachado diciendo que quería quedarse a solas.

A juzgar por cómo apretó los labios, al pragmático Berthier no podía hacerle menos gracia la idea de pasar la noche entera al pie de la pirámide, hasta que su superior acabara teniendo la suerte de revelación mística que esperaba alcanzar en su interior. Gabriel se quedó observando el pasadizo que se abría unos metros por encima de ellos, hundiéndose en la montaña de granito como una herida de arma blanca, hasta que tomó una decisión.

—Entiendo que se sientan intranquilos, general Berthier. De hecho, por eso me envía mi superior, Vivant Denon, por si pudiera resultarles de ayuda. El invierno pasado estuvimos estudiando la pirámide y me considero bastante familiarizado con su trazado.

—Nadie nos ha informado de eso, Roux. Bonaparte ha pedido expresamente que…

—Bonaparte podría haber pecado de un excesivo optimismo y, si le ocurriera algo malo ahí dentro, nunca nos lo perdonaríamos. ¿No se quedaría más tranquilo sabiendo que su superior está en compañía de alguien que conoce este monumento mejor que él?

Cuanto más pensaba en la extraña desaparición de Shaheen, más seguro estaba de que tenía algo que ver con aquello. ¿Por qué otro motivo se habría dirigido si no a Giza?

—Dele una de nuestras antorchas a este joven, Fournier, y algo de yesca por si se le apaga —acabó diciendo el general al cabo de un instante. Cuando uno de los soldados obedeció, el propio Berthier le alargó la tea al muchacho—. Procure no interrumpir su meditación, o lo que sea que esté haciendo. No me hago responsable de lo que le ocurra.

—Lo tendré en cuenta —contestó Gabriel, y sacudiéndose como pudo su creciente aprensión, empezó a escalar los sillares sobre los que se situaba la estrecha abertura.

Lo que le había dicho a Berthier no era del todo cierto: él no había acompañado a Denon en aquella visita, aunque sí había estado estudiando sus planos a conciencia. Pero lo que vio una vez traspasado el umbral no podía parecerse menos a lo que había imaginado. No había relieves adornando el corredor ni pinturas como las de la sepultura del Valle de los Nobles: sólo unas paredes interminables que avanzaban en línea recta durante una treintena de metros antes de ascender, decoradas aquí y allá por unas telarañas tan gruesas que casi parecían hechas de lino. El silencio era tan absoluto que resultaba ensordecedor, como si a uno le hubieran arrancado los tímpanos.

«Si Bonaparte ha sido capaz de hacerlo, tú también puedes». Al cabo de unos minutos, desembocó en un corredor más ancho que reconoció como la Gran Galería de los planos, y cuyo techo era tan elevado que la antorcha no alcanzaba a iluminarlo. Allí el desagradable olor que lo impregnaba todo resultaba aún más intenso, y Gabriel supo a qué se debía cuando un torbellino de ruidosos murciélagos se arrojó sobre él.

—¡Maldi…! —masculló mientras se cubría la cabeza con el brazo que tenía libre. Cuando los animales se alejaron hacia la salida entre chillidos, se dio cuenta por primera vez de que algo había cambiado. Un suave resplandor se distinguía a lo lejos, al final de la empinada galería; desde allí se accedía, según recordaba Gabriel, a la Cámara del Rey.

Era el lugar en el que los griegos decían que estaba enterrado Keops, el faraón que mandó construir la pirámide. El lugar en el que, en ese instante, se oía hablar a alguien.

—... demasiado tarde para retroceder, por desesperada que sea la situación. Sé que no podría justificar de ningún modo lo que me aconsejas cuando haya regresado a París.

Era la voz de Bonaparte, amplificada por las paredes de la cámara. Los cientos de miles de toneladas de la pirámide la hacían reverberar como una llamada del inframundo.

—Acre no es sólo una ciudad, sino un símbolo para todos los cristianos —siguió escuchando cuando se acercó muy despacio a las luces. El general había encendido dos pebeteros colocados a ambos lados de la puerta, y Gabriel apagó su propia antorcha contra el enlosado—. Es la última fortaleza de los cruzados de Jerusalén, el baluarte que nos arrebataron los mamelucos hace seiscientos años. Si renuncio a tomar esa plaza, después de haber pasado casi dos meses sitiándola, se me considerará un pelele en toda Europa.

—Mejor un pelele que aún puede luchar que un suicida que ha dejado de hacerlo.

A Gabriel casi se le cayó la antorcha renegrida al suelo. ¿Había más franceses en la cámara con Bonaparte? ¿No acababa de decir Berthier que se había empeñado en estar a solas?

—Si tus hombres no tuvieron éxito en su primer ataque, ¿qué te hace pensar que las cosas cambiarán en las próximas semanas? —Al asomarse desde el umbral, Gabriel sintió un vuelco en el estómago. No había

nadie más que Bonaparte en la estancia, una sala revestida de granito sin más adornos que el sarcófago de Keops, colocado contra la pared de la derecha—. *¿Crees que tendrán alguna posibilidad de sobrevivir si los obligas a arrojarse contra las murallas? Muchos están enfermos, y extenuados por la travesía…*

—He ordenado que les envíen suministros y medicinas desde Gaza. Si el asedio se sigue prolongando, como todo parece indicar, tendrán tiempo de sobra para recuperarse.

—Los pocos que no hayan desertado, querrás decir. Los rumores sobre el pachá de Damasco suelen correr como la pólvora, y cuando tus tropas sepan que se encuentra al frente del ejército enemigo, y las razones por las cuales se le apoda «el Carnicero», es probable que no se sientan tan deseosos de entregar su vida por la gloria de Francia.

Con cada palabra pronunciada, el estupor de Gabriel aumentaba más. El eco de la cámara hacía imposible decir de dónde procedía aquella voz; podría ser del rincón más alejado o de la pared situada enfrente de la puerta… o incluso del interior del sarcófago.

—¿Y qué me recomendarías hacer, entonces? —quiso saber Bonaparte tras casi un minuto entero de reflexión—. Llegados a este punto, ¿cuál sería la decisión más sensata?

—Escribir al general Kléber lo antes posible. Ordenar la retirada de las tropas y su regreso inmediato a El Cairo y, una vez que hayas comunicado a tus superiores cuál es la situación en Acre, volver a Alejandría con el ejército para poner rumbo a vuestro país.

—Pero si llevamos sin barcos desde el año pasado. El almirante Nelson destruyó nuestra flota en Abukir y desde entonces estamos atrapados en Egipto…

—Tendréis otros modos de regresar a casa, aunque aún no los hayáis descubierto.

El resplandor de las llamas le daba a Bonaparte un aspecto totalmente distinto del que solía tener en su despacho, donde una sola mirada suya podía hacer que a Gabriel le temblaran las piernas. Nunca lo había visto tan pálido, tan vulnerable… ni tan humano.

—*La verdad te ha sido revelada conforme a tus deseos* —prosiguió la voz—. *¿No es lo que has venido a buscar? ¿Lo que pretendías conseguir adentrándote en este lugar?*

—¿Cómo puedes adivinar lo que me ha traído aquí si nunca antes nos habíamos…?

—*Sé más cosas de las que te imaginas, general. Algunas tan aterradoras que, si te las revelara esta noche, serías incapaz de volver a dormir en paz.* —Ante esto, el rostro de Bonaparte adquirió un tono aún más cerúleo—. *Sé mucho de lo que ha sucedido y bastante de lo que está por llegar… y, por suerte para ti y los tuyos, estoy familiarizado con la estrategia militar. Por ese motivo he querido acudir personalmente a tu llamada.*

—Dime de una vez quién eres —dijo Bonaparte—, vengas del cielo o del infierno.

—*Sabes muy bien quién soy, Napoleón Bonaparte, a quien muchos empiezan a llamar sultán de Egipto. Has deseado parecerte a mí desde que tienes uso de razón, y nuestros caminos han acabado cruzándose por eso. Tuve muchos títulos, tan inmortales como mi propia alma…, pero tú puedes llamarme Alejandro.*

Entonces Bonaparte cayó de rodillas sobre las losas, abriendo la boca en un grito silencioso que nunca llegó a escapar de su garganta. También Gabriel estuvo a punto de perder el equilibrio, y tuvo que apartarse de la puerta con una sacudida en el estómago que le hizo alegrarse de no haber probado bocado al regresar al Instituto. «Esto tiene que ser un mal sueño. Nada de lo que has escuchado es real.

—Pero seguían oyéndose voces en la cámara, aunque su aturdimiento no le permitiera entender lo que decían—. Cuando vuelvas a abrir los ojos, estarás en tu alcoba y mañana te reirás con René de todo esto».

Su creciente espanto debió de hacerle perder la noción del tiempo, porque, cuando quiso darse cuenta, Bonaparte estaba abandonando la estancia. Pasó por delante de él sin verlo, caminando como un sonámbulo, y ni siquiera apagó el fuego de los pebeteros; se limitó a alejarse por la Gran Galería siendo absorbido por las sombras. Gabriel se quedó solo entonces, apoyado en la pared cubierta de telarañas, y estaba armándose de valor para seguirle cuando oyó aquella voz de nuevo. Aunque, esta vez, hablaba en árabe.

—Ahora mismo vas a explicarme lo que le has dicho, y más vale que seas sincera conmigo. Aunque sigo sin comprender cómo me he dejado enredar para hacer algo así.

Boquiabierto, Gabriel se quedó mirando desde la penumbra del corredor cómo dos manos parecían surgir de la pared. Dos manos pequeñas, de dedos ágiles: las de Shaheen.

—¿La fortaleza de Acre? ¿Qué más te da lo que hagan los *farengi* con ella? —Su despeinada cabeza no tardó en aparecer también, y entonces el joven lo entendió: se había escondido dentro de uno de los claustrofóbicos respiradores, de apenas medio metro de ancho, que comunicaban la estancia con el exterior—. No me hagas reír: a ti te trae sin cuidado lo que nos pase —bufó Shaheen—. Tu gente no tenía nada que ver con la mía.

Cuando se ayudó de los codos para abandonar el agujero, sacudiéndose el polvo y las telarañas, Gabriel quiso creer que los ojos le estaban engañando. Nadie salió detrás de Shaheen ni le tendió una mano para que le ayudara. La chica estaba sola, y aun así…

—No, escúchame tú a mí. —Su tono era más airado ahora—. Sé lo que pretendes conseguir con esto, pero no cuentes conmigo. Ni se te ocurra pensar siquiera que voy a…

Hubo unos segundos de silencio en los que no se oyó más que el crepitar del fuego.

—No, ni hablar, ¡ni lo sueñes! ¡Si tan desesperada estás por viajar a París, busca entre los *farengi* a alguien capaz de escucharte! ¡No quiero tener nada más que ver con ellos y no pienso abandonar mi país para ponerme a buscar unos ladrillos!

Pero entonces reparó en la presencia de Gabriel, inmóvil entre los dos pebeteros, y se detuvo como alcanzada por un rayo. Pese a continuar en penumbras, la vio palidecer.

—Roux —susurró tras otro silencio tan largo como un purgatorio. Cuando dio un paso hacia él, Gabriel retrocedió instintivamente; su semblante demudado hablaba por sí solo—. Esto no es lo que estás pensando —continuó ella, aturdida—. Yo sólo estaba…

—¿Quién eres tú? —consiguió responder Gabriel—. No… ¿Qué demonios eres tú?

20

Amunet

Ipet Sut, 1342 a. de C.

Hasta entonces, Amunet no había creído que pronunciar un conjuro en voz alta pudiera tener consecuencias reales. Le parecía absurdo que una simple combinación de palabras fuera capaz de desencadenar un fenómeno de la naturaleza, por mucho que los sacerdotes insistiesen en que así lo había dictado el dios Heka. Sin embargo, la noche en que Hori entró en casa con el rostro desencajado por el pánico, comprendió hasta qué punto estaba equivocada: cuatro palabras bastaban para destruir el mundo en un instante.

«Khay acaba de morir». El cuenco de fayenza resbaló entre sus dedos, haciéndose añicos contra el suelo apisonado del patio. Había regresado del lago con la sensación de tener alas en los pies y se había sentado en la escalera para beberse un zumo, rebañando en su memoria el sabor de los besos del muchacho. Ahora todo eso parecía pertenecer a otra vida, una en la que la gente inocente no era asesinada en su hogar al ponerse el sol.

«Khay acaba de morir». Hori seguía hablando, hablando y hablando, cada vez más destrozado, pero Amunet creía estar en presencia de un extranjero. Debía de estar usando un idioma desconocido por ella, porque lo que oía era imposible...

—No —fue lo único que pudo decir, interrumpiendo al joven—. No, eso que dices no tiene sentido. Khay y su padre no pueden estar... Los dioses no dejarían que..., que...

Casi sin darse cuenta de lo que hacía, se quedó mirando las salpicaduras de zumo de granada de sus sandalias, demasiado parecidas a manchas de sangre. La sangre de Khay.

—No sabes lo que daría por que no fuera cierto —susurró Hori mientras se ponía en cuclillas ante ella. Algo en sus ojos llorosos le hizo adivinar que estaba al tanto de lo sucedido poco antes en el lago—. Sé lo..., lo unida que estabas a él, y también a Kheruef.

—¡Deja de hablar de ellos como si ya no estuvieran aquí! ¡Te digo que tiene que tratarse de un error! Os habéis equivocado de casa o los habéis confundido con otros...

—No ha habido ningún error, Amunet. Yo mismo los he visto hace un momento.

—¿Los has visto? ¿Qué quieres decir con eso? ¿Qué les han...? —Cada palabra le quemaba la lengua como cobre fundido, pero aun así preguntó—: ¿Qué les han hecho?

Cuanto más escuchaba, menos dudas tenía de que se trataba de un mal sueño. ¿Un intento de robo cuando padre e hijo se disponían a cenar? ¿Un forcejeo en el que ambos resultaron heridos, un incendio que acababa de convertir la casa en una pira funeraria?

—Hori —acabó interrumpiéndole Amunet—, no había nada en casa de Khay que pudiera interesarle a un ladrón. Las estatuillas del altar eran de arcilla y en los arcones no tenían más que sus utensilios de escritura. Dormían… —La muchacha no pudo seguir conteniéndose y estalló en sollozos—. ¡Dormían en camas de barro pegadas a la pared!

—Pero es la única explicación posible. —Abrumado, Hori le acarició los brazos temblorosos para confortarla, aunque al cabo de unos segundos le susurró—: La única que deberíamos hacer creer a los demás para no correr la misma suerte que ellos.

No hizo falta que dijera nada más: el recuerdo de la muerte de Menkhaf, la sombra que les había acechado durante más de cuatro años, se había posado sobre Ipet Sut. Durante unos segundos no hicieron otra cosa que mirarse, hasta que Amunet dijo:

—Quiero ir allí. —Apartó a Hori a un lado para ponerse en pie, pisando los trozos de fayenza desperdigados por el suelo—. Quiero verlos con mis propios ojos. A los dos.

—Amunet, no creo que sea buena idea. Sólo conseguirás hacerte aún más daño…

—¡Te he dicho que quiero ir! ¡No vas a impedírmelo, Hori, así que no lo intentes siquiera! —Y cuando él trató de agarrarla de una mano, se soltó de un tirón y abrió de golpe la puerta de la casa, arrojándose a la calle sin darse cuenta de dónde ponía los pies.

Parecía que el caos se había apoderado del recinto sagrado en un instante. Amunet se vio arrastrada por una aterrorizada muchedumbre hacia el distrito de los escribas, del que se elevaba algo que le hizo añicos el corazón: una columna de humo tan espesa que pintaba el cielo de gris. El olor a quemado aumentaba a cada paso de la joven, llevada casi en volandas por los alborotados vecinos, hasta que consiguió abrirse camino entre un grupo de artesanos del templo a base de codazos y entonces pudo verlo por sí misma.

La casa del escriba Kheruef, la casa en la que tanto habían jugado Khay y ella, ardía por los cuatro costados como una ofrenda al dios de la crueldad. Las llamas se reflejaban en los rostros arracimados alrededor, casi tan pálidos como el de la muchacha, y hacían revolverse a las acémilas aterradas que los campesinos trataban de sujetar. Una de ellas debía de haberse escapado nada más comenzar el incendio, porque el contenido del carro se había derramado por todas partes; un reguero de granos de trigo se alejaba de la casa y una congregación de palomas daba cuenta de ellos, impasibles ante la conmoción general.

Era capaz de percibir los sollozos de los antiguos vecinos de Kheruef, pero también ellos parecían comunicarse en otro idioma. El pánico que escalaba por su garganta amenazó con ahogarla cuando un puñado de hombres se abrió camino entre las llamas, tosiendo sin parar y arrastrando algo que hizo que Amunet aminorara el paso casi sin fijarse en ello.

De no haber sabido que eran ellos, no los habría reconocido. Ni siquiera parecían dos seres humanos, sólo unos amasijos de carne chamuscada que desprendían una intensa humareda. El fuego había abrasado la piel hasta devorarla por completo, y la visión de los músculos sanguinolentos que asomaban debajo de la carbonilla casi la hizo vomitar.

—Que el Oculto nos proteja —murmuró alguien a sus espaldas mientras Amunet caía de rodillas, apretando las manos contra su boca—. Ningún conjuro remediará esto.

—¡Te dije que no te acercaras! —¿Era Hori quien trataba de tirar de ella, como si apartándola de la casa pudiera hacerle olvidar aquella imagen?—. Amunet…, por favor…

Tampoco sus caras se parecían a las de sus recuerdos. Uno de los hombres dejó en el suelo el cuerpo de menor tamaño y, hasta que la muchacha no desvió la vista hacia su tobillo retorcido, no fue capaz de asimilar lo que estaba viendo. «Khay acaba de morir».

—Ningún conjuro remediará esto —se oyó repetir. Había pensado que se referían a devolverles la vida mediante su magia, pero de repente comprendió lo que aquel desconocido había querido decir—. Los embalsamadores no podrán hacer nada con sus cuerpos —articuló alzando la vista hacia Hori—. Nunca alcanzarán la vida eterna.

«Nunca nos reuniremos en los Campos de Ialú si no reciben un entierro adecuado». El llanto que a duras penas había logrado reprimir estalló en su boca y Amunet soltó un chillido tan desgarrador que todos los que la rodeaban callaron al mismo tiempo.

Todos, menos las palomas. Como si se hubieran puesto de acuerdo, las aves que seguían picoteando los granos de trigo se quedaron quietas al oírla y alzaron el vuelo un instante después con un batir de alas que arrancó alaridos a la multitud.

—Amunet —trató de gritar Hori por encima del tumulto, observando estupefacto el círculo que empezaban a describir los pájaros—. Amunet, ¿qué está sucediendo? ¿No estarás…? —Pero el vuelo de las palomas no tardó en volverse más errático y, cuando el joven quiso darse cuenta, habían empezado a abalanzarse sobre ellos como aves de presa.

Una mujer se puso a chillar cuando uno de los pájaros la arañó con las garras. Otra se arrojó al suelo cuando dos se enredaron en su peluca, mientras el maestro Nebmaat manoteaba con la cara cubierta de sangre contra las que trataban de picotearle los ojos.

—¡Amunet, ya basta! —Hori se arrodilló a su lado para agarrarla por los hombros, entre el ciclón de alas que cada vez se estrechaba más a su alrededor. La chica tenía los ojos muy abiertos y en ellos se leía una cólera capaz de derretir la nieve… hasta que se posaron una vez más sobre el pie derecho del cadáver que acababan de sacar de la casa.

La furia que Amunet no había sentido en catorce años se convirtió poco a poco en desconcierto y, unos segundos más tarde, en perplejidad. Hori volvía a decirle algo entre el estrépito de los pájaros, insistía en que tenían que marcharse de allí, pero la muchacha era incapaz de oírle. Porque aquel pie no era el de Khay, por mucho que se le pareciera.

Lo había observado demasiadas veces, siempre a hurtadillas para no hacerle sentir peor, y estaba segura de poderlo reconocer en cualquier parte. Puede que el tobillo de ese cadáver también estuviera retorcido, pero el ángulo, definitivamente, no era el mismo.

—Este no es Khay —fue lo único que pudo decir al cabo de un momento. Miró a Hori con los ojos abiertos de par en par—. No puede tratarse de Khay. Es otra persona…

—¡Haz que se detengan! —¿Cuándo habían aparecido aquellos arañazos en la cara de su mentor y por qué había tantas plumas por todas partes?—. ¡Amunet, por favor…!

—¿Qué…? —Sólo entonces pareció ser consciente de lo que ocurría y, aunque no pronunció una sola palabra, las palomas se detuvieron de inmediato como obedeciendo una orden silenciosa. Dejaron de aletear enloquecidas para descender al suelo mientras la joven rozaba con una mano cada vez más temblorosa la pierna carbonizada del cadáver.

Su piel se convirtió en polvo en cuanto la tocó, pero ni siquiera se dio cuenta. La perplejidad de Amunet no hizo más que crecer al percatarse de que la curvatura de aquel tobillo no era natural... y decididamente, no era la de Khay. Lo que tenía ante ella no era un pie deforme, sino una pierna fracturada. Alguien se la había roto a aquel joven antes de prenderle fuego a la casa. Alguien que quería hacerles creer que Khay había muerto.

Más estupefacta a cada instante, volvió a mirar el rostro abrasado del muchacho y comprendió que tenía razón: apenas quedaba nada de sus labios, pero tampoco eran los que ella conocía. No era la boca que la había besado unas horas antes en el lago.

—Es..., es la primera vez que te veo hacer algo así —murmuró Hori. También los curiosos habían dejado de gritar y los que estaban acurrucados en el suelo se levantaban poco a poco, observándolos de hito en hito—. ¿Qué estabas tratando de decirme antes?

—Que este no es... —Pero nada más empezar a hablar se detuvo en seco. «Alguien ha matado a Kheruef por el mismo motivo que a Menkhaf», pensó Amunet, «por estar en contra de los intereses de Amón. Si saben que Khay ha escapado, intentarán dar con él».

De nuevo se le atenazó la garganta al comprender lo que eso significaba: era posible que no volvieran a verse nunca. Él no podría regresar a Ipet Sut ni ella podría marcharse.

—Haré que los sacerdotes recen a Anubis por ellos —le prometió Hori, aún con la respiración entrecortada. Se pasó una mano por la cara para limpiarse la sangre—. Si el dios de la momificación intercede a su favor, nadie se atreverá a cerrarles las puertas de los Campos de Ialú. Nos serviremos de conjuros, amuletos protectores..., con eso bastará.

—Que no se encargue la *heka* —se oyó susurrar a alguien— o será nuestro final.

Hori les lanzó una mirada de advertencia, pero Amunet no los escuchó. Casi toda la cara del cadáver había desaparecido, aunque algo en la protuberancia de sus cejas y la forma de su mentón le hizo adivinar de quién se trataba. «Sebni estaba cerca. Tan cerca como para atraer la desgracia sobre sí. —Una vez más, se soltó de la mano de Hori para dar la espalda al incendio; y, cuando se puso en camino hacia su casa, la multitud retrocedió ante la *heka* como lo habría hecho ante un áspid—. Pero a mí no podrá alcanzarme. No dejaré de buscarte, Khay, aunque esto me conduzca al Amenti. Daré contigo algún día y daré también con los que te han echado de aquí, y te juro que lamentarán haber nacido».

21

Shaheen

El Cairo, 1799

El gran reloj del vestíbulo casi había dado las tres cuando Gabriel, después de desmontar de *Bajirao* en los establos del Instituto, se dirigió a su habitación llevando a Shaheen firmemente agarrada de un brazo. Jean-Baptiste lo había dejado todo preparado antes de retirarse a su propio cuarto: las zapatillas estaban a un lado de la cama, la ropa de dormir sobre la colcha y las mosquiteras desplegadas a su alrededor…, un escenario tan cotidiano que, al verse en él, Gabriel se planteó por un instante si lo ocurrido en la Gran Pirámide no habrían sido más que imaginaciones suyas.

—Has tenido suerte de que el general Berthier y sus soldados se marcharan antes de que nosotros saliéramos —comentó cuando Shaheen se soltó de su mano, alejándose a toda prisa de él—. No creo que hubieran sido demasiado amables en su interrogatorio.

—Me las habría ingeniado para echar a correr en cuanto se despistaran —mascculló ella mientras se alisaba la manga—, y a estas horas me encontraría muy lejos de aquí.

—Perseguida por la mitad de nuestro ejército y con el propio Bonaparte pidiendo tu cabeza por haberte burlado de él. Sigo sin entender qué pretendías conseguir con eso, pero lo que me resulta aún más increíble es que pudieras entrar sin que nadie te viera…

—Hay otro pasadizo situado unos metros por debajo del que conocéis —repuso la muchacha—. Un califa de El Cairo lo mandó excavar para acceder a la cámara funeraria.

—Si tus colegas de los bajos fondos estaban al corriente, ¿cómo es que no parecía haber entrado nadie en siglos? ¿O es que lo descubriste esta noche por pura casualidad?

De nuevo obtuvo por toda respuesta un silencio empecinado. Gabriel se masajeó la frente con un suspiro de agotamiento; el cuerpo le estaba pidiendo a gritos despachar a aquella ratera de una vez, pero seguía habiendo demasiadas cosas que no comprendía.

—¿No vas a decirme tampoco quién estaba contigo dentro de ese respiradero? ¿Ni cómo consiguió esfumarse antes de que pudiera verle, siendo un conducto tan estrecho?

—Era un miembro de mi banda —se apresuró a contestar Shaheen. *Gracias por la parte que me toca*, dijo Amunet dentro de su cabeza, aunque prefirió ignorarla—. Uno de los más jóvenes, apenas un niño —añadió—. Por eso pudo escabullirse sin problemas.

—Un niño realmente espabilado para conversar con Bonaparte en nuestro idioma.

—No, eso… fui yo quien lo hizo. —La vacilación de Shaheen sólo duró unos instantes, pero Gabriel alzó una ceja—. Cuando empezasteis con vuestra ocupación, Aziz decidió que no me vendría mal aprender a hablar francés. Decía que conviene poder hacer negocios incluso con el demonio, así que se dedicó a darme unas cuantas clases…

—Un hombre muy sensato, tu antiguo jefe —aseguró el muchacho, y se cruzó de brazos sin dejar de mirarla—. *Allons-y, dis-moi quelque chose qui puisse m'en convaincre.*

Pese a no entender ni una palabra, Shaheen creyó captar lo esencial: Gabriel estaba retándola a hablar en su idioma. Durante unos segundos, no pudo hacer otra cosa que abrir y cerrar la boca, hasta que Amunet se indignó.

¿En serio no has sido capaz de aprender ni una sola frase en los cuatro días que hemos estado aguantando a esta gente?

—Libegté, egalité e fgategnité —acabó diciendo.

Ojalá tuviera una mano de carne y hueso para estamparla en mi propia cara —se encrespó Amunet—. *O mejor aún, en la tuya.*

—Menuda oradora de la Sorbona estás hecha —replicó Gabriel—. Deja de intentar tomarme el pelo, Shaheen: tú no tienes más idea de francés que yo de chino mandarín.

La sensación de estar acorralada empezaba a ser tan insoportable, tan parecida a cuando el miembro de alguna banda rival la perseguía por los callejones del zoco, que la muchacha acabó claudicando. No serviría de nada postergarlo por más tiempo, así que le habló de lo sucedido en la tumba en la que se conocieron, cuando abrió un ataúd para ocultarse dentro, y de cómo su propietaria había estado unida a ella desde entonces.

La reacción de Gabriel no fue la que Shaheen imaginaba. Lo único que hizo cuando acabó de hablar fue sacudir la cabeza, todavía con los brazos cruzados.

—Deberías dedicarte a la escritura, para que lo sepas —acabó diciéndole—. Tienes las dos cualidades más necesarias: una imaginación desbordante y una cara muy dura.

—¿Crees que me he inventado todo lo que acabo de decirte? —exclamó Shaheen.

—Te recuerdo que en París somos todos unos escépticos. Si hemos dejado de creer en nuestro propio Dios, no sé qué te hace pensar que podamos hacerlo en almas en pena.

—Pues bien que lo invocáis cuando estáis sorprendidos —rezongó Shaheen, más asqueada a cada momento con aquella gente—. ¿Mi palabra no sirve de nada, entonces?

—Está bien, es posible —Gabriel hizo especial hincapié en aquella palabra— que oigas cosas que nadie más puede percibir. Pero siento decirte que eso no las hace más auténticas; he conocido a unas cuantas personas con ese mismo trastorno.

—Para trastorno el que te pienso causar yo como no nos dejes en paz de una vez.

Hasta que Shaheen no se tapó la boca con una mano, Gabriel no pareció notar que algo había cambiado en su voz. Frunció el ceño mientras Amunet seguía diciendo:

—Si tu perspicacia no te ha permitido adivinarlo, deberías saber que ya no estás hablando con Shaheen, sino con otra persona…, ese supuesto producto de su imaginación.

—Bueno, ahora resulta que tu amiga no sólo sabe hablar en francés, sino también en árabe moderno. —Tras pasear la mirada por la alcoba, Gabriel se acercó al escritorio arrimado contra la pared de la derecha—. Dime qué es lo que pone aquí —dijo cogiendo algo envuelto en un pañuelo—. Si eres egipcia, deberías ser capaz de traducirlo.

Era la tablilla de barro que había encontrado entre las ruinas de Amarna y en cuya transcripción había estado trabajando antes de viajar al sur. Sus caracteres en forma de cuña le resultaron muy raros a Shaheen, comparados con los jeroglíficos que estaba más acostumbrada a contemplar, pero el espíritu no pareció detectar nada extraño en ellos.

—*Es una misiva diplomática de Tushratta, un antiguo rey de Mitanni, al faraón de Egipto* —dijo al cabo de un instante, y empezó a traducir—: «*Le pedí a tu padre dos estatuas hechas de oro macizo, una de mí mismo y otra de mi hija Tadukhepa, y tu padre me respondió: "No me pidas sólo estatuas de oro macizo; te regalaré unas que también estarán hechas de lapislázuli. Y también, junto con esas estatuas, haré llegar a tu corte mucho más oro y riquezas sin parangón…"*». *¿Es suficiente con eso o necesitas que siga?*

Al muchacho se le había abierto poco a poco la boca y su expresión casi hizo que Shaheen se echara a reír. Sin embargo, consiguió recomponerse pasados unos segundos.

—No he oído hablar jamás de ese Tushratta ni del reino de Mitanni. Además de que esto no prueba nada: tal vez te lo has aprendido de memoria o incluso inventado…

—*Puedo hablarte de otros soberanos que conoces mejor, Roux. De aquellos que regaron con su sangre las calles de tu ciudad natal, del resentimiento y la crueldad que se han apoderado en los últimos años de ella. De esa cuchilla de acero que no deja de silbar de la mañana a la noche mientras París entero aplaude entusiasmado a sus pies.*

Gabriel había regresado junto al escritorio para depositar la tablilla, pero aquello le hizo detenerse mientras se limpiaba la arena de los dedos con el pañuelo. Cuando se volvió hacia Shaheen, había una extrañeza distinta en sus ojos, más parecida al horror.

—*Debiste de pensar que sería un modo de dejar atrás todo eso* —siguió diciendo una impertérrita Amunet—. *Sólo tenías que asegurarte de que el sentimiento de culpa no embarcaba contigo en el puerto de Toulon. Pero hay recuerdos que no pueden diluirse ni con todo el agua del Mediterráneo.* —Gabriel dio un paso atrás sin apartar los ojos de la chica—. *No deberías perder más tiempo tratando de engañarte a ti mismo.*

—¿De dónde has sacado que…, quién te ha dicho…? —Shaheen nunca había visto a una persona con la piel más blanca—. ¿Ha sido el capitán Malenfant, durante el viaje?

—*Qué suaves eran sus manos esa tarde, cuando te despediste de ella, y qué cálidas comparadas con los barrotes. Ni siquiera parecía importarle tener que pasar sus últimas horas en aquel calabozo nauseabundo de la Conciergerie. «Merecerá la pena», susurró mientras aferraba tus dedos. «Merecerá la pena morir por lo que más he amado nunca».*

Pero un «¡basta!» de Gabriel hizo detenerse al espíritu, y Shaheen aguardó con el corazón en un puño sin dejar de observarle. Se dio cuenta de que le temblaban tanto las piernas que tuvo que dejarse caer en el borde de la cama, y durante unos segundos no pudo hacer otra cosa que permanecer en silencio con la cara sepultada entre las manos.

—¿Ahora la crees? —susurró Shaheen por fin—. ¿O me crees a mí, mejor dicho?

—Parece que no me queda otro remedio —le respondió Gabriel a media voz. De no estar tan enfadada con los *farengi*, habría sentido una punzada de lástima—. Nunca imaginé que me encontraría ante…, ante algo semejante. No en los albores del siglo XIX.

Cuando la miró, algo en su rostro le hizo pensar en Ahmed. En el miedo que le había dado siempre que pudiera contemplarla de ese modo si descubría la verdad.

—Tienes que prometerme que no se lo dirás a nadie —susurró Shaheen mientras se acercaba a la cama—. No puedo dejar que se enteren de esto, Roux. Y no me refiero sólo a la existencia de Amunet..., porque así es como se llama..., sino a lo que soy capaz de hacer.

—Amunet —repitió él. A juzgar por cómo parpadeó, le costaba asumir la idea de estar hablando con dos personas distintas a la vez—. ¿De manera que es ese espíritu el que ha organizado todo esto? ¿Y tú piensas quedarte callada dejando que Bonaparte crea que ha estado charlando con Alejandro Magno como si fuera lo más normal del mundo?

—No sé nada de ese Alejandro ni me puede importar menos Bonaparte. Lo único que quiero es que me prometas guardar silencio sobre esto cuando me haya marchado.

—Shaheen, lo que le dijisteis al general puede tener consecuencias muy graves. La toma de Acre ha sido la obsesión de Bonaparte durante todos estos meses. Si con esto le hacéis cambiar de opinión, todos los esfuerzos del ejército responsable del asedio habrán sido en balde. Cientos de vidas sacrificadas para nada. —Gabriel soltó el pañuelo sobre la cama antes de ponerse en pie—. Tienes que explicarle la verdad, y esta misma noche.

A Shaheen se le cayó el alma a los pies, y Amunet dejó escapar un bufido. *Qué gran momento escoge este cretino para preocuparse por la moral. Es para morirse de la risa.*

—Roux, escúchame —porfió Shaheen, y corrió para ponerse ante él cuando lo vio dirigirse a la puerta—. No puedes exponerme de ese modo. ¡No puedo dejar que lo hagas!

—Deja de ser tan dramática, ¿qué es lo peor que puede ocurrir? ¿El hecho de que te miremos como a un bicho raro importa más que lo que les suceda a nuestros soldados?

—Tú no lo entiendes, ¡no sabes los problemas que esto me causó cuando era una niña! ¡He conseguido mantenerlo en secreto durante once años y si por tu culpa me…!

Pero no le dio tiempo a acabar: el «¿Gabriel?» procedente del corredor y el sonido de la puerta al abrirse les hizo darse la vuelta. René parecía haberse acercado a la alcoba de su sobrino a toda prisa, pero se detuvo en seco al verlos a los dos allí.

—Bueno, con esto has batido tu propio recórd —resopló sacudiendo la cabeza—. Te ha faltado tiempo para ponerte manos a la obra en cuanto has sabido que es una mujer.

—Sólo la he invitado a mi cuarto para hablar en privado —protestó Gabriel mientras Shaheen continuaba mirándole hecha una furia—. Por pocas francesas que haya en el Instituto, tío, no andamos tan escasos como para tener que recurrir a lo que estás…

Antes de que pudiera decir nada más, la muchacha le asestó un rodillazo entre las piernas que convirtió sus palabras en un prolongado gemido. Gabriel cayó poco a poco sobre el enlosado mientras René, todavía en la puerta, lo miraba con las cejas enarcadas.

—Maldita… mula… coceadora… —consiguió articular desde el suelo, apretándose las manos contra los pantalones—. París nunca te perdonará por… semejante pérdida…

—No seas exagerado: dudo que hubiera mucho que aprovechar —replicó Shaheen.

—Sinceramente, te merecías eso y más —contestó René, y se acercó a su sobrino para incorporarlo sin miramientos—. Siento decir que tendrás que recuperarte a marchas forzadas: acaban de convocar una reunión de urgencia en el Salón Azul del primer piso.

—Pero si son cerca de las tres de la madrugada —protestó Gabriel, casi sin voz.

—Puedes quejarte a Bonaparte si no estás conforme, aunque no creo que sirviera de mucho; ha ordenado que asistamos todos los miembros de la expedición. Al parecer, acaba de regresar de su visita a la Gran Pirámide. —Aquello hizo que Gabriel dejara de gemir y que Shaheen, que seguía mirándole con el ceño fruncido, se volviera hacia René dando un respingo—. No tengo la menor idea de qué puede haberle ocurrido allí dentro, pero todos los que han conseguido hablar con él aseguran que parece un hombre nuevo.

22

Khay

Valle de los Nobles, 1342 a. de C.

Habría que estar loco para buscar trabajo allí», había dicho siempre el padre de Khay del poblado de la orilla oeste, mandado construir por los antiguos faraones para los obreros de la Necrópolis de Millones de Años. La idea de encontrarse tan cerca de la ciudad de los difuntos, por reales que fueran todas aquellas momias, había amedrentado a su hijo desde que tenía uso de razón, pero mientras subía con esfuerzo por la escalera de cañas que comunicaba con el piso superior de la sepultura, en cuyos jeroglíficos había estado trabajando con ayuda de sus pinceles, Khay no pudo dejar de pensar que también tenía sus ventajas. Como todo aquello situado en la orilla de los muertos, era perfecto para quien necesitase desaparecer del mundo…, aunque tuviera que ser enterrándose en vida.

Después de cuatro horas en la penumbra, la luz del exterior lo deslumbró tanto que tuvo que taparse la cara. El paisaje que se extendía ante la sepultura era un escenario de desolación, un desierto de dunas blancas que descendía desde la montaña tebana, en la que se excavaban las moradas de eternidad de los faraones, hasta la ribera del Nilo. Los palmerales parecían una promesa inalcanzable desde el Valle de los Nobles, la parte de la necrópolis destinada a los funcionarios importantes; y al otro lado del río, temblando como un espejismo, descansaba Ipet Sut, con sus muros encalados y sus adornos de oro.

Ipet Sut, donde seguía estando Amunet. Donde yacería para siempre el futuro que les habían arrebatado a los dos. Ni siquiera con la sombra de la muerte planeando sobre él había sido capaz de alejarse de su lado, y por eso llevaba cuatro meses trabajando en la necrópolis: porque sabía que, cuando se celebrara la Hermosa Fiesta del Valle, la gente de Uaset cruzaría a la otra orilla para pasar la noche en la parte visitable de las tumbas. Si a Amunet también se lo permitían, podría encontrarla en la de Sennedjem, y de ser así…

—¿Qué estás haciendo ahí como un pasmarote? —La voz del capataz lo sacó de su ensimismamiento con un sobresalto. Hasta que no se giró hacia él, no se percató de que había un considerable revuelo entre las sepulturas—. ¡Baja con los demás ahora mismo!

—¿Bajar? —se sorprendió Khay—. Pero ¿no se suponía que tenía que terminar…?

—Ya tendrás tiempo más tarde para seguir con las pinturas. ¡Os quiero a todos de pie en el camino principal y, por vuestro propio bien, más vale que sepáis comportaros!

Más desconcertado a cada instante, el muchacho se dirigió al sendero del que acababa de hablarle, una cinta pedregosa que ascendía desde el embarcadero de la ribera hasta la Necrópolis de Millones de Años. Casi un centenar de obreros se concentraba allí, en compañía de sus esposas; y, a juzgar por sus expresiones, parecían muy emocionados.

—¿Qué está pasando? —le susurró Khay a la primera conocida con la que se cruzó, una muchacha menuda encargada de bajarles odres de agua a la tumba.

—¿No os ha avisado Metufer de lo que ocurre? —contestó ella—. ¡Están a punto de pasar por aquí, delante de nosotros! ¡Los han visto descender hace un momento de su barco! —Y cuando Khay frunció un poco el ceño, la chica añadió—: ¡Hablo del faraón, vida, salud y prosperidad le sean dadas, y su familia! ¡Han venido todos a la necrópolis!

—¿El faraón? —dijo el joven, incrédulo—. ¿No está ahora en Akhetatón?

—Parece ser que uno de los parientes de la Gran Esposa Real ha muerto, por eso han remontado el río hasta aquí. Van a atravesar este sendero para dirigirse a su tumba.

Pero para entonces la cabeza de la comitiva se acercaba por el camino y todos los asistentes se callaron como silenciados por un conjuro. Los *medjays*, los protectores de la ciudad, abrían el silencioso desfile con sus cascos blancos y azules y sus espadas de bronce. El jefe de policía Mahu, un hombre tan moreno que parecía de Kush, se hallaba en primera fila, y tras él avanzaban dos sillas gestatorias cubiertas de oro cuya visión hizo temblar a Khay. Nunca antes había estado ante Amenofis Neferkheperura, el Señor de las Dos Tierras, ni su amada esposa Nefertiti, pero supo que no podría olvidarlo en la vida.

Él era alto, algo entrado en carnes, con párpados y labios gruesos, casi extravagantes; ella tenía unos rasgos sutiles como los de un relieve de alabastro. Él llevaba las coronas blanca y roja de las Dos Tierras, adornadas con un buitre y una cobra; ella, un tocado azul con la parte superior plana que cubría por completo su cabello. Él vestía con un faldellín plegado, sujeto a la cintura mediante una cola de león; ella, con un vestido de lino real tan fino que sus delgados miembros se transparentaban como si no llevara nada encima.

Pero fue el contraste de ambos rostros, soñador el de él, perspicaz el de ella, lo que convenció a Khay de estar contemplando a un mismo dios escindido en dos mitades. El faraón y su esposa eran como el día y la noche, incapaces de existir sin su contrapartida.

—Agáchate —oyó susurrar a la aguadora, aunque tardó unos segundos en reaccionar—. ¡Vamos! —le instó ella, y los dos se postraron sobre la ardiente arena.

Al mirar de reojo a su alrededor, vio que todos habían hecho lo mismo. Al cabo de unos minutos, ambas sillas gestatorias se detuvieron y el matrimonio real se encaminó a pie hacia la entrada de la tumba, seguido por el resto del cortejo. Khay nunca había visto a tantos criados, pero cuando se atrevió a alzar los ojos entendió el motivo: Tiyi, la madre del faraón; Ay, el padre de la reina, y sus siete nietas acaban de llegar en sus sillas, y en cuanto pusieron un pie en tierra, se vieron rodeados de coperos, chambelanes y escribas.

—¿Habías visto alguna vez tal cantidad de oro? —susurró la muchacha, mirando también con disimulo cómo se alejaban—. ¿Cuánto debe de costar todo eso que llevan?

—Más de lo que nosotros podremos ganar en una vida entera —contestó él—. Los rumores sobre Akhetatón deben de ser ciertos: el oro corre como el agua por sus calles y sus habitantes son tan ricos que ni siquieran sabrían decir… —Pero, antes de que acabara de hablar, una mano lo agarró bruscamente por el cuello para obligarle a ponerse en pie.

Ninguno había oído acercarse al corpulento Metufer, el escriba encargado de darles cada mañana los textos con los que tenían que decorar las paredes de las tumbas, pero, en cuanto lo vio ante sí, Khay supo que estaba en un apuro. Tuvo que echar la cabeza hacia atrás para devolverle la mirada, sintiendo cómo su pie sano apenas rozaba el suelo.

—¿Qué crees que estás haciendo, pedazo de inútil? —Parecía venir directamente de la tumba; por eso no se había postrado con ellos—. Acabo de echar un vistazo a lo que has estado pintando y no es lo que te ordené. ¡Has cambiado uno de los símbolos de la pared!

—Si te refieres a lo de la cámara sepulcral, sólo ha sido una…, una corrección —le contestó el muchacho, alarmado—. Pensé que alguien se había equivocado al escribirlo…

—¿Una corrección? —Metufer entrecerró los ojos—. ¿Cómo que una corrección?

—Había un error en el texto, en la confesión de los pecados. —Mientras hablaba, Khay recuperó como pudo su muleta del suelo—. «No he provocado enfermedades entre los hombres». El jeroglífico para «enfermedad» es una pústula, pero el que aparecía era…

Pero la expresión de Metufer le hizo darse cuenta, con una sacudida en el estómago, de que había cometido un error. Sólo los escribas tenían permitido aprender el significado de los jeroglíficos. Ese conocimiento no podía abandonar la Casa de la Vida.

—Lo he reconocido por los dibujos —tartamudeó—, o como sea que se llamen esas cosas que pintamos. No es la primera vez que represento lo mismo, y me pareció que…

—¿Me has corregido porque creías haberte aprendido una de las frases de memoria?

—A lo mejor..., a lo mejor me he equivocado. Puedo volver a pintar encima si lo quieres como antes. En cuanto volvamos a... —Pero el bofetón que le sacudió el escriba le arrancó las palabras de la boca, haciéndole caerse al suelo entre los gritos de la gente.

De pronto, todos los que habían asistido al paso del cortejo real estaban pendientes de ellos dos. Khay alzó los ojos hacia Metufer con una mano contra la sonrojada mejilla.

—Espero que esto lo aprendas igual de rápido —le espetó el otro chico, y escupió sobre sus pies desnudos—. La próxima vez que te pases de listo conmigo, lo lamentarás.

Un par de curiosos rompieron a reír, pero los demás parecían inquietos. Mientras lo observaba alejarse, con la aguadora ayudándole a ponerse en pie, Khay se acordó de pronto de las clases en Ipet Sut. Volvió a sentir en su espalda los varazos de Nebmaat, a oír las crueles burlas de Sebni. «Ya no eres sólo un tullido, sino un tullido cobarde».

Antes de que pudiera darse cuenta de lo que hacía, se había arrojado como una fiera sobre Metufer y le había asestado un puñetazo. Le dio en el oído izquierdo, no lo bastante fuerte como para aturdirlo, pero sí para hacerle darse la vuelta con perplejidad.

—Pero serás... —Cuando lo derribó de un empujón, Khay siguió golpeándole con una cólera irracional, sin importarle ser casi dos cabezas más bajo que él. Por todas las ocasiones en las que había guardado silencio, por el encapuchado que le había obligado a marcharse de su hogar. Por los sueños con Amunet que le habían robado—. ¿Es que te has vuelto loco? —continuó gritando Metufer—. ¿Qué es lo que quieres, que te mate?

—¡Suéltalo de una vez! —exclamó la aguadora, espantada—. ¡Suéltalo, Metufer!

Indiferente al revuelo que estaban provocando, este le asestó un golpe a Khay en el ojo derecho que hizo que su cabeza golpeara ruidosamente contra la arena. La chica soltó otro alarido, pero mientras continuaban forcejeando oyeron un «¡que alguien separe a esos dos muchachos!» y un puñado de hombres se apresuró hacia ellos para sujetarlos.

El brillo de las armas le hizo reconocer a los *medjays*, aunque seguía estando tan enloquecido por la rabia que apenas prestó atención. Sólo cuando le quitaron a Metufer de encima vio que la muchedumbre había retrocedido y, cuando descubrió por qué se habían callado todos a la vez, sintió como si una mano estrujara su estómago.

La madre del faraón había abandonado el cortejo para acercarse a ellos. Estaba tan indignada que su tocado, decorado con los cuernos de Hathor, temblaba sobre su cabeza.

—¡Debería daros vergüenza comportaros así! —Pese a los collares y brazaletes, su aspecto era mucho menos impactante que el de la Gran Esposa Real, casi propio de una campesina—. ¡En la Necrópolis de Millones de Años! ¡En presencia de las hijas del dios!

Sus nietas, por el contrario, parecían más divertidas que escandalizadas. Las mayores debían de tener la edad de Khay, mientras que la más pequeña todavía seguía en brazos de su nodriza y los observaba alternativamente a Metufer y él con un pulgar en la boca.

—Espero que tengáis una buena explicación para esto —les increpó el capataz a su vez; nunca antes lo había visto tan indignado—. ¿Es que no se os puede dejar solos?

—Yo también lo espero —replicó el jefe de policía Mahu—. De lo contrario, me los tendré que llevar a los calabozos de Uaset para ponerlos una temporada a la sombra.

—Lo sentimos muchísimo, majestad —musitó Khay, y se extendió ante la anciana Tiyi—. Somos polvo en tus sandalias y no merecemos siquiera que nos mires.

Su cuerpo entero parecía gritar de dolor, pero lo último que pretendía era atraer la atención sobre sí después de lo ocurrido meses antes en Ipet Sut. «Por favor, que no me hagan ninguna pregunta. Por favor, que se olviden de que existo, que sigan adelante…».

—Bueno, parece que al menos uno de vosotros sabe disculparse —resopló Mahu.

—Más vale que continuemos; mi divino hijo nos espera. Que uno de los sirvientes se adelante para avisarle de nuestra demora. —De inmediato, un muchacho se inclinó ante Tiyi antes de echar a correr por el sendero. La reina madre miró entonces a Khay con mal disimulada compasión—. Y que alguien le cure la cara a este pobre chico.

De inmediato, la aguadora se agachó junto a él para ocuparse de su ojo. El cortejo se puso una vez más en movimiento y, mientras observaba alejarse el aparatoso tocado de la reina, Khay recordó lo que le había contado Kheruef acerca de sus orígenes plebeyos. «Por eso debo de haberle dado lástima. Porque es la única que no nació siendo una diosa».

—¿Cómo se te ha podido ocurrir hacer algo tan estúpido? —susurró la aguadora cuando los *medjays* también siguieron adelante—. ¿En qué demonios estabas pensando?

—Ya oíste lo que dije: habían escrito mal uno de los conjuros —contestó él.

—¿Y quién crees que se daría cuenta de algo así, los familiares del muerto? —Al contacto con un trapo empapado, Khay contuvo como pudo un quejido—. ¿Porque no tendrían nada mejor que hacer durante unos funerales que ponerse a leer en las paredes?

—No ha sido por ellos, sino por el propio muerto. Los sortilegios del *Libro de la salida del día* son lo que permite alcanzar los Campos de Ialú, y si se pronuncian mal…

Pero en ese momento notó que alguien seguía mirándole, aunque no era ninguno de sus compañeros. De pie en el sendero pedregoso, una de las princesas lo inspeccionaba con el mismo interés que habría despertado en ella un perro de seis patas.

No debía de ser mucho más joven que Khay, aunque su estatura y delgadez casi la hicieran parecer una niña. Una diadema de filigranas reposaba sobre su peluca, en la que también relucían unos cuantos mechones dorados; el cabello le llegaba por la mitad de la espalda confundiéndose con su vestido negro. Había algo de la Gran Esposa Real en su rostro, una sutileza en sus facciones y una delgadez en la nariz y la barbilla que hicieron que Khay, aturdido, apartara la mirada. Por alguna razón, la curiosidad de aquella joven tan hermosa y rica le causó una vergüenza aún mayor que la regañina de la reina madre.

—¿Quién era esa? —dijo en voz baja cuando la anciana, tras reparar en la ausencia de su nieta, envió de vuelta a dos de sus sirvientes para que la escoltaran con los demás.

—Creo que la princesa Meresamenti —le respondió la aguadora, humedeciendo el trapo—. La hija mayor del faraón, vida, salud y prosperidad le sean dadas.

—Pues no parecía muy animada. Para tratarse de una hija del dios, quiero decir…

—No es para menos. Te recuerdo que, de haber nacido varón, todo esto —la chica señaló con la cabeza el paisaje de la ribera desplegado a sus pies— sería suyo algún día.

—Vosotros dos, dejaos de cháchara ahora mismo —les increpó el capataz, y apuntó a Khay con un dedo manchado de tierra—. No pienses siquiera en holgazanear todo el día por esto. En cuanto se te haya deshinchado ese ojo, te quiero de vuelta en tu tumba.

—Y si tantas ganas tienes de lucirte, puedes marcharte con la comitiva real —dijo Metufer con un gruñido—. Seguro que los sabiondos son bien recibidos en Akhetatón.

Por un momento, Khay estuvo tentado de responderle, pero algo le hizo quedarse callado poco a poco. En un acto reflejo, se volvió hacia el sendero por el que se alejaba la comitiva, una serpiente iridiscente entre las dunas de arena. «Seguro que los sabiondos son bien recibidos en Akhetatón…». ¿Era posible que Metufer hubiese dado en el clavo?

Le parecía percibir vagamente cómo la aguadora le decía algo, pero no era capaz de entenderlo. La noche anterior, mientras repartían las lentejas y las cebollas crudas en el poblado de los obreros, había oído hablar a dos escultores de la nueva capital. «Dicen que todo el mundo se está embarcando hacia allí», susurraba uno. «No es para menos —contestaba el otro—, con todo lo que se cuenta acerca de su prosperidad. Todo aquel que quiera medrar acabará poniendo rumbo a Akhetatón; hasta yo me lo estoy planteando».

Habían seguido diciendo que pronto las demás ciudades quedarían despobladas y a muchos templos les ocurriría lo mismo. El joven no había tenido ánimos para sumarse a la conversación, pero al recordarla se preguntó cómo no había pensado en Amunet. En lo poco que podría tardar el faraón en reclamarla en su corte, a la que estaba atrayendo a los personajes principales de Kemet, para que pusiera su magia al servicio de Atón.

En cuestión de unos segundos, el presentimiento que se había apoderado de Khay había pasado a convertirse en una certeza abrumadora. Lo único que consiguió hacer fue ponerse en pie, tan bruscamente que la muleta casi se le resbaló, y apresurarse en pos de la comitiva real mientras rezaba para que la reina madre fuera tan compasiva como parecía.

23

Gabriel

El Cairo, 1799

El Salón Azul debía de haber sido una de las estancias más majestuosas del antiguo palacio mameluco, porque su aspecto seguía resultando impactante pese a que muchos de los azulejos del suelo estuviesen resquebrajados y algunas arquerías hubiesen perdido los estucos que las recubrían. Casi todos los miembros del Instituto se agrupaban ya en él, con el aspecto confundido de quien se ha levantado a toda prisa; unos cuantos, de hecho, seguían aún en camisa de dormir, tratando de ahogar como podían sus bostezos.

—Vaya, ciudadano Roux —saludó un adormilado Vivant Denon cuando Gabriel y su tío se unieron al resto de sus compañeros—, no tiene muy buena cara esta noche…

—Una mula me ha dado una coz —mascullό el joven—. Metafórica y literalmente.

No importaba cuánto pensara en ello: lo que acababa de descubrir sobre Shaheen seguía poniéndole la piel de gallina. Una persona capaz de conversar con los muertos, de llevarlos consigo como quien arrastra a su sombra... «Por eso solía quedarse ensimismada durante nuestra travesía Nilo abajo. Tenía a esa tal Amunet hablándole todo el tiempo».

—¿Alguien sabe para qué nos ha convocado el general Bonaparte? —oyó decir a un ayudante de Denon mientras Gabriel se dejaba caer, reprimiendo un quejido, en uno de los mullidos divanes—. ¿Qué es tan urgente como para no poder esperar hasta mañana?

—Puede que haya descubierto algo interesante en la Gran Pirámide —sugirió otro.

—Tenía entendido que de esa clase de tareas nos encargábamos nosotros —objetó Belle Lacombe, con los brazos cruzados sobre su batín de encaje. Era la primera vez que Gabriel la veía con el pelo suelto fuera de su alcoba—. Sinceramente, dudo que un par de relieves funerarios puedan haberle conmocionado tanto. Lo único que le interesa de las antigüedades a nuestro admirado héroe es lo que pueda conseguir a cambio de ellas.

—Silencio, ciudadana Lacombe —advirtió Denon justo cuando la puerta se abría y Bonaparte, acompañado por su jefe de Estado Mayor, entraba en la estancia.

El capitán Malenfant avanzaba tras él, junto con el resto de los generales. Algo en su expresión le dio mala espina a Gabriel, aunque no habría sabido decir el qué; quizá se debía al hecho de que pareciera la única persona despierta que había entre ellos.

—Ciudadanos —comenzó a decir el general, situándose en el centro de la sala con las manos enlazadas a la espalda—, me alegro de verlos a todos aquí. Sé que les he convocado con demasiada precipitación —sus ojos se detuvieron sobre los eruditos ataviados con la ropa de dormir—, pero el asunto que nos atañe es de extrema urgencia.

—¿Se trata de algo relacionado con la pirámide, mi general? —preguntó Berthier, el jefe de Estado Mayor.

Gabriel se removió incómodamente en el diván, empezando a temerse lo peor. «No digas ni una palabra —se recordó a sí mismo—; esto no va contigo».

—En efecto, y no sabe cómo me alegro de haber desoído sus consejos, Berthier, y entrado solo en ese sitio —respondió Bonaparte—. Algo me dice que, de haberse encontrado usted conmigo, lo sucedido en el interior no habría tenido lugar.

Cuando procedió a describirles su encuentro sobrenatural, Gabriel casi deseó que el suelo se abriera de repente para tragárselos a todos. La perplejidad de los presentes les hizo quedarse absolutamente mudos mientras Bonaparte hablaba de Alejandro Magno con la naturalidad de quien acaba de tomarse un café con un viejo amigo. Al oír que aquella conversación le había hecho renunciar a la toma de la fortaleza de Acre, el silencio adquirió un matiz muy diferente; parecía haberse vuelto tan pesado como los restos de perfumes orientales que aún seguían adheridos a los muebles de la habitación.

—Mi general… —El pobre Berthier no parecía saber cómo decirlo—. Es posible que sufriera algún accidente al entrar en la pirámide, aunque no se acuerde de ello. Tal vez resbaló mientras subía a la cámara, y entre el bochorno y la oscuridad del interior…

—Era tan dueño de mis facultades mentales como ahora, Berthier —le aseguró su superior sin perder la calma—, y capté esa voz con tanta claridad como la suya.

—Quizá se tratase de una alucinación provocada por los vapores —se oyó susurrar a un emocionado Denon a espaldas de Gabriel—. No sería la primera vez que ocurre algo parecido en una sepultura egipcia, después de permanecer durante miles de años cerradas a cal y canto. Deberíamos acercarnos mañana mismo a echar un vistazo para intentar…

—A usted le dicen que tenemos un pozo de serpientes en los jardines, Denon, y se tira de cabeza por puro morbo —dijo Belle antes de volverse hacia Bonaparte—. Con el debido respeto, general, no creo que una decisión como esa deba ser tomada a la ligera.

—No lo ha sido, ciudadana Lacombe —replicó este—, de eso puede estar segura.

—Pero la toma de Acre se había convertido en uno de los principales objetivos de esta campaña. ¡Si después de dos meses de asedio les pedimos al general Kléber y sus hombres que regresen a El Cairo, nuestra reputación internacional quedará hecha trizas!

—Lacombe tiene razón —dijo otro de los generales de Bonaparte—. Seríamos el hazmerreír de los turcos y los ingleses, y una auténtica deshonra para nuestro Directorio.

Mientras los susurros se propagaban por el salón, Bonaparte no hizo otra cosa que permanecer en silencio, con las manos todavía cruzadas a la espalda. Parecía un maestro de escuela esperando a que sus alumnos dejaran de alborotar para continuar con la clase.

—Personalmente, pienso que el general puede tener razón —dijo entonces René, y Gabriel lo observó con perplejidad—. Si el hecho de retirar a nuestras tropas hace que evitemos aún más bajas, poco importa que se lo debamos a algo que dice ser Alejandro.

—A alguien —matizó el capitán Malenfant, quien hasta entonces había aguardado en silencio— que dice ser Alejandro, aunque dudo que sepa siquiera de quién se trataba.

—¿Qué quiere decir con eso? —se sorprendió Belle—. ¿En quién está pensando?

—Será mejor que aguarden un momento; ese alguien se lo explicará mejor que yo.

Entonces inclinó la cabeza ante sus superiores y abandonó el Salón Azul, dejando a la concurrencia aún más confundida que antes. Casi todas las miradas seguían posadas sobre Bonaparte, pero algunos de los presentes habían comenzado a susurrar entre ellos.

—¿Creen que estará regresando a la pirámide? —quiso saber un intrigado Denon.

—A lo mejor pretende embarcarse por su cuenta rumbo a Acre —contestó uno de los generales con sarcasmo—. Debe de considerarse capaz de tomar la fortaleza él solo...

Pero Malenfant no les hizo esperar demasiado; cinco minutos más tarde estaba de vuelta, aunque traía a otra persona con él. Gabriel se quedó atónito al darse cuenta de que era Shaheen, con la misma ropa desastrada con la que la había dejado en su cuarto, tras pedirle a un escandalizado Jean-Baptiste que no le quitara ojo de encima, y una expresión de furia que se convirtió en inquietud al verse rodeada por tres docenas de *farengi*.

—¿Qué significa todo esto, Malenfant? —inquirió el general Berthier, que parecía impacientarse cada vez más—. ¿Tanto misterio sólo para traernos a un chico de la calle?

—Ojalá fuera ese el sitio en el que siguiese estando —respondió el capitán, y soltó a la forcejeante Shaheen—, pero, gracias a los ciudadanos Mouret y Roux, ha conseguido colarse no sólo en nuestro Instituto, sino también en la pirámide. Esta es la muchacha con la que ha estado hablando, mi general —añadió volviéndose hacia un perplejo Bonaparte.

—Creía que lo que habían traído de Tebas era un muchacho —se asombró Denon.

—Poco importa lo que sea. —Malenfant se limpió la mano con desdén contra la guerrera—. Sigue tratándose de la misma rata callejera desastrada y maloliente.

—No sé qué decirle, capitán —contestó Belle, observándola como a un merengue apetitoso—. A mí me parece lo más erótico que he visto en bastante tiempo...

Gabriel hizo un esfuerzo por no mostrarse ofendido. Denon, por su parte, se había acercado a uno de los divanes para agarrar la seda escarlata que lo cubría, pero, cuando se la alargó a Shaheen para que se tapara el cabello, la chica la rechazó de malos modos.

—Da lo mismo que sea un muchacho o una muchacha —intervino René—. Ella no puede estar implicada en lo que ha ocurrido, Malenfant. Debe de haberse equivocado.

—La he visto salir con mis propios ojos, ciudadano Mouret. Como no me fiaba de su sobrino, me rezagué a propósito para esperar a que abandonara la pirámide y entonces aparecieron a la vez. Supongo que era por ella por quien nos preguntó antes.

—Siento tener que darle la razón en eso —admitió Belle—. Yo también me crucé con Roux por la tarde, poco después de volver de Giza, y recuerdo que estaba buscándola.

—Ahí lo tiene. —Malenfant se volvió hacia René con aire triunfante—. Entiendo que le cueste asumir que su pequeña protegida haya estado engañándole. Aunque no es algo que me sorprenda, con un historial como el suyo en cuanto a confiar en mujeres...

Aquello consiguió que el murmullo que empezaba a propagarse por el salón cesara de inmediato. A Gabriel le dio un vuelco el corazón, y al girarse hacia su tío vio que se había puesto blanco como la cal y, al cabo de unos segundos, de un rojo incandescente.

—No es Shaheen quien engañó al general, aunque estuviera con él —se apresuró a decir al verle apretar peligrosamente los puños—. No sabe una sola palabra de francés.

—¿No sabe francés? —repitió Malenfant dando un paso hacia ella; Shaheen casi chocó contra Denon al retroceder—. ¿O es lo que les ha hecho creer durante estos días?

—Capitán, lo he comprobado yo mismo antes de que nos convocaran. Sé que no es ella quien ha organizado todo esto, sino el…, el espíritu que habla a través de su boca.

De nuevo se hizo el silencio, aunque esta vez duró mucho menos. Las carcajadas fueron tan estruendosas que un par de criados asomaron la cabeza, intrigados por lo que estaba teniendo lugar en el salón. René, por su parte, miró a su sobrino con perplejidad.

—Pero bueno, ciudadano Roux —sonrió Denon—, ¿no es un poco mayor para…?

—Lo estoy diciendo muy en serio —se defendió Gabriel, poniéndose rojo por momentos—. A mí también me pareció absurdo cuando me lo explicó, pero…

—¿Cómo puede hablar de ese modo un intelectual como usted? —le reprochó el general Berthier—. ¡En un siglo tan luminoso como el nuestro, cuando más estamos esforzándonos por superar de una vez por todas esas ridículas supersticiones medievales…!

—Es curioso que esto les parezca ridículo cuando es Roux quien les habla de ello, pero no cuando Bonaparte les ha descrito su encuentro con Alejandro —comentó Belle.

El aludido, por su parte, guardaba un silencio sepulcral. Era uno de los pocos que no se habían sumado al coro de risas ni había despegado los labios en todo ese tiempo.

—*Quizá se deba a que la hipocresía de los franceses es casi tan proverbial como su orgullo.* —Aunque Shaheen no alzó la voz, atrajo de inmediato la atención de todos. Cuando su mirada se cruzó con la de Gabriel, había tal rencor en ella que habría dado lo que fuera por cavar un agujero en el que desaparecer—. *¿Les parece desagradecido por mi parte que diga esto, dado que ahora son mis anfitriones tanto como los de Shaheen?*

—Una pantomima encantadora, aunque ya hemos perdido demasiado tiempo por su culpa —replicó Berthier—. Malenfant tiene razón; habla casi tan bien como nosotros.

—*Siempre tan obsesionado con el paso del tiempo, general, desde que apenas era un muchacho. Hace treinta años que perdió a su madre, pero aún sigue llevando el reloj de bolsillo que le regaló, con las agujas detenidas en el momento exacto de su muerte…*

Como acuarelas dejadas a la intemperie, las sonrisas de los presentes empezaron a borrarse una a una hasta que de ellas no quedó ni la sombra. Ahora le había llegado el turno a Berthier de palidecer, con una mano apretada contra el bolsillo de su guerrera azul.

—*El general Murat, por su parte, no suele atesorar recuerdos tristes, aunque el olor de la lavanda siempre le pone melancólico; le recuerda demasiado a la granja de la Guyena en la que creció con su familia.* —Uno de los hombres de Bonaparte susurró un «¿qué demonios…?», pero Amunet prosiguió—: *En cuanto al señor Denon, no le vendría mal contar en su despacho del Louvre con un cajón que pueda cerrarse con llave. Sería un escándalo que salieran a la luz las ilustraciones eróticas que hace en sus ratos libres.*

—Bueno, eso nunca ha sido un secreto —se defendió Denon, aunque sus mejillas se habían sonrosado un tanto—. ¡Y no están nada mal, según me han asegurado siempre!

A Gabriel le pareció captar una mirada preocupada por parte de su tío, pero estaba demasiado aterrado para devolvérsela. A sus espaldas, alguien se santiguó a escondidas.

—*Curiosamente, el más sereno de todos ustedes es el que guarda los secretos más embarazosos* —siguió Amunet, impertérrita—. *Claro que debe de estar acostumbrado a estar en boca de todos, y no sólo por sus conquistas militares. Desde que la hermosa Josefina aprovechó la campaña de Italia para intimar con su capitán húsar…*

—Si yo fuera usted, me detendría de inmediato —la interrumpió Bonaparte—, o le garantizo que una eternidad no será suficiente para recuperarse de las consecuencias.

Aunque su tono de voz seguía siendo el mismo, había una tensión en su rostro que hizo que todos los presentes se encogieran de manera instintiva. El espíritu había vuelto a dar en el clavo: no había una sola persona en el Instituto de Egipto que ignorara aquel asunto, pero las infidelidades de la esposa de Bonaparte eran algo que, a menos que uno estuviera contemplando el suicidio, no resultaba aconsejable mencionar en su presencia.

Sin embargo, para sorpresa del resto del grupo, el general consiguió apaciguar su cólera hasta que ordenó fríamente, sin dejar de mirar a una Shaheen cada vez más tensa:

—Explíqueme ahora mismo cómo ha averiguado todas esas cosas sobre nosotros.

—Shaheen me contó que este espíritu se ha dedicado durante los últimos tres mil años a proyectar su consciencia en el espacio y el tiempo —susurró Gabriel, algo más tranquilo ante su reacción—. Sabe todo lo que ha ocurrido desde el día de su muerte…

—*Todo no* —dijo Amunet—*; y, desde luego, no lo que más me importa. Si supiera dónde se halla lo que me mantiene anclada aquí, no estaría ahora con ustedes.*

—Aun así, no deja de ser interesante —reconoció Bonaparte sin quitarle los ojos de encima a la muchacha—. Más que si se hubiera tratado del propio Alejandro Magno.

Toda su indignación parecía haberse evaporado en cuestión de un minuto. A Gabriel no le costó hacerse una idea de qué estaba pensando; casi pudo distinguir el movimiento de sus engranajes cerebrales, las infinitas posibilidades calculadas en unos segundos. El general Berthier debió de pensar lo mismo, porque se acercó a Bonaparte para susurrarle:

—Con todo respeto, mi general, no creo que una nueva vidente sea la solución a sus problemas, ni tampoco a los de Francia. Usted ya tiene a la ciudadana Lenormand…

—Marie Anne Lenormand nunca ha sido mi vidente, sino la de Josefina —dijo Bonaparte con aspereza—, y me cuesta creer que una tirada de cartas del tarot, por muy bien que se le den esas cosas, sea capaz de proporcionarme las respuestas que necesito.

—En ese caso, puede que este haya sido un encuentro providencial —dijo Denon con creciente entusiasmo—. ¿Se da cuenta de lo que supondría para nuestra expedición poder hablar con ese espíritu acerca de la época en la que vivió? ¿La cantidad de cosas que aprenderíamos del Antiguo Egipto, los misterios que conseguiríamos desentrañar…?

—*Siempre y cuando yo estuviera de acuerdo con eso* —le recordó Amunet—. *No pienso ayudarles a escribir una de esas enciclopedias suyas sin conseguir nada a cambio.*

—Podremos ocuparnos más adelante de esos detalles —dijo Bonaparte—. Por el momento, lo prioritario es que esta señorita, por llamarla de algún modo —señaló con la cabeza a Shaheen—, se instale en condiciones con nosotros. Y con eso me refiero a que cuente con una estrecha vigilancia las veinticuatro horas del día que le impida escapar.

—Y un regimiento de criados encargado de despiojarla —se oyó susurrar a alguien.

—Como los ciudadanos Mouret y Roux ya la conocen, se harán cargo de nuestra huésped hasta mi regreso. Espero que sean conscientes —Bonaparte alzó el mentón— de que cualquier problema que cause en el Instituto se considerará responsabilidad suya.

René se limitó a asentir, pero Gabriel quiso morirse allí mismo. Enfrentarse a un beduino como el que estuvo a punto de matarle en Amarna parecía una perspectiva más saludable que aquella. Él estaba acostumbrado a cortejar a las mujeres, sabía cómo había que comportarse con ellas y le encantaba, de hecho, su compañía…, pero la mera idea de cuidar de una fiera como esa le provocó escalofríos. Además, aún le dolía la entrepierna.

—Un momento, mi general, ¿qué significa eso? —preguntó el capitán Malenfant con el entrecejo fruncido—. ¿Qué ha querido decir con «hasta mi regreso»?

—Justo lo que usted está pensando. Por muy clarividente que pueda ser nuestro espíritu, y por muy útil que acabe resultando a nuestra causa, sigue sin ser el de Alejandro. —Y volviéndose hacia sus soldados, añadió—: Les aconsejo descansar todo lo que puedan esta noche, o lo que aún queda de ella. Mañana partimos rumbo a Acre.

24

Amunet

Valle de los Nobles, 1340 a. de C.

Con el sol deslizándose a través de la puerta, las bandejas rebosantes de frutas tenían un aspecto suculento y las flores que habían recogido entre las dos aquella misma mañana hacían que incluso los relieves más coloridos palidecieran a su lado. Era curioso que unas ofrendas funerarias pudieran producir ese efecto, como si quisieran recordarles a todos que nada acentúa la presencia de la muerte tanto como la proximidad de la vida.

—Casi podríamos olvidar que estamos en una tumba —comentó Kashla cuando acabaron de colocar las cosas en la mesa de piedra. Todo Uaset hacía lo mismo durante la Hermosa Fiesta del Valle, el único momento del año en que la orilla oeste, el dominio de los muertos, estaba tan repleta de vida como la este—. Me pregunto qué diría tu padre si pudiera vernos —continuó la nubia—. Nunca le gustaron los derroches de este tipo…

—Ni de ninguno —respondió Amunet, apoyando la espalda en la mesa—. Apenas celebrábamos banquetes en nuestra casa, o al menos yo no los recuerdo. ¿Siempre fue así?

—Bueno, Sennedjem no era demasiado sociable, y ya sabes que vuestros vecinos…

—No me refiero a eso —dijo la muchacha—, sino a cómo eran las cosas antes de mudaros aquí, cuando aún vivíais en Mennefer. Cuando mi madre aún seguía con vida.

Esto hizo que Kashla apartara sus grandes ojos negros de las bandejas. Acababa de encender un pequeño incensario y una hilacha de humo ascendía hacia el techo pintado.

—Supongo que… no serían muy distintas. Yo no estaba con ellos todavía, no hasta que tu madre murió y hubo que buscar a alguien que se ocupara de ti. Si de tu padre hubiera dependido —resopló—, no se le habría ocurrido cambiarte los pañales en un mes.

Hasta que no sintió un tirón en la cara, Amunet no se percató de que apenas había sonreído en los últimos dos años. Sabía que Kashla no pretendía engañarla; por mucho que se quejara de Sennedjem, y por muy bien que le fuera teniendo su propio negocio en la ciudad, echaba terriblemente de menos a su señor, tanto como a su pequeña ama.

A esa hora de la tarde, poco antes de que se pusiera el sol, los viñedos pintados en las paredes y el techo recordaban de una manera casi dolorosa a los de su antigua casa. Por un momento, Amunet se sintió tentada de contarle la verdad a Kashla, como solía hacer cuando era una niña: que Khay aún seguía vivo en algún lugar, que había tenido que dejar Ipet Sut para no correr la misma suerte que su padre. Que le echaba de menos como un herido de guerra al miembro que no ha habido más remedio que amputar. Que le costaba creer en unos dioses, tanto antiguos como nuevos, capaces de separar de un modo tan cruel a quienes acababan de darse cuenta de que habían nacido para estar juntos.

Él era lo que la había hecho ser mejor persona, sentirse en paz consigo misma. Sin Khay a su lado, las tinieblas parecían cercarla más a cada segundo, y Amunet temía el día en que se arrojaran sobre ella permitiendo que su propia cólera la abrasase por dentro.

—¿Interrumpo algo? —La voz procedente de la puerta le hizo dar un respingo, y Kashla también se giró hacia el exterior. Hori acababa de detenerse en el umbral, con la piel de leopardo que había empezado a usar un par de meses antes colgando a su espalda.

—Ningún plan de fuga a corto plazo, así que puedes acercarte —contestó Amunet con resignación—. No he olvidado que sólo puedo ausentarme del templo hasta la noche.

«Ni tampoco que no me queda ningún otro lugar al que ir», no pudo evitar pensar.

—Me parece que ya nos hemos visto antes —dijo Hori, deteniéndose ante la nubia con los ojos entornados—. ¿En la villa de Sennedjem, cuando acompañé a Menkhaf a…?

—Tienes buena memoria para las caras, sacerdote —replicó Kashla—. Espero que también te acuerdes de que me mandaste callar ese día, cosa que no podrás repetir jamás.

—Quédate tranquila: no me atrevería a hacerlo ni aunque siguieras sin manumitir. A estas alturas tengo demasiado claro de dónde ha sacado su docilidad nuestra Amunet.

Lo dijo con una resignación que divirtió a la joven, aunque su sonrisa se apagó al ver que había alguien más con ellos. Otro sacerdote aguardaba en la puerta de la tumba, una sombra negra sobre la riada de paseantes que deambulaba por el exterior.

—Ah, es cierto —dijo Hori al notar su mirada—, hay alguien a quien deseaba presentarte. Sabíamos que pasarías el día aquí, pero no quiso esperar a que regresaras…

—Pues para ser un sacerdote, no parece respetar demasiado los festivales sagrados.

Llevaba tanto tiempo con los de Ipet Sut que reconoció de inmediato su túnica: se trataba de un purificado, uno de los escalafones superiores del rebaño de Amón. Pese a no llevar joyas ni adornos de ningún tipo, su aspecto no podía resultar más imponente.

—Este es Ptahmai, Amunet —continuó Hori mientras el recién llegado daba unos pasos hacia ella, atravesándola con sus ojos sin pestañas. Era la primera vez que estaba ante un hombre tan anciano; debía de rondar los setenta años, una edad sorprendente en un habitante de Kemet, y tenía unos pómulos tan afilados que casi parecían esculpidos con cincel—. Ha viajado desde el templo de Khemnu para conocerte. Ptahmai, esta es…

—La enviada de Heka de la que no han dejado de hablarme —le cortó el sacerdote, y se detuvo ante Amunet—. Es mayor de lo que pensaba —añadió casi para sí—. Mejor.

—¿Y qué es lo que te ha hecho remontar el río hasta mí? —quiso saber ella—. ¿Es que os habéis quedado sin ojos de Horus, nudos de Isis y llaves de la vida en Khemnu?

Sólo entonces se fijó en lo incómodo que parecía estar Hori, lo que la pilló por sorpresa. Cuando Ptahmai se volvió hacia él, vio subir y bajar la nuez de su mentor.

—¿No se lo has explicado todavía? —inquirió el anciano—. ¿No sabe nada de...?

—Quería esperar a que estuvieras con nosotros. Este asunto no debería ser tratado a la ligera, sobre todo Hori señaló a Kashla con la cabeza— en presencia de extraños.

—Y yo que creía que habías aprendido la lección —repuso Amunet, extendiendo una mano para coger la de la nubia—. Kashla no se va a ninguna parte, si es lo que estás tratando de sugerir. Lo que tengáis que explicarme deberéis hacerlo delante de las dos.

—Por si no fuera bastante complicado ya... —resopló el joven, frotándose los ojos.

—No tiene por qué serlo, Hori. —Ptahmai se quitó una mota imperceptible de la túnica antes de clavar los ojos en Amunet. Había algo en ellos que conseguía enfriar su sarcasmo, cosa que hasta entonces no le había ocurrido con nadie—. Me da la sensación de que estás demasiado acostumbrado a tratarla como si sólo fuera una pupila.

—Todavía sigue siéndolo, mientras viva bajo mi techo. Su formación aún no ha...

—Si mal no recuerdo, ya tiene dieciséis años. Hace tiempo que se ha convertido en una mujer, aunque ninguno de vosotros parezca haberse dado cuenta. Es más que una acumulación de magia envuelta en carne, por si vuestra ambición os ha hecho olvidarlo.

Aquello hizo que a Amunet se le abriera la boca, y no tuvo que mirar a Kashla para saber que estaba pensando lo mismo. «¿De veras es un sacerdote? ¿Cómo es posible?».

—Supongo, *heka* Amunet —siguió diciendo Ptahmai, tomando asiento en uno de los arcones de la tumba—, que durante tu encierro en Ipet Sut habrás escuchado más de un rumor inquietante de labios de mis compañeros. Comentarios a media voz en los que se mencionaba a Amenofis Neferkheperura, susurros sobre lo que está llevando a cabo…

—Si te refieres al faraón, vida, salud y prosperidad le sean dadas, deberías usar su nuevo nombre. Ahora se hace llamar Akhenatón, «agradable a Atón». Muy propio de él.

—Desde luego. —La más imperceptible de las sonrisas se posó sobre los labios de Ptahmai, aunque sólo durante un segundo—. ¿Qué crees que está pasando en Ipet Sut?

—¿A qué te refieres? —se sorprendió Amunet—. Con lo grande que es, ¿cómo…?

—No te estoy preguntando por las actividades del recinto sagrado, sino por cómo han sido recibidas las noticias relativas al faraón. Cómo ha afectado eso a nuestro clero.

La confusión de la muchacha no hacía más que crecer. Sólo al cabo de un instante entendió de qué estaba hablando, y respiró hondo mientras calculaba lo que debía decir.

—Sé que… ha habido problemas desde antes de que me trajeran aquí. Que los sacerdotes de Amón acusaron al faraón de desencadenar la peste por adorar a un nuevo dios, ese disco solar con el que representan a Atón. Y también sé que un pequeño grupo trataba de protegerlo de sus intrigas…, aunque todos sucumbieron de manera misteriosa.

Pudo percibir, en el límite de su campo visual, cómo Hori cambiaba de postura. Algo le decía que no era el calor de la tumba lo que le estaba haciendo sudar tanto.

—¿«De manera misteriosa»? —repitió el anciano—. ¿Qué te ha hecho pensar eso?

—El sacerdote Menkhaf murió poco después de traerme a Ipet Sut. Todos dicen que fue cosa de la peste, pero sus síntomas podrían deberse al envenenamiento. Y cuatro años más tarde, alguien entró en casa de un escriba llamado Kheruef, amigo de Menkhaf, y se encargó de silenciarle... y también a su hijo, un amigo mío —se apresuró a añadir.

—Me parecía haberte dejado claro, Amunet, que no fue más que una lamentable coincidencia —dijo Hori de inmediato—. Si empezamos a ver fantasmas por doquier...

—Las coincidencias dejan de serlo entre unos muros tan impenetrables como los de Ipet Sut —intervino Kashla, silenciosa como una estatua hasta entonces—. No tenía la menor idea de que Akhenatón contara con partidarios aquí, pero me temo que la situación es muy distinta de la de aquel entonces. Seguramente, si los hombres de los que habláis hubieran imaginado hasta qué punto cambiaría todo, su posición también lo habría hecho.

—Pero si yo creía que tú también estabas de parte del faraón —dijo una perpleja Amunet, alzando los ojos hacia la nubia—. Siempre dijiste que sería el único capaz de...

—¿Combatir los excesos y la corrupción del clero de Amón? Por supuesto que lo decía, y hasta hace poco confiaba en que sería así. Pero Akhenatón ha demostrado haberse olvidado de cualquier dios que no sea el suyo, y lo mismo le ha pasado con sus súbditos.

—En mi opinión, lleva tanto tiempo contemplando el sol que se ha quedado ciego para lo demás —coincidió Ptahmai con ella; Amunet se dio cuenta de que observaba a la nubia con aprobación—. Es reconfortante encontrar tanta sabiduría en una hija de Kush.

«Entonces padre estaba en lo cierto, y también los sacerdotes: puede que el faraón nos esté condenando a todos». Trató de apartar de su mente la imagen de Sennedjem en el interior de su ataúd recubierto de conjuros cuando Ptahmai la miró.

—Sabrás también —siguió diciendo— que Akhenatón ha decidido trasladarse con su corte a una nueva ciudad que ha mandado construir a escasa distancia de Mennefer.

—Akhetatón —asintió la muchacha—. No se ha hablado de otra cosa últimamente.

—No es para menos. Durante casi doscientos años Uaset ha sido la capital, y esto promete cambiar por completo la situación de Kemet. Nuestras tradiciones, los pilares sobre los que se asienta nuestra historia, trastocados para siempre por el capricho de un místico. —De nuevo aquella mirada que parecía capaz de leer en su *ka*—. Esa es la razón por la que me encuentro ante ti, *heka* Amunet. Quiero que me acompañes a Akhetatón.

—Que te..., ¿que te acompañe yo? —La joven miró a Hori, aún más incómodo, y a una Kashla que seguía observando a Ptahmai de hito en hito—. ¿Por qué debería ir allí?

—Como acabo de decir, la situación es demasiado grave para quedarnos de brazos cruzados. Resultarás mucho más útil para el clero de Amón estando cerca del soberano.

—Pero, si soy la única *heka* que existe ahora mismo..., ¿por qué queréis enviarme lejos de aquí? ¿No debería quedarme en Ipet Sut para protegeros de vuestros enemigos?

—No si han dejado de verte como un escudo para hacerlo como una espada —dijo Kashla a media voz—. Es por eso, ¿no es así? ¿Porque queréis una espía en Akhetatón?

—Contamos con docenas de espías, querida muchacha, de los cuales podríamos prescindir si las cosas se torcieran —respondió Ptahmai—. Pero sólo tenemos una *heka*, y es nuestra única posibilidad de contrarrestar lo que sea que pretende hacer Akhenatón.

Cada cosa que oía confundía más a Amunet, pero un pensamiento parecía alzarse por encima de los demás: «Quieren que me marche de Ipet Sut». Era absurdo que la descolocara de tal manera; había odiado aquel lugar con toda su alma, y sin embargo…

—Pero ¿qué pasará con el templo si acepto? —acabó diciendo—. ¿Qué será de él?

—Si estuviera en tu lugar, me preguntaría más bien qué será de Ipet Sut si decides quedarte aquí —contestó el anciano en un tono que no presagiaba nada bueno—. Para tu información, una de las últimas cosas que ha decretado Akhenatón ha sido el cierre de los templos dedicados a los antiguos dioses. Ipet Sut tiene los días contados, me temo…

—Eso no puede ser. —A juzgar por el espanto de Hori, esa noticia todavía no había remontado el río hacia Uaset—. ¿Cómo van a cerrar Ipet Sut si se trata del templo más rico de Kemet? ¡Somos una ciudad completa, un organismo perfecto, productivo…!

—Justo es eso lo que Akhenatón quiere conseguir. Asfixiarnos poco a poco hasta que nuestras riquezas pasen a las arcas de Atón, el único dios que, según él, existe.

—¡Pero, si nos obligan a marcharnos, toda la gente que trabaja para Amón acabará también en la calle! ¡Nuestros ochenta mil esclavos se quedarán sin nada que llevarse a la boca! Los escribas de la Casa de la Vida, los artesanos de los talleres, los campesinos…

—Hori, te agradecería que no insultaras mi intelecto tratando de hacer como que te preocupas por esa gente. Los dos sabemos demasiado bien cuáles son tus prioridades.

El anciano había juntado las yemas de los dedos ante sí, y el sol que comenzaba a agonizar sobre la necrópolis creaba un inquietante juego de luces y sombras en su rostro.

—Lo único en lo que habéis pensado durante siglos es en el oro —siguió diciendo Ptahmai—. Estáis tan acostumbrados a la magnificencia de Ipet Sut que la simple idea de despediros de ella os resulta inaceptable. Pero ahí fuera, en el mundo real —señaló el exterior con un dedo—, hay millones de personas a las que les trae sin cuidado que sus vidas sean gobernadas por Amón o por Atón, ya que saben demasiado bien qué pueden esperar de los poderosos. No intentes fingir que has pensado en ellos en algún momento.

—Pero si sólo quería decir que… —contestó Hori, algo sonrojado—. Maldita sea, Ptahmai, ¡tú también eres de los nuestros! ¡Eres tan parte del clero de Amón como yo!

—Y no me enorgullezco de ello más de lo que lo haría la rama de un árbol de la podredumbre de sus raíces. Nuestro clero tiene los días contados, Hori, y nos estará bien empleado… Pero Kemet perdurará, y también su gente. Es a ellos a quienes nos debemos.

Cuando Ptahmai se giró hacia Amunet, la mente de la muchacha se había convertido en un torbellino. Si los templos acababan cerrando sus puertas, los trabajadores tendrían que buscarse la vida en otro lugar. Akhetatón, con su estatus de nueva capital, parecía el enclave perfecto para empezar de cero…, sobre todo si eras una persona que no ha tenido más remedio que abandonar su hogar para escapar de la muerte.

«Khay sabía que su padre era partidario de Akhenatón. Podría haberle seguido para poner distancia con respecto a Ipet Sut, si el asesinato de Kheruef fue orquestado por los sacerdotes…, y en Akhetatón necesitarán escribas, más que en ninguna otra ciudad».

—Tienes razón: Kemet perdurará como siempre lo ha hecho. —De pronto, su corazón latía como un polluelo atrapado entre las manos, pero en su rostro no había más que resolución—. No sé nada de ese nuevo dios que ha seducido a Akhenatón, pero no pienso sentarme a esperar que interceda por mí. Dime cuándo quieres partir y estaré preparada.

25

Shaheen

El Cairo, 1799

Un almuédano llamaba a la oración del amanecer desde alguna de las mezquitas del distrito de Esbekiya, haciéndola sentirse aún más desubicada en aquella prisión. Poco importaba que el Instituto de Egipto estuviera situado en un antiguo palacio mameluco: los recuerdos de esa época parecían haberse evaporado hacía tiempo, como perfumes cuyos frascos se han dejado abiertos a la intemperie, y las estancias donde algún día habían resonado los susurros del harén se estremecían ahora con los pisotones de las botas *farengi*.

Era como si los malditos invasores no sólo pretendiesen arrebatarles su futuro, sino también su pasado. *Deberías hacerle caso a René Mouret y tratar de dormir un poco* —le aconsejó una impaciente Amunet a eso de las seis—, *o no habrá quien te saque de la cama en unas horas. Para una vez que puedes descansar en una…*

«No me pienso tumbar ahí ni necesito que esta gente me dé nada. ¡No quiero tener que deberles ni un solo favor!».

Por enésima vez desde que la habían instalado en la alcoba, Shaheen se puso a sacudir el pomo de la puerta, pero seguía cerrada con llave. «*Essayez tout ce que vous voudrez*», oyó decir al oficial apostado al otro lado; durante un instante sintió el deseo casi incontenible de darle de patadas, pero, en vez de eso, se acercó a la ventana situada en la pared de enfrente, abriendo de par en par los paneles adornados con celosías de madera.

Una brisa tan débil como un fantasma le revolvió el pelo, una promesa muda que hizo que la muchacha apretara los dientes. *Espera un momento, ¿no estarás pensando…?*

—Ya he esperado demasiado —se limitó a responder, y subió con la agilidad de un felino a la repisa de mármol—. Están muy equivocados si piensan que me voy a dejar domesticar. Si te empeñas en convertir a un animal salvaje en tu mascota, asume que a la primera ocasión te soltará un mordisco. Por no hablar —Shaheen se agarró a las complicadas molduras del arco— de que tratará de escaparse en cuanto tenga la oportunidad.

La ventana daba a uno de los patios interiores del palacio, muy parecido al que la chica había visitado la noche en que Aziz le encargó saquear la tumba de Amunet. Poco a poco, con la destreza de una consumada escaladora, fue trepando por la fachada hasta alcanzar el tejado del edificio, desde donde pudo distinguir al oeste la cenefa reluciente del Nilo y las pirámides incendiadas por los primeros rayos del sol. El amanecer convertía el cielo de El Cairo en un ropaje digno de una odalisca, con sus sedas entremezcladas de azul oscuro, púrpura y encarnado y sus estrellas relucientes como pequeñas lentejuelas.

No estoy segura de que «domesticar» sea la palabra adecuada —comentó el espíritu mientras Shaheen gateaba paso a paso por el tejado.

«Contigo no podrían hacerlo porque estás muerta…».

Gracias por recordármelo; aún se me olvida de vez en cuando.

«…, pero conmigo no pararían hasta conseguirlo, y no estoy dispuesta a que eso ocurra. Cuando quisiera darme cuenta, estaría cotorreando sobre la democracia, llamando ciudadanos a los demás y haciendo todas esas cosas que tanto les obsesionan. Me pondrían un vestido elegante, me atusarían el pelo y acabaría siendo tan cabeza hueca como sus mujeres…».

Había esperado que Amunet tratara de disuadirla, pero no que aquello le hiciese soltar un resoplido. *Creo que es lo más ridículo que te he oído decir nunca. ¿Me puedes explicar mediante qué extraña magia la cantidad de encajes de un vestido puede afectar a tu cerebro?* —La sorpresa que esto le produjo hizo que se detuviera; el espíritu siguió diciendo—: *En mi época nunca salíamos de casa sin maquillarnos, pero eso no nos impedía hacer nuestras cosas a la perfección. A mí me encantaba ponerme adornos en el pelo y pulseras en los brazos, y tenía un vestido azul turquesa que era…*

«Lo único que quería decir —la interrumpió Shaheen, algo avergonzada— es que no estoy acostumbrada a actuar como una mujer, con toda la vulnerabilidad que eso implica».

Sólo serás vulnerable si permites que te traten como tal. Pero te aseguro que ahí abajo lo serías muchísimo más.

Acababan de alcanzar el extremo opuesto del tejado, bajo el cual se extendían los jardines del Instituto y, más allá de los senderos bordeados de rosales y jazmines, el nudo imposible de deshacer de las callejuelas cairotas. Shaheen creyó oír cómo Amunet murmuraba para sí mientras empezaba a descolgarse de un balcón a otro: *¿De modo que así es como acabará todo? ¿Huyendo en medio de la noche como unas proscritas?*

«Tú puedes hacer lo que te venga en gana, Amunet. Sé que me necesitas para comunicarte con los *farengi*, pero no esperes que renuncie a mi libertad sólo para que puedas viajar a París».

Un pequeño balcón con forma de herradura sobresalía de la fachada, y Shaheen se soltó con cuidado para aterrizar en él. Había unos cuantos soldados montando guardia en los jardines, pero no debería ser complicado deslizarse entre los arbustos hasta acabar desembocando ante el muro del fondo…

No estoy tratando de convencerte sólo por mis ladrillos, sino por los beneficios que te reportaría quedarte aquí —aseguró el espíritu—. *Mi promesa sobre las tumbas de Tebas sigue en pie, pero tampoco me refiero a eso…, sino a lo que podrían hacerte los miembros de la banda de Aziz al-Rashid si te echan el guante.*

Shaheen estaba a punto de encaramarse a la repisa, pero aquello la hizo detenerse poco a poco; Amunet, al advertir su perplejidad, siguió diciendo: *Te recuerdo que todo Khan el-Khalili te vio salir con los franceses de la tienda de al-Rashid después de que lo asesinaran y detuvieran a sus ayudantes. ¿Tanto te extrañaría que te considerasen capaz de conspirar con los invasores, o incluso de acabar personalmente con tu amigo Ahmed?*

—Eso no tiene sentido —contestó Shaheen sin caer en la cuenta de que estaba alzando la voz—. ¡Nadie que nos conociera podría pensar eso! ¡Todos sabían que éramos como…!

Pero el recuerdo de lo sucedido días antes la golpeó como una patada en el pecho y tuvo que guardar silencio cuando el dolor casi la dejó sin aliento. *Como hermanos* —continuó—, *al menos para Ahmed. Pero, si tu antiguo jefe se había percatado de que estabas enamorada de él, quizá también lo hayan hecho tus compañeros. Puede que crean que el auténtico motivo de tu traición sea haber descubierto que no te correspondía.*

Esa idea era tan retorcida que Shaheen no supo cómo reaccionar, aunque no le habría dado tiempo a hacer nada: de pronto, las puertas del balcón se abrieron tras ella y unas manos la agarraron con fuerza por los hombros, arrancándole un grito de sorpresa.

—Parece que no tenemos a una rata callejera con nosotros. —Cuando la obligó a darse la vuelta, se encontró ante el capitán Malenfant—. Es más bien un mono apestoso.

Debía de estar descansando en la estancia situada a sus espaldas, ya que sobre una mesita había una bandeja con los restos de un té. A Shaheen no le dio tiempo a fijarse en nada más, porque un segundo más tarde Malenfant, con la misma facilidad con que habría empujado a una niña, había conseguido inmovilizarla contra la pared del balcón.

—¿Tantas ganas tenías de regresar con los de tu calaña? —quiso saber en un árabe mucho peor que el de René y Gabriel—. ¿Con los bolsillos bien llenos a nuestra costa?

—No me he llevado nada —exclamó Shaheen mientras el capitán, sujetándola por el cuello con una mano, tanteaba sus bolsillos con la otra—. ¡Lo único que quería era...!

—Averiguar la manera de colar a tus amiguitos aquí dentro, como si lo viese. No creas que no lo había pensado; sería una buena estratagema para llegar hasta Bonaparte.

La muchacha trató de decirle que aquello no tenía ni pies ni cabeza, pero no fue capaz de hacerlo; la presión de sus dedos apenas le dejaba hablar. «¡Amunet, ayúdame!».

—*Qué glorioso le parecería esto a su padre, capitán.* —Pese a que su garganta fuese la misma, las palabras parecían brotar mejor cuando pertenecían al espíritu—. *Qué orgulloso se sentiría si pudiera verle ahora mismo, acorralando a una mujer a la que no le costaría levantar con una sola mano. Justo lo que cabría esperar del hijo de François Malenfant, el general que dio su vida por la República Francesa en la Batalla de Cholet.*

—A mí no conseguirás asustarme con tus trucos de salón, mocosa —le aseguró el capitán, aunque su expresión había cambiado un tanto—. ¡Si crees que esto hará que…!

—*Es una pena que nunca haya podido estar a su altura, ni siquiera en la tierra en la que se han conquistado las mayores victorias. En la Batalla del Nilo, mientras la flota de Bonaparte era destrozada por la Marina Real británica, usted no hizo otra cosa que observar desde la distancia cómo los barcos se hundían uno a uno en la bahía de Abukir.*

La presión en el cuello de Shaheen disminuyó unos segundos, aunque sólo para acentuarse cuando el capitán entornó los ojos. «¡Amunet, haz que me suelte! ¡Por favor!».

—*En la Batalla de las Pirámides tampoco le fue muy bien, y eso que la caballería mameluca estaba en desventaja.* —La voz del espíritu apenas pasaba de un susurro, cada vez más entrecortada—. *En El Cairo no ha hecho otra cosa que actuar de niñera de los eruditos del Louvre en asuntos como el de ese Aziz al-Rashid y su tienda de antigüedades.*

—Cállate —ordenó Malenfant, empezando a enrojecer—. Cállate ahora mismo…

—*Y ahora Bonaparte se marchará a Acre con sus mejores generales. La mitad del ejército será masacrado a los pies de la fortaleza, pero todo el mundo se hará eco de su valentía en los salones parisinos… mientras usted permanece aquí. Cuando uno está condenado a ser un mediocre, un apellido insigne puede pesar como una bola de hierro…*

Las palabras de Amunet se convirtieron en un grito cuando Malenfant, con la cara tan roja que parecía a punto de explotar, llevó a la muchacha en volandas hasta la repisa del balcón. De repente, sus pies estaban suspendidos sobre la espesura, pero por mucho que los sacudió en el aire, cada vez más aterrorizada, no pudo apoyarlos sobre el mármol.

—He dicho que te calles —siseó Malenfant por encima de sus alaridos. Ninguno de los soldados de los jardines parecía estar oyéndola, por desgracia—. Dame un motivo más para soltarte y te juro que lo haré. Te juro que dejaré que te abras la crisma como…

—No me puedo creer lo que estoy viendo —oyeron decir tras el capitán.

Una silueta acababa de aparecer en la estancia iluminada, aunque el contraluz no les permitió reconocerla hasta que se acercó al balcón. Era la ciudadana Lacombe, con sus tirabuzones rubios resbalando sobre su batín y su camisón susurrando entre sus pies.

—Mi querido capitán Malenfant —continuó con una sonrisa—. ¡Definitivamente, el destino sonrió a esta expedición cuando decidió embarcarse en Toulon con nosotros!

—¿De qué está hablando? —replicó Malenfant, dejando a Shaheen sobre el suelo.

—Ahora no trate de disimular conmigo: salta a la vista lo que acaba de pasar. —Su voz recordaba al ronroneo de un gato—. Esta pobre niña ha estado a punto de caerse al jardín, pero por suerte usted ha conseguido salvarla como el caballero que sabemos que es.

¿Qué era lo que pensabas sobre la vulnerabilidad de las mujeres que se comportan como tal?

Demasiado perpleja para responder a Amunet, la chica no pudo hacer otra cosa que dejar que Belle Lacombe la acogiera cariñosamente entre sus brazos.

—No se preocupe: no pienso herir su modestia contándoselo a los demás —sonrió a Malenfant por encima del hombro de Shaheen, y después la cogió de una mano para conducirla al interior—. Si le parece bien, yo misma la acompañaré hasta su dormitorio.

—Preferiría ocuparme en persona de eso, Lacombe. Me gustaría asegurarme…

—¿Y privarnos de esa manera de nuestras confidencias femeninas? ¿No será que siente curiosidad por saber si hablaremos de usted o no? —Y tras guiñarle pícaramente un ojo, Belle la hizo abandonar el balcón—. Gracias de nuevo, capitán, y buenas noches.

Cada vez más confundida, Shaheen se dejó conducir a través de aquella estancia hasta el pasillo que recorría todo el lateral del palacio, en el que no se oía nada más que sus pisadas. Sólo cuando desaparecieron de la vista de Malenfant se atrevió a susurrar:

—¿Cómo demonios…, cómo demonios lo ha conseguido? ¿Ha sido magia *farengi*?

—Es una curiosa manera de denominarlo —dijo la joven en el mismo tono, y una sonrisa irónica asomó a sus labios—. Aquí todos somos franceses, para bien y para mal.

El oficial que seguía apostado en la puerta de Shaheen se quedó desconcertado al verlas aparecer, pero la naturalidad con la que Belle le pidió que las dejara pasar pareció disuadirle de hacer preguntas. Una vez dentro de la alcoba, se volvió hacia la muchacha.

—Me imagino cómo acabaste en ese balcón —dijo en voz baja— y, aunque no soy quién para hacerte cambiar de idea, te aconsejo pensártelo mejor. Puede que Malenfant sea un mal bicho y que Bonaparte no le ande a la zaga, pero mejor eso que regresar a las callejuelas de Khan el-Khalili sin saber siquiera si mañana podrás llevarte algo a la boca.

—Quedarme sería una traición por mi parte —dijo Shaheen—, no sólo por lo que le pasó a un amigo mío a manos de los soldados, sino por lo que quieren hacer con mi país.

—Nadie ha dicho que tengas que simpatizar con nuestra causa, sino que aprendas a sacar el máximo provecho de la situación. —Belle ladeó la cabeza sin apartar los ojos de Shaheen—. No sabes mucho de los hombres pese a haber vivido entre ellos, ¿verdad?

A Shaheen no se le ocurrió qué decir, aunque su rubor habló por sí solo.

Yo que tú me tomaría en serio a esta mujer. Algo me dice que es la única con sentido común aquí...

—La ciencia infusa no existe, así que no te sientas mal por ello —la tranquilizó la joven con una sonrisa—. Ya aprenderás a pulsar los resortes adecuados para manejarlos a tu antojo, si es que en algún momento necesitas hacerlo. Aunque te garantizo que no son imprescindibles. —Y tras observarla unos segundos más con un interés que desconcertó a la muchacha, Belle le cogió la cara con delicadeza para posar sus labios sobre los de ella.

Sólo fueron unos segundos de contacto, pero suficientes para que Shaheen comprendiera que nada de lo que pudiera hacer esa gente, desde la ejecución de sus propios reyes hasta los rumores sobre comerse niños vivos, volvería a sorprenderla nunca más. Se había quedado tan atónita que no pudo reaccionar cuando Belle se apartó, pese a que no fuera necesario; lo único que esta hizo fue dedicarle una última sonrisa antes de dejar la alcoba con una cadencia sinuosa capaz de prenderle fuego a la alfombra.

26

Khay

Akhetatón, 1340 a. de C.

Puede que el oro no corriera como el agua por las calles de Akhetatón, pero las otras historias que habían llegado a oídos de Khay demostraron ser ciertas. Gracias a la intercesión de la reina madre, a la que parecían haber conmovido tanto su pie deforme como su humildad, había podido seguir a la familia de Akhenatón una vez concluida su visita a la Necrópolis de Millones de Años. Lo que le esperaba en la nueva capital era tan distinto de cualquier cosa que hubiera imaginado que los primeros días, al asomarse a la ventana de su habitación, casi tenía que pellizcarse para asumir que todo aquello era real.

Comparar a Akhetatón con la mugrienta Uaset era como comparar un diamante perfectamente pulido con un canto rodado. Allí las avenidas eran amplias y diáfanas; los jardines, rebosantes de colores; las casas, tan blancas que hacían daño a la vista. La luz lo inundaba todo, desde la Ciudad Central en la que se alzaba el palacio, dedicada a asuntos administrativos, hasta el distrito residencial de los cortesanos, el enorme templo de Atón y la tumba real que Akhenatón había ordenado excavar en los acantilados del este. Todo un universo nuevo, reluciente, surgido de la cabeza del soberano e inspirado por su dios.

Para sorpresa de Khay, fueron justo las lecciones del maestro Nebmaat las que le abrieron las puertas de la Casa de la Correspondencia, la oficina que se ocupaba de la comunicación diplomática con Siria. El muchacho suponía que sus conocimientos de la escritura acadia empleada en esa clase de misivas habían hecho pasar por alto a sus superiores su formación en Ipet Sut, cuyo nombre era sinónimo de anatema en la ciudad de Akhenatón. Fue allí donde el muchacho se instaló no sólo para trabajar, sino para vivir, en una de las pequeñas alcobas construidas para los ayudantes de Merira, el Escriba Real.

—Pronto será imposible dar un solo paso sin tirar algo —se lamentó su superior una mañana mientras Khay le ayudaba a ordenar las tablillas de barro en un arcón. Era una de esas raras personas que casi siempre estaban de buen humor, y tan grueso que a duras penas podía atarse el faldellín—. Si no conseguimos despachar pronto las cartas de Babilonia, Karkemish y Alasiya, no nos quedará espacio para las que seguimos recibiendo.

—Puedo encargarme esta tarde de las del rey Burnaburiash, si te parece bien —se ofreció Khay, sentado en una estera sobre el suelo de tierra—. No nos llevará demasiado catalogar las que aún están en los anaqueles, y cuanto menos le hagamos esperar, mejor.

El despacho de Merira, en el que solían pasar la mayor parte del tiempo, resultaba tan luminoso como todo en Akhetatón. Una columna pintada de rojo y azul sostenía el techo horadado por celosías, mientras que en las paredes cubiertas de cal se alineaban docenas de estanterías destinadas a los papiros, registros y misivas de Oriente Próximo.

—¿Cuánto tiempo llevas con nosotros, escriba Khay? —siguió preguntando Merira mientras le alargaba una nueva tablilla—. Unas dos o tres inundaciones, ¿me equivoco?

—El próximo mes hará dos años exactos —contestó el muchacho desde su estera.

—Casi el mismo tiempo que llevo al frente de la oficina, y el trabajo no hace más que aumentar. Me temo que aún necesitamos muchas más manos para ponernos al día.

Khay asintió mientras recorría con los ojos aquellos signos extranjeros, parecidos a las huellas de los patos, grabados sobre la tablilla. También él había cambiado en aquel tiempo, aunque no fuera consciente de ello: además de crecer palmo y medio, los hombros se le habían ensanchado y en sus miembros se apreciaban unos músculos más definidos.

—Me temo que Akhenatón no es consciente de la importancia de todo esto —siguió diciendo el Escriba Real—. De lo implicados que han estado todos sus predecesores en la política exterior. ¿Por qué crees que nos escribe tanto el rey Tushratta, por ejemplo?

—Supongo que porque Mitanni es vasallo nuestro desde hace dos siglos. Querrá asegurarse de que las relaciones siguen siendo tan cordiales como con el difunto faraón.

—Ojalá fuera simplemente eso, muchacho. Te recuerdo que el reino de Mitanni es nuestra última defensa en el norte, la barrera con la que hemos estado frenando el avance de los hititas. Tushratta ha conseguido contenerlos gracias al oro que le enviamos, pero Akhenatón está tan pendiente de su revolución religiosa que ya no piensa en nada más…

—Si eso fuera cierto, la culpa no sería sólo suya —oyeron decir a alguien entonces desde la puerta—. Ni siquiera un dios encarnado puede ocuparse personalmente de todo.

Cuando ambos se dieron la vuelta, se encontraron ante un hombre unos diez años mayor que Khay, tan alto y musculoso que este se sintió diminuto a su lado. Por un instante pensó que se trataría de algún miembro del ejército, aunque cuando reparó en su túnica abierta y su faldellín negros, adornados con el símbolo de Atón, se dio cuenta de que debía de ser un personaje principal de la corte. El disco solar también aparecía en el pectoral de oro que caía sobre su torso, con aspecto de haber salido de los talleres reales.

—Nakhtpaatón. —Cuando el Escriba Real lo saludó, un poco avergonzado, Khay comprendió que estaban nada menos que ante el visir del faraón y también él se apresuró a agachar la cabeza—. ¡Qué honor que hayas decidido visitarnos en persona…!

—Pierde cuidado, escriba Merira —le contestó Nakhtpaatón, intentando disimular una sonrisa—. No tengo intención de contarle a nuestro señor lo que acabo de escuchar.

—En realidad no era nada indebido, es sólo que… Bueno, tenemos tal cantidad de misivas que empezamos a estar algo nerviosos y no nos vendría mal que Akhenatón…

—Hacemos lo que podemos, pero necesitaríamos unos cuantos escribas más para mantenernos al día —intervino Khay. Cuando el visir se giró hacia él, la luz que entraba por las celosías hizo relucir su cabeza afeitada—. Los reyes de Biblos y Mitanni exigen una rápida respuesta, y Burnaburiash de Babilonia también se muestra de lo más locuaz.

—Deberíais haberlo hablado conmigo mucho antes, pero tenéis mi palabra de que me ocuparé del asunto —contestó Nakhtpaatón en tono conciliador—. Podemos pedir escribas a las Casas de la Vida de Mennefer y Abdju para que contéis con más personal.

Khay se inclinó, aunque no podía estar más sorprendido. Desde que se había instalado en Akhetatón, no había dejado de oír historias acerca del visir, pero Nakhtpaatón no se parecía nada a lo que había imaginado. Para ser la mano derecha del faraón, el segundo hombre más poderoso de Kemet, era curiosamente amable.

—De hecho, creo que será lo más sensato —siguió diciendo—, si es que al escriba Khay le interesa lo que quiero proponerle. ¿Podrías pasarte una temporada sin él, Merira?

—Supongo que me las apañaré con los demás muchachos. —El Escriba Real casi parecía tan desconcertado como Khay—. Pero es uno de los mejores con los que cuento…

—Justo por eso deseaba hablar con él. La disciplina de Ipet Sut suele dar buenos frutos, con independencia de lo corrompido que se encuentre el clero de Amón.

—Y será un honor para mí cederos a otro de mis chicos. Pero no hay muchos que conozcan la escritura acadia tan bien como Khay ni que sepan transcribirla tan rápido.

—Merira, cualquiera diría que eres el padre del muchacho. —Nakhtpaatón le puso una mano en el hombro a Khay—. Hace tiempo que se ha convertido en un hombre, por si no te has dado cuenta. Deja que escuche primero lo que la corona quiere proponerle.

«¿La corona? ¿Qué está pasando aquí?». Tras mirar de reojo al Escriba Real, que se encogió de hombros, Khay asintió antes de seguir a Nakhtpaatón fuera de la estancia. El visir lo condujo a la explanada que separaba la Casa de la Correspondencia del palacio de Akhenatón, cuyos alrededores estaban abarrotados por la muchedumbre de curiosos que, como Khay solía presenciar cada día, aguardaba el paso de la comitiva real después de la ceremonia del atardecer. Tardó unos segundos en reparar en el pequeño grupo que les esperaba entre las palmeras de la entrada, junto a una hermosa clepsidra de alabastro.

—Ah, justo a tiempo —rezongó un hombre grande como un buey al que reconoció como Horemheb, uno de los generales más célebres del ejército. Estaba refrescándose la frente con el agua de la clepsidra—. Un poco más y nos derretiríamos como grasa al sol.

—Parece mentira que se queje tanto un militar curtido en el campo de batalla —le recriminó la joven situada a su lado. Sin perder su sonrisa, agarró la mano de Horemheb para sacarla del agua—. Y deja de toquetear eso, general, si quieres que siga funcionando.

Pese a no aparentar más de veinte años, parecía muy segura de sí misma. Llevaba un vestido con los colores de la puesta de sol y unos grandes discos de oro en las orejas.

—Escriba Khay, esta es la dama Kiya de Mitanni —les presentó Nakhtpaatón, y la joven esbozó una sonrisa aún mayor—. Ha solicitado al faraón, vida, salud y prosperidad le sean dadas, poder contar con un escriba personal que se ocupe de su correspondencia.

—La hija del rey mitannio. —Khay no podía salir de su asombro, pero se apresuró a inclinarse ante ella—. Es un honor conocerte, mi señora. He oído hablar mucho de ti.

De repente, comprendía la razón de ser de su pequeño séquito y también por qué su aspecto le había resultado tan exótico. En comparación con las damas de la corte, que se esforzaban por imitar la altiva delgadez de Nefertiti, Kiya era mucho más pequeña y curvilínea, y sus grandes ojos del color de la miel parecían tan risueños como sus labios.

—Creo que es la primera vez que me encuentro ante un Adorno del Rey —siguió diciendo el joven, un poco azorado—. Tenía entendido que las puertas del harén real se encontraban permanentemente cerradas para que ninguna dama pudiera pisar el exterior.

—De lo cual me encargo yo en persona —dijo Nakhtpaatón, cruzando sus fuertes brazos—. Pero las circunstancias prometen ser muy distintas a partir de ahora para Kiya.

—¿Significa eso que habéis pensado en mí para el puesto? —dijo Khay, perplejo.

—No te retendría durante mucho tiempo, así que podrías seguir trabajando en la Casa de la Correspondencia —contestó Kiya con aire divertido—. De ahora en adelante tendré que enviar bastantes misivas a mi antigua corte, y no me fío de los escribas reales.

—La decisión más sensata que podrías tomar —dijo el general Horemheb de mal humor—. Los secretos duran menos en sus bocas que el vino en la copa de un sediento.

—Puedes contar con mi discreción, mi señora —se apresuró a decir Khay; algo se había puesto a saltar de emoción en su interior—. No sería la primera vez que escribo una carta para el rey Tushratta. Si lo que se cuenta de él es cierto, es un soberano admirable.

—Y un padre cariñoso al que echo de menos —respondió ella con nostalgia, pero, antes de que Khay pudiera decir nada, la comitiva real empezó a atravesar la explanada.

Como siempre, el faraón y su familia le hicieron pensar en estatuas de dioses, tan envarados en sus sillas gestatorias como unos ídolos en procesión. El clamor que se alzó a su paso casi no le permitió oír a Nakhtpaatón, pero Khay supuso que se estaría despidiendo de ellos antes de sumarse, acompañado por Horemheb, a los cortesanos que participaban en el desfile. Sólo cuando se quedó con Kiya y sus sirvientes advirtió que alguien le estaba mirando desde una de las sillas, con los ojos entornados en la distancia.

No había vuelto a cruzarse con la princesa Meresamenti desde su único encuentro en la Necrópolis de Millones de Años. El tiempo transcurrido le había hecho perder su aspecto aniñado, aunque siguiera teniendo la misma complexión esbelta que su madre.

—No es tan dura como le gusta aparentar —oyó decir a Kiya en voz baja. Debía de haber pensado que Khay estaba observando a la reina Nefertiti—. Se está tomando muy en serio el proyecto político de su esposo, y sólo por eso se merece la mayor admiración.

—Supongo que en parte lo hará para mantener su estatus de Gran Esposa Real, a pesar de que no tenga competidoras —comentó el muchacho—. He oído decir a Merira que no existen concubinas entre los Adornos del Rey. Que todas las damas del harén son regalos de los vasallos extranjeros, como tú, o mujeres heredadas de su difunto padre…

Pero los labios de Kiya se curvaron de un modo muy distinto, y Khay sintió cómo se le secaba la garganta. Se quedó mirándola con los ojos muy abiertos hasta que susurró:

—Eso…, ¿eso quiere decir lo que creo? ¿Ya no vas a ser un Adorno del Rey, sino…?

—Akhenatón lo anunciará en el banquete de esta noche, así que espero que seas tan discreto como me has prometido —contestó la dama en el mismo tono. Khay se apresuró a asentir, incapaz de creer lo que estaba oyendo—. Será una gran alegría para mi padre.

—Ahora entiendo por qué querías escribirle con tanta urgencia —dijo el joven, y se postró ante ella lo más rápido que le permitió la muleta—. Mi más sincera enhorabuena, mi señora. Que Atón bendiga vuestra unión y el Señor de las Dos Tierras te haga feliz.

—Creo que la felicidad tendrá poco que ver en esto. —Ella sonrió, resignada—. Sé que no tendré nada que hacer al lado de la Gran Esposa Real; su trono está firmemente asentado en el corazón de Akhenatón. Pero tanto él como Kemet necesitan un heredero.

Lo dijo con tanta naturalidad que a Khay no se le ocurrió qué contestar, aunque se imaginó demasiado bien lo que les habría parecido aquello a Nefertiti y sus siete hijas. Pero estaba demasiado pletórico para compadecerlas por algo que llevaba miles de años sucediendo. «Voy a entrar al servicio de una reina. De la madre del futuro faraón».

Por un momento se acordó de la tarde en la que había apoyado la mano en el trono de uno de los colosos de Ipet Sut. Había deseado con todo su *ka* estar cerca del faraón, poder acceder de algún modo al círculo calentado por sus rayos divinos. Había soñado con un honor como ese para que su padre se sintiera orgulloso de él. ¿Qué habría dicho Kheruef si hubiese podido verlo entonces? ¿Qué habría dicho Amunet si siguiese con él?

Al pensar en ella, la euforia que lo había invadido se apagó poco a poco y Khay fue consciente de algo que en el fondo ya había intuido: sin Amunet en su vida, nada de lo que pudiese conseguir sería más que ceniza. Se esforzó por recomponerse cuando Kiya se despidió de él, mandándole acudir a la mañana siguiente al palacio; y estaba a punto de alejarse con sus porteadores de sombrillas y abanicos cuando se volvió una vez más.

—No te dejes engañar por Nefertiti, escriba Khay: la mala es la otra. —El joven la miró sin entender nada, y Kiya añadió en voz más baja—: La mala es Meresamenti, «la amada del infierno». Jamás han escogido los astrólogos un nombre mejor.

Pero para entonces las últimas sillas gestatorias se alejaban hacia el palacio, y la mitannia se marchó con un repiqueteo de sus pendientes redondos dejándolo más desconcertado que nunca.

27

Gabriel

El Cairo, 1799

E xplícanos una vez más qué es lo que tenemos que buscar para ti —volvió a pedir René mientras extendía sus anotaciones sobre la mesa. Se habían sentado a comer en una habitación del Instituto que debía de haber sido espléndida en el pasado, pero cuyos modernos muebles europeos, tan rectos e incómodos que seguían desconcertando a Shaheen, le hacían extrañar la época en que había cojines de seda alrededor de mesitas de cobre en vez de sillas de las que colgaban las piernas al sentarse—. Necesitamos saber en qué consisten esas piezas antes de empezar a escudriñar en los almacenes del Louvre.

—*Cuatro ladrillos realizados con una mezcla de barro e incienso* —dijo Amunet a través de la joven, con un suspiro de impaciencia—. *Estaban colocados dentro de unos nichos en las paredes de mi sepultura, orientados hacia cada uno de los puntos cardinales.*

—Todo eso ya nos lo has contado. Lo que no entiendo es por qué piensas que, de todos los objetos supuestamente mágicos de tu ajuar, son esos lo que no te dejan partir.

—*Porque en la biblioteca de Ipet Sut descubrí un método para corromperlos. Por lo general, sobre esos ladrillos solían escribirse conjuros del* Libro de la salida del día…

—Lo que hoy se conoce como *Libro de los Muertos* —dijo Gabriel, balanceándose indolentemente en la silla mientras se abanicaba con otro de los fajos de notas de su tío.

—*… acompañados por cuatro símbolos distintos, uno sobre cada ladrillo: un pilar, un chacal, una momia y una antorcha. Si los símbolos son borrados y los textos mágicos sustituidos por maldiciones, la persona enterrada en la tumba no accederá a los Campos de Ialú. Era una niña cuando encontré el papiro que hablaba de esto* —añadió Amunet con una sombra de añoranza—, *y por entonces me negaba a creer que con unas simples palabras grabadas en una tablilla pudiera llevarse a cabo una magia tan oscura. Claro que eso fue antes de…* —Se detuvo unos segundos—. *De que presenciara ciertas cosas.*

—Pues sí que tenían recursos los hechiceros de tu época —comentó René—. No me quiero ni imaginar el uso que le habrían dado nuestros políticos a semejante práctica.

—Si fuera tan sencillo condenar a alguien, nadie alcanzaría el Más Allá. Tu gente le habría hecho lo mismo a cualquiera que le cayera mal —dijo Shaheen, y se llevó a la boca un puñado de cordero con arroz—. Deja de mirarme así —protestó con la boca llena ante la expresión de Gabriel—. Aquí es de buena educación comer con las manos.

—Entre los caballerizos de Versalles, también —replicó el muchacho, arrojándole una servilleta de mala gana—. Tendremos que alojarte con ellos para que no desentones.

Shaheen se limitó a chuparse los dedos en respuesta, aunque seguía estando menos dispuesta a acompañarlos a París que a dejarse caer sobre un montón de estiércol. Los cuatro meses que llevaba en el Instituto, no obstante, estaban teniendo sus ventajas, por muy soporíferas que fuesen las clases de francés y los interrogatorios sobre el Antiguo Egipto a los que René y Gabriel sometían a Amunet. Al menos podía tener la seguridad de que, mientras estuviera bajo la protección de los *farengi*, sus compañeros de los bajos fondos no conseguirían dar con ella para hacerle pagar por la muerte de Aziz al-Rashid.

También había otras ventajas más prosaicas, aunque Shaheen no pensase admitirlo ante quienes los habían invadido. Por primera vez en mucho tiempo podía irse a la cama, una cama de verdad, con la certeza de que seguiría teniendo comida en la mesa al día siguiente o un baño caliente acompañado de ropa limpia. Belle Lacombe, quien parecía haberse tomado «la doma de la fierecilla» como un reto personal, había acabado desistiendo de enfundarla en uno de sus exuberantes vestidos, dándole a cambio unas cuantas chilabas de algodón que conseguían paliar un tanto la constante sensación de estar fuera de lugar.

Lo peor, sin embargo, había sido desvendarse el pecho, y en eso Belle sí se había mostrado inflexible. Durante los primeros días, el dolor era tan atroz que Shaheen había tratado, en más de una ocasión, de vendárselo de nuevo a escondidas, pero cada vez que la francesa la sorprendía le asestaba una buena colleja. Al final no le había quedado más remedio que claudicar ante los extraños cambios de su cuerpo, incluida la nueva longitud de unos caracoles que, una vez enjabonados y peinados, llegaban casi por sus hombros.

—Cabe la posibilidad de que esas piezas no sean el motivo por el que sigues aquí, pero intentaremos dar con ellas por si acaso —continuó René—. Un pilar, un chacal, una momia y una antorcha... Me parece haber visto esos símbolos escritos sobre tu sarcófago.

—Puede que formaran parte de los mismos conjuros —dijo Gabriel, y extrajo un papel de su improvisado abanico—. Esto otro también se repetía bastante. ¿Qué significa?

Señaló un jeroglífico que Shaheen no recordaba haber visto antes: una especie de almohada rehundida en la parte central, con un círculo parecido al disco solar sobre ella.

—*Akhetatón.* —Pudo sentir en su garganta el cambio en la voz de Amunet—. *Así es como se llamaba la capital fundada por Akhenatón. Significa «el Horizonte de Atón».*

—¿Eso quiere decir que estaba situada cerca de dos colinas? —preguntó René. A Shaheen no le pasó inadvertido el ceño fruncido de Gabriel, pero, antes de que pudiera preguntar qué ocurría, el joven se había puesto en pie para aproximarse a una cómoda.

Dentro de uno de los cajones había un cartapacio anudado con una cinta. Cuando la desató para extender su contenido sobre la mesa, Shaheen vio que eran dibujos realizados a lápiz. Tuvo un atisbo de paisajes desolados, de muros derruidos...

—¿Era esto? —Gabriel señaló una de las láminas—. ¿Fue ahí donde la construyó?

Un montón de ruinas se extendían sobre una llanura desértica, con el Nilo situado a la izquierda y lo que parecía un acantilado a la derecha. Un acantilado con un pequeño valle en el centro sobre el que, como observó Shaheen, estaba alzándose el sol.

—*En efecto* —respondió Amunet. El cambio resultó aún más evidente en su voz, como si no esperara tener que hablar más de ello—. *Ya sabía que habías estado allí.*

—Fue hace unos meses, poco antes de encontrarnos en la necrópolis. —Gabriel se giró hacia René con el rostro encendido—. Sabía que lo que habíamos descubierto era importante. ¡Sabía que tenía que haber tantos bandidos en las ruinas de Amarna por algo!

—*Fue en esos acantilados donde Akhenatón mandó construir su tumba, además de las que les concedió a sus cortesanos más cercanos. Unos arribistas que fingieron estar de su parte en la revolución religiosa, pero que lo único que pretendían era enriquecerse.*

—Imagínate al rey Luis haciendo eso con sus ministros —comentó Gabriel—. «Os he comprado una cripta a cada uno. Con espejos y rocallas, para que os sintáis como en casa».

Pero René no estaba prestando atención. Esta vez fue él quien se puso a rebuscar entre los papeles hasta dar con otro, más pequeño y arrugado, que le alargó a Shaheen.

—¿Esta enseña era vuestro disco solar? —Entre las anotaciones había una esfera rodeada por un círculo de rayos, cada uno de los cuales terminaba en una pequeña mano.

—*Es el símbolo de Atón, el dios del sol al que adoraba Akhenatón* —aclaró Amunet.

—Debe de tratarse del Faraón Hereje del que hablaban los antiguos griegos —le explicó René a su sobrino. Durante unos segundos no hicieron otra cosa que mirarse, con un brillo casi eufórico en los ojos—. ¿Eres consciente de lo que tenemos entre manos?

—No entiendo nada —dijo Shaheen de mal humor—. ¿Qué pasó con ese hombre?

—Akhenatón fue uno de los faraones más polémicos del Antiguo Egipto. Además de fundar una nueva capital —René señaló el paisaje con los acantilados—, llevó a cabo la primera revolución religiosa de la historia al sustituir a los antiguos dioses por Atón.

—Pero… pensaba que durante mucho tiempo se había seguido creyendo en los mismos. Hasta que aparecieron los griegos, y esa Cleopatra de la que me habéis hablado…

—Como es evidente, el asunto no debió de acabar muy bien. No se pueden borrar de un plumazo más de mil años de creencias y esperar que el pueblo esté conforme. —Tras observar durante unos segundos el paisaje de Amarna, René preguntó—: ¿Tú estuviste viviendo en ese lugar, Amunet? ¿Trabajaste como hechicera en la corte de Akhenatón?

—*Preferiría no hablar más de eso* —fue su respuesta, cortante como un cuchillo.

—¡Pero, si nos acompañaras a Akhetatón, descubriríamos mas cosas acerca de esa ciudad de las que podríamos soñar! ¡Sabríamos dónde estaba cada templo, cada palacio…!

—*Ni lo pienses, Mouret. No ha nacido el mortal capaz de obligarme a regresar allí.*

—¿Y así es como nos pagas lo que hemos hecho por ti? —protestó Gabriel—. ¿Unas cuantas clases de historia a cambio de devolveros a ti y a la otra momia a vuestra tumba?

Shaheen sintió cómo Amunet se disponía a protestar, pero no llegó a hacerlo. Su silencio le desconcertó; no parecía el de alguien que sólo quisiera desmarcarse de una discusión. «¿Qué ocurre ahora? —Tampoco a ella le contestó—. Amunet, ¿qué…?».

¿Cuántas momias encontrasteis dentro de la sepultura?

«¿Cómo dices?».

Shaheen, respóndeme. ¿Cuántos cuerpos había?

La muchacha caviló un momento, haciendo caso omiso a las miradas de extrañeza de los franceses. «Creo que dos. Yo sólo vi dos ataúdes en la cámara… y más tarde, al colarnos en el barco, ambos estaban allí».

El silencio que siguió a esto se prolongó tanto que supo de inmediato que Amunet estaba desconcertada. Era la primera vez que la sentía así; hasta entonces siempre había parecido tenerlo todo bajo control. *Debe de haber un error* —acabó diciendo—. *Tendría que haber tres momias.*

Pero, antes de que Shaheen pudiera preguntar nada más, oyeron un ruido de pasos y una voz jovial acercándose por el corredor, y alguien llamó a la puerta.

—¡Ah de la casa! —Era Vivant Denon, al que no veían desde hacía meses. Tenía un aspecto tan jovial como de costumbre, aunque se había quemado la cara con el sol y su pelo parecía casi blanco debido al contraste—. ¡Espero no aparecer en mal momento!

—¡Ciudadano Denon, dichosos los ojos! —saludó René mientras dejaba papeles y pluma a un lado—. ¡Creíamos que estaba ahora mismo en Tierra Santa, con el ejército!

—He regresado al Instituto hace un par de horas. Cargado de cuadernos de notas y bastante satisfecho con la experiencia, aunque muriéndome por dormir de nuevo entre mosquiteras. Señorita Shaheen, señorita Amunet —continuó Denon con una reverencia que hizo enarcar las cejas a la primera—, es un placer coincidir una vez más con las dos.

—Sólo a usted se le ocurre meterse en una guerra para dibujar ruinas —comentó Gabriel sacudiendo la cabeza—. Soy el primero que se emociona ante un descubrimiento arqueológico, Denon, pero no tanto como para arriesgarme a encajar una bala de cañón…

—Es muchísimo mejor quedarnos a cubierto, como los señoritos que somos —se burló Shaheen—, no vaya a ser que nos salgan más pecas en nuestras caras de porcelana.

—Comparadas con las cosas que he visto, las pecas son mi menor problema —dijo el historiador, divertido ante la mirada de despecho de Gabriel—. Ni siquiera hace falta viajar a Tierra Santa para ver espectáculos capaces de revolverte el estómago. Esta misma mañana, cerca de la muralla de El Cairo, nos tropezamos con los restos de casi una docena de árabes asesinados cuando apenas empezaban a adentrarse en el desierto.

—¿Otro saqueo de una tribu de beduinos? —dijo René, ofreciéndole una taza de té.

—«Masacre» sería la palabra adecuada. Parece que una de las bandas atacó a una caravana que se dirigía a Palestina, aunque, a juzgar por el aspecto que presentaban esos pobres diablos, debió de ocurrir hace bastante tiempo. Uno era nada menos que el jeque Alí Ben Sharif, uno de los máximos responsables de la comunidad religiosa de El Cairo.

Esto hizo que Shaheen se detuviera con otro trozo de cordero en la mano. Gabriel se fijó en que su rostro se había puesto tan pálido como la mancha de su mejilla izquierda.

—Me suena de algo ese nombre —comentó René—, aunque no recuerdo de qué.

—Fue Aziz al-Rashid, el mercader del zoco, quien nos habló de él —dijo Gabriel sin dejar de mirar a Shaheen—. Nos contó que se había dado a la fuga hace unos meses.

—Encontramos la cabeza a un centenar de metros, con las de sus criados —suspiró Denon—. Les habían cortado incluso los dedos, supongo que para quitarles los anillos…

—Qué desastre —dijo René—. Confiemos en que puedan dar con esos criminales.

—Vuelvo en un rato —murmuró Shaheen, poniéndose en pie. Gabriel la observó abandonar la estancia con pasos inseguros antes de atender a los dos hombres.

—En fin —siguió diciendo Denon, tamborileando con los dedos en la mesa—, es lamentable que hayan tenido que suceder cosas así, pero ahora mismo hay asuntos más urgentes en los que deberíamos pensar. Me imagino que estarán al tanto de lo de Acre.

—Lo último que hemos oído es que Kléber aún seguía sitiando la ciudad —se sorprendió René—. No irá a decirnos que la fortaleza ha caído sin que nos enteráramos…

Su superior, que había empezado a dar sorbos a su té, sonrió para sí con amargura.

—Parece que los rumores no han logrado sobrevivir al desierto, como la comitiva del jeque Ben Sharif. El asedio concluyó la semana pasada, ciudadano Mouret; una flota capitaneada por el comodoro Smith apareció con un suministro de tropas y armamento. Entre sus cañones y los del Carnicero, hicieron polvo a nuestros muchachos.

—¿Los malditos ingleses se pusieron de parte de los sitiados? —exclamó Gabriel.

—Como si fuera la primera vez que suman sus fuerzas a las de los turcos. Estarían dispuestos a hacer cosas mucho peores con tal de vencernos. —René miró a Denon unos segundos antes de decir en voz queda—: ¿Se sabe a cuánto han ascendido nuestras bajas?

—El destacamento que me informó de lo ocurrido habló de dos mil soldados. Una cifra que hace bastante probable que, cuando Bonaparte regrese a El Cairo, se tome más en serio que nunca la necesidad de conseguir nuevos barcos. —Y sonriendo ante su estupor,

Denon añadió—: Confío en que la señorita Shaheen y su amiga invisible acaben sintiéndose como en casa en París, porque, ahora que el general ha comprobado hasta qué punto la señorita Amunet es capaz de dar en el clavo, no tendrán escapatoria.

28

Amunet

El Nilo, 1340 a. de C.

Con las primeras luces del amanecer, el río recordaba a una cabellera extendida en caprichosos meandros sobre la tierra. Habían partido de Ipet Sut en plena estación de la inundación y el nivel del Nilo, inusualmente alto aquel año, reducía los palmerales a unas diminutas franjas verde oscuro, más allá de las cuales se extendían las montañas de arena en las que, como sabía Amunet, comenzaba el imperio de la cobra y el escorpión.

A instancias del clero de Amón, un oficial convenientemente sobornado los había aceptado a Ptahmai y a ella a bordo de su nave, encargada de transportar hasta la nueva capital un cargamento de piedras destinado a las construcciones en curso. Ninguno de los remeros estaba al corriente de que una *heka* viajaba con ellos, lo que le había permitido realizar la travesía sin tener que enfrentarse a sus miradas atemorizadas. Mientras el barco se deslizaba río abajo con las velas plegadas, Amunet solía sentarse en la proa adornada con el disco solar de Atón para disfrutar de la brisa que le revolvía las trenzas, pensando en lo que la esperaba una vez alcanzado su destino si Khay estaba allí.

A medida que el cielo se manchaba de rosa por el este, las estrellas regresaban al vientre de la diosa Nut hasta la siguiente noche. Era extraño pensar que a lo mejor él había hecho aquel mismo recorrido, que podían haberle acompañado los mismos graznidos de los pelícanos y las garzas que revoloteaban alrededor de la nave saludando al nuevo día…

—Si no te pones a cubierto, la piel se te acabará cayendo a tiras —oyó decir a sus espaldas por encima de las voces de los remeros. Ptahmai, sentado en un taburete en la cabina en la que solían dormir, observaba a la joven con severidad—. Pronto hará tanto calor que ya no podrás ni moverte, y te necesito bien despabilada dentro de unas horas.

—Las quemaduras no me dan ningún miedo. —Amunet se agarró a una jarcia para incorporarse—. He pasado tantos años en el templo que incluso eso sería emocionante.

—Cuando hayas descendido y remontado el Nilo dos docenas de veces, la palabra «emocionante» te sugerirá cosas muy distintas —contestó el anciano mientras se reunía con él bajo la techumbre de madera—. He conocido a unos cuantos *hekas* en mi vida, y dudo que pudieran realizar lo que se esperaba de ellos bajo los efectos de una insolación.

—Tenía entendido que todos eran unos embaucadores —se asombró Amunet. Fue a sentarse en un cojín a los pies de Ptahmai—. Al menos, es lo que oí en Ipet Sut.

—Ellos, en la mayoría de los casos, sí. Ellas, por el contrario —Ptahmai se inclinó para llenar un cuenco con el agua de una jarra—, solían poseer unos dones mucho más interesantes, pero también suficiente prudencia como para no hacer ostentación de ello.

Cuando le alargó el cuenco y procedió a servirse otro para él, Amunet se lo llevó a los labios observando cómo la luz del alba resaltaba aún más sus pronunciados pómulos.

—¿Estás diciendo que las mujeres *hekas* suelen ser más poderosas que los hombres?

—¿De verdad te extraña que sea así? Vosotras estáis unidas a la tierra, el agua y el cielo de un modo que los hombres nunca podremos experimentar. El simple hecho de traer una nueva vida al mundo es la magia más intensa que los dioses nos han concedido.

—Y a eso habéis querido reducirnos, siempre que ha estado en vuestra mano —dijo Amunet con el ceño fruncido—. Pero una mujer no es menos mujer por no ser madre.

—Por supuesto que no, pero suele ser más poderosa de lo que ella misma cree. Lo mismo te ocurre a ti, aunque no te hayas dado cuenta… o nunca te lo hayan permitido.

La muchacha abrió la boca, pero no supo qué responder. Jamás se le habría pasado por la cabeza que un hombre tan seco como él, un sacerdote imbuido de toda la dignidad de su cargo, pudiera tener una concepción de las mujeres tan poco tradicional. Recordaba demasiado bien el escepticismo con el que la habían contemplado los siervos de Amón cuando Menkhaf la condujo a Ipet Sut. «Te echo de menos, Menkhaf. No sabes cuánto».

—Hori me ha hablado de las cosas que te enseñó a hacer su predecesor. —Una vez más, el anciano parecía capaz de leerle la mente—. Deben de estar muy orgullosos de ti.

—Cualquier historia que te haya contado sobre conjuros, amuletos y ritos mágicos es una completa majadería —respondió Amunet, dejando el cuenco en el suelo. Se aseguró de que no había nadie cerca antes de susurrar—: No son más que artimañas con las que los sacerdotes intentan obtener aún más ofrendas para Amón. Es decir, para sí mismos.

—Creí haberte dejado claro, en la sepultura de tu padre, que estoy al corriente de la corrupción de mi clero. Lo que me interesa saber es cómo consigues lo de los animales.

Por toda respuesta, Amunet alargó una mano hacia el costado de estribor. Hubo un graznido en la distancia y un pequeño chapoteo, y un ibis se deslizó segundos más tarde entre los aparejos para posarse en su brazo extendido. Ptahmai negó con la cabeza.

—Eso es atraerlos como un simple domador. Sorprendente, aunque poco práctico.

—Sólo que sin ninguna clase de amaestramiento —repuso la muchacha, herida en su amor propio—. ¡Cualquiera diría que te has encontrado en cada ciudad con algo así!

—No estoy quitándole importancia a tus capacidades, Amunet, sino al provecho que has estado sacando de ellas. Cada vez que te comunicas con esas criaturas, lo haces apelando a la comunión que existe entre vosotras. No te has apoyado nunca en la rabia.

Amunet había alzado el brazo para que el ibis remontara el vuelo, pero ante esto se giró hacia Ptahmai. Sus ojos pasaron poco a poco de la sorpresa a la expectación.

—La rabia —repitió sin dejar de observar al anciano—. Explícame a qué te refieres.

—Me has entendido a la perfección. Hori también me ha contado lo que hiciste la noche en la que acabaron con ese amigo tuyo y con su padre. —Amunet apartó los ojos de inmediato para que no leyera la verdad en ellos—. Las palomas que había a vuestro alrededor parecieron enloquecer coincidiendo con el acceso de ira que eso te hizo sentir.

—Sólo fue un instante de debilidad, Ptahmai. Khay era mi… —Se mordió el labio inferior para no decir nada más, contemplando cómo el pájaro se paseaba por la cubierta.

—Algo valioso —concluyó él— que te arrebataron sin compasión. Eso fue lo que te hizo tan poderosa aquella noche. Lo que podría cambiarlo todo si aprendieses a usarlo.

Entonces se puso en pie y le hizo un gesto para que le siguiera, y cuando Amunet se detuvo a su lado junto al costado de la nave, Ptahmai extendió un dedo hacia la orilla oriental. Una pareja de cocodrilos dormitaba al sol sobre un banco de arena, tan elevado que seguía asomando como un islote por encima del agua, a pesar de la inundación.

—¿Qué ocurre con ellos? —inquirió Amunet, enarcando las cejas—. No están tan cerca como para ser una amenaza. De hecho, el oficial ni siquiera parece haberlos visto.

—Lo cual nos ayudará a ser mucho más discretos —contestó Ptahmai en voz baja.

Eran dos bestias impresionantes, con los ojos del mismo color que Amunet y unas escamas tan protuberantes que parecían esculpidas en la roca. «Trata de comunicarte con ellos como acabo de decirte —le susurró el sacerdote—. Inténtalo desde el resentimiento».

La joven seguía sin estar segura de a qué se refería, pero se encogió de hombros y extendió una mano hacia ambos animales. Mientras sus pesadas cabezas giraban poco a poco hacia ella, se esforzó por recordar la rabia que la había invadido cuando, seis años antes, Menkhaf y Hori se la habían llevado de casa de su padre. Pero no pareció suceder nada extraordinario: los cocodrilos se limitaron a observarla perezosamente desde su isla.

«Es porque aquella rabia se ha acabado evaporando. Porque Ipet Sut también supo darme cosas buenas, como… Khay». Amunet tragó saliva antes de desenterrar un nuevo recuerdo: la muerte de Menkhaf pocos meses después de conocerle. Khay y ella en un arcón de la biblioteca, oyendo susurrar a Hori que podría haber sido asesinado…

Esta vez la reacción de los cocodrilos fue distinta. Vio incorporarse a uno de ellos con esfuerzo, abriendo su enorme boca dentada…, pero sin hacer nada más que mirarlos.

—No es suficiente —murmuró Ptahmai, a su derecha—. No es suficiente rencor.

—Pero si estoy pensando en un momento en el que me sentía furiosa, más de lo que nunca había… —Sin embargo, no tardó en entender lo que ocurría: Khay también formaba parte de ese recuerdo. Él era lo que conseguía disipar todas sus sombras—. Lo intentaré una vez más —susurró al cabo de unos segundos—. Con la noche del incendio.

El anciano asintió con la cabeza, pero Amunet ni siquiera lo vio. Había cerrado los ojos para regresar al momento en que cayó de rodillas junto a la pira funeraria. Trató de resucitar los alaridos de la multitud, el calor de la ceniza revoloteando sobre su rostro, el olor de los cuerpos carbonizados que sacaban de la casa. Mientras la cólera que la había embargado regresaba paulatinamente a ella, un extraño ardor pareció propagarse por su cuerpo, desde la raíz del pelo hasta las puntas de los dedos. Un ardor oscuro, venenoso.

Algo contra lo que Khay no podía combatir, porque Khay había dejado de estar a su lado justo entonces. Cegada por la rabia, la muchacha tardó en captar los sonidos procedentes del Nilo que habían hecho tensarse al sacerdote a su lado.

Cuando abrió los ojos, uno de los cocodrilos se había arrojado sobre el otro y sus roncos rugidos atravesaban el río hacia ellos, lo que hizo levantar el vuelo al alarmado ibis.

—Eso es —dijo Ptahmai—. Tienes que hacerles sentir toda tu furia. Conseguir que se doblegen a tus emociones más sombrías para después manejarlos a tu antojo. —Los colmillos del cocodrilo se cerraron sobre el cuello de su compañero y el anciano apoyó una mano en el hombro de la muchacha—. Ya sabes cómo se hace; ahora puedes dejarlo.

Pero Amunet ni siquiera pareció escucharle. Sus ojos ardían como brasas mientras los marineros, que también se habían fijado en lo que ocurría, se gritaban unos a otros para alejarse de las bestias. El oleaje que estaban levantando empezaba a teñirse de rojo.

—Amunet, he dicho que lo dejes —repitió Ptahmai. Tuvo que sacudirle el hombro para que reaccionara, haciéndola volver en sí como si acabara de despertar—. ¡Basta ya!

Los forcejeos acuáticos cesaron de inmediato y los cocodrilos dejaron de lanzarse dentelladas para sumergirse en el agua. Amunet se limitó a observar el río sanguinolento durante unos segundos antes de dirigirse hacia la cabina, luchando contra un repentino apetito que le pedía más. Había probado algo realmente embriagador, pensó mientras se agachaba para coger su cuenco, algo que ni siquiera sospechaba que existiese.

—Tenías razón. —Se humedeció los labios con esfuerzo; las manos le temblaban tanto que casi derramó el agua—. Me he sentido… muy distinta. Poderosa.

—Me alegra que por fin hayas comprendido a qué me refería. Pero ten en cuenta que no hemos hecho más que empezar. —Cuando la joven lo miró extrañada, Ptahmai le recordó—: Un caballo de guerra puede decidir el curso de una batalla, pero no servirá de nada si quien lo monta es un pésimo jinete. Si queremos que nuestra misión llegue a buen puerto, hemos de conseguir que estas riendas acaben formando parte de tus manos.

«Incluso el mayor de los dones puede convertirse en una pesadilla si a quien lo posee se le obliga a usarlo de manera indebida», le había dicho Kashla poco antes de su traslado a Ipet Sut. Por alguna razón eso hizo que se sintiera algo culpable, y se volvió hacia el costado del barco. Ya no había rastro de los animales ni tampoco de la sangre.

Sus compañeros de travesía, por suerte, no parecían sospechar nada raro. Amunet notó que estaban pendientes de algo que acababa de aparecer en el horizonte.

—¿Qué pasa ahora? —le preguntó a Ptahmai—. ¿Crees que serán más cocodrilos?

—Creo más bien que nos estamos acercando al final de nuestro viaje —contestó el sacerdote; su rostro se había ensombrecido—. Pero también al comienzo de uno nuevo.

Cuando la embarcación empezó a acercarse a la ribera, Amunet se percató de que la vegetación era más densa en aquella zona del río. De nuevo había campos de cultivo combatiendo con los marjales de papiros, rústicas cabañas de barro y paja y por encima de los palmerales, más allá de lo que no tardó en reconocer como un gran embarcadero, se alzaban las primeras construcciones de la ciudad. Más blancas aún que las de Ipet Sut, y más elegantes que las de Uaset…, aunque no fue aquello lo que dejó muda a la joven.

Pese a la distancia, reconoció la forma de las colinas bajo las que se había erigido la ciudad y supo por qué el faraón se había decantado por aquel enclave. El suave valle situado entre ambas, semejantes en altura y forma, recordaba a la entrada de un templo flanqueada por pilonos gemelos, pero también a algo que Khay le había enseñado a leer.

—Akhetatón —susurró Amunet. Era lo que significaba el jeroglífico de las colinas sobre las que salía el sol—. Por eso la ha bautizado así. Porque es el Horizonte de Atón.

—O una puerta abierta al infierno —dijo Ptahmai— para todos los que se acerquen.

29

Shaheen

El Mediterráneo, 1799

—Empezamos bien —comentó Gabriel cuando Shaheen se inclinó sobre la borda, por tercera vez desde que dejaron el puerto, para vaciar su estómago en el mar—. Algo me dice que esta será una travesía de la que todos nos acordaremos con especial ternura.

—No es culpa mía… que esta maldita cosa… brinque como un caballo —consiguió decir ella mientras reprimía una nueva arcada. Chasqueando la lengua, Gabriel sacó uno de sus pañuelos más pomposos, pero la muchacha lo rechazó de un manotazo—. Si me hubieran enseñado a nadar, habría saltado hace tiempo al agua para regresar a Alejandría.

—Aunque te cueste creerlo, hay más gente descontenta aparte de ti. Sé que no es ningún plato de gusto pasar mes y medio en esta cáscara de nuez, rodeados de marineros envueltos en su propio *eau de parfum* y con los menús más deprimentes que uno pueda…

—¿En serio crees que es eso lo que me preocupa? —Los oscuros ojos de Shaheen echaron chispas al mirarle—. ¿Que la vida a bordo no sea tan lujosa como la del Instituto?

—Pues a menos que me haya perdido algo, no comprendo por qué te lo tomas así.

—Me habéis obligado a abandonar mi hogar, Roux, y ni siquiera sé cuándo podré regresar. Es increíble que tengas la sensibilidad de una delicada doncella para los asuntos intrascendentes, pero con los importantes seas como un canto rodado.

Se apartó de su lado con todo el despecho que pudo reunir, pero el movimiento del barco la hizo trastabillar tanto que tuvo que agarrarse a una de las sogas, ganándose una mirada de Jean-Baptiste, el criado de René y Gabriel, aún más recelosa de lo habitual. El resto del pasaje empezaba a acostumbrarse a aquella mecedora acuática, pero Shaheen habría apostado su daga de Damasco a que no pararía de vomitar hasta llegar a Francia.

Habían partido el 22 de agosto a bordo del *Carrère*, con sólo una fragata más para evitar atraer la atención de los ingleses. Casi todos los miembros de la expedición habían embarcado en ella, junto con las antigüedades destinadas al Louvre; Bonaparte, por el contrario, viajaba con sus generales a bordo del *Muiron*, un barco tan parecido al suyo que hacía pensar en su propia sombra deslizándose sobre las aguas de un intenso azul. El sol se hallaba en su cenit y hacía un calor infernal, y cuando Shaheen se volvió una vez más hacia la costa, luchando por sobreponerse a su creciente mareo, se percató de que el puerto de Alejandría apenas podía distinguirse a sus espaldas, convertido en un brazo de tierra del que sólo sobresalían las torres de la muralla y los alminares de las mezquitas.

Todo lo que ella había sido hasta entonces, el mundo en el que se sentía a salvo y que creía conocer, sería devorado por el horizonte en cuestión de unos minutos.

Deja de poner esa cara: ni que estuvieses emprendiendo el descenso al Amenti —dijo Amunet con un suspiro.

«Esto promete ser aún más espantoso. Nos esperan seis semanas de encierro, por si lo has olvidado…».

Podría ser peor —contestó el espíritu—. *Podrían ser tres mil años.* —Un nuevo balanceo del *Carrère* hizo que Shaheen se tambaleara hacia la borda con una mano apretada contra la boca—. *En realidad, no creo que sea tan mala persona como piensas. Sólo increíblemente engreído y con la madurez de un niño de pecho…*

«Creía que Roux te resultaba tan insoportable como a mí», se sorprendió Shaheen.

Es un mal menor al que conviene acostumbrarse —le recordó Amunet—, *porque lo necesitaremos a nuestro lado cuando estemos en París. Por lo menos, hasta que consigamos dar con mis ladrillos en el Louvre.*

Al girarse hacia atrás, la joven descubrió que Gabriel aún no se había movido: seguía acodado sobre la borda con la mirada perdida entre las olas. Pese a la cantidad de marineros que deambulaban entre ambos, hablando a voz en grito mientras aseguraban los aparejos y limpiaban la cubierta, Shaheen se dio cuenta de que estaba mirándola de reojo.

Hazme caso y procura tragarte el orgullo. Recuerda que sólo serán unas semanas.

Con un resoplido de impaciencia, la muchacha se desplazó un poco hacia él, sin dejar de apoyarse en la borda. Gabriel no tardó en hacer lo propio, hasta que finalmente, metro a metro y sin mirarse, estuvieron de nuevo el uno al lado del otro.

—Todavía sigo pensando que eres una delicada doncella —le echó en cara Shaheen.

—Gracias por el cumplido —contestó Gabriel en tono de resignación—. Aunque antes lo era mucho más: el condenado sol de tu país ha arruinado mi cutis de porcelana.

A pesar de lo enfadada que seguía estando, Shaheen no pudo reprimir una sonrisa. Vivant Denon, a espaldas de ambos, charlaba animadamente con los marineros; parecía encontrarse tan a gusto como cuando dibujaba ruinas egipcias en medio de una batalla.

—Nunca entenderé qué le ves de especial a estar rodeado de lujos —dijo después de asegurarse de que su estómago no la traicionaría más—. Durante los años que pasé en las calles de El Cairo, me las apañé para sobrevivir sin ninguna de esas comodidades.

—No hace falta que lo jures: aún me acuerdo de cómo olían los harapos con los que entraste en el Instituto. —Aquello le hizo ganarse un empujón, y Gabriel se aferró más a la borda—. Pero, al cabo de un par de días, no había quien te sacase de la bañera.

—Existe una gran diferencia entre descubrir que algo es agradable y necesitarlo a toda costa para subsistir —se defendió ella—. Pero todos esos perfumes, esos pañuelos de encaje, esos ropajes elegantes… Por no hablar de tonterías como esta. —Tironeó de la corbata con chorreras que el joven llevaba al cuello—. ¿Por qué significan tanto para ti?

Había imaginado que Gabriel respondería con una de sus habituales ironías, pero su silencio pilló por sorpresa a Shaheen. Durante unos segundos, no hicieron otra cosa que observar las ondulaciones espumosas del Mediterráneo, entre las que asomaba de vez en cuando la aleta de algún delfín, y las sombras proyectadas en el agua por los aparejos.

—En realidad, mi vida podría haber sido muy parecida a la tuya —acabó diciendo él sin apartar los ojos de las olas—. No siempre he tenido esta clase de cosas... ni esperaba acostumbrarme a ellas cuando era niño. ¿René nunca te ha hablado de nuestra familia?

—Me contó que es tu tío materno —contestó Shaheen—. Que tu madre y él fueron los únicos de cinco hermanos que consiguieron sobrevivir a algo llamado fiebre verde...

—Fiebre amarilla —la corrigió Gabriel—. Una epidemia que diezmó en un par de meses a la población de Martinica, donde se encuentra la plantación de caña de azúcar que pertenecía a mi familia..., que nos pertenece, mejor dicho, aunque los dos estemos aquí.

—No había oído hablar jamás de ese lugar —se sorprendió la chica. *Es una isla del Caribe que pertenecía a la corona francesa,* le explicó mentalmente Amunet, *muy alejada de Egipto, al otro lado del océano*—. Pero no lo entiendo... Si tenéis posesiones en la otra punta del mundo, ¿por qué vivís en Francia, con todos los problemas que hay?

—Fue mi madre la primera en marcharse. Se había enamorado de mi padre, uno de los trabajadores de la plantación; él no era de ascendencia criolla, como mi familia, sino que había nacido en Dijon. —Una triste sonrisa asomó a los labios de Gabriel—. Era un amor prohibido de esos de los que se habla en las novelas, así que acabaron fugándose.

Un amor prohibido. —Había un matiz inquietante en la voz de Amunet, algo metálico que recordaba demasiado a un cuchillo—. *No tienes la menor idea de lo que es eso, Roux.*

—Por supuesto, mi abuelo montó en cólera cuando lo descubrió y le faltó tiempo para desheredar a mi madre. Declaró que había dejado de existir para él y se negó a que volvieran a mencionarla en su presencia. Mi tío, en cambio, estuvo removiendo cielo y tierra hasta que consiguió dar con su paradero: se había instalado con mi padre en París, en la pequeña casa de Les Innocents en la que yo nací poco después. —Gabriel se quedó mirando cómo la muralla de Alejandría desaparecía en la distancia antes de continuar—: Sé que estuvieron escribiéndose durante años a escondidas, aunque tío René no pudiera cruzar el Atlántico para estar con ella. Al fin y al cabo, era el heredero de la plantación…

—Pero con el paso del tiempo sí que lo hizo, y de hecho terminó trabajando en el Louvre… —No obstante, nada más decir esto, Shaheen lo comprendió—. Espera, no se marchó a París porque le ofrecieran un empleo allí…, ¿verdad? ¿Lo hizo para cuidar de ti?

—Mis padres habían conseguido esquivar la fiebre de Martinica, pero no tuvieron tanta suerte en su nuevo hogar —dijo Gabriel en voz baja—. Mi madre murió primero y, al cabo de unos meses, la siguió mi padre, sin haberse recuperado aún de la pérdida. De no ser por la enfermedad, seguro que habrían sido muy felices; mi padre se dejó la piel en un trabajo tras otro para asegurarse de que a mi madre no le faltaba de nada. Quería darle la clase de vida a la que había renunciado, aunque ella no hiciera más que repetirle que no la echaba de menos. Que, mientras nos tuviera a nosotros, no necesitaba nada más.

Había empezado a recorrer con una uña las grietas de la madera en las que se había concentrado el salitre. «No puede evitarlo: todo tiene que ser perfecto, hermoso —se dijo Shaheen sin dejar de mirarlo—. El placer se ha convertido en un modo de supervivencia».

—Cuando mi madre murió, poco después de mi séptimo cumpleaños, lo hizo con una sonrisa, y sólo con el tiempo entendí por qué: quería que a mi padre le quedara el consuelo de haber podido darle lo que a él parecía importarle tanto. Nunca hubo tantos ramos de flores en su dormitorio, ni almohadas tan cómodas bajo su cabeza, ni encajes tan delicados en su camisón como la tarde en que la perdimos. —Entonces Gabriel pareció darse cuenta de que la joven seguía observándole de hito en hito y se aclaró la garganta antes de añadir con ligereza—: Perdona, no sé por qué estoy aburriéndote con todo esto.

—No importa —contestó Shaheen, aunque le costaba disimular su sorpresa—. Es sólo que no recuerdo haberte oído hablar con tanta seriedad desde que te conozco.

—A lo mejor resulta que soy algo más que un canto rodado —respondió Gabriel, haciéndose el ofendido—. A lo mejor soy una preciosa y reluciente tesela de mosaico.

—Cuanto más reluciente es una tesela, con más facilidad suele resquebrajarse —le advirtió la muchacha. Otro delfín asomó entre las ondulaciones del agua y los dos lo siguieron con la mirada durante unos segundos—. Creo que tus padres fueron muy valientes al dejar atrás todo lo que tenían, sobre todo tu madre —continuó diciendo Shaheen—. En ocasiones, huir sin mirar atrás requiere mucho más valor que cobardía…

—¿Como cuando decidiste escapar de la casa de tu padre, el jeque Alí Ben Sharif?

Aquello hizo que el suelo oscilara aún más bajo las zapatillas de Shaheen, aunque no fuese culpa del barco. *Al final va a ser más espabilado de lo que creíamos* —comentó Amunet cuando la chica lo miró con espanto—. *La verdad es que a mí también me intriga ese tema, pero, como soy un prodigio de discreción, nunca he querido preguntarte por él.*

—¿Quién te ha contado eso? —consiguió decir Shaheen—. ¿Quién ha sido, Roux?

—Me di cuenta de que tenías que estar relacionada con ese hombre cuando Vivant Denon nos explicó lo que había ocurrido con él. Deberías haberte visto la cara mientras nos describía cómo había muerto a manos de una tribu de beduinos. —Hubo un instante de silencio en el que la muchacha volvió a clavar los ojos en el agua—. ¿Puedo saber…?

—No —soltó Shaheen en un tono que casi recordaba al graznido de un cuervo.

—Puede que te sientas mejor desahogándote con otra persona. Ya sé que eres más hermética que una ostra, pero a veces es un auténtico alivio sincerarse con los demás…

—Nada me hará sentir mejor en cuanto a eso —le interrumpió ella—, y no me he pasado todos estos años tratando de olvidar lo que sucedió para que ahora vengas tú a desenterrarlo. Hui del hogar de Ben Sharif, me refugié en las callejuelas de El Cairo y acabé convirtiéndome en la persona que tienes ante ti; con eso tendría que ser suficiente.

—De modo que no siempre te has llamado Shaheen. —La mirada que le lanzó fue tan corrosiva que Gabriel alzó las manos—. De acuerdo, tú ganas: no pienso preguntarte nada más. Desde ahora actuaremos como si esta conversación no hubiese tenido lugar.

—¿Lo dices en serio? —preguntó ella, recelosa—. ¿No vas a tirarme de la lengua?

—Estoy demasiado satisfecho con el uso que hago de la mía para arriesgarme. Pero mi invitación sigue en pie: si algún día te apetece hablar del tema, ya sabes dónde estoy.

Lo dijo con tanta naturalidad que por un segundo, uno sólo, Shaheen sintió un incómodo aguijonazo de culpa. No era algo a lo que estuviese acostumbrada; en los bajos fondos de El Cairo no podías permitirte algo así. La culpabilidad era una debilidad.

—Gracias, Gabriel Roux —acabó diciendo en un tono tan malhumorado que casi parecía una recriminación—. Puede que en el fondo no seas tan cretino como pensaba.

—Sólo lo soy los días impares, para compensar los demás —declaró el joven, y le alargó una mano. Esta vez Shaheen sonrió a regañadientes, aunque no pudo aceptar su oferta de paz: otra repentina arcada la hizo inclinarse sobre la borda—. Pero al menos estamos de acuerdo en algo: este viaje se nos va a hacer eterno —resopló Gabriel.

30

Khay

Akhetatón, 1340 a. de C.

La respuesta del rey de Mitanni se demoró más de lo que Khay esperaba, pero su contenido no distaba mucho de lo que había imaginado. No todos los monarcas de los estados vasallos de Kemet podían presumir de haber casado a una hija con el Señor de las Dos Tierras, y mientras se encaminaba con las tablillas de barro hacia la estancia en la que tenían lugar las recepciones, avanzando entre hombres con tantos adornos de oro que parecían muestrarios de joyas y mujeres con vestidos del lino real más fino, no dejaba de pensar en lo mucho que había cambiado la situación de su nueva señora desde que el faraón la desposó. Al cabo de un rato, se encontró ante las puertas dobles de la sala, y el joven respiró hondo antes de sumergirse en su mareante atmósfera de almizcle y mirra.

Sobre una plataforma situada al fondo de la estancia, los tronos de Akhenatón y Nefertiti parecían atraer toda la luz de Atón, reluciendo con el sol apenas tamizado por los velos de los ventanales. Los dos estaban adornados con relieves de plata y oro, y sus patas habían sido talladas como garras de león. Como siempre, la pareja real le recordó a Khay a dos esfinges gemelas, rodeadas por las siete princesas, el visir Nakhtpaatón, el Primer Profeta de Atón, Panehesy, y el jefe de policía Mahu. A los pies del faraón, los leopardos que le había regalado el virrey de Kush ronroneaban con los ojos clavados en los emisarios babilonios con los que estaba conversando Akhenatón, quienes a su vez observaban con prevención las gruesas cadenas con las que ambos permanecían sujetos.

La reina Kiya también estaba sobre la plataforma, y Khay se resignó a esperar a que todo hubiera concluido. Al pasear la vista a su alrededor reconoció al Escriba Real, Merira, hablando con el general Horemheb, y se abrió camino hacia ellos entre la muchedumbre.

—... antes de lo que esperábamos, pero sus razones tendrá. Nunca me ha parecido una persona impulsiva. —Y al mirar al muchacho, Merira le sonrió—. Qué sorpresa tenerte entre nosotros, escriba Khay. Pensaba que el ambiente de la corte no era lo tuyo.

—Nunca lo será. —Este sonrió a su vez y alzó las tablillas de barro—. He venido para entregarle esto a la reina Kiya. Es la respuesta de su padre; ha llegado esta mañana.

—Pues me parece que tendrás que esperar —comentó Horemheb—. La recepción promete durar lo suyo, para mi desgracia. Sólo Atón sabe lo que daría por una cerveza...

—¿Has echado un vistazo a esa carta? —dijo Merira—. ¿Cuenta algo interesante?

—El rey Tushratta expresa su satisfacción por el matrimonio de su hija. Envía sus mejores deseos a Akhenatón, vida, salud y prosperidad le sean dadas, y confía en que esta unión sirva para afianzar la amistad entre ambos. El resto sólo le concierne a mi señora.

—Siempre tan discreto. —Merira se echó a reír, haciendo temblar su papada—. Te han aleccionado bien, aunque no necesito tirarte de la lengua para imaginarme lo demás.

—Enviadnos oro, más oro y después, un poco más —rezongó el general—. Para ser un rey, Tushratta está hecho todo un pedigüeño. A este paso acabará con nuestras arcas.

Khay prefirió guardar silencio, pese a imaginar lo preocupado que seguiría el padre de Kiya con respecto al avance del ejército hitita. Cuando los babilonios se alejaron entre reverencias, vio agacharse a su señora para ofrecerle a Akhenatón una copa de vino que este aceptó de buen grado, susurrando algo mientras acariciaba la barbilla de la joven. Al escrutar la sonrisa de ella, Khay supo que se había equivocado: puede que la razón de ser de ese enlace fuera engendrar un heredero, pero el faraón parecía encantado con Kiya.

Mientras tanto, la reina Nefertiti continuaba mirando al frente, tan soberbia como de costumbre con sus collares de oro y su tocado azul. Daba la impresión de estar muy por encima de aquello, pero Khay se preguntó, no por primera vez, qué habría dentro de su bella cabeza, qué sentimientos se agolparían en un pecho que parecía cubierto de hielo.

Cuanto más absorto estaba en sus cavilaciones, el ujier que presentaba a los recién llegados anunció algo que casi hizo que se le cayera la tablilla. No escuchó más que tres palabras («¡la *heka* Amunet!»), pero fueron suficientes para que le invadiera una sensación de vértigo al girarse hacia el sacerdote que, ataviado con una túnica blanca sobre la que brillaba el símbolo de Atón, acababa de detenerse ante los tronos, seguido de cerca por…

Ella. Khay se agarró más a la muleta, incapaz de creer lo que veía. Parecía extraída de uno de sus ensueños, con sus abalorios en el pelo, su piel morena y sus ojos de mar.

—¿Una *heka*? —oyó decir a una cortesana a sus espaldas—. ¿He oído bien?

—Pero eso es imposible —susurró otra, y el rumor que empezaba a extenderse por la sala pareció darle la razón. Aquello era algo con lo que ninguno de los presentes contaba.

En cuanto a Khay, seguía sintiendo cómo el suelo temblaba bajo sus pies. Cuando Amunet y su acompañante se postraron ante los tronos, se dio cuenta de que la capa de ella también estaba adornada con el disco solar bordado en hilo de oro. Era tan fina que parecía flotar como niebla sobre unos miembros aún más hermosos de lo que recordaba.

—Verdaderamente, se trata de la visita más inesperada de la mañana —comentó el soberano mientras se inclinaba hacia delante, apoyando una mano en su muslo—. ¿Por qué no se me ha avisado antes de esto, Panehesy? ¿A qué viene esta demora tan absurda?

—Nadie en el puerto nos informó de su llegada, majestad —se defendió el Primer Profeta de Atón, un hombrecillo con más aspecto de campesino que de sacerdote—. De ser así, me habría ocupado de hacer las debidas indagaciones. ¿Habéis dicho que sois…?

—Mi nombre es Ptahmai, majestad, y al igual que la mujer que me acompaña, soy un fiel servidor de Atón —respondió el recién llegado, ignorando a Panehesy—. Hemos navegado durante tres días con sus tres noches para poner nuestro talento a tu servicio.

—Levantaos, los dos —les ordenó Akhenatón, y tanto Amunet como Ptahmai le obedecieron—. Debo decir, sacerdote, que tu decisión de sumarte a mi divina causa me resulta encomiable, aunque ya sois muchos los que servís al disco solar. En cambio —el soberano se volvió hacia Amunet—, nunca habíamos recibido a una *heka* en Akhetatón.

—Ni en ninguna otra ciudad, majestad, desde hace tiempo —añadió Panehesy, más suspicaz a cada instante que pasaba—. Estarás de acuerdo en que se trata de algo nada…

—No han sido mis deseos los que me han conducido ante ti, majestad, sino los de alguien situado muy por encima de nosotros. —Escucharla hizo que a Khay se le acelerase el pulso, aunque no parecía ser el único al que le ocurría. Muchos de los cortesanos estaban boquiabiertos y el visir Nakhtpaatón era incapaz de quitarle los ojos de encima—. He tenido un sueño hace poco, una visión en la que aparecían dos colinas alzándose sobre una ciudad —siguió ella—. Supe de inmediato que se trataba de Akhetatón y que algo estaba esperándome aquí. Ese algo eras tú, majestad…, tú y tu dios.

—Es curioso que ninguna Casa de la Vida nos haya informado de esto —replicó el Primer Profeta de Atón—. ¿Puedo preguntar dónde tuviste esa visión, *heka* Amunet?

—Dudo que eso tenga importancia, pero fue lejos de aquí, río arriba. En Ipet Sut.

Esto desató un murmullo aún mayor entre los cortesanos, pero la muchacha siguió con los ojos clavados en los del faraón. Khay aprovechó el revuelo general para abrirse paso entre los que le rodeaban y acercarse más a ella. Cuando consiguió estar en primera fila, le pareció un milagro que Amunet no pudiera oír los latidos de su corazón.

Casi la tenía al alcance de la mano. Podría haber estirado los dedos para rozar una de sus trenzas o el borde entretejido de oro de su capa blanca. «Mírame —suplicó Khay mentalmente, gritando en su silencio—. Date la vuelta, Amunet, y mírame. Estoy aquí».

—Ipet Sut —repitió Akhenatón tras un silencio aterrador. A su derecha, Kiya los observaba a ambos con inquietud—. No es la mejor carta de presentación, *heka* Amunet.

—Tienes razón, majestad, pero nada de lo que hayan hecho los siervos de Amón es culpa mía. Me limité a aprender de sus enseñanzas porque no me quedaba otra opción.

—Siempre queda otra opción. Están corrompidos, todos ellos; ya deberías saberlo.

—¿Significa eso que has abjurado de su falso dios? —preguntó el anciano Ay, el padre de la Gran Esposa Real, y la joven asintió—. ¿De todo el panteón de tus ancestros?

—Lo que creyeran mis padres ha dejado de ser mi problema. —Amunet se encogió de hombros—. Desde hace un tiempo, el disco solar es lo único que ilumina mi camino.

—Pero eso querría decir que también has renunciado al dios Heka. ¿Cómo puedes considerarte a ti misma una de sus hechiceras si admites que has dejado de creer en él?

De nuevo, un instante de silencio y la expectación. «Está mintiendo —se dijo Khay con los ojos clavados en su rostro—. Ha tenido que venir por alguna otra razón».

—Según tengo entendido, Heka era una divinidad primordial del antiguo panteón de Kemet —acabó diciendo Amunet sin perder la calma—, la fuente de poder absoluto de la que manaba el de los otros dioses. Una entidad tan magnificente, situada tan por encima de las demás, podría ser el propio Atón con un nombre antiguo.

—No existe ningún texto sagrado, *heka* Amunet, que demuestre lo que... —Pero Panehesy se había dado cuenta de que el faraón parecía complacido, y optó por callarse.

—Debo admitir que no suena nada descabellado —respondió Akhenatón—. El sol es el responsable de insuflar vida a todas las criaturas vivientes y la magia de los *hekas*, de ser ciertas las antiguas leyendas, está estrechamente relacionada con ellas. —Tras dar otro sorbo a la copa de Kiya, se reclinó en el trono—. Demuéstrame lo que sabes hacer.

Antes de obedecer al faraón, Amunet miró un momento a Ptahmai. Este se limitó a asentir en silencio, haciendo un gesto con la cabeza en dirección a la plataforma, y todos los presentes callaron al mismo tiempo cuando la muchacha alzó poco a poco las manos.

Había algo distinto en ella, y Khay no tardó en comprender qué era: una oscuridad que hasta entonces no había sido más que una promesa. Pendientes de cada uno de sus gestos, los cortesanos arracimados alrededor no se percataron de lo que ocurría hasta que los ronroneos procedentes de la plataforma se convirtieron en algo mucho más audible.

—Los leopardos reales... —empezó a decir el anciano Ay, preocupado, pero, antes de que pudiera seguir, los dos se habían incorporado rugiendo de manera estremecedora.

En cuestión de un segundo, las inofensivas mascotas parecían haber recuperado su naturaleza depredadora. La muchedumbre comenzó a gritar cuando se arrojaron hacia la *heka* a la vez, contenidas a duras penas por unas cadenas que repiquetearon con estrépito.

Cuando desenvainaron sus colmillos afilados como puñales, unas cuantas mujeres rompieron a chillar. Era como si una rabia incontrolable los hubiera poseído.

—¡Majestad! —exclamó el visir Nakhtpaatón mientras se colocaba ante su señor.

—¡Reducidlos ahora mismo! —bramó a su vez el jefe de policía Mahu, instando a sus *medjays* a acercarse—. ¡Sujetad esas cadenas entre todos antes de que se puedan…!

Pero acababa de decirlo cuando los eslabones se hicieron añicos y las dos bestias saltaron como una sola sobre los escalones alfombrados para abalanzarse hacia Amunet.

En un acto reflejo, Khay se dirigió hacia ella con un «¡no!», pero no le dio tiempo a hacer nada. Cuando estuvieron frente a sus manos, los leopardos se detuvieron tan de repente que casi resbalaron, y un instante después se habían calmado lo suficiente como para agachar la cabeza ante la *heka* mientras empezaban a restregarse contra sus piernas.

—No…, no es posible —murmuró Panehesy en medio de un silencio en el que sólo se oían sus ronroneos. Los *medjays* estaban tan perplejos que no podían reaccionar; unos cuantos se habían precipitado hacia las aterrorizadas princesas para tratar de protegerlas.

Nefertiti, en cambio, continuaba en su trono. Era la única que había mantenido la sangre fría y también la única que no estaba observando a los animales, sino a Amunet.

—Esto tiene que proceder directamente del Amenti, majestad. —Panehesy se giró hacia el faraón—. La clase de magia oscura que cabe esperar de un lugar como Ipet Sut…

—Al contrario, Panehesy —contestó Akhenatón en voz baja—. Puede que sea lo más luminoso que nos ha concedido Atón, y un regalo como este no puede despreciarse.

Una sonrisa casi imperceptible había aparecido en sus labios y, al volverse hacia Ptahmai con el corazón todavía desbocado, Khay se percató de que también sonreía para sí, aunque de una manera muy distinta. Había algo en su expresión que le resultó más inquietante que las carantoñas que los leopardos seguían haciéndole a Amunet, lamiendo sus sandalias como unos gatos cuya dueña regresa a casa tras varios meses de ausencia.

31

Gabriel

El Mediterráneo, 1799

En algún punto a medio camino entre Sicilia y Córcega, las fragatas de Napoleón Bonaparte trataban de abrirse camino a través de la peor tormenta con la que se habían encontrado. El cielo estaba tan nublado que parecía noche cerrada, y durante todo el día había llovido tanto que los eruditos del Instituto, a los que las cinco semanas de encierro empezaban a pasarles factura, se habían refugiado en el comedor del *Carrère*, intentando combatir el mareo mediante infusiones de jengibre y algún que otro trago de ron francés.

—Antes era la arena y ahora la sal —protestó Gabriel mientras sacudía su levita gris por enésima vez. El exterior resultaba prácticamente invisible a través de los cristales, zarandeados por unas cortinas de agua procedentes tanto del cielo como del mar—. No sé ni cuántas veces tendrá que lavarme la ropa Jean-Baptiste para que quede presentable.

—Cómo se nota que estamos a menos de una semana de Francia —contestó su tío con un suspiro de resignación—. Nuestra diva empieza a sentirse otra vez en su elemento.

—Una semana que nos parecerá más larga que un año. No veo la hora de sentarme en mi propia sala de estar, con una caja de *macarons* al lado y la chimenea encendida a mis pies. —Tras acabar de sacudir la levita, Gabriel la dejó sobre el respaldo de una silla y miró a su alrededor—. ¿Sabéis dónde se ha metido Shaheen? No la he visto en todo el día.

—Lleva cerca de una hora en la bodega —respondió Belle, quien se había sentado a jugar a las cartas con Vivant Denon—. Me dijo que le apetecía quedarse sola un rato.

—¿Y no estaría mejor en vuestro camarote? Suele afectarle bastante la marejada…

—Precisamente —dijo la joven sin apartar los ojos de su abanico de cartas—. Le he dado algo para que se relaje, pero cuanta menos gente la vea, mejor. Si aun así vas a buscarla —añadió cuando Gabriel se dirigió a la puerta—, asegúrate de que nadie te sigue.

Cada vez más intrigado, el muchacho emprendió el camino a la bodega a través de las crepitantes entrañas del barco. La lluvia había arreciado mientras estaban a cubierto y el *Carrère* parecía haber surgido de las profundidades abisales, con las velas chorreando por culpa de un oleaje que arrojaba agua pulverizada por todas partes. Era un espectáculo tan distinto del desierto egipcio que, mientras descendía un estrecho tramo de escalones tras otro, Gabriel no pudo dejar de preguntarse qué estaría pensando Amunet de aquello.

Había tenido tiempo de sobra para acostumbrarse a su presencia, pero no le habría importado que se marchara de vez en cuando para pasar un rato a solas con Shaheen, en especial desde que esta había dejado de verlo como un enemigo. «Es como mantener un *ménage à trois* constante —reflexiónó mientras empujaba por fin la puerta de la bodega, que nadie había cerrado con llave—, aunque no del tipo que le gustaría probar a uno».

Iluminado por los farolillos que se mecían en las alturas, el interior del barco hacía pensar en una cueva revestida de madera. Las tablas crujieron bajo sus pies cuando fue echando un vistazo a las sucesivas dependencias, en las que las cajas con antigüedades para el Louvre hacían el trayecto al lado de barriles con fruta, carne y pescado en salazón. Finalmente, al empujar una de las puertas del fondo, se topó con algo inesperado: una niebla que le hizo sentirse como si estuviera cruzando el Sena en una mañana de enero.

—Si has venido para echarme, ya puedes esperar sentado —oyó en medio de la bruma—. Estamos en un barco francés, Francia es ahora una república democrática y yo he decidido quedarme aquí hasta mañana. Ni el mismísimo Bonaparte me lo impedirá.

Sólo al dar unos pasos hacia el lugar del que procedía la voz, abriéndose camino a tientas entre el humo, consiguió reconocer a Shaheen sobre unos sacos de heno. Tenía los ojos entornados y una boquilla entre los labios, conectada a una pequeña pipa de agua.

—¿Lo he dicho bien? —preguntó arrastrando las palabras—. ¿Me ha faltado añadir toda esa sarta de majaderías de libertad, igualdad y fratalidad..., fraterlinad..., lo que sea?

—Bueno, esto es demasiado incluso para mí —declaró Gabriel. Cuando se detuvo a su lado, la muchacha alzó unos ojos nublados por el sopor—. ¿Esta es la maravillosa idea que ha tenido Belle para hacer que te relajaras? ¿En qué diantres estaba pensando?

—Deja a Belle en paz, Roux. Sabe más que todos los hombres de este barco juntos.

—Pues no parece conocer demasiado bien al capitán Dumanoir. Te hará pasar por la quilla si se entera de que has encendido… —Gabriel se detuvo, olfateando con atención—. Un momento… ¿Seguro que sólo es tabaco lo que contiene esa pastilla?

Por toda respuesta, Shaheen aspiró a través de la manguera. Un torrente de burbujas se arremolinó dentro de la base de vidrio, como burlándose en silencio de él.

—Se acabó —siguió diciendo Gabriel, y se inclinó para arrebatarle la boquilla—. ¡No pienso quedarme de brazos cruzados mientras conviertes la bodega en un fumadero!

—Estás hecho un amargado. Te pegaría un puñetazo, pero estoy medio dormida.

—Razón de más para que te saque de aquí. No quiero ni pensar en lo que podría ocurrir si prendes fuego a nuestras cosas. —Y tras dejar la manguera en el suelo, apuntó a Shaheen con un dedo—. Ahora mismo vas a regresar con los demás y, si no lo haces por las buenas, seré yo quien te lleve en volandas. ¿Ha quedado suficientemente claro?

Media hora después, ambos estaban tumbados sobre los sacos, pasándose el uno al otro la boquilla sin dejar de desternillarse de risa. El humo se había vuelto tan espeso a esas alturas que casi resultaba imposible distinguir los contornos de los barriles y las cajas.

—Es una pena que no puedas probar esto, Amunet —dijo Gabriel cuando dejaron de reírse a duras penas—. Me parece que te habría recordado al incienso de tus templos.

—Amunet no está aquí —le contestó Shaheen—. Me ha dejado sola toda la tarde.

—Eso sí que no me lo esperaba. ¿Ahora resulta que puede pasearse por ahí sin ti?

—A veces lo hace. —La muchacha se encogió de hombros—. Desaparece durante un rato y vuelve a mí cuando menos me lo espero. Me doy cuenta de que está de nuevo en mi cabeza cuando me empieza a doler. Claro que eso —Shaheen le echó una bocanada de humo a Gabriel en la cara— no se diferencia demasiado de lo que me haces sentir tú.

—Muy graciosa —respondió Gabriel, y se hizo con la boquilla mientras Shaheen dejaba escapar un «¡eh!», estirándose sobre su cuerpo para recuperarla—. Pero la verdad es que me alegro de que sea así. Prefiero no tener que compartir esto con ella.

—Lo que pasa es que le tienes miedo. Siempre se las ingenia para ponerte en tu sitio.

«Porque, cuando alguien ha descubierto lo peor de ti, cada palabra parece resonar en tus oídos como una amenaza». Al ponerse sobre él para alcanzar su brazo, Gabriel se dio cuenta por primera vez de los cambios que la buena alimentación había provocado en su cuerpo. Aquello que sentía contra su pecho, al menos, no estaba ahí cuando la conoció.

—Creo que esto le recuerda a algún otro viaje que hizo —siguió Shaheen después de apoderarse de la manguera—. Cuando era una mujer de carne y hueso, quiero decir…

—¿Cómo es tenerla dentro, aparte del dolor de cabeza? ¿Sientes lo mismo que ella?

La chica se lo pensó durante un rato, chupeteando pensativa la boquilla. Los rizos que le caían por la cara dejaban en sombra la mancha en forma de halcón de su mejilla.

—Algunas veces —acabó reconociendo, cada vez con más dificultad— me parece que toda ella es… resentimiento. No, resentimiento no. Una cólera fría, como congelada.

—¿Qué quieres decir con eso? —se sorprendió Gabriel—. ¿Que Amunet es mala?

—No —se apresuró a decir Shaheen, aunque no parecía muy segura—. Pienso más bien que está rota, desde mucho antes de morirse. Pero no quiere que nos demos cuenta.

Algo en aquella palabra, «rota», hizo que Gabriel sintiera un escalofrío. La cabeza de la joven había empezado a balancearse sobre su pecho hasta acabar apoyándose en él.

—Shaheen —le dijo pasados unos segundos. «Mmmm», contestó ella—. ¿Qué es lo que Amunet te ha prometido? ¿Qué quiere darte a cambio de encontrar sus ladrillos?

—Las tumbas de la necrópolis de Tebas —murmuró la muchacha contra su chaleco.

—¿Las tumbas de…? Espera, espera un segundo. —Gabriel no tenía la menor idea de cómo decirle aquello, sobre todo en el estado en que estaban ambos—. Sabes que existen muy pocas posibilidades de que puedas volver algún día a Egipto, ¿verdad?

Pero Shaheen no le contestó. Al apoyarse en los codos para mirarla, vio que había cerrado poco a poco los ojos mientras la boquilla se escapaba de sus labios entreabiertos.

—Shaheen —la llamó una vez más, zarandeándola con cuidado por los hombros.

—Cállate un rato, Roux —susurró ella; podía sentir su respiración contra su cuello.

—Escucha, no es que esto me haga sentir incómodo. No soy uno de esos tipos que se niegan a ponerse debajo. Pero en cualquier momento podría entrar alguien, y si nos…

Un suave ronquido le hizo desistir; el efecto del tabaco tardaría lo suyo en pasarse.

—En fin —comentó mientras cruzaba los brazos detrás de la cabeza, con la chica enroscada como un gato sobre su cuerpo—, supongo que he estado en situaciones peores.

Los párpados también empezaban a pesarle como el plomo y, al cabo de un rato, se había quedado tan traspuesto como ella. La nube perfumada en la que se sentían flotar hacía que el ruido de los truenos y las velas zarandeadas llegase a oídos de Gabriel como una canción lejana. El barco entero parecía haberse convertido en una cómoda cuna, y acababa de cambiar de postura sobre los sacos cuando un estruendo resonó en la bodega.

Fue un despertar tan brusco que se le aceleró el corazón. Medio aturdido, miró a su alrededor intentando descubrir qué había ocurrido hasta que consiguió atar cabos: lo que lo había sobresaltado no era la tormenta. De pronto, sonaban más voces y correteos, secundados por unas detonaciones que reconoció de inmediato: las de unos cañonazos.

—Qué demonios… —murmuró con esfuerzo. Shaheen seguía dormida sobre él, y tuvo que agarrarle un brazo para quitársela con cuidado de encima antes de encaminarse, entre unos tambaleos que se le antojaron absolutamente indignos, de regreso al comedor.

Lo que distinguió a través de las ventanas mitigó un tanto su embotamiento. Las descargas de agua seguían convirtiendo al *Carrère* en una piscina flotante, aunque no era la única embarcación afectada por la marejada. Enfrente de los dos navíos franceses, a un centenar de metros, otras cinco fragatas habían comenzado a abrir fuego contra ellos.

—Pero qué… —Justo entonces reparó en que los miembros del Instituto, mucho más pálidos que cuando los dejó, se apretujaban unos contra otros en los escalones que conducían al exterior—. ¿Qué está ocurriendo? —exclamó Gabriel al reunirse con ellos.

—El comodoro Smith le cogió cariño a Bonaparte después de lo de Acre y decidió seguirnos para declararse —contestó Belle de mal humor—. ¿A ti qué te parece, Roux?

Hubo un nuevo estrépito y un «¡cuidado!» de Denon, y antes de que el muchacho pudiera reaccionar, René lo había hecho agacharse. Otra ráfaga de cañonazos, procedente de un navío con las palabras *Queen Elizabeth* pintadas en la popa, pasó a toda velocidad justo por encima de la escotilla, llevándose por delante parte de la barandilla del puente.

—No me entra en la cabeza que hayan conseguido dar con nosotros —gritó su tío cuando se pusieron en pie—. ¡Se suponía que nos marchábamos de Egipto a escondidas y con sólo dos barcos para no llamar la atención, y esta ruta era la más discreta que...!

—¿Qué creen que están haciendo ahí de pie como unos pasmarotes? —El bramido del capitán Dumanoir los asustó aún más que los cañonazos—. ¡Cierren la puerta del comedor y dejen de molestar! ¡Para ser unos eruditos, no tienen ni dos dedos de frente!

Pero Gabriel no llegó a oír lo que decía. La puerta que conducía a la bodega había vuelto a abrirse y Shaheen estaba en el umbral, aunque parecía más espabilada que él. A decir verdad, ya no quedaba en ella ni rastro del sopor de antes; sus oscuros ojos se pasearon por la habitación antes de detenerse sobre Gabriel, que había corrido a su lado.

—Será mejor que obedezcamos al capitán antes de que sea tarde —trató de hacerse oír por encima del estrépito—. ¡Seremos unos blancos perfectos si nos asomamos fuera!

—*¿De veras?* —dijo ella mientras contemplaba las banderas—. *¿Son los ingleses?*

—El escuadrón del comodoro Smith, el que colaboró con los turcos para derrotar a Bonaparte en Acre. Debió de enterarse de que dejamos Egipto el mes… —Pero algo en ella le hizo quedarse callado—. Un momento —susurró—. Tú no eres Shaheen.

Cuando la joven lo miró, su sospecha se convirtió en certeza. El extraño escalofrío que había sentido en la bodega pareció regresar a su estómago al verla sonreír.

—Deberías quedarte a cubierto, Roux. Esto va a empezar a sacudirse un poco más.

Entonces subió hacia la escotilla, deslizándose entre los miembros del Instituto con la naturalidad de quien da un paseo por el campo, y se dirigió a la proa del *Carrère* ignorando la estupefacción de los marineros que intentaban protegerse de los cañonazos.

—¡Espera! —la llamó Gabriel a voz en grito. No habría sido necesario un ataque naval para que le temblaran las piernas; seguía teniendo la mente tan embotada que casi no podía caminar, pero aun así intentó correr tras ella—. ¡Vuelve aquí antes de que te…!

La tripulación entera empezó a chillar cuando una nueva ola, mucho mayor que las anteriores, se estrelló contra el costado de babor. El *Carrère* se inclinó peligrosamente hacia la derecha, haciendo que los marineros resbalasen en aquella dirección y que una manta de agua se deslizara por la cubierta como una catarata. Gabriel consiguió agarrar el cabo suelto de una jarcia en el último momento y, al secarse los ojos con la manga de la camisa, se dio cuenta de que Shaheen (no, Shaheen no, Amunet) acababa de alcanzar la parte delantera del barco, encaramándose al palo de bauprés colocado casi en horizontal.

Su aspecto recordaba al de un mascarón de proa, con los rizos alborotados y la ropa sacudida por el viento. Había alzado las palmas de las manos ante ella y, aunque Gabriel no podía distinguir su expresión desde donde estaba, supo que seguía siendo la misma.

—Maldita sea, maldita sea, maldita sea —masculló para sí. «¡Ciudadano Roux!», oyó exclamar a Denon cuando echó a caminar hacia la muchacha, pasando de un aparejo bamboleante a otro—. ¡Amunet, no sé qué pretendes hacer, pero tienes que darte la vuelta ahora mismo! ¡Si te quedas un solo segundo más ahí arriba, te derribarán!

Pero no parecía entender nada de lo que le decía, pese a estar desgañitándose. Un cañonazo ensordecedor del *Queen Elizabeth* arrancó una de las vergas de cuajo y, tras protegerse como pudo de la lluvia de astillas, continuó acercándose a la proa casi a rastras.

—¡Vas a hacer que maten a Shaheen! —gritó con todas sus fuerzas—. ¡No puede defenderse ahora mismo, ni siquiera se da cuenta de lo que ocurre! ¡Amunet, por favor…!

Pero lo que en aquel momento sucedió ante sus ojos lo redujo al silencio, haciendo que los cañones ingleses parecieran tan inofensivos como simples mosquitos.

Como un monstruo invocado por una hechicera del mar, algo enorme de color gris surgió a toda velocidad del agua, entre el *Carrère* y el navío situado ante él. Gabriel lo vio describir un arco perfecto antes de caer de cabeza, tan pesadamente que el universo entero pareció temblar por el impacto. Sólo cuando una cola tan grande como la mitad del barco se sumergió entre las olas entendió que aquello no era cosa de la pipa.

—¡Una ballena! —dejó escapar Denon a sus espaldas—. ¡Por el amor de Dios…!

—¡Deje a Dios fuera de esto, Denon, y regrese ahora mismo aquí! —Aquella era la voz de contralto de Belle—. ¡Y que alguien vaya de inmediato a por esos dos idiotas!

—¡Todo a babor! —se oyó vociferar al capitán Dumanoir. La cabeza de la ballena había vuelto a emerger del agua, esta vez un centenar de metros más allá—. ¡Hay que apartarse como sea de la trayectoria de esa bestia! ¡Si decide lanzarse contra nosotros…!

Pero también él enmudeció cuando el animal, siguiendo un brusco movimiento de la mano con la que Shaheen no se estaba agarrando al bauprés, se arrojó contra el *Queen Elizabeth* con toda su corpulencia. La embestida lo arrastró hacia delante al tiempo que giraba sobre su eje, abriendo un agujero en el casco por el que empezó a colarse el agua.

Pronto los alaridos de los marineros se entremezclaron con el rugido del mar, pero Gabriel ni siquiera pudo ver cómo caían al agua. Cuando apenas faltaban unos metros para que alcanzara a Shaheen, otro maremoto provocado por la cola de la ballena hizo que el *Carrère* se encabritara aún más sobre las olas, arrancando a la muchacha de su precario asidero y enviándola contra Gabriel con una potencia que los derribó a los dos.

—¡Gabriel! —gritó René cuando rodaron cubierta abajo, entre un torrente de agua y cuerdas enredadas entre sí. A una señal del capitán, dos de sus hombres corrieron hacia ellos y consiguieron agarrar a Gabriel antes de que la riada lo arrastrara al agua—. No me lo puedo…, no me lo puedo creer —dijo su tío, y tiró también de él—. ¿Shaheen está…?

—La tengo aquí —jadeó el joven con un brazo alrededor de su cintura. Sólo la soltó cuando estuvieron a salvo sobre la cubierta, y entonces empezó a toser sin parar.

—¿Es que se ha vuelto loca? —dejó escapar Denon mientras se acercaba con unos cuantos historiadores—. ¿No se daba cuenta de que esa alimaña podría hacerla pedazos?

—No se daba cuenta de nada porque no…, porque no ha sido ella la que ha hecho esto. —Casi sin aliento, Gabriel rodó sobre su espalda—. Ha sido cosa de…, de Amunet.

Aunque no podía distinguir más que piernas a su alrededor, supo que algo acababa de cambiar. «¡Se está marchando!», exclamó un marinero. «Detrás de los ingleses —dijo otro—; al menos, de los que aún siguen a flote. Tanta paz lleven como descanso dejan».

Tendida a su lado con una mejilla contra la cubierta, Shaheen permanecía ajena a todo lo que sucedía. De Amunet no había ni rastro, y mientras Gabriel estiraba una mano para rozar la de la muchacha, segundos antes de que un soldado la alzara en brazos para llevársela abajo, juró que aquella sería la última vez que se fumaría una puñetera pipa.

32

Amunet

Akhetatón, 1340 a. de C.

Parecía que el esplendor de Akhetatón no se había limitado a sus resplandecientes y modernas avenidas. La casa que el Señor de las Dos Tierras le concedió a Amunet, en el distrito residencial situado al sur de la Ciudad Central, era la más hermosa que había visto en toda su vida. Tenía un jardín rodeado por un murete de adobe, dos pisos estucados de un blanco cegador y una azotea protegida de las miradas curiosas mediante mamparas de juncos. La sorpresa de la muchacha no hacía más que crecer ante cada cosa que veía, en especial cuando descubrió que el soberano había completado su regalo con una esclava nubia: una niña de unos doce años de enormes ojos negros y piel morena cuyo parecido con Kashla casi hacía que se le humedecieran los ojos cada vez que se cruzaba con ella.

—Ha venido a buscarte un hombre, mi señora —anunció la pequeña Nuri cuando Amunet entró en la casa por tercera vez aquel día. Llevaba toda la tarde sin parar de ir y venir de los muelles, supervisando el traslado de las cosas que se había traído de Ipet Sut.

—Pues sí que empiezan pronto —resopló mientras se dirigía a la escalera. Todo el piso superior estaba ocupado por la alcoba principal, cuyas paredes habían sido pintadas de azul claro y decoradas con una elegante cenefa de lotos blancos y verdes—. Supongo que querría encargar unos amuletos o algo por el estilo. ¿No te dio ninguna explicación?

—No, mi señora, pero parecía tratarse de algo urgente. Ni siquiera quiso tomarse un cuenco de vino, aunque se lo ofrecí; dijo que necesitaba hablar contigo cuanto antes.

Amunet sólo escuchaba a medias, demasiado pendiente de que no se le rompiera ninguno de los viales de vidrio. Cuando acabó de colocarlos cuidadosamente en el arcón arrinconado contra la pared del fondo, cayó en la cuenta de que estaba adornado con el omnipresente disco solar. «Parece que todo este esplendor tiene un precio», reflexionó cerrando la tapa.

—Sería un sacerdote de Atón. —Se desprendió de la capa para dejarla en la cama, sobre la que se agitaban unos velos con la primera brisa del atardecer—. Me imagino que se trataría de ese tal Panehesy, para someterme a un nuevo interrogatorio…

—No parecía un sacerdote, mi señora. No estaba rasurado como ellos, y llevaba consigo un par de cosas de esas que se suelen usar para escribir…, esas tablillas de barro.

Amunet se había sentado en la cama con un suspiro de alivio, pero ante esto se detuvo poco a poco, con las cintas de una de sus sandalias de papiro entre los dedos.

—¿Qué has dicho? —Regresó a la escalera sin atársela, sobresaltando a la pequeña. Nuri se la quedó mirando con los ojos muy abiertos—. Era…, ¿era un escriba?

—Eso creo, aunque no me acordé de preguntárselo. Tenía el pelo rizado y usaba una muleta para caminar… —Pero se quedó callada cuando Amunet se agachó ante ella.

—¿Cuándo ha sido? —dijo mientras la agarraba por los hombros—. ¿Cuánto hace que se fue?

—Sólo unos minutos —contestó la niña, empezando a asustarse—. Quería saber dónde encontrarte, pero no supe qué decirle… Te esperó durante un rato, hasta que se tuvo que marchar; me dijo que debía llevar las tablillas al palacio… ¿Mi señora? —Su perplejidad aumentó aún más cuando Amunet salió corriendo de la casa—. ¡Mi señora!

Pero la joven ya estaba atravesando a toda prisa el jardín, cuyas flores desprendían un aroma casi mareante a aquellas horas. Acababa de alcanzar la avenida cuando estuvo a punto de caer de bruces, y se detuvo un momento para volver a atarse la sandalia, con los dedos tan inseguros de repente que apenas le respondían, antes de seguir corriendo.

Las calles estaban atestadas de gente, como no se había visto en Ipet Sut desde que la Maldición de Sekhmet había empezado a diezmar a la población, y Amunet tuvo que deslizarse como una serpiente entre los ruidosos grupos que se desplazaban de un lado a otro. Hacía unos minutos que la ceremonia del atardecer había tenido lugar en el templo y la gente se preparaba para saludar al soberano, que estaría a punto de regresar a casa con su cortejo. «Si Khay también se dirigía al palacio, tiene que haber tomado esta misma ruta —se dijo con el corazón encabritado—. ¡No puede estar lejos de aquí!».

Todavía no estaba familiarizada con el trazado de Akhetatón y en dos ocasiones se equivocó al desembocar en una encrucijada. Finalmente, cuando empezaba a dolerle el flato, la muchacha se obligó a detenerse para recuperar el aliento, y fue en ese instante cuando pudo distinguir a lo lejos una cabellera que habría reconocido en cualquier sitio.

También su cojera era la misma, aunque ni siquiera prestó atención a eso. Estaba a punto de doblar la esquina de una casa de la cerveza y Amunet echó a correr.

—¡Khay, Khay! —lo llamó a voces. Sus gritos atrajeron la atención de casi toda la calle, y el dueño de un asno cargado de cestos de mimbre soltó un «¡eh, tú!» cuando estuvo a punto de chocar con ellos, pero para entonces Khay ya se había dado la vuelta.

La extrañeza de su rostro se convirtió en emoción. «¡Amunet!», gritó a su vez renqueando hacia ella, y cuando la joven se arrojó en sus brazos, tan bruscamente que le hizo perder el equilibrio y caer al suelo, la estrechó contra sí con una fuerza que nunca había notado en él. Fue como si dos fragmentos de una escultura volvieran a entrar en contacto, descubriendo que sus entrantes y salientes seguían encajando a la perfección.

—Amunet —repitió al cabo de unos segundos. Ni siquiera parecía darse cuenta de que las tablillas se habían hecho pedazos, ni de los cortes que le habían producido en las piernas los bordes más afilados—. Sabía que volvería a verte —susurró mientras hundía la cara en su cuello—. Sabía que algún día sucedería. O en esta vida o en la siguiente…

—Te he echado tanto de menos… —sollozó ella sobre su hombro—. Estos dos años sin ti han sido los peores de mi vida. Han sido como haber perdido a mi propia sombra.

Estaba tan extasiada que tardó en prestar atención a las cosas que habían cambiado, como el hecho de que ahora le sacara casi una cabeza cuando Amunet siempre le había tomado el pelo por ser más alta que él. Su piel, sin embargo, seguía oliendo igual; al apoyarse en su pecho desnudo, le sorprendió comprobar lo mucho que había extrañado aquel aroma.

Pero un repentino revuelo los sacó a flote poco a poco, y entonces advirtieron que la comitiva real estaba enfilando la avenida. La silla gestatoria de Akhenatón iba en cabeza, seguida por las del resto de la familia, y Khay rodeó a Amunet con un brazo para atraerla hacia el edificio más cercano, buscando un espacio despejado entre la multitud.

—He estado preguntando por todas partes hasta que descubrí dónde vivías… Fui a tu casa hace un rato, pero tu esclava me dijo que estabas fuera; quise esperar allí, pero…

—Vine a buscarte en cuanto me habló de ello. Tenía que dar contigo como fuese.

—Te vi esta mañana en la sala de audiencias del faraón. Por un momento temí que un genio del Amenti estuviera jugando con mis sentidos. —También había lágrimas en los ojos de él; Amunet nunca los había visto brillar de aquella manera—. No supe cómo atraer tu atención entonces y, cuando te marchaste, tuve miedo de no poder encontrarte.

—Te habría encontrado yo a ti, por enorme que sea esta ciudad. —Ella sonrió—. Si he atravesado la mitad de Kemet río abajo, ha sido porque esperaba que estuvieras aquí.

—Y yo esperaba que vinieras en cualquier momento, desde que supe que el faraón quería cerrar los templos. —Conmovido, Khay le acarició la cara con la mano que tenía libre, recorriéndole la mejilla con el pulgar—. Dioses, estás más preciosa que nunca. Y tienes aún más abalorios. —Sonrió mientras enterraba los dedos en su cascada de trenzas.

—No soy la única por la que ha pasado el tiempo. —Amunet se echó a reír, aún con la cara húmeda—. Mírate, Khay…, por fin eres un hombre. —Deslizó las manos por los hombros de él, en los que habían aparecido unos músculos nuevos, y más tarde por su cuello—. Si tu padre pudiera verte ahora mismo…, ¡si viera en lo que te has convertido…!

—Una escena enternecedora, aunque sospecho que lo sería aún más sin la sangre.

Aunque apenas elevó la voz, las palabras de la Gran Esposa Real resonaron en la avenida como si el mismo Atón hubiera hablado desde el cielo. Al darse la vuelta, Khay y Amunet descubrieron que la reina, alzando una mano rebosante de brazaletes, había hecho detenerse a sus porteadores ante el desconcierto de los que estaban a su alrededor.

El joven se apresuró a postrarse en tierra y Amunet le imitó de mala gana, no sin antes fijarse en que las sillas de las siete princesas aguardaban detrás de la de su madre.

—Escriba Khay —siguió diciendo Nefertiti desde las alturas, apoyándose con una elegancia imposible de imitar en el reposabrazos—, pareces haber sufrido un accidente.

—No ha sido nada, majestad —contestó Khay sin mirarla—. Un simple tropiezo.

—Un simple tropiezo que ha echado a perder el trabajo de varios días, por lo que puedo ver. —Señaló los trozos de arcilla desperdigados por el suelo, y el muchacho se sonrojó mientras se apresuraba a recogerlos—. Confiemos en que no se tratara de ningún documento de especial importancia. Dudo que al Escriba Real le divierta saber de esto…

—Si eran cartas de Kiya a sus parientes, casi les habrá hecho un favor —dijo una de sus hijas—. Les ha enviado tantas que podrían usarlas como material de construcción.

Amunet vio entonces que la peluca negra y dorada de la princesa Meresamenti asomaba por detrás de su madre, sus ojos entornados a medio camino entre el recelo y la impaciencia. Khay también debió de percatarse de ello, porque se aclaró la garganta.

—Estaba hablando con la nueva *heka* del faraón, vida, salud y prosperidad le sean dadas, majestad. La hechicera Amunet acaba de desembarcar en nuestra ciudad esta…

—Sé muy bien quién es la hechicera Amunet —le interrumpió la reina—. No creo que haya nadie que lo ignore cuando se dé a conocer lo ocurrido con los leopardos.

—Me alegra que mi fama me preceda —repuso la joven—. Si con eso puedo poner mi grano de arena en la campaña de tu divino esposo, majestad, me daré por satisfecha.

Algunos miembros de la guardia real se esforzaban por disimular una sonrisa. Daba la impresión de que aquello les parecía tan entretenido como lo de la sala de audiencias.

—Sabias palabras para pertenecer a una recién llegada —observó Nefertiti—. Doy por hecho que habrás tenido tiempo de sobra para pensar en ello durante tu viaje. Tanto como para perfeccionar el truco con el que conseguiste manipular a nuestros animales.

—¿No crees que haya sido sólo cosa de mi magia, majestad? —inquirió Amunet.

—He visto actuar a muchos otros magos antes que a ti, y sé lo que puede esperarse de alguien con vuestra astucia. Me imagino que te servirías de alguna sustancia capaz de excitar a los felinos, un ungüento o algo por el estilo que les diste a oler en tus manos.

—Existen ciertos tipos de menta cultivados a orillas del Gran Verde que tienen un efecto parecido en los gatos —reconoció la muchacha—, aunque dudo que actúen de la misma manera sobre animales de mayor tamaño. Podemos hacer la prueba si lo deseas…

—¿Cómo puedes hablar tan alegremente de los leopardos reales? —se escandalizó Meresamenti desde su silla—. ¡Cada uno de ellos vale lo que cien embaucadores como tú!

—Meresamenti —la cortó su madre, sin molestarse en mirarla—, la Gran Esposa Real está hablando. Nadie ha pedido tu opinión, así que compórtate como se espera de ti.

Aquello la hizo quedarse en silencio, aunque sus mejillas se arrebolaron. Amunet observó cómo las otras princesas intercambiaban miradas alborozadas antes de contestar:

—Espero poder demostrarte pronto, majestad, que lo que soy capaz de hacer no es un simple juego de manos. Los *hekas* nos vemos obligados a estudiar mucho, y el escriba Khay aquí presente —apoyó una mano sobre el hombro del joven, que seguía sujetando contra su pecho las tablillas hechas pedazos— es testigo de las horas que pasé en la Casa de la Vida de mi antiguo templo, consultando docenas de papiros con hechizos. Algunos te resultarían de interés; estoy pensando en aquella maldición que hace que las mujeres afectadas sólo puedan engendrar hembras, por mucho que les recen a Bes y a Hathor…

El murmullo que recorría la avenida se apagó de improviso, como si un centenar de manos hubieran tapado todas las bocas al unísono. Khay se quedó mirando a Amunet con el mismo horror con el que la habría observado saltar a una poza plagada de cocodrilos.

—¿Cómo te atreves? —De nuevo fue Meresamenti quien habló, aunque apenas se percibió su susurro—: ¿Cómo te atreves a hablarle de esa manera a la esposa del dios…?

—Si tengo que mandarte callar otra vez, Meresamenti, te haré azotar —le advirtió la reina sin apartar los ojos de Amunet. El resto de sus hijas también había palidecido.

—¿He dicho algo indebido, majestad? —contestó inocentemente la joven—. Sólo quería que supieras que sería un placer poder ayudarte. Vivo únicamente para serviros.

—Por supuesto —repuso Nefertiti—, no sé cómo he podido dudarlo. Ahora que lo mencionas, tal vez sería buena idea enviar a uno de nuestros funcionarios a ese nido de víboras del que saliste. Me gustaría saber mucho más acerca de tus andanzas en Ipet Sut.

Amunet notó cómo Khay tragaba saliva. Con un nuevo gesto, Nefertiti hizo que sus porteadores retomaran la marcha, seguidos por las demás sillas.

—Volverás a saber muy pronto de mí, *heka* —dijo antes de alejarse—, y también de mi divino esposo. Hasta entonces, que el disco solar sea testigo de todo cuanto haces.

—Aunque nosotros también procuraremos saberlo —añadió Meresamenti. Antes de pasar de largo, echó un vistazo a las tablillas destrozadas de Khay y, a continuación, a su tobillo—. Quédate con tus cosas rotas, mientras tanto. Al menos así servirán de algo.

Y con una última mirada desdeñosa, hizo ondear su látigo sobre los hombros de los porteadores y se recostó más en la silla, esforzándose por imitar la postura de su madre.

33

Shaheen

Ajaccio, 1799

El mar la había devorado y las olas la zarandeaban de un lado a otro, y Shaheen sabía que era cuestión de segundos que acabara ahogándose. A su alrededor no había más que remolinos de arena, tan densos que apenas podía distinguir las burbujas que se escapaban de su boca; y con cada brazada que daba hacia la superficie, una nueva ola se abalanzaba sobre ella para devolverla a las profundidades. Pronto la necesidad de coger aire resultó tan apremiante que lo poco que guardaba en su boca también la abandonó, y el caleidoscopio de color verde que la rodeaba comenzó a palidecer más a cada instante.

Probablemente fueron sus esfuerzos desesperados por gritar los que consiguieron arrancarla de aquel ensueño.

Cuando por fin abrió los ojos, casi sin respiración, descubrió en su mano una daga con la que trataba de defenderse de la silueta inclinada sobre ella.

—Yo también te he echado de menos. —La voz de Gabriel le hizo parpadear y su rostro se volvió un poco más nítido. Shaheen tardó unos segundos en reparar en el filo tembloroso que había apretado contra su cuello—. Pero supongo que esto es buena señal.

—Roux. —Tenía la garganta rasposa, como si hubiera tragado mucha agua—. No entiendo…, no entiendo nada —dijo mientras bajaba el arma—. Estaba ahogándome y…

—En eso no andas desencaminada —comentó una nueva voz que reconoció como la de Belle; estaba al lado de su hamaca con los brazos en jarras—. Al menos parece que el cirujano acertó contigo: lo mejor era dejarte en paz hasta que despertaras por ti misma.

Sólo entonces se fijó en los paneles blancos del camarote, la otra hamaca colgada frente a la suya, el baúl en el que Belle guardaba sus cosas. La luz del mediodía entraba a raudales por la única ventana, haciendo que Shaheen se cubriera la cara con un brazo.

—¿Por qué no nos movemos tanto como antes? —murmuró—. ¿Dónde estamos?

—En Ajaccio, la ciudad natal de Bonaparte —contestó Belle mientras le servía un poco de agua de una jarra—. Conseguimos navegar hasta Córcega después del ataque, y permaneceremos unos cuantos días aquí, hasta que nuestros barcos hayan sido reparados.

—La tormenta. —Una riada de recuerdos difusos regresó poco a poco a la mente de la muchacha. Deslizó la daga debajo de la almohada—. ¿Es que nos causó algún daño?

—Fueron los ingleses quienes lo hicieron. Lo cual confirma mi teoría de que no te encontrabas con nosotros —contestó Gabriel sin dejar de observarla. Esperó a que Belle saliera un momento del camarote para preguntarle en voz baja—: ¿Estamos solos ahora?

Ella tardó un momento en entender a qué se refería, pero, cuando se aseguró de que sólo había quietud en su cabeza, asintió en silencio. Gabriel la puso entonces al corriente de lo sucedido con el *Queen Elizabeth* y el resto del escuadrón inglés, dejándola sin habla al asegurarle que una ballena se había arrojado contra el barco cuando ella se lo ordenó.

—¿Significa eso que Amunet estuvo controlándome todo el tiempo? —consiguió responder Shaheen—. ¿Que no me usó simplemente para hablar, como las otras veces?

—Creo que fue algo muy distinto. Consiguió manejarte a su antojo un buen rato.

—Pero ¿cómo puedo haberme comunicado con ese animal? Mi poder no consiste en hablar con ellos, Roux, sino con los muertos. No se parece en nada al que tenía ella.

—Quizá vuestras capacidades estén asociadas a la propia consciencia. —Gabriel acercó el baúl de Belle para sentarse sobre él—. Me da la sensación de que esa condenada pipa fue lo que desencadenó todo. Nos quedamos traspuestos en la bodega mientras los ingleses empezaban a atacar nuestros barcos y, al no poder defenderte en el estado en que estabas, Amunet decidió tomar cartas en el asunto sirviéndose de tu cuerpo.

—Por eso ahora prefiere no aparecer por aquí —masculló Shaheen, y se cubrió la cara con las manos—. Si alguien me hubiera dicho lo cara que me saldría esa tontería…

—Fue una estupidez que deberíamos haber evitado —coincidió Gabriel—, aunque también tuvo su parte buena. Nunca pensé que acabaría diciendo esto, pero puedes ser bastante simpática cuando bajas la guardia. Cosa que, por supuesto —suspiró cuando Shaheen lo miró entre sus dedos—, no volverá a ocurrir hasta dentro de uno o dos siglos.

Supo que se estaba acordando de cómo se había quedado dormida sobre él, porque lo poco que podía distinguir de su cara se puso de un color parecido al de las amapolas.

—Escucha, no tenemos que retomarlo donde lo dejamos —le aseguró—. No espero que acabes considerándome un amigo, sólo que entiendas que no pasa nada por…

—Traigo malas noticias para nuestra enferma —anunció Belle mientras regresaba al camarote, haciéndoles apartarse en el acto—. Creo que se acabó el descanso por hoy.

—¿Por qué? —se sorprendió Shaheen—. ¿Es que alguien quiere hablar conmigo?

—Berthier acaba de solicitar tu presencia en el *Muiron*. El jefe de Estado Mayor de Bonaparte —le recordó ante su confusión—. Parece que el general está interesado en saber de primera mano qué es lo que pasó ayer por la tarde. No deberías hacerle esperar.

A Shaheen se le abrió la boca, pero no le quedó más remedio que aceptar la mano de Gabriel para levantarse de la hamaca y una chilaba limpia que le entregó Belle. Tras cinco semanas en alta mar, la sensación de haber dejado de estar a merced del oleaje le resultó tan extraña que tuvo que agarrarse a los paneles, y Gabriel se ofreció a escoltarla hasta el otro barco al imaginar lo poco que le apetecería quedarse a solas con Bonaparte.

Una vez en la cubierta superior, el sol volvió a cegarla tanto que tardó en poder pasear la mirada a su alrededor. El puerto de Ajaccio, con su ciudadela, su muralla y sus torres de color ocre, no parecía muy distinto del de Alejandría, pero estaba abarrotado de banderas tricolores y músicos preparados para recibir al héroe local en cuanto pusiera un pie en tierra. Habían tendido una pasarela entre las fragatas para cruzar de una a otra, y Shaheen pasó sobre el agua de un azul verdoso con unos andares cada vez más inseguros.

Encontraron a Bonaparte en su camarote, una estancia revestida de roble con una amplia hamaca al fondo, un escritorio tapizado de papeles a la izquierda y una mesa con los restos de un modesto desayuno a la derecha. Además de Berthier, el jefe de Estado Mayor, se hallaban con él sus generales más allegados: Marmont, un hombre moreno de mirada taimada; Lannes, tan serio como un busto romano; y Murat, que sonrió para sí ante la aprensión con la que entró Shaheen. También el capitán Malenfant estaba allí, con un ceño fruncido que se oscureció aún más al verlos aparecer a los dos.

—Señorita Shaheen. —Bonaparte estaba sentado frente al escritorio con una mano contra el estómago, pero su gesto de dolor desapareció en cuanto se dio la vuelta—. Por fin ha regresado al mundo de los vivos. Me dijeron que ha pasado estos dos días postrada.

—Sólo fue un desmayo —contestó Shaheen, incómoda al sentirse blanco de todas las miradas—. Ni siquiera habría hecho falta que me reconociera el cirujano del barco…

—Lo cierto es que estábamos pendientes de su aparición —dijo Berthier—. Han circulado tantas versiones sobre lo sucedido ayer por la tarde que no sabemos cuál creer.

—Mi favorita es la que habla de un encantamiento sobre la ballena —dijo Murat a su vez, con una sonrisa aún mayor. Tenía una cabellera oscura y rizada que le daba aire de rompecorazones—. No nos vendría nada mal que fuera verdad. Podríamos enviarla a través del Canal de la Mancha para abrir un par de boquetes en el puerto de Plymouth.

—Y arriesgarnos a que nos hiciera lo mismo a nosotros —dijo el capitán Malenfant de mal humor—. Sería una venganza perfecta por haber arrastrado a la chica hasta aquí.

Al ver que Gabriel asentía en silencio, Shaheen se resignó a explicarles cómo se había quedado dormida en la bodega y lo que supuestamente había ocurrido después, pese a no guardar ningún recuerdo sobre ello. Cuando supieron que había sido Amunet quien la había estado manejando, el interés de los generales se convirtió en fascinación.

—Espero que sea consciente, señorita Shaheen —dijo Bonaparte después, con un brillo acerado en los ojos—, de hasta qué punto nos puso en peligro a todos. Si el carbón de esa pipa hubiera caído en el suelo, la bodega del *Carrère* habría ardido por completo.

—No lo… no lo pensé —contestó la muchacha, cada vez más sonrojada. El regodeo que Murat estaba intentando disimular no contribuía a que se sintiera menos nerviosa.

—¿Cómo se le ocurrió hacer algo así? —le recriminó Bonaparte—. ¿Tanto echa de menos sus tradiciones como para no poder pasarse sin tabaco hasta estar en tierra firme?

—En realidad, fue culpa mía —intervino entonces Gabriel, lo que hizo que Shaheen alzara sorprendida la vista—. Belle Lacombe me contó que solía ponerse nerviosa con la marejada, de manera que se me ocurrió que quizá se relajaría así… Claro que —añadió ante los ojos entornados de Bonaparte— ninguno sospechábamos lo que estaba a punto dc pasar.

Nuevas miradas de diversión entre los generales, y una risa ahogada a duras penas por el joven Murat. Shaheen se esforzó por disimular su confusión, aunque nunca habría creído que alguien tan aparentemente cobarde pudiera mentir de tal modo por ella.

—Supongo que en el fondo deberíamos estarle agradecidos —contestó Bonaparte pasado un instante—, tanto a usted como a su espíritu. ¿Se encuentra ahora con nosotros?

—No he hablado con ella desde ayer —dijo Shaheen—, ni sé dónde se ha metido.

—Pues más vale que su amiguita no se haga de rogar mucho tiempo —respondió Malenfant con un resoplido—. No es que nos sirva de gran cosa sin ese parásito suyo…

—Yo también le he echado de menos, capitán, pero veo que sigue igual de galante.

Aunque la voz de la muchacha fuera la misma, todos supieron que algo acababa de cambiar. Bonaparte se inclinó en su silla cuando la vio llevarse una mano a la garganta.

—Ah —saludó en voz más baja—, parece que sí tenemos aquí a nuestra heroína.

—Mis disculpas, general. Me ha distraído nuestra llegada al puerto. Nunca había estado en Ajaccio y me ha sorprendido mucho el calor con que lo han recibido los suyos.

—El regreso a la ciudad natal de uno siempre resulta emotivo —siguió diciendo el pequeño corso, indiferente a la frustración de Shaheen—, aunque esta vez nos ha faltado muy poco para no poder contarlo, gracias al comodoro Smith y el resto de su escuadrón.

—Debe de ser un rastreador increíble para haber dado con nosotros, teniendo en cuenta que hemos estado navegando cerca de la costa africana para evitar avistamientos.

Algo en el tono de Amunet hizo que Bonaparte arrugara el entrecejo. Sus generales, menos acostumbrados a parlamentar con espíritus, intercambiaron miradas de inquietud.

—Probablemente contaban con espías en Alejandría que les informaron de nuestra partida —dijo Bonaparte—. Aunque sí que resulta extraño que adivinaran la ruta exacta.

—*No tanto si esos espías también se fueron de Alejandría. Las paradas en Chipre, Malta y Sicilia podrían haber sido una buena ocasión para enviarle noticias al enemigo.*

—Un momento, ¿qué está insinuando? —El jefe de Estado Mayor, Berthier, miró a su superior—. ¿Que hemos tenido a un traidor entre nosotros durante todo el viaje?

—Lo único que pretende es sembrar cizaña entre su círculo de confianza —espetó Malenfant de malos modos—. Entretenerse enfrentándonos a unos y otros hasta que…

—*Eso no me reportaría ningún beneficio, capitán* —contestó Amunet—. *Saben que necesito viajar hasta París, y también el motivo por el que quiero hacerlo. No me arriesgaría a sacrificar mi propia salvación por un poco de «entretenimiento», como usted lo ha llamado. Pero puede que otros no tengan tan claras sus prioridades… ni los principios de los que tanto alardean.*

Si no supiese que era imposible, Gabriel habría jurado que el rostro de Malenfant acababa de perder algo de color. Shaheen también debió de darse cuenta, porque tragó saliva antes de estirar una mano para agarrar la del joven, entre los pliegues de su chilaba.

—Explíquese, señorita Amunet —ordenó Bonaparte—. Y sin rodeos, a poder ser.

—*Prefiero que sean las palabras de otros las que resuelvan todas sus dudas. Más concretamente, las que encontrarán en un bolsillo de la guerrera del capitán Malenfant.*

—Pero ¿qué demonios está diciendo? —dejó escapar este, retrocediendo un paso.

En cuestión de un instante, todas las miradas que estaban cruzando los generales habían cambiado de dirección para posarse en él. Al darse cuenta, soltó una pequeña risa.

—Esto es lo más ridículo que he oído nunca. No pensarán siquiera que…

—Si sólo es un malentendido, capitán, podremos resolverlo en un momento —le interrumpió Bonaparte—. Estoy seguro de que no le importará despejar nuestras dudas.

—¡No tengo nada que despejar porque no he hecho absolutamente nada! ¡Y no me entra en la cabeza que confíe más en una desharrapada —señaló a Shaheen con un dedo furioso— que en un compañero de armas con quien ha estado luchando codo con codo!

—Eso no tiene nada que ver con lo que nos ocupa. ¿Es que se niega a colaborar?

—Me niego a que se me humille de semejante modo por culpa de una mocosa que…

—Muy bien. Ciudadanos… —No hizo falta que Bonaparte dijera nada más; Lannes y Marmont se adelantaron en el acto para sujetar al capitán de los brazos. Haciendo caso omiso a sus protestas, el general se volvió hacia Murat—. Encárguese usted del registro.

—De mil amores —dijo este, y se acercó también a Malenfant para abrirle de par en par la guerrera. Mientras rebuscaba en ella, Gabriel apretó más los dedos de Shaheen, pero la inspección no pareció tener éxito: en los bolsillos interiores no había más que un poco de papel de fumar, y Murat estaba a punto de desistir cuando algo le hizo detenerse.

Existía otro bolsillo dentro del forro, disimulado con puntadas casi invisibles. Tras pedirle un abrecartas a Bonaparte, el joven fue cortando el hilo que lo mantenía cerrado.

—¿Y qué tenemos aquí? —comentó mientras sacaba un pequeño paquete envuelto en tela impermeable. Bonaparte alargó una mano en su dirección y Murat se lo tendió.

—Eso no les concierne a ustedes —rugió Malenfant—. ¡Se trata de algo privado!

—Correspondencia privada, querrá decir. —Bonaparte había desdoblado la carta del interior y, tras echar un nuevo vistazo a Shaheen, procedió a leerla. Vieron descender sus ojos por el papel hasta alcanzar la firma, donde se detuvieron unos segundos—. Esto sí que no me lo esperaba —acabó diciendo—. Cien libras. Sólo valemos eso para usted.

—Esa es… ¿la firma del comodoro Smith? —exclamó Berthier con incredulidad.

—¡Sucio y asqueroso traidor! —bramó Lannes mientras el capitán, revolviéndose como una fiera, se giraba hacia Shaheen para fulminarla con los ojos. Pese a saber que su ira no iba dirigida sólo a ella, el nudo de su estómago no hizo más que estrecharse con el «ponedle los grilletes ahora mismo, y hacedlo desembarcar» con el que Bonaparte despachó el asunto, precisamente por saber que este no había hecho más que comenzar.

34

Khay

Akhetatón, 1340 a. de C.

Nuri estaba barriendo la casa con una escoba de hierbas, pero, cuando Amunet y Khay aparecieron en el umbral, casi la dejó caer al suelo. Los cortes del muchacho eran más aparatosos que graves, pero Amunet insistió en que le dejara echarles un vistazo y, tras pedirle a la pequeña que llenara una vasija de agua, le ayudó a ir al piso de arriba.

—Parece que nuestro soberano no ha reparado en gastos contigo —se sorprendió Khay después de que Amunet le hiciera tenderse en la cama. Mientras estaban fuera se había puesto el sol y la alcoba se hallaba sumida en una penumbra azulada, pero aun así se quedó asombrado por su elegancia—. Debe de tener muchas esperanzas puestas en ti.

—Bastantes más que su divina esposa, después de lo de esta tarde —repuso Amunet, sentándose a su lado—. Es aún más insufrible de lo que cabría esperar de una reina.

—Tengo entendido que no es tan dura como aparenta. Su situación no es la más envidiable en estos momentos, según las habladurías de la Casa de la Correspondencia.

—Pues nadie que le echara un vistazo lo diría. ¿No te has fijado en el lapislázuli y la cornalina de sus collares? ¿Y en las pulseras de oro que llevaban todas las princesas?

Hacía poco que los jazmines del jardín habían empezado a abrirse y su perfume se elevaba hasta la pequeña ventana. Nuri entró en la habitación con la vasija y después se quedó mirando cómo Amunet humedecía un paño para limpiarle las cortaduras a Khay.

—Es una simple estrategia política —continuó explicando este—. El oro es la luz del sol, el símbolo del poder de Atón. Lo usan para recordarnos quién es el dios supremo.

—Cuantísimo se sacrifica la realeza por nosotros. —Había tanto sarcasmo en la voz de Amunet que el joven sonrió—. En el fondo son iguales que los sacerdotes de Amón.

—Aquí hay tantas intrigas como en Ipet Sut. Ya lo comprobarás tú misma, ahora que el Señor de las Dos Tierras te ha convertido en parte de su corte. —Khay se esforzó por contener un gemido cuando Amunet, tras enjugarle la sangre de las heridas, sacó del arcón unas vendas con las que envolvérselas—. La reina Nefertiti está nerviosa —siguió diciendo—. Puede que sea la Gran Esposa Real, pero su futuro no está escrito en piedra.

—¿A qué te refieres con eso? Creía que el faraón estaba enamoradísimo de ella…

—Eso no basta para garantizarle un asiento a su lado, al menos mientras lo único que pueda darle sean hijas. Hace poco que ha tomado una esposa secundaria, la reina Kiya de Mitanni; es la dama para la que estoy trabajando. Toda la ciudad da por hecho que será la madre del futuro faraón, y lo peor es que Nefertiti debe de pensar lo mismo.

—Por eso quiere demostrarle a su marido que está muy implicada en su política —adivinó la muchacha con expresión pensativa—. Que es la aliada que necesita tener a su lado…

—Exacto. Kiya es la que posee la llave de su corazón, pero Nefertiti quiere ofrecerle la llave del poder absoluto. Necesita dejar claro, tanto a su esposo como a sus súbditos, que puede hacer por la corona de las Dos Tierras cosas que nadie espera de ella.

Una nueva punzada le hizo morderse los labios, aunque a Khay no le importó. Al menos el dolor le recordaba que no estaba soñando y que Amunet, su Amunet, era de carne y hueso. La luna que empezaba a asomar sobre los palmerales la hacía parecer una visión de los Campos de Ialú, bañada por el suave resplandor que pintaba de plata su piel.

—Antes dijiste que lo que te trajo a Akhetatón fue la sospecha de que yo estuviera aquí. —La pequeña esclava seguía en lo alto de la escalera y Khay bajó la voz para que no le oyera—. ¿Cómo averiguaste que no podría regresar nunca a Ipet Sut?

—Lo supe en cuanto eché un vistazo a…, a los cuerpos de tu casa. Los miserables que acabaron con la vida de tu padre prendieron fuego a la vivienda antes de desaparecer.

—¿Los cuerpos? —preguntó Khay, confundido—. ¿No lo encontrasteis sólo a él?

—Había un segundo cadáver a su lado. Estaba casi carbonizado cuando lo vi, pero apostaría lo que fuese a que era Sebni. Nadie ha vuelto a cruzarse con él desde entonces.

Esto dejó a Khay tan perplejo que tardó unos segundos en reaccionar. De nuevo volvía a ver al hombre de la capucha negra ante sí, sosteniendo el cuchillo empapado de sangre con que había degollado a Kheruef. «Vete antes de que me vea obligado a hacerlo».

—Sebni... Estaba sentado en la calle cuando regresaba a mi casa. Parecía habérsele ido la mano con la cerveza, como siempre. —Giró la cabeza sobre la almohada de madera para volver a observar a Amunet—. Pero no acabo de comprender cómo supiste lo que...

—No podría haberte confundido con nadie —contestó ella en voz queda—. Haría falta más que un montón de carbonilla para no poder reconocer si un pie roto es el tuyo.

—Bueno, supongo que de algo tenía que servirme estar marcado —resopló Khay.

Como si alguien acabara de verter veneno en su oído, las palabras de Meresamenti resonaron en su cabeza: «Al menos así servirán de algo las cosas rotas». Una súbita vergüenza se apoderó de él al recordar que Amunet también lo había oído y la joven debió de leer en su rostro como en un papiro, pues, sin dejar de mirarle, dijo:

—Nuri, puedes marcharte si quieres. Cena algo y acuéstate; ha sido un día largo para las dos. —Y cuando sus pasos se perdieron escaleras abajo, le susurró a Khay—: Ya sabes lo que opino acerca de ese tema. Creía habértelo dejado bastante claro en Ipet Sut.

—Algo sobre que soy más que mi deformidad —respondió él, evitando su mirada.

—Más que un pie —le corrigió la muchacha. A Khay le volvió a asaltar el temor a estar soñando cuando la vio inclinarse para depositar un beso en su tobillo—. De todos modos, a mí siempre me ha parecido perfecto —siguió susurrando— porque es parte de ti.

De todas las cosas que podrían haberle descolocado, aquella se llevaba la palma. El contacto de sus labios en esa parte de su cuerpo, aquel miembro inservible que había llegado a odiar con cada fibra de su ser, le hizo pensar en uno de esos relámpagos de los que hablaban los sacerdotes, pero que Khay aún no había podido ver. La extraña mezcla de emociones que lo sacudió no le permitió hacer otra cosa que mirarla atónito.

—Cuando te marchaste —siguió diciendo Amunet en voz baja—, mi *ka* también se convirtió en cenizas. Me sentí como si mi corazón ardiese en esa misma hoguera.

—Nunca me habría apartado de ti por mis propios deseos —aseguró él en el mismo tono— y nunca más lo haré, aunque me cueste la vida. No ahora que te he recuperado.

Incluso el aire que mediaba entre ellos parecía cargado de las mismas sensaciones que lo zarandeaban. Tras mirarse en silencio durante unos segundos, Khay se apoyó en un codo para acercarse más a Amunet, lo suficiente para que sus bocas se encontraran en la penumbra como dos de esas piedras magnéticas capaces de atraerse la una a la otra.

El primer beso había sido una tierna sucesión de titubeos; el segundo fue un trago desesperado en medio del desierto. Sin poder contenerse, Khay le agarró la cara con las manos y desde allí las hizo descender por su cuello y sus hombros desnudos, sintiéndola estremecerse con cada una de sus erráticas caricias. No necesitó preguntarle si también había fantaseado con aquello; le bastó el modo instintivo en que el cuerpo de Amunet se curvó contra el suyo, rellenando el vacío que hasta entonces había ocupado su fantasma.

Cuando la necesidad de respirar les obligó a apartarse unos milímetros, sus ojos le recordaron a los de los gatos de Ipet Sut, dos discos de jade refulgiendo en la oscuridad.

—He sido un esclavo durante estos dos años de aquel beso que te di —susurró sin dejar de sujetarle la cara—. Nada más que uno y, aun así, cambió mi vida por completo.

—Tendrían que haber sido muchos más —contestó Amunet con las manos contra el pecho de él—, de no ser por ese maldito conflicto que nada tiene que ver con nosotros.

Su respiración le quemaba la piel, más incluso que el roce de sus dedos. Casi creía saborear la dulzura de esos dátiles que desde entonces tenía asociada a ella.

—Dámelos ahora —le susurró la joven—. Todos juntos, uno a uno, como quieras. Ahora tenemos tiempo. —Le besó, atrayéndolo hacia sí—. Toda una eternidad.

La chispa que había prendido en ambos acabó convirtiéndose en un incendio. Las manos de Khay tiraron de su cuerpo para tenderlo sobre el suyo, sumergiéndose junto a ella en un beso tan profundo e inabarcable que dudaba de que alguien hubiera inventado el jeroglífico con el que describirlo. Quería recorrerla entera con sus manos, aprenderse de memoria aquel cuerpo en el que no había dejado de pensar; quería resucitar a su *ka* y hacerle olvidar todo el dolor provocado por su ausencia. El ansia con la que Amunet le correspondía acabó dejándole sin aliento, y empezaba a preguntarse si no arderían de un momento a otro cuando ella se incorporó sin pronunciar palabra sobre las piernas de él.

Hasta que no la vio alzar las manos, no comprendió lo que se proponía. A Khay se le desbocó aún más el corazón cuando la joven se desprendió en silencio de su vestido, dejándolo caer sobre el suelo de tierra de la alcoba. La luz de la luna la convertía en una simple silueta, pero, cuando le cogió las manos para apoyarlas en su cuerpo, los dedos de Khay consiguieron leer en ella a tientas como los de un escriba ciego sobre unas tablillas.

Por primera vez en dieciséis años, no sintió que hubiera nada imperfecto en él. No le abrumó el convencimiento de que nunca sería suficiente, de que no sería tan válido como los demás. Ella era lo que le completaba, su cuerpo contra el de Khay cuando la hizo rodar sobre la cama, sus manos peleándose con su faldellín para arrojarlo también al suelo y la valentía con la que le sostuvo la mirada al entrar por fin en ella; y cuando el fuego que los consumía acabó reduciéndolos a cenizas, Khay habría jurado que hasta el disco solar de Atón palidecería de envidia ante una magia tan abrasadora como aquella.

35

Gabriel

Ajaccio, 1799

Aunque los desperfectos del *Muiron* y el *Carrère* no eran graves, el temporal que se desató de improviso sobre Ajaccio prometía retrasar la continuación del viaje unos cuantos días más. Habría sido una ocasión perfecta para que los marineros, los soldados y los sabios de la expedición disfrutasen de un merecido descanso, pero las órdenes de Bonaparte no pudieron ser más claras. Quería que todos acudieran al patio de la antigua ciudadela que dominaba la costa, donde él mismo había dado sus primeros pasos como militar, para despedir al capitán Malenfant como correspondía: con una salva de fusiles.

Mas tarde vendrían los placeres del regreso al hogar. Las visitas en la casa familiar de la calle Saint-Charles, las tardes de caza en el bosque de Font-Romeu en compañía de sus generales. Los bailes en los que acudirían a saludarle niños a los que no recordaría haber apadrinado y parientes lejanos de los que ni siquiera habría oído hablar. Pero en aquel momento sólo había algo que acaparase su atención, y por eso los había reunido allí.

No era un simple castigo, sino una advertencia. Napoleón Bonaparte regresaba a Europa para cumplir con el destino que le había revelado su espíritu egipcio. Cualquiera que osara inmiscuirse en su camino a la gloria correría la misma suerte que Malenfant.

—¿En serio tiene que terminar así? —susurró Shaheen mientras aguardaba con René, Gabriel y Belle en uno de los laterales del patio—. ¿Con una humillación pública?

—Es lo menos que cabría esperar en un caso como este —dijo René—. Te recuerdo que nos vendió a los ingleses. Podríamos haber acabado en el fondo del mar por su culpa.

—Pero las cosas no sucedieron como el capitán esperaba y nuestros barcos apenas sufrieron daños… —*¿Ahora vas a disculparle?*, le recriminó Amunet. *¿Después de lo que estuvo a punto de hacerte en aquel balcón del Instituto?*—. Sólo digo —siguió Shaheen con esfuerzo— que podrían encerrarlo para siempre o deportarlo a otro país…

—Lo que cometió fue una traición, y la traición se paga con la vida. No es la primera vez que ocurre —al decir esto, Belle miró a René de reojo—, ni tampoco será la última.

No obstante, parecían igual de desasosegados cuando Bonaparte, situado entre Berthier, Marmont, Lannes y Murat, ordenó formar al pelotón delante de Malenfant. A juzgar por las inconfundibles marcas que había a sus espaldas, no era la primera vez que se usaba aquel muro con semejante propósito.

Ha tenido suerte naciendo en una época como la vuestra —dijo Amunet—. *Los míos lo habrían hecho empalar con especial lentitud.*

Lo más desconcertante de todo, al menos a ojos de Shaheen, era que Malenfant no parecía nada asustado. No quiso confesarse con el canónigo que se acercó con una biblia y un crucifijo ni permitió tampoco que sus antiguos hombres le vendaran los ojos.

—¿Está seguro? —El oficial al mando dudaba—. ¿No se echará atrás cuando…?

—A mí no tienen que cegarme como a un caballo asustadizo —replicó el capitán, alzando el mentón—. Sólo puedo pedirles una cosa, y es que me dejen morir mirando a los ojos a la culpable de que estemos aquí. Quiero hacerle saber que nunca nos vencerá.

Lo que nos faltaba: el traidor intenta convertirse en un mártir.

Shaheen tuvo que agachar la cabeza cuando sus miradas se cruzaron, sintiendo cómo lo poco que había podido comer se le revolvía en el estómago. Deseó con todas sus fuerzas hacerse invisible como Amunet, desaparecer bajo la cortina de lluvia cada vez más densa. Huir como fuera de aquel patio antes de que Malenfant se convirtiese en su *yinn* particular.

Como en respuesta a sus plegarias, el redoble de tambores se detuvo. El capitán se abrió un poco más la camisa para facilitarles la tarea a los soldados mientras anunciaba:

—No lo he hecho por el dinero, pese a lo que puedan pensar todos. —Cuando dejó vagar la vista por sus hombres, la muchacha se dio cuenta de que unos cuantos habían agachado la cabeza, igual que ella momentos antes—. Lo he hecho por Francia, por el futuro de nuestra nación. Por la República por la que mi padre dio la vida antes que yo.

—El general Malenfant sucumbió en Cholet como un héroe —repuso Bonaparte en un tono que cortaba como el diamante—. No nos vendió a nuestros peores enemigos.

—Prefiero ver al rey de Inglaterra sentado en el antiguo trono Borbón antes que a mi país arrodillado a los pies de un demonio. —Una vez más, los ojos grises del capitán se clavaron en Shaheen—. Ella será vuestra sentencia de muerte —aseguró—. La que os acabará gobernando a todos tarde o temprano, gracias al descerebrado que tenéis delante.

En el silencio que siguió a esta declaración, los tambores parecieron redoblar por sí mismos otra vez debido a la lluvia. Cada gota resonaba como el eco de un disparo.

—Continuad —ordenó Bonaparte. Su expresión era tan indescifrable como la de sus generales, aunque no a todo el mundo le ocurría lo mismo; al echar un vistazo entre su pelo empapado, Shaheen notó que una docena de soldados la estaban mirando a ella, y también algunos sabios del Instituto. Hasta el propio Vivant Denon la observaba de un modo que nunca había visto en él, con una sombra de prevención…, casi de miedo.

—No puedo seguir aquí —acabó murmurando. René trató de retenerla con un «Shaheen», pero la muchacha se soltó de su mano para apartarse a toda prisa del grupo.

—Déjela, Mouret —oyó decir a Belle—. Recuerde que aún no ha estado en París.

Había tanto musgo entre los adoquines que le faltó poco para resbalar, pero eso no le hizo aminorar el paso.

Espero que no seas tan ingenua como para creerte ese absurdo discurso patriótico. —La sensación de estar atrapada empezaba a ser asfixiante, casi como flotar en sueños por el fondo del mar—. *No irás a decirme que aún sigues enfadada por lo de la ballena. Creía haberte dejado claro que lo hice por nuestro bien.* —El extremo más alejado del patio estaba inundado de charcos y Shaheen hundió las zapatillas en ellos para hacer pedazos su reflejo—. *Respóndeme sólo a esto: ¿qué habría pasado esa tarde de no haber intervenido yo?* —Como se negó a obedecer, Amunet siguió diciendo—: *Sabes que nuestra flota no habría escapado del conflicto. El escuadrón inglés era mucho mayor y sus cañones, más potentes. Nos habrían pulverizado en un momento.*

«¡Eso no es excusa para que me usaras como un pelele! ¡Te aprovechaste de que no podía defenderme para hacer conmigo lo que quisiste!».

¿De verdad piensas que me traía sin cuidado lo que te pasase? Hice lo posible por mantenerte alejada de la artillería, y ni siquiera cuando te encaramaste a la proa…

«Basta —insistió Shaheen, apretando los puños contra su frente—. Basta de mentiras, basta de justificaciones. No lo soporto más».

Posadas sobre el pretil más cercano, unas gaviotas la contemplaban con la cabeza ladeada. También ellas parecían estar juzgándola, como los hombres de Malenfant.

Eres terriblemente dramática —dijo Amunet pasado un instante—. *Nunca lo habría creído de ti.*

—¡Nunca has creído nada porque nunca te ha importado cómo me sentía! —gritó Shaheen, haciendo levantar el vuelo a las aves—. ¡Ni una sola vez, desde que te conozco, te has interesado por mí! ¡No me has preguntado siquiera si me dolía tener que dejar mi hogar, ni te ha preocupado que me horrorizara subirme a un barco francés!

¿Qué necesidad había de preguntártelo si siempre estoy dentro de tu cabeza? ¿No te das cuenta de lo lejos que hemos llegado tú y yo, de lo fuertes que podríamos ser si…?

Pero entonces Shaheen oyó cómo la llamaban entre el rumor de la lluvia y, al darse la vuelta, descubrió que la habían seguido. El agua desdibujaba la silueta de Gabriel, aunque no tanto como para ocultar la preocupación de sus ojos. Se había detenido a unos metros de ella, de espaldas al pelotón de fusilamiento, y por un segundo le asaltó la sensación de que eran lo único vivo que quedaba allí: dos náufragos a medio camino entre un mar del color del acero y unas nubes tan oscuras que amenazaban con desplomarse.

Cuando la descarga de artillería pulverizó sus pensamientos, tuvo que apoyarse en el pretil para no caer también al suelo, como oyó que ocurría con Malenfant. Nunca supo cuánto tiempo permaneció así, sólo que, cuando quiso darse cuenta, Gabriel se le había acercado y ella se había arrojado en sus brazos, deshaciéndose en unos sollozos que poco antes le habrían hecho avergonzarse de sí misma, pero que esa tarde, rodeados de tanta oscuridad y tanta muerte, le parecieron lo más sincero que había salido nunca de su boca.

36

Amunet

Akhetatón, 1340 a. de C.

Estaba a punto de amanecer cuando un crujido de la cama hizo entreabrir los ojos a Amunet. Arropada aún por la neblina del sueño, se quedó mirando entre sus mechones destrenzados cómo Khay, una sombra contra el cielo tachonado de estrellas, se inclinaba para atarse su única sandalia. Los escribas de la Casa de la Correspondencia aprovechaban al máximo las horas en que el sol les daba un respiro, y Amunet empezaba a estar tan familiarizada con su rutina como si compartieran el mismo horario.

En comparación con el tiempo que habían tenido que pasar separados, los últimos días habían transcurrido como un suspiro. Los nuevos ritos dedicados a Atón en los que tenía que participar, las enseñanzas a media voz de Ptahmai y hasta las conversaciones con el propio faraón eran poco menos que anécdotas al lado de sus noches con Khay. El reencuentro parecía haber avivado la sed de ambos más que saciarla, y desde entonces no había habido una sola velada que no pasaran juntos. En la alcoba iluminada por una luna creciente, se habían amado durante horas como embrujados por Hathor, se habían explorado, descubierto y memorizado el uno al otro y, cuando sus corazones acababan latiendo al unísono y sus cuerpos yacían empapados en el mismo sudor, habían hablado en susurros hasta que las estrellas se apagaban una a una. Era como si la noche careciera de suficientes horas para recuperar todas las que deberían haber compartido en Ipet Sut.

Sin levantarse de la cama, Amunet estiró un brazo para acariciarle el hombro. El muchacho se dio la vuelta de inmediato y la luz del alba dibujó una sonrisa en su rostro.

—No quería molestarte —dijo en un susurro, rozándole una mejilla con los dedos.

—Verte marchar es mi ceremonia religiosa de cada mañana —contestó ella, y le cogió la mano para besársela—. Mucho más placentera que las dedicadas al disco solar.

Él no le contestó, aunque no hacía falta. Amunet nunca había creído que alguien llegaría a mirarla de esa manera, con tanto amor condensado en las pupilas.

—Cada vez me resulta más duro dejarte atrás —acabó admitiendo Khay tras unos segundos en los que lo único que se oyó fue el susurro con el que los velos de gasa rozaban el lecho—. Comparada con esta, mi casa resulta más solitaria que una tumba…

—No tienes por qué hacerlo. —La muchacha se sentó en la cama para abrazarle por detrás, depositando un beso en los músculos de su espalda—. Llevas catorce noches seguidas durmiendo conmigo. Podrías mudarte de la Casa de la Correspondencia y venir aquí.

—¿Querrías eso? —Khay abrió más sus oscuros ojos—. ¿Que viviéramos juntos?

—Ya lo hacemos, en realidad. La única diferencia sería admitirlo ante los demás.

—Cosa que lo cambiaría todo desde el punto de vista legal —le recordó él. Amunet se dio cuenta de que parecía sorprendido, pero también esperanzado—. En el momento en que una pareja empieza a vivir bajo el mismo techo, aunque sea sin dote ni contrato…

—Ya lo sé. —Ambos guardaron silencio unos segundos, sin dejar de mirarse en la media luz, y Amunet recordó algo que le había dicho Kashla: «La complicidad de una pareja es lo único que crece con el tiempo en vez de mustiarse. Si decides casarte, hazlo con alguien con quien te apetezca pasarte hablando el resto de tu vida»—. Siempre me dices que mis manos son bonitas —prosiguió con desparpajo, extendiendo los dedos para mirarse las uñas—, pero estoy segura de que lo serían aún más con cierto adorno…

—Si esta es tu manera de pedirme que me case contigo, siento decir que tienes la sutileza de un hipopótamo en el barro —respondió Khay. Aun así, la risa le bailaba en los ojos al estrecharla una vez más contra sí—. ¿Y cómo desea su anillo mi señora?

—Enorme —contestó ella, echándole los brazos al cuello—. Quiero que todas las mujeres sepan que eres mi marido y se mueran de envidia. Y algunos hombres también.

Esto le hizo reírse en voz baja antes de besarla y durante casi un minuto siguieron enlazados sobre la cama deshecha; pero pronto el violeta del horizonte se convirtió en un rosa incandescente y Khay tuvo que abandonar sus brazos para ponerse en pie. Amunet le ayudó a vestirse y le acercó su muleta y, cuando él se marchó con un último beso, se dejó caer sobre el lecho sonriendo tanto que casi sintió un tirón en las mejillas.

A medida que el sol se elevaba sobre Akhetatón, el frescor que la noche había dejado a sus espaldas parecía evaporarse a la vez que el perfume de los jazmines. Pero aquel día no la esperaban en el templo y Amunet se permitió el lujo de quedarse remoloneando en la cama como una gata acurrucada en un charco de luz. Las primeras caricias de Atón en su espalda le hicieron acordarse de las tardes de verano en su antigua villa, de Kashla recriminando cariñosamente a su padre, de Sennedjem revolviéndole el pelo a su hija…

Tardó en darse cuenta de que no se había sentido tan a gusto desde entonces, con una sensación tan plena de estar en casa. Era increíble que fuera entre esas cuatro paredes donde había acabado encontrando su auténtico hogar, y no porque el faraón se lo hubiera otorgado, sino por lo que habían construido entre Khay y ella. En algún momento estos pensamientos debieron de adormecerla, porque lo siguiente que recordaría sería la voz de Nuri. Al abrir los ojos la descubrió en la puerta, algo cohibida al verla desnuda.

—Siento haberte despertado, mi señora —se apresuró a decir, apartando la mirada.

—No pasa nada —le contestó Amunet con voz soñolienta. Al sentarse en la cama notó que le ardía la espalda: había estado demasiado tiempo al sol—. Un poco más y te habrías encontrado con un montoncito de cenizas —rezongó mientras se la frotaba.

El cuenco en el que solía dejar sus abalorios estaba sobre el arcón y la niña se lo acercó cuando Amunet le alargó una mano. No obstante, no le dio tiempo a ponérselos.

—Está esperándote alguien —dijo Nuri en un tono tan quedo que le sorprendió—. En el piso de abajo, aunque no me ha dicho quién es… Una mujer con un velo sobre la cabeza.

—Otra esposa desesperada porque la simiente de su marido no acaba de germinar en su interior —suspiró Amunet, tratando de desenredarse el pelo—. Dile que bajaré en un momento, aunque no me sobra el tiempo; tengo muchas escrituras que estudiar hoy.

—Me…, me da miedo, mi señora. No es como las otras que han venido y no lo ha hecho sola: al dejarla pasar, vi que dos hombres armados la esperan fuera.

Aquello detuvo poco a poco los dedos de Amunet. Nuri había clavado la vista en sus pies, como esperando una reprimenda, pero su ama se limitó a enviarla a la cocina antes de levantarse. El vestido que Khay le había quitado la noche anterior estaba en el suelo y Amunet se ató los extremos sobre el pecho antes de dirigirse a la escalera.

Su curiosidad fue aún mayor al comprender que Nuri no había exagerado: la dama que la esperaba podría pasar por una de las más elegantes de la corte. Un vestido plisado de color negro asomaba por debajo de su velo y, al acercarse a ella sin hacer más ruido que una lagartija, Amunet reconoció los mechones dorados de la peluca de Meresamenti.

Por mucho que le desconcertara verla en su casa, no lo hizo tanto como la expresión con la que la princesa se había quedado contemplando el vacío. Había una sombra en su rostro que pilló a Amunet por sorpresa, una extraña mezcla de rabia y de angustia que Meresamenti se apresuró a esconder regresando a su altivez de costumbre.

—Me has hecho esperar, *heka*. Debería haberle dicho a esa esclava tuya quién era.

—La habrías matado del susto, mi señora —repuso Amunet, asegurándose de que tenía el vestido bien sujeto—. Somos gente humilde en esta casa, como ya habrás visto.

—De eso no me cabe la menor duda. —Meresamenti estaba observando su pelo destrenzado—. Con esos rizos, podrías pasar por su hermana mayor.

Pero Amunet no estaba dispuesta a dejarse avergonzar por una cría. Puede que el Señor de las Dos Tierras le hubiese dado aquella casa, pero seguía siendo su terreno. No iba a dejarse pisotear en él, ni siquiera por unas sandalias cubiertas de piedras preciosas.

—Si tan interesada estás en que nadie sepa de esta visita, es que lo que te ha traído aquí es verdaderamente comprometido. —Le dio la espalda para servirse un cuenco del zumo de granada que Khay preparaba para ella antes de marcharse—. Déjame adivinar: ¿se trata de un sortilegio amoroso que quieres usar con un cortesano esquivo? ¿Una pócima para concebir, o… —esta vez fue ella quien la miró por encima del cuenco— para lo contrario?

Meresamenti entornó los ojos hasta que el *kohl* los convirtió en dos rayas negras.

—Si se tratara de eso último, bruja, no habría necesitado acudir a ti. Conozco a la perfección para qué suele emplearse la mezcla de miel, natrón y corteza de acacia.

—Un remedio más antiguo que Kemet. —Amunet sonrió mientras daba un sorbo al zumo.

—Y de lo más fiable —añadió la princesa—, sobre todo en tu situación. Puede que gracias a ello te ahorres tener que dar una serie de engorrosas explicaciones en la corte.

Esto hizo que la sonrisa de Amunet desapareciera poco a poco. Regodeándose en el efecto de sus palabras, Meresamenti señaló con la cabeza uno de los poyetes de barro pegados a la pared y Amunet reparó en que había un cálamo y una paleta sobre él. Khay los había traído un par de días antes para rematar unos documentos después de la cena.

—Parece que el escriba de la reina Kiya no es sólo un amigo de Ipet Sut —siguió diciendo la princesa con indiferencia—. Si en algo valora tu opinión, deberías decirle que haría bien alejándose de ella. Los afectos de mi padre resultan tan volubles como el Nilo.

—Dime tú de una vez qué es lo que quieres —exigió Amunet, más impaciente a cada instante—. Debería estar dirigiéndome a la biblioteca de la Casa de la Vida para…

—Estudiar más conjuros con los que honrar a Atón, por supuesto. —Sin dejar de juguetear con su velo, Meresamenti se acercó al pequeño altar de la esquina. Un relieve con el disco solar pintado de oro presidía la mesa—. Lo que quiero es un espejo.

Por un momento, Amunet creyó haber entendido mal las palabras de la princesa.

—Me parece…, me parece que te equivocas. —Dejó poco a poco el cuenco sobre la mesa—. Tendrías que hablar con los orfebres del taller real, no conmigo. Yo nunca he…

—Ellos ya están avisados de lo que deseo; uno de los maestros, al menos. Como tú misma has deducido, se trata de un asunto privado que preferiría que no trascendiera.

—Pero ¿qué tengo que ver yo con eso? —dijo Amunet—. ¿Para qué me necesitas?

—Para que ese espejo sea algo más que un simple disco de bronce bruñido. Dicen que tu magia es poderosa, *heka*. —Por una vez, no parecía haber sarcasmo en la voz de la joven—. Demuéstramelo con esto. Demuéstramelo dando con el conjuro que necesito.

En el silencio que siguió a su extraña petición, Amunet casi pudo captar el pulso acelerado de Meresamenti. «Está nerviosa ahora mismo. No, nerviosa no: está asustada».

—No tengo muy claro si te he entendido —le respondió aun así—. ¿Pretendes que los orfebres graben un conjuro sobre el espejo para que su poder se haga extensivo a él?

—Sabes que no sería la primera vez. Las sepulturas están repletas de sortilegios…

—Plegarias relacionadas con el paso a los Campos de Ialú —la corrigió Amunet—. A menos que estés preparando tu ajuar funerario, no acabo de entender para qué… —Pero entonces lo comprendió y sus ojos se abrieron de par en par—. No quieres un espejo que te muestre lo hermosa que eres. Quieres uno que te haga serlo más, muchísimo más.

No obstante, aquello seguía pareciéndole incomprensible. Por muy insoportable que le resultara, Meresamenti era una de las jóvenes más arrebatadoras que había visto. «¿Es que no confía lo suficiente en sus propios encantos? —pensó mientras la observaba rozar con un dedo el relieve del altar, en el que la familia real al completo alzaba los brazos en alabanza a Atón—. El hombre al que pretende seducir debe de ser muy importante».

—Para alguien que ha pasado tanto tiempo estudiando en una Casa de la Vida, no será complicado localizar lo que le pido en nuestra biblioteca —siguió la joven, dejando caer el dedo—. Según tengo entendido, está mucho mejor abastecida que la de Ipet Sut.

—No es para menos —contestó Amunet—. Más de la mitad de sus fondos proceden de los templos mandados cerrar por el faraón, vida, salud y prosperidad le sean dadas…

—Además, siempre podrías contar con la ayuda del escriba Khay.

—Meresamenti prefirió ignorar ese último comentario—. Estoy segura de que acabaréis dando con algo.

—Haré lo que pueda. —«Otra cosa será que los hechizos sirvan de algo», pensó la muchacha, resignada, «pero, si quieres creer en todas esas patrañas, no es problema mío».

Tras recubrirse la cabeza con el velo, Meresamenti se dirigió a la puerta de la casa. Amunet se dio cuenta de que los dos hombres de los que había hablado Nuri seguían esperándola en la calle, con las manos sobre las empuñaduras de sus espadas curvas.

—Ve a llevarme el espejo a mis aposentos cuando acabes con él. Daré orden a los guardias de que te dejen pasar, aunque no te confíes: esto no es más que una alianza puntual. Y una última cosa... —La princesa se detuvo un instante antes de mirarla—. Me imagino que no hará falta repetir que espero una discreción absoluta en cuanto a esto.

—No tengo la menor intención de contárselo a nadie —dijo Amunet, encogiéndose de hombros—. Puedes quedarte tranquila: las intrigas palaciegas me traen sin cuidado.

—Por tu propio bien, más vale que en ese «nadie» esté incluida mi madre. Puede ser muy persuasiva cuando la ocasión lo requiere... No imaginas hasta qué punto.

La sombra que Amunet había distinguido en su rostro pareció regresar a él, pero, antes de que pudiera preguntar nada más, la joven ya se había esfumado, dejando una estela de perfume de mirra a sus espaldas.

37

Shaheen

París, 1799

Octubre arrastraba consigo un aguacero intermitente cuando los miembros de la expedición egipcia, tras haber desembarcado en Fréjus y atravesado en carruaje Aix, Avignon, Montelimart, Valence, Vienne y Lyon, entraron por fin en París. La capital recibió a Shaheen con una decrepitud que, pese a haber aceptado un pañuelo de Gabriel para cubrirse la nariz, la obligó a contener el aliento dentro del vehículo que compartían con René y su criado Jean-Baptiste. No era sólo que las callejuelas por las que se abrían camino estuvieran inundadas de charcos y entre los adoquines crecieran tantos hierbajos como en los tejados. Tampoco que las fachadas de piedra amenazaran con deshacerse por culpa del moho y las iglesias se desmoronaran un poco más cada día, con sus esculturas de santos cubiertas con el gorro rojo de los revolucionarios. Era el hedor general lo que resultaba insoportable, una mezcla de estiércol, cloacas, curtidurías y azufre que, junto con los miasmas procedentes de los abarrotados cementerios, hacía que transitar por las calles del centro se asemejara a sumergirse en las arterias de un moribundo. Si París era la ciudad más elegante de la tierra, pensó Shaheen, El Cairo era el paraíso de las huríes.

Aquel panorama tan desolador, por suerte, no tardó en cambiar cuando el coche se adentró en Le Marais, el barrio en el que vivían René y Gabriel. Allí las calles eran más espaciosas y contaban incluso con árboles, y en los modernos edificios de ladrillo había balcones de forja que la lluvia hacía relucir como si fuesen de plata. Fueron dejando atrás cafés atestados de humo y de música y portales con aldabones dorados hasta desembocar en una plaza cuadrada que desconcertó a Shaheen: también había árboles en ella, tantos que recordaba a un pequeño oasis, pero podados en forma de cubos. «Aquí suelen crecer así —le aseguró Gabriel, muy serio, al percatarse de su extrañeza—; es el agua del Sena».

—Y después de diez años de peregrinaje, Ulises regresa a su hogar —suspiró René cuando por fin se detuvieron delante de una de las arcadas de la plaza. Las viviendas a las que se accedía desde allí eran idénticas entre sí, con las mismas buhardillas azuladas y las omnipresentes banderas tricolores—. Esta zona presenta mucho mejor aspecto en primavera, cuando los arbustos empiezan a florecer —siguió diciendo mientras descendía del coche y ayudaba a Shaheen a bajar—, pero espero que te sientas a gusto con nosotros.

La muchacha ni siquiera pudo contestarle: estaba tan aterida que le castañeteaban los dientes. Gabriel debió de percatarse de ello, porque la agarró de la mano para hacerla resguardarse debajo de la arcada mientras su tío sacaba las llaves del interior de su levita.

La cerradura se hizo de rogar, pero finalmente cedió. Un curioso aroma, mezcla de flores mustias y humedad, pareció precipitarse escaleras abajo para darles la bienvenida.

—No es tan ostentosa como Malmaison, la nueva propiedad de Bonaparte —se disculpó René mientras se hacía a un lado para dejarla entrar—, pero supuse que preferirías quedarte con nosotros. Las cosas estarán bastante tensas entre su esposa y él.

—Tiene que tratarse de una broma —susurró Shaheen, comiéndose con los ojos el entarimado reluciente, la balaustrada de caoba y la araña dorada—. Esto es un palacio…

—Cielo santo, no —se rio René—. Se nota que todavía no has estado en ninguno.

—Claro que es un palacio —dijo Gabriel, dejando su baúl en el suelo—. Y lo sería aún más si mi querido tío me hiciera caso de una vez y accediera a renovar la decoración.

—Mi amado sobrino está empeñado en que nuestros pasteles son una antigualla.

—Pasteles… ¿de los que se comen? —titubeó la joven, haciéndoles reír a los dos. Después de cerrar la puerta, René le encargó a Jean-Baptiste que la acompañara a una alcoba del segundo piso y Shaheen se arremangó la chilaba para seguirle hasta allí.

En aquella mañana tan plomiza todo parecía pintado de gris, pero incluso así se dio cuenta de lo acogedor que era el dormitorio. Las paredes estaban cubiertas de molduras blancas que resaltaban sobre la pintura de color coral, a juego con los muebles también blancos desperdigados por la estancia. Había una cama coronada por un baldaquino, un escritorio en una esquina y una *chaise longue* delante de un balcón que daba a la plaza.

—Nunca había estado en un cuarto tan bonito —tuvo que admitir Shaheen. Todo lo que la rodeaba era delicadeza, serenidad. Sobre la repisa de la chimenea distinguió un pequeño retrato ovalado, y se acercó para observarlo; una dama de mediana edad, más vivaracha que hermosa, sonreía detrás del cristal—. ¿Quién es esta mujer? —quiso saber.

—La señora Delphine, la esposa del señor —contestó Jean-Baptiste de mala gana mientras abría las cortinas del balcón—. Murió hace cinco años. Este era su dormitorio.

—¿La esposa de René? —Su vestido era de un rosa tan pálido que podría pasar por blanco, igual que las cintas de su cabello empolvado—. Ni siquiera sabía que existiese…

—Ni yo que el señor tuviera que compartir con usted su árbol genealógico —le respondió el criado antes de inclinarse en la más leve de las reverencias—. Con permiso.

Deja que se marche —le aconsejó Amunet cuando Shaheen entornó los ojos—, *sólo es un cobarde que prefiere temer lo desconocido antes que comprenderlo.*

Aquello no disipó del todo su frustración, pero intentó distraerse colocando dentro de un armario la escasa ropa que había traído de Egipto y unos cuantos vestidos que Belle, sin hacer caso de sus protestas, había guardado entre sus chilabas «para cuando por fin entres en razón».

Todavía le resultaba extraño no hablar tanto con Amunet como antes, aunque en el fondo agradecía disponer de cierta intimidad. Después de su discusión en Ajaccio, las dos habían acordado respetar en la medida de lo posible el espacio de la otra, por unidas que tuviesen que estar durante su estancia en París. Mientras ordenaba la ropa, el espíritu se limitó a hacer un par de comentarios sobre lo ruidosa que era la plaza y la cantidad de transeúntes que había, pero se replegó cuando Gabriel llamó con los nudillos.

—Le he pedido a Jean-Baptiste que caliente agua para ti, y aquí tienes unas cuantas toallas. —Se acercó a ella para entregárselas—. Me imaginé que querrías darte un baño.

—¿Es esa la manera parisina de decirme que sigo apestando? —inquirió Shaheen.

—Dejaste de hacerlo en cuanto te quitaste la mugre de Khan el-Khalili —contestó él con una sonrisa—, aunque no es que los barrios pobres estén mucho mejor aquí. De todos modos, no había venido sólo por eso, sino para preguntarte si te apetecería…

Su voz vaciló al distinguir algo por encima del hombro de Shaheen. Cuando ella se giró en esa dirección, advirtió que era el retrato, pero el titubeo sólo duró un segundo.

—… si te apetecería salir a dar un paseo cuando acabes de instalarte. —El mismo tono de El Cairo, ligero y despreocupado—. Coger la calesa para pasar la tarde en el Parc Monceau, por ejemplo. Han construido una pirámide y un alminar en miniatura, y hasta tienen camellos deambulando por ahí. Creo que las dos os sentiríais como en casa.

Como en respuesta, una nueva descarga de agua hizo temblar los cristales. Había empezado a llover tanto que apenas podían distinguirse los árboles de la plaza desde allí.

—No me parece que sea el día más adecuado para hacer eso —contestó Shaheen.

—Pues entonces vayamos a dar una vuelta por las arcadas del Palais Royal. Puedo enseñarte las galerías de arte y las tiendas de antigüedades, y llevarte a cenar al Café de Chartres. Siempre está abarrotado de políticos, pero tiene un sorbete de mandarina que…

—No te preocupes por mí, de verdad. No me importa pasarme la tarde entera aquí.

—En ese caso, tendremos que recurrir a la baraja de mi tío. Belle se sentiría muy decepcionada si te olvidaras tan pronto de las trampas que te ha enseñado a hacer al faro.

Pero la sonrisa con la que Gabriel dijo esto no encontró eco en Shaheen.

—No pretenderás hacerme creer, Roux, que piensas quedarte en casa…

—Dudo que el parque y el café se muevan de donde están, y el sorbete no se pasará de moda hasta dentro de unos meses. Ya habrá tiempo para disfrutar de todas esas cosas.

Este chico se ha fumado otra pipa en solitario —dijo Amunet, demasiado escéptica para seguir aparentando no escuchar nada. Shaheen lo observó con los ojos entornados.

—Por si no lo recuerdas, me he pasado medio año soportando tus parloteos sobre todo lo que querías hacer nada más poner un pie en París. Podría recitar de memoria los restaurantes a los que pretendías ir y las rubias pechugonas a las que esperabas visitar…

—Las rubias pechugonas sí que se han pasado de moda. Ahora la gente de buen gusto prefiere a las morenas malhumoradas con la mano casi tan suelta como la lengua.

En vez de responder, Shaheen le tiró una de las toallas a la cara. Gabriel la atrapó al vuelo con una sonrisa aún mayor y la dejó sobre la *chaise longue*, y hasta que no se marchó con un «te veré luego», la chica no se percató de que también estaba sonriendo.

Ahora va a resultar que a nuestro Conde de Pitiminí no le interesan sólo las ruinas egipcias. Parece haber descubierto un nuevo pasatiempo durante las semanas en alta mar.

«Sólo estaba intentando ser amable —le contestó Shaheen mientras las pisadas de Gabriel se alejaban escaleras abajo—. Debió de oír mis quejas en la ciudadela de Ajaccio, cuando…».

¿Cuando saltaste en sus brazos como una cría asustada?

«Cuando el capitán Malenfant estaba a punto de ser fusilado. No es algo que me apetezca recordar».

Pero aún pensaba de vez en cuando en el calor de su pecho a través de su chaleco empapado, en cómo había apoyado una mejilla sobre la cabeza de ella. El frío de París amenazaba con metérsele en los huesos, y Shaheen continuó colocando sus cosas para tratar de entrar en calor.

He conocido a muchas personas como Roux a lo largo de mi vida —siguió diciéndole Amunet—. *La corte de Akhenatón estaba inundada de ellas, con sus ropajes de lino real y sus perfumes de mirra de Punt. Tan acostumbradas a conseguir lo que se les antojaba en cada momento que les traía sin cuidado que fuese una cosa o una persona.*

«Roux podrá parecer idiota a veces, pero no es tan egoísta como crees —le reprochó Shaheen mientras se sentaba en el borde de la cama. Era mucho más mullida que la del Instituto de Egipto, tanto que, por un instante, temió que la absorbiese—. De todos modos, ¿desde cuándo le tienes tanta inquina? ¿No me dijiste la mañana que zarpamos de Alejandría que podría sernos útil?».

Mientras estemos en París —le recordó Amunet— *y dependamos de los franceses para recuperar mis ladrillos. Pero pronto lo habremos hecho y podremos despedirnos de ellos, tú para marcharte a tu ciudad y yo, a los Campos de Ialú donde me esperan los míos.*

«Nunca he conocido a una persona más desconfiada que tú».

Es un arte que se perfecciona con los años. Khay solía decirme que…

«¿Khay? —Aquello hizo que Amunet enmudeciese, como si hubiera perdido el hilo de lo que decía al tropezar con una piedra—. Nunca me has hablado de él… ¿Quién era?».

Pero la única respuesta del espíritu volvió a ser el silencio. Durante unos segundos, no se oyó otra cosa en la habitación que el lejano rumor de las voces de Gabriel y su tío.

—Parece que era pedir demasiado una pequeña muestra de confianza por tu parte —le reprochó Shaheen, sentada aún en el borde de la cama—. Por un momento había olvidado que eres la única con derecho a saberlo todo acerca de la otra…

Khay era mi esposo. —Aquello fue tan inesperado que se calló de inmediato—. *Llevaba tanto tiempo sin pronunciar su nombre que casi había olvidado lo que se sentía al hacerlo.*

—Nunca habías mencionado que estuvieses casada —reconoció Shaheen. Incluso a ella le costaba imaginarse a una persona tan sarcástica compartiendo su vida con otra.

Porque no tiene la menor importancia a estas alturas. —Pese a decirlo con una calma que rayaba en la indiferencia, la muchacha casi pudo sentir su dolor como el pinchazo de una aguja—. *Después de tantos años, apenas me acuerdo de cómo era tener dieciséis…*

—¿Significa eso que os casasteis a esa edad? —se sorprendió Shaheen.

Como si en El Cairo lo hicieseis mucho después —resopló el espíritu—. *Te recuerdo que teníamos a la peste acechándonos detrás de cada esquina. No tenía sentido dejar para más tarde ese tipo de cosas.*

—En ese caso, debisteis de pasar mucho tiempo juntos. Una vida entera.

De nuevo se hizo el silencio en el dormitorio, hasta que Amunet inquirió: *¿Me estás diciendo que nunca te has parado a pensar en que mi voz suena tan joven como la tuya?*

—No me había… dado cuenta de que tuviste que morir pronto.

Qué suerte —contestó Amunet con un sarcasmo aún mayor—. *A mí también me encantaría poder olvidarlo.*

—¿Significa eso que…?

Déjalo de una vez. —Su respuesta fue tan tajante que Shaheen se encogió—. *No merece la pena recordar historias que carecen de un final feliz.* —Esta vez su dolor fue tan evidente que la chica tragó saliva—. *Será mejor que te deje sola ahora* —continuó Amunet al cabo de un rato—, *o no acabarás nunca de instalarte. No privemos a tu querido Roux de la oportunidad de demostrarnos lo caballeroso que puede ser.*

Y se apartó de su lado llevándose consigo aquella jaqueca que, como pensó Shaheen con cierta culpabilidad, era un malestar ridículo comparado con el del espíritu, porque la ausencia de un cuerpo debía de hacer que cada pena del alma pesara cien veces más.

38

Khay

Akhetatón, 1340 a. de C.

El anillo era un delgado aro de oro con una turquesa en el centro, flanqueada por dos pequeñas esferas de lapislázuli. La luz que entraba por las celosías de la biblioteca lo hacía relucir con cada movimiento de su mano, arrancándole una sonrisa que Amunet intentaba disimular en cuanto volvía a sentir sobre sí la mirada admonitoria de Ptahmai.

—Distraída como una abubilla en la temporada de cortejo —comentó el anciano desde la estera en la que se había instalado—. No sé cómo se me pudo ocurrir que sería buena idea pedirte ayuda. Habría acabado antes examinando todos estos papiros yo solo.

—Las abubillas apestan —contestó la joven— y yo huelo de maravilla, aunque a ti esas cosas te den igual. De todos modos, necesitarías más de una vida para leerlo todo.

En comparación con aquella, la biblioteca de Ipet Sut podría haber pasado por la del nomo más humilde. Tenía ventanas mucho más amplias, en consonancia con el culto al disco solar, y el incienso de los pebeteros la sumía en una suave neblina. También sus nichos contenían papiros más extraños, lo que le había facilitado considerablemente las cosas con el encargo de Meresamenti. Tras consultar los archivos durante mes y medio, había localizado una invocación a la diosa Hathor que supuso que podría servir y, después de que Khay la copiara en otro papiro, Amunet la había llevado en persona a los talleres reales para que los orfebres se encargaran de grabarla sobre la parte trasera de un espejo.

—Podrías, por lo menos, fingir que te alegras de mi decisión —siguió diciéndole a Ptahmai—. Cada vez que mi marido aparece por aquí, te cambia la cara por completo…

—No es él lo que me disgusta, sino lo dispersa que estás por su culpa —aclaró el anciano—. Entiendo que sea una etapa muy especial para los dos, pero a veces temo que te haga olvidar el auténtico motivo por el que nos instalamos en esta cuna de perdición.

—¡Pero si no hago más que obedecerte en todo! —Amunet bajó la voz para evitar que les escucharan—. Me paso los días asistiendo a las ceremonias del templo y estudio todo lo que me ordenas… Tú mismo reconociste antes de ayer, cuando conseguí doblegar a aquellas dos cobras, que estoy haciendo muchos más progresos de los que imaginabas.

—Eso no es suficiente, Amunet —dijo Ptahmai, poniéndose en pie—. La felicidad no es una fuente de poder tan intensa como la ira, según lo que he podido observar en ti.

—¿Y para qué me has hecho venir aquí, entonces? ¿Qué tenías pensado para mí?

El bum, bum, bum de la muleta de Khay les hizo callar a la vez. Al darse la vuelta lo vieron atravesar el vestíbulo de la biblioteca, entre los sacerdotes lectores cargados de papiros y las risueñas cantoras de Atón. Como siempre, tenerlo ante sí le hizo sentir un arrebato de ternura, pero en cuanto el joven entró en la habitación, Ptahmai se despidió brevemente de la muchacha para encaminarse al jardín, haciendo ondear su ropa blanca.

—Te dije que me odiaba —comentó Khay en voz baja cuando se quedaron a solas.

—No le hagas caso —respondió Amunet, y le ayudó a sentarse en la estera antes de instalarse a su lado—. ¿Lo has traído? —susurró señalando el bulto que este sostenía.

Khay asintió con la cabeza y, tras asegurarse de que no había nadie rondando por los alrededores, desató el pedazo de lino que lo envolvía para mostrárselo. Debajo había una caja de madera tallada con la forma del *ankh*, la llave de la vida, y cuando el joven la abrió con cuidado, Amunet observó que en su interior descansaba un espejo de bronce.

—Tantas preocupaciones por lo que nunca dejará de ser un objeto común —dijo con un suspiro de impaciencia. Aun así, se trataba de una pieza magnífica; al sacarla con cuidado, comprobó que la superficie del disco había sido tan bruñida que prácticamente deslumbraba. El mango estaba formado por la efigie de una diosa, cuyas alas curvadas se adaptaban a la forma del espejo—. Le va a encantar, Khay. Es tan pomposo como ella.

—Lo importante es que quede conforme con la invocación —le recordó él—. Tú misma dijiste que era un conjuro antiguo, y si no resulta tan poderoso como esperamos…

—Me trae sin cuidado que sirva de algo o no. Conque ella se lo crea, es suficiente.

—Y yo temiendo que ahora quisieras otro igual para ti. —El joven sonrió mientras Amunet daba la vuelta al espejo, recorriendo con los dedos los complicados jeroglíficos grabados por detrás—. Casi estuve a punto de encargárselo por duplicado a los orfebres.

—Yo ya soy irresistible sin necesidad de conjuros —replicó Amunet, echando sus trenzas hacia atrás—. Que una jauría de chacales caiga sobre quien se atreva a negármelo y los sirvientes de Anubis arrastren su cuerpo por el desierto hasta convertirlo en polvo.

—Lo eres aún más cuando sueltas maldiciones. —Y dejando la caja con el espejo en la estera, Khay rodeó a la muchacha con los brazos para arrinconarla contra la pared.

—Un momento, ¿qué estás…? ¡Khay! —Apenas pudo contener la risa cuando le empezó a mordisquear el cuello, deslizando las manos por debajo de su vestido—. Khay, te recuerdo que aún seguimos…, que aún seguimos en la Casa de la Vida. —Un nuevo mordisco que convirtió su risa en un gemido—. Dijiste que irías al palacio para entregar el espejo esta misma tarde. Estaré esperándote en casa, así que no te entretengas mucho…

—Deberías extenderte un poco más acerca de eso. —El joven le empezó a bajar uno de los tirantes con los dientes—. Darme argumentos para que me muestre diligente.

—Estaré esperándote con una sonrisa, una cena suculenta y poca ropa encima. —Y al sentir su aliento en la piel de su escote, se obligó a apartarle con una sonrisa—. Vete de una vez o no lo harás nunca. —Le cogió la cara para darle un último beso y Khay, tras esconder la caja debajo de su envoltura de lino, se puso en pie para marcharse.

No faltaba mucho para la puesta de sol, pero el suelo seguía despidiendo tal calor que pudo sentirlo arder a través de su única sandalia. Por suerte, el palacio real estaba a escasos minutos de la Casa de la Vida y Khay no tardó en atravesar la explanada donde se situaba la entrada principal. Dos guardias armados la flanqueaban, pero, cuando se anunció como «el esposo de la *heka* Amunet, la hechicera real», sin poder disimular del todo su orgullo, empujaron de inmediato las hojas de madera de cedro para dejarle pasar.

Era increíble que contar con ella en su vida le hiciera sentir tan fuerte, como si al niño al que el maestro Nebmaat y Sebni intimidaban día tras día se lo hubiera tragado la tierra. Desde que Amunet le había pedido que se casara con ella, parecía costarle mucho menos sostenerles la mirada a los demás; incluso su postura se había vuelto más resuelta y el ritmo al que se veía obligado a caminar había dejado de mortificarle. El ruido de la muleta arrancaba ecos entre las columnas del palacio, una jungla aún más exuberante y colorida que Ipet Sut, y, después de avanzar durante un buen rato y pedir indicaciones a otro guardia, Khay se encontró en el corredor desde el que se accedía a las alcobas reales.

Se oían susurros y risas detrás de algunas puertas, y alguien entonaba una canción a Atón acompañándose de un sistro. La princesa Meritatón debía de estar ensayando para las ceremonias; había oído decir más de una vez que tenía una hermosa voz. El guarda le había explicado que la última puerta era la de Meresamenti, y Khay se encaminó hacia ella aferrando la caja; pero, cuando estaba a punto de alcanzarla, esta se abrió de par en par.

La sorpresa le hizo detenerse en seco. Un hombre al que reconoció como uno de los sacerdotes de Atón salió a toda prisa, cubriéndose como podía con los brazos. Khay se quedó mirando cómo se alejaba a todo correr y sólo cuando hubo desaparecido echó un vistazo a la habitación, en cuyo umbral relucían las esquirlas de un frasco de vidrio.

Meresamenti acababa de dejarse caer en una silla incrustada de madreperla. Tenía una expresión que nunca había visto en ella, un semblante agarrotado..., casi desesperado.

—¿Mi señora...? —empezó a decir Khay, pero la princesa le hizo callar alzando una mano, sin volverse siquiera hacia él. Tras unos segundos de silencio comprendió que el asunto iba para largo, de modo que aprovechó para observar discretamente la habitación.

Toda la planta baja de la casa de Amunet podría haber cabido en ella. Parecía estar situada en una de las esquinas del palacio, porque una amplia terraza se abría en dos de sus laterales, protegida del sol mediante unas mamparas de juncos y adornada con unas buganvillas tan coloridas que casi hacían daño a la vista. También las paredes estaban inundadas de color, y las pinturas ambientadas en los marjales de papiros podrían haber rivalizado con el propio paisaje extendido a los pies de la terraza, en las riberas del Nilo.

Finalmente, Meresamenti respiró hondo unos segundos antes de mirarle. Khay no la había tenido nunca tan cerca, y le sorprendió lo pequeña que era sin la silla gestatoria.

—El escriba Khay..., ¿no es así? —dijo distraídamente, y el muchacho se apresuró a postrarse ante ella—. No tengo ánimo para formalidades, así que puedes ponerte en pie.

—Gracias, mi señora —contestó él. Se apoyó en la muleta para incorporarse y se le acercó con el paquete envuelto en lino—. Mi esposa me ha pedido que te traiga esto.

—Tu esposa, es cierto. Me enteré de la noticia hace poco, durante un banquete.

—El faraón, vida, salud y prosperidad le sean dadas, nos honró concediéndonos su bendición —Khay inclinó la cabeza—, así que no podríamos haber empezado mejor.

—Parece que la *heka* ha demostrado ser aún más lista de lo que creíamos —dijo la joven, recostándose en la silla sin dejar de mirarle—. Eres apuesto, pese a ese pie.

Khay no supo muy bien qué responder. Amunet siempre decía que los miembros de la familia real se tenían por auténticos dioses en vida, y por eso no sentían reparos al referirse a sus súbditos como simples insectos incluso en su presencia. Pero los oscuros ojos de la princesa se habían clavado ya en el paquete y Khay se apresuró a entregárselo.

Cuando vio lo que era, su abatimiento dio paso a una inconfundible avidez. Tiró la tela al suelo y abrió la caja a toda prisa, y después se quedó mirando lo que había dentro.

—Es hermoso —acabó susurrando mientras lo sacaba. El espejo relució en la luz crepuscular, arrojando destellos sobre el rostro de Meresamenti cuando le dio la vuelta.

—Mi esposa encontró lo que le pediste en la biblioteca de la Casa de la Vida —le explicó Khay en voz baja—. Una invocación a la diosa Hathor muy antigua y poderosa.

—Hathor. —Los dedos de ella también parecían los de una niña, surcando la parte trasera del espejo como habían hecho minutos antes los de Amunet—. ¿Qué pone aquí?

—«Dejadme venerar a la Dorada para honrar su majestad y exaltar a la Dama de los Cielos» —recitó el muchacho de memoria—. «Dejadme adorar a Hathor y entonar un canto de alegría a mi divina señora. Le ruego que escuche mis peticiones y me envíe a mi amante ahora mismo, y lo haga postrarse a mis pies para entregarme todo su amor».

—Perfecto —susurró ella sin dejar de observar su reflejo—. Justo lo que necesitaba.

Khay tuvo que contenerse para no suspirar de alivio. La joven cerró los ojos con el espejo apretado contra el pecho y, cuando los abrió, casi parecía otra persona.

—De repente, me apetece una copa de vino. —Dejó el espejo y la caja sobre una mesa abarrotada de productos cosméticos y sirvió dos copas de fayenza azul con forma de flores de loto—. Tómate una tú también. Siempre me entristece tener que beber sola.

—Te lo agradezco, mi señora, pero sería mejor que me marchara. Le prometí a mi esposa que estaría de vuelta antes de la cena y el disco solar está a punto de ocultarse…

—¿Desde cuándo es más importante la orden de una *heka* que la de una princesa?

No parecía haber más remedio que obedecer, de modo que Khay tragó saliva. Con una sonrisa cada vez mayor, extrañamente eufórica, Meresamenti le alargó la copa y se bebió el contenido de la suya de un sorbo, dejando escapar después un suspiro.

—Recuerdo la primera vez que te vi —continuó diciendo mientras le observaba con la cabeza ladeada—. En la Necrópolis de Millones de Años, durante unos funerales.

—Es cierto —reconoció Khay, sorprendido—. Creía que te habías olvidado de mí.

—Es difícil hacerlo cuando presencias algo rematadamente estúpido. Aquel bruto con el que te peleaste te sacaba dos cabezas; de no haber intervenido nuestros guardias, no te habría dejado ni un hueso sano. Por no hablar de que él podía servirse de los dos pies.

Khay clavó los ojos en el interior de su copa, sintiendo cómo se ponía rojo. Con una sonrisa condescendiente, Meresamenti pasó por su lado para atravesar una cortina casi transparente que había en el otro extremo de la habitación. Al volverse hacia allí, el muchacho comprendió que debía de tratarse de una bañera, porque un suave vapor agitaba la tela detrás de la cual, como un enjambre de luciérnagas, titilaba una docena de velas.

—Me cuesta creer que fueras tan ingenuo como para esperar vencerle. —Le llegó el susurro del vestido de ella al caer sobre el enlosado, y Khay se sonrojó aún más—. ¿En qué estabas pensando? ¿Esperabas impresionarnos a mis hermanas y a mí?

—Ni siquiera sabía que os encontrabais tan cerca. Sólo hice lo que me pedía mi *ka*.

—Una decisión admirable. —La silueta de Meresamenti probó el agua con la punta del pie antes de sumergirse poco a poco—. Procuro hacer lo mismo siempre que puedo.

—En realidad —prosiguió él, sin saber muy bien por qué— supongo que lo único que quería era demostrarme algo a mí mismo. Que en ocasiones, por imposible que pueda parecer, aquellos de los que no se espera nada acaban siendo los que sorprenden a todos.

Pensaba en Amunet en esos momentos, en el anillo que había puesto en su dedo y en el orgullo que sentía cuando caminaba a su lado por Akhetatón. Por algún motivo, sus palabras sorprendieron a la princesa, pues guardó silencio unos segundos antes de decir:

—¿Lo crees de verdad? ¿Que podemos cambiar nuestro destino si nos esforzamos?

—No hay nada que tenga más claro, mi señora..., aunque me temo que no soy nadie para darte consejos —se apresuró a añadir él—. De todos modos, me parece que debería dejarte a solas.

Como he dicho, mi esposa me está esperando en casa y no querría que...

—¿Ahora resulta que le tienes más miedo que a ese gigante de la necrópolis? —se echó a reír Meresamenti, risueña de repente—. ¿Eres de esa clase de maridos timoratos?

—Por supuesto que no —se defendió Khay—. Es sólo que... no debería estar aquí.

—Me parece recordar que somos nosotros quienes dictamos las normas. —Hubo un pequeño chapoteo cuando la joven se sentó en la bañera—. Entra. No voy a comerte.

Khay habría dado años de vida por poder desaparecer en una nube de humo, como solían hacer los antiguos *hekas* para entretenimiento de la corte. Al apartar la cortina con una mano insegura, vio que la bañera era mayor de lo que había imaginado, una auténtica piscina en la que casi se podría nadar. Meresamenti permanecía recostada en el extremo más alejado, con las rodillas sobresaliendo del agua perfumada y una sonrisa en los labios.

—Es más agradable charlar aquí que de pie, sobre todo para alguien que se apoya en una muleta. —Le señaló el agua adornada con nenúfares—. Te he dicho que entres.

—Pero creía que te referías a... —Meresamenti enarcó las cejas y Khay sintió un nudo en el estómago—. Sólo estoy estorbando, mi señora. Sin duda preferirás estar sola.

—Como tú mismo has dicho, no hay nada más sensato que obedecer los dictados de nuestro *ka*. Y el mío siempre me pide tomar lo que más deseo a cada momento.

«No son como nosotros —volvió a resonar la voz de Amunet en su cabeza—, no se les puede pedir clemencia, ni mucho menos comprensión. Nunca les hemos importado».

—¿A qué estás esperando? —Había una inconfundible nota de advertencia en la voz de la joven—. ¿O es que quieres que piense que esa invocación a Hathor no sirve de nada?

—Por favor, mi señora… —trató de decir Khay, odiándose por el modo en que las palabras se le enredaban en la lengua—. Sabes que puedes aspirar a… mucho más que alguien como yo. Sin duda habrá otros cortesanos que te complazcan más, puede que…

—Ahora que lo pienso, a mi divina madre le encantaría saber que tu esposa tiene tratos con Hathor, tantos como para intentar corromper a su primogénita con oraciones suyas. Seguro que mi divino padre lo consideraría una herejía, una traición incluso. —La princesa apoyó los brazos desnudos en el borde de la bañera, envuelta en el vapor que parecía brotar de sus miembros—. ¿Eso es lo que quieres, escriba Khay? ¿Que tu *heka* sea acusada de conspirar contra su señor y empalada en las murallas de nuestra ciudad?

El espanto que no hacía más que crecer en su interior le encogió el corazón. «No somos más que insectos para ellos. Nada capaz de hacer sombra a los hijos del dios».

—Si estás pensando en tu amiga Kiya, no creo que pueda serte de ayuda —le dijo Meresamenti, divertida—. Bien pensado, tendría que empezar a buscarse otro escriba…

—Si te…, si te obedezco… —consiguió decirle Khay—, ¿dejarás a Amunet en paz?

—Eso depende de lo complaciente que seas. Suerte que tengo tiempo para hacerte comprender lo afortunado que eres, cuando te hayas acostumbrado a la vida en palacio.

Nunca supo de dónde sacó las fuerzas para dejar su muleta en el suelo. No quiso pensar en que pasaría el resto de su vida odiándose por aquello ni en que cada escalón que descendía era un paso más hacia su propio infierno. Los ojos de la princesa se entornaron de deleite al tenerlo frente a ella y, cuando empezó a abrirse camino entre los nenúfares que los separaban, Khay se acordó de la serpiente con la que se había encontrado siendo niño en la ribera del Nilo y a la que Amunet había atraído sin que hiciera el menor amago de atacarle. Pero Amunet ya no estaba a su lado, y cuando Meresamenti apoyó las manos en el borde de la bañera, atrapándolo entre sus brazos mientras se inclinaba para besarlo en la boca, supo que había ciertas bestias a las que ni siquiera ella sería capaz de doblegar.

39

Gabriel

París, 1799

—¡Dichosos los ojos, señorita Shaheen! —saludó Vivant Denon cuando Gabriel y ella se presentaron en el Louvre, una semana después de haberse instalado en París. Lo encontraron en una de las salas del primer piso en compañía de sus ayudantes, con los que estaba repasando el inventario de las últimas incorporaciones a la colección—. Tengo entendido que Roux ha estado enseñándole la ciudad estos días —continuó diciéndole el historiador—. Espero que le haya gustado, ahora que está más aclimatada a nuestro país.

—Creo que aún falta bastante para que eso ocurra —repuso ella—. No entiendo cómo no les han salido aletas a todos con esta maldita lluvia que no para ni un minuto.

Pese a que el carruaje los hubiera dejado en el patio, tenía la ropa tan empapada como si acabara de atravesar el Sena a nado. Al final no le había quedado más remedio que renunciar a las chilabas, pero por lo menos había descubierto entre la ropa de Belle una blusa blanca y una falda de paño gris con las que sentirse razonablemente cómoda.

—Magnífico, ¿verdad? —dijo Denon al advertir la extrañeza con la que estaba observando el grupo escultórico situado a sus espaldas. Como si un hechicero los hubiera convertido en piedra, un hombre y dos muchachos se contorsionaban tratando de zafarse del abrazo de unas serpientes—. Llegó poco después de que nos marcháramos a Egipto, procedente de la campaña italiana de Bonaparte. Va a ser uno de los hitos de la colección.

—*Se nota su interés por hacernos sentir como en casa a los extranjeros* —contestó Amunet antes de que Shaheen pudiera hacerlo. Era lo primero que decía desde que se habían marchado de Le Marais—. *Dudo que les haya quedado un solo país por saquear.*

—Prefiero pensar en lo que hacemos como una salvación, no un saqueo. De no ser por nosotros, señorita Amunet, la mitad de lo que puede ver aquí habría sido destruido.

—*Tiene toda la razón: no sé qué sería del mundo sin sus salvadores de piel blanca.*

—He oído decir que Bonaparte está encantado con su labor —se apresuró a intervenir Gabriel—. Cada vez son más fuertes los rumores sobre su nombramiento como director.

—Nada más que habladurías —contestó Denon con fingida modestia—, al menos hasta que el Louvre sea reabierto al público. ¿Ha venido a ayudarnos con el inventario?

—En realidad, quería consultar nuestras anteriores adquisiciones. Pensaba pedirle a mi tío que nos acompañara, pero no estoy seguro de que sea lo mejor para él. —Y ante la curiosidad de su superior, Gabriel añadió—: Son las que se guardan en ese despacho.

Al oír esto, uno de los ayudantes de Denon, un adolescente apenas, apartó la vista del inventario que seguía repasando. La sonrisa del historiador flaqueó un instante.

—Por supuesto, debí habérmelo imaginado. No hay ningún problema. —Dejó su pluma sobre la mesa y les hizo un gesto—. Vengan conmigo. Después de usted, señorita.

Los condujo por unos corredores adornados con molduras doradas y unos espejos tan enormes que los cuadros parecían multiplicarse hasta el infinito. Mientras el eco de sus pasos los seguía como una sombra, Shaheen miró de reojo los retratos de mujeres con niños, los bodegones rebosantes de frutas y los paisajes con músicos y pastorcillos.

—Deja que lo adivine: no habías visto tantos cuadros en tu vida —le dijo Gabriel.

—No había visto cuadros, a secas —contestó ella—, ni siquiera en los palacios en los que me colaba a robar. Por si lo has olvidado, nosotros no representamos a personas ni animales. El Corán prohíbe terminantemente imitar el poder creador de Alá.

—También que las mujeres se vistan de hombres y actúen como tal, según uno de los hadices de Ibn Abbas. No es que seas la más adecuada para hablar de trasgresiones.

—Sabes que es muy distinto pecar por supervivencia que por placer —replicó la joven, apartando pudorosamente los ojos de un desnudo. Aun así, lo que acababa de oír la había descolocado—. No imaginaba que conocieras nuestros textos sagrados…

—¿Cómo crees que aprendí árabe, fumándome pipas con ladronzuelas cairotas?

Ella sacudió la cabeza con exasperación, aunque no pudo evitar que se le escapara una sonrisa mientras esperaban a que Denon abriera una puerta. El despacho en el que los invitó a entrar, pese a tener las dimensiones de un salón, resultaba agobiante debido a la cantidad de objetos amontonados en él. Cuando el historiador separó las cortinas, la claridad cenicienta reveló montañas de cajas de madera como las que habían viajado en el *Carrère*, docenas de lienzos envueltos en sábanas y apoyados contra las paredes y una colección de esculturas que, para frustración de la muchacha, seguían estando desnudas.

—No es que lo tengamos demasiado ordenado —se disculpó Denon, pasando un dedo por la superficie de un escritorio—, pero, como no ha vuelto a ocuparlo nadie, nos pareció que podríamos usarlo como almacén provisional. Desde que pasó aquello, en fin…

—No importa —contestó Gabriel de inmediato. ¿Shaheen se lo estaba imaginando o su expresión risueña se había esfumado?—. Empezaré echando un vistazo a esas cajas.

Mientras tanto, yo revisaré el resto de la habitación. Me fío del Conde de Pitiminí tanto como de un niño de seis años.

Shaheen, por su parte, tomó asiento en una silla que Denon limpió con un pañuelo y durante un rato se quedó charlando con él, recorriendo mientras con los ojos el contenido del despacho. Su aspecto no habría desentonado en casa de Gabriel y su tío, aunque no tardó en caer en la cuenta de que había algo raro en él.

Puede que las obras de arte taparan casi por completo las paredes, pero lo poco que se distinguía de ellas no cuadraba con la elegancia del conjunto. Parte del empapelado color crema estaba rasgado y en más de un sitio se apreciaban algunas quemaduras…, las mismas que, como comprobó una sorprendida Shaheen, salpicaban el propio escritorio.

—¿Señor Denon? —llamó al historiador, que acababa de acercarse a Gabriel para recoger la levita que este se había quitado antes de arrodillarse frente a una de las cajas.

—¿Sí, querida? —Denon regresó a su lado—. ¿Necesitas algo? ¿Un vaso de agua?

—Quería preguntarle una cosa. Sobre este lugar y lo que ha dicho que pasó en él.

La levita que Denon se disponía a colocar sobre el respaldo de la silla casi resbaló entre sus dedos. Entonces vio de que Shaheen estaba mirando el escritorio y dijo:

—Perdóneme, pero creí que ya lo sabía. Que Mouret y Roux se lo habrían contado.

—No entiendo a qué se refiere —dijo la chica, confundida—. ¿Qué debería saber?

—Este era el antiguo despacho de Delphine Mouret, la tía de Roux. Era una de las mayores eminencias que ha habido en el Louvre y una gran conocedora del arte antiguo.

A Shaheen se le entreabrió la boca. El retrato ovalado de su cuarto, que siempre parecía saludarla con una sonrisa en cuanto abría los ojos, regresó a su memoria con tanta nitidez que casi creyó tener a la mujer del cabello empolvado ante ellos. Y aquel recuerdo trajo de la mano otro igual de vívido: Aziz asegurándole en su tienda de El Cairo que había enviado los ladrillos de Amunet al Louvre con otros objetos de su ajuar.

De repente entendía por qué Gabriel había pensado en ese despacho, tratándose del de una amante de Egipto. Su tía podría haber sido quien adquirió todas aquellas piezas.

—La pobre pondría el grito en el cielo si viese cómo está todo esto ahora. —Denon se aseguró de que Gabriel no podía oírles antes de proseguir en voz baja—: La revolución nos ha abierto las puertas a un mundo nuevo, pero no todas sus consecuencias han sido admirables. En la época del Terror se produjeron destrucciones gravísimas de obras de arte que habían pertenecido a la realeza y la Iglesia antes de que el Estado las requisara.

—Creo que Roux me ha hablado de eso. Me contó que algunos radicales mutilaron las estatuas de los templos, que llegaron a sacar a los antiguos reyes de sus sepulturas…

—Eran tiempos difíciles para París y los ánimos estaban muy exaltados. Delphine temía que acabara sucediendo lo mismo con lo que habíamos salvado de los saqueos a la colección real. Sabía que el Louvre era uno de los objetivos de los radicales y, mientras los demás nos preguntábamos cómo proteger nuestras obras de arte de sus ataques, ella decidió jugar una carta desesperada: confió las suyas al mercado negro de antigüedades.

—¿Prefirió entregárselas antes que presenciar su destrucción? —preguntó Shaheen con un pellizco en el estómago. Pensaba en todo lo que le habían vendido Ahmed y ella a Aziz por motivos infinitamente menos nobles, en todas las alhajas que habían robado de palacios mamelucos—. Eso no debió de sentarles demasiado bien a las autoridades.

—Cuando descubrieron que Delphine se había deshecho de lo que había pasado a pertenecer legalmente al Estado, la encerraron de inmediato en la Conciergerie con los demás traidores a la patria. —Denon observó con tristeza el desolado escritorio, como si su dueña todavía siguiera sentada tras él—. Aún me parece verla de pie ante el Tribunal Revolucionario, con la barbilla alzada y los ojos brillantes de determinación: «Ya se han destruido demasiadas cosas en nombre de la libertad, y nada nos hace más libres que la capacidad de crear arte. Disponed de mi vida como queráis: no me arrepiento de nada».

El pellizco en el estómago de Shaheen se convirtió en un retortijón. «La esposa del señor murió hace cinco años», había dicho Jean-Baptiste al conducirla a su dormitorio…

—¿La decapitaron? —fue todo lo que pudo preguntar—. ¿Como al rey y la reina?

—Como a las más de diez mil personas, querida mía, que han pasado en estos años por Madame la Guillotine —le respondió Denon—. Aquello nos conmocionó a todos, en especial a Roux. Sé que aún sigue sin perdonarse por no haber estado esa tarde al pie del cadalso, pero René no se lo permitió. Tenía diecisiete años y la quería como a una madre.

Las preguntas parecieron abandonar a Shaheen al observar al joven. Un mechón rojo había resbalado por su frente mientras trasteaba con las cajas, dándole una apariencia casi aniñada que le hizo pensar en el recuerdo que Amunet había desenterrado para él en Egipto: «Merecerá la pena morir por lo que más he amado nunca».

«Ella sabía de sobra qué era lo que le atormentaba —pensó la muchacha, y se mordió el labio inferior—. ¿Tanto puede llegar a quererse un montón de telas pintadas?».

—Ciudadano. —Demasiado conmovida por lo que había descubierto, no se había dado cuenta de que uno de los ayudantes de Denon se hallaba a su lado—. Un carruaje de Malmaison ha entrado en el patio, ciudadano. Debe de traer algún mensaje para usted.

—Ah —se emocionó Denon—, Bonaparte vuelve a interesarse por nosotros. Espero no haberla disgustado con lo que le he contado; enseguida estaré de vuelta con ustedes.

Se marchó del despacho lo más rápido que pudo, pensando probablemente en su cacareado ascenso, y Shaheen no pudo hacer otra cosa que guardar silencio mientras se preguntaba cuántos secretos más esconderían esos dos hombres a los que creía conocer.

Estaba tan acostumbrada a desconfiar de los *farengi* por el mero hecho de serlo que había tardado en pensar en ellos como en auténticos seres humanos. Personas que habían experimentado pérdidas tan dolorosas como René, siempre tan caballeroso con ella, tan amable con todos; o el propio Gabriel, para quien no parecía haber una sola preocupación en el mundo y que, sin embargo, había estado usando todo el tiempo un disfraz más efectivo que los bombachos, el pecho vendado y el cabello corto de Shaheen. Aquello le hizo acordarse de cómo se lo había peinado el joven antes de salir de casa, al reparar en lo mal que se le seguían dando los recogidos franceses, y en cómo el contacto de sus dedos recorriéndole el pelo le había hecho preguntarse, mientras lo observaba a hurtadillas en el espejo y él silbaba para sí, si se trataba de una sensación placentera o no.

Por un instante acarició la posibilidad de hablarle de Delphine, pero acabó aceptando que no sería justo. Gabriel había respetado su silencio en el *Carrère*, cuando le confesó que había huido de su antiguo hogar. No tenía el menor derecho a exigirle nada.

—¿Has conseguido dar con algo? —preguntó en cambio, deteniéndose a su lado.

—De momento, ni rastro de los ladrillos —dijo Gabriel, y se pasó una mano por la frente para apartarse el pelo suelto—. Podemos pedirle a Denon que nos deje buscar en otros despachos, aunque no tengo muchas esperanzas. Aquí deberían estar todas las piezas egipcias que… —Se detuvo al ver cómo le observaba ella—. ¿Ocurre algo?

—Nada —se apresuró a responderle—. Amunet tampoco ha dado señales de vida.

—Es un poco difícil que pueda hacerlo a estas alturas. —Otra vez esa sonrisa con la que ya no era capaz de engañarla—. Porque lleva tres mil años muerta y esas cosas…

—Eso ha sido aún más infame de lo habitual en ti. —Hablar de Amunet parecía un terreno más seguro, y Shaheen decidió afianzar los pies sobre él—. Quiero aprovechar que está distraída para preguntarte algo que me intriga. Algo relacionado con su familia.

Aquello pareció sorprender a Gabriel, pero apartó un par de cajas para que pudiera sentarse a su lado. Shaheen se recogió la falda antes de acomodarse en el suelo.

—Creo que a Amunet le preocupa algo, aunque no quiera hablar del tema —siguió diciendo en voz más baja—. ¿Es cierto que sólo encontrasteis dos cuerpos en su tumba?

—Claro, tú misma viste los ataúdes —contestó Gabriel—. ¿Qué pasa con ellos?

—Que no pueden ser los únicos que había allí. Me dijo que su padre había hecho construir la sepultura para su madre y a él lo enterraron mucho después, cuando la peste se lo llevó por delante. No debería haber dos momias, sino tres, contando con Amunet...

—Tal vez existía una segunda cámara sepulcral con la entrada tapiada. No sería la primera vez que los egipcios recurrían a algo así para impedir que profanaran sus restos.

—Me pregunto si ese segundo cuerpo sería el de Khay —comentó ella en un tono aún más quedo y, al intuir su confusión, añadió—: Era el joven con el que se casó.

—¿Que Amunet estaba casada? —Gabriel dejó escapar algo a medio camino entre el resoplido y la risa—. ¿Había en todo Egipto alguien tan santo como para aguantarla?

—Me parece que no debieron de acabar muy bien. Ella me aseguró que no era una historia con final feliz, pero de todos modos... ¿no deberían descansar juntos los esposos?

—Te recuerdo que apenas sabemos nada sobre esa gente. La mayor parte de lo que hacían nos sigue pareciendo incomprensible, por mucho que Amunet nos hable de ello.

—No sé qué decirte —ironizó ella—. Puede que tenga más cosas en común con un pueblo razonable que sabía que es el sol el que describe círculos alrededor de la tierra.

—Conozco a un tipo llamado Copérnico que os diría un par de cosas a ambas. —Y tras ponerse en pie, Gabriel tiró de su mano para que se incorporara y la alzó después en brazos como a una niña—. Para empezar, las órbitas no son circulares, sino elípticas…

—¿Qué demonios crees que estás haciendo? —Shaheen se agarró a su cuello para no caer, más perpleja que escandalizada—. ¡Suéltame ahora mismo! ¡Suéltame, te digo!

—… y la tierra no se mantiene estática, sino que también gira sobre su eje. —A la muchacha se le escapó un «¡para!» cuando Gabriel empezó a girar como una peonza, cada vez más rápido—. Por eso las estaciones se suceden una a otra y las noches a los días…

—Si no me sueltas de una vez, te juro que te comerás este puño. En serio, Roux…

No obstante, no fue capaz de contener la risa cuando su zapatilla izquierda, tras una vuelta especialmente vertiginosa, salió volando hacia una de las esculturas del despacho.

—Mira lo que acabas de hacer. ¡Denon nos matará si rompemos algo por tu culpa!

—Yo diría que el hecho de tenerte en brazos me da cierta inmunidad —contestó Gabriel mientras la bajaba—. No sabes cómo le encantaría presenciar un espectáculo así.

Había algo en su sonrisa que hizo que Shaheen perdiera el hilo, una curiosa luz que no recordaba haber percibido en El Cairo…, lo cual era sorprendente, dado lo mortecino que era todo en París. Sus brazos seguían estando alrededor del cuello de él, y súbitamente se preguntó si aquello era un abrazo, como el de la ciudadela de Ajaccio; y de no ser así, si se hundiría el mundo por reclinarse un momento contra su pecho. Supo que sus pensamientos no debían de estar muy alejados de los de Gabriel, porque sus manos también se habían demorado en su cintura más tiempo del estrictamente necesario... hasta que pasó algo que hizo estallar aquel instante como una pompa de jabón.

Una cólera que Shaheen nunca había sentido prendió fuego a su pecho. Subió por su garganta como la lava por la chimenea de un volcán y, antes de que pudiera ser consciente de lo que estaba haciendo, apartó a Gabriel de un empujón que casi le hizo caer al suelo.

—¿Shaheen...? —consiguió decir este, agarrándose a la caja más cercana. La miró con los ojos abiertos de par en par—. Escucha, si he hecho algo que te haya molestado...

—No he sido yo —susurró ella con la respiración entrecortada. El arrebato de rabia cesó con la misma rapidez con que había surgido y Shaheen clavó los ojos en sus manos temblorosas—. No sé qué me ha pasado —siguió diciendo—. Estaba furiosa de repente...

No se encuentran aquí. —Toda la ira que la había abandonado parecía concentrada en la voz de Amunet; la muchacha nunca la había oído hablar así.

«¿De qué estás...?».

¡Mis ladrillos no se encuentran aquí! ¡Ese cerdo asqueroso de Aziz al-Rashid nos mintió!

—Ha sido... Amunet —se vio obligada a decir Shaheen ante la creciente preocupación de Gabriel—. Está furiosa porque no ha conseguido localizar los ladrillos.

—Ya hemos dicho que nos quedan muchos despachos que visitar y, si hace falta, pondremos el museo del revés para dar con ellos. Que no estén en este no significa que…

—*Más vale que sea así, Roux.* —La rabia hacía vibrar la garganta de Shaheen como la cuerda de un laúd—. *Más vale que no hayamos hecho este condenado viaje en balde.*

—Te recuerdo que nadie te obligó a venir a París; fuiste tú quien manipuló a todo el mundo para salirte con la tuya —contestó él, encrespándose por momentos—. ¡Pero ni Shaheen ni yo tenemos la culpa de que las cosas no estén marchando como esperabas!

—*Sería más sincero admitir que estáis encantados con la situación. Es una pena no contar con un par de manos con las que encenderos unas velas y tocaros una serenata…*

Gabriel abrió la boca, pero no le dio tiempo a responder: la puerta volvió a abrirse y Vivant Denon, con una expresión decepcionada poco usual en él, entró en el despacho.

—Siento haberla hecho esperar, señorita Shaheen. Espero que no se haya aburrido demasiado… —Entonces vio la zapatilla tirada en el suelo—. Vaya, parece que no.

—Sólo estábamos hablando con Amunet. —Shaheen se inclinó para calzarse con las mejillas al rojo vivo—. ¿Ha habido suerte con el mensajero de Bonaparte?

—Pues parece que estaba equivocado: no era a mí a quien quería ver, sino a usted.

Esto se pone más interesante a cada minuto —bufó Amunet—. *Como si no tuviéramos bastante con un único galán.*

Shaheen, en vez de contestarle, miró extrañada a Gabriel.

—Pero si no le hemos dicho a nadie que estaríamos aquí. ¿Cómo se ha enterado?

—Al general no se le escapa nada, señorita Shaheen, especialmente cuando decide incluirlo en sus planes. La ha invitado a almorzar con él a las doce y media, lo cual nos deja cierto margen de tiempo. —Y Denon recorrió con la mirada la falda de Shaheen, manchada de polvo por haberse sentado en el suelo—. Si no queremos escandalizar a los criados de Malmaison, más vale que la acompañemos a comprar algo digno de ese sitio.

40

Amunet

Akhetatón, 1340 a. de C.

Había encendido un quemador con resina de pistacho sobre el pequeño altar para que su perfume lo recibiera en cuanto cruzara la puerta. Había preparado para él un pato glaseado con miel y granada y enviado a Nuri al mercado a por vino de Siria. Llevaba el vestido que sabía que le gustaba más, de color turquesa con tirantes dorados, y se había pintado los párpados con polvo de malaquita para completar el efecto. Así arreglada, se sentía lo bastante hermosa como para dejarlo sin aliento, y cuando todo estuvo listo se dirigió al piso de arriba para esperar, acodada en la terraza, a que él hiciera su aparición.

Unos niños correteaban entre risas al otro lado de la calle, y Amunet tardó en notar que estaba sonriendo para sí. Nunca había hablado con Khay del tema, pero tal vez aquella noche fuera la indicada para hacerlo. Tenía dieciséis años y medio; era una edad a la que la mayoría de las mujeres de Kemet ya eran madres. Su padre no la había tenido mucho después, aunque el alumbramiento le hubiese costado la vida a su esposa.

Curiosamente, eso no le producía la menor inquietud. Su magia era la de los seres vivos, la fuerza de la naturaleza, el poder de la creación, ¿y qué podía ser más mágico que un trance como aquel? «A Ptahmai no le haría ninguna gracia —pensó sin dejar de tamborilear con los dedos sobre la repisa de la terraza—, pero lo acabaría aceptando con el tiempo. En el fondo me está cogiendo cariño, y seguro que a nuestros hijos también».

Las estrellas brillaban con fuerza sobre los acantilados; faltaba poco para que fuera noche cerrada. Extrañada por lo mucho que estaba tardando, Amunet regresó abajo y se sentó en uno de los poyetes de barro, entreteniéndose con las transcripciones de unos papiros que había cogido prestados de la Casa de la Vida. Pero al cabo de un rato se quedó sin nada que hacer, y sus ojos empezaron a clavarse una y otra vez en la puerta.

—Mi señora —oyó decir al pie de la escalera, y al volverse hacia allí vio que Nuri también parecía algo confusa—. ¿Quieres que ponga la comida un poco más en el fuego?

—Buena idea —se obligó a sonreírle—. Seguro que en unos minutos estará aquí.

Quizá Khay se había encontrado con alguien en el palacio real y no había podido quitárselo de encima hasta entonces. Estaba bastante cerca del distrito residencial y el recorrido no podría llevarle mucho, ni siquiera con su muleta. Riñéndose a sí misma por su impaciencia, Amunet se puso de nuevo en pie para recolocar el escaso mobiliario que tenían y ahuecar cojines aquí y allá, tarareando mientras tanto en voz baja.

Pero el tiempo siguió pasando y al final su inquietud se convirtió en enfado. «La próxima vez que te apetezca un pato glaseado, Khay, tendrás que pedírmelo de rodillas».

—Nuri —acabó diciéndole a la pequeña esclava, que había empezado a cabecear en un rincón de la estancia—, será mejor que te comas eso antes de que se eche a perder.

—¿Yo, mi señora? —se sorprendió la niña—. ¿Y qué prepararemos para el señor?

—Nada..., por lo menos, no tú. Hazme caso, cena un poco y vete a la cama. Yo me quedaré esperando a Khay, si es que tiene intenciones de aparecer por aquí...

Estaba haciendo auténticos esfuerzos para no mostrarse indignada ante Nuri. En el fondo, pensó de mal humor mientras apagaba el quemador, no era la primera vez que se ausentaba a la hora de cenar, aunque antes siempre había enviado un recado: el Escriba Real había solicitado su presencia a última hora, había algo urgente de lo que ocuparse en la Casa de la Correspondencia... Encogiéndose de hombros, Amunet sopló las velas y se dirigió también a su alcoba, donde se quitó la ropa y el maquillaje y se echó en una cama que de pronto se le antojó muchísimo mayor de lo que siempre le había parecido.

Pasó una noche intranquila, sobresaltándose cada vez que sonaban pasos en la calle y tendiendo el oído cuando creía percibir el ruido de la puerta. No habría sabido decir en qué momento acabó durmiéndose, pero, cuando despertó con la salida de sol, seguía estando sola. «Tiene que haberse quedado en su antigua casa. Seguro que surgió algún contratiempo a última hora y prefirió pasar la noche allí para no tener que despertarme».

Algo más calmada, se encaminó al templo de Atón para las ceremonias de cada amanecer, aunque seguía teniendo la mente puesta en otras cosas. La mañana se le hizo eterna hasta que por fin pudo echar a correr hacia la Casa de la Correspondencia, donde la esperaba una sorpresa aún mayor: ninguno de los compañeros de Khay lo había visto.

—La última vez que me crucé con él, fue en la biblioteca —le aseguró Merira, el Escriba Real, cuando lo asaltó en el patio. Estaba charlando con el visir Nakhtpaatón a la sombra de una de las palmeras—. De hecho, creo que tú también te encontrabas allí.

—Pensaba que le habías encargado algo y por eso no volvió a casa —se alarmó ella.

—Bueno, estoy seguro de que no puede estar lejos. Akhetatón no es tan grande como parece la primera vez que se entra en ella y a Khay lo conoce muchísima gente…

Algo en su expresión debió de conmover a Merira, porque le acarició una mejilla.

—No pongas esa cara, muchacha. No hay nada de malo en que un hombre eche alguna cana al aire, incluso cuando acaba de contraer matrimonio. Si lo ves en una casa de la cerveza, procura no ser demasiado dura con él; tiene derecho a divertirse.

—Habría que ser muy estúpido, Merira, para preferir la compañía de una de esas mujeres a la de la *heka* Amunet —intervino Nakhtpaatón, quien parecía tomarse más en serio su desasosiego—, y te aseguro que nunca he tenido por tal al escriba Khay.

Pero ella había dejado de prestarles atención. Al mirar por encima del rechoncho hombro de Merira, le había parecido distinguir una peluca corta y rizada que le era muy familiar y, tras despedirse apresuradamente de ambos, regresó al exterior a todo correr.

—¡Majestad! —la llamó en voz alta. Kiya pasaba en ese momento por delante de la Casa de la Correspondencia, acompañada por un pequeño séquito de asistentes, y al oír a Amunet se volvió en el acto—. Majestad —jadeó la joven, deteniéndose ante ella y haciendo una inclinación—, me preguntaba si me podrías..., si me podrías ayudar.

—*Heka* Amunet. —¿Eran cosas suyas o la habitual serenidad de la reina mitannia la había abandonado nada más verla?—. Me temo que ahora mismo estoy ocupada... El faraón, vida, salud y prosperidad le sean dadas, me requiere en la sala de audiencias y...

—Espera, por favor —la interrumpió Amunet, agarrándola del brazo. Uno de los guardias se adelantó de inmediato, pero Kiya lo detuvo con un gesto—. Antes de que te marches, necesito preguntarte si sabes algo de Khay. No sé dónde puede haberse metido.

Esta vez no le cupo duda alguna: los ojos dorados de la reina, siempre risueños, se habían enturbiado. ¿Qué era lo que se reflejaba en ellos? ¿Pena, angustia..., culpabilidad?

—Lo siento, Amunet, pero no puedo ayudarte. No me corresponde a mí hacerlo...

—Tú sabes de sobra dónde está —adivinó la joven sin dejar de mirarla—. Es tu escriba personal, uno de tus súbditos más fieles. Haría cualquier cosa que le pidieras.

—Hasta anoche, al menos, habría jurado que lo era. Pero las cosas han cambiado.

A Kiya parecía costarle un enorme esfuerzo sostenerle la mirada. Amunet abrió la boca varias veces, cada vez más atónita, aunque tardó unos segundos en poder contestar.

—¿Qué…, qué pretendes decir con eso? ¿Qué es lo que ha cambiado, Kiya?

—Dejadnos un momento —ordenó esta a sus acompañantes y, cuando se quedaron a solas, respiró hondo antes de encararse con la muchacha—. Esta mañana, uno de los sirvientes de Meresamenti me trajo un mensaje suyo. Decía que más me valía buscarme otro escriba para sustituir al mío, y se atrevía a sugerir unos cuantos nombres, de hecho.

—¿Meresamenti? —dijo Amunet sin comprender nada—. Khay fue ayer al palacio para entregarle algo, pero no entiendo qué puede haber pasado para que ella decidiera…

Pero su voz se fue apagando poco a poco y, cuando el pesar se hizo aún mayor en los ojos de Kiya, la inquietud que sentía desde la noche anterior le amordazó el corazón.

—Lo siento muchísimo, Amunet —le aseguró esta en un susurro—, pero me temo que no hay nada que podamos hacer. No tengo permitido interceder ante mi marido en nada que concierna a las hijas de la Gran Esposa Real. Nefertiti nunca me lo perdonaría.

—¿Está con ella? —preguntó la muchacha con voz estrangulada—. ¿Estás segura de que lo que lo ha retenido en palacio…, si es que está allí, si no se ha movido de allí…?

—¿Cartas que escribir? ¿Documentos que copiar para ella? —Kiya dejó escapar un bufido absolutamente impropio de una reina—. Daría lo que fuera por tranquilizarte, mi niña, pero no puedo mentirte; cuanto antes te hagas a la idea, mejor. Le advertí a Khay que era un demonio, un auténtico genio del Amenti. Pero también a él le ha engatusado.

Sin dejar de mirarla con un horror cada vez mayor, la muchacha dio un paso atrás y después otro más, antes de girar sobre sus talones.

«Amunet —dijo Kiya tratando de retenerla, pero para entonces había echado a correr hacia la explanada desde la que se accedía al palacio real y la reina no pudo hacer más que seguir gritándole—: ¡Amunet!».

No recordaba haber estado tan embriagada de ira desde la noche en la que ardió la antigua casa de Khay. Podía sentir el pulso martilleando en sus sienes y un extraño fuego escalando por su garganta con cada paso que daba hacia las grandes puertas. Había dos guardias charlando en la entrada, pero al verla acercarse se quedaron callados poco a poco.

—¿*Heka* Amunet…? —intentó detenerla uno de ellos, pues no estaban avisados de su visita, pero la muchacha ni siquiera le contestó. Alzó una mano en su dirección y el hombre se vio arrojado contra la pared, como si un puño invisible lo hubiera golpeado.

—¡Ipy! —dejó escapar su compañero. El cuchillo que llevaba al cinto siseó en su mano cuando se apresuró a sacarlo—. ¡No…, no puedes hacer eso! ¡No se te permite la…!

Sin molestarse en mirarle, Amunet sacudió la otra mano y el cuchillo del guardia escapó de sus dedos; acto seguido, se clavó en una de sus sandalias. Pudo oír vagamente los gritos de ambos, pero no bastaron para detenerla; ella misma empujó las puertas y se adentró en el complejo, con los dedos temblándole como los de alguien consumido por la fiebre.

No habría sabido decir si eran las voces de los que acababa de dejar atrás o su mera presencia lo que alertó a los demás guardias. Estaba tan cegada por su propia cólera que ni siquiera tenía que concentrarse para apartarlos de su camino, como si sus mentes se hubieran vuelto tan manipulables como las de las bestias. Por fin, después de atravesar una habitación tras otra dejando a sus espaldas una estela de cuerpos gimoteantes, Amunet desembocó casi sin aliento en el corredor de las alcobas reales, donde había una puerta a través de la cual se colaban unas risas cantarinas, unos chapoteos y el sonido de un laúd.

Otro hombre montaba guardia en la entrada, pero se deshizo de él con la misma facilidad. Al pie de unos escalones, repleto de papiros y de lotos que se desperezaban al sol, un estanque recorría todo el lateral del palacio, separado del Nilo mediante un muro pintado de blanco. Allí estaban las hijas del faraón, riendo y jugando en el agua.

—¡Meresamenti! —gritó Amunet con toda la potencia de sus pulmones, haciendo que las princesas se callaran al unísono. Seis cabezas se volvieron hacia ella cuando se acercó más al agua, apretando los puños contra sus costados—. ¿Dónde estás? ¿Dónde?

También el laúd de Meritatón había enmudecido y su rostro se había puesto pálido bajo el maquillaje. Agarró a Meketatón y Ankhesenpaatón para apartarlas de su camino, y otra de sus hermanas hizo lo propio con la pequeña Setepenra mientras Amunet giraba sobre sus talones para mirar a su alrededor. Tardó unos segundos en dar con ella, pero al final lo consiguió y la ira que le ardía en el pecho amenazó con abrasarla por completo.

Meresamenti estaba de bruces sobre un diván, jugueteando con los nenúfares que navegaban por el estanque. Pareció confundida al verla allí, pero de pronto sonrió.

—Ah, nuestra *heka* ha venido a hacernos una visita. Debería haberlo imaginado…

—¿Dónde está Khay? —la interrumpió Amunet; un par de garzas que aleteaban en el estanque se apresuraron a alzar el vuelo—. ¿Qué le ha pasado para no volver a casa?

—No tengo la menor idea —contestó la joven con indiferencia, dando toquecitos a una de las flores hasta que acabó por hundirse en el agua—. A diferencia de su antigua señora, yo no suelo tratar a mis escribas como perros a los que haya que sacar a pasear.

Amunet creyó estar a punto de enloquecer de furia. Apartó de una patada una silla plegable para acercarse a la princesa, lo que causó que una de sus hermanas soltara un grito.

—Sé lo que has hecho —siseó deteniéndose junto al diván—. Anoche no regresó conmigo porque se quedó a pasar la noche aquí. ¿Cómo demonios conseguiste retenerle?

—Para que un marido engañe a su mujer, se necesita una pizca de colaboración por su parte —le recordó Meresamenti, recostando la cabeza sobre uno de los cojines—. No es algo que se pueda hacer sin que uno se dé cuenta, ¿sabes? De todos modos, *heka*, preferiría dejar esto para otro momento. —Rodó sobre su costado con un brazo sobre la cara para que no la cegara el sol—. No he descansado mucho, no sé si me comprendes…

—Meresamenti… —empezó a decir una asustada Meritatón, mirándolas a ambas.

—No puede ser verdad —susurró Amunet—. Khay nunca me haría algo así, no lo haría ni aunque le fuera la vida en ello. Tienes que haberle obligado de alguna manera…

—¿Tanto te cuesta entender que tú eres la causante de todo esto? ¿Que eres quien puso en mis manos cierto objeto capaz de hacerle olvidarse hasta de tu mera existencia?

La imagen del espejo acudió con tanta nitidez a la mente de la muchacha como si volviera a tenerlo ante sí. Los jeroglíficos que cubrían la parte trasera, aquella invocación a Hathor que habían escogido Khay y ella por creer que no eran más que supercherías…

—Pero yo pensaba que nada de eso… —empezó a decir, aunque su voz murió como una candela azotada por el viento. Meresamenti sonrió aún más por debajo de su brazo.

—Ahora que está todo aclarado, te aconsejo que te marches por donde has venido. Aunque, si te sirve de consuelo —se incorporó sobre el diván, tanteando con los pies para buscar sus sandalias—, yo diría que tu esposo está bastante contento con la situación. Al fin y al cabo —añadió con una risita—, no necesita los dos pies estando tumbado.

La perplejidad de Amunet casi había conseguido eclipsar su cólera, pero aquello la avivó como si acercasen fuego a un montón de paja. Antes de que pudiera fijarse en lo que hacía o pensar siquiera en que usar su magia contra la primogénita del faraón le costaría la cabeza, había extendido las manos para hacerle lo mismo que a los guardias.

Sólo que esa vez tuvo tanto éxito como un niño que tratara de mover mentalmente una pirámide. La muchacha parpadeó antes de volver a intentarlo, aunque los resultados siguieron siendo los mismos: su voluntad pareció estrellarse contra un muro de granito.

«No es posible —pensó mientras observaba, atónita, sus propias manos—. Debería resultarme tan fácil como con los demás…, a menos que exista algo en su interior que…».

—Estás enferma —acabó diciéndole en un hilo de voz.

Meresamenti, que se había levantado con el ceño fruncido, se quedó tan quieta como una estatua.

—¿Qué? —fue todo lo que pudo responder—. Qué acabas…, ¿qué acabas de decir?

—Estás muy enferma, casi con un pie en los Campos de Ialú…, aunque no se lo hayas querido confesar a tu familia —susurró Amunet—. No queda suficiente vida en ti.

Por eso no había sido capaz de controlarla, porque su poder sólo afectaba a los seres rebosantes de vida. Durante unos segundos no se oyó más que los susurros de las demás princesas, demasiado alejadas para entender lo que Amunet había dicho, hasta que Meresamenti alzó el brazo derecho para asestarle un puñetazo con todas sus fuerzas.

La alcanzó de lleno en la boca, haciéndola tambalearse hacia atrás. La cabeza de serpiente de su brazalete le había lacerado el labio y, cuando la muchacha se enderezó con esfuerzo, reparó en que unas manchas rojas salpicaban la parte delantera de su vestido.

—Si no te callas ahora mismo, *heka*, te haré sangrar de verdad. —También parecía haber una serpiente en la garganta de Meresamenti, pese a estar temblando de los pies a la cabeza—. Cuando mis guardias hayan terminado contigo, esto te parecerá una caricia.

A sus espaldas, las princesas habían enmudecido; sólo Setepenra lloraba contra el pecho de una de sus hermanas. Amunet se llevó una mano a la boca, pero, cuando estaba tratando de enjugarse la sangre, hubo un revuelo en lo alto de la escalinata. Los hombres a los que acababa de derribar habían seguido su rastro y, al darse cuenta de que estaba con las hijas del faraón, se precipitaron hacia el estanque dando la alarma a voz en grito.

Meresamenti no movió ni un dedo cuando agarraron a Amunet de los brazos. Se irguió en toda su menuda estatura, pese a que su rostro seguía contraído por la angustia.

—Mi señora, lo sentimos, lo sentimos muchísimo —trató de disculparse el que parecía estar al mando; tenía un moratón en la frente—. Deberíamos haberla detenido nada más poner un pie en el palacio, pero nos atacó antes de que pudiéramos reaccionar…

—Esperad un momento —le interrumpió Meresamenti cuando empezaban a tirar de la muchacha—. Creo que estáis de suerte: vais a tener la oportunidad de desquitaros.

Aquello hizo que Amunet se revolviera entre los guardias, aunque no fue capaz de zafarse de ellos: la revelación sobre el espejo parecía haber absorbido su poder. Mientras tanto, Meritatón había aprovechado para escabullirse de allí, silenciosa como una gata.

—Cuando una mascota siembra el caos en un hogar —continuó Meresamenti—, lo más sensato es aplicarle un buen correctivo. De lo contrario, acabará creyendo que es ella la que dicta las órdenes. —Entonces señaló con la barbilla el látigo de cuero que el jefe de los guardias llevaba atado a la cintura—. Ya sabes lo que la hija de Atón espera de ti.

El hombre entreabrió los labios, aunque su única respuesta, tras unos segundos de silencio absoluto, fue inclinarse ante la princesa. A una señal suya, los dos hombres que habían sujetado a Amunet la hicieron volverse de espaldas, mientras un tercero rasgaba su vestido desde el cuello hasta la cintura. La visión de su espalda desnuda hizo vacilar al jefe, pero se limitó a apretar los dientes antes de asestarle el primer latigazo.

La mordedura del cuero le hizo apretar los labios, pese a que no le doliera tanto como había imaginado…, quizá porque aquello, al fin y al cabo, no era más que piel. Su auténtica agonía tenía un origen muy distinto, y Amunet desistió de intentar contener unas lágrimas que no habría sabido decir si nacían de la desesperación, la humillación o la ira.

—Con cinco más bastará —creyó oír a Meresamenti después de lo que le pareció un milenio. La espalda le ardía como si acabaran de escribirle una maldición sobre la piel con un cuchillo—. Le harán recordar cuál es el lugar que le corresponde.

—Algo me dice que no es la única que debería aprender eso —oyó decir a otra voz.

Al girarse con esfuerzo entre sus captores, Amunet distinguió a la Gran Esposa Real en lo alto de la escalinata. Ptahmai se encontraba tras ella a una prudencial distancia, pero, al ver lo que estaban haciéndole a la muchacha, echó a correr hacia el agua.

—¡Amunet! —exclamó mientras chapoteaba dentro del estanque, llegando incluso a apartar a uno de los guardias—. Bendito sea Atón, ¿qué es lo que está pasando aquí?

—Madre. —Meresamenti parecía haber perdido de golpe todo su aplomo—. No esperábamos que vinieras… esta tarde a visitarnos. Sólo estábamos…

—Si esto es todo lo elocuente que puedes ser, prefiero prescindir de tus explicaciones.

—Todo ha sido culpa de Meresamenti —susurró Meritatón, medio escondida detrás de su altísima madre. Debía de haberle pedido que la acompañara al verla con el sacerdote—. Ha requerido para sí al escriba Khay, el que hasta ahora trabajaba para Kiya.

Nefertiti no pareció inmutarse ante el nombre de su rival, pero Meresamenti le dirigió a su hermana una mirada que podría haber derretido un glaciar.

—¿De modo —preguntó la reina, imperturbable— que todo esto es por un escriba?

—El esposo de la *heka*, madre. Nuestra hermana lo ha convertido en su amante…

—Me trae sin cuidado lo que quiera hacer con él. No existe nada más lamentable que dos mujeres peleándose por un hombre, en especial cuando este no las merece.

Encogida como una niña entre los brazos de Ptahmai, Amunet se quedó mirando a la reina con estupefacción. «¿Por eso nunca se ha inmiscuido entre su marido y Kiya?».

—Madre, ha atacado a los guardias —le recordó Meresamenti, sin entender cómo se lo tomaba con tanta calma—. ¡Podría haber acabado en un segundo con tus propias hijas!

—Cosa que no habría ocurrido de ningún modo si todas hubieran tenido el sentido común que esperaba de ellas. Pero me temo que Atón no ha respondido a mis plegarias.

Esta vez fue Meresamenti quien se quedó perpleja, pero Nefertiti le dio la espalda.

—Podéis soltarla. —Aunque sorprendidos, los guardias hicieron caso a su señora. Amunet cayó de rodillas, sujetándose el vestido desgarrado contra el pecho—. Llévatela a casa —le ordenó Nefertiti a Ptahmai— y asegúrate de que no la abandona hasta haber recuperado la cordura. La próxima vez no tendré tanta clemencia con ninguno de los dos.

El sacerdote asintió en silencio antes de agacharse al lado de Amunet. Mientras la ayudaba a ponerse poco a poco en pie, la soberana se giró hacia su hija mayor.

—Y tú —dijo agarrándola por la barbilla para que la mirara a los ojos—, vuelve a tocar una sola de las posesiones de tu divino padre y lo pagarás. —Y la soltó con hastío antes de dirigirse al interior del palacio, seguida de inmediato por sus propios guardias.

Cuando el silencio se posó sobre el estanque, a Amunet le llegó un grito ahogado seguido por un chapoteo: Meresamenti había empujado a Meritatón al agua. «Te acordarás de esto», la oyeron susurrar entre sus dientes apretados, pero un instante después había desaparecido tras su madre y Ptahmai le indicó en voz baja que le siguiera.

No habría sabido decir por dónde la conducía; su dolor era tan intenso, tan ajeno a las punzadas de su espalda, que no parecía quedar espacio en su corazón para nada más. Dedujo que habían llegado a su propia casa al oír un «¡mi señora!» aterrorizado de Nuri y un «por aquí, apóyate en mí» de Ptahmai, y al cabo de unos segundos se vio sentada en el borde de su cama, con los ojos clavados en la cenefa de lotos de la pared.

El escozor de su espalda se acentuó aún más cuando el anciano, después de tomar asiento a su lado, procedió a limpiarle las heridas con un trapo empapado en agua. «No va a regresar —pensó mientras observaba los velos de la ventana, el cabecero tallado del lecho, el arcón adornado con el disco de Atón—. Será como si nunca hubiera estado aquí».

—¿Entiendes ahora por qué quise traerte a este lugar? —oyó decir pasado un rato a Ptahmai, sentado aún junto a ella. Un cuenco de barro apareció ante sus ojos; Amunet reconoció el aroma de la tisana de corteza de saúco que solía preparar para combatir los dolores menstruales—. ¿Pese a saber, desde un principio, que era una cuna de perdición?

Nunca le habían parecido tan compasivos sus ojos ni tampoco tan tristes. En vez de responderle, la muchacha bebió en silencio mientras se acordaba de la tarde en que Ptahmai y ella se habían conocido, cuando acudió a la tumba de su padre en la Hermosa Fiesta del Valle. La determinación que ardía en su mirada aún continuaba ahí, y aquello le hizo darse cuenta entonces, con una claridad sorprendente en medio de la neblina de su desesperación, del auténtico motivo por el que se encontraba en Akhetatón. De por qué ni uno solo de los sacerdotes de Ipet Sut había protestado cuando les anunció su partida.

«Trae la gloria a nuestro templo», le había dicho Hori al despedirse de ella. Habría sido más sincero «acaba con quien nos la arrebató», por confuso que le hubiera parecido.

—Has sido bendecida con un don prodigioso, Amunet, un poder concedido por el mismísimo Heka —siguió susurrando Ptahmai—. Fueron los dioses los que hicieron de ti lo que eres..., los auténticos dioses, los mismos que ese hombre impío —con una mano señaló el arcón con el disco de Atón— está intentando relegar a un abandono absoluto.

—¿Me estás..., me estás pidiendo lo que yo creo? —contestó Amunet con una voz tan quebradiza como el vidrio—. ¿Que utilice mi magia contra Akhenatón y los suyos?

—¿Crees que se merecen otra cosa después de lo que nos han hecho a todos? ¿De la devastación a la que están conduciendo a Kemet, de la humillación —deslizó un dedo por su labio, limpiándole la sangre— que te ha causado ese demonio que tiene por hija?

—De modo que por eso me enseñaste a utilizar mi cólera..., porque controlar a los animales no era el fin, sino el medio. El clero de Amón quiere muerta a la familia real.

Hasta que una lágrima se estrelló contra la turquesa, no se dio cuenta de que había clavado los ojos en su anillo. «Pero que Khay se haya marchado con Meresamenti no es suficiente motivo para condenarlos a todos. Kiya quiso ayudarme, Meritatón se enfrentó a su hermana por mí, aunque nunca hayamos hablado..., y hasta la propia Nefertiti tenía razón: un hombre no es una posesión que una mujer pueda arrebatarle sin más a otra».

Pero ser consciente de ello no lo hacía menos desgarrador. «El espejo no ha tenido nada que ver: me ha dejado por su propia voluntad. Porque no me quería como yo a él».

—No puedo —acabó contestando tras unos segundos de completo silencio. Miró otra vez al anciano con la barbilla temblorosa—. No puedo hacer eso, Ptahmai. Sólo hay una persona en esa familia a la que querría hacer daño y es la única a la que no puedo tocar. Y, aunque fuera así —rompió a sollozar aún más, doblándose por la cintura—, no tendría ningún derecho a hacerlo, porque es Khay quien me ha abandonado.

Lloraba de tal manera que Ptahmai, tras tenderle la tisana a una asustada Nuri, le rodeó los hombros con un brazo para atraerla hacia sí. «Ya cambiarás de idea —suspiró acariciándole el pelo—, aunque no sabes cómo desearía que fuera de otro modo», mientras la muchacha se preguntaba, presa de unos estremecimientos cada vez más atroces, cómo aquella alcoba pintada de azul pudo parecerle en algún momento un auténtico hogar.

41

Shaheen

Malmaison, 1799

Los sirvientes de los Bonaparte no albergaban ninguna duda: la muchacha que el señor se había traído de Egipto era su amante, el modo en que pretendía vengarse de los escarceos de Josefina con su apuesto capitán húsar. Se habían divertido imaginándosela como una odalisca voluptuosa envuelta en sedas semitransparentes, de ahí que cuando a Hyppolite Delaunay, uno de los criados de Malmaison, se le encargó salir a recibirla, se quedara atónito al toparse con una muchacha tan menuda como un niño, ataviada con un vestido de inspiración griega con el que parecía sentirse totalmente fuera de lugar.

Aquello hacía poco probable que fuera la hermosura, por llamar de alguna manera su desaliñado atractivo, lo que le había hecho ganarse el favor de Bonaparte. El criado desconfió de ella desde que le tendió una mano para ayudarla a descender del carruaje y vio lo oscura que era su piel. Desconfió aún más cuando se quedó mirando boquiabierta los jardines de la propiedad, una sinfonía de verdes, blancos y rosas que el otoño empezaba a mustiar, pero lo peor vino cuando solicitó retrasar unos minutos su encuentro con el general para poder postrarse sobre la alfombra en dirección a La Meca.

Hyppolite, que era un fiel devoto de la Virgen del Puy, había agachado la cabeza cuando los revolucionarios emprendieron la descristianización del país, pero una cosa era tener que renunciar a sus creencias y otra, quedarse de brazos cruzados mientras una pagana como aquella corrompía la casa de su señor. Más tarde se explayaría al respecto en las cocinas, pero en ese momento no tuvo más remedio que conducirla, a través de una docena de estancias a medio reformar, hasta el comedor en el que aguardaba Bonaparte.

—Se ha hecho de rogar, señorita Shaheen —fue el seco saludo de este. Estaba de pie frente a uno de los ventanales, tomando un pellizco de rapé de una cajita de concha negra—. La he visto bajar del carruaje, pero no entiendo cómo se ha entretenido tanto.

—He tenido que hacer una breve parada para rezar —se disculpó Shaheen—. La oración del mediodía me sorprendió de camino, pero no podía arrodillarme en el coche…

—Eso tenía sentido cuando aún estaba en las calles de El Cairo, pero las cosas son muy distintas aquí. Dudo que Alá pueda hacer gran cosa por usted en territorio francés.

Aquello descolocó tanto a Shaheen que ni siquiera supo qué contestar. Ni Gabriel ni René habían puesto la mejor objeción cuando realizaba el *salat* en su casa; se habían interesado mucho por ello, de hecho, y hasta le habían hecho preguntas a las que no había sabido responder más que con un «porque se hace así». La sensación de desarraigo no hizo más que aumentar cuando Hyppolite, después de que Shaheen rechazara la copa de Chambertin que empezó a servirle, tuvo que traerle en su lugar un poco de agua con hielo, intercambiando una mirada de lo más elocuente con el otro criado que le acompañaba.

Más incómoda a cada momento, se dedicó a observar de reojo el comedor en el que habían tomado asiento, en los extremos de una mesa cubierta por un mantel de lino. La habitación estaba pintada de un elegante color salmón, sin más adornos que una serie de retratos de las musas y una reluciente araña de cristal de roca espiándoles desde el techo.

—Tiene... una casa muy hermosa —acabó diciendo al estar a solas.

—Mi esposa y sus caprichos —respondió Bonaparte de mal humor—. Debía de imaginar que regresaría con la bodega del *Muiron* repleta de oro en vez de antigüedades.

—Pero la propiedad parece enorme, y seguro que será una inversión con la que...

—Sólo los terrenos han costado más de trescientos mil francos y restaurar la casa saldrá por el triple. No contamos con más que un puñado de estancias habitables y, aun así, Josefina se ha empeñado en organizar una recepción la semana que viene. —Bonaparte dejó escapar un resoplido con los ojos clavados en la araña—. Pero no hablemos más de Malmaison, señorita Shaheen, se lo ruego. Bastantes preocupaciones me está dando ya.

En ese momento reaparecieron los criados con sendas bandejas humeantes, de las cuales se escapaba un aroma tan delicioso que a la muchacha casi le rugieron las tripas.

—De todos modos, pronto tendrá ocasión de conocerla usted misma —continuó el general mientras les servían la comida, un pollo trufado con compota de manzana—. A mi esposa, en esa reunión de la que le hablo. Me gustaría que asistieran Amunet y usted.

—¿Nosotras? —Shaheen se sorprendió tanto que apartó los ojos del plato—. ¿Por qué quiere que le acompañemos? ¿Piensa invitar a todos los miembros de la expedición?

—Olvídese de una vez de la expedición. Como le he dicho hace un rato, Egipto ha quedado atrás. Es hora de que se muevan en otros círculos y conozcan a otras personas.

La muchacha se dispuso a responder, pero la visión de los cubiertos desplegados a ambos lados de su plato la desalentó. No quería ni imaginar el papel que haría rodeada de unos invitados empingorotados pendientes de sus modales. Durante los últimos días Gabriel había estado ayudándola con la etiqueta francesa; se había sentado a su lado a la hora de comer y le había enseñado el ángulo correcto en que había que coger cuchillo y tenedor, y cómo debía apoyarlos bocabajo sobre los posacubiertos. En Malmaison, sin embargo, parecían usar muchos más utensilios, tantos que no sabía por dónde empezar.

—Dígame, señorita Shaheen, ¿está al corriente de lo que sucede con el Directorio?

—Es el sistema de gobierno que tienen ahora en Francia…, el organismo encargado de controlar la República y esas cosas. —Comenzó a cortar el pollo con cuidado para no mancharse de compota—. Mouret y Roux me contaron cómo funcionaba durante el viaje.

—Se encuentra constituido por dos cámaras, el Consejo de los Quinientos y el de los Ancianos, y presidido por cinco directores elegidos cada año por ellos —continuó el general, como si no la hubiese oído—. En teoría era la mejor alternativa después del Terror de Robespierre, pero en los últimos cuatro años no ha hecho más que decaer.

Entonces empezó a contarle, sin dejar de diseccionar la comida, cómo el Directorio se había dejado arrastrar por una espiral de corrupción que amenazaba con socavar los que eran, en opinión de Bonaparte, «no sólo los auténticos ideales de la revolución, sino de Francia entera». El siguiente cuarto de hora fue el más aburrido que recordaba Shaheen desde la temporada que pasaron en alta mar, y no le extrañó que un progresivo sopor se apoderara de ella y le hiciera desconectar cada pocos minutos de lo que decía Bonaparte.

—Por supuesto, el destino de nuestra República aún no está sellado. —Sus propios párpados parecían conspirar contra ella, porque empezaba a costarle horrores mantener los ojos abiertos—. No es demasiado tarde para que cambien las tornas, aunque sea por la fuerza —prosiguió Bonaparte con calma—. Con el tiempo, todos nos lo agradecerían.

—Si usted lo dice —contestó la muchacha con esfuerzo. Puede que se debiera a su extraño sopor, pero habría jurado que el contenido de su plato empezaba a emborronarse.

—Para que ese cambio se llevara adelante, sería necesario que alguien alzara la voz en nombre de todos los republicanos. Alguien a quien el ejército viera como un líder y el pueblo como un héroe, y que supiera rodearse de los aliados adecuados para algo así...

Pero Shaheen había dejado de prestar atención. Sus cubiertos habían caído sobre el mantel al tiempo que su cabeza lo hacía sobre su pecho, aunque Bonaparte no pareció en absoluto escandalizado. Siguió comiendo con la mayor calma hasta que, una vez que hubo acabado su plato, se limpió la boca con la servilleta antes de pronunciar una única palabra:

—Amunet. —Como si de una fórmula mágica se tratase, la muchacha enderezó el cuello y sus ojos se clavaron en los de Bonaparte, aunque el modo en que le observó no pudo ser más distinto—. Excelente —continuó el general—. ¿Ha estado escuchándonos?

—No me ha quedado más remedio —dijo ella—. *Ya debería saberlo a estas alturas.*

—Entonces no tendré que repetirme. Como habrá imaginado, necesito hablar con usted a solas. —Bonaparte guardó silencio un instante—. Sin más testigos que nosotros.

—Por Shaheen no tiene que preocuparse. Me parece que la ha dejado catatónica.

—Aun así, espero que no le importe que me asegure antes. Sé que la muchacha no puede probar el vino, de modo que, si me hace el favor de demostrarme que ya no está aquí...

Los ojos de ella abandonaron los de Bonaparte para posarse en su copa, en la que el Chambertin había adquirido una tonalidad parecida a la sangre. El general la observó de hito en hito mientras la cogía y, con una mirada de inconfundible desafío, se la llevaba a los labios para beber un largo sorbo. Cuando la devolvió a la mesa, Bonaparte asintió.

—Me alegra que nos entendamos tan bien. Eso lo hará todo mucho más sencillo.

—Supongo que habrá hecho que sus cocineros añadan un ingrediente de más a la comida de Shaheen. —El desprecio era inconfundible en la voz de Amunet—. *¿Le dio la idea lo sucedido con la pipa de agua en el* Carrère, *durante el ataque de los ingleses?*

—Efectivamente, aunque he tenido que esperar para ponerlo en práctica. Parece que Gabriel Roux se está encariñando más de lo conveniente con nuestra mascota egipcia.

Amunet entrecerró los ojos, pero Bonaparte no se dio cuenta. Había empezado a remover el contenido de su copa, observando la pequeña marejada desatada en el interior.

—Si ha atendido a lo que estaba contándole sobre el Directorio, sabrá que empieza a ser acuciante la necesidad de intervenir en él —prosiguió—. Tenemos que actuar antes de que sea demasiado tarde o todo por lo que hemos luchado caerá en saco roto.

—*Por eso ha accedido a que su esposa organizara una recepción aquí* —adivinó el espíritu—. *No es para mostrar la propiedad a sus conocidos, ni siquiera para dejarse agasajar por sus aliados políticos. Pretende empezar a socavar el Directorio por dentro.*

—Es una manera de decirlo —reconoció Bonaparte—, pero, para llevarlo a cabo, las necesito a las dos, a Shaheen y a usted. Como he dicho, los ideales de la revolución…

—*Los ideales de la revolución le importan menos que un puñado de estiércol. No trate de engatusarme disfrazándose de héroe abnegado capaz de cualquier cosa con tal de salvar su patria. Que esté muerta no me hace tan estúpida como sus perros falderos.*

—¿Tanto le cuesta creer que me preocupe por la corrupción? —Algo en el semblante del general había cambiado, una fisura casi invisible en su máscara—. ¿No haría lo mismo en mi situación, aunque eso implicara concentrar todo el poder en usted?

—*No quiero saber nada más de hombres con complejo de dioses, Bonaparte. Ya tuve la oportunidad de servir a uno, y por su culpa me vi obligada a renunciar a lo único que me importó en la vida. Nada de lo que usted pueda ofrecerme a cambio…*

La seguridad de Amunet, no obstante, la abandonó poco a poco cuando Bonaparte alargó una mano en su dirección. Un pequeño objeto relucía entre sus dedos, un anillo de oro que había sacado de su bolsillo y que, en aquella estancia decorada con pinturas de musas, resultaba tan anacrónico como un egipcio paseándose por el interior del Coliseo.

—Doy por hecho que se acordará de esto, por muchos años que hayan pasado —le dijo el general sin dejar de observarla. Al hacer girar el anillo, las esferas de turquesa y lapislázuli se reflejaron en los ojos de la joven—. Le perteneció a usted, ¿me equivoco?

—*Me lo regalaron a los dieciséis años* —dijo Amunet en voz baja. Los músculos de la garganta de Shaheen se tensaron cuando tragó saliva—. *¿De dónde lo ha sacado?*

—Según tengo entendido, los primeros saqueadores que entraron en su tumba no se llevaron sólo sus cuatro ladrillos mágicos. Estoy al corriente, por supuesto —le aseguró Bonaparte cuando Amunet lo miró a él—, aunque no pierda el tiempo desconfiando de Vivant Denon: tengo mis propios confidentes dentro y fuera del Louvre.

—*Entonces sabrá también que Roux no ha conseguido dar con ellos* —respondió el espíritu—. *Mientras los ladrillos no aparezcan, continuaré atrapada en esta dimensión.*

—Cosa que podríamos solucionar si me permitiera ocuparme de ello… después de que usted haga algo a cambio por mí. No creo que a sus parientes les importe esperarla un poco más, ni siquiera —añadió en voz más baja— a los que más llegaron a quererla.

Cuando la cogió de la muñeca para ponerle el anillo, pudo sentir cómo temblaban sus pequeños dedos. Amunet permaneció inmóvil unos segundos, con la mirada absorbida por el baile de azules de las piedrecitas, hasta que se obligó a respirar hondo.

—*¿Qué es lo que quiere que haga a cambio de mi libertad?* —le preguntó por fin.

—Para empezar, que responda a una pregunta —contestó Bonaparte—. Shaheen y Roux me explicaron lo que sucedió con aquella ballena durante el ataque del comodoro Smith y los suyos. Necesito saber si su poder también se hace extensivo a los humanos.

Acababa de decir esto cuando los criados regresaron al comedor. Mientras procedían a recoger los últimos platos que les habían servido, Amunet y el general no dejaron de sostenerse la mirada por encima de la mesa hasta que la joven se giró hacia la puerta, en el momento en que Hyppolite se disponía a abandonar la habitación con su compañero.

Todo ocurrió en menos de un parpadeo: de repente, una mano invisible, con una potencia digna de cien hombres, lo golpeó en la sien derecha enviándolo contra la pared más cercana. El impacto fue tan brutal que Hyppolite ni siquiera pudo hablar; la bandeja escapó de sus manos y los platos se hicieron trizas sobre la alfombra y, cuando el otro criado se volvió alarmado por el ruido, lo encontró resbalando poco a poco hacia el suelo.

Un reguero de sangre se extendió por la pared a medida que caía, como una herida abierta en la pintura de color salmón. Su compañero empezó a pedir ayuda a gritos, de rodillas a su lado; las voces atrajeron a otros cuatro criados, que empezaron a gritar a su vez, y hasta que no comprobaron que Hyppolite aún respiraba no pudieron calmarse. Se decidió avisar entonces a un médico, y después de que se lo llevaran en volandas a las habitaciones del servicio, una asustada doncella se encargó de recoger la porcelana rota.

Pronto no quedó más recuerdo de lo ocurrido que la sangre de la pared. Ni Amunet ni Bonaparte se habían movido mientras tanto de sus sillas, y sólo cuando la puerta se cerró detrás de la doncella, dejándolos a solas, la muchacha rompió el silencio:

—*¿Es suficiente esto?* —preguntó en un tono tan gélido que cada palabra parecía esculpida en hielo—. *¿Necesita que haga algo más por* *usted? ¿Algún otro sirviente al que desee que estrangule en sueños, un adversario al que deba desangrar hasta morir…?*

—Es más que suficiente —le respondió el general, quien por primera vez desde que se había sentado a la mesa esbozó una sonrisa—. Creo que tenemos mucho de lo que hablar.

42

Khay

Akhetatón, 1337 a. de C.

Lo peor de los espejismos no es que sean incapaces de saciar nuestra sed o de brindarnos un poco de sombra, sino la crueldad con la que avivan nuestras esperanzas. El padre de Khay se lo había dicho más de una vez en Ipet Sut, pero hasta que el muchacho se trasladó a Akhetatón no fue consciente de lo ciertas que eran aquellas palabras. Mejor dicho, hasta que Akhetatón entera, con sus relucientes avenidas, sus lujosos palacios y sus promesas de prosperidad, demostró ser el mayor espejismo jamás creado por el hombre.

Los impuestos que los campesinos habían tenido que pagar al clero de Amón antes de que el faraón ordenara cerrar definitivamente los templos no eran nada comparados con los que empezó a cobrarse la corona. Para que la economía de Akhetatón siguiera a flote, fue necesario sangrar hasta la extenuación a cada uno de los cuarenta y dos nomos de Kemet, con lo que casi la mitad de sus habitantes acabaron en la ruina. Para colmo, la clausura de Ipet Sut y el resto de propiedades eclesiásticas hizo que miles de personas se quedaran sin empleo, y la delincuencia aumentó tanto durante los siguientes tres años que ni siquiera las partidas de *medjays* eran capaces de poner orden. Pronto los campos se convirtieron en un territorio casi tan hostil como Siria, cuyas alarmantes noticias eran sistemáticamente ignoradas por un soberano a quien traía sin cuidado la política exterior.

—Dicen que el reino de Mitanni está a punto de caer en manos de los hititas y que Tushratta ya no sabe ni cómo arrastrarse para que mi padre le envíe más oro —comentó Meresamenti una tarde, sentada delante de su tocador. La luz que entraba por la terraza hacía relucir el espejo de bronce en su mano—. Supongo que debería estar agradecida a los hititas, por muy enemigos que seamos desde hace siglos. Sólo por ver la cara de Kiya cuando su hogar sea reducido a cenizas, merecerá la pena sacrificar a un aliado político.

Tumbado en el enorme lecho dorado con patas de león, Khay siguió observando las celosías del techo sin pronunciar palabra. Su piel aún conservaba la huella de los labios de la princesa, como la dejada por un hierro al rojo vivo sin otro propósito que marcarle.

—Esa zorra mitannia —siguió diciendo Meresamenti, examinando sus cejas— debe de creerse muy poderosa ahora que mi padre por fin la ha dejado preñada. Pero cabe la posibilidad de que lo que tenga sea una niña, y eso no cambiaría en nada su situación…

—Sin duda tu divina madre estará rezando a Atón para que así sea —repuso Khay.

—No sería la única; a mí tampoco me interesa precisamente un heredero —dijo la princesa mientras se retocaba los rabillos de *kohl*—. Pero es posible que la sangre extranjera de Kiya le juegue una mala pasada, incluso si acaba teniendo un varón. ¿Has oído los rumores que recorren el palacio sobre un nuevo matrimonio de mi padre?

—Las decisiones del dios son incomprensibles para nosotros. —Khay llevaba tanto tiempo mirando las celosías que podría reproducir de memoria sus trazados, tal como hacía con sus respuestas—. El Señor de las Dos Tierras sabrá lo que nos conviene.

—Pero, si esas habladurías son ciertas, es posible que mi padre busque otra esposa dentro de la familia. Tendría todo el sentido del mundo, tanto para preservar la pureza de nuestro linaje como para evitar que el hijo de una forastera… —Pero Meresamenti pareció reparar en algo de repente y se volvió hacia la cama con sus oscuros ojos entornados—. ¿Estás escuchando una sola palabra de lo que te digo, Khay?

—Las manifestaciones de Atón son poderosas en su… —empezó a decir él, aunque el silencio de la joven le hizo detenerse. Meresamenti se puso en pie con un revoloteo de su vestido negro, tan fino que parecía no llevar nada encima, y se detuvo junto a la cama.

Cuando le agarró la cara para que la mirara, Khay se preguntó cómo podía odiarse tanto a otra persona. Cómo podía desear la muerte de alguien a quien tenía que abrazar cada día, con quien debía hacer cosas que antes le habían parecido un regalo de los dioses.

—Si quisiera que me respondiesen sin escucharme, me haría con un papagayo en vez de con un amante —le susurró Meresamenti; pudo sentir el roce de sus uñas contra su piel—. ¿Crees que te tengo conmigo para que me des la razón como a una estúpida?

—Creeré lo que mi señora me ordene creer —replicó Khay—. Escucharé lo que me pida que escuche y haré cuanto ella desee. —Había un veneno en sus ojos que pilló a la joven por sorpresa—. Moriré cuando ella me lo pida. Sólo rezo para que sea cuanto antes.

Esto le hizo soltarle poco a poco, con una expresión que desconcertó a Khay. De no conocerla tan bien, habría jurado percibir en ella la inconfundible sombra de la tristeza.

—No tengo la menor idea de cuándo te has vuelto tan amargado. —Sólo duró unos segundos; la máscara hierática regresó enseguida a su rostro—. Es increíble que un par de ojos verdes y un puñado de trenzas nubias hayan sido capaces de sorberte el seso así.

Khay se mordió tanto la lengua que casi se hizo sangre. Suspirando, Meresamenti regresó a su tocador para sentarse sobre un cojín y abrió uno de sus pequeños cofres.

—Bien pensado, puede que mi abuela tenga razón en lo de buscarle un esposo a nuestra *heka*. Empieza a hacerse mayor, y así ambos estaríais entretenidos. —Echó un poco de agua en un cuenco de arcilla y lo frotó con un dedo, usándolo para pintarse los labios de rojo—. Será mejor que recojas tus cosas —añadió después, contemplándose en el espejo—. Estoy esperando una visita importante y no quiero que te vea conmigo.

Fue una suerte que no prestara atención al resto del reflejo, porque el asco con el que la miraba Khay le habría cortado el aliento. Sin pronunciar palabra, estiró un brazo para agarrar la muleta y se acercó a la silla sobre la que descansaba su ropa, y mientras se ajustaba el faldellín no pudo resistir la tentación de echar un vistazo desde la terraza.

Faltaba poco para que se pusiese el sol, pero habría podido reconocerla incluso en las tinieblas. Cada vez que Meresamenti lo dejaba a solas, Khay se acercaba a la esquina desde la que había localizado la casa de Amunet, uno más de los rectángulos blancos del distrito sur. Habría dado lo que fuera por verla de nuevo, pero nunca lo había conseguido; era como si de alguna manera ella supiese cuándo tenía que desaparecer para esquivarle.

«Supéralo de una vez: han pasado más de tres años —le había dicho Meresamenti un par de días antes, con aquel desdén suyo tan propio—. Eres aún más ingenuo de lo que pareces si crees que puede seguir esperándote. No ha vuelto a preguntar por ti, no debe de recordar siquiera que existes». Pero era en ella en quien pensaba cada vez que tenía a la princesa en sus brazos, cada vez que su cuerpo amenazaba con traicionarle por no ser capaz de responder a sus estímulos..., en ella y en que, si por lo menos aquello servía para mantenerla a salvo, ninguno de los sacrificios que tuviera que hacer habría sido en balde.

«No debe de recordar siquiera que existes». Una mano pareció cerrarse alrededor de su estómago al advertir algo en lo que antes no se había fijado: no había más que una inscripción junto a la puerta de la casa. La de la derecha, la que contenía el nombre de Khay, había sido arrancada junto con parte del revestimiento de cal. Amunet debía de haber raspado el muro hasta eliminarla por completo, como había hecho con su recuerdo.

Creía estar más que familiarizado con el dolor, pero lo que aquello le hizo sentir no podría expresarse con ninguna escritura que Khay conociera. Tardó en darse cuenta de que el paisaje se había emborronado, y cuando agachó la cabeza se quedó observando sin saber por qué los jardines que se extendían al pie de la terraza, a los que sólo los diques conseguían mantener a salvo de la inundación anual. Quizá fuera más sencillo de lo que decía *El libro de la salida al día*: con subirse a la balaustrada, con dar un solo paso más…

El ruido de unos pasos en el corredor, seguido por tres golpes en la puerta, le hizo girarse con un sobresalto. Meresamenti se dio tanta prisa en levantarse que casi resbaló.

—¡Te dije que te apresurases a irte! —masculló mientras empujaba a Khay, haciéndole esconderse en un rincón de la terraza y corriendo después la cortina—. Más vale que no hagas ningún ruido hasta que vuelva a estar sola. Si por tu culpa mi plan se va al traste…

No pudo preguntarle de qué demonios estaba hablando: unos segundos después, la joven había abierto la puerta y Khay oyó el rumor ahogado de unas voces, seguido por el ruido que hicieron luego las hojas al cerrarse. Muy despacio, se dejó caer en el suelo y apoyó la muleta a su lado, clavando la vista en las primeras estrellas de la noche.

Era consciente de que muchos otros cortesanos la visitaban de vez en cuando, pero a Khay le traía sin cuidado a quién invitara a su cama. Aun así, al oír su «¿un poco de vino de los oasis?» curiosamente dulce, y la negativa con la que le respondieron, se dio cuenta de que quien se hallaba en la alcoba era el faraón.

Aquello le dejó tan estupefacto que tuvo que acordarse de respirar. Una brisa casi imperceptible hacía ondear la cortina, arrastrando hasta sus oídos el eco de ambas voces.

—… habladurías que siempre recorren los palacios, aunque en esta ocasión sí son ciertas. —El Señor de las Dos Tierras hablaba con su displicencia habitual, aunque esa tarde sonaba algo más cansado que de costumbre—. Me imagino que estarás al corriente.

—Por supuesto, padre mío. —Pudo distinguir a través de la cortina la silueta de la joven, arrodillada delante de la silla de Akhenatón—. Estaba deseando que me lo dijeras.

—Celebro que la noticia te alegre tanto como a los demás. Tu madre no estaba muy segura de cómo reaccionarías, aun sabiendo que se trata de lo mejor para nuestra familia.

—Es una decisión que honra a Atón —al echar un vistazo desde la terraza, Khay se fijó en que la princesa estaba tratando de ahogar una sonrisa—, tanto como a tu hija.

—Es lo que contestó tu hermana Meritatón cuando se lo anuncié, aunque parecía mucho más sorprendida que tú. Según me confesó, no esperaba que se lo pidiera a ella.

La sonrisa de Meresamenti se desdibujó poco a poco, y a Khay le hizo pensar en un poema escrito sobre el barro del Nilo y borrado por la subida del agua.

—¿Qué…? —acabó respondiendo—. ¿De qué estás hablando, padre? ¿Meritatón…?

—Se convertirá en mi esposa dentro de unas semanas, aunque sólo se trate de una unión simbólica. Tu madre seguirá siendo la Gran Esposa Real, por supuesto, y Kiya la segunda reina de las Dos Tierras. —Y como Meresamenti siguió guardando un silencio horrorizado, Akhenatón dijo—: ¿Esperabas que te escogiera a ti antes que a tu hermana?

—Pero yo soy…, ¡soy tu primogénita, padre! ¡La primera hija del Atón encarnado!

—Eso no tiene importancia: la sangre de Meritatón es tan divina como la tuya. El orden en que salierais del vientre de vuestra madre es irrelevante para nuestros intereses.

Khay había visto encolerizada a Meresamenti suficientes veces, y sabía que estaba haciendo unos esfuerzos sobrehumanos para mantener la calma en presencia del faraón.

—Me imagino —casi acabó escupiendo las palabras— que la razón de ser de todo esto es que en el fondo temes que Kiya sólo pueda tener hembras, como nuestra madre.

—Acabo de decirte que será una unión simbólica —replicó el soberano—. Pero, si tanto te preocupa ese tema, puedes estar tranquila: los astrólogos me han asegurado que será un varón. He decidido llamarlo Tutankhatón, «la imagen viviente de Atón».

—¡Pero no tiene sentido! ¡No entiendo por qué quieres casarte con Meritatón si…!

—Con eso concentraremos aún más poder en nuestra familia. Cuando Tutankhatón me suceda, se casará a su vez con ella, y así será faraón por ascendencia y por matrimonio.

—Meritatón será entonces demasiado mayor para tener hijos —masculló la joven.

—No si se trata de una mujer sana, a diferencia de otras. —Esto hizo que la princesa alzara la cabeza para clavar los ojos en los de su padre. Durante unos segundos, ambos se sostuvieron la mirada, hasta que Akhenatón dijo—: Ya deberías saber que los *sunu* de la corte nunca me ocultan nada. Sé que el único motivo por el que querías ascender al trono conmigo era la esperanza de que la intercesión de Atón te curase al convertirte en diosa.

Al otro lado de la cortina, Khay sintió un vuelco en el estómago. Se inclinó hacia delante para echar un vistazo a la alcoba, viendo con estupor cómo Meresamenti se ponía blanca y, un instante después, casi tan roja como sus labios. Y como si hubiera retrocedido en el tiempo, recordó al sacerdote al que había visto salir a toda prisa de sus aposentos la primera tarde que Khay entró en ellos, cuando le llevó el espejo de Amunet.

En aquel momento le había resultado vagamente familiar, aunque no había podido reconocerlo como uno de los *sunu* del clero de Atón, un médico de la familia real. «Está enferma —se dijo con una perplejidad aún mayor, sin dejar de mirarla—. Está enferma y desesperada; por eso quería el espejo. Necesitaba seducir a su padre para salvar la vida».

Ahora todo parecía cobrar sentido, hasta los detalles más insignificantes a los que antes no había dado importancia. Sus arranques de cólera, que en el fondo eran de desesperación. Sus bebedizos sobre el tocador, sus noches en vela observando su reflejo…

—He de irme ahora —continuó diciendo el soberano, poniéndose en pie—, y tú deberías hacerles caso a los *sunu* y descansar. Ya sabes que el mes que viene se cumplen diez años de la fundación de la ciudad y nos espera una semana entera de celebraciones.

—Ardo en deseos de que llegue ese momento —murmuró la joven mecánicamente.

—No todo van a ser festejos, me temo. Habrá embajadores de nuestros aliados, o al menos eso esperamos, y será necesario mantener negociaciones con todos. Confiemos en que esos dichosos conflictos de Siria acaben de una vez; sólo sirven para distraernos de lo verdaderamente importante. —Y tras contemplar unos segundos el disco solar, haciendo que Khay se encogiera de nuevo detrás de la cortina, Akhenatón dijo—: Buenas noches.

Meresamenti se apresuró a ponerse en pie para abrirle la puerta. Pronto los pasos del faraón se alejaron hacia sus aposentos, seguidos por los de los guardias que habían estado esperándole en el corredor. Un repentino silencio se instaló en la habitación, pero, antes de que a Khay se le ocurriera qué hacer, oyó el estrépito de unos cristales rotos.

Al asomarse a la alcoba, vio que Meresamenti había caído de rodillas delante del tocador, agarrando los frascos de vidrio uno a uno y estrellándolos contra el suelo. Tiró también los cofres y rompió en pedazos el cuenco de arcilla, y cuando todo estuvo lleno de esquirlas y perfumes pegajosos, paseó la mirada a su alrededor hasta dar con el espejo.

El disco de bronce se había manchado de *kohl*, pero la muchacha se aferró a él con manos temblorosas para buscar su reflejo. Khay la observó tocarse la cara una y otra vez, como si quisiera asegurarse de que aún no tenía arrugas, antes de reparar en su presencia.

De todas las cosas que podrían desconcertarle, ninguna lo habría hecho más que la visión de sus ojos, siempre tan altivos, inundados de lágrimas. Sólo entonces comprendió que las hijas de los dioses eran capaces de sollozar, y también los demonios del Amenti.

—Ni se te ocurra tenerme lástima —fue lo único que pudo articular ella—. Tenme envidia si lo deseas, tenme odio si crees que me lo merezco, pero nunca lástima. Nunca.

43

Gabriel

París, 1799

Eran casi las siete cuando Gabriel abandonó el Louvre, envuelto en una niebla tan densa que recordaba inquietantemente a un sudario. Después de dejar a Shaheen en el carruaje que la conduciría a Malmaison, había pasado el resto de la tarde echándoles una mano a Denon y sus ayudantes con la elaboración de las cartelas del museo, una idea revolucionaria que permitiría conocer el título y la autoría de cada obra colocando una pequeña inscripción en el marco. La tarea había demostrado ser más ardua de lo que Gabriel imaginaba, pero en el fondo se alegraba de estar distraído; era el único modo de asegurarse de que sus pensamientos, empeñados en girar en círculos desde esa mañana, no seguirían regresando al asunto de los ladrillos de Amunet. Sobre todo, desde que en su mente había arraigado una sospecha que preferiría no tener que compartir con nadie, porque estaba relacionada con el mercado negro, la guillotina… y su tía Delphine.

París parecía suspendido entre las nubes aquella tarde, una ciudad de espectros y nebulosas en la que los escaparates de los cafés relucían como faros encendidos. Gabriel echó a caminar sin prisas por la orilla izquierda del Sena, mirando de reojo los locales de los que se escapaba la habitual algarabía de risas y música y preguntándose cómo le iría a Shaheen en casa de Bonaparte. Y estaba a punto de encaminarse a Le Marais, dispuesto a esperarla en la sala de estar con un buen libro y un *macaron* o dos, cuando su rostro se materializó de improviso tras los cristales de un establecimiento de la calle de la Comédie.

El joven se detuvo en seco, resbalando casi sobre los adoquines. Con tanto humo daba la impresión de que la niebla se hubiera colado en el café, pero se trataba sin duda de Shaheen. Estaba en una de las mesas cercanas al escaparate, con las manos en torno a una taza humeante y la mirada perdida en el interior. Frunciendo el ceño, Gabriel retrocedió sobre sus pasos para empujar la puerta pintada de negro, desconcertado por el hecho de que se hubiera atrevido a entrar sola en un sitio al que nunca la había llevado.

Unos candiles extenuados iluminaban el café, tan abarrotado que tuvo que servirse de los codos para avanzar poco a poco, entre los políticos que discutían sobre periódicos y panfletos ministeriales, los poetas que intercambiaban manuscritos y los ancianos que jugaban al ajedrez sobre mesitas recubiertas de mármol, hacia la que ocupaba Shaheen.

—El Procope es uno de los puntos de encuentro habituales de los jacobinos. —La muchacha estaba tan abstraída que no reparó en su presencia hasta que se deslizó en el banco de enfrente—. ¿Una semana en París y ya piensas tomar el relevo de Robespierre?

—Roux —saludó ella a media voz—. Quería pasar un rato a solas antes de volver a casa. Empiezo a estar harta de que tu criado me trate como a un montón de estiércol.

—No te sientas especial: Jean-Baptiste nos mira con el mismo asco a todos. —Se fijó entonces en las otras tazas que había en la mesa—. ¿Cuántos cafés te has tomado ya?

—Suficientes como para estar segura de que no podré pegar ojo en toda la noche.

Estaba tan pálida que el halcón de su mejilla izquierda apenas se distinguía. Gabriel tardó unos segundos en entender de qué estaba hablando y, cuando lo hizo, la miró con inquietud. «¿No quiere dormirse por Amunet? ¿Para asegurarse de que no la controla?».

—Shaheen —acabó diciendo casi con temor—, ¿ha ocurrido algo en Malmaison?

Cuando ella alzó los ojos, su presentimiento se convirtió en una espantosa certeza.

—No lo sé —le contestó en un tono tan quedo que apenas pudo oírlo, en medio de cien voces hablando y riéndose a la vez—. Ese es el problema. Que nunca podré saberlo.

Gabriel apenas daba crédito a lo que estaba escuchando cuando la chica le habló de su extraña somnolencia durante el almuerzo, después de una conversación enormemente aburrida con Bonaparte acerca de la corrupción en la que se había sumido el Directorio.

—Cuando por fin desperté, estaba en la cama más grande en la que me he acostado en mi vida, con dos doncellas mirándome como si temiesen que pudiera morderlas. —Su expresión era más sombría a cada momento; Gabriel nunca la había visto así—. Pero del general no había ni rastro; al parecer, había tenido que marcharse a una reunión urgente.

—Pero ¿qué pudo pasarte para acabar en ese cuarto? ¿Y por qué no lo recuerdas?

—A lo mejor sufrí un mareo repentino. Un golpe de calor mientras comíamos o algo que me sentó mal..., aunque apenas me dio tiempo a tomar unos bocados de mi plato.

«Con eso podrían haberlo conseguido —pensó Gabriel con creciente alarma—, si lo que querían era dejarte inconsciente». No fue necesario que dijera nada: sólo tuvo que mirarla a los ojos para comprender que pensaba lo mismo. Que ni siquiera ella creía en lo que estaba diciendo y que, si Amunet no la había sacado de dudas, era por alguna razón.

—Puede que estemos haciendo una montaña de un grano de arena —contestó aun así, pese a saber que no serviría de mucho—. Quizá sólo fue un desvanecimiento, como tú misma has dicho, y Bonaparte obró de buena fe para que pudieras descansar un rato...

—Al levantarme de la cama con ayuda de las doncellas, descubrí que llevaba esto en un dedo —le alargó la mano derecha—, pero tampoco recuerdo de dónde lo saqué.

Algo relució en su anular cuando Gabriel le cogió la mano: un anillo parecido a los que, según las anotaciones de Vivant Denon, solían encontrarse en las tumbas de Tebas.

—Esto es antiguo... Son piedras que usaban los egipcios en sus joyas. —La miró por encima de la mesa—. ¿Crees que Bonaparte lo ha traído consigo de tu país?

—Me trae sin cuidado, Roux. Lo que quiero saber es qué hizo... qué hizo conmigo durante el tiempo que permanecí inconsciente. Qué pudo merecer un regalo como este.

«Un regalo para Amunet, no para ti». Sin dejar de sostener su mano, Gabriel pensó una vez más en la extraña desaparición de los ladrillos, si sus sospechas eran ciertas y habían estado en el despacho de su tía, y en la posibilidad de que fuera el propio Bonaparte, nada más regresar a la capital, quien los había sacado del Louvre junto con el anillo. «Podría haberlo hecho para asegurarse de que Amunet continúa encadenada. Para obligarla a quedarse más tiempo en nuestra dimensión…, aunque no sepamos por qué».

—¿Quieres que hable con él de lo sucedido? —acabó diciendo al cabo de un rato.

—Eso sería un acto de heroísmo que no puedo exigirte —dijo ella entre los dedos con los que se había cubierto la cara—. Sé que le tienes más miedo que a un escorpión.

—Si sirve para que te deje en paz, lo haré las veces que haga falta —se defendió el muchacho—. Puedo agachar la cabeza cuando es a nosotros a quienes mangonea, pero no esperes que me quede de brazos cruzados mientras te maneja como a una marioneta.

—¿Y no soy eso acaso? ¿La marioneta de Bonaparte, su monstruo de dos cabezas?

El dolor que parecía haber descendido sobre ellos era tan palpable que las risas del Procope desentonaban más que en un velatorio. Gabriel sintió tanta pena por el modo en que hablaba que se trasladó al banco de enfrente para poder rodearla con un brazo.

—No se te ocurra pensar algo así —susurró mientras le frotaba los hombros que el vestido dejaba al descubierto—. No eres ningún monstruo y no dejaré que nadie te haga sentir como uno, por mucho que se considere a sí mismo un segundo Alejandro Magno.

—Siempre lo he sido, Roux, pero nunca tanto como ahora. Cada vez que la gente me mira, sé que no me ve a mí, sino a Amunet. Para ellos no soy una persona de carne y hueso, sólo un recipiente que puede mover y hacer hablar a su antojo. —Se pasó una mano por los ojos, restregándoselos con cansancio—. Me recuerda demasiado a mi hogar, el que perdí cuando era una niña —añadió en un susurro—. A mi hogar… y a mi padre.

De todas las cosas que Gabriel esperaba escuchar en ese momento, pocas habrían sido más inesperadas que aquella. Su confesión le desconcertó tanto que tardó en decir:

—Sabes que no tenemos que hablar de eso si te hace sentir mal. Me pareció que te lo había dejado bastante claro en el *Carrère*: no quiero que me cuentes nada que no te…

—Quiso matarme —le interrumpió Shaheen—. Mi padre —añadió ante su perplejidad—, por eso me marché de mi casa. No fue una simple travesura; tuve que hacerlo porque no me quedaba otra opción. Porque no quería un monstruo bajo su techo.

Ni siquiera ella sabía por qué le estaba contando aquello. Quizá porque el monstruo empezaba a aparecer en demasiados espejos, recordándole sin parar quién era en realidad.

—Tenía siete años cuando hablé con mi madre por primera vez. Había muerto al darme a luz y se había quedado anclada a nuestra casa, aunque hasta entonces no había sido capaz de oírla. Como mucho, me parecía captar una música lejana de vez en cuando, una canción que me arrullaba por las noches cuando las ayas me dejaban sola…

—¿Tu padre… quiso acabar contigo por eso? —dejó escapar Gabriel, aún con un brazo alrededor de sus hombros—. ¿Con una chiquilla que no tenía culpa de nada?

—Te recuerdo que era uno de los principales jeques de la ciudad y una auténtica autoridad en la universidad de al-Azhar. Vosotros no estuvisteis nunca en ella, pero es la escuela islámica más importante con la que cuenta Egipto, y los edictos sobre la *sharia* emitidos por Alí Ben Sharif eran enormemente respetados. —Shaheen se apartó un rizo de la cara con aspecto agotado—. Cuando me descubrió hablando con el espíritu de mi madre, debió de pensar que era algún *yinn* el que estaba comunicándose conmigo.

Volvía a estar acurrucada en un suelo de azulejos, mirando con los ojos muy abiertos a un hombre que se cernía sobre ella como una ola imposible de remontar. Recordó cómo el contraluz lo convertía en una sombra, aún más negra que su miedo…

—Se abalanzó sobre mí con su daga de Damasco, pero conseguí quitársela cuando se le cayó durante el forcejeo. —La luz de las velas hizo relucir el filo cuando Shaheen extrajo el arma del interior de su corpiño—. Es todo lo que conseguí llevarme de mi casa antes de saltar por una ventana. Estaba aterrorizada y El Cairo era enorme, inabarcable…

—Por eso acabaste mezclada con los rateros de Khan el-Khalili —dijo Gabriel con los ojos clavados en la daga—. Fueron ellos quienes te condujeron hasta Aziz al-Rashid.

—Ahmed me descubrió dos semanas después, rebuscando entre la basura. Como me había cortado el pelo con la daga, creyó que yo también era un niño, así que se ofreció a llevarme a las Tumbas de los Califas, donde había vivido con su madre hasta que murió.

—¿Es ese cementerio situado junto a las colinas de Mokkatam? Mi tío se quedó con ganas de echarle un vistazo, pero no sabíamos que ahora fuese un refugio de mendigos.

—Todos estábamos muertos para el mundo, por lo que al menos teníamos la seguridad de que nadie nos buscaría allí. —Shaheen devolvió el arma a su corpiño—. No sé qué habría sido de mí si Ahmed no se hubiera cruzado en mi camino. Él fue la única persona amable que encontré en la calle, la única que se preocupó por hacerme sonreír. Por eso nunca me atreví a hablarle de mi familia ni tampoco de que podía comunicarme con los espíritus… porque me daba pánico que reaccionara igual que mi padre al saberlo.

No hizo falta que le hablara de lo enamorada que había estado de él. De cómo se le partía el corazón cada vez que Ahmed le repetía que la quería como a un hermano, de lo doloroso que era estar segura de que nunca le correspondería. Pese a que algunos cabellos siguieran cayéndole por la cara, a Gabriel no le pasó inadvertida la humedad de sus ojos.

—Lo siento —susurró tras unos segundos en los que ninguno dijo nada—. Siento mucho… muchísimo… lo que le hicimos —le aseguró—. No te imaginas hasta qué punto.

Era increíble que hubiera tardado medio año en comprenderlo: no era Amunet el único fantasma que Shaheen arrastraba consigo a todas partes. Gabriel creía conocer bien a qué sabía la culpabilidad, pero aquel nuevo regusto era tan distinto como insoportable.

—Ojalá pudiera devolvértelo de algún modo —sus dedos recolocaron el pelo suelto de la muchacha detrás de su oreja, acariciándole después una mejilla— o retroceder en el tiempo para entrar otro día en la sepultura, aunque eso supusiera no haberte conocido.

—En realidad, Ahmed nunca lo hizo tanto como tú —respondió Shaheen—. Sólo conoció una verdad a medias de mí, el disfraz que me permitió salir adelante. He pasado tanto tiempo escondiéndome tras él que casi había olvidado cuál es mi verdadero rostro.

—Pero eso no te convierte en una mentirosa. Estoy seguro de que si le hubieras…

Antes de que pudiese seguir, fue ella quien apoyó las manos en su cara, pero no para acariciarle las mejillas, como acababa de hacer él, sino para alcanzar sus labios en un contacto apenas perceptible que, aun así, le hizo olvidar todo lo que estaba diciendo.

Había recibido unos cuantos besos inesperados en su vida, pero ninguno había sido semejante a ese; era el roce de una niña que ni siquiera sabía lo que estaba haciendo. Fue su extraña mezcla de inexperiencia y arrojo lo que lo dejó estupefacto hasta que, tras unos segundos de inmovilidad absoluta, Shaheen abrió poco a poco los ojos y se dio cuenta de cómo estaba mirándola él. Aquello pareció devolverla a la realidad como una bofetada, porque se apartó de su lado mientras su rostro se encendía por momentos.

—Perdóname —consiguió decir a duras penas; casi no le salía la voz—. No quería hacer nada indebido, es sólo que pensé... Bueno, Belle me besó en El Cairo cuando se enfrentó a Malenfant por mí y creí que así era como... hacíais las cosas vosotros...

—Supongo que debería decirte que sí —articuló él—, si eso te anima a continuar.

Alguien silbó desde una mesa cercana, haciéndola sonrojarse aún más. Parecía tan abochornada que Gabriel no pudo contener una sonrisa, por perplejo que siguiera estando.

—De acuerdo —dijo para tranquilizarla—, esto es lo que vamos a hacer. Fingiremos que se ha tratado simplemente de una colisión accidental: mi boca ha acabado por arte de magia sobre la tuya al inclinarme para decirte algo justo cuando tú levantabas la cabeza.

—No es una excusa muy creíble, teniendo en cuenta que te he agarrado la cara...

—Eso sólo lo han presenciado los de la mesa de al lado, y no creo que volvamos a verlos en la vida. Pero, si prefieres algo más emocionante, aquí tienes otra historia: yo me senté a tu lado para robarte el monedero, tú te diste cuenta y amenazaste con cortarme el cuello y entonces yo, graciosamente, decidí aplacarte del mejor modo que se me ocurrió.

—Con eso me habrías dado aún más ganas de rajarte —declaró Shaheen, si bien la sonrisa de él acabó pasando a sus propios labios, haciéndole clavar la vista en las tazas de la mesa—. Supongo que esto también forma parte de mi proceso de aclimatación.

Todavía seguía estando avergonzada, pero el rubor le sentaba tan bien que Gabriel se descubrió preguntándose, con una curiosidad casi científica, cuándo se había vuelto tan guapa aquella chica y cómo había tardado tanto tiempo en darse cuenta. La tenue luz de los candiles hacía que sus ojos parecieran más oscuros y sus labios, más apetecibles, y la visión de su cuello moreno sombreado por los rizos casi consiguió acelerarle el pulso.

A lo mejor no era ella quien había cambiado, pensó sin dejar de mirarla, sino el propio Gabriel. A lo mejor era el motivo por el que esa misma mañana, cuando la había sostenido en brazos en el Louvre, su sonrisa le había parecido lo más hermoso del museo.

—Me había olvidado de contarte otra cosa —cambió de tema Shaheen, todavía sin atreverse a mirarle—. Bonaparte ha tenido la maravillosa idea de organizar una fiesta.

—Querrás decir que es su esposa quien lo ha hecho. Todo el mundo sabe que no puede aguantar más de una semana sin ser el centro de atención de la sociedad elegante.

—Da igual de quién haya sido la idea; el problema es que me han invitado. Sí, es la misma cara con la que me quedé yo —añadió la muchacha ante su sorpresa—, porque no te haces una idea de lo poco que me apetece ir. ¿Crees que tengo alguna escapatoria?

—Lo dudo mucho —reconoció él—. Bonaparte debe de estar deseando exhibirte…

«Tanto como a Amunet», estuvo a punto de añadir, aunque consiguió morderse la lengua. Shaheen exhaló un suspiro, rodeando de nuevo una de las tazas con las manos.

—Nunca creí que diría esto, Roux, pero... no sabes cómo desearía que toda esa gente fuera como tú. —Esto sorprendió aún más a Gabriel, tanto que la joven volvió a sonrojarse—. Cuando nos conocimos, no imaginé que pudieras ser tan respetuoso con las costumbres de los demás, incluso cuando no las comprendes. Pero si hubieras visto el modo en que el criado de Bonaparte me miró cuando me postré para realizar el *salat*...

—Querida, nunca conseguirás gustarle a todo el mundo —contestó Gabriel—, ni en París ni en tu ciudad natal. La opinión de un desconocido debería traerte sin cuidado.

—Pero esa fiesta estará repleta de desconocidos... y ninguno será como tú. No me verán más que como otra de las curiosidades que Bonaparte ha traído de su viaje. Darán igual los esfuerzos que haga por integrarme: para ellos sólo seré una egipcia..., una extraña.

Hacía tiempo que el café se había enfriado en la taza, de manera que Shaheen no obtuvo el consuelo que esperaba hasta que Gabriel apoyó las manos sobre las de ella.

—Pues deja que piensen lo que quieran —contestó en voz más baja—. Si sabes que te juzgarán a partir de la idea que ya tienen de ti, no trates de aparentar ser lo que no eres.

—¿Qué quieres decir con eso? —se sorprendió la muchacha—. ¿Cómo debería...?

—Puede que sea más sencillo de lo que piensas. Ya habrá tiempo para reflexionar sobre los detalles, pero te garantizo —añadió mientras abandonaba el banco y tiraba de ella para que le siguiera— que en Malmaison encontrarán algo mejor de lo que esperan.

44

Amunet

Akhetatón, 1337 a. de C.

Podría atraer a un cocodrilo hasta el templo de Atón para hacer que le abriera la garganta a dentelladas. Podría manipular a los leopardos reales para que se arrojasen sobre ella y la redujesen a poco más que unos huesos sanguinolentos. Con una simple mirada, uno de los guardias del faraón desenfundaría su espada para hundírsela en el pecho y, mientras la observaba agonizar a sus pies, Amunet sabría que se había hecho justicia de una vez, por mucho que se repitiese a sí misma que la culpa no era sólo suya.

Como si sus ojos le quemasen en la piel, Meresamenti la miró de nuevo desde los asientos de la familia real. Hacía tanto calor en el templo aquel día que todos estaban empapados de sudor, pero la transpiración que observó en su frente no era como la de los demás. Se dio cuenta de que estaba más demacrada; la enfermedad empezaba a dejar su huella en ella.

«Ojalá te mueras pronto. —Tras unos segundos de silenciosa lucha, fue la princesa la que apartó la mirada, con los dientes tan apretados que le temblaba la barbilla—. Ojalá lo hagas esta misma noche y tu alma nunca encuentre descanso. Que la Devoradora acabe contigo para hacerte sentir aunque sólo sea la décima parte del dolor que has causado».

—Amunet —le advirtió Ptahmai en voz queda, y la joven se obligó a atender a la ceremonia que se estaba realizando—. Estás atrayendo demasiado la atención.

—Dudo que pueda ponerme aún más en evidencia —replicó Amunet—. No debe de haber una sola persona, desde Kush hasta el Hatti, que no esté al tanto de la situación.

—Pero te recuerdo que tuviste la oportunidad de vengarte y preferiste ignorar mis consejos. No tienes ningún derecho a quejarte ahora. —Aquello le hizo morderse el labio, aunque prefirió no protestar. Ptahmai suspiró—. El tiempo acabará dándome la razón.

En el centro del enorme patio abierto, engalanada con guirnaldas de flores de loto, la Gran Esposa Real danzaba rodeada por las sacerdotisas de Atón. Las princesas seguían los pasos de su madre, haciendo relucir las largas ristras de cuentas que colgaban de sus diademas de oro. Sólo Meresamenti permanecía en la sombra, sentada junto a su abuela Tiyi bajo un pequeño toldo de lino. Cuando Amunet la miró, pasados un par de minutos, vio que se había inclinado para hablar con la madre del faraón y las dos estaban observándola atentamente entre las nubes de incienso de los pebeteros.

«Todos sois iguales, todos sois escoria. Podríamos caer fulminados a vuestros pies y lo único que os preocuparía sería que os ensuciásemos la ropa». Ptahmai estaba en lo cierto al decir que aquella ceremonia, como todo lo que rodeaba al décimo aniversario de la fundación de la ciudad, debía de ser vista como un insulto más allá de las fronteras de Kemet. Los rumores sobre la guerra de Siria también habían llegado al templo, junto con otras noticias que inquietaron aún más a Amunet: un nuevo brote de peste empezaba a extenderse por el delta y las ratas se encargaban de propagarla por doquier, dejando un reguero de muerte como no se había visto desde los tiempos de la Maldición de Sekhmet.

El faraón, al menos, había demostrado tener sentido común en cuanto a eso. Unos maullidos atrajeron la atención de la muchacha y, al agachar la cabeza, se encontró con uno de los miles de gatos que Akhenatón había hecho conducir a la ciudad. Había sido la propia Amunet quien les había puesto, uno a uno, sus collares de oro adornados con el disco solar, antes de ordenarles marchar para mantener a raya a las portadoras de la plaga.

—Parece que tu magia empieza a ser más poderosa que nunca —observó el faraón al término de la ceremonia, cuando la familia real se encaminaba hacia el exterior.

—Son buenos animales, majestad —contestó Amunet mientras se agachaba para acariciar al gato entre las orejas—. Sé lo mucho que te gustan las mascotas obedientes.

—Sobre todo cuando guardan el respeto que se espera de ellas —intervino Nefertiti.

—Ha sido buena idea crear esta colonia, por espantoso que sea el ruido —dijo la anciana Tiyi—. Casi me parece estar en Per-Bastet durante uno de los antiguos festivales.

Los últimos años también habían dejado su huella en la madre del faraón. Tenía los ojos rodeados por unas profundas arrugas y las manos salpicadas de manchas de vitíligo.

—La diosa gata era tenida por hija del sol —comentó Akhenatón— y su presencia resulta agradable a Atón, aunque no esté a la altura de su gloria. Si puede contribuir a la protección de la ciudad, bienvenida sea. —Entonces, como si emergiese de uno de sus trances místicos, el faraón miró a Amunet—. ¿Cuánto tiempo llevas con nosotros, *heka*?

—Tres años, majestad —contestó ella. «Tres años de los que nunca me olvidaré».

—Has demostrado ser una súbdita fiel a mi causa, pese a proceder de ese nido de perdición que era Ipet Sut. A Atón le complacerá que tu devoción se vea recompensada.

—Hemos sabido, *heka* Amunet —siguió diciendo Tiyi—, que el visir Nakhtpaatón ha mostrado un gran interés en ti. Deberías considerar su proposición cuando te la haga.

Ahí estaba la inconfundible mano de Meresamenti. Amunet la miró otra vez, pero la princesa se mantenía a una prudencial distancia, fingiendo observar a sus hermanas.

—Es un miembro principal de la corte, como bien sabes —añadió el faraón—. No hay en Akhetatón una sola dama que no se considerara afortunada teniéndolo por esposo…

—Yo ya tengo un esposo, majestad —contestó ella—, y mejor memoria que otros.

En el silencio que siguió a esto, los maullidos de los gatos parecieron multiplicarse por cien. Durante unos segundos, Akhenatón siguió mirándola de hito en hito, hasta que prosiguió su camino hacia la salida del templo y sus mujeres le siguieron de inmediato.

Nefertiti rodeó con un brazo los hombros de Meritatón, que aún seguía pareciendo una adolescente asustada en vez de una reina desposada unos días antes; Tiyi les hizo una seña a las demás princesas y unos segundos después no quedaba más que la reina Kiya.

—Disculpa a mi divino esposo —le dijo la mitannia en voz baja, sin apartar los ojos de la altiva comitiva—. No está acostumbrado a que alguien rechace sus recompensas…

—Me parece que tenemos un concepto distinto de las recompensas. No es lo que me viene a la cabeza cuando me ofrecen casarme con un desconocido. —Esforzándose por no sonreír, Kiya la agarró de un brazo para que la ayudara a alcanzar la salida; estaba tan hinchada por el embarazo que apenas podía caminar—. ¿Cómo te sientes, majestad?

—Como un hipopótamo —dijo Kiya, y Amunet también sonrió a su pesar—. No me extraña que a Tueris, la protectora de las embarazadas, la representen con ese aspecto.

—Que no te escuche tu marido —le recomendó la joven— o pensará que le estás siendo infiel al disco solar con otras divinidades. No creo que le sentara demasiado bien.

—Tampoco yo creo que el pueblo esté contento con… todo esto. Me cuesta creer que un campesino que lleva toda la vida adorando a los mismos dioses que sus mayores vea con buenos ojos tener que dedicar sus plegarias a otro del que apenas se sabe nada.

Mientras caminaban hacia los pilonos, el gato al que la muchacha había acariciado correteaba alrededor de sus tobillos, tratando de atrapar las cintas de sus sandalias. Las sillas gestatorias aguardaban delante del templo, y al girarse hacia ellas le pareció captar algo con el rabillo del ojo que primero le desconcertó y, más tarde, le detuvo el corazón.

Había un hombre sobre el pilono de la derecha, pero no parecía un *medjay*. Tenía un pañuelo sobre la cara y un arco en las manos, y algo relució en él cuando lo tensó…

—Majestad… —empezó a decir Amunet, y enseguida gritó—: ¡Majestad! —En un acto reflejo, empujó a Kiya con todas sus fuerzas haciéndola caer al suelo, lo que arrancó un alarido a los miembros del séquito real y atrajo de inmediato a los guardias cercanos.

Antes de que pudiera decir nada, unos brazos la levantaron apartándola de Kiya. El faraón, al que su chillido había hecho girar la cabeza, abrió desmesuradamente los ojos.

—¿Qué significa esto? —bramó mientras se ponía en pie. Descendió de la silla por sí mismo, haciendo retroceder a sus sirvientes, y se dirigió hacia ellas—. ¡*Heka* Amunet!

—La hemos inmovilizado antes de que pudiera hacerle nada, majestad —exclamó el guardia que seguía sujetando a la joven—. Ha saltado sobre ella como si pretendiera…

—¡No he sido yo quien ha intentado atacarla, estúpido! —gritó Amunet sin dejar de revolverse entre sus brazos—. ¡Alguien acaba de dispararle desde ese pilono! ¡Mirad…!

Sólo cuando señaló la flecha clavada en la arena, en el lugar en que había estado la reina apenas unos segundos antes, parecieron entender de qué estaba hablando. Kiya se quedó mirándola aterrada y Akhenatón se giró en la dirección que les indicaba Amunet.

La silueta embozada había echado a correr sobre el pilono, con aquel arco casi tan alto como ella a la espalda. «¡Detenedle ahora mismo!», gritó el faraón a pleno pulmón.

—No les dará tiempo a alcanzarle, aunque rodeen el templo por el exterior —dijo Amunet mientras observaba la escalera de cañas apoyada contra el pilono. Antes de que el soberano pudiera preguntarle nada más, se había agachado para atraer hacia sí al gato de pelaje atigrado que acababa de seguirla desde el templo como una sombra escurridiza.

Fue como si ambos se comunicaran en un lenguaje que nadie más comprendía. Al cabo de unos segundos, Amunet se puso en pie y el felino se dirigió a toda velocidad al pilono. Otros dos, cuatro, seis gatos más surgieron de entre la espesura y, para cuando la estupefacta familia real pudo reaccionar, habían trepado por el pilono en pos del arquero.

—Dudo que posean la fuerza de tus leopardos, majestad —dijo Amunet—, pero le entretendrán durante un rato, lo necesario para que tus hombres puedan cortarle el paso.

Akhenatón se limitó a asentir antes de apartar a un lado a los asustados sirvientes de Kiya. Se agachó junto a ella para rodearla con los brazos, y cuando la reina comenzó a sollozar en silencio contra su pecho, aferrándose con dedos temblorosos a su pectoral de oro, la chispa de sus ojos se asemejó a un auténtico incendio. Era la primera vez que Amunet lo veía como un hombre de carne y hueso, y la revelación la dejó sin palabras.

Ya no había misticismo alguno en él, sólo la cólera abrasadora de quien ha estado a punto de perder a su heredero al mismo tiempo que a su amada. Si hubieran conseguido acabar con Tutankhatón, todavía en el vientre de su madre, habría sido el fin de Kemet.

—Majestad —dijo Ay, el padre de la Gran Esposa Real. Había arrancado la flecha del suelo para alargársela al faraón, y todos pudieron ver entonces que había algo atado a su astil: un delgado papiro atado con una cuerda. Mientras Ptahmai, que también había acudido a ayudar a Kiya, pedía a uno de los ayudantes del templo un odre de agua, el faraón desató rápidamente el papiro y los que le rodeaban pudieron ver lo que contenía.

Amunet habría reconocido aquel jeroglífico en cualquier parte, aunque no hubiera vuelto a verlo desde su llegada a Akhetatón. Cuatro signos garabateados con tinta roja que, pese a lo sencillo de su apariencia, ensombrecieron aún más el rostro del monarca.

—El nombre de Amón —dijo la muchacha a media voz. Un repentino revuelo se propagó a su alrededor y un par de doncellas de Kiya empezaron a chillar, pero la única respuesta de Akhenatón fue dirigirse a un pebetero que ardía junto a la puerta del templo.

Cuando dejó caer el papiro en su interior, las voces se apagaron como si también las hubieran consumido las llamas. El faraón miró a su séquito con los ojos entornados.

—Que esto —acabó anunciando en un tono terrible— sirva de advertencia a los que se han atrevido a hacer algo así. Si los devotos de Amón quieren guerra, guerra tendrán.

Desde la hilera de sillas gestatorias, las damas reales contenían el aliento. Meritatón parecía asustada; Meresamenti, incrédula. Sólo Nefertiti se mantenía impasible, con un destello calculador en los ojos clavados en su marido. Este continuó diciendo:

—Que el general Horemheb se ponga de inmediato a la cabeza de un destacamento y que sus hombres avancen por ambas orillas destruyendo todo aquello que contenga el nombre de Amón. Quiero que sus cartuchos sean arrancados de los monumentos, que sus templos se reduzcan a escombros. Ni una sola de sus esculturas debe quedar en pie.

—Majestad, puede que eso sea demasiado extremo —trató de intervenir Ptahmai; Amunet nunca lo había visto tan lívido—. Un simple papiro no demuestra que esto sea…

—Mahu —sin prestarle atención, Akhenatón se volvió hacia el jefe de policía, que dio un paso adelante—, harás que los *medjays* lleven a cabo un registro completo de la ciudad. A todos aquellos que sean sorprendidos con símbolos de los falsos dioses en sus casas, se les ejecutará en el acto. Un simple escarabeo, un diminuto ojo de Horus, y serán arrojados al Nilo. —Aunque tan sorprendido como los demás, Mahu asintió con la cabeza. Akhenatón se giró entonces hacia Ptahmai—. Yo soy el Atón encarnado, hijo del sol y la eternidad —añadió—. Si esta es mi voluntad, nada me hará cambiar de idea.

—Por supuesto, majestad —acabó reconociendo el anciano, agachando la cabeza.

Como si un sortilegio los abandonara poco a poco, los miembros de la guardia se pusieron en movimiento. Mahu gritó unas cuantas órdenes a sus hombres, Nefertiti dio instrucciones desde su silla para que los porteadores la condujeran a palacio y, a una señal de Akhenatón, sus sirvientes corrieron hacia Kiya para ayudarla a ponerse en pie.

—¿Por qué has hecho esto, Amunet? —susurró la reina cuando la muchacha, que también se había apresurado a auxiliarla, la rodeó con un brazo para que se incorporara.

—No ha sido nada, majestad. Cualquier otro en mi lugar habría hecho lo mismo…

—No, no me refiero a eso. Desde que estás con nosotros, no has conocido más que sufrimientos… ¿Por qué me has salvado la vida después de que arruináramos la tuya?

Era la primera vez que le hablaba de ese modo, y Amunet se quedó tan confundida que tardó unos segundos en responder. Podía sentirla temblar contra sí, rodeándose el abultado vientre con ambos brazos. Parecía tener miedo de que les alcanzara otra flecha.

—Porque eres la única persona verdaderamente humana que he conocido aquí —acabó reconociendo—, y Tutankhatón no sólo necesitará un trono, sino también a una madre.

La extrañeza de Amunet creció aún más cuando a Kiya se le empañaron los ojos.

—Ven a verme esta noche al palacio —dijo pasado un instante—. Ya sabes que mi esposo ha organizado un banquete para seguir conmemorando la fundación de la ciudad…

—Lo siento, majestad, pero nunca me han gustado las fiestas —contestó Amunet de inmediato. No mencionó que esa en especial le causaba auténtico pavor; la mera idea de ver a Khay con Meresamenti hizo que se le tensaran los músculos del estómago.

—Pero de ese modo podré agradecerte lo que has hecho. Hazme caso, Amunet, y ven a mi alcoba tras la puesta de sol. Sabré recompensarte por salvarnos la vida a los dos.

Eso le resultó tan desconcertante que no supo qué decir, pero para entonces la reina había alcanzado su silla y Akhenatón, tomándola con delicadeza de una mano, la ayudó a subirse a ella, y lo único que la joven pudo hacer fue quedarse mirando cómo se dirigían al palacio mientras el nombre de Amón acababa de consumirse en el pebetero.

45

Shaheen

Malmaison, 1799

La caja la esperaba sobre una cama envuelta en colgaduras blancas, en la alcoba que Bonaparte había mandado preparar para ella. Cuando levantó la tapa de cartón, tras haber despedido a la entrometida doncella que le habían asignado, Shaheen se encontró con una reluciente tela de damasco cuidadosamente doblada en el interior. Algo resbaló entre sus pliegues cuando la sacó con incredulidad: una pequeña tarjeta escrita a mano.

Compré esto en una de las tiendas de Khan el-Khalili, poco después de que te instalaras con nosotros. Pensaba encargar un par de colgaduras nuevas con la tela, pero lo que me contaste sobre la recepción en Malmaison me hizo cambiar de idea. No permitas que te hagan olvidarte de quién eres: mantenerte fiel a tus propios principios, por muy extravagantes que les puedan parecer a los demás, es el acto más revolucionario que existe.

G.

Parece que el Conde de Pitiminí nos ha salido poeta además de historiador —comentó Amunet cuando acabó de leer la nota.

Más desconcertada de lo que se había sentido en mucho tiempo, la chica sacudió la tela para acabar de desdoblarla y entonces comprendió que se trataba de un vestido, aunque muy diferente de los modelos parisinos. El corte le recordó de inmediato a los de las esposas de los jeques de El Cairo, una amplia túnica cuyas mangas casi alcanzaban las rodillas y con un estampado tan delicado que parecía convertirse en agua al contacto de sus dedos.

Con mal disimulada emoción, deslizó la prenda por su cabeza delante del espejo y se la ciñó a la cintura mediante un fajín de seda. Dentro de la caja había también unas zapatillas doradas, una diadema con un velo de gasa y un largo collar, y, cuando acabó de ponérselo todo, Shaheen creyó hallarse ante el reflejo de una princesa de Arabia.

—Me veo... —empezó a decir, casi en un susurro—. Me veo guapa. —Algo en su vacilación le hizo enfadarse consigo misma, de modo que añadió—: Bastante, al menos.

Es un comienzo. —Aunque Amunet resopló, no parecía enfadada—. *Te sienta mejor de lo que crees. Pero dime una cosa, pequeño halcón: ¿eres menos poderosa ahora que te has vestido como una mujer? ¿Son menos ágiles tus dedos o menos dispuesto tu cerebro?*

—Supongo que no —tuvo que admitir Shaheen.

Eso es lo que quería meterte en la cabeza cuando estábamos en El Cairo. Te negabas a aceptarte a ti misma como mujer porque pensabas que todo terminaría para ti si te descubrían, pero la situación es muy distinta ahora. Por primera vez en mucho tiempo, no tienes que recurrir a ningún disfraz.

El damasco susurró contra sus piernas cuando giró poco a poco, contemplando su reflejo por encima del hombro. El hecho de que Gabriel hubiera imaginado algo que ella no habría creído posible, aquella crisálida dorada de la que le parecía estar emergiendo más consciente que nunca, hizo que la embargara una desconcertante calidez. «Puede que no se trate sólo de la ropa —se dijo mientras rozaba los hilos metálicos con las puntas de los dedos—. Puede que sea él quien me esté enseñando cómo es sentirse viva».

Era como despertar en un cuerpo desconocido, tan sensible que el recuerdo de lo ocurrido en el Procope le erizó la piel. Definitivamente, no tenía que ver con el vestido.

—Amunet, quiero pedirte perdón —dijo pasado un instante.

Bueno, esto no hace más que mejorar. Parece que es una noche de revelaciones.

—Hablo en serio —insistió Shaheen—. Creo que no me he portado demasiado bien contigo desde lo que ocurrió con la ballena y el *Carrère*. Supongo que tenías razón: sólo querías lo mejor para mí.

Daba por hecho que Amunet le respondería con su sarcasmo más refinado, pero se llevó una sorpresa ante su silencio.

No tiene importancia —acabó diciendo al cabo de unos segundos en los que no se oyó nada más que la música—. *Todo eso ha quedado muy atrás.*

—Pero estaba tan asustada por haber abandonado mi país que veía amenazas por todas partes. Siento haber desconfiado de ti, con todo lo que has hecho por…

En serio, Shaheen, déjalo de una vez. —¿Por qué parecía incómoda?—. *Se nos está haciendo tarde con tanta tontería y la paciencia no consta entre las virtudes de nuestro anfitrión.*

Tuvo que reconocer que estaba en lo cierto: el ruido procedente del piso de abajo era cada vez mayor, y las primeras carcajadas y el entrechocar de copas ascendían como una enredadera hasta su ventana. Tras recolocarse el collar y asegurarse de que tenía el velo bien sujeto, la joven abandonó la alcoba para dirigirse, con el vestido algo arremangado para evitar pisárselo, hacia el mismo comedor en el que había almorzado con Bonaparte.

Cuando todas las cabezas se volvieron en su dirección, el aplomo de Shaheen la abandonó un tanto. La muchedumbre era una constelación resplandeciente de adornos para el pelo, medallas, charreteras y sables de caballería, y la muchacha casi se alegró de que aquellos cegadores puntos de luz le impidieran tener que enfrentarse a sus miradas.

—¡Ah, señorita Shaheen! —Era Bonaparte, con su uniforme nacional y la pechera reluciente de condecoraciones. Se inclinó para besarle la mano—. Está usted magnífica.

—Gracias —le respondió Shaheen, desconcertada ante su inesperada amabilidad.

—Es una suerte que hoy no nos haya hecho esperarla con sus rezos. Ciudadanos, ciudadanas —se volvió hacia el resto de los presentes, que se los comían con la mirada sin dejar de cuchichear—, he aquí a la vidente egipcia que estaba deseando presentarles.

—Cuanta solemnidad por tu parte, querido —intervino una dama, acercándose a Shaheen con una copa en la mano—. No te recuerdo tan entusiasmado con la anterior.

Aparentaba unos diez años más que Bonaparte, aunque seguía teniendo un hermoso rostro ovalado y unos grandes ojos tan oscuros como su pelo, rizado en pequeños bucles sobre la frente. Llevaba un espectacular vestido de crepé con auténticos petálos de rosa bordados sobre la tela y un aderezo de diamantes a juego con sus aparatosos pendientes.

—Desde luego, es más exótica que Lenormand —admitió mirando a Shaheen con los labios apretados en una sonrisa—. Ahora entiendo por qué te ha llamado la atención.

—Mi esposa, Josefina —la presentó Bonaparte a regañadientes—. Siempre le ha interesado poderosamente la hechicería. Cuando vivía en Martinica de joven —la dama le lanzó una mirada fugaz—, entró en contacto con ciertas prácticas de lo más curiosas.

—Una negra que trabajaba en la plantación vecina me leyó las líneas de la mano a los catorce años —corroboró ella. Tenía los dientes cariados de quien ha mordisqueado demasiada caña de azúcar; Shaheen entendió entonces por qué se esforzaba por sonreír con la boca cerrada—. Me aseguró que en París me casaría en segundas nupcias con un apuesto y joven militar que acabaría teniendo el mundo entero en la palma de la mano.

Me pregunto si también le hablaría de ese otro apuesto y joven militar que metería en su cama cuando el primero partiera rumbo a la gloria.

Shaheen se esforzó por no reír.

—Siento no poder serle tan útil como ella. Nadie me ha enseñado a hacer esas cosas.

—¿De veras? —Josefina miró a su esposo con las cejas alzadas—. ¿Qué sentido tiene recurrir a una vidente que ni siquiera puede «ver» como la ciudadana Lenormand?

—Eso déjalo de mi cuenta, querida —respondió Bonaparte, y cogió una copa de la bandeja de un criado para ponérsela en la mano a Shaheen—. Sólo es zumo de granadas traídas de Egipto —añadió al verla titubear—. Puede tomárselo sin problemas.

Los generales Marmont, Lannes y Murat se acercaron entonces para saludarla, lo cual fue considerado por el resto de invitados como un pistoletazo de salida. Durante las siguientes dos horas, Shaheen fue pasando de mano en mano, esforzándose por sonreír a todo el mundo y respondiendo como podía a sus preguntas sobre El Cairo. No tardó en darse cuenta de que Gabriel había dado en el clavo: si exhibía con orgullo aquello que los demás consideraban extravagante, los dejaría sin argumentos a la hora de criticarla.

Amunet, por suerte, se mantuvo en un segundo plano, sin hacer más que uno o dos comentarios cáusticos que causaron gran alborozo entre las amigas de Josefina. Parecía que nadie en el círculo de los Bonaparte la tenía por una amenaza, con excepción de los cinco miembros del Directorio; a Shaheen le llevó un segundo comprender, cuando el general le presentó a los directores Barras y Ducos, que las máximas autoridades de la República no veían con buenos ojos los coqueteos de Bonaparte con la ultratumba. No obstante, incluso ellos se abstuvieron de decir nada, y la velada transcurrió de manera bastante agradable entre bandejas repletas de canapés y nuevas copas de zumo con hielo.

«Bueno, parece que no ha ido tan mal», pensó Shaheen cuando pudo escabullirse a los jardines a través del balcón abierto. Su aspecto era muy distinto a medianoche, con los descuidados rosales pintados de plata por la luz de las estrellas.

La verdad es que no —respondió Amunet—, *aunque no deberías alejarte mucho. Recuerda que eres la principal atracción de esta pequeña feria.*

«Sólo quiero quedarme un rato aquí —contestó Shaheen mientras descendía poco a poco la escalera, dejando atrás a dos políticos que la saludaron con una inclinación—. Hace una noche demasiado bonita para no mirar las estrellas».

No había vuelto a verlas brillar así desde el viaje por el Mediterráneo; el humo de París se encargaba de hacerlas desaparecer. Shaheen se acordó de cómo solía contemplarlas con Ahmed desde las Tumbas de los Califas, tumbados en su mugriento jergón en lo alto del alminar, y de las noches en vela hablando de un futuro que realmente nunca había estado escrito allí arriba. Para su sorpresa, el recuerdo no la atormentó tanto como antes; parecía haberse convertido en un latido de dolor más que en una puñalada.

Pero en ese momento sintió como Amunet se alejaba de su lado, y un segundo más tarde oyó cómo la llamaban desde la espesura. Una sombra la espiaba entre los rosales, haciéndole gestos para que se acercara; y cuando la muchacha acabó obedeciendo, entre extrañada y recelosa, sintió que el corazón le brincaba en el pecho como un purasangre.

—¿Roux? —fue todo lo que consiguió decir. Dejó la copa sobre la balaustrada de la escalera antes de apresurarse hacia él—. Pero ¿qué estás haciendo tú aquí? —exclamó.

—Dar una inocente vuelta por los alrededores de Malmaison —respondió Gabriel mientras abandonaba los arbustos. Un zapato se le había quedado enganchado entre los rosales y Shaheen tuvo que tirar de su brazo para ayudarle a salir—. Cuando quise darme cuenta, estaba frente a la verja y se me ocurrió colarme entre los invitados para saludar.

—Una posibilidad que ni siquiera se te había pasado antes por la cabeza —ironizó ella al tiempo que señalaba su elegante chaleco azul y su levita plateada—. Porque esta es la clase de ropa que los parisinos os ponéis para dar un paseo en una noche de otoño.

—Créeme, las noches han presenciado cosas más rocambolescas aquí. —Aunque seguía sonriendo, un destello de seriedad se instaló en sus ojos—. Necesitaba estar seguro de que todo marchaba sobre ruedas. No podía dejar de acordarme de tu anterior visita…

—Quédate tranquilo: la situación es muy distinta ahora. —Entonces se percató de cómo estaba mirándola él, y un repentino rubor le subió por el cuello—. ¿Qué tal estoy?

No hizo falta que Gabriel respondiera: su expresión hablaba por sí sola. Cuando se acercó más a ella para examinar uno de los adornos de su vestido, a Shaheen la asaltó la desconcertante sensación de que la tela había pasado a formar parte de su cuerpo, de que estaba tan inundada de terminaciones nerviosas como su propia piel. «Qué idiota te estás volviendo —se regañó a sí misma, y después pensó—: ¿Por eso se ha marchado Amunet?».

Un pequeño alboroto en la escalera atrajo la atención de ambos, y al volverse hacia allí vieron a una de las amigas de Josefina bajar a trompicones en brazos de un político de peluca empolvada. «¡Oh!», exclamó la dama al reparar en ellos, y soltó una risita mientras su galán la conducía hacia la espesura y Shaheen se ponía del color de la grana.

—Deberías verte la cara ahora mismo —dijo Gabriel, riéndose también—. No irás a decirme que aún te parecen escandalosas estas cosas después de casi un mes en París…

—Por supuesto que no. Lo único que me escandaliza es que lo hagan en público.

—Es mejor recurrir a entornos más discretos, desde luego —coincidió él—. Como uno de los cafés más populares de la ciudad cuando no queda ni una sola mesa libre en él.

—Eso ha sido un golpe bajo —repuso ella. No obstante, no pudo evitar mirarle de reojo mientras se alisaba la falda—. Creía que ya lo habrías olvidado —tuvo que admitir.

—Sería bastante complicado hacerlo. Es el peor beso que me han dado en la vida.

—Pero serás… —Gabriel volvió a reírse cuando Shaheen, indignada, se apartó tan bruscamente de su lado que le azotó con el velo—. De verdad que no entiendo por qué pierdo el tiempo hablando contigo. Ahora no sé si tengo más ganas de abofetearte o de…

Sus palabras quedaron en el aire cuando Gabriel la agarró de la mano. Aunque no se habían alejado demasiado de la mansión, la luz que atravesaba los cristales de la planta baja había quedado atrás y lo único que les permitía mirarse a los ojos eran las estrellas.

—Dime una cosa: ¿naciste sabiendo forzar celosías con tu daga? —quiso saber él.

—Claro que no —respondió Shaheen de mal humor—. La primera vez hice tanto ruido que casi me atraparon unos guardias. Pero no sé qué tiene que ver eso con lo que…

—Estoy convencido de que la segunda vez fue mucho mejor, y la tercera aún más. El único modo de dominar algo es practicarlo a menudo. —Los dedos de Gabriel tiraron de los de la muchacha con suavidad—. Tendré que sacrificarme por el bien de la ciencia.

De repente estaban tan cerca que podía verse reflejada en sus ojos, y aquello le hizo preguntarse por qué le habrían parecido tan insulsos los de los *farengi* comparados con los de Ahmed, que eran oscuros como el *ahwa sada* recién hecho. Demasiado aturdida para pensar en una réplica ingeniosa, prefirió guardar silencio mientras Gabriel sostenía delicadamente su barbilla, observándola de un modo que le alteró aún más el pulso. Era la primera vez que otro ser humano la miraba así, sin que estuviera escondiéndose detrás de un disfraz; y cuando sujetó su cabeza con ambas manos antes de inclinarse sobre su boca, supo que no era sólo su cuerpo, su envoltura, lo que se disponía a acariciar.

Puede que el roce fuera el mismo que había experimentado en el Procope, pero las similitudes acababan ahí. Shaheen creía saber lo que se sentía en momentos como ese, pero nadie le había informado acerca de la mecánica; no imaginaba que un simple beso, por ejemplo, pudiera actuar como la rueda principal de un engranaje, capaz de poner en funcionamiento el resto de su anatomía. Tampoco que no consistiera en la mera presión de unos labios contra otros, sino en un sinfín de movimientos (unos tan lentos que apenas se apreciaban, otros mucho más enérgicos) combinados de tal forma que un escalofrío la recorrió de la cabeza a los pies. Era como un combate cuerpo a cuerpo con estrategias imposibles de memorizar, porque las normas parecían cambiar a cada segundo.

Le llevó un rato ser consciente de que había apoyado las manos en su pecho, pero cuando Gabriel se apartó unos milímetros, con la respiración tan alterada como ella, se dio cuenta de que no habría podido mantenerse en pie sola. El universo había estallado a su alrededor en una nebulosa de sensaciones en la que no existían más asideros que él.

—No tenía… ni idea de que los besos pudiesen ser… así —consiguió decir.

—Bienvenida a París —susurró Gabriel con una sonrisa que acabó saltando a los labios de Shaheen. Parecía dispuesto a añadir algo, pero no llegó a hacerlo: un segundo más tarde, ella lo había agarrado por las solapas de la levita, lo había empujado contra el tronco más cercano y había empezado a besarlo con una sed que casi lo dejó sin aliento.

—Dios mío, señorita Shaheen —oyeron decir entonces a sus espaldas, y al darse la vuelta se toparon con una silueta en lo alto de la escalera. La muchacha la reconoció por los pétalos del vestido: era la mujer de Bonaparte—. Si de veras se trata de usted, debería decirle que me siento orgullosa. Está aprendiendo a marchas forzadas.

—Sólo he salido para que me diera el aire un rato —contestó Shaheen, tras cruzar una mirada con Gabriel y comprender que la dama no había podido reconocerlo.

—No me malinterprete: estoy encantada de que se divierta, sobre todo si lo hace a una prudencial distancia de mi esposo. Pero me temo que ahora mismo la reclaman en el comedor. —Josefina se giró para regresar dentro—. Están a punto de celebrar un brindis.

—Ve con ellos —susurró Gabriel, con las manos aún en su cintura—. Bonaparte nunca te perdonaría que deslucieras su momento de gloria, en especial por mi culpa.

—Como si eso me importara. —Shaheen lo miró a los ojos—. ¿Qué piensas hacer?

—Seguiré por aquí hasta que acabe la fiesta y, una vez que sepa que estás a salvo en tu habitación, regresaré a Le Marais. Mi tío se ha marchado unos días a Lyon para visitar a un amigo del Louvre, así que no me hará preguntas incómodas. Y cuando vuelvas a casa tú también —acarició el halcón blanco de su mejilla—, hablaremos de unas cuantas cosas.

Oír aquello hizo que la muchacha volviera a sonreír, pero sólo le dio tiempo a besarlo una, dos, tres veces más antes de apartarse de él. Se apresuró escaleras arriba con la sensación de que sus piernas se habían vuelto de mantequilla y se sumergió en la muchedumbre que, con una copa en la mano y expresión solemne, atendía al discurso de Bonaparte. El general estaba en el centro del círculo de invitados y Shaheen se obligó a aparentar la misma seriedad, por mucho que su sonrisa amenazara con delatarla.

—Si bien la campaña egipcia no concluyó exactamente como esperábamos —decía Bonaparte en ese momento—, la supremacía de nuestro ejército no ha podido quedar más clara, tanto en el país del Nilo como ante las demás potencias europeas. Pronto la batalla de Abukir será otra de nuestras gestas legendarias, como las de la Guerra de los Cien Años…

—Pero de Nelson no dirá nada, por supuesto —oyó susurrar al director Barras en el oído de Ducos—. Porque lo que acabó con nuestra flota no fue más que un maremoto.

Uno de los criados se acercó con más copas de champán, pero Shaheen las rechazó cuando se detuvo ante ella. No se habría atrevido a aceptar una aunque no se lo hubiese impedido su religión; tenía la cabeza demasiado embotada por la mezcla de emociones.

—Por supuesto, ahora es cuando comienzan los auténticos retos. Lo que ha pasado recientemente en Italia y Suiza debería hacernos reflexionar, puesto que ha evidenciado que lo que necesitamos ante nuestros enemigos es una fortaleza derivada de la unión…

El embotamiento de Shaheen, poco a poco, se convirtió en un pequeño mareo. Tuvo que apoyar una mano en la pared, preguntándose por qué todo se movía tanto de repente.

—Discúlpenme —murmuró al cabo de unos segundos, y se abrió camino entre los invitados para tomar asiento en una otomana. Al reclinar la espalda contra el terciopelo se sintió bastante mejor, aliviada de que el mundo hubiera dejado de oscilar, y cerró los ojos mientras la voz de Bonaparte se disolvía en sus oídos como el azúcar en el té. «Sólo un minuto —se prometió, dejándose arrastrar en su duermevela—, sólo uno…».

—¡… een! ¡Shaheen! —El ruido de su nombre la despabiló poco a poco. Shaheen emergió de su sopor como si le quitaran una manta de encima, y al enfocar la mirada vio que Gabriel estaba ante ella. Se había agachado delante de la otomana para sacudirla por los hombros—. Dios mío. Dios mío —le oyó susurrar—. Dime que puedes verme...

—Claro que puedo —murmuró ella, desconcertada al encontrárselo allí—. Pero ¿qué estás haciendo dentro de la casa? ¿No habías dicho que te quedarías en los jardines?

Entonces se percató del alboroto que había a su alrededor, de que los invitados de Bonaparte habían empezado a hablar a voces y de que unas cuantas mujeres, a las que los criados asistían en un rincón, parecían cercanas a la histeria. Gabriel seguía sujetándola con dedos crispados y, al mirar sobre su hombro, comprendió la razón de ser del revuelo.

Mientras permanecía amodorrada, un joven poco mayor que ella, al que le habían presentado como miembro del Consejo de los Quinientos, había caído sobre la alfombra del comedor cuan largo era. Tenía la ropa y el pelo manchados de sangre, al igual que el director Barras, quien se hallaba a su lado blanco como la cal... y que un tercer hombre al que los generales Murat y Lannes habían inmovilizado para quitarle algo de la mano.

Era un cuchillo más pequeño que la daga de Shaheen, aunque lo bastante afilado como para que el clamor se redoblara. La muchacha parpadeó, cada vez más confundida.

—Roux, no entiendo qué está pasando... ¿Por qué se han peleado esos hombres?

—¿Me estás diciendo que no te has enterado de nada? —La inquietud de Gabriel no hacía más que crecer—. ¿Ni siquiera te acuerdas de cómo has acabado aquí sentada?

—Empecé a notar que me mareaba y decidí descansar un rato... Debo de haber perdido la noción del tiempo, porque me siento como si sólo hubiera pasado un minuto.

—¡No sé qué es lo que ha ocurrido, pero no lo he hecho a propósito! —porfiaba el hombre del cuchillo mientras el general Murat le retorcía los brazos a la espalda—. ¡No me daba cuenta de lo que hacía, era como si estuviera caminando en sueños, como si…!

—¡Se ha abalanzado sobre mí como un animal y, de no ser porque Dupuy corrió a interponerse entre ambos, ahora sería yo quien estaría en el suelo! —El director Barras se volvió hacia Bonaparte echando fuego por los ojos—. ¿Para esto ha invertido tantos esfuerzos en esta fiesta? ¿Para que un borracho esté a punto de acabar con el Directorio?

—Llévense ahora mismo a ese hombre —ordenó Bonaparte, aunque Shaheen creyó distinguir en su mirada algo que iba más allá de la rabia…, algo parecido a la frustración.

La horrible verdad sobre lo que acababa de suceder la sacudió como un guantazo. «Amunet, por favor —la llamó en silencio. Nunca había deseado tanto escucharla ni lo había temido de tal modo a la vez—. Amunet, dime que no hemos tenido nada que ver en esto…, que no hemos manipulado a un inocente para atacar a un enemigo de Bonaparte».

Pero el espíritu siguió sin responderle, y la angustia de Shaheen se convirtió en un nudo en su garganta. No tuvo más que mirar a Gabriel, agachado ante ella, para adivinar que ambos pensaban lo mismo. Sus ojos azules estaban llenos de preocupación y de dolor.

—No he sido yo —consiguió decir la muchacha casi sin voz, y volvió a aferrarse al chaleco de él—. Por favor, Roux, dime que no he sido yo. Dime que no lo he matado.

Pero su silencio respondió a todas sus dudas, y a Shaheen sólo le quedaron fuerzas para romper a llorar en sus brazos, con la cara hundida en el hombro de Gabriel, mientras Bonaparte los observaba entre la aterrada muchedumbre con una expresión indescifrable.

46

Khay

Akhetatón, 1337 a. de C.

Aunque la noticia de que alguien había atentado contra la reina Kiya se propagó por el palacio con una rapidez digna de la peste, los preparativos para el banquete de esa noche se mantuvieron en pie. Meresamenti le había ordenado acudir al patio interior tras la puesta de sol, y cuando Khay pasó de largo ante la sala de audiencias, cuyos adornos de pasta vítrea relucían como joyas a la luz de los pebeteros, comprobó que nadie parecía especialmente afectado por lo sucedido. Las risas eran estruendosas desde el corredor y el vino de Siria fluía como el agua entre los cortesanos recostados en almohadones, a los que unos sirvientes ofrecían los manjares más exquisitos arrullados por el rumor de los laúdes.

Saltaba a la vista que Akhenatón no había reparado en gastos, aunque su rostro fuera el único sombrío de la reunión. Sentado en su trono dorado en compañía de sus mujeres, contemplaba con expresión ensimismada a las bailarinas que, sin más adornos que los que la naturaleza les había dado, se contoneaban entre las columnas al compás de los címbalos y tamborines. Sus invitados parecían mucho más entusiasmados; Khay creyó distinguir a Ay, el suegro del faraón, con una hermosa copera en el regazo, pero se limitó a sacudir la cabeza mientras comenzaba a descender la escalera del patio interior.

—Me has hecho esperar —siseó Meresamenti cuando se reunió con ella. Parecía una visión digna de Atón con su vestido resplandeciente; también sus joyas eran de oro, al igual que el maquillaje de sus párpados—. ¿Dónde se supone que te habías metido?

—Siento no poder hacer milagros, mi señora —replicó Khay—. Tal vez, si rezas lo suficiente al disco solar, te conceda un nuevo amante a la altura de tus expectativas.

No entendía por qué ahora le hablaba así; no se había atrevido a hacerlo en los tres años que llevaba con ella. Meresamenti, para su sorpresa, no pareció ofenderse; se limitó a echar un vistazo a su muleta antes de agarrarle de un codo para que la siguiera.

—Más vale que nos demos prisa: si tardo en regresar con los demás, mi madre me enviará a sus perros de presa. ¿Has traído lo que te encargué? —Por toda respuesta, Khay alzó la bolsa en la que había metido sus útiles de escritura. Meresamenti asintió antes de conducirle al extremo opuesto del patio, en el que se alzaba un pequeño templete cuyos fustes habían sido esculpidos como manojos de papiros—. Ah, alguien puntual, por fin.

—Mi señora. —Sólo cuando estuvieron bajo el dosel Khay descubrió que había un hombre en el interior, sentado en el brocal de piedra de un pozo—. Estoy a tu servicio.

Le llevó un instante recordar quién era: un embajador de nombre Ipu con el que se había cruzado numerosas veces en los salones de Akhenatón. Un hombrecillo arrugado como una pasa, pero de mirada viva y con una sonrisa que a Khay no le gustó una pizca.

—No esperaba que vinieras acompañada —siguió diciéndole a la princesa—. Tenía entendido que querías que nuestra reunión quedara en la más estricta confidencialidad.

—Como efectivamente sucederá —repuso Meresamenti—. Necesitaba a alguien que pusiera por escrito lo que voy a contarte. He oído decir al visir Nakhtpaatón que siempre has velado por el bien de Kemet, desde que empezaste a servir a mi abuelo.

—Mi señora me honra. —Ipu se inclinó ante ella—. No soy digno de sus elogios…

—Pero también sé —continuó la joven, alargando un brazo para tocar los collares del embajador— que te gusta el oro como al que más. Si te ocupas personalmente de la misión que quiero encomendarte, y si me prometes que nadie sabrá jamás de qué hemos hablado esta noche, me aseguraré de que se te recompense como a nadie en Akhetatón.

Esto hizo que los ojos de Ipu relucieran casi tanto como los párpados de la princesa.

—Me imagino que se tratará de la entrega de algún mensaje. —Hubo un correteo entre los macizos de anémonas cuando una risueña pareja atravesó el patio. Ipu esperó a que desaparecieran al otro lado del estanque antes de decir—: ¿A dónde deseas enviarme?

—A una ciudad a la que no podrá conducirte el curso del río, me temo. Quiero que cabalgues hacia el norte rodeando el Gran Verde hasta Hattusa, la capital de los hititas.

—¿Me estás pidiendo… que atraviese Siria, mi señora? —A Ipu se le demudó el rostro—. ¿Que lleve una carta tuya a la cancillería de nuestros enemigos?

—Mi mensaje no debe ser entregado a ningún otro embajador —dijo Meresamenti, acercándose más a él—, sino al rey Suppiluliuma en persona. Quiero hacerle saber que mi marido acaba de morir, que no confío en mis súbditos lo suficiente como para tomar un nuevo esposo entre ellos y que, dado lo numerosos que son sus hijos, solicito que me envíe a un príncipe con el que pueda casarme y convertirlo en Señor de las Dos Tierras.

En el silencio que siguió a esto, cada uno de los ruidos del patio, desde el chapoteo de las ranas en el estanque hasta el susurro de los árboles, pareció multiplicado por cien.

—Mi señora —se atrevió a decir por fin el embajador—, tú no has perdido a ningún esposo. Y la única posibilidad de que un consorte tuyo pudiera convertirse en el próximo faraón pasaría por la muerte del hijo de la reina Kiya, siempre y cuando este…

—Siempre y cuando este sea varón, como se empeñan en repetirle los astrólogos a mi padre —concluyó Meresamenti—. Pero deberías recordar que Kiya es una extranjera y muchos de nuestros cortesanos preferirían no tener que inclinarse ante un hijo suyo.

—Tampoco lo harían ante el de un príncipe hitita. —Ipu sacudió la cabeza, más incrédulo a cada momento—. No conseguirás que acepten semejante enlace, mi señora.

—Ya se han dado unas cuantas uniones con la realeza extranjera. Más de la mitad del harén de mi abuelo estaba formado por las principales bellezas de nuestros vasallos…

—Pero nunca se ha entregado a una princesa de Kemet en matrimonio. De salir a la luz una conspiración con sus mayores enemigos, tu divino padre podría acusarte de alta traición. —Sin embargo, tras unos segundos de silencio, Ipu continuó—: Pero si estás dispuesta a seguir adelante, mi señora, por peligroso que sea, puedes contar con mi ayuda.

La inquietud de Khay no hacía más que crecer con cada cosa que escuchaba. Miró alarmado a Meresamenti, pero la expresión de ella no podía ser más impasible mientras sacaba, de entre los pliegues de su reluciente vestido, una bolsa cerrada con una cuerda.

—Te daré diez *deben* de oro ahora y otros diez cuando me traigas la respuesta de Suppiluliuma —declaró mientras la dejaba en manos del hombrecillo—. Si mi plan sale adelante y me convierto en reina de Kemet, recibirás cien *deben* y un puesto de honor en mi corte. Si me traicionas, ninguno conseguiremos nada. ¿Me he expresado con claridad?

—Con la claridad digna de una hija del sol, mi señora —contestó Ipu, y se inclinó tanto ante ella que sus collares casi rozaron el suelo—. Partiré en cuanto me lo ordenes.

—Que sea esta misma noche. Di a los guardias de las caballerizas que te envío yo; dudo que traten de interrogarte, aunque, si lo hacen, puedes remitirlos a mí. No te preocupes por Khay —añadió al percatarse de que Ipu lo miraba de reojo—. Es mi escriba personal y, quizá, la única persona honrada que queda en la corte. Respondo por completo de él.

De todas las cosas que podrían haber confundido a Khay, pocas lo habrían hecho más que aquella. No le quedó más remedio que sentarse en el suelo del templete, sacar un papiro de la bolsa junto con su cálamo y su paleta y, tras preparar los colores bajo la inquisitiva mirada de Meresamenti, poner por escrito lo que la princesa le iba dictando.

«La única persona honrada que queda en la corte. —Tuvo que morderse los labios mientras dejaba a un lado el cálamo, cogiendo el papiro para soplar sobre él—. Ipu está en lo cierto: esto es alta traición. Pero ¿qué le debes tú a Akhetatón? ¿Y qué te queda por perder, en realidad?». Una vez seco y enrollado, Meresamenti lo selló cuidadosamente y se lo alargó en silencio a Ipu, quien se inclinó una vez más antes de hacerlo desaparecer en el interior de su ropa. El embajador los dejó entonces a solas, y Khay y la princesa se quedaron observando cómo se alejaba escaleras arriba hasta que desapareció de su vista.

—¿Cuánto crees que se tardará en viajar hasta Hattusa? —acabó preguntando ella.

—No más de tres meses, según tengo entendido —contestó Khay—, pero, estando así las cosas en Siria, es posible que Suppiluliuma no pase demasiado tiempo en la corte.

—¿Qué quieres decir con eso? —Meresamenti le miró—. ¿Dónde iba a estar si no?

—A diferencia de otros monarcas, los hititas no han perdido todavía la afición por el campo de batalla. Te recuerdo que el reino de Mitanni sigue pendiendo de un hilo, para tu satisfacción. —Khay se echó la bolsa sobre el hombro izquierdo—. Si Suppiluliuma en persona está supervisando el ataque, podría pasar medio año hasta que Ipu diera con él.

—Medio año —repitió ella—. Me parecía una eternidad cuando era niña, y ahora…

Se había sentado poco a poco en el brocal del pozo y, cuando Khay se volvió en su dirección, vio que sus ojos se habían convertido en dos pequeños charcos negros.

—Tengo miedo, Khay. —¿Era cierto lo que estaba viendo? ¿Meresamenti estaba a punto de llorar?—. Tengo miedo de cerrar los ojos y despertarme en la Sala de las Dos Verdades. Mi padre dice que

Anubis ya no tiene poder sobre nosotros, que es Atón quien nos recibirá cuando hayamos muerto, pero no puedo dejar de pensar en lo que me espera.

—Lo mismo que a todos los demás, me imagino —le respondió el joven, cada vez más confundido—, con la diferencia de que el disco solar te reconocerá como hija suya.

—Eso no me sirve de consuelo. No habrá salvación para mí si pesan mi corazón como aparece escrito en el *Libro de la salida al día*. He hecho cosas horribles. —Las lágrimas habían empezado a caer sobre las pequeñas manos de la princesa—. Y en vez de enmendar mis errores, he hecho cosas aún peores para mantener a raya la muerte…

—Ni siquiera viviendo cien años podrías enmendarlos —la interrumpió él, incapaz de contenerse—. Si existe una persona que merezca ser pasto de la Devoradora, eres tú.

Había hablado con tanto rencor que le sorprendió que la reacción de ella no fuera cruzarle la cara. Por el contrario, lo único que la princesa hizo fue reírse entre lágrimas.

—Mi Khay, mi pobre Khay. —Mientras decía esto, le agarró del brazo con el que no sujetaba la muleta para que se sentara con ella—. Te quería a mi lado porque eras lo más puro con lo que me había encontrado. Porque esperaba que de ese modo yo también pudiera serlo. ¿Qué he hecho contigo, Khay? —Le acarició suavemente la cara antes de agarrarle de una mano—. ¿Qué han hecho los dioses con nosotros, con todos nosotros?

Cuando guio sus dedos hacia su costado, Khay tardó un momento en entender qué estaba haciendo. Pero finalmente se dio cuenta y apartó la mano de inmediato: había una protuberancia a la izquierda de su abdomen, unos centímetros por debajo del pecho.

—Malaria crónica —susurró ella, dejando caer la mano—, igual que mi abuela. Mi familia cree que dejé de tener accesos de fiebre hace años; prefiero que continúen en la ignorancia antes que ser la comidilla de la corte. Los *sunu* están tratando de sanarme a escondidas, pero ninguno de los brebajes que me preparan sirve de nada…

No hizo falta que mencionara el espejo; Khay había sido testigo de cómo su último plan fracasaba estrepitosamente. Lo que no entendía era por qué no se había fijado antes en su bazo inflamado, durmiendo casi cada noche en la misma cama. «Porque no es su cuerpo el que tratas de sentir a tu lado, sino el de Amunet. Siempre será el de Amunet».

—Da igual —siguió diciendo Meresamenti con una sonrisa semejante a una herida abierta—. Regresaré ahí dentro y me reiré y aplaudiré con los demás, y con un poco de suerte daré con algún hombre al que llevarme a mi alcoba. Uno que realmente piense en mí al abrazarme y no en un fantasma con el que no puedo competir. —Y con un gesto de la cabeza, le indicó que se pusiera en pie—. Ahora déjame; necesito estar sola un rato.

Su aspecto era tan miserable, tan absolutamente devastado, que Khay se sintió la peor persona del mundo por no experimentar la menor punzada de compasión. Se limitó a abandonar el templete como había hecho Ipu, subiendo poco a poco los escalones que ascendían desde el patio, y había alcanzado casi el corredor cuando algo le hizo detenerse.

Una mujer aguardaba en las sombras, medio escondida detrás de una columna. Al distinguir el brillo de los discos que adornaban sus orejas, Khay se apresuró a inclinarse.

—Mi señora Kiya, majestad —dijo con los ojos clavados en el suelo—, no sabes cómo me alegro de verte sana y salva. He oído rumores sobre lo que ocurrió hoy…

«Deberías decírselo —le advirtió una voz que parecía proceder de su *ka*—. Deberías decirle que alguien está conspirando para arrebatarle el trono a su hijo. Aunque tengas que admitir después que tú también estás involucrado... porque no te dejaron elección».

¿Cómo podía ser tan cretino? «La única persona honrada que queda en la corte...».

—Gracias, escriba Khay. No ha sido más que un susto, gracias a... la intercesión de Atón. —Hacía mucho que no hablaban, pensó Khay con un bochorno aún mayor, y le sorprendió que el embarazo de Kiya estuviera tan avanzado. La tela de su vestido amarillo se tensaba alrededor de su vientre; no faltaba mucho para que diera a luz—. He estado buscándote en la fiesta —siguió diciendo la reina—. Necesitaba charlar contigo a solas.

—Tus deseos son órdenes, majestad —contestó Khay, dudando un segundo. Echó un vistazo al patio, pero Meresamenti todavía seguía en el templete—. ¿De qué se trata?

—Aquí no —le advirtió Kiya—. Hay cosas de las que no conviene hablar al aire libre, aunque no haya más testigos que las estrellas. Las lenguas de palacio corren más raudas que nunca. ¿Te importaría esperar en mi alcoba hasta que pueda reunirme contigo?

—Yo..., por supuesto que no, pero... —Ella alzó una ceja, y Khay tragó saliva—. No creo que el faraón, vida, salud y prosperidad le sean dadas, estuviera de acuerdo con eso.

—El faraón no se ha convertido aún en el disco solar y hay cosas sobre la tierra que escapan a su visión —fue la enigmática respuesta de la joven. A Khay no le quedó más remedio que asentir, pero, cuando se disponía a encaminarse hacia las habitaciones de Kiya, esta le detuvo apoyando una mano en su hombro—. Una caravana parte dentro de cinco días de Akhetatón —le susurró—. Se dirige a Mitanni con un cargamento de oro que mi divino esposo, después de mucho insistir, ha accedido a enviarle a mi padre.

—Será un alivio para el rey Tushratta, teniendo en cuenta sus enfrentamientos con el ejército hitita —contestó Khay, sin entender por qué la reina le contaba aquello a él.

—Saldrá de la Ciudad Central al mismo tiempo que el sol. No lo olvides. —Y con una sonrisa más parecida a su expresión habitual, giró sobre sus talones para regresar a la ruidosa sala de audiencias y Khay se quedó a solas en el corredor, preguntándose si habría una sola persona en aquel palacio que no estuviera conspirando contra las demás.

47

Gabriel

París, 1799

La habían drogado con el hielo de su bebida, igual que la vez anterior. El agua con la que lo habían preparado debía de contener alguna clase de narcótico, pero eso no la hacía sentirse menos responsable de lo ocurrido…, por mucho que la mente que había dictado aquella orden silenciosa contra el director Barras no fuera la suya.

Mientras regresaban a París en el carruaje al que la condujo Gabriel, aprovechando la conmoción desatada tras el intento de atentado, los últimos restos de somnolencia la abandonaron poco a poco, aunque sólo para ser sustituidos por un espanto sin límites. Para cuando el muchacho entró en casa con Shaheen en brazos, la tormenta que acababa de desatarse sobre la ciudad también parecía haberse apoderado de ella, haciéndola caer presa de un ataque de ansiedad atroz. Tenía la piel helada pese a estar sudando, temblaba de los pies a la cabeza y los sollozos le oprimían tanto el pecho que apenas podía respirar.

Verla en aquel estado, convertida en la sombra de lo que había sido, fue lo que le hizo tomar a Gabriel una de las decisiones más duras de su vida. Algo que había estado esquivando desde hacía demasiado tiempo, tanto que apenas se permitía pensar en ello.

—Esto no puede seguir así —declaró después de dejarla en su alcoba—. ¡No voy a consentir que Amunet continúe destrozándote, por muchos motivos que crea tener para hacerlo! Prepara la bañera y saca ropa seca —ordenó a Jean-Baptiste, que los observaba entre la aprensión y el recelo—. Hay que conseguir que entre en calor mientras estoy fuera.

—No, por favor, no te vayas ahora… —Creyó que se le rompería el corazón cuando la muchacha se colgó de su cuello, sollozando aún más que antes—. ¡No me dejes sola!

—Sólo será una hora —contestó Gabriel, sentándose a su lado en la *chaise longue* de la ventana—. Te prometo que estaré de vuelta lo antes que pueda. Ni siquiera te dará tiempo a echarme de menos, y Jean-Baptiste cuidará de ti. —La estrechó contra su pecho, besando sus rizos empapados—. Debo hacerlo para que esto acabe de una vez.

Nunca supo de dónde sacó las fuerzas para deshacerse de sus brazos, cuando cada fibra de su ser le pedía quedarse entre ellos. Una vez que sus sollozos remitieron poco a poco, la besó de nuevo, recogió la levita que acababa de quitarse y corrió a la calle, donde la tormenta continuaba esperando para acompañarle, siguiendo la curvatura dibujada por el Sena entre la lluvia, hasta el último lugar al que Gabriel habría deseado regresar.

La isla de Saint-Louis recordaba a un pecio semihundido en medio de la tormenta, con sus ventanas encendidas reluciendo como una constelación agonizante. La pasarela de madera tendida sobre el río estaba tan resbaladiza que el joven tuvo que agarrarse a la barandilla, conteniendo el aliento cada vez que pasaba ante un guardia apostado en las garitas de vigilancia. Por suerte, lo ocurrido en Malmaison no parecía haber llegado aún a la ciudad, y ninguno trató de interrogarle mientras empezaba a abrirse camino por unas callejuelas cuyo aspecto, comparado con el de Le Marais, no podía ser más destartalado.

Allí los palacetes brillaban por su ausencia y los escaparates de las tiendas estaban tan sucios que habrían sido necesarias unas cuantas tormentas para limpiarlos. Gabriel fue dejando atrás la conocida sucesión de enseñas zarandeadas por la lluvia: el barril de madera perteneciente a una licorería, la bota de cuero de una zapatería, las tijeras de oro de una sastrería. En una bocacalle a mano izquierda, una pareja se arremangaba la ropa a toda prisa debajo de un precario tejadillo, sin preocuparle demasiado que hubiera dos o tres mendigos adormilados unos metros más allá. Sus jadeos reavivaron en la mente del joven unos recuerdos que creía haber enterrado hacía tiempo, relacionados con el modo en que se le aceleraba el corazón cada vez que hacía aquel recorrido y el calor que solía abrasarle por dentro al desembocar en el patio al que acabaron conduciéndole sus pasos.

Había una carreta aparcada en el interior, junto a una fuente en la que naufragaba un puñado de hojas secas. El inmueble en cuestión, que cien años antes debía de haber sido uno de los más elegantes de la isla, parecía aún más ruinoso y descascarillado. Había más hierbajos de los que Gabriel recordaba creciendo entre los sillares, y la pintura de la puerta situada en el lateral derecho, tan estropeada por la humedad que tuvo que abrirla ayudándose de un hombro, amenazaba con hacerse trizas en cuanto la tocaran demasiado.

«Pero todo lo demás sigue igual que hace cinco años —reflexionó mientras subía la crujiente escalera. No había rendijas de luz en ninguno de los otros pisos; probablemente ella seguía siendo la única inquilina—. Puede que me reciba con la misma sonrisa, como si nada hubiera cambiado. —Respiró hondo unos segundos antes de llamar a la puerta del tercer piso—. Puede que aún siga teniendo ese batín de terciopelo rojo que le regalé en…».

Pero, cuando la puerta se abrió ante él, Gabriel perdió por completo el hilo de sus pensamientos. Aquel batín era el mismo, en efecto, pero la persona que lo llevaba puesto era la última que esperaba ver allí esa noche… o cualquier otra, en realidad.

—Bueno, esto sí que es una aparición estelar. —Belle Lacombe sonrió, apoyándose en el marco—. Digna del protagonista de una novela gótica, con relámpagos incluidos…

—¿Belle? —consiguió decir Gabriel. Echó un vistazo a la escalera, preguntándose si no se habría confundido—. Perdona, es que no esperaba… ¿Qué estás haciendo aquí?

—Ahora mismo, preguntarme cómo demonios conseguiste sobrevivir en Egipto. No me extraña que aquel beduino estuviera a punto de acabar contigo, siendo tan confiado.

Hasta que ella no bajó la vista, Gabriel no se fijó en lo que sostenía en una mano. El cañón de una pistola muy parecida a su Flintlock apuntaba a su corazón.

—Has tenido suerte de que tus pasos me resultaran familiares —siguió diciendo la joven mientras se guardaba el arma en un bolsillo del batín—. Cualquier precaución es poca en los tiempos que corren…, sobre todo en un ambiente laboral como el nuestro.

—Espera un momento, ¿qué significa eso? ¿No irás a decirme que tú también…?

—Será mejor que sigamos dentro; hace demasiado frío para quedarnos de cháchara en el rellano. —Tras asegurarse de que no había nadie más en la escalera, Belle cerró la puerta y le hizo un gesto a Gabriel para que la acompañara—. Désirée, cariño —anunció mientras le precedía por un oscuro pasillo—, mira quién ha venido a hacerte una visita.

«¿Cariño?», pensó un Gabriel cada vez más confundido, pero para entonces habían pasado a la segunda habitación de la derecha, una sala de estar en la que la chimenea aún seguía encendida, y su cerebro pareció entrar en hibernación. El resplandor convertía las paredes en un escenario de sombras chinescas, iluminando unas cuantas rasgaduras en el damasco color borgoña y la silueta de una mujer sentada en una butaca. Daba la impresión de estar ensimismada analizando algo que sostenía en las manos, pero al oír los pasos de ambos se giró hacia la puerta. Una sonrisa floreció poco a poco en sus labios.

—Gabriel Roux. —Paladeó las palabras como si fueran de melaza, igual que habría hecho un niño con un caramelo—. De todas las cosas que podrían haberme sorprendido…

Dejó el objeto que había estado observando en una mesita, aunque no se puso en pie para recibirle. Parecía rondar los treinta y cinco años, unos cuantos más que Belle, y era de complexión curvilínea; una catarata de rizos castaños, veteados en las sienes por dos mechones canosos que Gabriel no recordaba, rodaba sobre sus hombros y su pecho.

—Hola, Désirée —saludó en un tono más inseguro de lo que pretendía. Se obligó a aclararse la voz antes de decir—: Ha pasado mucho tiempo desde la última vez que te vi.

—No hay más que mirarte para darse cuenta de eso —aseguró Désirée—. Cuando cruzaste la puerta aquella tarde de febrero, aún seguías siendo un crío... ¡y fíjate ahora!

—Deja de hacerte la sorprendida. —Belle se arremangó el batín antes de sentarse en un brazo de la butaca—. Como si no hubiéramos hablado de ello desde que regresé.

—La verdad es que no tenía ni idea de que os conocierais. —Si a Gabriel le quedaba alguna duda sobre aquello, se esfumó cuando Désirée rodeó con un brazo la cintura de la joven. Abrió la boca para añadir algo más, pero sus ojos se posaron entonces sobre lo que esta había dejado en la mesa—. Espera un momento..., ¿eso es...?

Atravesó la estancia hacia ellas, demasiado atónito para seguir hablando. Después de medio año estudiándolo, habría reconocido aquel bloque de arcilla en cualquier parte; habría podido transcribir, de hecho, casi todos los extraños caracteres grabados sobre él.

—Es la tablilla que encontré en Amarna, entre las ruinas de Akhetatón... —Miró a Désirée con los ojos muy abiertos, y a continuación a Belle—. ¿Qué está haciendo aquí?

—No fue complicado escamotearla del Louvre, ahora que Vivant Denon está tan pendiente de su nombramiento como director. —Belle sonrió, balanceando una pierna en el aire animadamente—. Creía que a estas alturas habrías atado cabos por ti mismo. Que habrías deducido cuál fue el auténtico motivo por el que pasé año y medio con vosotros.

—¿Por eso te uniste a nuestra expedición? —preguntó Gabriel, perplejo—. ¿Para desviar parte de nuestros hallazgos al mercado negro de antigüedades? Pero eso querría decir... —Titubeó unos segundos—. ¿Me sedujiste sólo para poder tener acceso a ellos?

—Ah, no, eso fue porque me apetecía acostarme contigo —contestó la joven con desparpajo—. Y me alegra que las habladurías fueran ciertas: debes de ser el único hombre de Francia que se preocupa más por el placer de sus compañeras que por el suyo propio.

—Gracias por el cumplido..., supongo —respondió Gabriel, cada vez más aturdido.

A juzgar por el destello divertido que encendió los ojos de Désirée, sabía tan bien como él que gran parte de aquel mérito era suyo. Belle debió de percibir la comunicación silenciosa entre ambos, porque se puso en pie mientras echaba hacia atrás su pelo rubio.

—Os dejaré solos ahora. Supongo que tendréis bastantes cosas de las que hablar...

—Gracias, Belle —respondió Désirée y, después de darle un beso en los labios, la joven abandonó la estancia seguida por el susurro de su batín. Una vez que hubo entornado la puerta a sus espaldas, volvió a hacerse el silencio, aunque Gabriel tenía la sensación de que cada una de las cosas que los rodeaban, desde el desgastado bargueño del rincón hasta la propia butaca de Désirée, hablaba a gritos de todo lo que había tenido lugar allí.

La había conocido en el último sitio de París que esperaba visitar, especialmente en la época del Terror. Un amigo lo había invitado por su decimoséptimo cumpleaños a uno de los Bailes de Víctimas que solían tener lugar en la calle Chantereine, donde los familiares de los guillotinados por Robespierre celebraban reuniones secretas a las que sólo podía accederse mediante un santo y seña. Cuando la vio por primera vez, llevaba el pelo cortado «a lo víctima», imitando los trasquilones de los condenados, y una cinta de terciopelo rojo alrededor del cuello alusiva al corte de la cuchilla. Bailaba con los brazos abiertos y el desenfreno de quien ya lo ha perdido todo y, cuando sus ojos se toparon con los del muchacho, dos faros deslumbrantes en medio de la vorágine, supo que estaba tan condenado como cualquier aristócrata conducido al cadalso.

Era trece años mayor que él, un misterio sin nombre y sin pasado. Ni siquiera les dio tiempo a intercambiar palabra antes de que lo condujera a una de las salas de estar, en la que le enseñó sobre un diván tapizado de escarlata (estaba seguro de que nunca se olvidaría de ese color, por muchos años que pasaran) cómo era sentirse vivo. Había prendido en su interior un fuego que Gabriel aún no conocía, y después se había esfumado como un fantasma cuando seguía intentando procesar lo que había sucedido.

Consiguió dar con ella, sin embargo, casi un mes más tarde; se presentó en la isla de Saint-Louis con las piernas temblorosas y una sonrisa insegura que, milagrosamente, acabó contagiándole. Durante medio año había estado visitándola a diario, enamorado hasta la médula de los huesos y convencido de que le correspondía... hasta que ocurrió aquello, aquello a lo que aún no se atrevía a llamar por su nombre, y todo se fue al traste.

—No me has perdonado todavía —dijo Désirée al cabo de un instante, aunque no era una pregunta—. No lo has hecho porque tampoco has podido perdonarte a ti mismo.

—Hacen falta más de cinco años para poder perdonar algo así, y muchos más para conseguir olvidarlo —contestó Gabriel en voz baja—. En especial cuando lo primero en lo que pienso cada día es en que debería haber sido mi cabeza la que cayera en ese saco.

—Dudo que seguir fustigándote por ello sea la mejor manera de superarlo. ¿Se ha enterado ya tu tío de que nunca estuvo casado con una traidora a la República?

Pese a la naturalidad con la que lo dijo, el dolor pareció propagarse por los ojos del muchacho con la misma celeridad con la que un veneno se disuelve en un vaso de agua.

—Me prometiste que nadie lo descubriría —susurró Gabriel—. Que sería algo de lo que más adelante me sentiría orgulloso, cuando por fin hubiera acabado la revolución.

—¿Y no era verdad acaso? ¿No salvamos gracias a ti todas aquellas obras de arte?

—Deja de intentar hacerte la abnegada: a ti te traía sin cuidado que los radicales las destruyeran. Viste la oportunidad perfecta de enriquecerte cuando te conté que había empezado a trabajar en el Louvre. No te importó que mi tía muriera por nuestra culpa…

—Te equivocas, tanto o más que entonces —le interrumpió ella—. Te equivocaste al confiar en mí, pero no en cuanto a mis intenciones. Sabes que perdí demasiadas cosas con la revolución como para quedarme de brazos cruzados ante destrucciones como esas.

—Esto no tiene nada que ver con tu familia, Désirée. Los condes de Tournelle no…

—Te agradecería que te refirieras a ellos como mis padres. —Su tono de voz era gélido—. Gracias a Robespierre, les arrebataron el título a la vez que la vida.

Cada dardo que se arrojaban uno a otro aumentaba la impaciencia de Gabriel. Por primera vez desde que conocía esa casa, sintió un ansia irrefrenable por abandonarla para siempre. Quería regresar a Le Marais lo antes posible, estrechar a Shaheen en sus brazos y prometerle que se quedaría con ella hasta que todo se hubiera solucionado.

«Pero no lo hará a menos que me ocupe de ello. Si Amunet no quiere marcharse, habrá que obligarla a hacerlo». Volvió a observar a Désirée, esta vez con determinación.

—Sea como sea, no he venido para recordar viejos tiempos. Necesito preguntarte si aún conservas algunas de aquellas piezas..., las que me llevé del antiguo despacho de mi tía. Cuatro ladrillos procedentes de una sepultura nobiliaria de la necrópolis de Tebas.

—Supongo que podría comprobarlo —contestó Désirée. Pese a haber adoptado un tono más profesional, no consiguió disimular su sorpresa—. ¿Para qué quieres eso ahora?

—Me temo que no te lo puedo contar, pero quédate tranquila: no tengo intención de devolver nada al Louvre. Oficialmente, las piezas seguirán en paradero desconocido.

«Sobre todo porque, cuando las haya destruido, no quedará nada que devolver». El vestido de ella susurró cuando se puso en pie, sin apartar sus ojos de los del muchacho.

—Trataré de localizarlos en los próximos días, pero no te prometo nada —acabó respondiendo—. Después de tantos años cerrando acuerdos con los malditos ingleses, no me quedará más remedio que escudriñar en mis almacenes para averiguar si siguen allí.

—Te lo agradezco mucho, Désirée —contestó Gabriel, esforzándose por disimular su renovado alivio—. Considéralo una especie de resarcimiento por todo lo que ocurrió.

—Si es que existe algo por lo que yo deba resarcirte —matizó la mujer.

Al acercarse a la chimenea, las pinceladas de plata de sus cabellos resultaron aún más evidentes. Seguía siendo tan atractiva como antes, pero parecía mayor... y cansada.

—Tengo que marcharme —dijo él tras unos segundos de titubeante silencio—. Me imagino que no tendrás problemas para encontrarme, si es que te acuerdas de dónde vivo.

—Espera un momento, Gabriel —le detuvo Désirée—. ¿Seguro que va todo bien?

—¿Ahora vas a decirme que te preocupas por mí, después de todo lo que nos pasó?

—Por mucho que te extrañe, sí. —Parecía herida de repente—. Que alguien no te haya querido como esperabas que lo hiciera no significa que tenga un corazón de piedra.

«No tienes ni idea de lo que yo esperaba —pensó Gabriel, aunque no dijo nada—, ni de lo que habría estado dispuesto a sacrificar por ti. Porque no era más que un imbécil».

—Gracias de nuevo —se limitó a contestar—. Despídeme de Belle, por favor. Es tarde y me están esperando en casa. —Y con una inclinación de cabeza, abandonó la sala de estar justo en el momento en que Belle se acercaba por el pasillo en dirección opuesta.

—Habéis tardado menos de lo que imaginaba —dijo cuando la puerta de la casa se cerró detrás del joven. Miró a Désirée con creciente curiosidad—. ¿Qué es lo que quería?

—Una expiación —respondió esta, acercándose a la ventana para ver cómo Gabriel salía al patio—. Y un favor que debe de ser muy importante para él, teniendo en cuenta que le obliga a enfrentarse a lo que más le aterroriza: sus propios remordimientos.

Lo vio pasar de largo ante la carreta desvencijada, junto a la que se había acurrucado uno de los habituales mendigos de la isla. La cortina de lluvia se había vuelto tan densa que el muchacho desapareció en cuanto cruzó el arco del patio, pero a Désirée no le dio tiempo a añadir nada más; el «¿mamá?» que sonó a sus espaldas les hizo darse la vuelta.

Una silueta diminuta se había detenido en el umbral, justo donde había estado la de Gabriel unos segundos antes. Un niño con una camisa de dormir que casi arrastraba por el suelo y una cabellera despeinada que el resplandor de la chimenea pintaba de rojo.

—He oído el ruido de la puerta —murmuró, restregándose los ojos—. ¿Quién era?

—Nadie importante —contestó Désirée en el acto—. Sólo se habían confundido de casa, pero ya se han marchado. Cosa que también deberías hacer tú, jovencito. —Y tras cruzar una mirada con Belle, esta se acercó al pequeño, lo tomó en sus brazos con un «a la cama, vamos» y abandonó con él la sala de estar, dejando a Désirée a solas en una habitación que aún parecía reverberar con el eco de los reproches no pronunciados.

48

Amunet

Akhetatón, 1337 a. de C.

El banquete estaba en su apogeo cuando entró en el palacio. Tuvo que detenerse en seco para no chocar con Panehesy, el Primer Profeta de Atón, cuando salió a toda prisa de la sala de audiencias agarrando de la mano a una copera, sin fijarse en la piel de leopardo que arrastraba por el suelo ni en las manchas de vino de su túnica. Amunet los siguió con los ojos hasta que la oscuridad se los tragó, y entonces oyó decir a alguien:

—*Heka* Amunet, qué inesperado placer. —Al volverse hacia la puerta de la sala se encontró con el visir Nakhtpaatón, apoyado en una de las jambas. También él se había quedado mirando al sacerdote, con una sombra de sonrisa en sus carnosos labios—. No está dando el mejor ejemplo a nuestros súbditos, me temo —se disculpó—. Con todos esos rumores sobre la nueva plaga, la gente parece más ansiosa que nunca por disfrutar.

—Supongo que te referirás a los miembros de la corte —repuso Amunet—. Dudo que los demás habitantes de Akhetatón tengan demasiado de lo que alegrarse esta noche.

Había atravesado la Ciudad Central para dirigirse al palacio y el ambiente de aquel distrito no podía resultar más desolador. Fiel a los deseos de su señor, el jefe de policía Mahu había ordenado a sus *medjays* registrar cada casa, cada granero y cada almacén, sin dar tiempo a los ciudadanos para deshacerse de todos aquellos símbolos pertenecientes a los antiguos dioses. A los que eran sorprendidos con altares, figurillas o amuletos se los sacaba a rastras a la calle para apalearlos; unos cuantos serían enviados a las minas del Sinaí, pero a la mayoría se les ejecutaría antes de que saliera el sol. «Da gracias de que no tenemos nada con el nombre de Amón —había susurrado Amunet a una aterrada Nuri antes de marcharse, cuando las voces del exterior acabaron convirtiéndose en alaridos de espanto—. De todos modos, será mejor que te escondas en la bodega hasta que regrese».

—Lo ocurrido esta mañana en el templo ha desatado la cólera de Akhenatón —se limitó a responder el visir, aunque la decepción de sus ojos le traicionaba. Nakhtpaatón señaló entonces la sala de audiencias—. No esperaba que te apeteciera unirte a nosotros.

—No lo haría ni aunque me pagaran mi peso en oro —contestó ella, y el hombre sonrió de nuevo—. Me ha citado la reina Kiya. Dijo que quería hablar conmigo a solas.

—Me imagino que deseará darte las gracias por lo que hiciste por ella —comentó Nakhtpaatón—. Todo Kemet debería estar en deuda contigo, en realidad. Te acompañaré a sus habitaciones, si te parece bien; no confío en los modales de casi nadie esta noche.

La muchacha no supo cómo negarse, aunque no podía apetecerle menos. Durante unos minutos caminaron en silencio, atravesando una sucesión de salas decoradas con pinturas de la familia real y composiciones geométricas en rojo y azul. Al pasar ante un pebetero le sorprendió comprobar lo enorme que era su sombra comparada con la de ella.

—La reina Tiyi me ha dicho que habló contigo esta mañana. —Nakhtpaatón tardó en sacar el tema más de lo que Amunet había imaginado. No tuvo que volverse hacia él para saber que estaba observándola—. Habría preferido tratarlo contigo en persona, pero...

—No habría estado de más, la verdad —repuso ella, indiferente—. Las propuestas matrimoniales a través de intermediarios sólo tienen sentido en el contexto diplomático.

—Supongo que tienes razón. —Nakhtpaatón cruzó los brazos, haciendo ondear su túnica abierta. El disco solar bordado en oro relucía sobre la tela negra—. Aunque doy por hecho que tu respuesta habría sido la misma. Ya lo sé —se apresuró a añadir cuando ella le miró—, no debía esperar que confiaras en mí tan pronto. Lo entiendo a la perfección.

—Nadie nos ha descrito mejor que los hititas, Nakhtpaatón: en Kemet todos somos traidores por naturaleza. Dudo que encuentres intrigas como las nuestras en otro lugar.

—No me refería a las conspiraciones cortesanas, sino a lo sucedido hace tres años con tu marido. Lo extraño sería que hubieras tardado tan poco en olvidar lo que te hizo.

Aquello la sorprendió tanto que no se le ocurrió qué responder. Nadie en el palacio se había atrevido a mencionar el tema ante ella, aunque sabía que estaba en boca de todos; bastaba con oír los susurros que se propagaban a su paso y alguna risita que otra cuando coincidía con Meresamenti en la misma habitación. La sinceridad de Nakhtpaatón le resultó tan desconcertante que ni siquiera se percató de que acababan de detenerse.

Habían llegado al corredor de las alcobas reales, en el que, curiosamente, no había ni un solo guardia custodiando las puertas. El visir señaló una con su fuerte mandíbula.

—Esa es la de la reina Kiya, aunque doy por hecho que ya lo sabes. —Y antes de que pudiera contestarle, le cogió una mano entre las suyas—. No tengo ninguna prisa, Amunet. No me importa esperar cuanto haga falta con tal de que puedas confiar en mí.

—Te agradezco tu comprensión, de verdad, pero..., pero no quiero hacerte perder el tiempo. —La joven tragó saliva—. Hay heridas que tardan más de tres años en cicatrizar.

—Quizá lo hagan antes si se las trata de manera adecuada —contestó el visir sin dejar de sujetar sus dedos—. La amistad puede ser un bálsamo más efectivo que el amor.

Por primera vez desde que se conocían, Amunet lo miró a los ojos y le sorprendió lo cálidos que eran..., lo humanos que parecían comparados con los de la familia real. En vista de que seguía guardando silencio, Nakhtpaatón se limitó a depositar un beso en su mano antes de regresar por donde habían venido y Amunet se quedó observando cómo desaparecía con la creciente sospecha de que tal vez había juzgado mal a aquel hombre.

Sacudiendo la cabeza, llamó con los nudillos a la puerta de Kiya y, al no obtener respuesta, empujó suavemente la hoja. El esplendor de la alcoba la dejó sin aliento: era digna de una reina, con sus esbeltas columnas rematadas por capiteles de flor de loto y su cama de madera dorada rodeada de colgaduras. Al otro lado del lecho, cerca de una puerta que comunicaba con el estanque, había una especie de cajón, también de oro, que llamó su atención. Sólo cuando se acercó más a él advirtió los jeroglíficos que lo adornaban: un cartucho con el nombre de Tutankhatón, «la imagen viviente de Atón».

Parecía que el faraón confiaba tanto en las predicciones de los astrólogos que no le había temblado el pulso al encargar aquella decoración, incluso en la cuna de su futuro heredero. Por absurdo que fuese, Amunet sintió cómo se le humedecían los ojos y tuvo que apoyarse en el borde del mueble mientras intentaba tragarse como fuera las lágrimas.

Volvía a estar en la terraza de su casa la noche en que Khay no regresó del palacio, la noche en que todo se echó a perder. Sus dedos temblaron al rozar una especie de sistro que había dentro de la cuna y que supuso que le habrían regalado a la reina como sonajero. Pensaba una vez más en los hijos que había deseado tener con él, en todos los planes que se habían hecho añicos cuando la dejó. Había llorado tanto durante las primeras noches que Nuri llegó a temer por ella, pero aquel dolor había acabado por secarse alrededor de su corazón, como los ladrillos de adobe al sol, y desde entonces no se había permitido un solo sollozo. Trataba de convencerse de que Khay no los merecía porque la alternativa, la certeza de que ella no le merecía a él, era demasiado angustiosa.

Pero ahora aquella armadura se había resquebrajado y la desesperación empezaba a abrirse camino por sus hendiduras. Demasiado destrozada para reaccionar, Amunet se quedó inclinada sobre la cuna sin oír los pasos que se acercaban a la estancia, el ruido de la puerta al abrirse ni el bum, bum, bum que se detuvo de pronto a sus espaldas.

Sólo cuando la corriente hizo danzar el fuego de las lámparas se dio la vuelta, y al hacerlo creyó que el suelo de calcita se abría bajo sus sandalias. De pie en el marco de la puerta, Khay la contemplaba como si tuviera ante sí una aparición de los Campos de Ialú.

—Tú… —fue lo único que pudo decir Amunet tras unos espantosos segundos en lo que ninguno de los dos habló.

No había vuelto a verle en todo ese tiempo; no se había atrevido siquiera a buscarle. Las emociones que se agolparon en su interior fueron tantas y tan distintas que le costó un esfuerzo sobrehumano moverse, pero, cuando acababa de dar un paso hacia él, Khay retrocedió para acabar marchándose lo más rápido que pudo.

Aquello hizo que una emoción despuntara sobre todas las demás: una rabia que no recordaba haber sentido nunca, ni siquiera la tarde en que se enfrentó a Meresamenti.

—Ya veo que tu ama ha acabado contagiándote su soberbia —exclamó mientras lo seguía fuera de la estancia—. No merezco siquiera que me dirijas la palabra, ¿verdad?

Tampoco esto le hizo detenerse: continuó renqueando por el corredor con la vista clavada en el suelo. Amunet corrió tras él mientras la oleada de rabia crecía en su interior.

—¡Me prometiste que nunca más te apartarías de mí! —se oyó vociferar—. ¡Que no volverías a dejarme sola! ¡No has hecho otra cosa que mentirme desde que te conocí!

Hasta entonces no se había dado cuenta de que llevaba puesto el mismo vestido de color turquesa de aquella noche atroz. La ironía le resultó tan cruel que, antes de poder ser consciente de lo que estaba haciendo, se había arrancado del dedo el anillo que él le regaló.

—¡Cobarde! —le gritó al pasar a su lado, y se lo arrojó a la cara—. ¡Si tantas ganas tienes de perderme de vista, puedes quedarte tranquilo: será como si no hubieras vuelto a saber de mí! ¡Nunca más tendrás que hacerlo, porque no quiero verte mientras viva!

Con los ojos húmedos de nuevo, aunque por un motivo muy distinto, se dirigió hecha una furia hacia el extremo opuesto del corredor, pero el sonido que oyó a sus espaldas la hizo detenerse. Cuando se dio la vuelta, vio que Khay se había apoyado en su muleta para ponerse poco a poco de rodillas, recuperando el anillo tirado en el suelo.

—Lo he hecho por ti. —Cuando por fin contestó, su voz no se parecía a la de sus recuerdos; no quedaba ni rastro de aquel Khay—. Todo lo que he hecho ha sido por ti.

Tampoco sus ojos eran como los que Amunet conservaba en su memoria. Antes le hacían pensar en los de un niño, inocentes y esperanzados… Ahora eran pozos de dolor.

—Quería mantenerte a salvo, aunque eso te hiciera odiarme —siguió diciendo Khay a media voz—. No me importaba lo que pensaras de mí si gracias a eso seguías con vida.

—¿Mantenerme a salvo? —preguntó Amunet, desconcertada—. ¿A salvo de qué?

—De todos ellos. De sus intrigas, de sus rencores, de sus venganzas. —Al ponerse en pie con esfuerzo, la muchacha se dio cuenta de que estaba mucho más delgado. Los ángulos de su rostro también eran distintos, observó con repentina inquietud—. Pero lo he hecho todo mal —continuó él— y sólo he conseguido causarte un daño aún mayor.

Cuando volvieron a estar frente a frente, las palabras parecieron huir de sus labios como si la voz les hubiera abandonado. No sonaba más que la música de la fiesta.

—¿Creías —acabó diciendo Amunet— que Meresamenti tramaría algo contra mí?

—Me dio a entender que estaba dispuesta a hacerlo si no me convertía en…, en su amante, su esclavo, como prefieras llamarlo. Por eso no he podido acercarme más a ti.

—Pero si no hay nada que pueda usar en mi contra. El faraón está encantado con mis poderes, sobre todo desde lo de los gatos. ¿Cómo podría hacerme caer en desgracia?

—Con el espejo —respondió Khay con un pesar aún mayor—. Te recuerdo que lo que hicimos grabar a los orfebres por detrás era una invocación a Hathor. Meresamenti amenazó con contarle a su padre que eras una traidora a su causa; dijo que te empalarían en las murallas de Akhetatón y, teniendo en cuenta lo que está pasando esta noche —se frotó la cara con una mano, cada vez más cansado—, puede que no fueran exageraciones.

Esto hizo abrir la boca a Amunet, aunque no fue capaz de contestarle. Durante un rato, Khay y ella no hicieron otra cosa que observarse, demasiado abrumados por lo que estaban sintiendo para ponerlo en palabras, hasta que les sobresaltó el eco de unos pasos cercanos y una risa de mujer. «Vamos, sígueme», susurró Amunet mientras regresaba a la alcoba de Kiya y, cuando Khay hubo entrado tras ella, cerró ambas hojas en silencio.

—Parece que no ha sido un encuentro fortuito, sino una encerrona —dijo en voz baja mientras se daba la vuelta—. La reina nos ha citado a los dos a la vez.

—Es lo que pensé nada más verte aquí. Supongo que lo habrá hecho para dar a probar a Meresamenti de su propia medicina, aunque no creía que fuera tan vengativa.

—Yo diría más bien que ha sido su modo de recompensarme por salvarle la vida hace unas horas. —Khay pareció aún más confundido ante esto, pero Amunet se quedó mirándole antes de decir—: Sabes que Meresamenti está muy enferma, ¿verdad?

—Se está muriendo —susurró el joven—. Sufre de malaria crónica, igual que la anciana reina Tiyi. Los *sunu* la están tratando, pero no creo que le quede mucho tiempo.

—Espero que sea menos de lo que imagina —dijo Amunet con rencor—. Será el único modo de recuperar nuestras vidas, cuando ese demonio deje de intentar separarnos.

—Pero puede que haya dado instrucciones para cuando ya no esté aquí. No sabes cómo es esa mujer, Amunet, ni las cosas que es capaz de hacer cuando está asustada. Si descubre que hemos vuelto a vernos y nos acusa de… —Pero entonces Khay se quedó en silencio, hasta que murmuró—: La caravana. La caravana a la que se refirió la reina.

—¿De qué estás hablando ahora? —preguntó Amunet, cada vez más sorprendida.

—Kiya me avisó de que una caravana partirá de Akhetatón dentro de cinco días con un cargamento de oro. En ese momento no supe por qué me lo contaba, pero ahora lo entiendo… Quería que nos reencontráramos para darnos la posibilidad de escapar juntos.

Pudo ver cómo la sorpresa de Amunet, poco a poco, se convertía en expectación.

—¿A dónde se supone que se dirige esa caravana? —dijo acercándose más a Khay.

—Me imagino que a Washukanni, la capital del reino de Mitanni. El oro es para el padre de Kiya, el rey Tushratta, para ayudarle en sus enfrentamientos con los hititas. Si le decimos que es su hija quien nos envía, no creo que nos haga demasiadas preguntas.

—Pero Mahu está haciendo que los *medjays* vigilen todas las puertas de acceso —le recordó la muchacha; había fruncido pensativamente el ceño—. Redoblarán los controles para asegurarse de que ningún adorador de los antiguos dioses abandona Akhetatón. Si nos reconocen entre los emisarios, por muy embozados que vayamos, será nuestro final.

De nuevo se quedaron mirándose, aunque el aire que los rodeaba no podía ser más distinto de repente. La alcoba ya no olía a pastillas de incienso y mirra. Olía a esperanza.

—Podemos hacerlo —siguió diciendo Amunet al cabo—. He mejorado mucho en estos tres años y, si algún guardia tratara de cortarnos el paso, creo que podría detenerle.

—¿Ya no controlas sólo a los animales? —Esto dejó tan estupefacto a Khay que hasta la inquietud pareció abandonarle—. ¿Puedes hacer lo mismo con los humanos?

—Eso no importa ahora. Ha sido..., ha sido una época muy complicada. Para los dos.

—Aun así, deberíamos asegurarnos de no dejar cabos sueltos. No quiero obligarte a hacer nada de lo que no estés segura. Tú misma acabas de decir que será arriesgado...

—Prefiero jugármelo todo en un instante a vivir de esta manera un solo día más.

Había tanta valentía en su rostro, tanta determinación en su barbilla alzada, que a Khay casi le pareció estar de vuelta en Ipet Sut, cuando aún era un niño que había creído detectar en ella un amuleto protector capaz de mantener a raya sus peores pesadillas.

—Esto sigue siendo tuyo —contestó, alargándole el anillo—, si todavía lo quieres.

En lugar de responder, la muchacha extendió también la mano para que volviera a ponérselo. El contacto de sus dedos pareció desatar un extraño maremoto en su interior, una conmoción que Khay no se había creído capaz de experimentar nunca más. Algo en la expresión de ella le hizo adivinar que también lo había sentido, porque siguió rozándole durante unos segundos en los que el tiempo dio la impresión de detenerse hasta que, sin destrenzar la mirada que los unía, Amunet tiró en silencio de él hacia la puerta del jardín.

La crecida del Nilo se había extendido hacia el palacio, deslizándose sobre el muro del estanque hasta lamer los escalones de la alcoba de Kiya. La terraza en la que se había enfrentado a Meresamenti apenas se distinguía en la penumbra, una imprecisa franja de mármol entre los matorrales de papiros que se habían echado a dormir. Sólo cuando tuvo la seguridad de que estaban a solas, Amunet se giró una vez más hacia Khay sin soltarle de la mano y, antes de que él pudiera decirle nada más, se había arrojado en sus brazos.

Sentir el sabor de ella en los labios fue casi doloroso. Fue como un puñal que le recordó todo lo que habían perdido, todos los años que les habían arrebatado. Unas aves nocturnas alzaron el vuelo cuando se tambalearon hacia la espesura, salpicando agua por todas partes mientras se adentraban, casi a tientas, entre los matorrales más densos.

—Tu muleta… —susurró Amunet contra sus labios, al oír cómo caía al estanque.

—Tú eras mi muleta —contestó Khay en el mismo tono de voz, apoyando su frente en la de la joven—. No he hecho otra cosa que caer desde que me apartaron de tu lado.

Aquello hizo que los ojos de la joven se inundaran tanto como el jardín. Le sujetó la cabeza para que la besara otra vez y Khay se dejó abrasar por aquel fuego que parecía brotar de su boca, más desconcertante y embriagador que nada que hubiera sentido. Hubo un nuevo chapoteo cuando Amunet, sin abandonar la espesura, apoyó las manos en sus hombros para hacerle sentarse en el estanque, encaramándose después sobre él con una urgencia que lo enardeció aún más. El tiempo de ser razonable había quedado atrás y no había absolutamente nada que no estuvieran dispuestos a sacrificar a cambio de aquello.

—No entiendo qué me estás..., qué me estás haciendo esta noche —jadeó Khay entre unos besos cada vez más desesperados mientras comenzaban a pelearse con la ropa. Sus manos ascendieron por los muslos de ella para subirle el vestido, preguntándose cómo podía recordar tan bien cada recoveco de su cuerpo—. Sabes que esto es una completa locura, Amunet —siguió diciendo, aun así—. Meresamenti te matará si descubre que...

—Eso no cambiaría nada —le susurró la muchacha, forcejeando a su vez con el cinturón de cuero de su faldellín—. He estado muerta todos estos años sin ti.

Entonces le rodeó el cuello con los brazos mientras lo besaba una vez más, y cuando empezaron a moverse ansiosamente el uno contra el otro, convirtiendo el estanque en un pequeño océano sacudido por el oleaje, Khay supo que el faraón estaba equivocado: la diosa Hathor existía y sus conjuros continuaban grabados a fuego sobre la piel de ambos.

Ella era todo lo que quería sentir aquella noche. Era pura energía, una fuerza de la naturaleza desatada, con sus trenzas empapadas y su vestido turquesa y oro arremangado a la cintura. Las manos de Khay no podían dejar de tocarla, y con cada roce el calor de Amunet parecía aumentar más hasta que, cuando sus movimientos se volvieron más espasmódicos y sus labios se entreabrieron en un grito silencioso, el joven sintió cómo el fuego que lo consumía desde dentro estallaba abrasándole las entrañas.

Pero no fue como ninguna de las noches anteriores, cuando se amaban a oscuras en la casa de Amunet. Aquel ardor arrancó de cuajo todo el placer que estaba sintiendo y lo dejó reducido a la inmovilidad, con los ojos desorbitados y las manos paralizadas sobre el cuerpo de la joven. Ella no pareció notar nada raro, al menos hasta que sus gemidos se apagaron poco a poco y su cabeza cayó agotada sobre su pecho; sólo entonces entreabrió los ojos y, al notar su conmoción, el abandono huyó por completo de su rostro.

—¿Khay…? —consiguió articular casi sin voz. Se inclinó hacia delante para posar sus manos sobre las mejillas de él—. ¡Khay! —exclamó asustada—. ¿Qué te ha pasado?

Él no pudo responderle. No le quedaba apenas aliento, no era capaz de hacer más que contemplarla. Más alarmada a cada instante, siguió llamándolo una y otra vez, aún encaramada sobre su cuerpo, hasta que se le ocurrió mirar a su alrededor… y entonces se dio cuenta de qué era lo que había dejado perplejo a Khay hasta el punto de aterrorizarle.

La inundación parecía haber regresado al Nilo, al menos en torno a ellos. El agua se había retirado a su alrededor, despejando un círculo perfecto, y se agitaba en silencio como retenida por unos diques invisibles. A la muchacha se le abrió la boca, aunque su desconcierto no tardó en convertirse en espanto al descubrir que las plantas acuáticas, cuya frondosidad apenas les había permitido abrirse camino entre ellas, yacían marchitas sobre el suelo del estanque, tan resecas como si Atón las hubiera fulminado.

De pronto volvía a temblar, aunque por motivos muy distintos. Sus ojos volaron una vez más hacia los de Khay, que se había apoyado en los codos para incorporarse, y al leer la misma congoja en su rostro, Amunet sintió un espantoso vuelco en el estómago.

—¿Qué te hemos hecho? —fue lo único que dijo él, rodeándole la cintura con los brazos para hundir la cara en su pecho—. ¿Qué te hemos hecho entre todos, Amunet?

49

Shaheen

París, 1799

Acurrucada en la bañera de su dormitorio, Shaheen lloraba de tal modo que no le extrañaría haberla podido llenar únicamente con sus lágrimas, aunque la tormenta que hacía temblar los cristales de todo Le Marais apenas le permitiera oír sus propios sollozos. Nunca se había sentido más sola ni más asustada, y lo peor era que no podía pedirle ayuda a nadie: Jean-Baptiste había desaparecido con su desdén habitual, René se encontraba todavía en Lyon, de Gabriel seguía sin saber nada y, en cuanto a Amunet, ya había desistido de que apareciera para darle explicaciones, pese a haberse desgañitado durante casi una hora llamándola. Únicamente el retrato de Delphine Mouret, desde la repisa de la chimenea, parecía dispuesto a acompañarla en su desesperación, aunque su sonrisa no le servía de demasiado consuelo, teniendo en cuenta cómo había acabado.

—¿Es así como te sentiste durante tu última noche en prisión, cuando ya tenías la seguridad de que nada podría salvarte? —consiguió articular entre sollozos, abrazada a sus propias rodillas. El anillo de oro parecía arder en su dedo como el recordatorio de un pacto sellado contra su voluntad—. Al menos supiste lo que era morir con la conciencia tranquila —siguió diciendo contra sus piernas—. Yo no podré sentirme así nunca más.

La única respuesta fue el eco de su propia voz dentro de la tina de cobre. Shaheen se encogió aún más entre la espuma, rodeándose la cabeza con ambos brazos como para protegerse de los peores recuerdos: el charco de sangre sobre la alfombra, el cuerpo del hombre tendido en él…, los gritos del que había empuñado el cuchillo sin saberlo… «Si Amunet ha llegado a un acuerdo con Bonaparte a mis espaldas, puede que esto no sea más que el comienzo. ¿De cuántos enemigos políticos más me obligará a deshacerme?».

Estaba tan perdida en su propia angustia que tardó en percibir el sonido de una voz en el piso de abajo. Hizo un esfuerzo por tragarse las lágrimas mientras unos pasos, que reconoció de inmediato como los de Gabriel, se acercaban por el corredor, segundos antes de que llamara a la puerta. «Entra», contestó con esfuerzo, y el joven accionó el picaporte.

—Siento haber tardado, me he dado toda la prisa que he… —Pero entonces se dio cuenta de que seguía dentro de la bañera y se detuvo en seco—. Perdona, creía que ya habrías terminado —dijo aturdido—. Puedo regresar dentro de un rato si lo prefieres…

—Qué más dará eso a estas alturas —susurró ella—. Después de las cosas que me han obligado a hacer, no queda el menor honor en mí por el que me tenga que preocupar.

Parecía tan destrozada que Gabriel tuvo que hacer un esfuerzo sobrehumano para no estrecharla contra sí. Era como contemplar un nudo de angustia imposible de deshacer.

—Creo que he descubierto quién los tiene —dijo pasado un minuto, y Shaheen lo miró entre su pelo chorreante—. Lo que Amunet buscaba, sus ladrillos mágicos.

A juzgar por la expresión de la chica, aquello era lo último que tenía en la cabeza.

—He pedido que los busquen de inmediato y, en cuanto me los hayan entregado, los destruiré con mis propias manos. Si las sospechas de Amunet son ciertas, eso bastará para liberarla de una vez… y lo mismo ocurrirá contigo. —Gabriel cerró la puerta y se acercó a la bañera—. De todos modos, antes de que pueda hacerlo, voy a sacarte de aquí.

—¿De qué estás hablando? —quiso saber la muchacha cuando se agachó a su lado.

—Mañana por la mañana partiremos hacia el sur. —Gabriel apoyó las manos en el borde de la bañera—. Me aseguraré de encontrar un hueco para ti en la próxima fragata que zarpe de Fréjus rumbo a tu país. Le diré a todo el mundo que te has puesto enferma y, cuando descubran que te has marchado de esta casa, será demasiado tarde para seguirte.

La confusión de Shaheen aumentaba más con cada cosa que escuchaba. Pensar en El Cairo en aquellas circunstancias, en la posibilidad de regresar a su antiguo hogar, le resultaba tan desconcertante como si alguien estuviera proponiéndole volar hasta la luna.

—Sabes que a Bonaparte no se le puede engañar así como así. Sospechará que has tenido algo que ver tan pronto como sepa de mi desaparición, y si toma represalias contra ti…

—Me da igual —aseguró él, apartándole el pelo mojado—. Me da igual lo que me ocurra mientras tú estés sana y salva. Bastante has sufrido ya por nuestra culpa.

Cuando sus manos se demoraron a ambos lados de su rostro, Shaheen se preguntó si aquel Gabriel sería el mismo que había conocido en el Valle de los Nobles. No había visto nunca tanta valentía en él, tanta determinación... ni tampoco tanto pesar.

—Si desaparezco de ese modo, no volveremos a vernos jamás —acabó diciéndole.

—Pero por lo menos... sabré que estás bien. Que no pasarás el resto de tu vida maldiciendo que nuestros caminos se cruzaran. —Los dedos de él seguían en sus mejillas, y se le partió el corazón al notarlas humedecerse aún más—. Recuérdame por eso en vez de por todo el dolor que te he causado. Es lo único que te pido a cambio.

Un pequeño río se deslizó por la marca en forma de halcón de Shaheen, y el joven lo secó con el pulgar sin dejar de mirarla a los ojos. De todas las ironías que el destino podía depararle, ninguna le pareció más cruel que descubrir en su mirada, justo esa noche, el reflejo exacto de lo que él estaba sintiendo. El anhelo dándose la mano con la desesperación más absoluta, como un presagio del adiós que sabían que les aguardaba.

Pero entonces Shaheen se agarró también a la bañera y, cuando se puso en pie en el interior, Gabriel olvidó todo lo que todavía le quedaba por decirle. Sus ojos resbalaron por el cuerpo de ella a la vez que la espuma, arrodillado como un creyente ante un altar.

—Esto sólo lo complicará más —consiguió contestar pasados unos segundos.

—Sólo una noche —susurró la muchacha, y salió de la bañera—. La primera y la última, el recuerdo que nos unirá para siempre. Deja que te lleve conmigo de esa forma.

Sus pequeñas manos se aferraron a las de Gabriel para ponerlo en pie y, tras unos instantes en los que no hicieron otra cosa que mirarse, se refugiaron el uno en brazos del otro con un ansia imposible de contener. Sus bocas se reencontraron, aunque no como en Malmaison; se agarraron mutuamente como dos enajenados, se devoraron con el hambre de quien no ha probado bocado en un año y, antes de que pudieran pensar en lo que estaba ocurriendo, habían alcanzado a tientas la cama de baldaquino.

La ropa de Gabriel también estaba empapada debido a la tormenta, y sus dedos se enredaron con los de Shaheen al desabrocharse a tirones el chaleco. Dejar de tocarla unos segundos le supuso una agonía atroz, y al final permitió que fuera ella quien le arrancara la prenda mientras, tras apartar a un lado sus rizos empapados, hundía la cara en el cuello de la muchacha para recorrerlo con los labios, provocándole un gemido mezcla de sobresalto y de deleite que le hizo estrecharla aún más contra sí sobre el cobertor de raso.

Fue en ese momento cuando le asaltó la revelación: no habría escapatoria para él después de saborear algo así. Una sola dosis, por pequeña que fuera, lo convertiría en un drogadicto. Le haría pasar el resto de su vida buscándola en cada cama, en cada cuerpo.

—Deja que me marche contigo —musitó contra su cuello. Aquello le hizo apartar los ojos del baldaquino para mirarlo con perplejidad—. Que te acompañe a Fréjus para embarcar también. Nos escaparemos juntos y nadie podrá dar con nosotros.

—Pero tu rastro es más sencillo de seguir que el mío. Si Bonaparte descubre que…

—Olvídate de Bonaparte, Shaheen. No pienso seguir agachando la cabeza ante un cretino como él. No quiero renunciar a lo único que me ha importado por su culpa. —Le rodeó la cintura para atraerla más hacia sí—. Te quiero a ti —susurró contra sus labios.

Estaban tan cerca que podía sentir los latidos del corazón de ella en su pecho. Sus ojos le recordaron más que nunca a los de una niña, redondeados por la estupefacción.

—Pero ¿qué vas a hacer conmigo en Egipto, Gabriel? —Era la primera vez que lo llamaba por su nombre, y la reacción que aquello provocó en él le hizo sentirse como un violín afinado por primera vez—. ¿Cómo vas a ser feliz lejos de París, de la vida que…?

Antes de que acabara de hablar, la boca del joven volvía a estar sobre la suya y su abrazo la había hecho caer de espaldas entre los almohadones. Demasiado embriagada para pensar con claridad, cerró los ojos mientras sentía cómo sus labios se deslizaban a lo largo de su garganta para acabar descendiendo entre sus clavículas. Cada movimiento de la boca de Gabriel le provocaba un pequeño jadeo, hasta que sus caricias alcanzaron la piel extrañamente sensible de su pecho y la muchacha pensó que se derretiría de placer.

Y yo que te tenía por una mujer inteligente. —La voz que sonó dentro de su cabeza le hizo abrir los ojos, con las manos sumergidas en el cabello de él. Shaheen se detuvo como si la hubiera fulminado un rayo—. *Qué pronto has dejado de repetir que te estábamos destrozando la vida. Debe de ser el poder sobrenatural de la labia francesa.*

Gabriel no parecía haberse dado cuenta de nada; tenía las manos apoyadas en las caderas de Shaheen mientras sus labios descendían por su estómago. «Amunet, lárgate ahora mismo de aquí. No tienes ningún derecho a compartir esto».

Como si me apeteciera hacerlo, pequeño halcón. Me trae sin cuidado cómo te entretengas con tu amiguito. —Una de las manos del muchacho se había aventurado entre sus muslos, aunque las sensaciones ya no eran las mismas—. *Pero, si eso afecta a nuestros planes, la situación resulta muy distinta.*

—Shaheen. —Le llevó un instante percatarse de que Gabriel estaba hablándole y al agachar la cabeza, aturdida, se encontró con su mirada—. ¿Estás bien? Me pareció que…

En vez de responder, la chica lo agarró de la camisa para atraerlo más hacia ella y lo empujó a su lado sobre el cobertor revuelto. «Vete de aquí —pensó mientras se ponía sobre él—, es la última vez que te lo digo. Hazlo ahora mismo o…».

¿O qué? ¿Buscarás un exorcista para librarte de mí? ¿Un sacerdote que me saque de tu cabeza?

Cada vez más cegada por la rabia, Shaheen le arrancó la camisa a Gabriel y la dejó caer sobre la alfombra, y un momento después estaba tumbada sobre él con las manos recorriéndole ansiosamente la espalda.

Lo único que quiere es apartarte del camino que Bonaparte ha trazado para ti. Pero sólo los mediocres tienen miedo de lo que sus seres queridos pueden alcanzar por sus propios medios.

«Ese nunca ha sido mi camino, sino el tuyo. —A Gabriel se le escapó un quejido cuando Shaheen le mordió en el pecho, sin saber si lo que la hacía temblar tanto era la lujuria o la ira—. Busca a otra persona que te ayude a recorrerlo, porque no quiero saber más de ti».

Compruébalo tú misma si no me crees. Pregúntale de quién era la sangre que había en su camisa cuando os conocisteis.

Esto convirtió a la muchacha por segunda vez en una estatua de sal. Su parálisis fue tan repentina que Gabriel se incorporó sobre los codos para poder mirarla a la cara.

—De verdad, Shaheen, me estás preocupando. —Tenía la respiración entrecortada por el deseo, pero la inquietud de sus ojos era inconfundible—. Ya sabes que no tenemos que hacer esto si no estás segura. No me importa cuánto debamos esperar, sólo quiero...

—Dime que no es cierto —murmuró ella—. Dime que no fuiste tú quien lo mató.

A juzgar por la expresión de él, no le habría desconcertado más oírla hablar de repente en otro idioma. Pero sus palabras, poco a poco, parecieron cobrar sentido, y al comprender por fin a qué se refería, su preocupación adquirió un matiz muy distinto.

—Yo... —empezó a decir casi sin voz. El horror que había aflorado en el rostro de ella le anudaba la lengua—. Pensaba que ya lo sabías, que durante todos estos meses...

—¿Fuiste el que disparó a Ahmed? —También a Shaheen le costaba hablar—. La noche que entramos en la tumba, cuando nos sorprendisteis allí... ¿Ese disparo fue tuyo?

—Ni siquiera sabía a quién estaba disparando. Apareció de improviso ante mí, con un cuchillo en la mano... No esperaba tener que usar la Flintlock, pero no me quedó más remedio que desenfundarla cuando Ahmed me atacó. —Tragando saliva, se estiró para agarrarla de una muñeca; ella se apartó como si su roce le quemara—. Estaba convencido de que habías acabado perdonándome, de que había dejado de ser tan importante que...

—Si había dejado de ser tan importante, ¿por qué no me has hablado nunca de ello?

Sus ojos habían vuelto a ser dos charcos negros en los que Gabriel temió ahogarse. Durante unos segundos ambos permanecieron en silencio, hasta que el joven trató de acercarse a ella y Shaheen retrocedió sobre la cama con la agilidad de una gata.

—Shaheen —la llamó con voz suplicante, pero la chica se puso en pie—. Shaheen, espera un momento, ¡por favor! —Se apresuró a seguirla—. ¡No te marches como si…!

Pero una de sus piernas se había enredado en los pliegues del cobertor y, antes de que pudiera alcanzarla, había caído al suelo cuan largo era. Jurando entre dientes, trató de sujetarse a la cama para incorporarse, pero para entonces Shaheen ya había agarrado una bata abandonada sobre la *chaise longue* y se había precipitado hacia el corredor. Sin pensar siquiera en que seguía descalza, bajó a toda prisa al vestíbulo y abrió la puerta de la calle, y sólo cuando echó a correr bajo la cortina de lluvia que azotaba París, tan oscuro y desolado aquella noche como su propio corazón, se permitió romperse en mil pedazos.

50

Khay

Akhetatón, 1337 a. de C.

El registro de la Ciudad Central continuó adelante y las murallas de Akhetatón no tardaron en quedarse pequeñas para la cantidad de cuerpos colgados en su perímetro. El decreto promulgado por el faraón animaba a los ciudadanos de bien a denunciar a todos aquellos que siguiesen adorando a Amón en secreto, y pronto las delaciones fueron tan numerosas que las familias cortaron cualquier comunicación con sus vecinos, y hasta los hermanos parecían desconfiar unos de otros. Era como si las malas hierbas que estaban apoderándose de los antiguos templos, destrozados a martillazos por la turba, hubieran extendido sus dedos hasta la capital, trayendo consigo una decadencia más moral que física.

Recluido en sus aposentos del palacio, Khay estaba demasiado pendiente de sus propios problemas para prestar atención a los estragos de Mahu y sus *medjays*. Faltaban pocos días para la partida de la caravana y, mientras reunía sus escasas pertenencias y el oro que necesitarían, no dejaba de pensar en lo ocurrido con Amunet. La oscuridad que había percibido en ella, una energía tan poderosa como perturbadora, era algo con lo que no estaba familiarizado y de lo que, sin embargo, temía ser el auténtico responsable.

Le había causado un daño mucho mayor de lo que pensaba al dejarla, aunque no le hubiese quedado otra opción. Khay no tenía miedo de lo que pudiera hacerle (¿cómo lo iba a tener, siendo lo que más había amado en su vida?), pero sí de lo que Amunet podía hacerse a sí misma. Por eso trataba de convencerse de que todavía había esperanzas para ambos, de que conseguiría rescatarla de la hoguera que él mismo había avivado. De que la Amunet y el Khay de Ipet Sut aún podían resurgir de las cenizas de los de Akhetatón.

Durante aquellos días estuvo en constante tensión temiendo que Meresamenti lo sorprendiera con las manos en la masa, pero apenas supo nada de ella desde su extraña confesión del patio. Sólo le hizo acudir a su alcoba la última noche, aunque no para lo que solía reclamarle normalmente. Para su sorpresa, quería que la abrazase mientras se dormía.

—Voy a echarte de menos —la oyó susurrar en cierto momento, entre los ruidos de las aves acuáticas que ascendían hasta la terraza. El corazón le dio un vuelco ante la posibilidad de que hubiera descubierto sus planes, pero no tardó en comprender a qué se refería: no era la hipotética partida de Khay lo que le quitaba el sueño, sino la suya propia.

Por primera vez parecía ser consciente de que, incluso si su traición salía adelante y conseguía sentarse con su príncipe hitita en el trono de las Dos Tierras, Atón no haría nada por salvarle la vida. Pudo sentirla estremecerse contra su pecho, pero no fue capaz de secar sus lágrimas; habría sido como acariciar a una serpiente después de que le atacara.

Pensar en la carta al rey hitita le hizo acordarse de Kiya, y el joven se mordió los labios sin dejar de abrazar a Meresamenti. Ella había sido la única persona bondadosa que había encontrado en un palacio repleto de *kas* corrompidos. Lo había tratado siempre con la mayor amabilidad, se había interesado por su vida, por sus esperanzas... «Ha sido ella quien te ha devuelto a Amunet —se dijo sintiéndose aún peor—, ¿y así es como piensas agradecérselo? ¿Guardando silencio sobre una conspiración como esta?». No, no podía hacer algo semejante. No por Akhenatón, ni siquiera por Kemet, sino por Kiya y su hijo.

Si Meresamenti notó cómo se deslizaba de la cama, no dijo nada en absoluto. Khay se acercó cojeando al rincón en el que había dejado su muleta y abandonó la alcoba lo más silenciosamente que pudo. Los guardias del corredor estaban tan acostumbrados a verlo entrar y salir que ni siquieran parpadearon cuando se encaminó a las habitaciones de su antigua ama. Pensaba que, si hacía creer a sus criados que Meresamenti lo enviaba con un recado, la reina le seguiría la corriente hasta que Amunet y él estuvieran lejos de allí.

Pero no vio a nadie montando guardia ante la alcoba. La puerta estaba abierta y dos de sus sirvientas, con un aspecto tan exótico como el de Kiya, hablaban en susurros en el interior. Cuando el joven se detuvo en el umbral, ambas se sobresaltaron.

—¡Por fin aparece alguien! —exclamó una, y echó a correr hacia él—. ¡Estábamos a punto de volvernos locas de angustia! ¿Qué sabes de nuestra señora, se encuentra bien?

—No tengo ni idea de a qué os referís —dijo un perplejo Khay—. Sólo he venido para entregarle un mensaje. ¿Dónde se ha metido? —Al mirar por encima de sus cabezas, descubrió con alarma que el lecho de Kiya estaba revuelto—. ¿No habrá...?

—Las contracciones empezaron hace unas horas, varios días antes de lo que habían aventurado los *sunu* —susurró la muchacha más joven—. Oímos lo que decían antes de sacarla de aquí; había algo que los tenía intranquilos, aunque no nos explicaron el qué...

Khay recordó entonces, con un desagradable peso en el estómago, lo hinchado que parecía estar el vientre de la reina la última vez que la vio. Debería haber imaginado que el parto era inminente, aunque la presencia de los médicos nunca auguraba nada bueno.

—¿Sabéis dónde está? —dijo al cabo de un instante—. ¿Sigue en palacio?

—La han llevado al pabellón de los nacimientos y han enviado a una de nuestras compañeras a buscar a las comadronas. Lo último que oímos es que querían llamar también a la *heka* Amun... —Pero su amiga le dio un codazo y, al acordarse de con quién estaban hablando, la joven se sonrojó—. Querrán servirse de sus conjuros protectores.

«Pero Amunet siempre decía que eso no son más que tonterías. Ella recitará lo que le ordenen, pero el peligro seguirá siendo el mismo». Más desasosegado de lo que se había sentido en todos esos días, se despidió de las mitannias para desandar sus pasos y, al desembocar en el pequeño patio que separaba aquellas estancias de las del faraón, se dirigió a una estrecha escalera que moría en los jardines. Supo que había dado con lo que buscaba en cuanto oyó un rumor de voces, interrumpido por alaridos entrecortados.

Rodeado por un círculo de antorchas, el pequeño pabellón recordaba a una isla de luz en medio de un río espectral. La vegetación se confundía con las plantas trepadoras esculpidas sobre las columnas, entre las que acabó reconociendo a su antigua señora.

—Amón bendito —musitó Khay, alegrándose fugazmente de que ningún guardia lo hubiera oído. Una docena de sirvientes de Kiya se arracimaba a cierta distancia, con las caras pálidas y retorciéndose las manos de angustia, y al abrirse camino entre ellos se dio cuenta de que el faraón y su madre, la anciana reina Tiyi, también se hallaban allí.

Era esta última quien se había agachado ante Kiya mientras una comadrona, con los brazos alrededor del cuerpo de la joven, le indicaba cómo tenía que respirar mientras empujaba con todas sus fuerzas. Le habían ceñido el vientre con unas vendas para hacer la presión más intensa, y el resto de su piel relucía con el aceite mezclado con su sudor.

—¡Mirad…! —oyó susurrar a uno de los criados y, al volver la cabeza, se topó con una pareja de *medjays* escoltando a Amunet. Aquello también debía de haberla sorprendido, porque parecía haberse anudado el vestido a toda prisa antes de salir de casa.

Hacía tantos años que Khay no la veía con los rizos destrenzados que lo asaltó una extraña sensación, una mezcla casi culpable de angustia y deseo, pero Amunet no se fijó en él. Pasó corriendo a toda prisa entre los criados, que se apartaron a ambos lados para dejarla acercarse, y subió al pabellón para ponerse en cuclillas frente a Kiya. «La *heka* se ocupará de que todo salga bien —dijo alguien junto a Khay—. Sabrá lo que hay que hacer».

Era increíble que aquella gente hubiera acabado teniendo más fe en ella que en los médicos más afamados de Akhenatón. Mientras el soberano contemplaba la escena con una expresión impenetrable, Kiya seguía empujando con tanta fuerza que las venas del cuello y de la frente se le marcaban como cuerdas. Sus gritos también se habían vuelto más constantes y, cuando una de sus manos resbaló de los ladrillos ceremoniales en los que se apoyaban las mujeres al parir, fueron los dedos de la *heka* los que buscó a tientas.

Khay nunca había leído un miedo semejante en sus ojos ni tampoco una desazón como la que parecía estar sintiendo Amunet. Por un instante creyó presenciar entre las dos una comunicación femenina ancestral que excluía por completo al propio soberano.

—«Tú, que haces que la simiente crezca en las mujeres —había empezado a recitar este—, que creas la semilla de la gente, que alimentas al hijo en el vientre de la madre…».

Era una estrofa del Himno a Atón que él mismo había compuesto. Los *sunu*, que habían dado la impresión de no saber qué más hacer, se apresuraron a seguir a su señor.

—«Eres la nodriza en el seno, eres el que da aliento y alimenta a todo lo creado…».

—¡Más polvo de azafrán, rápido! —exigió Amunet a las comadronas. Para sorpresa de los criados que los observaban desde la espesura, fue la anciana Tiyi quien se lo alargó a la muchacha, y entre las dos procedieron a mezclarlo con cerveza para dárselo a Kiya.

Pero el final del parto era inminente, y los alaridos de la mitannia hicieron alzar el vuelo a los pocos pájaros que aún quedaban en los jardines. Akhenatón y los sacerdotes reanudaron el himno al disco solar, y cuando los primeros rayos del amanecer doraron los adornos de las columnas, un nuevo grito se sumó a los de la reina, uno mucho más débil.

Como si Atón la hubiese traído en sus brazos, la criatura vino al mundo al mismo tiempo que el sol. El faraón dejó escapar una exclamación de alborozo que confirmó lo que los astrólogos ya habían predicho: aquella vez, por fin, se trataba de un hijo varón.

—Vida, salud y prosperidad le sean dadas a Tutankhatón —murmuró un criado a la derecha de Khay, y cuando el joven lo miró, aturdido, vio que tenía los ojos húmedos.

No era el único que estaba a punto de llorar: algunos de sus compañeros, los más ancianos, lo hacían abiertamente, aunque no parecían pensar en Kiya. El alivio de que Kemet volviera a tener un heredero les había hecho olvidarse de la joven madre, tanto como para no reparar, a diferencia de Khay, en el extraño silencio que había de pronto.

Las cabezas de la multitud no le permitían distinguir a Kiya, pero sí a Amunet. El rostro de su amada estaba lívido, tanto como el de Tiyi. Esta, que había cogido al recién nacido después de que un *sunu* cortara el cordón con un cuchillo de marfil, lo dejó en los brazos de Akhenatón mientras se volvía hacia el exterior del pabellón. Durante unos segundos recorrió los semblantes de los criados con la mirada hasta que localizó a Khay.

Muy despacio, abandonó la delicada estructura para acercarse a él. Era la primera vez que estaban frente a frente y su confusión ni siquiera le permitió postrarse a sus pies.

—Tienes que marcharte, escriba Khay —le dijo en un susurro—. Lo antes posible.

—Majestad, no entiendo… —empezó a decir este, sorprendido de que los criados no se inmutaran teniendo entre ellos a la reina madre. Sólo cuando los miró de reojo se percató de lo que ocurría y de por qué habían vuelto a clavar todos los ojos en el pabellón.

Habían envuelto a Tutankhatón en unos paños de lino de los que sólo asomaban su cabeza y sus pies desnudos. Uno era pequeño y rosado, perfecto, pero el otro presentaba un aspecto muy distinto: estaba retorcido hacia dentro en un ángulo prácticamente recto.

No hizo falta que Tiyi le dijera nada más. Sus ojos rodeados de arrugas observaron a Khay con pesar cuando este abrió y cerró la boca como un pez, incapaz de reaccionar.

—Hazme caso, muchacho. —Lo agarró de un brazo para hacerlo retroceder hacia la espesura—. Hazme caso antes de que sea demasiado tarde. Sé lo que estoy diciendo.

—Yo no he..., yo no he hecho nada, majestad... ¡La reina Kiya y yo sólo somos...!

—Eso lo sé de sobra. No te conozco de nada, pero a ella sí y con eso es más que suficiente. —Tiyi dejó escapar un suspiro—. Pero también conozco a mi otra nuera.

Cada vez más horrorizado, Khay se volvió hacia el pabellón, pero desde allí no podía ver a Amunet. Entonces oyeron un «¡majestad!» procedente de uno de los *sunu*, y la anciana se soltó de su brazo para regresar rápidamente con sus familiares.

Cuando distinguió a Kiya desvanecida en brazos de Akhenatón, quiso creer que todo aquello no era más que una pesadilla de la que en cualquier momento podría despertar. Que los ojos entornados de la reina sólo se debían al cansancio, que si no estaba pidiendo que le alargaran a su hijo era por puro agotamiento. Pero su hermosa cabeza ya había caído sobre su pecho y, para cuando Khay consiguió obedecer a Tiyi, temblando tanto que le faltó poco para tropezar con su muleta, supo que su precipitada huida no sería lo único que le impediría volver a hablar con su antigua señora, al menos en aquella dimensión.

51

Gabriel

Malmaison, 1799

Lo único que les estoy pidiendo es que le den un recado de mi parte. Que sepa que no es necesario que se quede aquí, que la esperaré en casa el tiempo que haga falta…

—Me pregunto qué parte de «esto es una propiedad privada» no ha entendido. ¿De verdad cree que no tenemos nada mejor que hacer esta tarde que escuchar sus lloriqueos?

—Ya les he dicho que no hace falta que me dejen entrar, ¡sólo quiero que le digan que estoy aquí fuera! Necesito que sepa que he venido, que siento muchísimo lo que…

—Como si esto fuese un café en el que la gente pudiera citarse a su antojo. Si no se marcha ahora mismo, avisaremos inmediatamente al general. ¿Es eso lo que quiere?

—Será mejor no molestarle con esto, Hyppolite. Muchachos, echadme una mano.

Entre los cuatro criados agarraron a Gabriel, lo sacaron casi a rastras de los jardines de Malmaison y lo empujaron a través de la puerta abierta de la verja. Cayó de bruces sobre el barro del camino, y las risas lo acompañaron durante todo el tiempo que tardó en ponerse en pie («no le vendrá mal al señorito») y emprender el camino de regreso a Le Marais, en el coche que le aguardaba un poco más allá («una pena, la tapicería»). Si aquello le hubiera ocurrido una semana antes, habría enrojecido de indignación, pero la falta de sueño, la culpabilidad y la angustia que sentía no dejaban espacio para nada más.

Había pasado tres días recorriendo París para tratar de dar con Shaheen. Tres días buscándola en cada pensión de la ciudad, preguntando por ella en sus cincuenta y cuatro oficinas de aduanas, repitiendo su descripción en todos y cada uno de los hospitales. La posibilidad de que se hubiera refugiado en Malmaison le parecía tan inconcebible, después de lo que el general y Amunet habían tramado a sus espaldas, que ni siquiera se le había pasado por la cabeza dejarse caer por allí, hasta que leyó en *Le Mercure Français* una breve nota sobre «la exótica invitada de los Bonaparte» que despejó todas sus dudas.

Desgraciadamente, no había servido de nada presentarse en la propiedad; era poco probable que Shaheen acabara sabiendo que había preguntado por ella. «Amunet debe de haberse servido de lo de Ahmed para convencerla —pensó mientras se restregaba los ojos con una mano, demasiado agotado para observar cómo la campiña anegada por la lluvia daba paso a las primeras construcciones de la ciudad—. Y ahora va a pasarse días, puede que semanas o incluso meses, escuchándole repetir que soy un canalla. Si lo que quería era devolverla como un cordero al redil de Bonaparte, no he podido ponérselo más fácil».

Para colmo de males, tío René seguía en Lyon en casa de su amigo y Gabriel no se atrevía a pedirle que interviniera en aquel asunto, convencido de que se había ganado a pulso todo lo que estaba pasando. La sensación de desamparo empezaba a resultar tan absoluta que, cuando acababan de entrar en Le Marais, le pidió al cochero en un arrebato que se detuviera ante la fachada de Saint-Gervais y Saint-Protais, y después de pagarle lo acordado, rodeó la iglesia para adentrarse en el cementerio situado en la parte de atrás.

Lo había visitado tantas veces en los últimos cinco años que casi podría recitar de memoria los nombres grabados sobre sus sepulturas. Pasó por debajo de los arbotantes de la iglesia, semejantes a las costillas de un esqueleto monstruoso, hasta dejar atrás las vidrieras emplomadas de la cabecera. Un recuerdo atravesó la mente del joven como un relámpago: la explosión de colores de esos mismos cristales cuando acudía a misa con tía Delphine de niño, las historias que desentrañaba para Gabriel de aquel caleidoscopio de azules, rojos y verdes, y las miradas recriminatorias del sacerdote al que sus susurros y risitas siempre hacían perder el hilo. Comparado con el centelleo que conservaba en su memoria, el aspecto de las vidrieras no pudo resultarle más distinto; desde el exterior de la iglesia se veían opacas y polvorientas, como si también ellas se hubieran apagado.

Muchas de las lápidas se hallaban resquebrajadas y torcidas, y algunas estaban tan infestadas por los líquenes que parecían recubiertas por una costra esponjosa. La que Gabriel quería visitar se ubicaba al otro lado del recinto y tuvo que abrirse camino entre los charcos que la última tormenta había dejado a sus espaldas para detenerse ante ella.

—Hola —saludó en voz baja, más por costumbre que por confiar en que le escucharan. Sin embargo, nunca lo había necesitado tanto—. Lamento no haber venido a visitarte desde que regresamos de Egipto, pero han estado ocurriendo demasiadas cosas.

Sintió un aguijonazo en el corazón al darse cuenta de que el epitafio a duras penas podía descifrarse. *Delp... Mo... 174... 1793*, se adivinaba entre las salpicaduras de liquen.

—Debes de estar aburrida de oírme repetir lo mismo, pero no sabes cómo me arrepiento de haberte hecho caso. —Dos caballeros que visitaban una tumba cercana lo observaban a hurtadillas, sorprendidos por lo embarrado de sus elegantes ropajes, y el muchacho bajó un poco la voz—. No tendría que haberte obedecido, tía. Debería haber confesado ante el Tribunal Revolucionario que todo fue cosa mía. Es lo que habría hecho tío René en mi lugar, o mi propio padre. Lo que cabría esperar de un hombre de verdad.

Tenía tal nudo en la garganta que le costó tragarse las lágrimas cuando una viuda se detuvo a rezar unos metros más allá. Las manos que asomaban por debajo de su velo negro le recordaron a las de tía Delphine agarrando los suyas en el calabozo, después de pedirle a su esposo que los dejara unos minutos para despedirse. Fue entonces cuando le hizo jurar que nunca le contaría la verdad a René; sus dedos estaban tan ateridos como los propios barrotes, pero aún conservaba una sonrisa en los ojos. «Merecerá la pena morir por lo que más he amado nunca —había susurrado, acariciándole la cara—. Eres lo más parecido a un hijo que he tenido y nada de lo que puedas hacer me parecerá un error».

Pero no había dejado de encadenar uno tras otro desde entonces. Lo había echado todo a perder y después había escondido la cabeza en la arena, y mientras escuchaba las paletadas con las que un sepulturero trabajaba en una fosa a medio abrir, no pudo evitar preguntarse si su situación sería la misma de haber aparecido Shaheen antes en su vida.

—La he perdido, tía Delphine. —Nunca se había odiado tanto como entonces, tal vez porque ponerlo en palabras lo hacía mucho más real—. La he perdido para siempre y lo peor es que me lo merezco. Si le hubiera dicho la verdad cuando aún estábamos en El Cairo, quizá podría haber llegado a perdonarme. Pero ahora sé que no sucederá jamás.

Incluso la Shaheen de sus recuerdos parecía alejarse por momentos de él. Ya no la visualizaba con tanta claridad en sus brazos, respondiendo a sus besos en los jardines de Malmaison, riéndose mientras daba vueltas con ella en el Louvre. Sólo podía recordar la expresión con la que había huido de su lado, con sus oscuros ojos inundados de espanto.

—Ojalá estuvieras aquí para aconsejarme qué hacer —siguió diciendo, y sacudió la cabeza despeinada—. Sé que se te ocurriría alguna manera de contactar con ella, pero nunca podremos hablar de esto… ni de todo lo demás por lo que desearía pedirte perdón.

—Eso es lo peor de tener que despedirnos de nuestros muertos —coincidió la viuda de al lado—. Aparte de la despedida en sí misma, quiero decir —añadió cuando Gabriel la miró—. Cada confesión que no podemos hacerles nos pesa más que sus propias lápidas.

—Supongo que tiene razón —reconoció el joven sin poder disimular su sorpresa.

En cuestión de unos minutos, el sol se había puesto sobre las buhardillas de pizarra y las sombras habían empezado a descender sobre ellos. Los demás visitantes se habían retirado poco a poco; el sepulturero, tras soltar un escupitajo en la hierba, se echó la pala al hombro y se marchó silbando una tonada, y pronto no quedó en el cementerio nadie más que ellos dos: un par de efigies funerarias de carne y hueso velando por sus difuntos.

Cada vez más desmoralizado, Gabriel se dispuso a despedirse de la mujer cuando notó que ella estaba mirándolo de hito en hito. Los ojos que se adivinaban a través del encaje negro le resultaban familiares…, de un azul tan puro que casi parecía teñido…

—¿Belle? —acabó preguntando con perplejidad. Esta vez fue una sonrisa lo que apareció debajo del velo—. Pero ¿qué haces tú en este lugar? ¿Has estado siguiéndome?

—En realidad, me dirigía a vuestra casa cuando te vi bajar de ese carruaje. Lo cual ha sido una feliz coincidencia, dado que quería traerte justo aquí.

—Pues podrías haber pensado en otro sitio; este no es el más popular de la ciudad.

Teniendo en cuenta lo elaborado de aquel disfraz, parecía haberse tomado muy en serio su labor de espionaje, pero Gabriel se sentía demasiado extenuado para ofenderse.

—Si tienes algún mensaje de Désirée para mí, dámelo cuanto antes para que pueda marcharme a casa. Siento ser poco caballeroso, pero hoy no tengo ánimos para nada más.

—Eso no hace falta que lo jures. Nuestro halconcito egipcio debe de estar dándote bastantes dolores de cabeza, a juzgar por el tamaño de tus ojeras. —Tras observarlo unos segundos más, Belle se apartó de las sepulturas—. Será mejor que me acompañes, Roux.

—¿De qué estás hablando? —se extrañó Gabriel mientras la veía alejarse entre las lápidas, seguida por el revoloteo de sus encajes—. Belle, ya te he dicho que no estoy de humor esta noche. —Aun así, avanzó tras ella a regañadientes—. A menos que hayáis dado con el paradero de esos ladrillos, prefiero no regresar a casa de Désirée hasta que…

Pero, cuando la joven sacó una llave de un pequeño bolso de raso negro, sus pies se detuvieron a la vez que sus cuerdas vocales. Gabriel parpadeó al verla inclinarse delante de uno de los panteones, con el escudo de armas medio borrado por el paso del tiempo, e introducir la llave en el candado que colgaba de la recargada verja. Tras asegurarse de que no había nadie observándoles, Belle le hizo un gesto con la cabeza para que entrara.

—Un momento —murmuró Gabriel, dando un paso titubeante hacia la puerta. El cielo se había oscurecido tanto que apenas distinguía nada en el interior, salvo un hueco abierto en el enlosado y el arranque de una escalera—. A dónde…, ¿a dónde conduce eso?

—Al imperio de la muerte —contestó Belle.

Su respuesta le pareció más escalofriante que el chirrido herrumbroso de la verja al cerrarse a sus espaldas, porque supo en el acto a qué se refería: aquello no era una sepultura más, sino la sepultura por excelencia. Lo que les aguardaba al final de esos escalones en penumbras eran las catacumbas de París.

52

Amunet

Akhetatón, 1337 a. de C.

La reina Kiya no fue entregada a los sacerdotes de Anubis, como se había hecho en Kemet durante más de mil años. Su cuerpo fue depositado en una de las cámaras de la tumba que se había hecho construir Akhenatón, en los acantilados sobre los que salía el disco solar cada amanecer, sin ser sometida al proceso de momificación y sin conjuros del *Libro de la salida al día* escondidos entre sus vendajes. Aquellas supersticiones ya no tenían cabida en la nueva religión de Kemet y, aunque los rumores sobre la posible paternidad de su heredero no habían hecho más que crecer en los dos últimos meses, el faraón no les había prestado la menor atención. Había sido la reina Nefertiti, de hecho, la que había ordenado la búsqueda y captura del escriba Khay, con una determinación que no conseguía disimular su alivio. Puede que el príncipe Tutankhatón estuviera destinado al trono, pero Kiya había dejado de ser un obstáculo mientras su esposo aún lo ocupara.

Tampoco Amunet había dado crédito a las habladurías, pero eso no la hacía sentirse menos desgraciada mientras aguardaba, con una lámpara en las manos como el resto de los sacerdotes, a que Akhenatón acabara de despedirse de su bienamada. Era una suerte que la cámara sepulcral estuviese casi a oscuras, porque no habría sido capaz de explicar que la razón de ser de su congoja era saber por qué Khay había desaparecido en realidad: lo había aterrorizado tanto, aquella última noche en el estanque del palacio, que había decidido marcharse antes de que lo hiciera la caravana de Mitanni. No le había dejado siquiera un mensaje de despedida ni le había importado que Amunet se pasara la noche entera esperando en el callejón en el que habían acordado reunirse. Hubo un momento, cuando los caballos que tiraban de los carros empezaron a ponerse en movimiento y Mahu ordenó abrir las grandes puertas, en que estuvo tentada de marcharse igualmente, de dejar atrás de una vez por todas aquella existencia de promesas truncadas y mentiras. Pero no tenía ningún hogar al que regresar y Khay había vuelto a dejarla; esta vez, para siempre.

Por mucho tiempo que hubiera pasado desde entonces, el recuerdo le agarrotó el estómago de tal modo que se apresuró hacia su casa nada más regresar de la necrópolis, en vez de acompañar a los sacerdotes al templo. El hecho de que nadie más que Ptahmai tratara de retenerla le hizo preguntarse si no pensarían todos lo mismo de ella. Si no la habrían empezado a ver, igual que Khay, como una abominación, un mal necesario para que Akhetatón saliera adelante, pero tan terrorífica como la Devoradora. A juzgar por la manera en que sus habitantes se apartaban a su paso, la visión de esa joven rodeada de gatos con una capa blanca adornada con el disco solar debía de resultar escalofriante.

Algo chocó contra una de sus sandalias: un caballito de madera pintada con ruedas en vez de patas. Amunet se agachó para recogerlo antes de que los gatos se hicieran con él y entonces se dio cuenta de que un grupo de niños estaba observándola.

—¿Esto es tuyo? —le preguntó al que había hecho amago de acercarse. No debía de haber cumplido aún los diez años, porque seguía llevando un mechón lateral rematado en un bucle—. No te preocupes, no le ha pasado nada —siguió diciendo—. Sólo se ha...

Pero acababa de alargarle el juguete cuando el pequeño, sin dejar de mirarla con los ojos muy abiertos, retrocedió poco a poco antes de echar a correr. Desapareció con sus atemorizados amigos y la muchacha se quedó con el caballo en la mano, sintiendo cómo su desazón crecía de un modo que habría sido la envidia del Nilo. «En esto he acabado convirtiéndome: en el monstruo que asusta a los niños por la noche. —Sin decir una palabra, dejó el juguete en el suelo antes de reanudar su camino, con cada mirada atravesándole el alma como una aguja—. Pero nadie le ha preguntado nunca a un monstruo por qué se convirtió en eso. A nadie le importa lo que le hicieron, sólo lo que él es capaz de hacer a los demás».

Para cuando distinguió a lo lejos la silueta de su casa, volvía a tener la voz de Khay en sus oídos y los ojos llenos de lágrimas. «¿Qué te hemos hecho entre todos, Amunet?».

—Nuri, ya estoy aquí —la llamó tras cruzar el muro del jardín, procurando que su tono no delatara lo rota que se sentía por dentro. La puerta de la casa estaba abierta, pero, cuando se encaminó hacia ella, secándose los ojos con disimulo, se percató de algo que la hizo detenerse en seco: se oían voces en la planta baja y ninguna era la de su esclava.

La extrañeza de Amunet se convirtió en estupor al detenerse en el umbral. Media docena de *medjays*, con sus inconfundibles cascos azules y blancos, habían tomado la habitación principal y se estaban dedicando a revolverlo todo. A la muchacha se le abrió la boca al verles dar la vuelta a uno de sus arcones para esparcir el contenido por el suelo.

—Pero ¿qué significa...? —Otros dos hombres se habían apoderado de unos cojines para rasgarlos con sus cuchillos, esparciendo las plumas de oca por todas partes—. ¿Qué demonios creéis que estáis haciendo? —vociferó mientras se los arrancaba de las manos.

—Sólo cumplimos las órdenes de Mahu, *heka* —contestó uno de ellos—. Nos ha encargado registrar la casa, igual que hemos hecho con todas las demás del distrito sur.

—¿Y en todas os habéis puesto a destrozarlo todo? —se encrespó Amunet, tirando los cojines al suelo—. ¿Qué esperabais encontrar, escarabeos escondidos entre el relleno?

Pero acababa de decirlo cuando oyó un revuelo en la escalera y, al girarse hacia ella, se le encogió más el estómago. Nuri, con la cara desencajada, había tropezado con sus propios pies en su intento por escapar de otro *medjay* que la había agarrado del vestido.

—¡Nuri! —Amunet echó a correr hacia ella, sintiendo cómo la ira que cabalgaba por sus venas amenazaba con ahogarla. Su esclava ya había cumplido quince años y era casi tan alta como ella, pero seguía temblando como una niña cuando la abrazó—. Ni se te ocurra —le advirtió al guardia, por encima de su cabeza—. Ni se te ocurra intentarlo.

—Como si no tuviera nada mejor a lo que recurrir que a una nubia —replicó este, aunque no parecía muy tranquilo—. Sólo quería traerla aquí abajo para que no estorbara.

—Si estuviera en tu lugar, *heka*, no tentaría más a la suerte —dijo otro hombre y, cuando las dos muchachas se volvieron hacia la otra puerta del jardín, vieron entrar al jefe de policía con un racimo de uvas en la mano—. Estás muy equivocada si piensas que me he olvidado de lo que les hiciste a los guardias del palacio hace tres años.

—¿Y por eso te pareció una buena idea poner patas arriba mi casa? —le respondió Amunet con la cara enrojecida por la furia—. ¿Aprovechándoos de mi esclava, de paso?

—¡Mahu, ya le he dicho que no le he hecho nada! —se defendió el otro hombre.

—¿Qué significa esto, entonces? —Amunet señaló el vestido de Nuri, rasgado a la altura del pecho. Uno de los tirantes casi se le había desprendido—. ¿Creéis que me voy a quedar de brazos cruzados mientras os comportáis como unos puercos bajo mi techo?

—Atón bendito, ¡si sólo es una esclava! —resopló Mahu—. ¡Una mocosa como las hay a cientos en la ciudad! ¡Llevamos siglos haciendo con ellas lo que nos viene en gana!

—Pues tal vez deberíais recordar que es *mi* esclava —recalcó Amunet, y se colocó ante Nuri para servirle de escudo—. No tenéis más derecho a tocarla que a tocarme a mí.

—Ahora que lo dices, puede que haya llegado el momento de aclarar ese punto...

Desde que el faraón le había dado potestad absoluta sobre las calles de Akhetatón, la petulancia de Mahu parecía haberse desbocado. Uno de sus subalternos se rio para sí cuando el jefe de policía se acercó a ellas, pero, antes de que pudiera tocarlas, Amunet se volvió hacia el pequeño altar adosado a la pared. La estela que representaba a la familia real adorando a Atón crujió un par de veces antes de desprenderse del muro, y las risas de los *medjays* se convirtieron en gritos de espanto cuando atravesó el aire a toda velocidad.

También Mahu se detuvo en seco, palideciendo bajo su tez bronceada. Como si pesara menos que una pluma, el relieve se quedó flotando delante de Amunet y de Nuri.

—Parece que no eres el único cuyo poder ha aumentado, aunque a mí no me ha hecho falta ninguna prerrogativa del faraón —dijo Amunet con las manos alzadas—. Si tanto deseas darnos nuestro merecido, tendrás que quitarte antes de en medio a tu señor.

—Esto no es más que… una imagen suya —consiguió responder Mahu—. No vas a asustarme con tus trucos de magia, *heka*. ¡Si crees que algo semejante basta para…!

En vez de responder, Amunet sacudió la mano derecha y uno de los *medjays*, con un gemido de horror, enarboló su lanza para apoyar la punta de bronce en el cuello de Mahu. Pudo sentir a Nuri temblar a sus espaldas, encogida como un cachorro asustado.

—Ya basta, los dos. —La voz que resonó en la estancia, aunque calmada, los pilló por sorpresa. Al girarse hacia la calle, Amunet vio que el visir Nakhtpaatón acababa de detenerse en el umbral—. Deja en paz a esas muchachas, Mahu —le advirtió con sequedad—, o tendré que informar de lo ocurrido al faraón, vida, salud y prosperidad.

—Lo único que hago es cumplir con mi deber —se defendió Mahu—. ¡Tú también estabas delante cuando se nos encargó registrar Akhetatón en busca de amuletos falsos!

—Y supongo que pensasteis que esa chica los guardaba debajo de la ropa. —Nuri se puso roja y Amunet se apresuró a envolverla en su capa. Nakhtpaatón dio unos pasos hacia Mahu—. No me entra en la cabeza —siguió diciéndole en tono más quedo— que puedas ser tan ingrato. ¿Es que has olvidado todo lo que ha hecho la *heka* por nosotros?

—¿Ponerles collares de oro a un puñado de gatos malolientes? —exclamó Mahu, apartando con una mano la lanza que le apuntaba—. ¿Ha servido eso para que la gente deje de morirse en la otra orilla? ¿Para que la maldita peste regrese por donde ha venido?

—Si Akhetatón no estuviera bajo su protección, las muertes se contarían por millares en vez de por docenas. ¿Tan ansioso estás por ocupar tu nueva y magnífica sepultura?

La tensión que había descendido sobre la estancia podría haberse cortado con una espada. Sin dejar de rodear a Nuri con los brazos, Amunet se quedó observando cómo se medían con la mirada hasta que, apretando tanto los dientes que un tic apareció en su mandíbula, Mahu hizo un gesto a sus hombres para que le siguieran al exterior. Cerró con un portazo que estuvo a punto de arrancar la hoja y el visir dejó escapar un suspiro.

—Sé que estoy pidiendo demasiado, pero te ruego que no se lo tengas en cuenta a Akhenatón —le dijo a Amunet—. Estoy seguro de que nunca habría ordenado algo así.

—Le he acompañado hace un rato durante el entierro de Kiya —contestó Amunet, todavía en tensión—. Si tuviera algo en mi contra, supongo que no habría esperado a que volviera a mi casa para hacerme detener, por muy destrozado que esté ahora mismo. —Y al darse cuenta de que Nakhtpaatón estaba observando la estela, la hizo descender poco a poco hasta el suelo—. No tienes..., ¿no tienes miedo de lo que ahora soy capaz de hacer?

—No más que del disco solar saliendo y poniéndose cada día —respondió el visir, apartando los ojos del relieve para mirarla—. Hay milagros que no requieren explicación.

La sencillez con la que dijo esto enmudeció a la muchacha. De nuevo la asaltó el recuerdo de los ojos conmocionados de Khay, clavados en los suyos en la penumbra del jardín, y aquella náusea que la ira casi había conseguido disolver regresó a su estómago.

Nakhtpaatón debió de pensar que no le convenía quedarse sola, porque despachó a los guardias que esperaban en la calle y, para la absoluta perplejidad de Nuri, se ofreció a ayudarlas a ordenarlo todo. Mientras la esclava barría las plumas de oca, Amunet y él volvieron a levantar los muebles derribados por los *medjays* y echaron más tierra sobre el suelo de la casa, rociándola a continuación con agua del pozo para refrescar el ambiente.

—Tienes un hogar muy hermoso —reconoció el visir mientras Amunet devolvía la estela a su emplazamiento. Ahora que su furia se había convertido en cansancio, parecía costarle muchísimo más mover algo tan pesado—. Creo que lo mejor que pudo hacer el faraón fue mantenerte alejada de su palacio; no imaginas el ambiente que se respira allí.

—¿Conseguisteis detener al intruso que atacó a Kiya? —dijo la joven con esfuerzo.

—Parece que tus gatos entorpecieron su huida y los *medjays* dieron con él cuando estaba a punto de alcanzar los muelles. Mahu ordenó que lo empalaran esa misma noche en las murallas, para servir de advertencia a quien pueda estar maquinando otro atentado.

Amunet se había inclinado para recoger unas granadas del suelo, pero al hacerlo se le revolvió aún más el estómago. Tuvo que taparse la boca con una mano temblorosa.

—He dado instrucciones para redoblar la vigilancia sobre el príncipe y controlar escrupulosamente a sus nodrizas y ayas. —Nakhtpaatón se había quedado mirando el jardín a través de la ventana—. Sé que la reina Kiya temía que Tutankhatón pudiera ser el siguiente blanco de los devotos de Amón, lo cual resultaría... —Pero el ruido de una arcada le hizo apartar los ojos del exterior, donde Nuri ordenaba los cacharros de la cocina.

Amunet acababa de devolver dentro de una vasija cretense que Ptahmai le había regalado unos meses antes. Se había aferrado al borde con dedos crispados y, cuando el visir se agachó a su lado para rodearla con los brazos, dejó escapar un gemido ahogado.

—Estoy... bien —balbuceó al cabo de unos segundos. Nakhtpaatón sacó un pañuelo para limpiarle la boca sin decir nada—. No pasa nada, no es más que un mareo.

—El calor, seguramente —dijo el visir—. La temperatura era espantosa en la tumba de la reina; no me habría extrañado que cualquiera de nosotros acabara desmayándose.

Pero Amunet no estaba prestándole atención. Se le había cubierto la frente por una capa de sudor frío, aunque no tenía nada que ver con su mareo. De repente volvía a estar en la biblioteca de Ipet Sut, escondida con Khay dentro de un arcón. Volvía a oír los susurros acerca de la muerte de Menkhaf. «Empezó a tener sudores fríos, se mareó...».

Un miedo que nunca antes había sentido se apoderó de ella. Nuri había regresado con un montón de sábanas, pero las dejó caer al verlos acurrucados en el suelo.

—Nakhtpaatón —consiguió decirle Amunet—, llévate a Nuri. Llévatela de aquí.

—¿Qué? —se alarmó la muchacha—. ¿Qué estás diciendo, mi señora? ¿Por qué...?

—Te lo suplico, sácala de esta casa antes de que sea demasiado tarde. Si la..., si la peste ha acabado llamando a nuestra puerta y los *sunu* ya no pueden hacer nada por mí...

A Nuri se le escapó un grito, pero, antes de que Amunet pudiera impedirlo, había echado a correr hacia su ama para abrazarse a ella. Trató de apartarla de su lado, pero la esclava no cedió; «es tan terca como Kashla —se dijo compungida—, o como yo misma».

—No me iré a ninguna parte sin ti, mi señora —le aseguró—. Si te quedas aquí, yo también lo haré. Tendrás que volver a llamar a los *medjays* para que me arrastren fuera.

Aquello le hizo sentir una punzada de ternura en medio de su angustia. Volvió a mirar a Nakhtpaatón con ojos suplicantes, pero le sorprendió que no estuviera alarmado.

—Nuri —le dijo a la esclava—, déjanos solos un momento. —Ella pareció dudar, pero acabó obedeciendo. Nakhtpaatón esperó a que desapareciera por la puerta del jardín antes de susurrar—: ¿Cuántas lunas han transcurrido desde la última vez que sangraste?

La pregunta la dejó tan descolocada que tardó una eternidad en reaccionar. Pero cuando lo hizo se puso roja y después blanca como la cal y, de no haber estado agarrada al borde de la vasija, se habría tambaleado. El visir seguía sin quitarle los ojos de encima.

—Es del escriba Khay, ¿verdad? —dijo tras unos segundos de espantoso silencio.

—No —se apresuró a mentir Amunet—, por supuesto que no. No hemos vuelto a vernos desde que me dejó. Todos sabéis que estaba con Meresamenti, era a ella a quien…

—Amunet, me crucé con él la noche del banquete, después de dejarte en la puerta de la habitación de la reina Kiya. Supuse que no podía estar allí por casualidad, teniendo en cuenta lo poco que le gusta a la princesa que sus amantes se paseen por otras alcobas.

Su turbación creció aún más al acordarse del estanque y de los papiros, del cuerpo de él contra el suyo. «No he hecho otra cosa que caer desde que me apartaron de tu lado».

—Nakhtpaatón..., por favor..., no se lo digas a nadie —logró contestar—. No puedo dejar que Meresamenti sepa que hemos... Si se entera de esto algún día, si lo descubre...

—Tienes mi palabra de que no sucederá por mi culpa. —El visir se llevó una mano al pecho musculoso—. Que mi *ka* me abandone si traiciono tu confianza. Pero ¿qué piensas decir cuando haya pasado el tiempo y la corte se dé cuenta de lo que te ocurre?

—Cualquier cosa, menos la verdad. Que es de otro hombre, algún diplomático que estaba de paso. Que ni siquiera sé cómo se llamaba, por eso no he podido decirle nada...

—Sabes que nadie se lo creería —le advirtió Nakhtpaatón—. Nunca has querido acompañarnos en los banquetes y no se te ha visto coquetear con ningún hombre. Por no hablar de que será un cotilleo demasiado jugoso para que la gente se resista a creerlo.

Mientras decía esto, la había incorporado con delicadeza para conducirla a uno de los poyetes de barro. Amunet seguía estando demasiado aturdida para protestar. «Voy a tener un hijo. Voy a tener un hijo de Khay. —Las lágrimas que había tratado de esconder durante el funeral de Kiya empezaron a resbalar por su cara—. Y Khay me ha dejado sola».

—¿Qué puedo hacer? —acabó preguntando casi sin voz—. ¿Debería marcharme?

—Eso equivaldría a declarar a los cuatro vientos que eres una conspiradora —dijo Nakhtpaatón en el mismo tono—. Si desapareces de la noche a la mañana, los perros de presa de Mahu seguirán tu rastro hasta dar contigo. Por supuesto, habría una solución más sencilla, pero… no quiero que pienses que sólo trato de sacar provecho de ello.

Amunet había clavado los ojos en el colgante del disco solar de Nakhtpaatón, pero al oír esto alzó la cara hacia él. Sus ojos le parecieron más compasivos que nunca.

—¿Te refieres a…? —Y volvió a ponerse como una amapola—. Pero eso sería un sacrificio que no tendrías por qué hacer por mí. No podría aceptar sin sentir que estoy…

—Sabes muy bien que he querido casarme contigo desde que te conocí —la interrumpió Nakhtpaatón sin la menor sombra de dramatismo—. Te ofrecí mi amistad porque pensé que Khay siempre iba a estar entre nosotros, por muy atado que lo tuviera Meresamenti a su cama. Pero, si no tiene intenciones de regresar a Akhetatón, para mí no supondría ningún sacrificio, Amunet. De hecho, sería un honor que no merezco.

Como la noche en que quiso acompañarla a la alcoba de Kiya, la calidez de sus ojos sorprendió a la joven con la guardia baja. Una parte suya suplicaba aceptar la mano que le tendía, sabedora de que no encontraría ninguna más; pero la otra le traía sin cesar el recuerdo de Khay, de sus besos y sus promesas y del abismo que se había abierto a sus pies al descubrir que se había marchado. «Está diciendo la verdad: él no me abandonaría nunca —se dijo a sí misma, pero después pensó—: Es lo mismo que me prometió Khay».

—Yo… tengo que pensar en ello —dijo tras casi un minuto de silencio—. Te estoy muy agradecida, Nakhtpaatón, no sabes cuánto, pero ahora mismo me siento abrumada.

—Por supuesto —contestó él, y apretó su mano antes de soltarla—. Ya te he dicho que no tengo ninguna prisa. Me basta con saber que te sientes un poco mejor, aunque no podamos cambiar nada de lo que ha sucedido. Pero, por ahora —se puso en pie, haciendo ondear su túnica negra y dorada—, más vale que dejemos entrar a tu pobre esclava antes de que piense que la Maldición de Sekhmet realmente se ha apoderado de vuestro hogar.

53

Shaheen

París, 1799

Desde uno de los ventanales del palacio de Luxemburgo, Shaheen observaba en silencio cómo la cortina de lluvia teñía de gris los jardines perfectamente cuadriculados y la espesura de los bosques que se extendían más allá de la verja, preguntándose cómo era posible que en menos de un mes Francia también le hubiera arrebatado los colores a ella.

El recuerdo de los últimos días parecía espesarse a su alrededor como la niebla. No habría podido decir con certeza qué había estado haciendo en Malmaison, cómo había llenado sus horas ni qué esperaba conseguir con todo aquello. Sólo había una idea que arrojaba algo de claridad en su enmarañada mente: marcharse del condenado París y no regresar jamás… aunque para ello tuviera que aceptar las condiciones de Bonaparte, sin hacer preguntas ni cuestionarse nada de lo que le ordenara.

Ni siquiera había protestado cuando la había hecho acudir a primera hora de la mañana a aquel palacio situado al sur de la ciudad donde, según le había explicado de mala gana una doncella, solían reunirse los miembros del Directorio. Desde entonces llevaba casi nueve horas deambulando por el primer piso, demasiado entumecida por la pena para sentir nada más que frío. Estaba convirtiéndose en una carcasa cuya percepción del mundo terminaba más allá de su piel.

Debe de tener sus razones para hacernos esperar tanto. Se estaba preparando algo muy importante para el día de hoy, aunque no nos haya dicho de qué se trata... —En lugar de responder a Amunet, la muchacha se apartó de los cortinajes de terciopelo rojo para atravesar una vez más el ornamentado corredor, cuyos mármoles estaban erizados de adornos de estuco en forma de frutas, guirnaldas y cabezas de mujer—. *Shaheen, sabes que es absurdo que sigamos así,* insistió el espíritu ante su silencio—. *No has querido saber nada de mí en estos días ni me has dirigido siquiera la palabra. Por si lo has olvidado, mi dedo no fue el que apretó el gatillo la noche que Ahmed...*

«Vuelve a hablarme de él o de Roux —la interrumpió Shaheen— y te aseguro que me las pagarás».

Tuvo que expulsar de su mente el recuerdo de los besos de Gabriel, de aquel «deja que me marche contigo» que, por un instante, había parecido capaz de cambiarlo todo. El entumecimiento era preferible a la agonía que le había supuesto abandonarle, y Shaheen siguió arrastrando su vestido blanco de una estancia a otra como un fantasma su sudario.

—Creo que no te vendría mal descansar un rato —oyó decir mientras contemplaba la alfombra de lágrimas proyectada por la lluvia a través de los cristales. No se había percatado hasta entonces de que había alguien más en esa sala—. Llevas tanto tiempo dando vueltas de un lado a otro que casi has conseguido que me duelan los pies.

Sentada a una mesita redonda, una mujer jugueteaba con lo que parecía ser una baraja de naipes, sin apartar sus oscuros ojos de Shaheen. Los encajes grises que llevaba puestos la volvían prácticamente invisible entre tanto mármol, estuco y moldura dorada.

—Siento haberla molestado —contestó la muchacha. Había algo en el rostro de la desconocida, una amargura en su mirada y un desaliño en los tirabuzones castaños que escapaban de su cofia, que le hicieron decir—: Usted no pertenece al servicio del palacio.

—No soy una doncella, si es a lo que te refieres —contestó la mujer—, aunque eso no me coloca por encima de ellas a ojos de nuestro patrón, como tampoco te sucede a ti.

«¿Nuestro patrón?», estuvo a punto de preguntar Shaheen, pero no llegó a hacerlo. La destreza con que la mujer seguía barajando las cartas respondió a todas sus preguntas.

—Es usted esa vidente de la que me hablaron en Malmaison —acabó diciendo, casi para sí misma—. Marie Anne Lenormand, la que trabaja para la esposa de Bonaparte…

—Personalmente, prefiero los términos «cartomántica» o «tarotista» —contestó la mujer sin ofenderse. No debía de sacarle más de diez años a Shaheen, aunque su aspecto ajado la hiciera parecer mayor—. Josefina me ha hecho acudir aquí para ayudar a su marido, aunque no sepa qué se trae entre manos. Sospecho que se siente más segura así.

—No es la única que está perdida. ¿Qué se supone que va a ocurrir?

—Sólo se puede predecir el futuro cuando hemos desentrañado el pasado —dijo la ciudadana Lenormand—. ¿Qué crees tú que ocurrirá, en función de lo que ha ocurrido?

Shaheen estuvo tentada de mencionar el intento de asesinato del director Barras, pero el sentido común consiguió anudarle la lengua.

No te fíes de ella —susurró Amunet, aunque no era necesario—. *Todavía no sabemos dónde residen sus lealtades.*

—Cuando Bonaparte me invitó a comer en Malmaison, dijo que la corrupción del Directorio estaba socavando los ideales de la revolución. Que era necesario que alguien alzara la voz para poder salvar a la República, aunque tuviera que hacerse por la fuerza…

—Y ahora el Consejo de los Quinientos y el de los Ancianos están en el castillo de Saint-Cloud, convenientemente alejados de París —contestó Lenormand—. Bonaparte se las ha ingeniado para hacer pasar un secuestro a manos del ejército por una maniobra de protección ante posibles atentados. Mientras tanto, pretende reunirse en un despacho de este mismo palacio con Sièyes, Ducos, Barras, Gohier y Moulin, los cinco directores.

—Creo que los he visto entrar hace un rato —dijo Shaheen—, pero no sé para qué.

—Los tendrá a su merced el tiempo que sea necesario, sin el apoyo de los demás diputados y dejándoles claro que cuenta con el respaldo absoluto de las fuerzas militares. Ninguno abandonará ese despacho sin haber firmado antes su dimisión. —La joven alzó los ojos hacia Shaheen—. Ahí es donde entrarás tú…, en el supuesto de que se nieguen.

Me pregunto si esta será la única persona con dos dedos de frente al servicio de la familia Bonaparte —dijo Amunet con un recelo más que palpable.

Pese a estar demasiado desbordada por su propio dolor para escandalizarse, Shaheen sintió una punzada de rabia al comprender por qué el general la había mandado acudir al palacio. «Sólo tengo una condición: que no haya más derramamientos de sangre», le había dicho la noche en que volvió a Malmaison, con los ojos enrojecidos y empapada de los pies a la cabeza. Y si él había aceptado era porque no necesitaba más muertos: sólo cinco firmas sobre un papel.

—¿De modo que así es como va a acabar la revolución? —dijo tras unos segundos en los que ninguna de las tres habló—. ¿Con un nuevo tirano haciéndose con el poder?

—Un golpe de estado que nos traerá la paz, la estabilidad y la prosperidad. —Había tanta resignación en la voz de Marie Anne Lenormand, tanto hastío acumulado año tras año, que Shaheen acabó por bajar la guardia—. Por ahora, únicamente podemos esperar.

—¿Cómo sabe usted todo eso? —preguntó la muchacha, tomando asiento al otro lado de la mesita—. Josefina Bonaparte dijo que podía «ver»... ¿Es gracias a sus cartas?

—A este arte se lo conoce como cartomancia —asintió la joven, mezclándolas de nuevo entre sus delgados dedos—. Lo aprendí de unos gitanos durante los años que pasé en un convento de Alençon, y desde entonces no he dejado de realizar predicciones. Se me da especialmente bien descifrar el pasado de los demás para poder adivinar su futuro.

Hasta que no cuadró el mazo de cartas sobre la mesita, Shaheen no se dio cuenta de lo que Lenormand se disponía a hacer. En circunstancias normales se habría negado a ello, pero la sensación de estar delante de una igual, aunque sólo fuera por compartir las mismas cadenas y el mismo carcelero, la obligó a permanecer en su asiento.

—No se parecen nada a las cartas con las que me enseñaron a jugar al faro —dijo mientras la tarotista comenzaba a ponerlas bocarriba.

Eran mucho más pequeñas que las de la baraja francesa y sus ilustraciones tampoco tenían nada que ver: había una en tonos pastel de una carta lacrada, otra de un ramo de flores, otra de un cielo estrellado...

—Claro que no: las he diseñado yo misma. —La joven colocó ocho cartas seguidas antes de continuar con la fila de abajo—. Por eso están hechas a mi medida.

Lo cual dice mucho acerca de su fiabilidad.

La impaciencia de Amunet no hacía más que aumentar, pero Shaheen seguía tan enfadada con ella que prefirió ignorarla. Al terminar de disponer las cartas en cinco filas, Lenormand guardó silencio unos segundos.

—Esta eres tú —comenzó por fin, y señaló una de la segunda hilera—. La dama...

—Tampoco es que yo lo sea demasiado —reconoció Shaheen, inclinándose para observar a una risueña muchacha vestida a la parisina—. Se parece más bien a Josefina.

—La dama —repitió Lenormand— representa a la solicitante. Las cartas situadas a su izquierda y en la fila superior se refieren a su pasado, más remoto cuanto más nos alejamos de ella. Las de la derecha y la fila inferior, por el contrario, hablan de su futuro.

Esto es una espantosa pérdida de tiempo, Shaheen. En cualquier momento vendrán a buscarnos y deberíamos estar...

«Márchate si tanto te aburres. Nadie te necesita aquí».

—El camino, por ejemplo, revela que te encuentras en una encrucijada —dijo la tarotista, señalando la carta situada a la izquierda de la dama—. La casa que está a su lado..., el hogar que creías haber encontrado aquí. El barco, símbolo de un viaje reciente...

—*Cosas, por supuesto, que no podría saber nadie del círculo de Bonaparte* —dijo el espíritu, y Shaheen se apretó las sienes con el ceño fruncido—. Perdóneme —le pidió a la mujer en voz baja—. Me temo que Amunet es muy escéptica con esta clase de cosas.

—Y, aun así —Lenormand dio unos golpecitos sobre una carta con un anillo—, está tan unida a ti como si las dos fueseis un mismo ser. Desde mucho antes de que te subieras a ese barco, cuando ambas llegasteis a un acuerdo en un palacio de El Cairo.

Esta vez ni siquiera Amunet supo qué decir. Shaheen, por su parte, estaba demasiado estupefacta para hablar, con sus ojos oscilando entre Lenormand y las cartas.

—¿Cómo ha sabido eso? No le he contado a nadie… Es decir, esa noche sólo nos acompañaban Belle Lacombe y el capitán Malenfant, pero no creo que ninguno hubiera…

—Era un palacio muy hermoso, con arcos de herradura y celosías de madera. —La joven parecía haber olvidado sus cartas; ahora sólo miraba a Shaheen—. Parecido a otro en el que estuviste viviendo hace muchos años…, antes de que conocieras a los franceses.

Entonces arrugó el entrecejo y Shaheen sintió, en medio de su estupor, un secreto alivio cuando sus ojos dejaron de atravesarla. Vio cómo Lenormand recorría las cinco hileras de cartas, primero con curiosidad y, más tarde, con creciente preocupación.

—¿Qué pasa ahora? —También ella se quedó observándolas—. ¿Qué es lo que ve?

—Una niña perdida y asustada. —Lenormand señaló una carta con una chiquilla ataviada de blanco—. Un secreto que ni siquiera ella conoce. —Señaló un libro apoyado en un atril—. Y un castigo del que consiguió huir. —Un látigo de cuero de cuatro colas.

En contra de lo que la muchacha habría creído posible, sus palabras consiguieron hacerle sentir algo: un miedo que comenzó a revolverse en su interior como un animal contenido por cadenas demasiado endebles. Su desasosiego no hizo más que crecer cuando la mujer volvió a prestarle atención, esta vez con una compasión inconfundible.

—Pequeña. —Su voz también era distinta ahora—. ¿Qué intentó hacerte tu padre?

—Yo… —quiso responder Shaheen, aunque no supo cómo continuar. A juzgar por el *¿De qué está hablando?* de Amunet, no había oído su confesión a Gabriel en el Procope—. Fue porque descubrió que podía comunicarme con los muertos —consiguió decir pasados unos segundos—. Temió que… los *yinns* me estuvieran poseyendo…

¿Cómo podía habérsele grabado aquella imagen a fuego en la mente? ¿Por qué era capaz de recordar cada detalle, cada bordado de la túnica de él, cada destello de su daga?

—Creo que quería impedir que me condenaran. Que decidió asesinarme antes de…

—No —la interrumpió Lenormand, y señaló la carta que encabezaba la tirada. Una serpiente se alzaba entre unas rocas, dejando vislumbrar su lengua bífida—. La carta de las traiciones es la primera de tu pasado. Significa que tu vida comenzó con un engaño.

Como si el recuerdo del jeque Alí Ben Sharif los hubiera resucitado, unos retazos de conversaciones que Shaheen creía olvidadas regresaron también a su memoria. Voces de criados en la trasera del palacio, miradas de recelo mientras correteaba de niña por el patio. «Podría haber sido peor —susurraba uno de ellos—, podría haber sido algo más que una mancha blanca». Alguna risita, incluso, acallada por miradas severas. «Si al menos hubiera tenido un muchacho, podría haberla perdonado. Está desesperado por un hijo».

Hasta que no alzó una mano temblorosa para rozar su mejilla, no notó cómo estaba estrujando los pliegues de su vestido. «Algo más que una mancha blanca».

—¿Mi padre creía que mi madre le… había engañado? —El halcón daba la impresión de arder sobre su piel—. ¿Que no era hija suya, sino de un *farengi*…?

Por toda respuesta, la ciudadana Lenormand cogió la carta situada junto a la de las serpientes. Su ilustración era la menos alegre de la baraja: un ataúd adornado con flores.

—Acabas de decir que te sorprendió comunicándote con un muerto. ¿Era tu madre la que estaba hablándote aquella noche? —Y cuando Shaheen asintió con esfuerzo, la tarotista respiró hondo—. Me temo que el problema no fue que escuchases a un alma en pena, sino que se tratase de *esa* alma en pena. De lo que tu madre podría revelarte a ti.

—No. —Shaheen se echó hacia atrás en su asiento, como temiendo que las cartas pudiesen cobrar vida para atacarla—. No, eso que está diciendo no es… Mi madre murió al darme a luz, por eso no me acuerdo de cómo era ni conozco nada más que el sonido de su voz. Y aunque lo que está sospechando fuese cierto, mi padre nunca la habría…

¿A quién estaba tratando de engañar, a Lenormand o a sí misma? ¿A Amunet, que guardaba un silencio sorprendente tratándose de ella? ¿A la niña que un día había sido?

—Supongo que ahora entenderás por qué decía que sólo desentrañando el pasado podemos adivinar nuestro futuro. —La tarotista apartó suavemente los dedos de Shaheen para acariciar su mejilla, por la que empezaban a descender unas lágrimas—. Mientras no te encuentres a ti misma, mientras no aceptes quién eres, no sabrás cuál es tu destino.

—No puedo aceptar nada porque no me queda nada a lo que agarrarme —contestó la muchacha casi en un sollozo—. Creía haberlo encontrado, pero… lo he perdido.

«Deja que me marche contigo, Shaheen». El nudo de su garganta amenazó con ahogarla cuando la voz de Gabriel se impuso a la del espíritu de su madre. Se tapó la cara con las manos, sintiendo cómo todo el dolor que había intentado esquivar caía sobre ella con el peso de una lápida, hasta que un «señorita Shaheen» la devolvió al mundo real.

—Por fin he podido dar con usted. —Un oficial con uniforme azul, rojo y blanco se acercaba por el corredor—. Le ruego que me acompañe; el general solicita su presencia.

Todavía al borde del llanto, la muchacha asintió con la cabeza y se incorporó poco a poco, pero Lenormand la detuvo antes de que se apartara de ella. Había sacado algo de un pequeño bolso gris: otra baraja de cartas que desplegó como un abanico ante Shaheen.

—Coge una antes de marcharte —le dijo en voz baja, y la chica dudó un momento antes de obedecer—. No, no la mires todavía —siguió diciendo Lenormand—. Llévala contigo como si fuera un amuleto. Y cuando vuelvas a dudar sobre tu futuro, recuerda que sólo está escrito nuestro destino, no el camino por el que podemos desembocar en él.

54

Khay

Akhetatón, 1337 a. de C.

Los Siete Babuinos no era la casa de la cerveza más refinada de la ciudad, pero la bebida salía bastante barata comparada con las de los distritos ricos. Estaba situada en una encrucijada de la Calle Este, en el barrio habitado por la mayoría de familias obreras de Akhetatón, y las antorchas encendidas en la entrada, una a cada lado de la puerta, la hacían resplandecer como un charco de luz en medio de las sencillas casuchas de adobe.

Cada noche, cuando acababa de realizar su ronda por las propiedades de los ricos, el mensajero Bek acudía a Los Siete Babuinos, y aquella no iba a ser una excepción.

Había caminado tanto para entregar todos los papiros que sentía las plantas de los pies casi tan duras como sus sandalias. Dejó algo de cobre en la mano de un mendigo, arrebujado en una capa mugrienta a la puerta del local, y el dueño se apresuró a salir a su encuentro.

—Qué placer tenerte una noche más aquí, Bek. —Dio unas palmadas y un joven esclavo se les unió—. ¿Puedo ofrecerte algo especial? ¿Un poco de mi mejor vino dulce?

—Si es esa bazofia con mirra que me serviste ayer, puedes bebértela tú —contestó el aludido, sentándose en una alfombra y dejando el saco vacío a su lado—. Tráeme vino de Biblos del que tú sabes, y ni se te ocurra aguarlo. Esta noche me bebería el Nilo entero.

Mientras el dueño rompía los sellos de una vasija y el esclavo se acuclillaba para echarle agua en las manos, Bek se dedicó a observar a las mujeres que merodeaban por allí. Todas llevaban el pecho desnudo y unas aparatosas pelucas, casi tan coloridas como las pinturas de babuinos de las paredes. En un rincón, unos músicos sirios hacían sonar sus tamborines mientras dos bailarinas danzaban entre las columnas sin dejar de reírse.

—Parece que cuentas con una clientela fiel —comentó cuando el dueño puso una copa sobre la mesita—. Suerte que los *medjays* no te la han espantado con sus registros.

—Vinieron esta mañana otra vez, con el propio Mahu en cabeza —se lamentó el anciano—, y lo pusieron todo patas arriba con la excusa de buscar amuletos prohibidos. Se bebieron cinco barriles por lo menos y a mis muchachas las dejaron para el arrastre.

—Unos puercos, del primero al último —dijo una de las mujeres, y se acomodó en la alfombra junto al mensajero—. Deberías ver los moratones que tengo en las piernas.

—Si no hay más remedio… —contestó este, inclinándose para morderle un pecho.

La mujer rompió a reír. El dueño se alejó un momento para darle un cuenco de cerveza al mendigo y regresó a escuchar lo que Bek tenía que contarles. No había muchos hombres que pudieran pasearse en un mismo día por todos los hogares elegantes, y los cotilleos sobre los aristócratas de Akhetatón siempre eran bien recibidos en las tabernas.

—Hoy todo el mundo hablaba de lo mismo —dijo mientras alargaba la copa para que le sirvieran de nuevo—. Me han contado la historia en cuatro casas por lo menos.

—¿Una nueva escaramuza entre los Adornos del Rey? —se emocionó el anciano.

—Por una vez, aunque no os lo creáis, las aguas del harén parecen calmadas. No, se trata de algo que no afecta a la familia real..., por el momento, al menos.

—Han detenido a alguien de la corte —aventuró la mujer—. Alguien importante.

—Digamos que es una noticia amorosa, no política. —Bek paladeó su expectación antes de continuar—: La *heka* del faraón acaba de prometerse con el visir Nakhtpaatón.

La reacción fue la que había imaginado: ambos prorrumpieron en exclamaciones salpicadas de «¡no me lo puedo creer!» y «esta sí que es buena». Con el cuenco a punto de rozar sus labios, el mendigo de la puerta giró poco a poco la cabeza hacia el interior.

—La condenada ha dado el golpe de su vida —siguió diciendo la joven—. Eso no es una conquista, es caza mayor. No debe de haber un hombre más irresistible en la ciudad.

—Gracias por la parte que nos toca —dijo Bek con una sonrisa torcida—. Pero lo cierto es que ella tampoco está mal. Tiene unos ojos que parecen pedazos de malaquita.

—Y un pelo que da vergüenza ajena. No entiendo cómo todavía no se ha rapado…

—Esto no hará muy feliz a la dama Mutnodjemet, la hermana de la reina —comentó el anciano pensativamente—. Todo el mundo sabe lo encaprichada que estaba del visir.

—Y también que él nunca le ha hecho el menor caso, lo cual es comprensible. Si tuviera que pasarme la vida aguantando a semejante suegro, me tiraría de cabeza al río.

Hubo nuevas carcajadas, tantas que unos cuantos clientes los miraron intrigados.

—En cualquier caso, poco importa lo que Mutnodjemet tenga que decir sobre este asunto —continuó Bek mientras apuraba la segunda copa—. Dentro de unos días, la *heka* pasará a ser una de las mujeres más poderosas de Kemet, casi tanto como la propia reina.

—De no haber nacido el principito, tal vez se hubiera convertido en una —susurró el dueño de la casa de la cerveza—. Algunos visires han sucedido a los faraones cuando estos han emprendido su viaje a los Campos de Ialú. No habría sido la primera vez…

—Me encantaría que eso ocurriera —declaró la mujer—. Nakhtpaatón I, el de los recios brazos. Nakhtpaatón I, el del torso perfecto, la mandíbula fuerte y los ojos grandes…

—Y las súbditas calenturientas como la arena del desierto. —Bek la hizo callarse con un empujón que le descolocó la peluca; ella volvió a echarse a reír—. Puede que aún haya esperanzas para el visir —continuó en voz baja—. Os recuerdo que el príncipe Tutankhatón nació con un pie deforme. Por muchas joyas con las que lo adornen, sigue siendo un tullido. Alguien como él no tendría nada que hacer al lado de Nakhtpaatón.

Ensimismados en su conversación, ninguno se dio cuenta de que el mendigo, tras observarlos unos segundos desde las profundidades de su capa, se incorporó poco a poco apoyándose en una muleta. Fue renqueando hasta el callejón de la parte de atrás, donde no había más que montones de excrementos, restos de material de construcción y un gato con un collar de oro que echó a correr en cuanto se le acercó, como si supiera quién era.

Cuando se descubrió la cabeza, el lejano resplandor de las antorchas reveló que se le habían humedecido los ojos. Khay se los secó como pudo antes de agacharse junto a una pila de ladrillos. Por primera vez en casi tres meses, se alegró de que su disfraz lo hiciera tan invisible como un fantasma, y no sólo por continuar con vida gracias a ello.

Sabía que Mahu lo haría ejecutar si le ponía las manos encima, pero ni siquiera eso le había hecho alejarse de Akhetatón. Porque necesitaba estar cerca de ella, aunque no pudieran hablar en persona; necesitaba hacerle saber que todavía seguía esperándola. Se había sentido el más miserable de los hombres al no acudir a su cita, la noche en la que habían acordado marcharse juntos a Mitanni, pero aquello habría sido un suicidio: todos los *medjays* parecían haberse echado a la calle para seguir su rastro por orden de la reina.

Ni el propio Khay podía entender cómo no lo habían localizado aún. No obstante, había cosas que le preocupaban más esa noche, tanto que sus dedos temblaron al apartar el último ladrillo. Su paleta y su cálamo seguían donde siempre, envueltos en un rollo de papiros. Cada vez le quedaban menos, pero, si había un momento en que el ahorro hubiese dejado de ser una prioridad, definitivamente era ese, después de lo que había averiguado.

Le había escrito tantas cartas que casi había perdido la cuenta. Pero Amunet nunca se había presentado donde la citaba ni había dado muestra alguna de interesarse por su paradero. Sin embargo, tenía que intentarlo otra vez…, por ingenuo que le hiciera sentirse.

Sé que debes de seguir furiosa conmigo, que soy indigno incluso de desatarte las sandalias y que nada de lo que pueda decir bastará para enmendar mi error. También sé que estarás aburrida de recibir mis mensajes, pero acabo de oír que vas a contraer matrimonio con otro hombre y eso me ha hecho sentir por un instante en la antesala de los Campos de Ialú. Hace tiempo que he perdido el derecho a pedirte nada, pero si no te suplico que lo reconsideres, aunque sólo sea por aquello a lo que nos han hecho renunciar quienes nos separaron, no conseguiré encontrar la paz, ni en esta vida ni en la siguiente.

Déjame hablar contigo, te lo ruego. Déjame pedirte perdón por no haber acudido a tu encuentro aquella noche, si es que mis cartas no han ablandado tu corazón. Mi cuerpo tuvo que abandonarte porque no le quedó otro remedio, pero mi ka *no ha dejado de adorarte como la única divinidad en la que cree.*

Como siempre, esperaré a que puedas reunirte conmigo en la taberna de Los Siete Babuinos, en el distrito norte. Sólo me marcharé cuando tenga la certeza de que no me quieres más a tu lado. Hasta entonces, te amaré y extrañaré constantemente.

Había empleado la escritura acadia, la de las tablillas diplomáticas de palacio, para reducir las posibilidades de que alguien consiguiera descifrarlo. Sabía que Amunet no tendría problemas para hacerlo (él mismo le había enseñado, cuando eran niños), pero, teniendo en cuenta el poco caso que había hecho a sus cartas anteriores, las esperanzas de Khay eran tan efímeras como unas burbujas en agua hirviendo. Aun así, enrolló con cuidado el mensaje y lo ató con un cordel, y después se marchó por donde había venido.

«Un tullido no tendría nada que hacer al lado de Nakhtpaatón». Era como si la voz del mensajero se le hubiera enroscado en el cerebro. Cuando entró con sigilo en Los Siete Babuinos, envuelto en la capa, lo encontró de lo más entretenido sobre la alfombra con su compañera. La peluca de esta había rodado por el suelo y las manos de Bek le acariciaban el cráneo una y otra vez, tan ávidamente como si fuesen sus pechos.

Con la excusa de devolver el cuenco de cerveza, Khay pasó por su lado y dejó caer el papiro dentro del saco de Bek. Era lo que hacía cada vez que quería enviarle una carta a Amunet, porque sabía que, cuando por fin saliera de la taberna, estaría tan aturdido por el vino que no se extrañaría de que se le hubiera olvidado entregar uno de los mensajes.

Sólo tendría que esperar unas horas, pero prometían alargarse como siglos. Con un nudo en el estómago, regresó a su puesto en el umbral y se quedó mirando en silencio las estrellas, las mismas que había contemplado tantas veces con Amunet en sus brazos y que ahora, envueltas en el humo maloliente del distrito norte, no eran más que recuerdos.

55

Gabriel

París, 1799

Los escalones estaban tan desgastados que Gabriel tuvo que agarrarse a la pared para no resbalar. Hasta que no desembocó detrás de Belle en un pasadizo excavado en la roca, tan estrecho que podría haber tocado ambos muros con las manos, no se atrevió a respirar de nuevo, aunque su alivio no duró demasiado. Un cerco de luz se adivinaba al otro lado de la siguiente esquina y, al seguir avanzando detrás de su enlutada compañera, se dio cuenta de que procedía de un farol de hierro colgado de una cadena herrumbrosa.

—Parece que no somos los primeros que se dejan caer por aquí hoy —comentó en un susurro cuyo eco casi le sobresaltó—. ¿Qué te traes entre manos, Belle?

—Sigues siendo tan impaciente como en El Cairo, cuando me perseguías por todo el Instituto para conseguir tu golosina —dijo ella con su habitual desenvoltura—. Ya te he dicho que es Désirée quien me ha enviado a buscarte. Con eso debería bastar.

—Pues sus gustos deben de haber cambiado bastante en estos años. Nunca pensé que pudiera preferir los encantos de unas catacumbas a los de los cafés del Palais Royal.

La incursión en la Gran Pirámide parecía un paseo por el campo en comparación con aquello, sobre todo desde que continuaron por otro pasadizo más amplio. También allí había faroles encendidos cada pocos metros, revelando unas extrañas protuberancias sobre las paredes que, cuando el muchacho se acercó un poco más, reconoció con horror como montañas de restos humanos. Los huesos habían sido colocados con meticulosidad en registros superpuestos, como las capas de una siniestra tarta: un registro de fémures, otro de calaveras, otro más de fémures, hasta alcanzar el techo rezumante de humedad.

Era evidente que existía una intención decorativa detrás de aquello, lo que sólo lo volvía aún más macabro. Gabriel sintió un escalofrío que casi hizo que le doliera la piel.

—No hace mucho que están así —explicó Belle, echándose el velo hacia atrás. Se agarró el vestido negro para esquivar unos charcos antes de proseguir—: Hasta hace un par de años, esto no era más que un almacén de huesos, desde que cerraron el cementerio de Les Innocents. Casi todos acabaron en los túneles pertenecientes a las antiguas minas.

—Me parece haber leído algún artículo sobre eso en el *Mercure*. —Gabriel apartó la vista con esfuerzo de la pared de la derecha, adornada con una enorme cruz formada por varias calaveras—. ¿Y puede saberse qué se os ha perdido a vosotras en las catacumbas?

—Bueno, como tú mismo acabas de decir, no suelen estar tan concurridas como los locales parisinos de moda. Eso las convierte en un enclave idóneo para ciertas actividades.

—Espera un segundo… ¿Las estáis usando para vuestros trapicheos en el mercado negro de antigüedades? ¿Por eso la policía nunca ha encontrado pruebas contra Désirée?

—Buena deducción, Roux, pero ya hablaremos de ello más tarde. Hemos llegado.

El pasadizo se ensanchaba un poco más adelante, dando acceso a una estancia tan amplia como una caverna. Había sido apuntalada mediante maderos en cuatro o cinco lugares distintos, aunque no parecía una solución muy fiable: cuando ambos cruzaron el umbral, unas pequeñas cataratas de arenilla se desprendieron en varios puntos del techo.

—Ah, Gabriel. —Désirée estaba al otro lado, junto a un brasero de hierro cuyo resplandor hacía gesticular a las calaveras—. Al final has acudido a nuestra cita…

—Si se la puede llamar así. Ni siquiera sabía que teníamos una hasta hace un rato.

—Prefería no darte demasiadas explicaciones, por lo menos hasta estar segura de que no correrías a contárselo a tu tío. Belle ha estado hablándome de él —la saludó con un beso en los labios— y creo que puedo hacerme una idea de la clase de persona que es.

—Un caballero que no querría saber nada más de mí si esto llegara a sus oídos —le contestó Gabriel amargamente—. Te aseguro que no tienes nada que temer por mi parte.

Todavía seguía estando cubierto de barro de Malmaison, y Désirée rodeó el brasero para detenerse ante él. Cuando le limpió la mejilla izquierda con el pulgar, su contacto abrió la puerta a unos recuerdos que Gabriel creía olvidados: sus risas ahogadas contra los almohadones de su cuarto, sus dedos entre su pelo rojo después de hacer el amor. Y en medio de todo eso, como un estilete demasiado hundido en su pecho, recordó también el calor de Shaheen entre sus brazos y el vacío que había dejado en ellos al desaparecer.

Algo en su expresión debió de mostrar cómo se sentía, porque Désirée apartó poco a poco la mano sin dejar de observarle. Parecía tan capaz de leer en sus ojos como antes.

—Es una suerte que no nos hayas hecho esperar demasiado. —Su tono volvía a ser el mismo que de costumbre, imperioso como el de la capitana de un barco—. Deja que te presente a Claquesous, uno de mis hombres de confianza. Trabaja desde hace tiempo para mí y, cuando le conté lo que estabas buscando, se puso enseguida manos a la obra.

Hasta que el aludido no se apartó de la pared, Gabriel no fue consciente de que había alguien más en la estancia. La luz del brasero dejó a la vista un cuerpo esquelético envuelto en un abrigo formado por cien harapos distintos, a juego con la gorra calada sobre un rostro de mejillas hundidas. En la mano tenía una calavera que devolvió a su sitio con pereza.

—Que me cuelguen, Désirée —fue todo lo que dijo—. Si no es más que un niño…

—Y tú, un ratero al que sorprendí con las manos en mi bolso y aun así te recluté para mi grupo —repuso ella antes de que Gabriel pudiera protestar—. Deja de hacerte el interesante y dale de una vez lo que te mandé traer, si es que quieres cobrar lo acordado.

—¿Significa eso que de verdad disteis con ellos? —quiso saber el joven con una sacudida en el pecho—. ¿Conseguisteis identificar a los compradores de los ladrillos?

—Por suerte para ti, mozalbete, no hubo ningún comprador —dijo Claquesous—. No te haces una idea de lo que nos habría costado convencerle de que nos los revendiera.

Cuando se agachó para recoger un atado que había en el suelo, el corazón de Gabriel dio un brinco aún mayor. Pudo notar cómo temblaban sus dedos cuando Claquesous se lo entregó, como si tuviera entre ellos una parte de la propia Amunet; temblaban tanto, de hecho, que Belle se acercó para echarle una mano con la cuerda que sujetaba la tela.

—Me imagino que seguirían en alguno de nuestros almacenes —dijo mientras se peleaba con el nudo—. Pero es sorprendente que nadie quisiera comprarlos…

—No tanto si tienes en cuenta que sólo están hechos de barro. Valen una miseria comparados con las pulseras y los estuches de perfume, por muy cubiertos de garabatos que estén. —Claquesous se rascó pensativamente la barba de varios días—. Aunque eso no hace que sean unos objetos menos extraños. Debió de pasar algo raro en esa tumba.

Aquello hizo que el muchacho se detuviera antes de dar un nuevo tirón a la cuerda.

—¿Qué quiere decir con eso? —Miró a Désirée sin entender nada—. Fueron los saqueadores de Aziz al-Rashid quienes entraron… ¿Cómo puede saber cuál era su aspecto?

—Me bastó con echar un vistazo a las propias piezas. En los ladrillos no he notado nada raro, pero había otros objetos como ese anillo de oro que le vendimos a la generala…

—¡Claquesous! —lo acalló Désirée—. ¡Sabes que no se te permite hablar de eso!

—A la gene… Un momento, ¿Josefina Bonaparte les ha comprado piezas de este ajuar? Pero eso querría decir… —Conmocionado, Gabriel ni siquiera notó la colleja que Désirée le dio a Claquesous—. Por eso Bonaparte tenía el anillo. Sabía que perteneció a Amunet, que la habían enterrado con él, y decidió usarlo para sobornarla.

«Y por eso Josefina ha desconfiado de Shaheen desde que lo vio en su dedo —se dijo el joven—. Cree que es el modo en que Bonaparte quiere vengarse de su infidelidad».

—Me trae sin cuidado para quién lo compraran —siguió Claquesous—. Lo único que sé es que, cuando ese anillo cayó en mis manos, se encontraba manchado de sangre.

—Lo más probable es que fuera de los propios saqueadores —contestó Belle cruzándose de brazos.

—Estaba demasiado seca e incrustada dentro de las muescas —insistió él—, tanto que me llevó una tarde entera limpiarlo. No es algo que uno pueda olvidar con facilidad.

—A lo mejor está en lo cierto —dijo Gabriel, haciendo que los demás lo observaran. Un inquietante presentimiento le había encogido el estómago—. Cuando estábamos en el Instituto de Egipto, Shaheen me contó que había visto sangre en la tumba de Amunet, sobre una de las pinturas y en el suelo situado ante ella. También pensó que podría pertenecer a saqueadores, hasta que se dio cuenta de lo seca que estaba.

—No he oído hablar en mi vida de esa Amunet a la que os referís —dijo Désirée.

—Es el espíritu que habla a través de la amiguita de Roux, la dueña de la tumba en la que descubrieron el ajuar —le explicó Belle sin apartar los ojos de Gabriel—. ¿Eso significa que era sangre de la época de Amunet? ¿Por qué nunca os ha hablado de ello?

—Puede que ella no lo sepa, pero algo debió de ocurrir en su tumba. Algo terrible.

Hubo unos segundos de silencio en los que lo único que sonó fue el goteo del agua sobre sus cabezas y las corrientes de aire que se arrastraban de un pasadizo a otro.

—Y después soy yo el que se rodea de gente rara —le dijo Claquesous a Désirée.

—Cierra el pico —contestó ella, alzando la mano derecha. Belle frunció el ceño al darse cuenta de cómo había cambiado su expresión—. Puede que me equivoque, pero…

A Gabriel le llevó un rato entender de qué hablaba, aunque finalmente lo hizo: las corrientes no eran lo único que recorría los pasadizos. Un eco ahogado por la distancia, tan quedo que apenas podía distinguirse en medio del sonsonete de las goteras, parecía acercarse poco a poco hacia aquella habitación. Désirée se volvió alarmada hacia Belle.

—¿Os ha seguido alguien hasta aquí? ¿Podrían haberos visto entrar en el panteón?

—Creo que no —contestó la joven con los ojos muy abiertos—. El cementerio se había quedado desierto poco antes. A menos que alguien siguiera a Roux antes que yo…

Pero el eco había aumentado de intensidad y pronto un ruido distinto se sumó al anterior: el de unos pasos que se acercaban cada vez más rápido hacia allí. Unas sombras se recortaron sobre la pared iluminada del pasadizo que acababan de recorrer.

—¡Mierda! —masculló Désirée, y extendió un brazo para coger uno de los faroles de la pared—. ¡Tenemos que largarnos ahora mismo de aquí! ¡Seguidme antes de que…!

—Espera, Désirée —la detuvo Belle—. Si nos marchamos juntos, tendremos más posibilidades de que nos alcancen. Será mejor que nos separemos; ve con Roux por ese pasadizo —señaló uno de los que partía del fondo— y Claquesous y yo iremos por otro.

—Belle, eso es una locura. Sé que conoces las catacumbas tan bien como yo, pero así sólo conseguiremos exponernos doblemente. No pienso dejar que te marches sin mí.

—Claro que lo harás, te guste o no —la interrumpió Belle, y se puso de puntillas para besarla nuevamente en la boca—. Nos veremos en casa en unas horas. Ahora, ¡corred!

Claquesous la había agarrado ya de un brazo y, antes de que Désirée pudiera decir nada más, los dos habían echado a correr hacia el pasadizo. «Mierda, mierda, mierda», volvió a espetar Désirée, aunque el ruido que se acercaba la sacó de su desazón; esta vez fue ella quien sujetó a Gabriel para guiarlo, entre tirones y algún que otro empujón, por un corredor que parecía nacer a medida que se adentraban en él con el farol encendido.

56

Amunet

Akhetatón, 1336 a. de C.

Por muy acostumbrada que creyera estar a los lujos del distrito sur, nada la había preparado para lo que la esperaba en la residencia de Nakhtpaatón. Su nueva casa resultó ser un auténtico palacio en miniatura, con un jardín tan exuberante que podría pasar por un oasis, una docena de edificios secundarios entre graneros, establos y almacenes, y un laberinto de estancias repletas de refinados muebles, con adornos de escayola pintados de rojo, amarillo y azul. Casi tan boquiabierta como su esclava, Amunet no pudo evitar preguntarse, mientras seguían a Nakhtpaatón de una habitación a otra, cómo se daría tan poca importancia alguien acostumbrado a vivir en un lugar así, la envidia de cualquiera de los parásitos de la corte que se inclinaban hasta tocar el suelo cuando pasaba ante ellos.

Fue una época de descubrimientos, y no sólo en cuanto a la residencia. La mayor sorpresa se la llevó al comprender que su esposo no podía parecerse menos a la imagen que se había formado de él. Nakhtpaatón siempre estaba tan atareado en el palacio que el único momento del día que podían compartir era el de la cena, pero Amunet nunca lo veía aparecer de mal humor ni con aspecto cansado. No tardó en darse cuenta de que si Akhetatón seguía en pie era únicamente gracias a los desvelos del visir, a su fe absoluta en que, sin los principios de la *maat* o armonía cósmica que garantizaba el equilibrio de las fuerzas del bien y el mal, incluso el más recto de los hombres se encontraría perdido.

—El faraón piensa del mismo modo que yo, por mucho que le desagrade tener que darles la razón a nuestros ancestros —le explicó una noche mientras jugaban a perros y chacales con un tablero que había encargado para ella a un artesano de palacio. Habían pasado seis meses desde que se casaron y Amunet empezaba a sentirse tan enorme que apenas sabía cómo sentarse—. Sé que sus decisiones no siempre son correctas —siguió diciendo Nakhtpaatón—, pero sus intenciones sí, pese a lo polémicas que puedan parecer.

—Me gustaría ver las caras de los sacerdotes de Ipet Sut al oír eso —comentó la muchacha, haciendo avanzar una pieza con cabeza de chacal—. Daría cualquier cosa por sentir tu confianza, Nakht. No dejo de pensar que estamos en manos de un demente.

—Que no te oiga decir eso la Gran Esposa Real —le advirtió él—. Desde que Kiya nos dejó, no pierde ocasión de demostrarle a su marido hasta qué punto le es leal.

—Entonces, ¿es cierto lo que me dijo Merira? ¿Se está preparando una corregencia?

—Es cuestión de días que Nefertiti ascienda al trono como faraón, lo cual será… un alivio para Akhenatón, teniendo en cuenta lo mucho que le superan los asuntos políticos últimamente. Estoy seguro de que se desenvolverá a la perfección; es una mujer astuta y no tardará en demostrarles a todos que puede convertirse en una segunda Hatshepshut.

—¿Cómo puedes soportarlo, en serio? —Esto hizo que Nakhtpaatón la mirara por encima del tablero—. ¿Cómo puedes lidiar cada día con gente tan retorcida e intrigante?

—«En cuanto al visirato, ciertamente no es agradable; de hecho, es tan amargo como la bilis» —citó el joven con una pesarosa sonrisa—. Te aseguro, Amunet, que si los que suspiran por mi puesto supieran la cantidad de entuertos que tengo que deshacer, se lo pensarían dos veces antes de envidiarme. Pero amo Kemet con todo mi corazón, y tengo fe en la *maat* y nuestro soberano; no necesito nada más para seguir haciendo lo correcto.

Amunet no estaba muy convencida, pero la serenidad de Nakhtpaatón era tan contagiosa que prefirió guardarse sus dudas para sí. Cuando abandonó el diván cubierto de alfombras para avivar el brasero, ella lo siguió con la mirada y se descubrió pensando en lo afortunada que era de tenerlo en su vida… y también, con un pequeño pinchazo en el corazón, en que podría haberse enamorado de él de no haber sido por Khay.

Después de ocho meses de silencio, había renunciado a tener noticias suyas. No le podría haber dejado más claro que le traía sin cuidado lo que le sucediera, pero Amunet no estaba dispuesta a dedicarle ni un solo pensamiento esa noche. «No se lo merece en absoluto, ni tampoco Nakht. Recuerda quién ha estado a tu lado durante estos meses».

Era una cuestión de pura supervivencia: había llorado tanto por él desde que llegó a Akhetatón que ya no le quedaban lágrimas, ni tampoco ganas de seguir derramándolas.

—Será una niña —dijo cuando Nakhtpaatón regresó al diván, y al advertir su sorpresa, añadió—: No sabía cuándo decírtelo, pero parece una buena noche para hacerlo.

—¿Tu magia te permite adivinar esas cosas? —preguntó su marido, emocionado.

—No —sonrió ella a su vez—, pero he hecho la prueba de la orina con semillas de trigo y cebada. La antigua esclava de mi padre me explicó cómo hacer que germinaran.

Había apoyado la mano derecha en su vientre, en cuyo interior se había desatado un pequeño maremoto. Nakhtpaatón también había clavado la vista en su vestido blanco.

—Según eso, tendrás que ser tú quien escoja su nombre —siguió Amunet—. La madre escoge el del chico y el padre, el de la chica. Deberías consultar a los astrólogos…

—No hará falta —dijo él—. Puedes hacerlo tú. Estoy seguro de que elegirás bien.

En el silencio que siguió a esto, la muchacha casi pudo escuchar los latidos de su diminuto corazón. La criatura no dejaba de revolverse; iba a darles un trabajo tremendo.

—Kashla —acabó susurrando, y alzó los ojos hacia Nakhtpaatón—. Como ella, la mujer de la que acabo de hablarte…, lo más parecido a una madre que he tenido nunca.

—Kashla —asintió él—. Es un hermoso nombre, adecuado para una reina. Quién sabe —sonrió aún más—, puede que el príncipe Tutankhatón también acabe pensándolo.

—De eso nada —dijo Amunet en el acto—. No quiero saber nada de emparentar con poderosos. De hecho, sigo sin entender qué demonios hago contigo, favorito del faraón.

Aquello le hizo reírse entre dientes sin dejar de mirarla. Le sorprendió no haberse percatado hasta entonces de lo atractivo que era ni de lo dulces que podían resultar esos ojos que hacían encogerse de miedo a los cortesanos corruptos. Tras unos segundos en los que ninguno habló, Nakhtpaatón se inclinó para extraer una pieza del tablero, pero, antes de que pudiera decir nada más, Amunet apoyó una mano en su mejilla para besarle.

A juzgar por lo mucho que tardó en reaccionar, nada le habría desconcertado más que aquello. Cuando por fin lo hizo, la agarró con suavidad por los hombros para atraerla más hacia su pecho y Amunet se dejó abrazar mientras el nudo que desde hacía medio año le atenazaba el estómago se deshacía poco a poco. No se parecía a nada que hubiera sentido cuando la besaba Khay; no experimentó el mismo calor ni aquella extraña descarga eléctrica y, sin embargo, hubo algo en sus labios que le resultó reconfortante: el inexplicable convencimiento de que aquel hombre nunca le tendría miedo.

Comparado con la angustia de los últimos meses, el alivio de no considerarse a sí misma un monstruo le pareció un regalo de Atón. Muy despacio, lo que había empezado como un tímido beso acabó convirtiéndose en algo mucho más intenso, pero Nakhtpaatón se obligó a apartarse cuando la muchacha empezaba a sentir que las sienes le palpitaban.

—Creo que nos convendría… detenernos mientras aún podemos —susurró. Tenía la respiración tan alterada como Amunet—. De lo contrario, esto se nos irá de las manos.

—¿Por qué dices eso? —se alarmó ella—. ¿He hecho algo que te haya disgustado?

—Claro que no —sonrió el visir, acariciándole la cara—, y ese es el problema, en realidad. No sabes lo que daría por poder continuar, pero no deberíamos hacerlo todavía.

Cuando posó las manos sobre su vientre, a Amunet le dio la sensación de que nadie la había tocado de un modo tan íntimo, aunque fuera a través de una envoltura de lino.

—Falta menos de un mes para que esto concluya —prosiguió él—. Cuando todo haya terminado, podremos hablar de nosotros dos… y retomarlo donde lo hemos dejado hoy. Pero ahora sé una buena chica y vete a la cama. —Se inclinó para besar su vientre a través de la tela plisada—. Es muy tarde, y nuestra hija necesita descansar.

La muchacha no protestó, pero la sorpresa que le produjo este último comentario la acompañó durante todo el recorrido hasta su habitación. Sólo cuando se sentó sobre la tarima en la que se encontraba el lecho, iluminado por un pequeño candil, se dio cuenta de que estaba sonriendo para sí, y eso le hizo acariciar de nuevo su voluminoso vientre.

—He escogido bien —susurró mientras se inclinaba hacia delante, como si de ese modo la niña pudiera escucharla mejor—, y no sólo porque, de lo contrario, nos habrían matado a las dos. Vamos a ser felices juntos, ya lo verás. Sólo necesitamos más tiempo.

Era curioso que las cadenas que había creído ponerse a sí misma la hicieran sentirse ahora tan libre. Había pasado de necesitar a Nakhtpaatón, cosa que le había hecho avergonzarse de su vulnerabilidad, a querer tenerlo de verdad, y el cambio era asombroso.

—Es un buen hombre —siguió susurrando— y será un padre aún mejor. Sólo por eso merece la pena haber venido a esta ciudad, por condenados que estén sus habitantes.

Como en respuesta, la niña volvió a estirarse dentro de su vientre. Una pequeña protuberancia apareció a la derecha de su ombligo y Amunet sonrió aún más al apoyar una mano en ella. Las adelfas del jardín esparcían su perfume por la alcoba y las estrellas brillaban en el cielo, y cuando se recostó en el colchón de juncos cubiertos de lino, supo que lo último que vería antes de quedarse dormida no sería el rostro de Khay.

57

Shaheen

París, 1799

Cuando Bonaparte colocó el papel sobre el escritorio de caoba, entre las montañas de mamotretos, los candelabros bruñidos y los restos de un té que se había quedado frío, los directores Sièyes, Ducos, Barras, Gohier y Moulin se quedaron observándolo como si temiesen que pudiera explotar de un momento a otro. Incluso los soldados apostados en el despacho se tensaron instintivamente, pese a no estar seguros de en qué consistía.

—Parece que su celo por la República es aún mayor de lo que creíamos —rompió el silencio Barras, justo cuando parecía que el recargado reloj de pie del rincón seguiría con su sonsonete por los siglos de los siglos—. No ha escatimado esfuerzos a la hora de velar por ella…, ni siquiera si eso implicaba escribir una carta de renuncia en mi nombre.

—Puede considerarlo un favor desinteresado —contestó Bonaparte, tamborileando con la mano sobre un gran globo terráqueo—. Conociendo su gusto por las mujeres, las apuestas y la bebida, pensé que agradecería que le ahorráramos aún más complicaciones.

—¿Aún más complicaciones? —Barras parecía perplejo—. ¿Qué está insinuando?

—Nada que alguien con tantos esqueletos en el armario como usted no sea capaz de imaginar por sí mismo. Creo que ya he sido suficientemente paciente, Barras; haga el favor de firmar el documento de una vez para que podamos dar por zanjado este asunto.

Desde detrás de un falso espejo conectado con la estancia contigua, Shaheen pudo distinguir cómo una gota de sudor resbalaba entre las desgreñadas cejas del director. La coacción era tan descarada que se volvió hacia sus compañeros, aunque no encontró en ellos el consuelo esperado: Gohier y Moulin, los más cercanos al bando jacobino, estaban tan atónitos como él, mientras que Sièyes y Ducos aparentaban una resignación absoluta.

—Vosotros sabíais de sobra lo que acabaría ocurriendo —les susurró Barras a estos últimos—. Habéis sido los primeros en renunciar, nada más ser conducidos aquí…

—Sinceramente, habría que estar muy ciego para no adivinarlo —contestó Sièyes.

—Por culpa del resplandor del oro, me imagino —espetó el calvo Gohier—. ¿Con qué os ha comprado nuestro pequeño traidor, con cargos de honor en su futuro gobierno?

—Decidlo de una vez: habéis estado conspirando con él desde el principio —le dio la razón Moulin—. Ahí está la auténtica corrupción del Directorio: en su propio corazón.

Está empezando a ponerse nervioso —susurró Amunet cuando Shaheen volvió a mirar a Bonaparte, empañando con su aliento la superficie del cristal—. *Debería haberse reunido con ellos de uno en uno; habría sido mucho más sencillo presionar así a Barras.*

—Es curioso que se olviden de que ya no cuentan con el apoyo popular. Tanto el Consejo de los Ancianos como el de los Quinientos siguen en el castillo de Saint-Cloud…

—¡Secuestrados por el ejército! ¡Robespierre lo habría hecho guillotinar por esto!

—Robespierre lleva cinco años muerto, Moulin. La revolución es un cadáver tan putrefacto como el suyo, y la única salvación para la República se encuentra ahora mismo ante sus ojos. —Mientras decía esto, Bonaparte dio una palmada sobre la renuncia de Barras—. A menos que prefieran ser recordados con la misma simpatía que el rey Luis…

Nada más acabar de hablar, Barras apoyó bruscamente las manos sobre la mesa. Shaheen no habría necesitado reparar en su desconcierto para comprender lo que estaba pasando; le bastó con sentir la extraña corriente que recorrió sus dedos cuando el espíritu le hizo apoyarlos en el cristal.

Es hora de acabar con esto —dijo Amunet al tiempo que el director, contemplando con estupor su propia mano, agarraba muy despacio un plumín colocado sobre el escritorio para humedecerlo en un tintero y estampar su firma al pie de la hoja.

Pareció tardar un siglo en concluir la floritura, pero, cuando por fin lo hizo, soltó el plumín como si ardiera en sus dedos, derramando unas manchas de tinta sobre el papel.

—Insensato… No sabes lo que acabas de hacer. —Moulin se volvió entonces hacia el general con el rostro arrebolado—. ¡Si espera que Gohier y yo sigamos su ejemplo…!

—No hará falta. —Bonaparte recogió la hoja para soplar sobre ella—. Con esta ya tengo tres firmas, y ustedes no son más que cinco. Démosle las gracias a la democracia.

Entonces hizo que sus soldados los acompañaran fuera del despacho, pero Shaheen ya no pudo atender al resto de la conversación. Se había apartado del espejo en cuanto Amunet había dejado de controlarla, sintiendo sobre sí las miradas de los dos oficiales encargados de velar por ella, y había apoyado la espalda en la pared. El cansancio que la invadía por momentos parecía menos relacionado con la posesión del espíritu que con la sospecha de que acababa de hacer algo terrible, aunque aún no supiera hasta qué punto.

«He cambiado el destino de Francia. Para bien o para mal, pero lo he hecho». Daba lo mismo que la auténtica responsable fuera Amunet; nada de aquello habría sido posible sin su colaboración. Pensar en el destino le hizo evocar las palabras de Lenormand y la carta que había escogido a ciegas entre las que le ofreció. Tras dudar unos segundos, se llevó la mano al corpiño para sacar la pequeña cartulina y, al darle la vuelta para averiguar de cuál se trataba, sintió como si la sangre abandonara sus venas.

El Juicio, se leía al pie de la ilustración. Un paisaje sembrado de sepulcros, cuyas lápidas habían sido apartadas a un lado. Hombres y mujeres poniéndose en pie dentro de ellos, sus brazos alzados hacia un cielo increíblemente azul. Y sobre sus cabezas, con las alas desplegadas y una trompeta en las manos, una figura de pelo rojo: el ángel Gabriel.

Algo se rompió poco a poco en el interior de Shaheen, un corazón que de repente parecía hecho de cristal, porque las esquirlas se le clavaron hasta en el alma. Conmocionada por lo que sostenía en la mano, ni siquiera se fijó en que las voces habían dejado de oírse, la puerta se encontraba entreabierta y Bonaparte estaba ante ella.

—Supongo que no me queda más remedio que felicitarlas, a las dos. —Aunque su expresión era tan impasible como siempre, un destello de inconfundible euforia relucía en su mirada—. Desde esta noche, Francia tendrá una deuda difícil de saldar con ambas.

—*Considerando esa corrupción que según usted existe, tendremos que armarnos de paciencia hasta que ocurra* —repuso Amunet. Shaheen tampoco pareció oír lo que decía, aunque hubiera salido de sus labios; seguía con los ojos clavados en el ángel.

«Recuerda que sólo está escrito nuestro destino, no el camino por el que podemos desembocar en él». ¿Era a eso a lo que se refería Lenormand al hablar de su futuro?

—Señorita Shaheen —la llamó Bonaparte. Había lágrimas en los ojos de la chica al alzar la mirada—. Si el esfuerzo que acaba de hacer ha sido excesivo, tal vez debería…

—No —susurró ella—. No, no quiero descansar. Quiero marcharme, ahora mismo.

Pero ¿qué estás diciendo? Shaheen…

Los dedos le temblaban al devolver la carta a su corpiño, pero su expresión era muy diferente ahora, revestida de una nueva firmeza.

—Marcharse —repitió Bonaparte con las manos a la espalda—. Es posible que me equivoque, pero no recuerdo que eso constara entre las cláusulas de nuestro contrato.

—Porque nunca existió nada que pudiera considerarse como tal. Pero por fin ha conseguido lo que quería, de modo que no nos necesitará más ni a Amunet ni a mí. —Y dándole la espalda al general, Shaheen se dirigió hacia la puerta—. Espero que el trono francés le resulte cómodo y que no acabe como los que se sentaron en él antes que usted.

Pero los oficiales, en vez de apartarse, se detuvieron ante ella, y no le quedó más remedio que hacer lo propio. Al girar la cabeza, vio que Bonaparte había alzado las cejas.

—Como acabo de decir, señorita Shaheen, me temo que la decisión de marcharse o de quedarse no le atañe sólo a usted. Sobre todo, en las circunstancias en las que estamos.

—Pero si usted aceptó la única condición que le puse —contestó ella, sin poder creer lo que escuchaba—. Me prometió que no habría derramamientos de sangre…

—En efecto, y he cumplido mi palabra. Sièyes, Ducos, Barras, Gohier y Moulin están sanos y salvos, sin más heridas que las de su orgullo. —Durante un segundo, los ojos del general le recordaron a los de los colosos de piedra de los faraones—. Pero en ningún momento mencioné que esto sería lo último que tendrían que hacer por mí.

Me parece increíble que no se te hubiera pasado antes por la cabeza —dijo Amunet cuando la muchacha abrió la boca, demasiado atónita para pensar en una respuesta—. *¿De verdad pensabas que nos dejaría marchar sin más? ¿Después de que hayamos puesto un gobierno entero a sus pies y la promesa del poder absoluto en la palma de su mano?* —Pero había más resignación que rencor en su voz, y fue aquello lo que más daño le hizo: la sospecha de que Amunet había sabido durante todo ese tiempo que estaban atrapadas.

Y no se había molestado en sacarla de su error. No lo había hecho porque no le convenía enfrentarse a ella… porque, al igual que los demás, también quería utilizarla. Y eso sólo podía significar una cosa: Bonaparte le había ofrecido algo importante a cambio.

Lo único importante, pensó Shaheen, para un alma en pena: su liberación.

—Esa es la razón por la que hiciste todo lo posible por apartarme de Gabriel —dijo en un tono tan quedo que Bonaparte no pudo escucharla.

¿Otra vez te empeñas en meter a Roux en esto? —se sulfuró Amunet—. *¿Cuándo comprenderás de una vez que no ha sido más que un estorbo para ambas?*

—Lo has hecho porque estás desesperada por marcharte —prosiguió Shaheen—, pero te recuerdo que yo no soy tú. Y nunca lo seré, te guste o no.

Antes de que el general y sus hombres pudieran reaccionar, había echado a correr hacia la puerta para deslizarse entre ambos oficiales. El «¿qué cree que está haciendo?» de uno, seguido por el «¡deténganla ahora mismo!» del general, acompañaron a Shaheen en su precipitada carrera a través del despacho, pero cuando quisieron seguirla ya estaba atravesando, como alma que lleva el diablo, el corredor que comunicaba con la escalera.

Pero ¿dónde demonios esperas esconderte, pedazo de inconsciente? —La muchacha se mordió tanto los labios que casi se hizo sangre, abalanzándose sobre la barandilla de forja de la escalera para descender lo más rápido que pudo hasta la entrada—. *¡Lo único que conseguirás con esto es encolerizar a Bonaparte, y te recuerdo que tiene trescientos soldados apostados alrededor del palacio! ¡Vuelve ahora mismo para que...!*

«Vuelve tú con él, si tanto te gusta que te trate como a su mascota. ¡Conmigo no contéis más!».

Al desembocar en el primer piso, Shaheen se topó con otros tres oficiales que conversaban en susurros, de espaldas a la escalera. Las voces de los que le pisaban los talones les hicieron darse la vuelta, y dejó escapar un juramento cuando se sumaron a la persecución con un «¡usted, deténgase ahora mismo!». Sus piernas, por suerte, se habían curtido con las correrías por El Cairo, y consiguió mantener la distancia hasta que, en una de las salas con guirnaldas de estuco, distinguió algo que le hizo apretar más el paso.

Era un biombo parecido a los que había visto en Malmaison, cubierto de espejos en la parte delantera. Shaheen casi se arrojó al suelo para esconderse detrás, aguardando con el corazón en un puño hasta estar segura de que sus perseguidores habían pasado de largo.

—*¿Y cómo piensas escapar, gateando entre las piernas de los que se encuentran apostados en las puertas?* —Tuvo que taparse la boca cuando Amunet habló en voz alta, aunque por fortuna nadie pareció oírla. *Estás muy equivocada si crees que esto me gusta más que a ti* —insistió—, *pero tengo suficiente sentido común como para saber reconocer una oportunidad. Ahora que ese pequeñajo ambicioso será…*

Una mano se cerró alrededor del brazo de Shaheen, haciéndola soltar un grito. Al girarse con el corazón en un puño, se encontró con una silueta gris acurrucada tras ella y dos ojos que la observaban desde el interior de una cofia: los de Marie Anne Lenormand.

—¡Usted…! —La muchacha se obligó a bajar la voz, apretándose una mano contra el pecho—. ¡No se imagina el susto que me ha dado! ¡Por un momento pensé…! —Pero Lenormand se llevó un dedo a los labios, y Shaheen se quedó mirando cómo se ponía en pie con un susurro de sus encajes y le indicaba con un gesto de la cabeza que la siguiera.

Caminaron de puntillas hacia la estancia adyacente y, tras cerrar silenciosamente la puerta tras ellas, la tarotista se acercó a uno de los ventanales sacudidos por la lluvia.

—Baja por aquí —le susurró mientras abría uno de los cristales—, pero procura tener cuidado: la fachada debe de estar resbaladiza. No creo que se les ocurra mirar fuera.

—¿Por qué quiere ayudarme con esto? —preguntó Shaheen en voz baja. *¿Es que no salta a la vista? ¿No entiendes lo bien que le vendrá volver a ser la única vidente del matrimonio Bonaparte?*—. Si nuestro patrón se entera de que me ha echado una mano…

—Te recuerdo que nos necesita más que nosotras a él, sobre todo a partir de ahora.

Lenormand la agarró de un brazo mientras la muchacha, tras echar un vistazo al cielo cada vez más oscuro, abandonaba la calidez del palacio para posar los pies sobre el reborde de piedra que lo recorría por el exterior. Amunet seguía protestando, diciéndole que aquello era un completo error, pero Shaheen no le prestó más atención que al rumor de la lluvia sobre los jardines. Antes de apartarse del ventanal, volvió a mirar a la mujer.

—¿Usted sabía qué carta era la que escogí? —La tarotista asintió—. ¿Significa eso que el hombre al que creo que se refiere es mi *kismet*…, lo que aquí llaman destino?

—No —contestó Lenormand de inmediato—. Tu destino es tuyo y de nadie más.

Aquello consiguió que la chispa de esperanza de Shaheen se desvaneciera como si la hubiera apagado el agua. Un rumor de voces las hizo girarse hacia la puerta.

—Vete de una vez —susurró la mujer—, les diré que te he visto marcharte en la dirección contraria.

Y después de que corriera los cortinajes, la muchacha comenzó a desplazarse por una repisa tan estrecha que casi se sintió como una equilibrista en la cuerda floja.

58

Khay

Akhetatón, 1336 a. de C.

Faltaba poco para que se ocultara el sol cuando Khay se deslizó en el jardín del visir, aprovechando que no había esclavos cerca. Cubierto con su capa, recorrió sigilosamente el perímetro interior, deteniéndose cada vez que los arbustos salpicados de flores susurraban a su paso, hasta llegar ante la entrada principal. Nuri estaba en lo alto de la escalera, acompañada del mensajero Bek; Khay había vuelto a meter un papiro en su saco, pero no había podido resistir la tentación de seguirle cuando dejó la taberna.

Trataba de convencerse a sí mismo de que sólo lo hacía para estar seguro de que el mensaje llegaba a Amunet. Era más fácil que reconocer cuánto necesitaba volver a verla, aunque tuviera que ser en la distancia. Sin embargo, la suerte no parecía estar de su parte.

—No sé cómo me las ingenio para no dar nunca con tu ama en casa —estaba diciéndole Bek a la esclava cuando se agachó entre la espesura—. Para ser un miembro de la nobleza, pasa más tiempo pendiente de sus quehaceres que el propio disco solar…

—Te recuerdo que es la única *heka* del reino. Ha tenido que marcharse al templo como cada atardecer, pero puedes darme la carta para que se la entregue cuando vuelva.

—No tan deprisa. —En vez de hacerle caso, Bek alzó la mano con la que sostenía el papiro para dejarlo fuera de su alcance—. Después de haberme pasado el día caminando de un lado a otro, no me vendría mal que una chica amable me ofreciera un buen trago.

—De eso ya vas más que sobrado: hueles como una casa de la cerveza —dijo Nuri.

Khay no pudo evitar sorprenderse al escucharla hablar así. Además de medir casi un palmo más, había ganado un aplomo del que no la habría creído capaz cuatro años antes.

—Un beso, entonces, para endulzarme el camino. —Cuando ella arrugó la nariz, el mensajero añadió—: Vamos, no te hagas de rogar. Como si nunca te lo pidiera tu amo…

—Mi señor Nakhtpaatón sabe cómo tratar a sus esclavos —espetó la muchacha, y se apoderó del mensaje—. No se comporta como un mono en celo, a diferencia de otros.

—Pues no es lo que se comenta en la calle. El dueño de Los Siete Babuinos se cruzó hace poco con tu ama y me ha dicho que está tan inmensa que apenas pasa por las puertas.

—Si lo que has venido a buscar son cotilleos, ya puedes darte la vuelta. Te iría mejor sobornando al propietario de un burdel; seguro que cuenta con muchas más embarazadas.

Esto hizo que el mensajero se echara a reír, aunque pareció darse por vencido. Tras despedirse de la esclava, se dirigió con su saco a la entrada de la propiedad y Khay tuvo que ocultarse aún más entre los arbustos, siguiéndolo con los ojos hasta que desapareció.

Pero la posibilidad de que alguien le sorprendiera había dejado de ser su principal inquietud. De pronto, se sentía como si un embalsamador se hubiera dedicado a inyectarle plomo en las entrañas. «Está embarazada. Amunet está embarazada». Nuri se había guardado el papiro dentro de la ropa, pero no había regresado a la casa; el joven la vio descender la escalera y adentrarse en la parte del jardín en la que se erigía una pequeña capilla dedicada a Atón.

«No he hecho más que perder el tiempo con mis cartas».

Debería haber imaginado que algo así acabaría ocurriendo. Amunet no era la clase de mujer que se casaría por posición social (¿cómo podía serlo, habiéndole elegido antes a él?), de modo que, si había aceptado al visir, tenía que ser porque realmente le atraía.

«Un tullido no tendría nada que hacer al lado de Nakhtpaatón». El recuerdo de las palabras de Bek hizo retorcerse dentro de su estómago a las serpientes de plomo. «Deja de ser tan ruin: en el fondo, es lo mejor que podía pasar —se riñó a sí mismo—. Tú no le has dado más que problemas y ella se merece otra cosa. Se merece ser feliz de una vez».

Pero aquel convencimiento no hacía que se sintiera menos destrozado. Nunca le había parecido más embriagador el perfume de unas adelfas ni más agradable el calor del sol y, pese a ello, Khay creía estar caminando ya entre tinieblas. «Esto es lo que estabas buscando: una señal de que todo ha acabado. Ahora puedes desaparecer, como se supone que deberías haber hecho ya. Él sabrá cuidarla mejor que tú. Sabrá hacer que te olvide».

Era demasiado ingenuo esperar que aquello no hubiera sucedido aún. Al pasear la vista por el exuberante jardín, casi pudo imaginarse a Amunet en él, persiguiendo entre risas a dos, tres, tal vez cuatro criaturas de ojos claros y piernas fuertes y sanas. Ninguna sabría que había existido en la vida de su madre un escriba llamado Khay, como tampoco sabría que una vez tuvo una palmera datilera o unas sandalias teñidas de azul; aquellos recuerdos serían arrastrados por las aguas de la memoria sencillamente porque no eran lo bastante importantes. Y estaba observando por última vez la propiedad, esperando que Amunet fuera feliz en ella, cuando advirtió algo que le hizo fruncir el ceño.

Había pensado que Nuri se dirigiría a los edificios secundarios del fondo, pero aún seguía al lado de la capilla de Atón. La curiosidad de Khay se convirtió en extrañeza, y la extrañeza en estupor, al ver que se había arrodillado en la hierba. Había una roca grande a su derecha que debía de haber apartado, porque tenía los dedos llenos de tierra; y en el lugar que antes había ocupado la roca, se distinguía un pequeño hoyo.

Por un momento, Khay se sintió como si los pulmones se le hubieran vaciado. No podía creer lo que veía cuando, procurando hacer el menor ruido al abrirse camino entre las adelfas y las azaleas, observó cómo la joven esclava depositaba dentro del agujero el papiro que le había entregado Bek, tras mirar subrepticiamente por encima del hombro.

Aunque se dio prisa en cubrirlo con tierra y taparlo con la roca, Khay se percató de que no era la primera vez que lo hacía. Había otros papiros dentro del hoyo, amarillentos por el paso del tiempo y, en el caso de los más antiguos, prácticamente devorados por la humedad; todos los que había escrito suplicándole perdón a Amunet.

—Has sido tú. —Al oírle, Nuri se incorporó de un salto, conteniendo como pudo un grito—. Has sido tú todo el tiempo… Por eso no acudió a ninguna de mis citas.

—¿Quién eres tú? —exclamó ella; un diminuto puñal había aparecido en su mano.

—Me parece que eso debería preguntártelo yo —respondió Khay sin abandonar la sombría espesura—. No imaginaba que las esclavas soliesen esconder eso entre su ropa.

—Después de que los *medjays* nos visitaran, he aprendido a desconfiar de quien se presenta en una casa sin que le inviten. —Los ojos de la muchacha, tan oscuros como su piel, se entornaron sin dejar de mirarle—. Pero tú no hablas como suelen hacerlo ellos.

Cuando Khay avanzó en su dirección, Nuri se fijó por primera vez en su muleta y la boca se le abrió poco a poco. Ni siquiera tuvo que descubrirse para que le reconociera.

—Mi señor —continuó atónita—. Creía que…, ¡creía que no te atreverías a venir!

—Yo ya no soy tu señor, y me alegro de que sea así. Nadie debería tener que dar sustento a una ladrona, sobre todo cuando ha demostrado ser la más falsa de las criaturas.

Amunet le había hablado algunas veces de una bola de fuego que ascendía por su garganta cuando estaba furiosa, pero Khay no había entendido a qué se refería hasta ese momento. La esclava también debió de percibir su creciente cólera, porque tragó saliva.

—Yo no quería engañar a mi ama, de verdad. Sólo he hecho lo que me ordenaron…

—¿Fue el virtuoso Nakhtpaatón quien te encargó esconderle las cartas? —espetó él, cada vez más rabioso—. ¿De qué tenía miedo, de que se fugara con un pretendiente?

—Él no sería capaz de hacerle algo así. Sé que confía en mi señora tanto como yo.

—¿Alguien de la corte, entonces? ¿Te han pagado para que te hicieras con todos mis mensajes? O tal vez… —Una chispa prendió en su cabeza—. ¿Ha sido la princesa Meresamenti, para hacerle creer a Amunet que me traía sin cuidado?

—Si en palacio supieran que sigues aquí, mi señor, habrías dejado de respirar hace tiempo —respondió la muchacha, y Khay tuvo que darle la razón—. Lo siento mucho, pero… no puedo decirte nada. Ni siquiera debería estar hablando contigo de esto…

—No te irás de aquí hasta haberme contado la verdad. —Khay se apresuró a aferrarla de un brazo cuando hizo amago de marcharse—. Y por mi alma que yo tampoco lo haré.

—Estás loco, mi señor. Cualquiera podría vernos desde la casa, y si te reconociera…

—¿Crees que puede preocuparme lo que me hagan después de haberlo perdido todo por vuestra culpa? No sabéis en lo que me habéis convertido, no tenéis ni idea. —Hundió los dedos en su brazo para atraerla hacia sí, haciéndola proferir un quejido—. Quiero la verdad, Nuri —repitió—. Dímela y te prometo que no volveréis a saber nada más de mí.

Había tanta desesperación en sus ojos, pese a lo furioso que seguía estando, que la muchacha dejó de forcejear poco a poco. Durante unos segundos no se oyó más que el zumbido de las abejas y las risas de un grupo de esclavos, hasta que Nuri respiró hondo.

—Está bien —acabó diciendo en voz más baja—. No tengo permitido hablarte de ello, pero nadie me ha prohibido llevarte conmigo para que lo veas con tus propios ojos.

—¿De qué estás hablando? —se sorprendió Khay—. ¿Qué es lo que tengo que ver?

—La auténtica razón por la que estás aquí, al igual que mi señora. Lo que nos ha traído a todos a esta ciudad maldita. —Tras soltarse de su mano, la chica se encaminó hacia los establos situados detrás de la capilla—. Reúnete conmigo al otro lado del muro, en la trasera de la casa. Y, por tu propio bien, espero que hayas montado antes a caballo.

59

Gabriel

París, 1799

En las entrañas más recónditas de las catacumbas, los siniestros decoradores aún no habían tenido tiempo de poner en práctica su arte y los esqueletos procedentes de los antiguos cementerios abarrotaban por completo los pasadizos. Désirée y Gabriel fueron dejando atrás montañas de calaveras estremecidas por el eco apresurado de sus pasos, a los que se sumaba el rumor de los que casi les pisaban los talones. El resplandor de los faroles no permitía distinguir cuántos eran, pero la situación no parecía muy halagüeña.

—Sigo diciendo que tienen que haberos visto entrar en el panteón —jadeó Désirée mientras doblaba otra esquina, tan precipitadamente que provocó un pequeño derrumbe entre los huesos—. Pero me cuesta creer que la policía... pueda estar detrás de todo esto.

—Mucho me temo que las órdenes vienen de más arriba —contestó Gabriel, con el paquete de Claquesous contra el pecho—, aunque nuestra situación siga siendo igual.

—¿Cómo que de más arriba? —se sorprendió Désirée—. ¿En qué estás pensando?

—Apostaría un brazo a que es Bonaparte quien ha ordenado que nos sigan. Desde aquella recepción en Malmaison, debe de considerarme un obstáculo con el que necesita acabar cuanto antes. Quiere asegurarse de que nadie se entrometerá entre Shaheen y él.

«Puede que los suyos me estén espiando desde esa misma noche. Aquel tipo con el que me crucé en la isla de Saint-Louis, cuando salía de la casa de Désirée...». Antes de que pudiera decir nada más, su acompañante se llevó un dedo a los labios y, haciéndole un gesto con la cabeza, le instó a que la siguiera por una de las estrechas ramificaciones del corredor. Allí no había más iluminación que la del farol que enarbolaba Désirée, y el muchacho tardó en percatarse de la presencia de algo cuadrado en el techo del pasadizo.

Hasta que ella no comenzó a trepar sobre unas rocas, no comprendió que era una trampilla. Désirée le dio un par de empujones antes de abrirla y, una vez dentro, se agachó para tenderle las manos a Gabriel y ayudarlo a subir tras ella entre resoplidos.

—Me parece que los hemos despistado, pero más vale que no alces la voz durante un rato —susurró después de colocar la plancha de madera en su sitio—. Este maldito eco puede ser más traicionero de lo que crees; ya me ha jugado más de una mala pasada.

—Pero luego dirán que lo más emocionante que hacemos los parisinos es asistir a ejecuciones —comentó Gabriel casi sin aliento.

Mientras se apretaba una mano contra el dolorido costado dejó vagar la vista por la estancia, una sala tan pequeña que apenas parecía mayor que un armario y llena a rebosar de cajas de madera, rollos de cuerdas y montones de herramientas herrumbrosas—. Désirée, ¿qué se supone que es este lugar?

—Una de las habitaciones dedicadas a almacenes en las antiguas minas —contestó ella mientras se sacudía la suciedad del vestido—. Mi padre me trajo por primera vez a los trece años, poco después de conseguir el cargo de Inspector General de Minas y de que comenzaran las labores de consolidación. En un principio no se esperaba que estos pasadizos acabaran sirviendo como osario, así que su aspecto era muy diferente…

—Belle me dijo que todo comenzó con el traslado de los huesos del cementerio de Les Innocents —contestó Gabriel, sentándose sobre una caja de madera—. Me imagino que por eso sabes moverte tan bien por aquí: todos sus informes acabarían en tu poder.

—Junto con los planos que se encargó personalmente de trazar, con indicaciones acerca de cada entrada subterránea, cada estancia secreta y cada bifurcación —asintió la mujer—. Como comprenderás, no me han venido nada mal de cara a mi propio negocio.

Una sombra se había posado sobre su rostro, algo que no parecía tener que ver con la persecución. Gabriel supuso que estaría pensando en Belle y no andaba desencaminado.

—Espero que se encuentre sana y salva —continuó ella en un susurro—. Sé que conoce los pasadizos tan bien como yo, pero hasta ahora pensaba que éramos las únicas.

—No te preocupes por ella —respondió el muchacho—. Belle es de armas tomar.

—Cierto. —Désirée esbozó una sonrisa—. Y también Claquesous, por enclenque que parezca. Dudo que exista alguien en París capaz de manejar la navaja mejor que él.

Mientras acercaba otra caja para sentarse a su lado, Gabriel se preguntó si Désirée lo habría mirado en algún momento como la había visto mirar a Belle, si habría llegado a hacerle sentir la milésima parte de lo que él había sentido. «Por supuesto que no; lo que tuvisteis no fue más que un juego para ella. Nunca te prometió nada: tú te dedicaste a construir castillos en el aire por tu cuenta para después extrañarte de que se derrumbaran».

—Tendremos que armarnos de paciencia. —Désirée extendió las piernas ante ella con un suspiro resignado—. Puedes aprovechar para explicarme de una vez qué sucede con ese espíritu del que hablabais…, esa tal Amunet que se ha aliado con el enano corso.

—Ahora mismo estoy casi tan perdido como tú —confesó él—. Hace una semana lo habría considerado imposible, pero me temo que se las ha ingeniado para reclutarla…

En pocas palabras le contó lo que Amunet podía hacer gracias a Shaheen, no sólo a la hora de comunicarse con los demás, sino también de manipularlos. El incidente de la ballena hizo que Désirée arqueara las cejas, pero su escepticismo alcanzó sus máximas cotas al oír que un miembro del Directorio casi había sido asesinado por su culpa.

—Por mucho que ese cretino de Barras se lo mereciera, me cuesta creer que esto sea algo más que una patraña —contestó—. De hecho, no entiendo ni cómo lo crees tú.

—Básicamente, porque he estado conviviendo medio año con ello. Te aseguro que también era un escéptico al principio, pero no me quedó más remedio que aceptarlo.

—Gabriel, lo que dices no tiene ni pies ni cabeza. Nunca he sido una adepta al Culto de la Razón, pero me resulta inconcebible la idea de una entidad capaz de asesinarnos sin poseer siquiera un cuerpo. ¿Es por esas cosas por lo que Amunet se ha quedado anclada aquí? —Señaló el paquete que sostenía Gabriel—. ¿Por una antigua maldición egipcia?

En vez de responderle, el joven se arrodilló en el suelo para acabar de desatar, no sin cierto esfuerzo, los últimos nudos de la cuerda. Sólo cuando apartó la tela cayó en que estaba aguantando el aliento, aunque el contenido del paquete no podía resultar más prosaico: cuatro bloques de adobe de unos veinte centímetros, tan cubiertos de polvo que parecían grises más que marrones. Aun así, tener por fin ante él aquello que llevaban persiguiendo durante seis meses hizo que le embargara una extraña reverencia.

—No los recordaba tan bastos —comentó Désirée, inclinándose desde su caja. La luz era tan tenue en el almacén que apenas se distinguía nada—. Son de barro, ¿verdad?

—Mezclado con incienso ceremonial, según nos explicó Amunet —respondió él en voz baja, imbuido de la misma solemnidad—. Dijo que solían estar orientados hacia los cuatro puntos cardinales, cada uno dentro de un hueco en las paredes de la tumba. Lo que me pregunto... —No obstante, acabó quedándose callado y Désirée frunció el ceño.

—¿Qué ocurre ahora? —le preguntó—. ¿No son las piezas que buscabais?

—Tienen que serlo, ya que sólo había cuatro por sepultura, pero... su aspecto no es el que ella nos describió. —Al pasar la mano por la superficie de un ladrillo, se le ennegrecieron los dedos, revelando las incisiones realizadas sobre él—. Estos símbolos...

—Un chacal, una antorcha, una momia y un pilar —concluyó la mujer por él—. Al menos es lo que escribí en mi informe, cuando aún esperaba poder colocar estas piezas.

—Ese es el problema, Désirée. Que los símbolos no tendrían que seguir aquí. Que Amunet pensaba que si los sustituían por maldiciones, como aseguraba un papiro de su antigua biblioteca, su espíritu se quedaría atrapado entre ambos mundos. —El muchacho deslizó los dedos temblorosos sobre otro ladrillo; esta vez aparecieron los inconfundibles contornos de un chacal recostado—. Si nadie se encargó de corromperlos a propósito…

—Significa que está equivocada: no son lo que la ha hecho quedarse anclada aquí.

Gabriel abrió la boca, pero fue incapaz de añadir nada más. La estupefacción que sentía no le permitió hacer otra que seguir escrutando los ladrillos, como si la respuesta a todas sus dudas fuera a materializarse ante sus ojos. Pero no ocurrió nada y, al final, la verdad lo sacudió como un mazazo: «Lo único que hemos hecho es perder el tiempo. La búsqueda a la que Amunet nos ha arrastrado a todos no ha servido de nada».

—Debe de haber otro motivo por el que se encuentra atrapada —siguió Désirée al cabo de unos segundos—. Algún acontecimiento traumático o una cuenta pendiente de saldar…, esa clase de cosas que siempre se ha creído que suceden con las almas en pena.

—Pero eso querría decir… —El muchacho sintió como si una mano de hierro le estrujase el estómago—. Querría decir que Shaheen nunca conseguirá librarse de ella…

—Ni tampoco el resto de la humanidad, de ser cierto lo que me acabas de contar sobre sus poderes —añadió Désirée, cuya sorpresa empezaba a convertirse en una mezcla de incredulidad y exasperación—. ¿Cómo demonios se te ha ocurrido dejar a tu amiga en manos de Bonaparte? ¿Es que no te das cuenta de lo que podría hacer alguien como él con semejante don?

Eso consiguió sacar a Gabriel de su conmoción, pero ni siquiera le dio tiempo a defenderse: el repentino estruendo que resonó en la estancia los sobresaltó a ambos. El corazón del joven dio un vuelco al notar que alguien estaba golpeando la trampilla.

—¿Nos han encontrado? —dejó escapar mientras Desirée apartaba las cajas a toda prisa para arrodillarse ante la plancha de madera—. ¿Cómo han conseguido descubrir…?

—¡Dame esa barra, rápido! —le interrumpió la mujer. Gabriel se apresuró a coger una palanca herrumbrosa apoyada contra la pared y Désirée la introdujo entre las tablas de la trampilla para asegurarla mejor—. Tenemos que marcharnos de aquí —continuó mientras arrastraba una caja para colocarla también encima—, y lo más pronto posible.

—¡Pero si se trata de la única entrada a este almacén, no sé cómo pretendes que…!

Antes de que pudiera decir nada más, Désirée apartó de un empujón un montón de tablas para revelar algo que dejó a Gabriel sin palabras: una puerta oculta en el extremo opuesto de la estancia, tan pequeña que casi tendrían que agacharse para pasar por ella.

—No quería recurrir a esta vía de escape —susurró Désirée mientras rebuscaba a toda prisa en un manojo de llaves que sacó de su vestido—, porque sólo la he usado un par de veces y no tengo la menor idea del estado en que estarán estos pasadizos.

—Cualquier cosa es mejor que quedarnos esperando a que nos apresen. —Gabriel tragó saliva cuando los golpes contra la trampilla se volvieron más violentos—. No es que quiera presionarte, pero, si alguna vez hemos estado con la soga al cuello, es ahora.

—Diría que es más bien con la guillotina, aunque no me ayudas mucho —resopló ella antes de coger una llave que hizo girar en la cerradura, abriendo la puerta de un tirón.

Sólo que lo que había al otro lado no era lo que esperaban. Cuatro uniformes de la Guardia Nacional ocupaban todo el espacio; cuatro espadas relucieron a la luz del farol.

—Muy amable por su parte, ciudadana Tournelle —saludó uno de los hombres mientras sus compañeros se arrojaban sobre ellos—. Empezábamos a cansarnos de esperar.

«¡Quitadme las manazas de encima!», se puso a gritar Désirée, aunque no sirvió de gran cosa; los guardias que la habían agarrado le retorcieron los brazos a la espalda, sin inmutarse ante sus rabiosas patadas. Lo mismo ocurrió con Gabriel y, al hacerlo los ladrillos de Amunet, que había vuelto a apretar contra su pecho, cayeron al suelo con un repiqueteo que apagó por completo cualquier protesta que pudiera rondar por su cabeza.

El ruido del barro al hacerse añicos fue inconfundible, aunque nadie más pareciera percatarse de ello. Demasiado aterrado para hablar, Gabriel se quedó mirando con ojos como platos el paquete hecho pedazos dentro de la tela, pese a que no le diera tiempo a reaccionar. Un momento después, el oficial al mando había ordenado «sacadlos de aquí, deprisa» y sus captores lo habían empujado al pasadizo, mientras lo que había creído que podría solucionar sus problemas quedaba relegado una vez más al reino de las sombras.

60

Amunet

Akhetatón, 1336 a. de C.

Parece que la futura madre empieza a resplandecer —la saludó el Escriba Real cuando la ceremonia del atardecer tocó a su fin. La familia real acababa de marcharse en sus sillas gestatorias y Amunet se había puesto a echar una mano a los sacerdotes con las ofrendas del templo—. Hacía tiempo que no se te veía tan sonriente, *heka* Amunet.

—Quizá sea sólo que habéis estado mirando en la dirección equivocada —dijo la muchacha, cogiendo una bandeja de dátiles e higos—. Aunque no habéis sido los únicos.

—En cualquier caso, ¿es sensato que continúes acudiendo al templo, en tu estado?

—Estoy seguro de que el visir y su esposa sabrán mejor que nosotros lo que más les conviene —intervino Ptahmai al pasar por su lado. Cuando Merira se alejó, le pidió a Amunet que le acompañara a la pequeña habitación en la que dejaban las bandejas de comida y las flores—. Pero reconozco que también me gusta el cambio —añadió—. Me has tenido muy preocupado desde el día en que..., bueno, desde que la reina Kiya nos dejó.

—Desde que Khay también lo hizo, querrás decir —le corrigió ella; era la primera vez que pronunciaba su nombre desde entonces—. Parece haber pasado una vida entera.

—Sé que odias los «te lo advertí», pero no tengo más remedio que decírtelo. Había algo en él que nunca me gustó, por mucho que eso te enfureciera. —Ptahmai esperó a que los demás sacerdotes se marcharan para decir—: Aun así, sigues llevando su anillo.

Esto la hizo dudar unos segundos, observando el aro de oro con la turquesa, pero finalmente se lo quitó para dejarlo en su mano. El anciano enarcó las cejas, sorprendido.

—Haz lo que quieras con él —le contestó Amunet, y se encogió de hombros—. La verdad es que lo he llevado durante tanto tiempo que casi había olvidado su significado.

«Sólo hay una cosa suya que quiera conservar, pero nunca sabrá que existe». Hacía tiempo que el disco solar había arrastrado su sudario rojo sobre la orilla oeste y la luz de los pebeteros encendidos en el patio parecía insuflar vida a los relieves de las paredes.

—Hace poco oí decir a Nakht que la corregencia es inminente —cambió de tema tras asegurarse de que no quedaba nadie más que ellos—. Que en cuestión de días tendremos un nuevo faraón en el trono, aunque se limite a ocupar un asiento secundario.

—Distintos nombres para lo mismo. Son peores aún que la Maldición de Sekhmet.

—Pero puede que con Nefertiti las cosas empiecen a cambiar, Ptahmai. Si Nakht está en lo cierto y es más inteligente que su esposo, tal vez comprenda que ha llegado el momento de tender una mano al clero de Amón, para apaciguar de ese modo al pueblo…

Antes de que pudiera continuar, un relámpago de dolor la alcanzó con tal fuerza que casi le cortó la respiración. Contuvo como pudo un gemido, mordiéndose los labios.

—¿Amunet? —oyó decir a Ptahmai en tono de preocupación—. ¿Ocurre algo?

—No…, no pasa nada, sólo ha sido un susto —consiguió responder—. Por un momento, me pareció que… —Pero el dolor la asaltó otra vez, ahora con más rabia.

Era como si todas las punzadas que había sentido con los sangrados de cada mes se hubieran unido en una sola. Las piernas le temblaron y Ptahmai corrió a sostenerla.

—¿Crees que esto significa que ha llegado el momento? —Aunque la estancia se hallaba en penumbra, notó que había palidecido—. ¿No es demasiado pronto aún?

—Es… imposible que se trate… de eso —jadeó Amunet, aferrando su túnica sacerdotal—. Estoy embarazada de ocho meses, todavía falta uno para que…

Pero su voz se convirtió en un grito que arrancó ecos a los relieves. Al apretarse el vientre con una mano, se dio cuenta de que estaba tan duro como esculpido en basalto.

—Ayúdame a sentarme un momento —gimió mientras alargaba una mano hacia la mesa de ofrendas, sobre la que habían colocado las bandejas—. Puede que se me pase tan deprisa como ha empezado, y si es así… —Pero algo en los ojos de Ptahmai la hizo quedarse callada poco a poco y, al agachar la cabeza, sintió un vuelco en el corazón.

Una mancha había empezado a extenderse por su vestido, dibujando un riachuelo de sangre más oscura de lo normal. La preocupación de Amunet se convirtió en pánico.

—No —dijo mientras se soltaba de Ptahmai para palparse la ropa—. No, no, esto no. Esto no puede ser. —Se miró las manos, cubiertas de manchas casi negras—. ¡No…!

—No estás en condiciones de volver a casa, por muy mal que te encuentres —dijo el anciano mientras la ayudaba a caminar hasta el rincón más alejado para asegurarse de que nadie los distinguiría desde fuera—. Será mejor que descanses aquí unos minutos…

—Sabes que eso sería una blasfemia —jadeó ella—. Una impureza para el templo.

—Me importa menos derramar sangre en un recinto sagrado que la posibilidad de que te ocurra una desgracia. —Esto hizo que Amunet lo mirara desconcertada, pero las punzadas apenas le permitieron reaccionar—. Espera a que regrese con uno de los *sunu* de palacio —continuó diciendo Ptahmai—. Sabrán lo que conviene hacer en este caso.

—Como también lo sabían con la reina Kiya, ¿verdad? —gimió Amunet mientras se aferraba al borde de la mesa de ofrendas. Un puñado de higos rodó por el suelo, y las bandejas tintinearon—. Tráeme a Nakht, Ptahmai. Necesito… tenerlo conmigo…

—Pero no sé cuánto tardaré en dar con él, y si no se encuentra ahora en la corte…

—¡Haz lo que te he pedido, por favor, y vuelve con Nakht antes de que sea tarde!

A juzgar por la expresión de Ptahmai, nada le habría angustiado más que tener que separarse de ella en un momento así, pero acabó asintiendo y Amunet se quedó sola en la diminuta habitación. Por suerte, todo el mundo parecía haberse marchado y durante los siguientes minutos no hizo otra cosa que caminar de un lado a otro, obligándose a respirar acompasadamente y mordiéndose la lengua para que los sollozos no la delataran.

No necesitaba escuchar a los *sunu* para saber que estaba pasando algo raro, y no sólo por el hecho de que se le hubiera adelantado el parto. Había oído hablar a Kashla de esa clase de trances y una sangre casi negra no presagiaba nada bueno. Para que su desesperación fuera completa, durante lo que le pareció una hora entera (¿cuánto podía tardar Ptahmai en encontrar a su esposo, en nombre de Atón?) las contracciones no hicieron más que empeorar, y hubo un momento en que pensó que moriría de dolor.

«Es por el anillo. Es porque me lo he quitado». Aquello tenía que ser magia oscura, una que ella no conociera. Pero, si había actuado, quizá también lo harían otras cosas…

—Tueris…, protectora de las embarazadas…, vela por mi hija y por mí en este trance —logró suplicar, aferrada otra vez a la mesa de ofrendas—. ¡Isis y Neftis, parteras divinas, acudid en nuestro auxilio antes de que el señor de los Campos de Ialú nos reclame!

Pero no obtuvo consuelo en ninguno de los conjuros a los que solía recurrir…, tal vez porque, a diferencia de las demás parturientas, Amunet nunca había creído en ellos. Jadeando sin parar, se agachó poco a poco hasta quedar en cuclillas, apretándose con una mano el vientre y extendiendo temblorosamente la otra para mojarla en su propia sangre.

—¡Sangre de Isis, poder de Isis, palabras mágicas de Isis! —Aunque no tenía con ella ningún colgante con el *tyet*, el nudo sagrado de la diosa, consiguió trazar su contorno sobre la arena del templo—. ¡Que este amuleto sirva para dar fuerza a mi pequeño ser y que lo proteja de quien intente hacerle daño! ¡Que Horus, el hijo de Isis, le…!

Sus palabras acabaron convirtiéndose en un aullido desgarrador y Amunet apretó los párpados mientras algo más pesado que la sangre, y tan caliente como un pedazo de lava solidificada, comenzaba a abrirse camino entre sus piernas. Trató de continuar con el conjuro, pero no podía recordar cómo seguía; las piernas empezaron a temblarle aún más y, cuando quiso darse cuenta, la neblina de dolor se había espesado a su alrededor y lo único que pudo percibir antes de caer era una voz que le hablaba, una voz de mujer…

No habría podido decir cuánto rato permaneció sumida en la inconsciencia. La agonía le había hecho perder el sentido del tiempo y, cuando entreabrió los ojos, le costó recordar dónde estaba. Pero las punzadas regresaron en cuanto se despabiló, y al mismo tiempo la embargó otra sensación…, un espantoso vacío que antes no estaba ahí.

Jadeando aún (¿significaba eso que sólo habían pasado unos minutos?), Amunet rodó sobre su costado para palparse el vestido. Estaba más ensangrentado que antes, pero su vientre ya no tenía la consistencia de una esfera esculpida en basalto. Y se disponía a llamar a Ptahmai, cada vez más angustiada, cuando se percató de quién estaba con ella.

Había una silueta al otro lado de la pequeña habitación, medio escondida entre las sombras. Sólo cuando se giró hacia ella, Amunet reparó en el oro de su elaborada peluca.

—Menos mal —dijo en voz baja—. Empezaba a pensar que tendríamos que llamar a los embalsamadores, aunque eso nos obligara a explicarles el porqué de este desastre.

—Tú… —murmuró Amunet mientras Meresamenti se agachaba para que sus ojos quedaran a la misma altura. De no haber estado tan cegada por el dolor, se habría dado cuenta de que en su vestido también había manchas de sangre—. Qué…, ¿qué haces aquí?

—Es curioso que preguntes eso —replicó la princesa—. De no haber sido por mí, serías tú la que no estaría aquí. Da gracias a que se me ocurrió venir a rezar sola; si mi padre viera esta carnicería en la casa de Atón, no sé lo que sería capaz de hacerte.

Pero Amunet no podía prestarle atención. Acababa de fijarse en algo extendido en el suelo, a los pies de Meresamenti. Algo que la atrajo como un faro en la oscuridad y que, cuando se arrastró sobre los codos hacia allí, reconoció como un cuerpo diminuto.

—Mi hija —balbuceó. Extendió una mano hacia ella, pero no se atrevió a tocarla.

—No he podido hacer nada. —El tono de Meresamenti era distinto ahora, tan bajo que apenas se la oía—. Me parece que no llegó a moverse siquiera ni a respirar…

—Está…, está… —La abandonaron las palabras—. No —dijo sin más.

Al ponerse de rodillas, sin saber muy bien cómo, pudo verla más de cerca. Era tan pequeña que podría haberla acunado con un solo brazo, pero no consiguió distinguir sus rasgos; aunque le habían enjuagado la sangre, la luz seguía siendo demasiado mortecina.

—La has matado —continuó Amunet tras un prolongado silencio. Volvía a haber lágrimas en sus ojos al mirar a la princesa, esta vez de cólera—. Tú me la has matado…

—¿Qué? —contestó Meresamenti, perpleja—. ¡Te acabo de decir que sólo he tratado de ayudar! ¡Cogí al bebé cuando salió de ti y le corté el cordón con mis propias manos!

—No. —Amunet temblaba tanto que le castañeaban los dientes—. No podías dejar que me quedara con nada suyo. No querías que tuviera nada que tú no pudieras tener…

¿Habría algo de Khay en aquel cuerpo, por pequeño que fuese? ¿Se habría parecido su sonrisa a la de él si hubiera llegado a sonreír a Amunet, aunque sólo fuera una vez?

—Maldita estúpida —estalló Meresamenti, aunque la voz también se le acabó quebrando—. ¿En serio piensas que eres tan importante en mi vida? ¿Tanto te cuesta aceptar que quisiera salvaros por Khay, aunque nunca fuese a saber nada de esto?

Pero la expresión de Amunet la hizo quedarse callada. Se había acercado más a la pequeña para tomarla en sus brazos, manchándose de rojo la parte delantera del vestido, y el fuego que ardía en sus pupilas cuando la miró por encima de la amoratada cabeza le hizo tragar saliva. Con el estómago encogido, Meresamenti retrocedió sin poder apartar los ojos de la muchacha, aunque sólo para tropezarse con alguien que acababa de entrar.

La Gran Esposa Real estaba en la puerta, con un guardia a cada lado. Puede que aún no llevara la barba postiza ni la doble corona, pero su porte ya era el de un faraón.

—Parece que mis informantes estaban siendo sinceros —comentó. Meresamenti se echó instintivamente atrás y Nefertiti penetró en la estancia agarrándose el vestido para que no se le ensuciara. Echó un vistazo a la gimoteante Amunet antes de encararse con su hija—. El sacerdote Panehesy me ha contado que te vieron entrar en el templo después de que todos se marcharan. Reconozco que es lo último que habría esperado de ti.

—Quería rezar a Atón —balbuceó la princesa—. Para que nos proteja de la plaga…

—Es curioso que te hayas vuelto tan devota. Los antiguos dioses deben de haberte decepcionado mucho, dado lo poderosamente que creías en ellos.

Mientras decía esto, la reina alargó un brazo y uno de sus acompañantes, dando un paso al frente, le tendió un objeto que sujetaba contra el pecho. Era una caja de madera con la forma de la llave de la vida y, cuando sacó el espejo de bronce de su interior, los ojos de Meresamenti se abrieron de par en par. Se quedó mirándolos a ambos, espantada.

—Eso… no es mío, madre. Nunca lo había visto, debes de estar equivocada.

—Entonces, ¿cómo explicas que lo hayan descubierto en tu tocador? ¿Voy a tener que mandar azotar a todas tus esclavas para descubrir a quién se le ocurrió dejarlo ahí?

Al levantar el espejo ante ella, la luz de los pebeteros hizo relucir los jeroglíficos.

—Una plegaria a Hathor. A una de las diosas cuyo culto hemos prohibido. —Tras dejarlo en manos del guardia como quien suelta una serpiente, añadió—: Ya sabes cuál es el castigo para los herejes. Más vale que te marches antes de que esto se dé a conocer.

—¿Que me…? Un momento, madre. —El rostro de la princesa, que la enfermedad empezaba a teñir de amarillo, se puso del color de la cal—. ¡No me puedes echar de casa como a una sirvienta a la que sorprendes robando! ¡Mi divino padre nunca lo permitirá!

—Pero el trono de tu divino padre pronto estará a la misma altura que el mío. De todos modos, puedo consultarlo con él si lo prefieres —dijo Nefertiti ante su creciente conmoción—. Te recuerdo que ha decretado la ejecución inmediata de todos los infieles.

—Él nunca ordenaría que me hicieran eso. ¡Soy la primera hija que engendrasteis!

—Y la primera en traicionarle; razón de más para que quiera sentar un precedente.

Con cada cosa que escuchaba, los oscuros ojos de la princesa se abrían más y más. A sus espaldas, Amunet seguía sollozando entrecortadamente, acurrucada sobre la arena.

—Durante toda mi vida —acabó susurrando Meresamenti— he estado soñando con situarme algún día a vuestra altura. Quería demostraros que podía ser tan fuerte como vosotros dos…

—Ese ha sido tu problema: buscar la fuerza en la soberbia del hombre en vez de en la astucia de la mujer. Nunca dejaste que te enseñara nada y ahora es tarde para hacerlo.

Indiferente a su conmoción, Nefertiti volvió a agarrar su vestido para acercarse a la joven encogida en el suelo. Amunet seguía apretando el cuerpo de la niña contra sí y las lágrimas entremezcladas con la sangre dibujaban riachuelos rosados sobre su rostro.

—Pero sabía que no podías haberlo hecho sola. —La reina se detuvo ante ella, tan imponente como una columna—. Ahora entiendo por qué acudiste a nuestra corte. No te bastaba con corromper a mi hija, ¿verdad? ¿Tenías que profanar también este santuario?

—Ella no ha tenido nada que ver, madre —le dijo Meresamenti, que también había empezado a llorar—. Fui yo quien le ordenó buscar para mí una invocación a Hathor.

—Contigo no tengo nada más de lo que hablar —la atajó la Gran Esposa Real, y señaló con un dedo el *tyet* dibujado en la arena—. ¿Un nudo de Isis en el Gran Templo de Atón, *heka* Amunet? ¿Usando tu propia sangre para que la blasfemia fuera aún mayor?

Meresamenti abrió la boca, pero al volver a mirar a Amunet se quedó sin habla. Pese a que la joven seguía sollozando, las lágrimas ya no le empapaban la cara; en cuanto empezaban a rodar por sus mejillas, parecían evaporarse como si le ardiera la piel.

—Majestad. —Uno de los guardias también se había dado cuenta, porque se situó poco a poco al lado de la reina. Nefertiti, por su parte, dudó un momento antes de decir:

—Supongo que esperabas poder salvar a tu criatura con eso. Un sacrificio con tu sangre a cambio de que tu hijo viviese… Bueno, parece que Atón ha sido tan implacable como se esperaba de él; lo ha fulminado antes de que pudieras… —Pero el extraño ruido que había empezado a sonar, como el de una persona removiendo algo, la hizo callarse.

Hasta pasados unos segundos no comprendió qué lo producía: las paredes habían comenzado a estremecerse en torno a ellos, como si un millón de hormigas se revolviera detrás de los relieves de caliza para hacerlos caer al suelo. Meresamenti soltó un alarido.

—¡Madre! —gritó intentando acercarse a la reina, pero el otro guardia la alzó en volandas para sacarla de la habitación. Acababa de hacerlo cuando uno de los relieves se desprendió del muro, haciéndose añicos sobre la arena, y otros dos lo siguieron casi de inmediato. Y antes de que pudieran salir de su estupor, la estructura empezó a tambalearse con un creciente temblor que parecía tener su centro exacto en la muchacha arrodillada.

Ella era la única que ni siquiera había parpadeado, y eso los aterrorizó aún más. Una lluvia de arena caía del techo, las esculturas se convertían en polvo, los ladrillos de adobe se estrellaban contra el suelo y Amunet seguía mirándolos, tan quieta como una esfinge.

Cuando apoyó una mano en el *tyet* para coger un puñado de arena sangrienta, una corriente pareció brotar de sus dedos hasta extenderse por todo el complejo. El terremoto sacudió cada estancia, abriendo unas grietas tan anchas en el enlosado del patio que un niño podría haberse caído en ellas. «¡Detenedla! —se oyó chillar a la reina en medio del estrépito—, ¡detenedla ahora mismo!». Pero para entonces era demasiado tarde y el Gran Templo de Atón, la joya de la corona del faraón, se deshacía como ceniza bajo la lluvia.

61

Shaheen

París, 1799

Marie Anne Lenormand estaba en lo cierto: la repisa por la que avanzaba Shaheen se encontraba tan resbaladiza por culpa de la lluvia que en un par de ocasiones estuvo a punto de perder pie. Tuvo que agarrarse a las molduras de la fachada cuando un pedazo de mármol se desprendió bajo su zapatilla y cayó sobre los arbustos con un repiqueteo que le aceleró el corazón. Por suerte, no parecía haber vigilancia en esa parte del Palacio de Luxemburgo y, tras aguardar durante un minuto bajo la cortina de agua, Shaheen se obligó a pensar que aquello no era más que una de las residencias mamelucas en las que se había colado durante años. «Sólo tengo que deshacerme de lo que me está estorbando».

La tela de su vestido blanco demostró ser más resistente de lo que parecía, pero se las ingenió para rasgarla a la altura de sus rodillas. Tuvo que anudar con fuerza la franja cortada alrededor de una moldura antes de seguir caminando, colocando un pie tras otro con precisión milimétrica, por la parte de la repisa que rodeaba el ala este del complejo, hasta desembocar en una zona en la que no había luces encendidas detrás de los cristales.

Esto es lo más absurdo que te he visto hacer nunca, y el listón estaba muy alto. —La voz de Amunet sonaba más furiosa a cada instante, pero la muchacha no se permitió ni un segundo de distracción; tras asegurarse de que la espesura que había a sus pies era lo bastante frondosa como para amortiguar cualquier posible caída, se agarró con destreza a los adornos de la fachada para comenzar el descenso—. *No me entra en la cabeza que lo eches todo a perder por una carta del tarot. Por una ilustración que no tiene nada que ver con nosotras...*

«Contigo —la corrigió Shaheen sin poder contenerse, tanteando con sus zapatos hasta acabar posándolos sobre el marco de las cristaleras de debajo—. Creía haber sido suficientemente clara, Amunet: hasta aquí hemos llegado. Esto es un adiós».

La madera barnizada de los marcos estaba aún más resbaladiza que la piedra, y al final no le quedó otro remedio que dejarse caer desde el primer piso. Los rosales sobre los que aterrizó le laceraron la piel como las garras de un gato, pero se incorporó con una palabrota y se sacudió la ropa a toda prisa, asegurándose de que las estancias que daban a esa parte de los jardines seguían sumidas en la oscuridad. Ninguna cabeza se asomó a las cristaleras, y eso le dio ánimos para echar a correr..., aunque no pudo alejarse demasiado.

Como si una mano la hubiera agarrado de un tobillo, cayó de bruces sobre la hierba embarrada. Shaheen ahogó como pudo una exclamación de sorpresa, y al retorcerse para mirar detrás de sí se quedó de piedra, porque no había nadie sujetándola.

—Amunet, ¿qué...? —Un nuevo tirón la arrastró hacia la espesura, y a la joven se le escapó otro grito—. ¿Qué crees que estás haciendo? —dijo—. ¿Cómo te atreves a...?

Shaheen, es la última vez que te lo advierto. No sigas poniéndome a prueba, no me obligues a tratarte como a los demás. —La extraña vibración que recorría sus miembros era la misma que había sentido espiando a los cinco directores, y fue entonces cuando lo entendió: Amunet se estaba sirviendo de su propio cuerpo para manejarla—. *Hay límites que preferiría no traspasar* —siguió el espíritu—, *pero si no me dejas ninguna otra opción...*

—No se te ocurra siquiera... usarme como si fuese... otro de tus peleles. —Con un esfuerzo semejante al que necesitaría para librarse de unas ataduras, Shaheen consiguió sacudirse su control mental de encima—. ¡He dicho que no quiero saber nada más de ti!

¡Detente, Shaheen! —Su voz la acompañó cuando echó a correr de nuevo, volando a su alrededor como un cuervo empeñado en hostigarla. Podía sentir la vibración latiendo en las puntas de sus dedos, en las raíces de sus cabellos empapados, pero se esforzó por zafarse de ella mientras acababa de rodear el palacio. Una escalera adornada con bustos de piedra descendía hasta los jardines, y Shaheen aprovechó que no había soldados a la vista para continuar corriendo por la avenida principal, tapizada de barro y hojas muertas.

Los caminos habían sido dispuestos en una cuadrícula perfecta, flanqueados por parterres rodeados por setos, jarrones rebosantes de flores y unos árboles recortados con formas geométricas similares a los de Le Marais. El parecido hizo que Shaheen apretara el paso hacia la verja del fondo, pero al cabo de unos metros volvió a suceder: un nuevo empujón de Amunet la hizo tropezar con sus propios pies hasta acabar cayendo al suelo.

Eres tan terca como una mula.

«Apártate de mí, ahora mismo…».

Pareces haberte olvidado de lo que la propia Lenormand mencionó: las dos hemos desarrollado un nexo inquebrantable. Por mucho que trates de alejarte de mí…

«¡Te odio, te odio con toda mi alma!».

Shaheen consiguió arrastrarse hacia la fuente situada en el centro de la avenida, aunque el forcejeo la hizo sentirse como si tirara de un cargamento de piedras.

Lo sé —le dijo Amunet tras un instante de silencio—, *y no esperaba que nada volviese a dolerme así.*

Algo rojo manchó el pretil de la fuente cuando Shaheen se agarró a ella, alzándose sobre los codos con un esfuerzo sobrehumano. Al llevarse los dedos a la cara, notó que estaba sangrándole la nariz, aunque ni siquiera tuvo tiempo de preocuparse por ello.

—¿Shaheen? —oyó decir en medio de la lluvia. Una figura corpulenta se acercaba a toda prisa por la avenida, aunque no la reconoció hasta que estuvo a un par de metros de distancia—. En nombre del cielo, pequeña, ¿qué te ha ocurrido en la cara?

La aprensión que había hecho encogerse a Shaheen contra la fuente se disipó poco a poco al darse cuenta de que se trataba de René. Se encontraba tan calado como ella y su ropa, tan embarrada como si hubiera estado abriéndose camino a través de un lodazal.

—¿Quién te ha hecho eso? —La ayudó a ponerse en pie—. ¿Te ha atacado alguien?

—Ha sido…, ha sido Amunet —murmuró la muchacha mientras René le secaba la cara con su propio pañuelo. Aún podía sentir al espíritu en su interior, aunque estuviera guardando silencio; aquella pesadez en su cabeza no dejaba lugar a equívocos—. René, ¿qué estás haciendo aquí? —quiso saber—. Creía que esta era una residencia privada…

—Hay pocos favores en París que no tengan un precio, incluso entre los acólitos de Bonaparte —se limitó a responderle el historiador. Sólo cuando Shaheen acabó de limpiarse vio lo pálido que estaba—. Necesitaba hablar contigo lo antes posible, así que vine a toda prisa en cuanto supe que te habían traído aquí. Han detenido a Gabriel.

El pañuelo ensangrentado resbaló entre los dedos de la joven cuando se disponía a devolvérselo. Shaheen abrió y cerró la boca un par de veces, aunque tardó en poder decir:

—¿Que lo han detenido? ¿Cómo que lo han detenido, René? ¿Qué se supone que…?

—He regresado de Lyon en cuanto me han avisado. —René tragó saliva—. Esta tarde lo han obligado a comparecer en el Palacio de Justicia con el resto de los detenidos.

—¿El Palacio de Justicia? —Shaheen se acordaba demasiado bien de la aprensión que le había causado aquel enorme complejo con torreones medievales, durante uno de los paseos que había dado con Gabriel por la isla de la Cité—. Pero… ¿de qué le acusan?

—De pertenecer a la organización criminal de Désirée de Tournelle, una traficante de obras de arte que operaba en las catacumbas. Dicen que fue Gabriel quien le vendió las que desaparecieron misteriosamente de los almacenes del Louvre hace cinco años.

—Pero no lo entiendo, esas obras de las que hablas… —Shaheen clavó los ojos en los de René, sin saber cómo decirlo—. Creía que había sido cosa de Delphine, tu mujer.

—Como todo el mundo —contestó René con amargura—, y como se esperaba que lo creyera también yo. Pero a Delphine nunca se le dio bien engañarme, y supe lo que había ocurrido en cuanto la visité en el calabozo. Ella me juró por su alma que Gabriel no tenía nada que ver, y me imagino que le hizo prometer que no me contaría la verdad…

Cada cosa que Shaheen escuchaba la sumía más en la perplejidad. ¿Había sido él quien se había visto involucrado en ese robo? ¿Cuando no tenía más que diecisiete años?

—¿Qué quieren hacer con él? ¿No pretenderán que…? —Pero la expresión de René hablaba por sí sola y la muchacha se tambaleó. Volvía a ver la carta que había extraído de la baraja de Lenormand; *El Juicio*, ponía en la parte inferior—. No —consiguió decir.

—La ejecución será mañana, con la salida del sol. Los miembros de la banda de la ciudadana Tournelle lo acompañarán al cadalso. —René la hizo sentarse sobre el pretil al tiempo que la sujetaba por los hombros—. Por eso he venido a hablar contigo, en cuanto he descubierto que estabas aquí. Necesito que me ayudes a sacar a Gabriel de la prisión.

Había tanto miedo en el rostro de aquel pobre hombre, siempre tan tranquilo, tan amable con todo el mundo, que la compasión de Shaheen casi superó a su espanto. Casi.

—No sé cómo esperas que… Podría tratar de escalar el edificio, pero aun así…

—No estoy hablando de sacarlo a escondidas, sino de convencer a las autoridades para que lo suelten. Eres la vidente personal del general Bonaparte, Shaheen. Tienes un ascendiente sobre él que nadie más posee ahora mismo. —René colocó las manos en sus mejillas para hacer que le observara—. Es como un hijo para mí, y siempre lo será —le aseguró en voz más queda—. Delphine lo sacrificó todo por él. Yo no pienso ser menos.

—René, por mucho que lo intentara, no creo que Bonaparte accediese a eso… En estos momentos tiene asuntos mucho más ambiciosos entre manos y cualquier cosa con la que yo intentara distraerle, sobre todo después de lo que acaba de pasar entre los dos…

Acababa de decir esto cuando un empellón la hizo caerse del pretil. Amunet había guardado silencio durante toda la conversación, pero parecía estar perdiendo la paciencia.

—¡Shaheen! —dejó escapar René, y bajó la voz antes de que pudieran oírle desde el palacio. Se agachó a su lado para rodearla con los brazos—. ¿Qué te ha pasado?

—Es ella…, Amunet —dijo Shaheen, casi sin aliento—. No quiere que…, que me…

Un reguero de sangre volvía a resbalar de su nariz, pero sus dedos nunca llegaron a limpiarlo. Cuando se disponía a hacerlo, sintió cómo la mano que acababa de levantar se detenía en seco, como si alguien la hubiera sujetado por la muñeca, para acercarse poco a poco a la parte delantera de su corpiño, donde había escondido la carta de Lenormand.

Por un momento pensó que Amunet quería sacarla, pero cuando sus dedos rozaron algo muy diferente que guardaba contra sí, experimentó un arrebato de pánico.

¿Debo recordarte lo que tú misma mencionaste hace un rato en el palacio? ¿No te habías dado cuenta por fin de que estoy…, cuál fue la palabra exacta…, desesperada por marcharme?

«Ni se te ocurra, Amunet. ¡No puedes usar a la gente que quiero para…!».

Resulta que yo también tenía gente a la que quería —la interrumpió Amunet—, *y lo único que me ha mantenido cuerda durante todos estos años ha sido la esperanza de reunirme con ellos.* —Shaheen miró a René con unos ojos tan abiertos que apenas dejaban espacio para nada más en su rostro—. *No me conoces si esperas poder detenerme, ahora que estoy tan cerca.*

—René…, por favor, vete ahora mismo… Aléjate lo más rápido que puedas de mí.

—¿Qué estás diciendo? —contestó el historiador, cada vez más desconcertado. Sus manos seguían sujetándola, pese a los intentos de Shaheen por soltarse—. ¿Significa eso que no estás dispuesta a ayudarme? ¿Que te trae sin cuidado lo que le suceda a Gabriel?

—No, René, no es eso… Sólo te estoy pidiendo que… —Casi pudo oír cómo crujían sus nudillos cuando aquella fuerza superior a ella la obligó a extraer su vieja daga de Damasco, la que perteneció al hombre al que había llamado padre—. Amunet, no me obligues a hacerlo —consiguió articular, aterrorizada—. Él no tiene la culpa de…

Creía que no serían necesarias más advertencias —continuó el espíritu en un susurro semejante al siseo de una serpiente—, *pero parece que te niegas a tomarme en serio. Si no regresas ahora mismo, tal y como te ha pedido Mouret, te juro por mi alma que lo haré.*

—¿Amunet? —René se quedó mirándola como intentando descubrir si otra persona estaba observándole a través de sus ojos—. ¿Desde cuándo es capaz de manejarte así?

—Te lo ruego, René…

Habría sido mejor que no aparecieras por aquí. Con un solo sacrificio del que arrepentirme, tendría más que suficiente.

René parpadeó cuando la punta de la daga se giró hacia él, un colmillo plateado reluciendo bajo la lluvia

—Aún estás a tiempo de…

No está a tiempo de nada.

—Déjame sola, por favor…

¿Sola, Shaheen?

Cuando cerró los ojos con fuerza, supo que aquello no impediría que la imagen la acompañara para siempre. Que no le haría dejar de recordar cómo el arma se hundió en el pecho de René, cómo él soltó un quejido casi inaudible ni cómo su cuerpo, tan cerca del suyo que pudo sentir sus temblores, resbalaba poco a poco del pretil. Sólo cuando cayó dentro de la fuente Shaheen pudo abrir los ojos, aunque las lágrimas que no era capaz de seguir conteniendo apenas le dejaron reconocer nada en medio de la lluvia.

René yacía sobre el lecho de mármol recubierto de musgo, una silueta oscura que le hizo acordarse de la que había distinguido dentro del tanque de betún de la tienda de Aziz, donde podrían haber acabado sus días. Casi sin darse cuenta, los dedos de Shaheen soltaron la daga, que cayó a su vez, con un repiqueteo, al lado de su amigo.

Era la primera vez que pensaba en René de ese modo. La primera vez que habría querido morir en vez de otra persona, si eso implicaba no tener que soportar tanto dolor.

—Tú —fue todo lo que consiguió decir; sentía los labios entumecidos—. Has sido tú quien lo ha hecho. Eres… —Hizo un esfuerzo por tragar saliva—. Eres un demonio.

Amunet no pronunció una sola palabra. La lluvia que acribillaba la superficie de la fuente desdibujaba aún más lo que había en su interior, pero la muchacha habría jurado que un remolino rojo se elevaba desde el fondo. Miró sus dedos temblorosos; también estaban manchados de sangre, casi tanto como la daga que todavía le parecía estar enarbolando.

Nunca pensó que sería ahí donde la abandonaría, en un palacio tan distinto de los que había asaltado gracias a ella…, ni que tener que renunciar a lo único que le quedaba de su pasado le pareciera tan intrascendente comparado con lo que acababa de hacer. El eco de unas voces procedentes del edificio la sacó poco a poco de su espanto, y Shaheen echó a correr hacia la verja que rodeaba los jardines para saltar al otro lado mientras se preguntaba si no sería ella misma quien estaba condenada a convertirse en un demonio.

62

Khay

Akhetatón, 1336 a. de C.

A la luz de la luna, las colinas parecían de plata pulverizada. Habían tenido que esperar a que anocheciera para que nadie los viese escapar, y mientras cabalgaban hacia los acantilados del este en uno de los caballos de Nakhtpaatón, un semental oscuro que parecía conocer bastante bien a Nuri, a Khay volvió a asaltarle la extraña sensación de que no se reconocía en su propia piel. De que todo aquello tenía que estar pasándole a otra persona.

—¿Vas a decirme de una vez a dónde me llevas? —preguntó sin dejar de agarrarse a su cintura, pero no obtuvo respuesta—. No entiendo cómo me he dejado embaucar así.

—Te has dejado embaucar porque la quieres. Y yo también, aunque de otro modo.

—Pues nadie lo diría, teniendo en cuenta cómo has estado robándole. —El aullido de un chacal atravesó el desierto hacia ellos, y Khay bajó más la voz—. Me imagino que pensabas que las cosas le irían mejor con Nakhtpaatón. Que era el marido que tu ama…

—Deja de fustigarte aunque sólo sea por un rato, mi señor. Nos estamos acercando.

Demasiado ocupado tratando de mantener el equilibrio, no se había fijado en que estaban a escasa distancia de la pared rocosa. Varios agujeros se abrían en ella, como bocas bostezando en la noche…, más nítidas de lo que cabría esperar de una gruta natural.

—Un momento —murmuró con los ojos muy abiertos—. Estamos en la entrada del valle real. La entrada de la necrópolis… —Incrédulo, se quedó mirando la cabellera rizada que se agitaba ante él—. ¿Qué demonios estamos haciendo aquí en plena noche?

Pero entonces reparó en las siluetas que se paseaban por encima del acantilado y, al distinguir el resplandor de sus lanzas de bronce, sintió cómo se le detenía el corazón.

—Nuri, date la vuelta ahora mismo —fue lo único que pudo decir—. El faraón ha llenado las colinas de *medjays*. Si nos sorprenden acercándonos a su sepultura…

—No lo harán —se limitó a responder Nuri, sin hacer aminorar el paso al animal.

—Pero ¿es que te has vuelto loca? ¿No has escuchado lo que Mahu ha ordenado hacer con los saqueadores, lo de los despedazamientos a orillas del Nilo al amanecer?

Pero la esclava lo acalló con un «shhhh», girando la cabeza hacia él. Para entonces estaban a una veintena de metros de la silueta más cercana y a Khay se le heló la sangre cuando la vieron levantar un brazo…, aunque sólo para rascarse la nariz entre bostezos.

«No nos ha visto —se dijo mientras tragaba saliva—, pero pronto lo hará. Vamos a pasar justo debajo…». Sin embargo, ni siquiera entonces reaccionó; era como si algo no le permitiese percibir el ruido que hacían los cascos del caballo sobre los guijarros del sendero, pese a que en los oídos de Khay resonaban con la contundencia de unos sistros.

Cada vez más extrañado, volvió a mirar a Nuri y entonces se percató de que había alzado una mano, con los ojos clavados en el *medjay*. Un extraño escalofrío que no había sentido desde la tarde en que vio a Amunet por primera vez pareció recorrerle el cuerpo.

«No es posible, te lo estás imaginando. Alguien tiene que haber sobornado a los guardias para que hagan la vista gorda. Alguien a quien Nuri quiere que conozcas». Una vez que se adentraron entre las colinas, el sendero ascendía y se estrechaba hasta morir a los pies del acantilado, justo debajo de la hendidura sobre la que salía el sol. Aquel detalle tan significativo, sumado a la presencia de más *medjays*, le hizo adivinar dónde estaban.

—Amón bendito, Nuri…, nos has traído a la tumba real. La tumba de Akhenatón.

—En realidad, la única que la habita por ahora es su esposa Kiya —le respondió la esclava en un susurro—. Nos esperan en otro lugar, aunque queda muy cerca de aquí.

Hizo avanzar al caballo por una pendiente situada a mano derecha, unos metros más allá de la entrada a la sepultura. El ascenso resultó tan escandaloso, por culpa de las piedrecitas sueltas, que a Khay le pareció un milagro que siguieran sin detectarles, pero pronto habían desaparecido entre unas protuberancias rocosas y Nuri susurró: «Es aquí».

Aquello sí que parecía una cueva creada por la naturaleza, aunque era evidente que se le estaba dando algún uso. La lámpara que ardía al fondo del estrecho hueco, colocada en un agujero practicado en la pared sin pulir, reveló unos cuantos sacos, unas sábanas…

—¿Qué es todo eso? —dijo Khay, señalando unos picos de cobre y mazas de madera apoyados contra la roca. No eran muy distintos de los que usaban en el Valle de los Nobles.

—Ya estaban aquí cuando llegamos —contestó la muchacha. Tras desmontar del caballo, ayudó a Khay a hacer lo mismo y le tendió su muleta—. Creemos que se trata de una gruta usada por los antiguos obreros de la necrópolis para guardar sus herramientas.

—¿Quiénes lo creéis, los demonios del Amenti y tú? ¿Quién más se acercaría a…?

—Por extraño que te parezca, Khay, no eres el único dispuesto a afrontar riesgos por tu amada. Estás muy equivocado si piensas que nos habíamos desentendido de ella.

El sonido de aquella voz fue tan inesperado que se sobresaltó. Había dado por hecho que estaban a solas, pero al girarse descubrió que la lámpara derramaba su claridad anaranjada sobre un rostro conocido…, uno que Khay no esperaba volver a ver.

Los años habían limado la apariencia juvenil de Hori, el sacerdote al que había conocido como un iniciado en Ipet Sut, pero sus ojos seguían siendo los mismos, tan astutos como los de un zorro.

—Hori —consiguió decir Khay tras unos instantes de silencio—. ¿Qué haces aquí?

—Extrañar mi lecho de juncos del templo, sinceramente —contestó el sacerdote desde la mugrienta estera en la que había tomado asiento—. Llevo en Akhetatón más tiempo del que me gustaría reconocer, aunque nunca haya podido pisar la ciudad. Dudo que los faraones, vida, salud y prosperidad les sean dadas, estuvieran contentos de verme.

—Ni a ti ni a nadie procedente de Ipet Sut —dijo la mujer sentada a su lado—. Por lo menos, el poder de Amunet los deslumbró tanto como para decidir ignorar sus orígenes.

Khay sólo la había visto una vez, pero nunca se olvidaría de esa cara. Las mismas trenzas que Amunet, entretejidas con abalorios de colores. La piel del color de la tierra.

—Tú eres Kashla, la esclava de su padre —dijo casi sin darse cuenta. La situación empezaba a ser tan desconcertante que creía estar soñando—. Pero Amunet pensaba que te habías quedado en Uaset. Si también has venido… —Y entonces lo comprendió, y la indignación le hizo enrojecer—. ¿Habéis estado espiándonos durante todos estos años?

—«Cuidar de Amunet» sería la expresión correcta —replicó Hori—, aunque no es que nos hayas facilitado las cosas, muchacho. Supongo que ahora entenderás por qué a Ptahmai le hacía tan poca gracia tenerte revoloteando a su alrededor cuando os casasteis.

—¿Ptahmai? ¿Qué tiene que ver Ptahmai con esto? ¿Es que también lo conocéis?

—¿Quiénes crees que le encargaron acompañar a la *heka* a la corte de Akhenatón?

La revelación volvió a dejar al joven sin palabras. Amón, desde luego, merecía el sobrenombre de «el Oculto», pues sus acólitos estaban por todas partes; habían sido ellos quienes los habían colocado en aquel tablero invisible. «Por eso necesitaban a Amunet en la capital. Porque querían usar su poder para acabar con la amenaza del Faraón Hereje».

Antes de que pudiera contestar, un nuevo murmullo de voces atrajo la atención de los presentes. Nuri se apartó rápidamente cuando dos siluetas, tras abrirse camino entre las rocas, se adentraron en la cueva; Hori y Kashla se pusieron en pie al mismo tiempo.

—… las habitaciones donde se almacenaban las ofrendas, y hasta los pilonos han estado a punto de caer —susurraba una de ellas—. La conmoción debe de ser absoluta.

—Lástima que los daños hayan sido sólo materiales. No nos habría venido nada mal un golpe de efecto —replicó su acompañante—. Ah, ya están esperándonos…

Cuando se acercaron más a ellos, la luz iluminó las facciones del escriba Merira, tan sudoroso como de costumbre, y el general Horemheb, con su piel curtida por el sol y su ceño fruncido. Khay había alcanzado tal nivel de estupor que la posibilidad de que en el círculo de confianza del faraón también hubiera conspiradores ni siquiera le sorprendió.

—Parece que nos traéis noticias interesantes de la corte —comentó Hori mientras Merira se sentaba sobre una roca entre resoplidos—. ¿Todavía sigue siendo un hervidero?

—Diría que más que nunca —contestó el Escriba Real—, sobre todo desde que se han empezado a conocer detalles acerca de la inminente coronación de Nefertiti. Ya ha escogido su nuevo nombre, Smenkhara… «Vigoroso es el *ka* de Ra». Humilde, ¿verdad?

—Esa mujer nos ha sobrepasado en astucia —dijo Horemheb—. Ha sido lo bastante lista como para ponerse por delante de Tutankhatón en la línea sucesoria. Para cuando el príncipe esté en condiciones de heredar, habrá moldeado su corazón como si fuera barro.

—Siempre y cuando no haga caso a los rumores sobre su paternidad —dijo Merira.

—Por si mi antiguo jefe no se ha dado cuenta, estoy aquí —repuso Khay. Esto hizo que el aludido diera un respingo, observándole con los ojos tan abiertos como Horemheb.

—¡Escriba Khay! ¡Por la divina esposa de Amón y todas las estrellas de su seno…!

—¿Qué hace este hombre entre nosotros? —protestó el general, volviéndose hacia el resto del grupo—. ¿Quién ha sido tan estúpido como para hacerle partícipe del plan?

—Nuri lo ha traído hace un rato —contestó Hori mientras la esclava se encogía a su izquierda—, pero no te inquietes: te aseguro que está tan implicado como los demás.

—Con la diferencia de que se encuentra en busca y captura desde hace ocho meses. Si los perros de Mahu siguen su rastro hasta aquí, los seis podremos darnos por muertos.

—Míralo por el lado bueno, Horemheb: mientras permanezca en esta cueva, los *medjays* no descubrirán gracias a él lo que nos traemos entre manos —comentó Merira.

—Me fascina la confianza que parecéis tener en mí —dijo Khay sarcásticamente.

—Y a mí me fascina aún más que no hayas oído historias sobre la prisión subterránea del palacio y sus métodos de tortura —replicó el general, y se sentó también sobre la roca—. Lo cual me recuerda que hoy no traemos buenas noticias precisamente.

—Han detenido a nuestra *heka* —dijo Merira en voz más queda—. Nefertiti la ha hecho encarcelar por atentar contra ella provocando un derrumbe en el templo de Atón.

Aquello redujo al silencio a todos los presentes. Khay abrió la boca y Kashla, que se había limitado a escuchar a los hombres, hizo un movimiento instintivo hacia ellos.

—¿Un derrumbe? —respondió Hori al cabo de unos segundos—. ¿Desde cuándo Amunet es capaz de hacer algo así? Creía que su poder no iba más allá de los animales…

—Ha aumentado mucho en los últimos años —susurró Khay—, desde que… tuve que alejarme de ella. La he visto hacer cosas que parecen propias de los dioses.

—La fuente de poder de la que hablaba Ptahmai —murmuró Kashla—. La cólera.

Khay estaba tan aturdido que ni siquiera se preguntó cuándo habría podido hablar aquella mujer con Ptahmai ni hasta qué punto habían estado al tanto de cuanto hacían.

—Tenemos que regresar a Akhetatón —acabó diciendo—. Hay que sacarla de allí.

—Siéntate, escriba Khay —ordenó Horemheb cuando lo vio alargar un brazo para coger su muleta—. Nadie va a poner un pie fuera de aquí esta noche. En especial tú.

—Pero ¿de qué demonios hablas? ¿Pretendéis abandonar a Amunet a su suerte?

—El general dice la verdad, por duras que sean sus palabras —dijo Merira—. Ya le has oído: la prisión del palacio queda fuera de nuestro alcance.

—¡También lo estaban las estancias reales y no os tembló la mano al enviarla allí! ¡Os daba lo mismo lo que pudiera ocurrirle si acababa con el faraón!

—Eso no es cierto, Khay —dijo Hori—. Te he dicho que hemos velado por ella…

—¡Porque nunca la habéis visto más que como un arma! ¡La habéis criado como una víctima sacrificial elegida por los propios dioses, y lo que pudiera pasarle si vuestra maldita conspiración salía a la luz no os parecía más que un daño colateral! No habéis hecho… —Estaba tan furioso que tuvo que detenerse para coger aire—. No habéis hecho más que utilizarnos, tanto a Amunet como a mí. Toda mi vida he tratado de hacer lo que era correcto, lo que se esperaba de mí, y no ha servido de nada. No pienso continuar así.

«Prefiero jugármelo todo en un instante a vivir de esta manera un solo día más», le había dicho Amunet la última vez que hablaron, y nunca unas palabras le habían parecido más ciertas. Al pasear la mirada por los demás, constató lo avergonzados que estaban; Kashla, por el contrario, lo observaba con una chispa de orgullo entremezclada con pesar.

—Podríamos..., podríamos recurrir al ejército —propuso Hori, no demasiado seguro.

—Eso es imposible —atajó Horemheb—. Ninguno de mis hombres traicionaría a Akhenatón, por mucho que les amenacemos o les sobornemos. Desde que subió al trono, se ha desentendido por completo de la política exterior y, mientras Siria es despedazada por nuestros enemigos, los generales engordan en las estancias de la corte y sus niños se crían en el *kap* con los tutores de las princesas. No, no les interesa que las cosas cambien.

—Pero siguen siendo habitantes de Kemet —le recordó Merira—. Aunque no les importe lo más mínimo la corrupción, puede que las antiguas tradiciones sí lo hagan...

—¿Habitantes de Kemet? Tengo las barracas repletas de asiáticos, nubios y hasta hititas, Merira. A los soldados de a pie les trae sin cuidado a qué dios se les ordene rezar.

—Tal vez podamos contar con ayuda de dentro —intervino Nuri, y los hombres la observaron de mala gana—. Mi señor Nakhtpaatón no se quedará de brazos cruzados. He visto cómo se le ilumina la cara cada vez que aparece mi señora —al decir esto miró de reojo a Khay, pero este se mantuvo impasible— y sé que haría cualquier cosa por ella.

—Desgraciadamente, Nakhtpaatón no tardará en convertirse en otro proscrito —le advirtió Merira—. Lo último que hemos oído en la corte, antes de dirigirnos hacia aquí, es que el nuevo faraón pretende destituirlo por el intento de atentado de su esposa.

—Esto hará correr a las lenguas durante años —comentó Hori, estupefacto—. El gobierno de Nefertiti no empieza muy bien: se ha quedado a la vez sin visir y sin *heka*...

—No por mucho tiempo. —Kashla llevaba tanto tiempo sin hablar que los demás se callaron de inmediato. Había una nueva determinación en sus ojos—. Nefertiti tiene miedo de Amunet —continuó diciendo—. Tiene más miedo de ella que de ninguna otra cosa, porque ha presenciado un poder superior al de Atón. Necesita un hechicero capaz de protegerla, y de eso nos serviremos nosotros. Nos aseguraremos de que pueda dar con uno.

—Pero si no ha habido ninguno como Amunet en siglos —dijo Khay, volviéndose confundido hacia Hori—. Es lo que te oí decirle a mi padre cuando fui a contaros...

Pero, al ver la mano que Kashla había posado en el hombro de Nuri, su voz se apagó poco a poco. Sólo entonces se dio cuenta de hasta dónde se extendían realmente aquellos tentáculos y de lo ingenuos que habían sido al pensar que esa niña, con sus ojos enormes y tímidos, había entrado a trabajar en su casa por pura casualidad.

63

Gabriel

París, 1799

Un muchacho al que habían detenido la tarde anterior mientras vendía ejemplares de un periódico demasiado crítico con el Directorio. Un estudiante que había entonado con más entusiasmo del debido *Mourant de faim, mourant de froid* en uno de los cafés de la orilla izquierda. Un aristócrata que había tratado de escapar por la Puerta del Norte escondido en un carro de hortalizas. Claquesous, que había sido arrastrado fuera de las catacumbas con un ojo tan morado que apenas era capaz de abrirlo, aunque por suerte no habían conseguido detener a Belle. Y él, tan paralizado por el espanto que no podía hacer otra cosa que caminar en círculos por el desangelado calabozo, como si confiara en que sus paredes pudieran abrirse por arte de magia para revelar alguna salida secreta.

Resultaba irónico que aquello fuese una de las consecuencias más elocuentes de la democracia revolucionaria: que un grupo de personas tan distintas, cuyos caminos no se habrían cruzado jamás en el mundo exterior, tuviese que compartir aquella antesala de la muerte infestada de goteras y garrapatas, sin más comodidades que unos montones de paja en los que dormir y tan expuesta a las corrientes de aire que era imposible no temblar.

—Deberías reservar las suelas de tus zapatos para mañana —comentó Claquesous en cierto momento de la noche, sin molestarse en abrir los ojos para observar las idas y venidas de Gabriel—. Son la única propina que se llevará a casa nuestro honrado verdugo.

—Por increíble que te parezca, esos comentarios no me hacen sentir mucho mejor.

—No espero que lo hagan, perita en dulce, pero no estaría de más que nos dejaras descansar un poco. Por mucho que camines aquí dentro, no conseguirás entrar en calor.

El condenado estaba en lo cierto, aunque Gabriel detestara darle la razón: lo que le hacía estremecerse no tenía nada que ver con la propia temperatura del calabozo. Era un frío infinitamente más cruel, punzante como una aguja, que parecía nacer de su interior.

—¿Cómo es posible que quieras dormir? —acabó susurrando; Claquesous abrió su ojo sano para mirarle—. ¿Cómo puedes estar tan tranquilo a sabiendas de lo que nos espera?

—Dicen que lo que más miedo debería darnos es lo desconocido. No es que exista mucha gente en Francia ahora mismo que no haya oído hablar de Madame la Guillotine.

—Estoy hablando en serio, Claquesous. Nos han… —Gabriel hizo un esfuerzo por tragar saliva—. Nos han condenado al cadalso como unos criminales. Mañana pasarán a recogernos para llevarnos en una carreta a la Place de Grève y a estas horas estaremos…

Hablar de ello era contraproducente, comprendió en ese momento; lo volvía todo tan real que tuvo que rodearse con sus propios brazos para controlar sus temblores. Pero la respuesta de Claquesous no fue la que esperaba: se limitó a soltar una seca carcajada.

—Qué confortable debía de ser tu nido de Le Marais para decir algo así. Nací en uno de los mercados del Faubourg Saint-Antoine; mi madre me parió acuclillada en el suelo antes de seguir desplumando gallinas, y de no haber sido por la compasión de unos tenderos, me habría esperado algo mucho peor que el hospicio. Teniendo en cuenta que mi vida debería haber acabado en ese momento, todo lo que me ha ocurrido después ha sido un regalo inesperado, como una moneda que uno encuentra en el barro.

—Eso no hace que su situación sea menos atroz, caballero —le espetó el anciano aristócrata desde su montón de paja, poniendo especial énfasis en la última palabra—, ni nos sirve tampoco de consuelo a los que hemos podido gozar de una vida más próspera.

—Pues consuélese pensando en que la guillotina lo hará más sencillo. Un silbido sobre su cabeza y todo habrá concluido; mejor que bailar un minuto al final de una soga.

Los otros dos presos ni siquiera abrieron la boca. Al mirar al pequeño vendedor de periódicos, Gabriel no pudo evitar preguntarse si sabría leer en realidad, si tendría la más remota idea de por qué lo habían encerrado en aquel sitio. No podía tener más de catorce años, pero su expresión era tan resignada como la del propio Claquesous, quizá porque, después de presenciar tantas ejecuciones, parecía cuestión de tiempo que te tocara a ti.

«Pero yo no quiero morir. No estoy preparado para morir, sobre todo ahora…, sin saber si podrá perdonarme algún día ni si le importa siquiera lo que me ocurra. —Era en ella en quien no había dejado de pensar desde que oyó su sentencia en el Palacio de Justicia, desde que lo devolvieron a rastras a aquella habitación y la puerta de hierro se cerró a sus espaldas—. Puede que ya lo sepa… y que le dé igual lo que me pase».

El desprecio de Shaheen, si sus sospechas eran ciertas, suponía una condena aún más espantosa que la que podría dictar cualquier tribunal sediento de sangre. El estómago de Gabriel había empezado a dolerle de pura angustia, y al final acabó por sentarse en el rincón más alejado del calabozo con los brazos en torno a las rodillas. Un rectángulo de luz rojiza se proyectaba a través del ventanuco de la puerta, procedente del corredor en el que los carceleros se entretenían con sus cartas entre risotadas y juramentos ahogados.

—Ahora entiendo cómo te sentiste, tía Delphine —dijo casi sin darse cuenta de lo que hacía—, aunque tú pudiste recibir al menos una última visita de tus seres queridos.

Sus compañeros no dieron muestras de oírle; las voces del exterior, sumadas al plic, plic, plic de las goteras y el chillido ocasional de alguna rata, acallaban todo lo demás.

—Puede que por eso no haya querido venir tío René —continuó Gabriel pasados unos segundos—. Puede que esté tan furioso, después de haber descubierto que lo que te pasó fue culpa mía, que no quiera saber más de mí. Debe de pensar que me lo merezco.

—O quizá sea sencillamente que no está preparado para despedirse de ti. Existe un límite para la angustia que una persona es capaz de sentir a lo largo de toda una vida.

Aquella respuesta resultó tan inesperada que el muchacho se apartó de la pared con un respingo. Había imaginado que los muros de la prisión serían más gruesos, pero las voces parecían poder colarse entre los desgastados sillares tanto como las filtraciones.

—¿Désirée? —acabó susurrando. Miró de reojo el rectángulo luminoso, pero sus guardianes seguían enfrascados en el juego—. No tenía ni idea de que estuvieras ahí…

—Pierde cuidado: me han buscado un alojamiento de lujo. Las demás inquilinas han sido conducidas ayer a la guillotina, así que tengo toda la paja del calabozo para mí sola.

Sonaba tan resignada que Gabriel no supo qué responderle. La rata a la que había oído chillar poco antes atravesó la estancia a todo correr para desaparecer por una grieta.

—Traidores a la patria —siguió diciendo ella—. Me sentiría más orgullosa si no fuera el cargo por el que casi todo el mundo sube al cadalso.

—Supongo que la noticia habrá aparecido en todos los periódicos. Al Directorio le interesa canalizar el odio del pueblo contra sí mismo, especialmente en un momento de debilidad como el actual. ¿Has oído los rumores acerca de un intento de atentado?

—Estaban hablando de ello en el Palacio de Justicia antes de recibirnos. Dicen que los dos consejos se han trasladado a Saint-Cloud, pero no puede importarme menos lo que les ocurra. Si de mí dependiera, haría saltar el castillo por los aires con ellos dentro.

Había tal rencor en sus palabras que Gabriel se preguntó, no por primera vez, cómo podía haber sobrevivido al Terror alguien con una lengua tan afilada, dado lo sucedido con el resto de los Tournelle. Sabía que sus padres habían perecido durante el asalto a las prisiones de 1792, cuando la muchedumbre enfurecida decidió masacrar a los encarcelados en La Force por considerarlos partidarios de la monarquía. El conde de Tournelle había muerto atravesado por las bayonetas de los asaltantes; la condesa había sido arrastrada a la calle y apaleada hasta su último aliento. Désirée consiguió abandonar el palacete familiar antes de las detenciones y, para evitar correr la misma suerte, tuvo que trasladarse al destartalado inmueble de la isla de Saint-Louis, donde empezó a tejer la telaraña que con el tiempo acabaría convirtiéndola en la reina del mercado negro de antigüedades.

Por mucho que asegurara hacerlo por amor al arte, Gabriel siempre supo que había una motivación más oscura detrás de aquello. De no haber sucumbido Robespierre poco después, la habría creído capaz de hundirle un puñal en el corazón con su propia mano.

—Estás enamorado de ella, ¿verdad? —preguntó Désirée de repente. Era lo último que esperaba oír, sobre todo aquella noche—. ¿De esa muchacha llamada Shaheen?

—¿Cómo te has enterado de eso? Cuando Belle se separó de nosotros, todavía no…

—Sólo he tenido que sumar dos y dos. Nunca habrías vuelto a involucrarte en mis tejemanejes sin una razón de peso, después de lo que sucedió con tu tía. ¿Es por ella por lo que querías dar con esos ladrillos egipcios, para que la tal Amunet os dejara en paz?

—Ya no importa por qué lo hiciera —respondió Gabriel—. No ha servido de nada.

«Bien pensado, no es lo ocurrido con las obras del Louvre lo que me hace merecer esta condena. Es el asesinato de Ahmed…, eso que Shaheen no podrá perdonarme jamás».

—Es curioso —acabó diciendo tras unos minutos en los que sólo se oyó roncar a Claquesous—. Creía estar loco por ti hace cinco años, enamorado hasta el absurdo. Eras lo más fascinante que había conocido nunca: un misterio que me moría por desentrañar.

—Siempre te dije que los misterios son peligrosos —le recordó Désirée—. Como el canto de una sirena capaz de atraerte hacia el agua hasta que acabas ahogándote en ella.

—He tardado mucho en comprender que tenías razón. En realidad, no estaba tan enamorado de ti como del hombre que me ayudabas a ser. Era el amor más egoísta del mundo porque lo único que buscaba era mi felicidad, aunque ni siquiera me diese cuenta por entonces. Pero con Shaheen… —Guardó silencio, con los ojos clavados en el retazo de cielo sin estrellas que se adivinaba tras los barrotes de la ventana—. Con Shaheen no necesitaba ser nada más que yo —siguió susurrando—. Los dos estuvimos escondiéndonos demasiado tiempo detrás de unos disfraces. Cuando por fin nos miramos cara a cara, me sentí más libre que nunca… porque mi amor por ella lo era.

Su recuerdo ardía como una antorcha en la memoria de Gabriel, con aquel vestido de brocado dorado que llevaba puesto cuando la estrechó contra sí en Malmaison. Para su sorpresa, Désirée pareció sentirse más orgullosa que ofendida al escucharle hablar así.

—Por fin has crecido, Gabriel Roux —contestó con una extraña ternura—. Siento mucho, muchísimo, haberte hecho tanto daño en el pasado. No te lo merecías, de verdad.

—Eso tampoco importa ya, aunque te agradezco la confesión. —Ambos guardaron silencio hasta que Gabriel preguntó—: ¿Tienes tú algún secreto que necesites contarme?

De nuevo se hizo el silencio, aunque su resonancia parecía distinta ahora. El joven se quedó observando la pared rezumante de humedad hasta que Désirée acabó diciendo:

—Será mejor que no. —Y la oyó acomodarse sobre la paja al tiempo que exhalaba un suspiro—. Aunque algo me dice que ninguna noche nos parecerá más larga que esta.

64

Amunet

Akhetatón, 1336 a. de C.

La habían llevado a rastras a la prisión subterránea del palacio, un pozo sombrío sin más comunicación con el exterior que una puerta diminuta. Le habían puesto unos grilletes alrededor de las muñecas, conectados a unas cadenas que colgaban de la bóveda repleta de telarañas, y habían tirado de ellas hasta que sus pies apenas rozaron el suelo.

—Qué espectáculo más glorioso y qué placer contemplarlo en primera fila —dijo Mahu con una sonrisa torcida cuando los carceleros lo mandaron llamar—. Habría dado lo que fuera por presenciar esto hace un año, cuando aún estabas tan pagada de ti misma.

La única respuesta de la *heka* fue el silencio. Había perdido tanta sangre durante el parto que apenas era capaz de moverse (Mahu sospechaba, de hecho, que ese era el único motivo por el que sus hombres se habían atrevido a prenderla) y su cabeza despeinada caía sobre su pecho como la de una muñeca de trapo. ¿De verdad aquella criatura sucia, exhausta y rota en mil pedazos había estado a punto de acabar con la Gran Esposa Real?

—No parece que esos poderes de los que tanto presumías estén sirviéndote de gran cosa ahora mismo. —Tuvo que agarrarla por la barbilla para hacer que le mirase, pero lo que distinguió en sus ojos atenuó su sarcasmo. Pese a seguir consciente, Amunet parecía hallarse muy lejos de allí; era como si estuviera sumida en un extraño trance—. Asegurad bien esas cadenas —ordenó Mahu pasados unos instantes— y traedme mi vara de junco.

La ensoñación de la muchacha no la abandonó ni siquiera cuando empezaron a asestarle los primeros golpes. Continuó con la mirada perdida y los dientes apretados, para desconcierto de unos carceleros que no habían presenciado nada igual… y que tampoco tenían manera de saber que en esos mismos momentos, en los límites que la mente de Amunet podía alcanzar, algo estaba cambiando poco a poco.

Más allá del calabozo, entre los escombros del templo de Atón, en los jardines del distrito residencial, bajo las lonas del mercado y las pasarelas del embarcadero, los gatos encargados de velar por la ciudad se detuvieron al unísono. Olvidaron por completo lo que estaban haciendo, como si una voz que nadie más podía detectar hubiera atraído su atención; y tras olfatear el aire unos segundos, retomaron la marcha en la misma dirección: la muralla rebosante de cuerpos empalados que rodeaba Akhetatón.

Había tantos cadáveres que los *medjays* no repararon en su silenciosa escapada, ni tampoco en el detalle de que, mientras aquella comitiva engalanada con collares de oro abandonaba la ciudad, otra muy distinta pero igual de silenciosa se hacía con sus calles. Las ratas que habían campado a sus anchas por la ribera del Nilo también debieron de oír alguna clase de llamada, porque se dirigieron sin dudarlo ni un instante hacia la capital y ni siquiera titubearon al cruzarse con los gatos en desbandada. En apenas unas horas, Akhetatón fue tomada por decenas de miles de roedores, y pronto las calles se estremecieron con los alaridos de quienes trataban de huir de las portadoras de la plaga.

—¡Estamos haciendo lo que podemos, Mahu, pero son demasiadas! —dijo uno de sus alarmados subalternos en el calabozo en el que seguían torturando a Amunet—. Se están apoderando de los graneros, de los almacenes…, ¡hasta de nuestras propias camas!

—¡Pues que el ejército nos eche una mano, para variar! —rugió Mahu—. ¡Que salga ahora mismo a la calle para acabar con esas alimañas antes de que sea demasiado tarde!

—¡El general Horemheb se está ocupando de ello, pero por cada rata que consiguen matar, aparecen otras diez! ¡Es como si alguien las hubiera invitado a entrar!

Eso hizo que Mahu se girara de inmediato hacia Amunet. La muchacha seguía inmóvil, colgando desmadejada de sus cadenas, pero los ojos que relucían entre sus trenzas ensangrentadas mostraban una concentración absoluta y gélida.

Por un momento estuvo tentado de sacárselos, pero no se atrevió. Mahu, que había incendiado campamentos en el país de Kush, que había atravesado el desierto en pos de esclavos fugados y mandado descuartizar a los saqueadores de la necrópolis, no era capaz de tocar a una mujer de veinte años. Lo único que pudo hacer fue ordenar a sus hombres que redoblaran los varazos, aunque sus rostros estaban tan desencajados como el suyo.

Amunet no profirió ni un grito, pero las ratas sí lo hicieron. Como un ejército tan paciente como implacable, abandonaron las avenidas de Akhetatón para deslizarse hacia el palacio, trepando por los muros como si estos sencillamente hubieran sido levantados para facilitarles el acceso. Se dispersaron por las estancias impregnadas de incienso, se colaron por cada diminuta grieta de los almacenes, royeron las columnas adornadas con incrustaciones de pasta vítrea. Ninguna barrera parecía capaz de contener aquel avance.

En su alcoba envuelta en colgaduras semitransparentes, la reina Meritatón soltó el sistro con el que trataba de animar a sus hermanas cuando Meketatón, que desde hacía unas horas se encontraba extrañamente pálida, empezó a vomitar encogida en un rincón.

—¡Meketatón! —gritó la joven, corriendo hacia ella—. ¡Que vengan los *sunu* ahora mismo! —ordenó a los horrorizados esclavos—. ¡Que la examinen antes de...! —Pero, sin darle tiempo a acabar, estos la agarraron en volandas para llevársela junto a las demás princesas mientras Meketatón temblaba sobre el suelo de calcita antes de quedar inmóvil.

Más amenazas en la penumbra, y más golpes. Mahu había sustituido las varas de junco por látigos, y cada laceración parecía arrancarle a Amunet algo más que la piel. Pero siguió sin dejar escapar un solo gemido, a diferencia de la anciana Tiyi cuando despertó de un sueño inquieto, tras haber estado velando toda la noche el cadáver de su nieta, y vio a sus pies una enorme rata cuyos ojos le advertían que no tardaría en seguirla.

—Condenados —susurró la reina, y sacó de entre sus vestiduras un amuleto con la llave de la vida que parecía más antiguo que Kemet.

Poco importaba que su hijo pudiera descubrirlo a esas alturas—. Estamos condenados, por todos los dioses que hemos creado.

Cada vez más desesperado, Mahu hizo llamar a todos los *medjays* de su guarnición y durante un día entero estuvieron golpeando a la *heka* encadenada. Le partieron el labio a base de bofetadas, le arrancaron trenzas a tirones y le lanzaron los peores insultos que habían resonado en el valle del Nilo. Hablaron incluso de darle su merecido de una manera aún más humillante, pero ninguno se atrevió a hacerlo, teniéndole tanto miedo.

Mientras tanto, en la sala de audiencias situada por encima de sus cabezas, la corte entera suplicaba al faraón que pidiera la intercesión de Atón mientras, reunida alrededor de ciertos nobles como Ay, su propio suegro, le acusaba en susurros de haber atraído de nuevo la cólera de los dioses con su herejía. Igual que diez años antes, con la diferencia de que quienes ahora propagaban esas ideas eran los que con más fervor se habían adherido a su nueva religión. Muy pocos cortesanos abandonaron la estancia con vida, pese a haberse ordenado a los guardias cerrar las puertas a cal y canto. La plaga de Amunet no distinguía amigos de enemigos y al final hasta Merira acabó cayendo como los demás, agarrándose la voluminosa barriga antes de quedar tendido junto a Panehesy.

De pie ante la ventana de las apariciones, Akhenatón mantenía los ojos clavados en el sol como un águila. No entendía por qué su dios no respondía a sus plegarias, por qué cada golpe era más cruel que el anterior. Por primera vez en su vida, el faraón sintió el aguijonazo de la duda y aquello le llenó de temor, porque los dioses nunca dudaban.

—¡Os estoy diciendo que me dejéis entrar! —Unos gritos, al otro lado de la puerta de la prisión, hicieron que Amunet enderezara la ensangrentada cabeza—. ¡Os lo estoy ordenando, en nombre de Atón! ¡Apartaos ahora mismo si valoráis en algo vuestra vida!

—Ya hemos recibido órdenes, Nakhtpaatón, y del nuevo faraón en persona —oyó decir a Mahu a su vez—. ¡Agradece que no nos haya hecho empalarte por conspirador!

—¡Esto es absurdo! ¡Soy el visir de Akhenatón y si os digo que...!

Pero sus gritos se convirtieron entonces en quejidos. El ruido de los rodillazos se coló por debajo de la puerta, lo que hizo que Amunet se revolviera con una repentina ira ante la cual sus carceleros, tras cruzar una mirada inquieta, retrocedieron poco a poco.

—Ya no eres nada. Eres menos que nada —continuó el jefe de policía—. Pronto habrá un nuevo visir en Akhetatón, y más te vale rezar al disco solar para que no sea yo.

Entonces hubo un nuevo revuelo en el corredor y sonidos de forcejeo, y la joven cerró los ojos cuando la voz de Nakhtpaatón acabó apagándose a medida que los *medjays* se lo llevaban. «¡Es mi esposa!», fue lo último que profirió, seguido por un «¡Amunet!».

Si hasta ese momento se había sentido furiosa, ahora comprendía por fin lo que era ser devorada por la cólera. Las ratas también debieron de percibirlo, porque redoblaron su voracidad. En las estancias de los niños, la nodriza del príncipe Tutankhatón se lo llevó a toda prisa cuando Neferneferura y Neferneferuatón comenzaron a devolver, tan pálidas como si ya estuvieran atravesando los Campos de Ialú cogidas de sus pequeñas manos.

—¡Acabad ahora mismo con esa maldita bruja! —chilló la Gran Esposa Real entre lágrimas horas después, con los cuerpos de las princesas tendidos a sus pies—. ¡Matadla antes de que pueda matarnos a nosotros y arrojad lo que quede de ella a los cocodrilos!

—¡Si hacemos eso, majestad, ya no habrá quien nos libre de las ratas! —exclamó Mahu, que empezaba a estar fuera de sí—. ¡Es la *heka* quien las ha traído hasta nosotros!

—Pero tiene que haber algo que podamos usar contra ella. El visir, Nakhtpaatón…

—Ha desaparecido, majestad. Nadie ha vuelto a verlo desde que lo sacamos de la prisión a rastras, pero no ha regresado a su casa ni han encontrado su cuerpo en la calle.

—El sacerdote, entonces. Buscad a Ptahmai y llevadlo a la celda. —Haciendo un esfuerzo sobrehumano, Nefertiti apartó los ojos de sus hijas muertas para erguirse en toda su estatura. Ella era la nueva Hatshepsut, la esperanza de Kemet. No podía permitir que su angustia lo arruinara todo—. Ya sabéis qué hacer si sigue negándose a colaborar.

La determinación del nuevo faraón, sin embargo, le habría abandonado de saber que la ira de Amunet no tardaría en extenderse por los confines del reino. En las tierras de Canaán, el séquito de un príncipe hitita llamado Zannanza, que desde hacía un mes cabalgaba rumbo a Kemet para convertirse en faraón, yacería al completo sobre la arena en cuestión de semanas. Y en su alcoba de oro y marfil de Hattusa, el rey Suppiluliuma clavaría la vista en los ornamentos del techo, rodeado por sus atemorizados médicos, y comprendería que nunca llegaría a ver a su hijo compartiendo el trono con Meresamenti.

Pero el faraón que se había bautizado a sí mismo como Smenkhara no podía saber nada de aquello, y en el fondo era mejor que fuese así. Siguiendo sus órdenes, Mahu se presentó de nuevo en la celda en la que Amunet colgaba en silencio, pero no lo hacía solo. Los ojos de la joven, reducidos a unas delgadas franjas verdes, se abrieron de par en par al reconocer el semblante de Ptahmai, adornado con unos reveladores cardenales.

—Empiezo a estar cansado de estas conversaciones nuestras, *heka* —saludó Mahu mientras lo empujaba ante ella—, pero siento decir que también has agotado la paciencia de los demás. Supongo que no será necesario mencionar para qué hemos venido a verte...

—Será mejor que nos ahorremos tanta palabrería —replicó el sacerdote—. Estás muy equivocado si piensas que Amunet acabará cediendo ante alguna de tus coacciones.

—Ya he tenido ocasión de comprobar que no es así. Las varas no surten el menor efecto en ella, los látigos no parecen hacerle nada más que cosquillas..., pero puede que se muestre menos indiferente —añadió Mahu— con el dolor de aquellos que le importan.

Cuando desenvainó su espada de bronce para apoyarla en su cuello, Ptahmai ni siquiera parpadeó. Mahu lo inmovilizó con su robusto brazo mientras los carceleros, a una señal suya, sacaban sus propias armas, preparándose para cualquier eventual ataque.

—Por una vez, y sin que sirva de precedente, tengo que darle la razón a uno de los siervos de Amón: el tiempo de la palabrería ha quedado atrás. Si no te comprometes a hacer que esas bestias regresen por donde han venido, ya sabes lo que será de tu amigo.

Amunet había permanecido inmóvil hasta entonces, pero eso le hizo tragar saliva. Sus ojos pasaron del jefe de policía a Ptahmai, consciente de que no había vuelto a verlo desde el parto, y la tristeza que se reflejaba en su rostro al observar su destrozado aspecto casi le hizo echarse a llorar. Era el primer momento de debilidad que la asaltaba estando en prisión, pero no le dio tiempo a decirle nada: antes de que pudiera reaccionar, el sacerdote negó con la cabeza de manera casi imperceptible.

Por un instante le pareció regresar con él a su alcoba, aquella tarde en la que Khay no volvió del palacio. «¿Crees que se merecen otra cosa después de lo que nos han hecho a todos?», le había susurrado Ptahmai, y Amunet se había obligado a pensar que estaba equivocado con respecto a Akhenatón y su familia. Pero la habían arruinado, torturado y roto de tantas maneras distintas que le resultaba imposible detenerse…, no sólo por su amigo, ni por el clero de Amón, sino por todo lo que le habían arrebatado a ella. Tras unos segundos de silencio, Amunet asintió antes de volver a observar al jefe de policía.

Cuando le lanzó un escupitajo a la cara, Mahu ni siquiera se inmutó. Lo único que hizo fue restregarse la mejilla con una mano para limpiarse la mezcla de saliva y sangre.

—Una respuesta elocuente —repuso—, aunque no demasiado sensata. Confiemos en que esto sirva para abrirle el apetito a la Devoradora antes de que te enviemos detrás.

Y diciendo esto, le cortó casi con desgana el cuello al sacerdote, dando unos pasos hacia atrás mientras lo observaba tambalearse unos segundos antes de caer de rodillas.

Por primera vez desde que la encarcelaron, un gemido escapó de los labios de la joven mientras Ptahmai, con una mano apretada contra la garganta, abría la boca como para decirle algo más antes de caer poco a poco de bruces. Quedó tendido a los pies de Amunet como una alfombra ensangrentada, pero esta ni siquiera pudo oír lo que Mahu le decía; al cabo de unos instantes de inmovilidad absoluta, apretó los párpados con una intensidad que no nacía de la mera desesperación, como sus carceleros habían empezado a temer.

Muchos metros por encima del calabozo, en unos corredores en los que resonaban más alaridos a cada hora que pasaba, cientos de ratas dejaron de avanzar sin orden ni concierto para, siguiendo el dictado silencioso de su ama y señora, dirigirse al mismo tiempo a la alcoba de Akhenatón, vida, salud y prosperidad.

65

Shaheen

París, 1799

El bosque parecía haberse convertido en un pantano, tan inundado que amenazaba con absorberla a cada paso que daba. Hacía tiempo que el Palacio de Luxemburgo había quedado atrás, pero Shaheen había seguido corriendo como un animal enloquecido entre las granjas medio derruidas que se extendían al sur de París, donde sólo se cruzó con unos cuantos mendigos acurrucados alrededor de un par de hogueras. Por suerte, estaban demasiado ateridos para prestar atención a su aspecto (los jirones de su vestido blanco casi parecían marrones por culpa del barro y la sangre seguía chorreándole por la cara), de manera que nadie trató de detenerla cuando se adentró, entre unos trompicones que casi la hicieron caerse de bruces, en una espesura que la recibió con los brazos abiertos.

La lluvia le dio cierta tregua al ponerse a cubierto, aunque las ramas se empeñaran en aferrarse a su ropa como dedos cadavéricos. No era consciente de las cortaduras de sus brazos, no se daba cuenta siquiera de dónde ponía los pies. Lo único en lo que podía pensar era en que, por mucho que corriera, no conseguiría dejar atrás aquello de lo que intentaba escapar. El parásito al que se había referido el capitán Malenfant había arraigado con demasiada fuerza en ella, amenazando con convertirse en una gangrena devastadora.

—¿Cómo has podido... hacer algo así? —logró decir mientras se agarraba a un árbol, incapaz de mantenerse en pie. El agua que caía en densas cortinas a su alrededor ahogaba sus sollozos—. René no te había hecho nada, Amunet... Siempre se portó como..., como un caballero, incluso... cuando nadie más confiaba en nosotras...

Era como si las manos invisibles de un *yinn* le oprimieran el pecho, una sensación parecida a la de la noche del atentado en Malmaison. El aire también se negaba a alcanzar sus pulmones ahora, pese a estar respirando unas diez veces más rápido de lo habitual.

—Nada de esto... tenía que ver con él. —¿Era así como se sentían los peces cuando los sacaban del agua, asfixiándose por no poder usar sus agallas?—. Sólo lo has matado porque..., porque querías hacerme daño a mí. René te traía sin cuidado...

No obtuvo la menor respuesta por parte del espíritu. Desde que abandonaron el palacio, no había dicho una palabra, como si se sintiera apesadumbrada por haber tenido que llegar tan lejos..., aunque Shaheen habría apostado una mano a que no era la primera vez que hacía algo semejante. Amunet ya había matado antes, y no a una única persona.

—Podría haberse quedado esta noche con Gabriel, pero fue a buscarme porque..., porque confiaba en mí —continuó sollozando—. Y por nuestra culpa ahora está..., está...

Tan muerto como lo estaría su sobrino en apenas unas horas, tan muerto como ella misma deseaba estar después de lo que había hecho. Las manos de Shaheen temblaron ante su rostro al alzarlas en la media luz y, antes de que pudiera pensar en lo que hacía, había arrancado un puñado de hojas para restregárselas como una loca. Frotarse aquellas manchas invisibles no tardó en causarle heridas de verdad, y la muchacha rompió a llorar aún más ante las primeras punzadas. «Casi desearía que me controlaras para no tener que sentir nada de esto. Ya no te queda nada por arrebatarme».

Pero sí que había algo, comprendió de pronto. Había algo que siempre había estado ahí, que no la había abandonado al embarcarse en Alejandría. Algo que formaba parte de ella tanto como la savia de una planta…, la fe a la que se había negado a renunciar y que hasta entonces había mantenido encendida una llamita de esperanza en su interior.

Por primera vez en sus dieciocho años, no se detuvo a pensar en si sería la hora de la oración, si aquel lugar resultaría inadecuado para realizar el *salat* o si su dios se ofendería al escuchar las palabras de un devoto que no se había purificado. Sus piernas se doblaron antes de que pudiera reflexionar sobre ello, haciéndola caer de rodillas sobre la hierba. Sus labios comenzaron a entonar un entrecortado «Alá es el más grande», pero al abrir los ojos, luchando contra las lágrimas empeñadas en cegarla, atisbó algo que hizo que sus palabras se convirtieran en un gemido y, más tarde, en un grito de horror.

La luna que iluminaba el bosque a través de una rasgadura entre las nubes hacía relucir la superficie del charco situado ante ella. El rostro de Shaheen estaba a dos palmos de distancia, pero el reflejo que le devolvía el agua…, no, aquel reflejo no era el suyo. Tenía la piel tan morena como ella y su cabello también era negro, pero los ojos que la contemplaban en silencio eran tan verdes como el Mediterráneo de sus recuerdos.

Desde el otro lado de aquel cristal invisible, la mirada de Amunet irradiaba una ira tan incontenible, tan absolutamente abrasadora, que casi consiguió paralizarle el corazón.

—No... —se oyó susurrar. Sus dedos tocaron su propia piel, donde había una marca blanca convertida en un moratón en la mejilla de la joven—. No, esto no es..., esto no es real —continuó—. Tú no estás dentro de mí. No formas parte de mí...

Pero las heridas impresas en su rostro no podían parecer más reales, ni tampoco la sangre que resbalaba por su piel. Shaheen se dio cuenta entonces de que tenía hinchado el labio inferior, al igual que uno de los ojos... ¿Era ese el aspecto que presentaba al morir?

—¡Me da lo mismo lo que pudieran hacerte! —Unos pájaros alzaron el vuelo desde un árbol cercano, asustados ante la furia con la que empezó a golpear el charco. Quería hacer pedazos todo lo relacionado con ella—. ¡Te lo merecías, te merecías eso y más...!

Pronto se encontró tan manchada de barro como un animal enloquecido, aunque el reflejo siguió siendo el mismo. «¡Eres aún peor que ellos! —vociferó Shaheen, arrojando agua por todas partes—. ¡Eres... un monstruo!», pero acababa de decir esto cuando le pareció oír algo, procedente del interior de su cabeza, que le hizo quedarse quieta.

Sólo conseguirás herirte a ti misma si te dejas arrastrar a esa senda.

Shaheen dejó de golpear el suelo con ambos puños, inconsciente de que se le habían despellejado aún más los nudillos. Algo en esa voz le arrebató el aliento, aunque apenas pasara de un susurro.

—¿Amunet...? —consiguió responder.

¿Tan pronto te has olvidado de mí, pequeño halcón? —le contestaron—. *¿Medio año sin hablarnos y ya no eres capaz de reconocerme?*

Si antes había sentido que se le paralizaba el corazón, ahora daba la impresión de estar latiéndole a toda velocidad. Eso no tenía ni pies ni cabeza, probablemente no era más que un producto de su destrozada mente, pero aun así… «¿Ahmed? ¿Eres tú?».

Siento no haberte hecho saber antes que estaba contigo, pero me pareció que ya cargabas con suficientes anclas. —Su tono no podía ser más distinto del de Amunet; casi fue capaz de distinguir una sonrisa invisible bailando en él.

«¿Me estás diciendo que me has…, que me has acompañado todo este tiempo?».

Es curioso que eso te sorprenda. Te recuerdo que prometimos marcharnos juntos, aquella noche en que estuvimos hablando del futuro en las Tumbas de los Califas. Como puedes ver, no he faltado a mi palabra. —Hasta que no escuchó esto, la joven no fue consciente de que se le había nublado aún más la vista—. *No llores* —susurró Ahmed cuando se inclinó hacia delante, hundiendo la cara entre sus manos temblorosas—. *No pasa nada, Shaheen, de verdad. Lo que ocurrió en esa tumba no fue responsabilidad tuya, por empeñada que estés en sentirte culpable.*

—Pero podría haberme negado a aceptar ese encargo. Sé que no habrías querido marcharte a Tebas sin mí y ahora tal vez estarías… —Aun así, algo le hizo dejar de sollozar poco a poco—. Fue Gabriel quien lo hizo, ¿verdad? ¿Fue él quien te disparó?

Poco importa a estas alturas, aunque tenía razón al decirte que la culpa fue mía. Traté de atacarle cuando apareció con los demás farengi, *de modo que no le quedó otro remedio que defenderse. Es mejor persona de lo que piensas, Shaheen* —añadió Ahmed cuando las lágrimas regresaron a sus ojos—, *y te conoce mucho mejor de lo que lo hice yo.*

—Es imposible que me conozca si ni siquiera yo sé quién soy —rompió a llorar la muchacha—. Creía saberlo cuando estábamos en El Cairo, pero ahora…, ahora…

Ahora te parece estar hecha pedazos —concluyó el espíritu por ella—, *pero no te has parado a pensar en que eso es lo que mejor te define. El hecho de que cada fragmento contenga una parte de tu alma…, una Shaheen que necesita a las demás para estar completa.*

Como si se encontrara en presencia de un oráculo, las palabras de Ahmed parecieron cobrar un sentido que la joven no había sido capaz de percibir al principio. «Una parte de mi alma…». Casi sin darse cuenta, sus ojos regresaron al agua que le había devuelto la imagen de Amunet, pero ella ya no estaba allí. «Porque nunca ha sido mi reflejo, como tampoco lo era mi propia cara. Porque soy mucho más que la persona arrodillada aquí».

Era increíble que hubiera tardado tanto tiempo en comprenderlo. No importaba lo mucho que hubiera cambiado en aquellos meses: la Shaheen que había abandonado su país aún seguía en su interior, pero era muchísimo más que eso y lo era todo a la vez. Era la heredera que había huido de casa de Alí Ben Sharif, pero también la ladronzuela que saltaba del tejado de un palacio a otro. Era el muchacho con harapos orientales repletos de remiendos y la muchacha envuelta en elegantes brocados dorados. Era la que había amado a Ahmed como una niña impresionable y a Gabriel como una mujer adulta. La que un día se había llamado Shajaret, en honor a una antigua sultana de Egipto, y la que años después, cuando el mismo padre que había elegido su nombre quiso matarla, se lo había cambiado a Shaheen en recuerdo del cariñoso apodo de una de sus niñeras persas.

Todo lo que le había ocurrido, por doloroso que fuera, la había conducido a esa noche de lluvia, oscuridad y muerte. Las resquebrajaduras no la convertían en un espejo inservible, sino en un caleidoscopio capaz de proyectar cien imágenes distintas; y cada una de ellas era única porque era absolutamente suya.

Hasta ahora habías sido la marioneta de Amunet —continuó Ahmed tras unos segundos de silencio—, *pero por primera vez puedes atreverte a usar su poder, como ha estado haciendo ella con el tuyo. Aún no es demasiado tarde para que consigas cambiar la historia, al menos en lo concerniente a ti.*

—El amanecer… —Shaheen se quedó mirando la mancha grisácea tendida sobre el horizonte, más allá de los árboles situados al este—. René me dijo que… Gabriel sería conducido al cadalso con la salida del sol. Pero no sé dónde quieren ejecutarle ni…

No tendrás que esforzarte mucho para descubrirlo; pocas cosas parecen interesar tanto a este refinado pueblo como el derramamiento de sangre. Pero tendrás que hacerlo tú sola —añadió el espíritu, para su desconcierto—. *Yo ya no estaré a tu lado para ayudarte.*

—¿Qué quieres decir con eso? —preguntó una alarmada Shaheen.

Sabes que no tengo cuentas pendientes de saldar como Amunet. Tú eras el único motivo por el que aún continuaba aquí…, aunque lo que sentía por ti no fuese la clase de amor que necesitabas. —Su voz había empezado a convertirse en un suspiro, igual que la de aquella anciana atrapada en el palacio mameluco en el que Shaheen había dado su último golpe—. *Algún día volveremos a vernos, pero cuanto más tardemos en hacerlo, mejor. Hasta entonces, pequeño halcón, haz que cada segundo merezca la pena.*

Y con un último susurro, el espíritu se desvaneció como una más de las sombras disueltas por la proximidad del alba.

66

Khay

Akhetatón, 1336 a. de C.

Desde la entrada de la pequeña cueva, era difícil decir dónde acababan las nubes y comenzaban las columnas de humo. La parte del cielo que se extendía sobre la ciudad daba la impresión de estar tan incendiada como ella, y la niebla posada sobre la ribera del río envolvía a Akhetatón en un velo que parecía arder con el resplandor de mil hogueras.

—Es como si la Devoradora hubiera abandonado el Amenti para acabar con todos nosotros —dijo Hori mientras oteaban el horizonte—. Primero Merira, luego Ptahmai…

—O como si una mujer a la que habéis estado manipulando durante la mitad de su vida hubiera terminado haciendo justo lo que esperabais de ella —replicó Khay.

—Si Akhenatón acaba sucumbiendo, cualquier sacrificio habrá merecido la pena —dijo el general Horemheb, cruzando sus fornidos brazos—. Incluso el de todos nosotros.

—Te prometimos que la sacaríamos de la prisión, Khay, y no nos hemos olvidado de nuestra palabra —añadió Hori mientras le ponía una mano en el hombro—. Estamos pensando en cómo llevarlo a cabo, cuando sepamos que Amunet ha hecho caer al faraón…

Pero Khay se revolvió para que dejara de tocarle. La expresión con la que miró a Hori era tan distinta de la del pequeño escriba de Ipet Sut que apenas pudo reconocerle.

—Vuestra palabra vale menos que un puñado de cenizas para mí —contestó— y no habrá nada que me haga cambiar de opinión, aunque con esto consigáis salvar a Kemet.

Hori abrió la boca como para intentar defenderse, pero la impaciencia con la que Khay se apartó de él, apoyándose en su muleta, pareció hacerle desistir. Se dio la vuelta para entrar en la cueva en la que estaban dormitando las mujeres y el joven regresó a la contemplación de un cielo que parecía a punto de empezar a escupir puñados de fuego.

«Déjalo ya, Amunet. —Casi era capaz de captar los alaridos de agonía, el llanto de una ciudad entera de la que no quedaría más que el recuerdo—. Déjalo antes de que sea demasiado tarde. Todavía hay salvación para nosotros». En un acto reflejo, sus dedos se cerraron alrededor del anillo que le había regalado a la muchacha y que Horemheb, en su última visita a Akhetatón, había recuperado de manos de Ptahmai. El hecho de que Amunet se hubiera desprendido de él no podía ser más elocuente, pero Khay estaba tan angustiado por lo que pudiera pasarle que poco importaba lo mucho que ella le detestase.

Un movimiento le distrajo de improviso y, cuando entornó los ojos en la penumbra sanguinolenta, descubrió de qué se trataba. Al otro lado del acantilado, unas figuras se recortaban contra el suelo pedregoso como tres manchas aún más negras que la noche. Tres siluetas embozadas en unas capas oscuras parecidas a la del propio Khay.

—General. —No habría hecho falta que le avisara; Horemheb las había visto a la vez que él—. Me temo que nos han seguido. Los *medjays* han localizado nuestro rastro…

—Por suerte para nosotros, esos no son *medjays* —contestó el hombre, y le hizo agacharse tras las rocas que ocultaban la entrada de su escondite—. Puedes estar seguro.

—Pero si las colinas están repletas de hombres armados. ¿Cómo podrían haber…?

—Ninguno se acercaría tanto a la sepultura del faraón, muchacho. Ni se atrevería tampoco a hacer eso —señaló con el mentón—, por desesperada que fuese su situación.

Hasta que Khay no asomó la cabeza, no comprendió a qué se refería. La luna que se colaba por un desgarrón entre las nubes arrancaba destellos a las herramientas de aquellos hombres. Dos blandían unos picos con los que atacaban los sellos reales de la puerta mientras el tercero, más menudo y envuelto en la misma capa, supervisaba la operación desde lo alto de una roca cercana, aunque no pudieran oír nada de lo que decía.

—Saqueadores de tumbas —murmuró Horemheb, y sus ojos se oscurecieron con un repentino desdén—. Esos hijos de un chacal… Vuelve a la cueva con los demás, rápido.

—No podemos hacer como que no lo hemos visto —se escandalizó Khay—. ¡La reina Kiya está ahí dentro y, si le hacen algún daño a sus restos, nunca alcanzará...!

Fue acallado por el silbido de algo que pasó rozándole una oreja. Una flecha rebotó contra la pared del acantilado, tan cerca de su cabeza que se le escapó un pequeño grito.

—¡Te dije que volvieras dentro! —masculló Horemheb. Antes de que Khay fuera capaz de reaccionar, había soltado un juramento y echado a correr hacia el sendero, en el que los encapuchados habían dejado caer sus picos para enarbolar unos grandes arcos.

—¿Qué pasa ahora? —El ruido había vuelto a atraer a Hori, seguido por una Nuri entre alarmada y soñolienta. Su reacción fue similar a la de Khay—. ¿Quiénes son esos?

—Unos ladrones que pretendían profanar la tumba real. El general ha bajado para enfrentarse a ellos —Khay observó la flecha del suelo—, pero siendo tres contra uno...

—No podemos dejarlos con vida, no ahora que conocen nuestro escondite. Nuri, ve a echarle una mano a Horemheb —le ordenó Hori, y la muchacha, aunque seguía con cara de susto, asintió—. Ahora sólo nos queda rezar para que el escándalo no nos delate.

«¡Nuri, no!», trató de detenerla Khay, pero el sacerdote lo agarró de un brazo. No pudo hacer otra cosa que observar cómo la joven esclava, apretando la mandíbula de un modo que le recordó a Amunet, se deslizaba por la pedregosa pendiente hasta alcanzar a los combatientes. Había levantado una mano como cuando cabalgaban hacia el valle, y el hombre que acababa de desenvainar una espada para detener las estocadas de Horemheb se detuvo poco a poco, con la expresión confundida de quien está caminando en sueños.

Pero su compañero no parecía estar experimentado el mismo embrujo. Se arrojó contra el general mientras el tercer hombre, tras un instante de vacilación, se refugiaba entre las rocas del acantilado. Nuri alzó la otra mano para detener también su avance, y por unos segundos dio la impresión de que lo había conseguido; pero cuando el hombre sacudió la cabeza antes de abalanzarse sobre ella, Khay notó cómo alguien pasaba por su lado a zancadas y vio que Kashla había empezado a descender la pendiente.

Había algo espantoso en su rostro esa noche, un fuego que parecía más allá de la simple cólera. La perplejidad de Khay lo dejó mudo cuando la nubia, tras alzar los brazos hacia los densos nubarrones, murmuró algo en su lengua que hizo que los encapuchados cayeran de espaldas. Era como si unas manos invisibles los hubieran abofeteado a la vez.

«No era Nuri la nueva *heka* de la que hablaba». La conmoción de los hombres fue tal que ni siquiera trataron de defenderse. Se postraron de inmediato en tierra, soltando sus armas, y se cubrieron la cara mientras Horemheb los agarraba para conducirlos a la cueva. Sólo cuando se pusieron en marcha Kashla les dio la espalda y, al alzar los ojos hacia la entrada del agujero, se topó con que Khay estaba mirándola de hito en hito.

—Tú no eras sólo su esclava —murmuró—. Eres su madre…, la madre de Amunet.

No le entraba en la cabeza que hubiera tardado tanto en adivinarlo. Puede que sus ojos no fuesen del mismo color, pero el poder que burbujeaba en ellos era inconfundible.

—Por eso tiene la piel tan morena. Por eso le enseñaste a trenzarse el pelo así… —Al no obtener respuesta, el joven siguió preguntando—: ¿Amunet está al corriente de esto?

—No —respondió ella; su porte había perdido algo de aplomo—. No quería que la señalaran con el dedo, por mucho que Sennedjem, su padre, se encargase de protegerla.

—Entonces nunca existió esa supuesta madre suya. La que murió durante el parto…

—Un simple nombre que mi señor trajo consigo de Mennefer, cuando adquirió la villa en la que Amunet creció, y que mandó escribir en su tumba del Valle de los Nobles.

—Pero no puedo entenderlo… Habría bastado con liberarte para que Amunet dejara de ser considerada una esclava. ¿Por qué tuvisteis que inventaros a una madre muerta?

—¿Crees que habría sido suficiente para que la aceptaran? ¿Que la curiosidad de la gente no le habría hecho descubrir su poder? —Kashla suspiró con cansancio y se pasó una mano por los ojos—. Ni siquiera comprendo cómo pudimos ocultárselo tantos años a Sennedjem. Traté de enseñarle todo lo que sabía, de inculcarle la responsabilidad que implicaba un don como el nuestro…, pero los sacerdotes de Amón lo descubrieron y me la arrebataron antes de poder explicarle lo más importante: cómo aprender a controlarlo.

Mientras hablaban, Horemheb casi había alcanzado la entrada de la cueva con los encapuchados. Nuri les precedía y, al ver cómo la miraba Khay, la mujer añadió:

—Es una sobrina mía, hija de mi hermana pequeña. Las tropas del virrey de Kush nos arrancaron de nuestro país cuando éramos unas niñas y nos vendieron por un puñado de *deben* a distintos amos, pero conseguimos mantener el contacto. Cuando supe que su hija había sido trasladada al palacio, Hori movió hilos para que el faraón se la cediera a Amunet junto con su casa. Nuri ha sido nuestros ojos y oídos durante todo este tiempo.

—Pero entonces, si cuenta con un poder como el vuestro…, no puede tratarse de un don de Heka —contestó el joven, perplejo—. No hay ningún dios de Kemet detrás de lo que sois capaces de hacer. Es algo más antiguo que nuestra tierra, una magia extranjera.

—Ese ha sido el gran error de Akhenatón y sus divinos predecesores: pensar que el oro es la única riqueza que corre por las venas de Kush —se limitó a contestar ella, y cuando el general empujó a los recién llegados con un «adentro, ahora mismo», haciendo que se tambalearan al penetrar en la cueva, se situó ante ellos para quitarles las capuchas.

Los dos primeros eran antiguos guardianes de palacio; Khay los había visto en un par de ocasiones custodiando las alcobas reales. Estaban tan asustados que ni siquiera se atrevían a mirar a Kashla a los ojos, pero, cuando esta apartó la tela con la que el tercero se había envuelto la cabeza, fue ella la que se quedó sorprendida, casi tanto como Khay.

—Vaya —dijo la mujer pasado un instante—. ¡Quién podría haber imaginado que tendríamos invitados tan ilustres en la noche más funesta para Akhetatón!

—Ahórrate el regodeo, sucia nubia —replicó Meresamenti, y se enderezó de mala gana la peluca. Era la primera vez que Khay la veía sin maquillaje y le llamó la atención lo mayor que parecía con la cara desnuda—. Ya he caído demasiado bajo para tener que soportar más humillaciones —continuó diciendo—, especialmente de alguien como tú.

—Digna hija de su padre —contestó Hori con los ojos entornados—. Pero pareces haber olvidado que ya no estás en palacio, hija de Atón. Nadie te debe obediencia aquí.

—¿Cómo has podido hacerlo? —susurró Khay. Al reconocerlo entre sus captores, los oscuros ojos de Meresamenti se abrieron de par en par—. ¿Cómo has podido profanar la sepultura de la reina Kiya? ¿Tanto seguías odiándola, incluso ahora que está muerta?

—Esto no…, no tenía nada que ver con ella —respondió la muchacha—. Las tumbas recientes son las únicas que siguen teniendo intactos sus ajuares. Hay más saqueos de lo que te imaginas, lo que no resulta extraño con unos guardianes tan fáciles de sobornar.

—Supongo que esperabas poder venderles sus joyas a los mercaderes sirios —dijo Kashla pensativamente—. Habrías recuperado ese oro con creces entregándoles el botín.

—Pero tú no necesitabas lo que pudieran pagarte por ello —exclamó Khay—. ¡Tú eres una hija del sol, la primogénita del faraón! ¡Podrías tener todo lo que se te antojara!

—¿En serio, Khay? ¿De verdad mi aspecto es ahora mismo el de una hija del sol?

Aunque la lámpara de aceite apenas disipaba las penumbras, Khay se fijó en que la tela en la que se envolvía estaba ajada y su vestido plisado, salpicado de manchas. No había pendientes en sus orejas ni brazaletes en sus muñecas, y la piel que el maquillaje ya no enmascaraba tenía un color distinto…, un tono cerúleo parecido al de un cadáver.

—Entonces los rumores de la corte eran ciertos —acabó diciendo el general—. Tu madre te ha desterrado al descubrir en tu poder un objeto consagrado a los antiguos dioses.

—Me gustaría decir que la responsable es nuestra amiga común, pero no haría otra cosa que mentir: todo ha sido culpa mía. Así que me haréis un favor acabando con esto.

—¿De qué estás hablando? —Confundido, Hori miró a Horemheb; también Nuri parecía perpleja—. ¿No te interesa negociar con nosotros para que te dejemos marchar?

—Dudo que pueda seguir contando con mis escoltas, ahora que vuestra magia los ha horrorizado —contestó ella, resignada—. No me queda nada que perder, salvo la vida.

Kashla no le había quitado los ojos de encima mientras hablaba, pero ahora dio un paso hacia ella. Alargó una mano para agarrar a Meresamenti de la barbilla.

—Mírame. —La princesa lo hizo de mala gana y la luz de la lámpara relució en sus pupilas. Tras unos segundos de observación, Kashla dictaminó—: La malaria. La que ha acabado con tantos ancestros tuyos. —Meresamenti abrió la boca poco a poco, pero no reaccionó, ni siquiera cuando la esclava le palpó el costado—. Ya no te queda mucho.

—¿Cómo puedes…? —Aun así, consiguió reunir fuerzas para erguirse—. Me trae sin cuidado lo que me digas, bruja del Amenti. Si crees que vas a asustarme con…

—No, sé que eso no está en mi mano. Nada te da más miedo que lo que te espera en el otro mundo y por eso has tratado de redimirte, aunque no te lo han permitido. Pero quizá no todo esté perdido para ti; la enfermedad podría acabar abandonando tu cuerpo.

—¿De qué está hablando? —inquirió Meresamenti, mirando a Khay. Ahora sí que parecía atemorizada—. Los *sunu* me dijeron que era imposible…, que ningún remedio…

—No usaré ningún remedio contigo. No me serviré más que de mi voluntad, y la ponzoña saldrá de ti como el agua de un odre agujereado. Siempre y cuando hagas algo por nosotros. —Esta vez fueron los ojos de Kashla los que brillaron—. Has pasado años en ese palacio y lo conocerás a la perfección. Dinos cómo sacar a Amunet de la prisión.

De todas las cosas que estaban sorprendiendo a Meresamenti, ninguna lo hizo más que aquella. Se quedó mirando a Kashla durante un rato, incapaz de comprender a qué se debía su interés por la *heka*, hasta que acabó diciendo en un tono mucho más quedo:

—Hay un pasadizo que comunica con uno de los corredores, desde la parte baja de los muelles… La nodriza de Setepenra estaba casada con uno de los carceleros y le oí decir que lo excavó hace años un prisionero fugado. Puede que lo hayan tapiado, pero…

—Podríamos probar. —Hori miró al general, que seguía sin relajar el ceño—. Si no han empleado materiales resistentes, no debería ser complicado abrirnos camino por él.

—Equivaldría a meternos en la boca del lobo —repuso Horemheb—, justo lo que pretende esta mujer. Parece mentira que aún sigáis confiando en los de su calaña.

—No confío en ella más que en un escorpión —le aseguró Kashla—. Pero, cuando las personas están desesperadas, pueden hacer cosas que nadie espera de ellas.

67

Gabriel

París, 1799

Cuando uno de los carceleros lo agarró por el pelo para proceder a cortárselo, las escasas esperanzas que le quedaban a Gabriel acabaron también a sus pies. El roce de las tijeras contra su cuello parecía un inquietante presagio de lo que vendría más tarde, pero no le dio tiempo a reflexionar sobre ello; unos segundos después, su coleta había caído sobre el enlosado y el carcelero había ordenado acercarse a Désirée. Con ella tuvo que emplearse bastante más a fondo y, mientras sus mechones entrecanos se mezclaban con los de los cuatro hombres, dispuestos en un círculo alrededor de sus pies, los ojos de la mujer se encontraron con los de Gabriel y supo que estaban pensando lo mismo: aquella vez el peinado «a lo víctima» no era una simple travesura. El amanecer había llegado y a París no podía importarle menos que estuvieran preparados o no para lo que les esperaba.

—Más os vale actuar como es debido para no decepcionar a vuestro público —dijo su improvisado peluquero mientras subían a la carreta que los conduciría a la Place de Grève—. Muchos habrán pasado la noche al raso para no quedarse sin sitio y los estrenos teatrales de este otoño dejan mucho que desear. Tenéis que darles un buen espectáculo.

—Con que conserven la cabeza media hora más, será suficiente —contestó uno de los guardias encargados de escoltarles, y sus compañeros se echaron a reír de buena gana.

Gabriel se esforzó por pensar que aquello no era más que una broma macabra, pero la realidad lo recibió como una bofetada en cuanto abandonaron la prisión. La repentina claridad los deslumbró durante unos segundos, pese al aspecto plomizo del cielo y a que hubiera empezado a llover con desgana, pero no les impidió darse cuenta de que se había concentrado una auténtica muchedumbre al otro lado de las puertas. La aparición de los condenados causó sensación y todo el mundo se puso a gritar al mismo tiempo; «ahí van los traidores», «fuera con sus cabezas», «¡Madame la Guillotine os espera!»…, cientos de bocas pertenecientes a una criatura martirizada durante demasiado tiempo y que ahora, ante la posibilidad de ajustar cuentas con sus torturadores, demostraba no tener piedad.

Los insultos los acompañaron durante todo el recorrido de la carreta, junto con los puñados de barro que les arrojaba la gente sin que los guardias, montados en sus caballos blancos, pusieran demasiado empeño en impedirlo. El terror que Gabriel había incubado durante toda la noche en vela lo había dejado reducido a la parálisis, tanto que no sabría decir por dónde los conducían ni durante cuánto tiempo, hasta que las casuchas tísicas de la orilla derecha dieron paso a un espacio abierto en el que la gente vociferaba aún más.

Debían de haber llegado a su destino, aunque apenas podía distinguir la plaza; lo único que parecía haber en torno a ellos eran banderas francesas. El blanco, el rojo y el azul estaban por todas partes, en los banderines tendidos de una buhardilla a otra, en los estandartes colgados de las fachadas, en las escarapelas prendidas sobre las solapas de los asistentes y los tricornios de la Guardia Nacional. Una docena de oficiales se hallaba ya en formación, con la vista clavada en el frente y los mosquetes sobre los hombros...

Y en medio de la barrera de uniformes, como una celebridad que se adelantase para darles la bienvenida a su salón, se alzaba Madame la Guillotine. Muchísimo más alta de lo que parecía desde una prudencial distancia y con un aspecto aún más despiadado al recortarse sobre la ornamentada fachada del Hôtel de Ville. Debían de haber abrillantado la cuchilla poco antes, porque el modo en que la hacían resplandecer los escasos rayos que se colaban entre las nubes redujo las piernas de Gabriel a un par de ramitas endebles.

Algo encarnado adornaba la parte superior de la estructura: una guirnalda de flores que empezaban a mustiarse. «La libertad o la muerte», se leía dentro del círculo de rosas.

—Encantadora —susurró Claquesous tras él—. Se ha engalanado para la ocasión.

—Vosotros, preparaos para bajar —ordenó uno de los guardias que escoltaban a la carreta, y abrió la portezuela en cuanto se detuvieron en uno de los laterales de la plaza.

Los gritos se redoblaron cuando empezaron a descender uno a uno, sobre todo en la parte más cercana al cadalso. Un grupo de ancianas se había sentado a los pies de la plataforma, entreteniéndose con sus agujas de tejer hasta que empezara el espectáculo, y los guardias tuvieron que hacerlas retroceder hacia los puestos del mercado para que los condenados pudieran ocupar, aunque no por mucho tiempo, el sitio que les correspondía.

A Gabriel le daba la sensación de que su mente era como un estanque demasiado profundo para registrar otra cosa que las ondas propagadas por su superficie. Era capaz de oír los alaridos de la gente, pero no entendía lo que decían; sentía el aliento de noviembre en su nuca extrañamente desnuda y las protuberancias de los adoquines bajo sus propios zapatos, pero era como si todo aquello le estuviera ocurriendo a otra persona.

—Ciudadano Bonnet —anunció uno de los oficiales a voz en grito, y el estudiante al que habían detenido por entonar una canción subversiva fue conducido escalones arriba.

El que lo había llamado continuó recitando sus cargos, algo sobre haber traicionado a la República, pero sus palabras seguían siendo incongruentes para Gabriel. Sólo en el momento en que lo empujaron contra la plancha de madera, haciéndola descender hasta que los uniformes de los guardias obstaculizaron por completo su visión, fue consciente de que era cuestión de minutos que le ocurriera lo mismo a él, y el pánico que estalló dentro de su pecho como una descarga de pólvora casi le hizo empezar a jadear.

Nuevos gritos entre la multitud, mezclados con los del estudiante. Un silbido que atravesaba el aire, un golpe sordo seguido de otro más quedo y un «no os quedéis ahí parados, echadme una mano» que le obligó a alzar la vista otra vez. Los ayudantes del verdugo habían cogido el cuerpo del muchacho para arrojarlo a un carro situado al otro lado de la plataforma. Una náusea ascendió por la garganta de Gabriel, pero, cuando se volvió ansiosamente hacia Désirée, se dio cuenta de que estaba pendiente de otras cosas.

—¿Qué sucede? —consiguió decir con una voz que más bien parecía un graznido.

—Belle. —Al mirar en la misma dirección que ella, reconoció una cabeza rubia en medio de los rostros vociferantes. Désirée profirió un gemido—. Maldita sea, Belle, no…

Había tanta gente que la joven tenía que servirse de los codos para avanzar, aunque no le sirvió de gran cosa: los guardias encargados de contener a la multitud la apartaron de un empujón. Gabriel no recordaba haber visto nunca tanta desesperación en sus ojos.

—Ella no debería estar aquí —se lamentó Désirée—. ¡No debería presenciar esto!

—Creo que sabe que… no podrá hacer nada por salvarnos. Puede que lo único que quiera sea estar contigo hasta el final, como haría cualquiera a quien le importases…

«Como no me atreví a hacer con tía Delphine —pensó mientras hacían subir al anciano aristócrata al cadalso—. También me comporté como un cobarde ese día».

—¡Pero, si alguien la reconoce, no habrá servido de nada lo que he hecho por salvarla! —Cuando Désirée lo miró, había lágrimas en sus ojos—. Belle es una de las pocas cosas buenas que voy a dejar en este cochino mundo. Necesito que continúe viviendo por mí.

El «ciudadano Claquesous» que sonó sobre ellos atrajo su atención. Antes de que pudieran decir una sola palabra más, el ratero empezó a ascender desganadamente los peldaños de madera, como si todo aquello no fuera más que un engorroso trámite del que no le quedara más remedio que ocuparse. Fue esa resignación rayana en la indiferencia lo que consiguió que Gabriel dejase de temblar, aunque tardara unos segundos en darse cuenta de que su pánico había remitido. No pudo prestar atención al resto del proceso, ni se acordó de apartar la vista cuando la cuchilla volvió a caer..., tal vez porque nunca había sido tan consciente de que existían castigos peores que aquello.

«Necesito que continúe viviendo por mí». Las palabras de Désirée devolvieron a su memoria el recuerdo de Shaheen, y el muchacho respiró hondo al comprender que, pese a que ella no fuera a saber nunca cómo habían sido sus últimos momentos, al menos se marcharía con la certeza de haber estado a su altura. Había una diferencia abismal entre ser conducido al cadalso como un crío asustado y encarar su destino como un hombre, uno que podría haber merecido a Shaheen de no haber tenido a las estrellas en su contra.

Claquesous lo había entendido mucho antes que él: el tiempo concedido a cada ser humano, tanto si se trataba de seis meses como de medio siglo, era un regalo que nadie debería dar por sentado. Gabriel tendría que haber sucumbido allí mismo en vez de tía Delphine, pero la muerte había decidido concederle cinco años de prórroga. Cinco años en los que había sufrido, en los que había reído..., en los que había vivido, en definitiva.

Incluso le había dado tiempo a enamorarse, a enamorarse de verdad. Era más de lo que podría decir la inmensa mayoría de los mortales al verse ante el umbral definitivo.

—Ciudadano Roux —oyó gritar como desde otro plano—, traidor a la República.

Antes de que Gabriel pudiera reaccionar, cuatro manos lo habían agarrado por los hombros para empujarlo hacia arriba. «¡Gabriel, no...!», empezó a decir Désirée, tratando de acercarse a él, pero su única respuesta fue un «adiós» mientras empezaba a subir, con unos andares más seguros de lo habitual, los escalones resbaladizos por la lluvia.

Cuando alcanzó lo alto de la plataforma y la turba lo recibió entre rugidos, casi se sintió como un actor que acabara de irrumpir en el escenario. Vista de cerca, la guillotina resultaba aún más ominosa, aunque no le dio tiempo a pensar en ello: cuando quiso darse cuenta, le habían sujetado las manos a la espalda antes de empujarlo hacia la plancha de madera empapada de sangre, inmovilizándolo contra ella mediante una correa de cuero.

Los ayudantes del verdugo lo colocaron entonces en horizontal y entre los dos deslizaron la plancha hasta que la cabeza de Gabriel quedó aprisionada por el cepo. Algo de la calma recién conquistada amenazó con abandonarle al mirar hacia abajo, al interior del saco colocado sobre el cadalso. «Así que esta será mi última visión del mundo: una vida rodeado de obras de arte para marcharme frente a un montón de cabezas cortadas».

Era demasiado tarde para reflexionar sobre lo irónico de la situación. El verdugo ya estaba desatando la cuerda que sostenía la cuchilla y Gabriel cerró los ojos intentando conjurar una imagen muy distinta: Shaheen agarrada a su cuello mientras daba vueltas con ella en brazos, sus risas y sus «¡suéltame ahora mismo!», su zapatilla volando por los aires. Para su sorpresa, se descubrió a sí mismo sonriendo en el momento exacto en que la cuchilla, con un silbido cada vez más agudo, se abalanzaba a toda velocidad sobre él.

Sólo que nunca llegó a tocarle. Tardó unos segundos en comprender que algo no había salido según lo previsto, cuando oyó susurrar «pero ¿qué…?» al verdugo y la gente situada cerca del cadalso empezó a gritar. Su cabeza seguía inmovilizada por el cepo, de modo que no pudo observar lo mismo que los demás… ni quedarse perplejo como ellos.

La cuchilla aún seguía reluciendo en las alturas, pero se había detenido a mitad del recorrido. Una mano fantasmal parecía haberla sujetado a medio metro de distancia de su cuello y la vibración de la hoja de acero no tardó en extenderse por toda la estructura. El armazón de madera, por algún motivo inexplicable, empezó a temblar tanto que Gabriel creyó estar a punto de caer al suelo, hasta que la cuchilla se hizo añicos sobre su cabeza.

Las esquirlas cayeron como una lluvia metálica sobre los curiosos arracimados a su alrededor, quienes intentaron cubrirse con los brazos como pudieron; la madera pintada de rojo también se convirtió en astillas y con la plancha horizontal sucedió lo mismo. Gabriel acabó rodando sobre la paja destinada a absorber la sangre hasta que, tras unos segundos de confusión absoluta, consiguió ponerse de rodillas para mirar a su alrededor.

Todas las bocas habían enmudecido a la vez, incluso las de aquellos heridos por los fragmentos de la cuchilla. Donde antes había estado la máquina infernal, no había más que un muchacho mortalmente pálido con una expresión tan aturdida como la de ellos.

—Un milagro —dijo una de las ancianas que habían estado tejiendo; un reguero de sangre resbalaba entre su cabello—. Ha sido la mano de Dios la que lo ha impedido…

—¿De qué dios se supone que está hablando? —bramó el oficial al mando, aunque también estaba lívido—. ¡Sólo ha sido un defecto de construcción de la guillotina! ¡Le hemos dado demasiado uso en los últimos años y eso ha hecho que acabara reventando!

Pero parecía ser el único que pensaba así. Dos mujeres, con los ojos abiertos de par en par, se santiguaron en silencio, siendo imitadas por muchos de los que las rodeaban.

—Esto es absurdo… ¡Agarrad de inmediato a ese hombre y buscad una espada para el verdugo! ¡La sentencia no puede cambiarse por culpa de un simple accidente! —El oficial se giró hacia sus subordinados—. ¿Es que no me estáis oyendo?

Tampoco ellos fueron capaces de reaccionar. Con su corazón latiendo con más brío que en toda su vida, temblando todavía de los pies a la cabeza, Gabriel buscó de manera instintiva a Désirée y se dio cuenta de que estaba tan boquiabierta como los demás. Uno tras otro, como una hilera de fichas de dominó, los curiosos arracimados a sus espaldas se postraron en el suelo… hasta que sólo quedó una persona de pie en la Place de Grève.

Su vestido blanco podría haberla hecho pasar por una aparición, aunque también estuviera salpicado de sangre. Shaheen se había detenido en uno de los laterales, junto a la carreta de la que los habían obligado a descender; tenía las manos alzadas ante ella y un riachuelo rojo se deslizaba por su cara, pese a estar a demasiada distancia del cadalso, o de lo que quedaba en pie de él, para que pudiera ser una herida causada por el accidente.

Cuando su mirada coincidió con la de Gabriel, su semblante de concentración desgarrada se rompió en pedazos. «¡Shaheen!», la llamó el muchacho, aunque no supo si llegó a escucharle; un segundo más tarde, las piernas habían dejado de sostenerla y su cuerpo había desaparecido entre la concurrencia como un navío devorado por el océano.

68

Amunet

Akhetatón, 1336 a. de C.

Esperaba encontrarte muerta, *heka*, pero casi lo prefiero así. Después de lo que les has hecho a los míos, una ejecución rápida sería un regalo que no te mereces.

El sopor que se había apoderado de Amunet la abandonó poco a poco. Hasta que no consiguió entornar los ojos, tan hinchados por los moratones que apenas era capaz de parpadear, no distinguió a Nefertiti ante ella en la penumbra del calabozo. Los carceleros que le habían abierto la puerta aguardaban a sus espaldas con las cabezas inclinadas, y dos miembros de su guardia personal permanecían apostados a ambos lados de la entrada.

Algo había cambiado en ella desde su último encuentro, algo más que las coronas blanca y roja que ahora le cubrían el cabello, en vez de su habitual tocado azul. Amunet nunca la había visto tan rota ni tan decidida al mismo tiempo. Demacrada y letal a la vez.

—Mi divino esposo acaba de dejarnos. —Su voz recordaba a una de las retorcidas filigranas de oro de los talleres reales—. Pero supongo que eso lo sabrás mejor que nadie.

Al dar unos pasos en su dirección, la única antorcha del calabozo dibujó un paisaje de luces y sombras en su rostro. ¿Era el fuego lo que creaba aquellas arrugas alrededor de sus ojos o de verdad la reina había envejecido diez años en menos de una semana?

—Murió sumido en las sombras, lo que no deja de resultar irónico. Me han dicho que casi todos sus sirvientes habían corrido la misma suerte y nadie pudo encender los pebeteros de la alcoba después de que se apagaran. Lo último que se le oyó gritar fue el nombre de Atón... Pedía que apartaran las cortinas para él, que se hiciera de día por él.

—Es exactamente lo que merecía —murmuró la muchacha, en un tono aún más consumido que el de Nefertiti—, después de habernos condenado a todos a la oscuridad.

Durante unos segundos no hicieron otra cosa que mirarse, hasta que los oscuros ojos de la soberana descendieron por los regueros de sangre seca del vestido de Amunet.

—Tengo entendido que era una niña —contestó uniendo las manos en su regazo.

Aquello hizo que el dolor descendiera sobre la joven con la violencia de una ola imposible de contener. El esfuerzo que había tenido que hacer para controlar a las ratas apenas le había permitido pensar en lo ocurrido en el templo, pero acordarse del cuerpo diminuto que había estrechado contra sí, que no había llegado a devol-

verle la mirada ni a respirar siquiera, fue una tortura peor que cualquiera de los golpes de Mahu.

—Quién iba a decirlo: al final sí que tenemos algo en común —siguió la reina al cabo de un instante—. Yo también he perdido a mis hijas. Porque tú me las has matado.

—Lo habría evitado de haber estado en mi mano —contestó la muchacha, con los ojos húmedos—, pero la propagación de una plaga no puede controlarse como unas ratas…

—Neferneferura y Neferneferuatón querían ser cantoras en el templo —continuó Nefertiti mientras una sonrisa rasgaba en dos su rostro—. Yo les decía que dejaran eso para Meritatón, que era la que tenía mejor voz. Pero siempre fueron muy voluntariosas.

Estaba haciendo tantos esfuerzos por controlarse que Amunet no entendía cómo aún se mantenía en pie. A espaldas de la reina, los carceleros cruzaron una tensa mirada.

—Mi único consuelo —siguió diciendo esta, sin perder su sonrisa destrozada— es que tarde o temprano nos reencontraremos bajo la luz de Atón. Tu hija, en cambio, está siendo arrastrada ahora mismo por el río hacia el Gran Verde, con las víctimas de la peste de los barrios bajos. No tendrá una tumba en la que descansar ni nadie que recuerde su nombre.

—Puede que lo que nos espere no sea la luz de Atón —susurró Amunet—. Que no exista el juicio de Anubis ni los Campos de Ialú… ni salvación para ninguno de nosotros.

Como los pebeteros de la alcoba de Akhenatón, la sonrisa de Nefertiti se apagó en su rostro. Todas las sombras del calabozo parecieron concentrarse en él.

—En realidad, nunca me importó cuáles de nuestros dioses fueran auténticos —le aseguró a la muchacha, casi como si hablara consigo misma—. No creía en ellos más de lo que creía en Kemet, en lo que podría hacer por él si me dieran la oportunidad. Quería demostrarme a mí misma que era capaz de arreglar todo lo que mi esposo, cegado por su misticismo y su locura, había echado por tierra. Pero entonces apareciste tú —alzó más la temblorosa barbilla, sin dejar de mirarla— y la magia que debería haber servido a los intereses de la Doble Corona acabó convirtiéndose en nuestra sentencia de muerte.

Incluso en ese momento, consciente de lo que la esperaba, Amunet no pudo evitar sentir un extraño respeto por aquella mujer. Le había arrebatado todo lo que le importaba, pero seguía de una pieza, como una roca golpeada sin cesar por el oleaje.

—En fin —acabó diciendo, recuperando la compostura—, me parece que no tiene sentido continuar con esta conversación. Sólo venía a despedirme de ti, *heka*, antes de que emprendas el mismo viaje que aquellos con los que has acabado. Con la diferencia de que quien se encargará de enviarte a la oscuridad será uno de los tuyos.

Hasta que no dijo esto, Amunet no advirtió la presencia de otras dos personas a espaldas de Nefertiti; sus capas casi se confundían con las sucias paredes del calabozo.

—Será un duro golpe para tu orgullo descubrir que no eras la única «elegida», si alguna vez llegaste a creer lo que te repetía el clero de Amón. —Y sujetando su vestido de lino, la reina ordenó a uno de los encapuchados—: No te molestes en hacerlo rápido.

Abandonó el calabozo seguida por sus guardias y la puerta se cerró tras ellos con un estrépito que arrancó algo de arena al techo. La muchacha miró entonces al encapuchado que se le acababa de acercar, aunque no era capaz de distinguir sus rasgos.

—Se han dado más prisa en reemplazarme de lo que pensaba —comentó—. Y yo dando por hecho que, después de lo ocurrido, la corona no querría saber más de magia…

No obtuvo más respuesta que el destello de unos ojos dentro de la capucha. Algo en ellos le hizo arrugar el entrecejo, porque le resultaron desconcertantemente familiares.

—Puedes esforzarte cuanto quieras, pero no servirá de nada —dijo aun así—. Me han torturado de tantas maneras distintas que tendrías que ser muy bueno para…

—Creo que no será necesario seguir poniéndote a prueba —susurró el desconocido.

Amunet se quedó tan paralizada al oírle que el tintineo de sus cadenas cesó de inmediato. Muda por la estupefacción, no pudo hacer otra cosa que observar cómo la antorcha, cuando el encapuchado dio otro paso hacia ella, delineaba el contorno de unos labios gruesos y la punta de una nariz que habría podido reconocer en cualquier parte.

—¿Kashla? —articuló en un hilo de voz. El corazón le brincó en el pecho cuando la mujer sonrió, llevándose rápidamente un dedo a la boca—. Eres… ¿tú de verdad?

Pero entonces ocurrió algo que la conmocionó aún más, aunque unos segundos antes le habría parecido imposible. El otro encapuchado, que había aguardado en silencio entre los guardias, sacó de entre sus ropajes unos cuchillos con los que les rasgó el cuello a ambos. El ataque fue tan inesperado que no les dio tiempo ni a gemir, y nada más caer al suelo, Kashla y su acompañante se arrojaron sobre ellos para rematarlos a puñaladas.

—Pero ¿qué estáis…? —A Amunet se le abrió la boca cuando el movimiento hizo que al segundo atacante se le resbalara la capucha—. ¿Hori? ¿Qué estás…?, ¿cómo has…?

—Yo también me alegro de volver a verte, pequeña —saludó su antiguo maestro, secando la hoja en las ropas del guardia—, aunque no tenemos tiempo para los saludos.

—Decidimos venir a rescatarte entre los dos, pero no sabemos cuánto tiempo nos dejará Nefertiti a solas —dijo Kashla a su vez—. O el faraón Smenkhara, mejor dicho…

Demasiado aturdida para contestar, Amunet los siguió con la mirada mientras se ponían a registrar a los guardias. Unos segundos después, Kashla había dado con la llave de los grilletes y, tras pedirle a Hori que montara guardia en la puerta, empezó a trastear con ellos para soltar a la muchacha, aunque estaban tan hundidos en su carne y cubiertos de sangre pegajosa que no pudo ahogar un pequeño gemido cuando por fin se los quitó.

Después de llevar colgada tantos días, le habría resultado imposible mantenerse en pie de no ser por Kashla. «Ya está, mi niña —susurró mientras le besaba la cara una y otra vez—, te prometo que te sacaremos ahora mismo de aquí». Hori les hizo un gesto para que le acompañaran y Amunet salió del calabozo apoyándose en la nubia sólo para afrontar una sorpresa mayor: no parecían tener intenciones de cruzar el palacio.

Había una pequeña puerta situada a la derecha de una antorcha, con aspecto de no haber sido abierta en siglos. Esa vez no necesitaron ninguna llave; tras cruzar un par de susurros con Kashla, Hori y ella la abrieron de un empujón y después el sacerdote tomó a Amunet en brazos mientras Kashla encabezaba la marcha con el mayor sigilo posible.

—No entiendo nada de lo que ocurre —susurró Amunet. Le dolía tanto todo que ni siquiera el hecho de ser llevada en volandas le causaba algún alivio—. ¿Cómo os habéis enterado de la existencia de esto? Llevo cuatro años en la ciudad y nunca oí que…

—Como el sacerdote acaba de decirte, ya habrá tiempo para las explicaciones —le contestó Kashla en voz baja. El pasadizo presentaba el mismo abandono que la puerta y no había ninguna tea encendida en él; la única luz procedía de las rendijas abiertas entre los desgastados sillares—. Esta parte de las prisiones debe de estar por encima del nivel del suelo. No creo que tardemos demasiado en alcanzar…

—Parece que estamos condenados a que ninguna *heka* nos dure demasiado —dijo en ese momento una voz desconocida, desde el siguiente recodo sumido en la penumbra.

Los susurros de Kashla se convirtieron en un grito de alarma. Un hombre estaba de pie en medio del corredor, ocupándolo casi por completo con su corpulencia. Cuando dio un paso hacia ellos, el fulgor de la luna relució en su casco y la hoja de su espada curva.

—Nuestros intrusos parecen desconcertados —continuó diciendo Mahu—. ¿Tanto os extraña no ser los únicos que estabais al corriente de que esta vía de escape existía?

—Mahu —murmuró Amunet mientras Hori la dejaba en el suelo. El sacerdote se apresuró a sacar el cuchillo y ponerse ante ella, al igual que Kashla; Mahu rompió a reír.

—Al faraón Smenkhara le encantará escuchar esto. El clero de Amón ha dejado de esconderse en las sombras por fin… Quién lo diría de un hatajo de cobardes. —Echó a caminar sin prisas hacia ellos, haciéndolos retroceder—. Siempre dimos por hecho que habíais abandonado a la *heka* a su suerte, que ni siquiera querríais reclamar su cadáver…

—¿Has sido tú quien ordenó que le hicieran esto? —susurró Kashla. La ira prendió fuego a su voz mientras, para desconcierto de Amunet, alargaba las manos hacia Mahu.

—Como si mereciera un trato mejor —mascullό el jefe de policía—. ¡Como si no se hubiera convertido ella misma en una plaga viviente, una asesina que no ha hecho más que colarse en cada casa gracias a sus ratas! ¡Estáis locos si pensáis que permitiremos…!

Un nuevo movimiento de las manos de Kashla atrajo la atención de Amunet, pero no le dio tiempo a preguntar qué estaba haciendo. A espaldas de Mahu, las sombras del pasadizo parecieron concentrarse en una silueta menos musculosa a la que, sin embargo, no le tembló el pulso al hundirle un cuchillo en la garganta, justo encima de la coraza.

Esta vez fue Amunet quien soltó un grito, tapándose la boca con las manos. Mahu permaneció unos instantes más en pie antes de caer de bruces, y entonces pudieron ver quién se hallaba tras él: la última persona a la que la muchacha esperaba ver allí.

—¿Khay…? —preguntó como si su lengua hubiera dejado de pertenecerle. Tuvo que apoyarse en la pared cuando las piernas empezaron a temblarle, sin poder apartar los ojos de él. Una capucha le cubría la cara, pero su mirada era inconfundible.

—¿Qué demonios crees que estás haciendo tú aquí? —siseó Hori, agarrándolo por un hombro. Todavía tenía la cara cenicienta por el sobresalto—. ¡Te dijimos que nos esperaras en la necrópolis, con los demás! ¡Podría haberse ido todo al traste por tu culpa!

—Pero no ha sido así —contestó Khay sin dejar de mirar a Amunet. Dejó apoyada la muleta en la pared para poder agarrarle la cara; ella estaba tan atónita que ni siquiera consiguió apartarse—. Nunca pensé que mataría a alguien con mis propias manos —dijo en voz más baja sin dejar de observar sus heridas—, pero ojalá pudiera hacerlo otra vez.

—¿Desde cuándo te importa lo mucho que me han hecho sufrir? —fue todo lo que acertó a contestar la joven. Tenerlo ante ella había resucitado el dolor de todos esos meses, la espantosa angustia del abandono. El rencor producido por su traición.

—Nunca llegué a marcharme, Amunet. Me quedé en Akhetatón todo el tiempo y te escribí una carta tras otra para explicártelo…, pero ninguna llegó a tus manos.

Demasiado perpleja por lo que estaba oyendo, Amunet tardó en percatarse de que se le habían humedecido las mejillas. «Puede que esto no sea más que un sueño, pero…».

—Tú…, ¿tú me has seguido queriendo? —consiguió preguntar, atragantándose con las lágrimas—. ¿Me sigues queriendo ahora…, incluso tras haberme convertido en esto?

No pudo evitar sollozar aún más cuando los dedos de Khay se posaron en sus párpados. Le secó los ojos con los pulgares, sin dejar de sostenerle la mirada, y los deslizó después por sus mejillas cubiertas de moratones y sus labios ensangrentados.

—Nunca me has parecido más preciosa ni te he querido más que en este instante.

Amunet rompió a llorar sin hacer ruido, agarrándose a sus manos.

—No me refiero sólo al…, al aspecto que tengo ahora mismo, Khay. No tienes ni idea de lo que he hecho. —Negó con la cabeza, abrumada—. Nunca me lo perdonarás…

—No hay nada que perdonar —contestó él de inmediato—; por lo menos, no entre nosotros dos. Nos han estado manipulando durante tanto tiempo que me cuesta creer que todo vaya a terminar por fin. Cuando hayamos salido de Akhetatón y estemos a salvo…

—Dudo que eso pueda ocurrir si no os movéis de una vez —les instó un Hori cada vez más impaciente—. ¡Os recuerdo que aún seguimos dentro del palacio real!

—El sacerdote está en lo cierto; será mejor darnos prisa. —Y tras mirar una vez más por encima del hombro, Kashla apremió a Khay para que volviera a coger su muleta.

Hori levantó a Amunet una vez más y los cuatro continuaron avanzando por un corredor que, después de girar en dos ocasiones a la derecha y en una a la izquierda, se convertía en una empinada rampa. Tuvieron que agarrar a la joven entre Kashla y Hori para ayudarla a subir y, tras hacer lo mismo con Khay y asegurarse de que no les había seguido ninguno de los guardias, empujaron la maltrecha puerta situada al final.

Al alcanzar por fin el exterior, Amunet tuvo que cerrar los ojos, deslumbrada por la cegadora claridad de los incendios. Habían aparecido en un extremo del embarcadero, tras los restos de una casucha de madera que debía de haber servido en su momento como almacén provisional, pero que ahora, comparada con los elegantes edificios de Akhetatón, parecía un simple chamizo. Las paredes encaladas del resto de las casas relucían con el resplandor de las llamas, que escalaban hasta las estrellas en espesas columnas de humo.

—¿Estamos en la parte baja de los muelles? —murmuró Amunet, girándose como podía en brazos de Hori. El caos se había apoderado por completo de aquella parte de la ciudad y la multitud corría enloquecida de un lado a otro, tratando de salvar sus escasas posesiones de las hogueras con los que sus vecinos habían intentado acabar con las ratas.

—Demasiado cerca del palacio, aunque no parecía haber otro modo de llegar hasta la prisión —contestó el sacerdote sin dejar de correr. Khay, a sus espaldas, se esforzaba por no quedarse atrás—. Con suerte estarán tan pendientes de la muerte de Akhenatón que ningún guardia nos prestará atención, y cuando estemos a salvo en los acantilados…

—Me temo, Hori, que eso tendrá que esperar —dijo Kashla, deteniéndose en seco.

La repentina alarma de su voz hizo que Amunet se volviera para mirarla, aunque no pudo comprender qué ocurría. La nubia se había quedado observando conmocionada lo que parecía ser un simple poste de madera, situado a escasos metros de los muelles.

—¿Qué pasa ahora? —quiso saber mirando a Khay, que también había palidecido.

—Los caballos —musitó este—. Los habíamos dejado aquí… Hori y Kashla vinieron en los suyos, y yo até el mío al mismo poste antes de buscar el pasadizo.

—¿Qué significa eso? —se inquietó la muchacha—. ¿Alguien nos los ha robado?

—Seguramente, algún vecino tan desesperado por escapar como nosotros —dijo Hori al cabo de unos segundos, porque la alternativa era mucho más alarmante: si los hombres de Mahu habían descubierto aquella vía de escape, estaban atrapados—. No os preocupéis; intentaremos hacerlo de otro modo —siguió diciendo—. Sólo tenemos que…

—Nakht —murmuró Amunet, haciendo que el sacerdote la mirase.

—¿De qué estás hablando? ¿Pretendes que empecemos a buscar al visir mientras la ciudad arde como…? —Pero, al desviar la vista en la misma dirección que ella, Hori enmudeció.

En las plataformas de madera del muelle también reinaba la confusión y la gente se daba de puñetazos para montar en las embarcaciones con las que pretendían escapar de la capital. Uno de los navíos más pequeños, de menos de diez metros de eslora, estaba haciendo justo lo contrario: acababa de atracar, como una golondrina empeñada en emprender su propio vuelo migratorio, y a bordo se encontraba el antiguo visir real.

Nakhtpaatón resoplaba por el esfuerzo de plegar la enorme vela cuadrada sin ayuda de nadie, pero, al distinguir a Khay entre la multitud, se detuvo poco a poco.

—¿Escriba Khay? —preguntó perplejo, con las cuerdas entre las manos—. ¿Qué estás haciendo todavía en Akhetatón? ¡Creía que te habías marchado hace casi un año!

—Yo también pensaba que no seguías aquí —contestó Khay—. Oí decir que el nuevo faraón te había destituido y daba por hecho que te habías apresurado a huir…

—Sólo a la cercana Asyut para hacerme con una nueva embarcación. Todos mis bienes han sido requisados por Nefertiti, pero no pienso marcharme de aquí sin… —En ese instante, Nakhtpaatón vio a sus tres acompañantes—. ¿Amunet…?

Fue tal la premura con la que descendió de la embarcación que estuvo a punto de tropezar. Hori había dejado a Amunet en el suelo a regañadientes y Nakhtpaatón la estrechó contra sí con tanta fuerza que la joven no pudo contener un pequeño gemido.

—Atón bendito, Amunet, no puedo creerlo… Si supieras cómo me sentí teniendo que dejarte sola esa noche, cuando no me permitieron acceder al calabozo… —Entonces se apartó un poco para poder observarla, y la rabia provocada por su demacrado aspecto le pintó el rostro de rojo—. ¿Quién te ha hecho esto? ¿Ha sido ese miserable de Mahu?

—Mahu está muerto, Nakht —susurró la muchacha—, pero ahora ya no importa.

—Habría dado lo que fuera por acabar con él con mis propias manos. Era uno de los motivos por los que quería entrar esta noche en la prisión, además de rescatarte a ti.

Amunet se quedó tan perpleja que no supo qué decir. También él presentaba un aspecto muy distinto, y no sólo por las magulladuras de los *medjays*; era la primera vez que lo veía sin afeitar y la barba incipiente lo hacía parecer otro hombre.

—Sabes que te habrían masacrado en cuanto pusieras un pie allí —respondió ella.

—Me daba igual lo que me ocurriera —dijo Nakhtpaatón—. Necesitaba hacer algo más que quedarme esperando de brazos cruzados un indulto imposible para mi esposa…

—Quizá todavía seas capaz de ayudarla —intervino Hori, que no se había perdido ni una sola palabra—. ¿Dices que acabas de hacerte con esa embarcación?

—Es la única que he podido adquirir a cambio de mis joyas. Habría valido mucho menos en otro momento, pero el pánico se está extendiendo por las ciudades cercanas.

—Podría servirnos para remontar el río hasta Ipet Sut —contestó Kashla—, ahora que nos hemos quedado sin caballos. Pero parece demasiado pequeña para cinco pasajeros.

A esto siguieron unos segundos de silencio en los que Nakhtpaatón, tras volverse hacia la embarcación como los demás, miró un momento a Khay y después a Amunet.

—Cogedla vosotros y marchaos lo más rápido que podáis —acabó diciendo—. Yo buscaré sitio en algún otro barco, por desesperado que esté todo el mundo.

—¡Pero eres un proscrito tanto como yo, Nakht! ¡Si no consigues huir a tiempo…!

—En el peor de los casos, puedo regresar a Asyut a pie para conseguir otro medio de transporte, pero eso no es problema tuyo, Amunet —aseguró él—. Hacedme caso y embarcad ahora mismo; os recuerdo que seguimos estando demasiado cerca del palacio.

En medio de tanta confusión y tantas hogueras, la muchacha había olvidado que los muros de la residencia real se alzaban casi sobre el embarcadero, con sus adornos desdibujados por el humo que lo invadía todo. Nakhtpaatón los instó de nuevo a subir a la embarcación y, mientras Hori y Khay se hacían cargo de la vela, Amunet tragó saliva.

—Dadme sólo unos minutos —le pidió a Kashla cuando esta le alargó una mano para que les siguiera. Tratando de ignorar las punzadas de dolor que la asaltaban a cada paso, tiró de Nakhtpaatón hacia uno de los lados de la plataforma—. Escucha, Nakht…

—Sé lo que vas a decirme —la interrumpió él—, y no merece la pena que pienses más en ello. Bastante te han torturado durante estos días para que también lo hagas tú.

Era increíble que aquello hiciese sentir a Amunet una culpabilidad mucho mayor que todo lo sucedido con Akhetatón. Sus ojos se posaron una vez más sobre Khay, que seguía ayudando a Hori con las complicadas cuerdas, antes de regresar a Nakhtpaatón.

—He intentado convencerme durante años de que esa puerta estaba cerrada. Creía que todo había acabado para nosotros, pero cuando le he vuelto a ver…, cuando he sabido que no se olvidó nunca de mí, que permaneció en la ciudad por mí… —Sacudió la cabeza, sin saber cómo expresarlo en palabras—. Él siempre seguirá en mi interior, Nakht. Da igual que la vida, el destino o los dioses nos separen: está tan unido a mí como mi *ka*.

—Ya lo sé —contestó él sin perder la calma—. En el fondo, siempre lo he sabido.

—No te merecías esto, maldita sea... No deberías haberte enamorado de mí. —La muchacha agachó la cabeza—. Tendrías que haber encontrado a alguien libre de verdad...

—Pero te encontré a ti —respondió él—, y estos meses juntos fueron los mejores de mi vida. Compartirlos contigo ha sido un regalo que no podía soñar cuando te conocí.

Los ojos de Amunet se empañaron aún más ante esto. Alargó ambas manos para coger las de Nakhtpaatón y él se las estrechó sin apartar los ojos de los de la joven.

—En otra vida, habríamos sido felices —susurró Amunet—. Estoy segura de ello.

—En la próxima, puede que aún lo seamos —dijo Nakhtpaatón a su vez, y esbozó una sonrisa—. Búscame en los Campos de Ialú si decides probar suerte con otro marido.

Para sorpresa de la joven, sus palabras la hicieron reírse entre lágrimas. Pudo oír cómo Kashla la llamaba desde la embarcación, cada vez más impaciente, y Amunet le respondió con un «voy ahora mismo» antes de alzar una mano para acariciar la áspera mejilla de Nakhtpaatón. Y estaba a punto de despedirse de él, convencida de que aquel recuerdo la acompañaría para siempre, cuando oyó cómo algo surcaba el aire hacia ellos.

Ni siquiera le dio tiempo a preguntarse qué produciría aquel silbido. Nakhtpaatón se tambaleó de repente, todavía mirándola a los ojos, y la joven se apresuró a sujetarle.

—Nakht, ¿qué estás...? —Pero entonces reparó en las salpicaduras de sangre de su propio vestido, unas manchas que no estaban ahí cuando abandonó el calabozo. Amunet creyó que se le detendría el corazón al descubrir su procedencia—. Nakht, no... Esto no...

Algo afilado asomaba sobre su faldellín, una punta de bronce de la que manaba un riachuelo rojo. Amunet soltó un alarido de espanto que atrajo la atención de los demás.

—¡Nakht! ¡No, por favor, Nakht! —Cuando cayó poco a poco de rodillas, todavía con los ojos clavados en ella, la joven no pudo seguir sosteniéndole—. ¡Kashla, ven a ayudarme! —la llamó a pleno pulmón, sin dejar de sollozar—. ¡Tenemos que subirlo a…!

—¡Cuidado, Amunet! —gritó Hori a su vez, y al mirar por encima de la cabeza de Nakhtpaatón comprendió a qué se refería. Media docena de figuras habían aparecido en la azotea del palacio, convertidas por la humareda de las hogueras en simples fantasmas.

Pero parecían capaces de hacer más daño que un alma en pena. Todas enarbolaban unos grandes arcos curvados, semejantes al que había usado el atacante de la reina Kiya.

—¡Apártate de él y sube aquí ahora mismo! —voceó Kashla, inclinándose tanto sobre la borda que le faltó poco para caer. Acababa de decirlo cuando dos nuevas flechas atravesaron el embarcadero, clavándose en la plataforma a escasos palmos de los pies de Amunet—. ¡Hori, agarra esos remos de una maldita vez para que podamos marcharnos!

—¡No puedo dejarlo aquí! —sollozó Amunet, agachada junto a Nakhtpaatón. Los ojos de él se habían cerrado, pero sus dedos seguían aferrados a su vestido—. ¡Kashla…!

Pero la embarcación acababa de ponerse en movimiento, alejándose más del muelle con cada giro de los dos grandes remos que Hori manejaba en la popa, y a la muchacha sólo le dio tiempo a agarrar las manos de la nubia para encaramarse a la nave.

El agua que esta arrojaba por todas partes la cegó aún más que las lágrimas. Seguía oyendo el silbido de las flechas a sus espaldas, pero no podía distinguir nada a su alrededor. Kashla resopló entre dientes mientras tiraba con fuerza de ella, aunque no le dio tiempo a acabar de izarla: un brusco giro a la derecha, producido cuando la nave se adentró por fin en el Nilo, hizo que las manos de Amunet resbalaran entre las de la nubia.

Por un momento pensó que se hundiría como una de las grandes piedras empleadas a modo de ancla. Pero al cabo de unos segundos, cuando estaba luchando con todas sus fuerzas por agarrarse a la parte inferior del casco, algo cayó a su derecha instantes antes de que unos brazos la sujetaran. Unos brazos que habría reconocido en cualquier parte.

«Pero si nunca pudiste aprender a nadar, Khay», se descubrió pensando de pronto, entre el remolino de burbujas que escapaba de los labios de ambos. El agua estaba tan sucia en la ribera este que apenas pudo distinguirlo a su lado, pero se aferró también a él para impedir que la corriente los separara y pronto sus cabezas regresaron a la superficie.

—Sube tú primero —dijo Khay entre jadeos, con los rizos chorreándole por la cara.

—¡Dame la mano y no me sueltes! —exclamó Amunet mientras Kashla, que había proferido un grito de alivio al verlos aparecer, tiraba de ella hacia el barco. Sus dedos se entrelazaron con los del joven—. Sabes que no deberías haberlo hecho, Khay…

Otras dos flechas pasaron de largo, rozando casi sus cabezas. Khay las siguió con los ojos antes de elevarlos hacia los de la muchacha, pero ella ni siquiera le dejó hablar.

—No —se apresuró a decirle, y una vez que estuvo en la embarcación, se echó sobre la borda cuan larga era para agarrarle de los brazos—. No pienso abandonarte aquí, ¿me oyes? Allá donde vaya a partir de ahora, tú también vendrás. —Y tiró más de él, pese a que aquello le causara aún más punzadas de dolor—. Juntos hasta el final, para siempre.

Cayeron a la vez sobre las tablas, abrazados y jadeantes, y Hori apretó los dientes antes de accionar los remos con un brío renovado. Por encima de la cabeza de Amunet, Khay vio cómo Kashla alargaba las manos hacia el palacio, cada vez más desdibujado por el humo, y tres de los arqueros caían desde las alturas entre alaridos. Sólo entonces se permitió cerrar los ojos, todavía con la muchacha apretada contra su pecho.

—¡Que sepas —exclamó Hori desde la popa— que eso ha sido una absoluta locura!

—No tanto como irrumpir en la prisión y apuñalar al jefe de policía —consiguió articular Khay. Amunet guardaba silencio entre sus brazos, y no le costó imaginar por qué—. Habría muerto de todas formas si lo hubiéramos subido con nosotros —dijo en voz más queda—. Aquella flecha lo atravesó de parte a parte. Ni siquiera con tu magia…

Pero acababa de decirlo cuando sintió algo puntiagudo rozándole el estómago y, al agachar la vista, Khay se sintió como si el dios Anubis, como se describía en el *Libro de la salida al día*, le hubiera arrancado el corazón sin importarle que estuviera vivo o muerto.

No todas las flechas habían errado su objetivo. Tal y como había ocurrido con el antiguo visir, una se había hundido en la espalda de la joven hasta casi la mitad del astil.

—Amunet, ¿qué es…, qué es esto? ¿Qué está…? —Los ojos de Khay pasaron una y otra vez de la punta de bronce al rostro de ella. Amunet había palidecido debajo de los moratones y la sangre, pero de sus labios no se había escapado ni un grito—. No —logró decir él, sin apenas aliento—, no, esto no es posible. Amunet, dime que no…, que no…

—¡Amunet! —Aquel chillido lo había soltado Kashla, segundos antes de caer a su lado sobre la empapada cubierta—. ¡Dioses, no! —Y rompió a llorar como una chiquilla.

De algún modo la humareda parecía haberles seguido desde Akhetatón, porque la muchacha tenía la sensación de que el mundo se nublaba en torno a ella. Lo único que pudo hacer fue gemir cuando Kashla, con unas manos tan temblorosas que apenas podía moverlas, consiguió partir el astil que sobresalía de su espalda para sacarle la flecha. Al hacerlo, la sangre empezó a manar de su seno a borbotones, mezclándose con la de Nakht.

Curiosamente, se encontraba envuelta en tantas capas de dolor que aquello no le resultó mucho peor que lo del calabozo. Sus dedos aferraron despacio los de Khay, que también había roto a llorar como un niño con la cara hundida en las trenzas de la joven.

—Allá donde vaya a partir de ahora…, tú también vendrás —susurró Amunet, y le cogió la cara para hacer que la mirara—. Dime que todo va…, que todo va a salir bien…

—Ha sido culpa mía —sollozó él—. Ha sido porque quisiste ayudarme a subir…

—Tengo miedo… No quiero morirme, Khay. —Había abierto más los ojos, con la angustia reflejada en ellos—. No quiero morirme ahora que tú…, que los dos…

La niebla procedente de su interior era más densa que antes, tanto que los contornos del rostro de Khay empezaban a desdibujarse. Podía oír cómo Kashla gemía a su lado y Hori también gritaba algo, pero los sonidos se habían vuelto igual de confusos. Un curioso susurro, semejante al de la brisa que peinaba los trigales de su antigua casa, estaba descendiendo cada vez más sobre ella. «Como en la estación de la cosecha, con padre…».

—Te llevaremos de regreso a Ipet Sut y los *sunu* harán que te pongas bien. —Los sollozos de Khay también estaban en el viento, rozándola como una caricia. Apenas era capaz de verlo, pese a seguir junto a ella—. Te vas a curar, Amunet, ¿me estás oyendo?

—Tengo mucho… frío —logró contestarle—. Khay, abrázame. Abrázame.

Pero en los Campos de Ialú nadie pasaría frío. No existiría nada más que una dicha perpetua, tan eterna como absoluta. Los trigales susurraron con más intensidad, y casi pudo vislumbrar cómo sus manos se hundían en ellos, igual que la tarde en que Menkhaf acudió a su casa. Cuando oyó decir, por primera vez, que era una elegida de Heka.

«Por los dioses, Amunet», seguía clamando la voz de Khay. Cuando cerró los ojos, la visión pareció cobrar vida tras sus párpados cerrados. Los juncos danzaban a la orilla de un nuevo río, tan resplandeciente como el del mundo de los vivos. Las aves surcaban el cielo sobre su cabeza, también rebosantes de vida, y había tantos colores, tantísimos…

Poco a poco, su dolor se fue atenuando. También el calor de las manos de Khay agarrando las de la muchacha. Los nenúfares navegaban sobre las aguas. El sol relucía.

Todos los demás sonidos callaron a la vez. Sólo quedó su propia respiración, cada vez más débil, hasta el momento en que Amunet permitió que la arrastrase la corriente.

Sólo era un nuevo río. Una nueva vida que la esperaba, tan plena como la anterior.

Pero, cuando recuperó la consciencia, a su alrededor no había más que oscuridad.

69

Shaheen

París, 1799

Podía sentir el frío de los adoquines debajo de su mejilla y las diminutas agujas de la lluvia clavándosele en la piel. Había caído de bruces entre la carreta procedente de la prisión y uno de los puestos de verduras de la Place de Grève, donde el alboroto era tan intenso que nadie parecía pendiente de la diminuta muchacha tendida entre los charcos. Canalizar a través de su cuerpo el poder robado a Amunet, aunque sólo fuera durante un par de minutos, la dejó tan extenuada que no pudo oír el «¡Shaheen!» con el que la llamó Gabriel a gritos ni distinguirlo hasta que cayó de rodillas a su lado. Unos cuantos guardias habían corrido tras él para detenerlo, pero, cuando lo vieron estrechar a la chica entre sus brazos en lugar de escapar, se miraron unos a otros con expresión confundida.

«Está bien —era lo único que podía pensar Shaheen—, está vivo». Su alivio era tan inmenso que ni siquiera se fijó en los mosquetes que enarbolaban aquellos hombres ni en los forcejeos con los que Désirée y el pequeño vendedor de periódicos, tan pálidos como Gabriel, eran conducidos a la fuerza hacia esa parte de la plaza. En los labios de ella apareció una débil sonrisa que pocas horas antes se habría creído incapaz de esbozar.

—Te han cortado la coleta, Gabriel… —Hizo un esfuerzo por levantar un brazo, lo suficiente como para acariciar su despeinada cabeza—. No habrá quien te aguante ahora.

Aquello le arrancó una risa al joven, aun en medio de su conmoción. La sangre que resbalaba de la nariz de Shaheen empezaba a empapar su vestido, y Gabriel se apresuró a secársela con una manga de su propia camisa entre el murmullo de los que los rodeaban.

—No deberías estar aquí —consiguió decirle ella después—. Márchate, por favor…

—Me trae sin cuidado lo que puedan hacerme, Shaheen. Me he pasado todos estos días pensando en ti, en que tenía que hablar contigo para pedirte perdón, para que me…

—No, no lo entiendes… Necesito que te alejes de mí antes de que vuelva a ocurrir algo malo. Antes de que te haga daño con mis propias manos. —Sus ojos parecían dos océanos negros y temblorosos—. He matado a tu tío. No puedo dejar que tú…

Ante esto, el desconcierto del muchacho se convirtió en horror y Shaheen creyó sentir una daga gemela a la que había usado contra René clavándose en su pecho.

—Fue Amunet —dijo mientras se agarraba a los brazos de él, incapaz de contener sus sollozos un segundo más—. Fue ella quien me obligó a hacerlo, Gabriel, de verdad.

—Eso no hace falta que me lo jures —murmuró él. Pese a la angustia que parecía embargarle, se inclinó más sobre ella para besar su empapada frente—. No pienses ahora en eso, no hasta que te hayas recuperado. Haré que busquen a un médico para que te...

—No, Gabriel, esto tiene que acabar de una vez. Tienes que ayudarme a que acabe.

—Pero ¿qué estás diciendo? ¿No pretenderás...? —Entonces lo entendió y se le encogió el estómago—. No..., no me pidas eso, Shaheen. Cualquier cosa, excepto eso.

—Es la única manera —insistió ella entre lágrimas—. Desde que Amunet entró en mí, no he hecho más que sembrar el caos por cada lugar al que me ha arrastrado. Quise morirme de dolor cuando René sucumbió ante mí, sin saber siquiera que no era yo quien estaba atacándole. Si te pasara lo mismo a ti —le acarició la cara—, no podría soportarlo.

—¡No voy a dejarte morir cruzado de brazos sólo para que Amunet sea incapaz de controlarte! ¡Maldita sea, ojalá hubiera servido de algo destruir esos dichosos ladrillos...!

—*¿Mis ladrillos?* —Algo pareció alzarse dentro de Shaheen, como una serpiente agazapada hasta ese momento—. *¿Qué habéis hecho con mis ladrillos, Roux?*

El parásito del que había hablado el capitán Malenfant aún seguía en su interior. El monstruo que no hacía más que crecer dentro de ella, que no la dejaría mientras viviese...

—Se hicieron pedazos antes de ayer, cuando nos detuvieron en las catacumbas —le espetó Gabriel, apretando aún más a Shaheen contra su pecho—. Lo cual demuestra que estabas equivocada: nunca hubo una maldición en ellos. Sigues estando entre nosotros igual que antes de que se hicieran añicos, como una mala hierba imposible de arrancar.

—Porque lo que te mantiene anclada a esta dimensión es lo que te hicieron —dijo alguien a sus espaldas—. El dolor de dejar a los tuyos, la angustia de sentirte atrapada, la rabia de las cuentas sin saldar. Aunque no eres la única de tu círculo a la que le ocurrió.

Absortos en su conversación, ninguno había advertido que un carruaje acababa de detenerse a escasos metros, precedido por más guardias a caballo. De él había bajado la última persona con la que Shaheen esperaba encontrarse allí: Marie Anne Lenormand.

—*Si se refiere al faraón Akhenatón y los miembros de la familia real, me trae sin cuidado lo que les sucediera.* —Pese a su desconcierto, el tono de Amunet era más retador que nunca—. *Se merecían pasar por lo mismo que yo, por todo lo que me hicieron.*

—En realidad, estoy hablando de alguien mucho más cercano a ti, aquel por cuya salvación acabaste entregando tu propia vida... El hombre al que conociste como Khay.

En el silencio que se hizo en la cabeza de Shaheen, cada sonido dio la impresión de amplificarse por cien. Creyó entender cada cuchicheo de los curiosos que los rodeaban, cada repiqueteo de las armas de la atónita Guardia Nacional. Cada gota de lluvia impactando como una bala sobre los nauseabundos charcos de la Place de Grève.

—Shaheen no me ha dicho su nombre, si es lo que estás sospechando —continuó la tarotista, acercándose más a ellos—. Han sido las cartas las que me lo han revelado.

—*Sabe que esas predicciones suyas me parecen una tomadura de pelo* —replicó Amunet—. *Que acertara al echarle las cartas a ella no quiere decir que...*

Pero entonces Lenormand sacó algo del interior de su manga y todos los susurros se acallaron a la vez cuando lo alzó en su mano: era la carta que tenía dibujado un ataúd.

—La muerte de tu esposo, poco después de la tuya. —La dejó caer sobre el regazo de Shaheen para enseñarle una segunda—. El ancla que lo mantiene atrapado entre dos mundos. —La tiró antes de sacar una tercera—. La encrucijada en la que se encuentra.

Seguía lloviendo tanto que las cartas no tardaron en arrugarse, aunque a la mujer no pareció preocuparle. Gabriel apretó más a Shaheen contra sí sin dejar de observarlas.

—*Pero eso querría decir...* —consiguió responder Amunet; su voz apenas pasaba de un susurro—. *¿Querría decir que a Khay le ocurrió... lo mismo que me ocurrió a mí?*

Esta vez no hizo falta que Lenormand contestara. Durante unos segundos que se alargaron como siglos ninguno de los presentes habló, hasta que Shaheen oyó algo que hasta entonces no habría creído posible: el gemido con el que Amunet rompió a sollozar.

Sabía que nadie más podía oírlo, pero eso no lo hacía menos espantoso. Era como si tres mil años de dolor se hubieran concentrado en un único alarido de angustia.

—Al menos han tenido la consideración de ofrecer su propio espectáculo, tras el fiasco de la guillotina —se oyó decir. Napoleón Bonaparte había descendido también del carruaje de Lenormand para acercarse al grupo—. ¿Qué ha sucedido aquí?

—Todavía..., todavía estamos tratando de averiguarlo, general —contestó el oficial que había estado supervisando las ejecuciones—. Un fallo en la máquina debe de haber...

Pero Bonaparte no parecía estar prestándole la menor atención. Su sombra, pese a la escasa estatura del corso, cubrió por completo a Shaheen cuando se detuvo ante ella, observándola de un modo que le hizo acordarse de cómo había escapado del Palacio de Luxemburgo. En un rincón de su cabeza, Amunet seguía estando deshecha en lágrimas.

—Tiene cierto sentido, en realidad —acabó comentando Bonaparte—. La afinidad entre criminales, la asesina y el traidor... ¿Para esto quería huir de mí, señorita Shaheen?

—No supe que Gabriel iba a ser guillotinado hasta después de marcharme —dijo ella a media voz—. Esto no tiene nada que ver con lo que me hizo apartarme de usted.

—Pues es una suerte que mi intuición no me haya fallado. No dudé ni un segundo acerca de su paradero, aunque otras personas —miró de reojo a Lenormand, que seguía observándolos a Gabriel y ella— se emplearan a fondo para hacerme cambiar de opinión.

La tarotista se limitó a apretar sus delgados labios. «¡Désirée!», se oyó gritar a sus espaldas cuando Belle, después de atravesar media plaza y de derribar casi a una pareja de guardias, se arrojó con tanto ímpetu sobre su maniatada amante que casi la hizo caer.

—Si Shaheen no quiere regresar con usted, no puede obligarla a hacerlo —repuso Gabriel sin dejar de abrazarla—. Bastante ha estado manipulándola desde que la conoció.

—Siento decir que su opinión no puede ser menos irrelevante, ciudadano Roux. A decir verdad, no debería malgastar sus últimos minutos metiéndose donde no le llaman.

—*Ni usted los primeros de su nuevo mandato comportándose como un déspota.* —No fue necesario que Shaheen aclarara que aquella no era su voz; el tono de Amunet era inconfundible, a pesar de su congoja—. *Ya la ha oído, Bonaparte; esta situación resulta insostenible. Me necesita sólo a mí, de modo que deje en paz a esta muchacha.*

La estupefacción de Shaheen no habría sido mayor si le hubieran dicho que pensaban elegirla reina de Francia. «¿Qué está haciendo ahora? Después de lo que ha descubierto, de lo que sucedió con su marido... ¿Qué más le da lo que me pase?».

—Siento decir, señorita Amunet, que el asunto no es tan sencillo. No me sirve de gran cosa tener a su espíritu al lado si ni siquiera soy capaz de comunicarme con usted.

—Pero puede que dar con alguien que sí sepa hacerlo sea más fácil de lo que cree.

—Sólo tiene que mirar a su alrededor —coincidió Lenormand—. Demasiados años he pasado echándole las cartas a su esposa para no apetecerme un cambio en mi trabajo.

Bonaparte frunció un poco más el ceño. Parecía cansado, pensó Shaheen; los acontecimientos de aquella noche empezaban a pasarle factura.

—¿Lo dice en serio, ciudadana Lenormand? —inquirió el general—. ¿Se atrevería a sustituir a la señorita Shaheen… con todo lo que ha ocurrido en este tiempo?

—Estoy acostumbrada al contacto con los espíritus, aunque no sea la rama de la clarividencia en la que me he especializado. —La mujer se encogió de hombros—. Esta pobre niña no está en condiciones de seguir ayudándole; las experiencias por las que ha pasado casi acaban con ella. Deje que sea yo quien se ocupe de Amunet a partir de ahora.

—Vaya, nunca pensé que acabaría volviéndome tan popular —contestó el espíritu con un resoplido—. *Digo yo que mi opinión también debería ser tenida en cuenta, ¿no?*

—Puedes decir lo que quieras; otra cosa será que te hagamos caso —le advirtió la tarotista—. Vas a tener que aprender a quedarte calladita para que lo nuestro funcione.

Encogida contra el pecho de Gabriel, Shaheen no dejaba de observar al general y a Lenormand con el corazón en un puño. Seguía sin poder dar crédito a lo que escuchaba.

—Supongo que a Josefina le agradará contar otra vez con una sola vidente —dijo Bonaparte por fin—. ¿Hay algo más que quiera pedirme, aparte de la libertad de Shaheen?

—*También la de Gabriel Roux y aquellos a los que detuvieron con él* —respondió el espíritu—, *en el supuesto de que aún no les haya dado tiempo a guillotinarlos a todos.*

Shaheen pudo sentir, en los brazos que seguían rodeándola, la repentina tensión de Gabriel. Al mirar por encima de su hombro, vio que Désirée se había quedado perpleja.

—Me temo que eso es imposible —replicó el general—. Según tengo entendido, el ciudadano Roux y la ciudadana Tournelle han sido condenados a la guillotina como traidores a la República. No se me permite interferir en nada que el Palacio de Justicia…

—Como si eso le hubiera importado en algún momento —susurró Shaheen—. Sé muy bien que fue usted quien movió hilos para que Gabriel acabara en el calabozo.

—Hizo que sus hombres siguieran mi rastro hasta las catacumbas —dijo el joven sin apartar los ojos de los de Bonaparte—. Ese hombre con el que me crucé en la isla de Saint-Louis… Necesitaba quitarme de en medio después de lo sucedido en Malmaison.

—*Como acabo de decirle, los dejará libres a todos* —continuó Amunet—. *De lo contrario, no volverá a saber de mí… y dudo que eso le convenga en su situación actual.*

—Parece que ha aprendido el arte de la coacción a marchas forzadas —se limitó a contestar Bonaparte con acritud—. Se cree demasiado indispensable, señorita Amunet…

—*Y usted, más inmune de lo que en realidad es. Estoy convencida de que a Barras, nuestro pobre exdirector, le encantará explicarles a todos y cada uno de los ciudadanos de París cómo consiguió su carta de renuncia, sobre todo si cuenta con el testimonio de alguien que también estuvo allí. Por no hablar* —a Bonaparte le temblaba una ceja, pero Amunet prosiguió— *de ese extraño intento de asesinato que sufrió días antes en su casa.*

La amenaza no habría sido más clara si le hubiese apuntado con un cuchillo. Tras unos segundos en los que nadie añadió una palabra, el general se giró hacia los guardias.

—Bajad las armas ahora mismo. Bajadlas, he dicho —repitió ante el titubeo de sus hombres, y después volvió a mirarlos a ambos—. Hablaré con el tribunal encargado de dictar su sentencia, pero no piensen ni por un segundo que serán absueltos. Que les ahorremos la pena capital no quiere decir que no tengan que pagar por lo que han hecho.

—*Supongo que era pedir demasiado* —se resignó el espíritu—, *aunque, después de haber estado a los pies de la guillotina, cualquier otra condena les parecerá un regalo…*

La perplejidad de Shaheen la había dejado demasiado boquiabierta para hablar. «Es por lo que Lenormand le ha contado —comprendió—, por lo que ahora sabe que le ocurrió a su marido. No quiere que nosotros acabemos como ellos. —Alzó los ojos hacia Gabriel, con el corazón saltándole en el pecho—. No quiere impedirnos estar juntos».

Supo de inmediato que él pensaba lo mismo, porque la sonrisa con la que se inclinó para besarla, sin importarle que sus labios siguieran manchados de sangre, demostró que Amunet no era la única capaz de leerle la mente. Sin embargo, aquel beso no pudo durar demasiado: cuando Gabriel quiso darse cuenta, había caído desmadejada en sus brazos.

—Shaheen, ¿qué…? ¡Shaheen! —La sacudió con suavidad por los hombros, pero ella siguió inconsciente. El cabello que le cubría la cara, no obstante, se agitaba con su respiración y eso consiguió serenarle un tanto—. ¿Qué le ha pasado ahora? —preguntó.

—Sólo se ha desmayado —le tranquilizó Lenormand—. Será mejor que nos la llevemos de aquí para que pueda descansar un poco. Necesita recuperar fuerzas... *sobre todo* —añadió en un tono tan distinto que incluso ella se llevó una mano a la garganta, sorprendida por el sonido de su voz— *si le espera una vida entera aguantándote, Roux.*

70

Khay

Valle de los Nobles, 1336 a. de C.

Los guardias del Valle de los Nobles habían sido avisados de su visita y, cuando Khay se aproximó a la sepultura que Sennedjem había hecho excavar en la montaña, se limitaron a hacerse a un lado sin pronunciar palabra. El camino entre las dunas le había resultado tan trabajoso que apenas era capaz de sostenerse en pie, pero se obligó a seguir avanzando hasta alcanzar la entrada de la tumba. El sello con el que la habían cerrado la tarde anterior continuaba intacto y Khay lo cortó con ayuda de una daga que le había prestado Kashla antes de adentrarse en el sepulcro, acompañado por el eco de la muleta.

Hasta que no encendió la lámpara que llevaba consigo, los objetos amontonados en la cámara no cobraron vida a su alrededor, pues hacía unos minutos que se había puesto el sol y las tinieblas no tardarían en apoderarse de la orilla oeste. La colocó al lado de la daga sobre la mesa de las ofrendas, prácticamente invisible bajo las bandejas de frutas, las coronas de flores y las figurillas esparcidas por todas partes. También el suelo estaba atestado de piezas del ajuar, y la pequeña llama arrancó destellos a los brazaletes de oro, los collares de pedrería y los estuches de perfume ofrecidos por los sacerdotes de Ipet Sut.

En aquel resplandor trémulo, las pinturas de las paredes casi parecían respirar por sí mismas. Khay dio unos pasos hacia la que mostraba a Sennedjem y su hija, preguntándose cómo un retrato tan impersonal podía parecerse tanto a la Amunet de carne y hueso. Era como volver a tenerla ante sí: una niña revoltosa con los ojos repletos de risas y de rabia.

—Han pasado diez años desde que te conocí, pero sigo sin saber si eras una elegida de Heka o un demonio —dijo tras unos minutos de silenciosa contemplación—. Tampoco sé si lo que te obligaron a hacer supondrá la salvación de Kemet o un castigo aún mayor.

Sus dedos temblaron al acariciar el rostro pintado sobre el muro. Uno de sus dedos apuntaba hacia la espesura, como si estuviera señalando algo. ¿Se parecería aquello a los jardines paradisíacos de los Campos de Ialú? ¿La encontraría entre los papiros y los lotos cuando emprendiera su propio viaje, sonriéndole del mismo modo que en sus recuerdos?

—Lo único de lo que estoy seguro —siguió diciendo— es de que daría la eternidad a cambio de poder pedirte perdón por lo que te hice. —La voz se le quebró y tuvo que tragar saliva—. Si no nos hubiéramos conocido, nada de esto habría sucedido.

«Si no nos hubiéramos conocido, todavía seguirías con vida». Luchando contra el nudo de su garganta, sacó algo de entre su ropa antes de ponerse poco a poco de rodillas.

—Me aseguraste que la única magia en la que creías era la tuya propia. —El anillo relució cuando lo dejó en el suelo, entre las ofrendas funerarias—. Ahora sé que tú eras mi magia, lo que hacía brotar la vida a mi alrededor. Lo que me mantenía a mí con vida.

Casi de forma inconsciente, sus ojos se desviaron hacia el pozo cegado. Ella estaba ahí abajo, envuelta en su armadura de vendas..., una cara pintada sobre un ataúd entre las sombras de la cámara sepulcral. «Y, aun así, casi me parece sentirte a mi lado. Como si de algún modo estuvieras en este lugar, aunque no sea capaz de verte ni de tocarte...».

—No importa cuánto se escriba a partir de ahora acerca de la eternidad —consiguió decir poniéndose en pie—. Nada podrá definirla mejor que lo que seguiré sintiendo por ti.

—Pero habrá otras cosas que no cambiarán, como tu sensiblería. —La voz que sonó a sus espaldas fue tan inesperada que casi se le cayó la muleta—. Parece que los golpes de la vida no siempre sirven para curtirnos. A ti te han vuelto aún más tierno que antes.

Tres siluetas permanecían de pie en la entrada de la tumba. Por un instante, Khay se preguntó si no habría ido Kashla a buscarle, pero cuando la que estaba en el centro dio unos pasos hacia él, acercándose al rincón iluminado, reconoció de quién se trataba.

—Sabía que te encontraría aquí —continuó Meresamenti. Su aspecto seguía siendo tan miserable como la última vez que la vio, en la cueva de la necrópolis real—. Pierde cuidado: hoy no pretendemos saquear ninguna tumba —añadió cuando Khay les lanzó una mirada a sus acompañantes—. Quería despedirme de ti antes de marcharme de Uaset.

—No me puedo creer que tengas tan poca vergüenza —susurró él—. Nadie te ha dado permiso para entrar en este lugar y yo no tengo nada más de lo que hablar contigo.

—Es curioso que emplees esas palabras. Son prácticamente las mismas que acaba de dirigirme tu amiga, esa condenada esclava a la que tendría que haber hecho azotar…

—Supongo que se habrá negado a cumplir su promesa. —Khay se volvió de nuevo hacia la pintura de Amunet—. No conseguimos salvarla, pese a seguir tus instrucciones.

Ya habían transcurrido dos meses, pero el dolor no disminuía; era como una herida que volvía a abrirse cada vez que se acordaba de aquella noche. Del viaje río arriba con su cuerpo entre los brazos, de las horas hablándole en susurros aunque no pudiera oírle. De Kashla sollozando en silencio a su lado, con la cara apoyada en sus trenzas. De Hori murmurando que tenían que despedirse de ella para entregársela a los embalsamadores…

—Yo diría que la nubia ha demostrado ser más astuta de lo que creíamos —contestó la princesa, deteniéndose también ante la pintura—. Por lo menos me queda el consuelo de que siga estando demasiado hundida por la pérdida para tomar represalias contra mí.

—¿Represalias? —Khay arrugó el entrecejo—. ¿De qué demonios estás hablando?

Meresamenti dejó escapar una risa que casi pareció un gañido. Hizo un gesto con la barbilla hacia los dos guardias, que se habían puesto a hablar a la puerta de la tumba.

—¿Quiénes crees que se encargaron de desaparecer con los caballos? ¿De verdad no se te pasó por la cabeza que debía de haberlo hecho alguien al corriente de vuestro plan?

—Vosotros… —comenzó a decir Khay, pero apenas le salía la voz. La perplejidad le había anudado las cuerdas vocales—. ¿Vosotros nos seguisteis de vuelta a Akhetatón?

—Tenía que asegurarme de que alcanzabais la prisión, pero lo que ocurriera más tarde con la *heka* no era asunto mío. De todos modos, hubo algo en lo que la nubia no se equivocó: conocía el palacio como la palma de mi mano, incluido el camino a la azotea.

Khay tuvo que apoyar una mano en la mesa en la que ardía la lámpara. El horror que había germinado en su estómago empezaba a atenazarle la garganta como una soga.

—Fuiste tú. Fuiste tú quien avisó a los arqueros. Les hiciste subir hasta el tejado…

—Es la única ventaja de esta ropa: la facilidad con la que tus antiguos sirvientes te confunden con una criada —confirmó Meresamenti—. Pero no puedo atribuirles todo el mérito: yo también me ocupé de lo mío. Sinceramente, nunca he tenido mejor puntería.

Como si su espanto le pareciera encantador, la princesa sonrió mientras se acercaba más a Khay. Sus labios ya no eran del color de la sangre; apenas quedaba vida en ellos.

—Verla caer ante mis ojos, cuando estabais a unos segundos de conseguirlo, fue una de las cosas más deliciosas que me han sucedido. Tanto que volvería a hacerlo otra vez, si me dieran la oportunidad. —Le rodeó el cuello con los brazos, delgados como los de un esqueleto—. Lo haría cientos de veces, y por cada vez que tu *heka* resucitara en los Campos de Ialú, lo haría cien veces más. Porque nadie me ha definido mejor que ella: no quería que Amunet tuviera nada que yo no pudiera tener. Sobre todo si ese algo eras…

Pero antes de que acabara de hablar, antes de comprender lo que estaba haciendo, la mano que Khay había apoyado en la mesa se cerró sobre la empuñadura de la daga, y un segundo más tarde se la había hundido en el costado con tanta fuerza que casi la derribó.

Ni siquiera era consciente de que se le habían saltado las lágrimas. No era dueño de su cuerpo ni de sus pensamientos; lo único que podía sentir era un odio mayor de lo que nunca se había creído capaz de experimentar. Mordiéndose los labios, hizo girar la hoja dentro de su cuerpo antes de soltarla, como si temiera quemarse con aquel contacto.

Los labios de la princesa se abrieron poco a poco, pero no profirió ningún grito. No hizo más que observarle con unos ojos de los que, de repente, había desaparecido la risa.

—No me moví de la cueva en todo ese tiempo… —Aquello hizo detenerse a Khay cuando estaba a punto de apartarse. Paralizado por la sorpresa, no notó que ella se había aferrado a sus brazos—. Ni siquiera me… enseñaron nunca… a usar un arco…

Entonces se acordó de algo que les había dicho esa noche: «No me queda nada que perder, salvo la vida. Me haríais un favor acabando con esto». Por eso había acudido a él después de que Kashla se negara a ayudarla. Por eso le había provocado hasta el final.

Unas burbujas de sangre habían aparecido en sus comisuras, pero Meresamenti le sonrió. A Khay le recorrió un escalofrío cuando apoyó una mano en su rostro.

—Eres lo único bueno que me ha pasado en la vida —le susurró—. Gracias… —Y sin un solo gemido, cayó suavemente a sus pies cuando las piernas dejaron de sostenerla.

El estrépito de las bandejas atrajo la atención de los guardias. Dejaron de hablar de inmediato para girarse hacia la tumba y, al reconocer a su señora tumbada delante de Khay, dejaron escapar un grito. Pero este no se inmutó cuando echaron a correr hacia él, ni tampoco cuando desenvainaron sus espadas; se había inclinado para arrancar la daga del costado de la princesa haciendo que la sangre resbalara a lo largo de su mano.

Curiosamente, hacía mucho que no se sentía tan sereno, quizá porque por fin era consciente de que todo había concluido. «Debería estarle agradecido por este empujón».

—No os preocupéis —les dijo a los guardias—, no os haré perder más tiempo. Tengo a alguien esperándome esta noche. —Y sin que esa extraña calma le abandonara, dejó caer el brazo mientras ambos hombres se precipitaban sobre él.

Comparado con lo que había estado sintiendo, la dentellada del cobre fue como una caricia. Como la mano de la madre a la que no había conocido enviándolo a dormir. La daga repiqueteó a sus pies, sobre la sangre de Meresamenti; la muleta no tardó en caer también y, cuando los guardias entendieron por qué ni siquiera había tratado de defenderse, Khay estaba tendido en el suelo, observando con ojos nublados el dedo con el que la Amunet de la pintura apuntaba hacia la eternidad.

A su lado, tan cerca que casi podría haberlo tocado, el anillo brilló una última vez antes de desaparecer entre la sangre, derramada como vino sobre las ofrendas funerarias.

71

Gabriel

París, 1799

En aquella tarde de noviembre que presagiaba un diluvio, el cementerio de Saint-Gervais y Saint-Protais estaba tan desangelado que la propia frialdad de las sepulturas parecía instalarse en el alma. Casi todos los visitantes se habían marchado, deseosos de acurrucarse al lado de una chimenea encendida; el alboroto del mercado cercano también se había atenuado poco a poco, los ruidosos grajos se habían refugiado en sus nidos y lo único vivo que quedaba en el recinto funerario, aparte de las tres personas congregadas ante una de las tumbas, eran las azucenas que Gabriel se agachó para dejar frente a ella.

La lápida de René Mouret era idéntica a la de su esposa, pese a que los líquenes aún no se hubieran apoderado de ella. En la penumbra recordaban a un libro abierto cuyo epílogo, incluso en un momento como aquel, resultaba más conmovedor que trágico.

—Daría cualquier cosa por tener la certeza de que no me guarda rencor, esté donde esté ahora mismo —murmuró Shaheen. Era la primera vez que salía a la calle desde lo sucedido tres días antes en la Place de Grève y aún sentía las piernas inseguras—. Y de que sabe que todo acabó saliendo bien, aunque no pueda estar con nosotros para verlo…

—Quizá sí lo esté —dijo Gabriel en el mismo tono—. Con todo lo que ha pasado últimamente, incluso los mayores escépticos estamos dispuestos a aceptar lo imposible.

Enroscada en la garganta de Marie Anne Lenormand, Amunet guardaba lo que a Shaheen le pareció un silencio avergonzado. La tarotista los había esperado frente a la iglesia para dar el último adiós a René, aunque no había mucha más gente; según admitió un incómodo Vivant Denon, sus colegas del Instituto de Egipto preferían no tener que codearse con un condenado por traición, aunque a Gabriel ya no podía importarle menos aquel desplante. Tampoco lo hacía la presencia constante de los dos guardias apostados a la entrada del cementerio, con unas expresiones casi tan sombrías como los nubarrones, ni el hecho de que muchos vecinos de Le Marais apartaran la mirada al cruzarse con él.

Había otra lápida nueva cerca de las de los Mouret, aunque realmente no tuviera que ver con la familia. Désirée la había encargado en persona para Claquesous, después de conseguir que las autoridades accedieran a entregarle su cuerpo, y Belle y ella habían estado presentándole sus respetos antes de despedirse de Gabriel, Shaheen y Lenormand.

—Nunca pensé que sería yo quien le enterraría —confesó Désirée después de que el sepulturero acabara de cubrir las fosas—. Parecía capaz de sobrevivirnos a todos, ese zorro ladino… Al menos pudo marcharse como siempre había vivido: como un filósofo.

—¿Qué vais a hacer vosotras a partir de ahora? —quiso saber Shaheen en voz baja.

—Bueno, como el magnánimo Bonaparte ha tenido a bien sustituir la guillotina por la deportación —Désirée echó una mirada rencorosa a la pareja de guardias—, no nos quedará más remedio que hacer el equipaje. Aunque puede que no sea un cambio tan terrible; la casa de la isla de Saint-Louis amenazaba con cáersenos encima cualquier día.

—Confiemos en que el sol de España haga más llevadero el invierno —dijo Belle, acariciándole el cabello trasquilado—. Claro que vosotros tendréis un clima aún mejor.

—No lo digas muy alto —susurró Gabriel—. Se supone que debería ser un castigo.

Embriagado por su nuevo cargo como cónsul de Francia, Bonaparte no había visto nada sospechoso en la resignación con la que Gabriel había aceptado su nueva condena y Shaheen se había ofrecido a acompañarle en el exilio. Quizá se lo habría pensado mejor de haber sabido que en Martinica, donde Bonaparte imaginaba que les esperaría una vida tan incómoda como breve, seguía habiendo una plantación de caña de azúcar que legalmente había pasado a manos de Gabriel tras la muerte de su tío…, un pequeño detalle del que a nadie, por suerte para ambos, se le había ocurrido informarle.

Ni siquiera a su esposa Josefina, pese a haber sido vecina de los Mouret durante los años que pasó en el Caribe. Como le comentó

Shaheen a Gabriel, debía de estar tan deseosa de quitársela de encima a su esposo que le daba igual cómo sucediera.

—Nosotros también deberíamos marcharnos —acabó diciendo el joven, y apartó los ojos con esfuerzo de los nombres cincelados en las lápidas de sus tíos—. No tardará en caer la tormenta del siglo, y nuestros guardianes estarán deseando ponerse a cubierto.

—Adelántate tú: aún tengo que ocuparme de algo—dijo Shaheen. Cuando Gabriel se hubo alejado unos metros, miró a Lenormand—. ¿Está segura de esto? —le susurró.

—Por supuesto —contestó la tarotista—. Me parecía habértelo dejado muy claro.

—Sólo quiero asegurarme de que no acabará arrepintiéndose. Amunet puede ser bastante picajosa…, por decirlo de alguna manera. Va a necesitar toda su paciencia para…

—*Qué considerada eres* —comentó el espíritu con sarcasmo—. *Lo siguiente será explicarle las horas a las que debe sacarme a pasear, las cosas que me gusta comer y cómo tiene que rascarme.* —No obstante, Lenormand sonrió antes de añadir—: Creo que sabré apañármelas, por difícil que se ponga en ocasiones. El nuevo consulado parece una época prometedora para la única espiritista de París que realmente cuenta con un espíritu.

Shaheen sonrió a su vez, sin dejar de observar a la joven. Resultaba extraño pensar que aquel destello de sabiduría milenaria había residido hasta entonces en sus propios ojos.

—Cuando estábamos en Ajaccio, la tarde en que ejecutaron a Malenfant —acabó diciendo Shaheen—, me hablaste de lo fuertes que podríamos ser si siguiésemos juntas.

—*Y hemos conseguido serlo, y hemos pagado por nuestros errores* —le respondió el espíritu en un tono más serio—. *Ahora es el momento de que lo seamos por separado.*

Cuando le tendió la mano derecha de Lenormand, Shaheen creyó sentir a través de su piel el calor que había ardido en su interior desde que se conocieron. Sin pronunciar palabra, se quitó el anillo que seguía llevando en el dedo para ponerlo en el de la joven.

—Él todavía sigue ahí fuera —le susurró—. En algún lugar, entre la arena egipcia.

—*Lo sé* —Amunet se quedó mirando la pequeña turquesa antes de alzar la mirada hacia ella—, *y también sé que le encontraré. No importa cuántos años pueda llevarme, no importa que se conviertan en siglos. Algún día, Khay y yo volveremos a estar juntos.*

—Creo que es una de las pocas cosas de las que estoy segura ahora mismo —dijo Shaheen con una sonrisa—. Cuanto antes empieces, mejor. No deberías hacerle esperar.

—*Tú tampoco* —contestó el espíritu mientras señalaba con la cabeza a Gabriel, que se había puesto a contemplar con aire pensativo las vidrieras de la cabecera de la iglesia.

Sus manos se soltaron poco a poco, aunque el calor permaneció en su piel. Tal vez siempre sería así, pensó la muchacha; tal vez seguirían estando unidas, de algún modo.

—Hasta que volvamos a encontrarnos, en tu paraíso o en el mío —dijo más tarde.

—*Hasta entonces, Shaheen* —respondió Amunet, y Lenormand y ella se quedaron observando cómo se abría camino hacia Gabriel entre las sepulturas cubiertas de musgo.

—¿Nos vamos a casa? —preguntó este cuando la muchacha se reunió por fin con él.

—Ya estoy en ella —contestó Shaheen, y alzó la mano con la que había sujetado la de Gabriel. Aquello le hizo sonreír poco a poco sin dejar de mirarla, de un modo que, incluso en un día como aquel, pareció iluminar el cementerio, y tras asentir en silencio e inclinarse para darle un beso, los dos se dirigieron agarrados hacia la salida del recinto y se alejaron de Saint-Gervais y Saint-Protais, sin prestar atención a su recelosa escolta.

«Les irá bien», pensó Lenormand cuando desaparecieron entre los carruajes, cuyo bullicio parecía convertir a la iglesia en una pequeña isla de paz.

Ya me imaginaba que te habría faltado tiempo para echarles las cartas.

«A Shaheen sólo le leí su pasado en el Palacio de Luxemburgo, poco antes del golpe de estado. Pero, a juzgar por lo cerca que se hallaban la luna, el lirio y la cigüeña en la hilera dedicada a su futuro…, es una suerte que esa plantación sea tan grande».

Dioses —contestó Amunet mientras empezaban a sonar los primeros truenos—. *Esperemos que salgan a ella, por el bien de la humanidad.*

Pronto, el aguacero envolvió París en una campana de agua y las dos se apartaron de las tumbas para abandonar también el cementerio. La lluvia arreciaba a medida que caminaban bajo ella, pero a ninguna le importaba mucho que fuera así; después de tantos años de odio, muertes, intrigas y venganzas, se necesitaba toda el agua del mundo para limpiar el rojo de las calles, aunque sólo era cuestión de tiempo que ocurriera. El año de 1800 se encontraba a la vuelta de la esquina y un mundo nuevo estaba a punto de nacer.

Epílogo

Muchos años después, a un mar de distancia de allí, la tierra todavía parece reverberar con los aletargados latidos de la Segunda Guerra Mundial, pero el Horizonte de Atón sigue siendo el mismo oasis de silencio en que se convirtió después de mi muerte.

Desde lo alto de uno de los ruinosos pilonos del gran templo, la antigua Akhetatón se extiende a mis pies como un mosaico decolorado por el sol. Todos los sonidos que se propagaban por sus calles, convertidas ahora en unas cicatrices apenas apreciables entre la arena, fueron arrastrados hace tiempo por el *jamsin* del desierto. Ya no se oye reír a los niños ni cotorrear a las mujeres del mercado; el entrechocar de las espadas de los *medjays* se ha desvanecido y de los cantos en honor a Atón no queda el menor eco. Sólo el repiqueteo de las herramientas en los edificios en ruinas me hace recordar que no soy el único ser vivo en este agujero. Si es que se me puede considerar como tal.

Por muy acostumbrada que estuviera en el pasado, el bochorno me hace subirme aún más las mangas de mi camisola blanca. Tengo la ropa tan pegada al cuerpo como los pobres *fellah* que, siguiendo las indicaciones del equipo de arqueólogos, se afanan un poco más allá apartando la arena del templo, sin sospechar que la causante de las desconcertantes grietas que recorren el enlosado se encuentra más cerca de lo que creen.

—*Al menos no estás aquí ahora, Lenormand* —digo en voz baja, pese a saber que no podrá escucharme; tuvo la suerte de partir con una paz mayor que la que conoció en vida—. *No quiero ni imaginarme lo pesada que te habrías puesto por culpa de este calor.*

Lo cierto es que la convivencia resultó más sencilla de lo que ambas esperábamos cuando comenzamos nuestro periplo juntas. Mientras recorro poco a poco la sección del pilono que aún se conserva en pie, desde la que un día dispararon una flecha a la reina Kiya, pienso una vez más en los lejanos tiempos de París. El regreso a mi propia tierra no me ha hecho olvidarme de esa época, sobre todo porque las predicciones de Marie Anne Lenormand volvieron a cumplirse: con el ascenso al poder de Napoleón Bonaparte y su coronación como emperador (¿alguien dudaba de que aquello acabaría ocurriendo?), las dos pudimos gozar de una prosperidad que habría sido impensable durante la revolución.

Tampoco es que lográsemos esquivar todos los problemas; la condenada francesa tenía un talento sobrehumano para meterse en ellos. No sé cuántas veces acabamos en el calabozo por su culpa, después de que el divorcio de Napoleón y Josefina nos hiciera perder el favor de nuestro protector, ni las ocasiones en que peligró su propio cuello debido a las cartas incendiarias que escribía desde la prisión. Pese a todo, Lenormand demostró haber nacido para ser una superviviente, y cuando por fin tuvimos que decirnos adiós en una soleada tarde de 1843, se marchó con la misma tranquilidad con la que alguien subiría a un carruaje que se hubiera detenido delante de su puerta a la hora acordada.

Para mi sorpresa, el siglo XIX parecía estar hecho a mi medida. Al otro lado del canal de la Mancha, la aristocracia inglesa no tardó en decidir que no existía nada más emocionante que contactar con los difuntos, y en pocos años proliferaron tantas médiums que tuve de sobra dónde escoger. Fui pasando de una a otra durante el resto del siglo y, aunque las verdaderas podían contarse con los dedos de una mano, ninguna puso objeciones a ayudarme con mis propósitos si a cambio podía contar con un auténtico espíritu guía.

Desgraciadamente, el materialismo del mundo actual ha dado al traste con todo eso, de manera que no me ha quedado otro remedio que recurrir a soluciones… un poco más cuestionables, moralmente hablando. Los hospitales han estado tan abarrotados durante las dos guerras mundiales que nadie se paraba a pensar demasiado en lo extraño que era que alguna paciente, a la que los médicos no daban más que unas horas de vida, dejara la institución por su propio pie al día siguiente. Es curioso lo tranquilas que se sienten ciertas almas al abandonar su cárcel de carne y hueso, seguramente porque nada produce más paz que una conciencia tranquila. El cuerpo que poseo ahora mismo, procedente de una clínica de Casablanca, es perfecto para mí: una muchacha con los ojos y la piel casi tan oscuros como los de Kashla, alguien que no llama demasiado la atención en El Cairo y que, justo por eso, me está siendo más útil que ninguna otra envoltura.

Me habría gustado conocer el nombre de esta mujer para darle las gracias, porque las discretas visitas que estoy realizando dentro de ella a las excavaciones arqueológicas me hacen sentir, por primera vez, algo más cerca de mi objetivo. En las últimas décadas, el interés de los europeos por mi cultura se ha convertido en una obsesión y las campañas a lo largo del valle del Nilo están sacando a la luz cosas mucho más interesantes de lo que los propios arqueólogos imaginan. Pocos saben que mi mano ha estado detrás de muchos de esos «hallazgos fortuitos»: un comentario casual en una cena regada con demasiado Chianti, una carta enviada a un historiador joven y ambicioso... Uno a uno, los secretos enterrados bajo la arena vuelven a salir a la luz, acompañados de nombres propios de los que antes apenas se sabía nada. En 1898 fueron los restos de la reina Tiyi, seguidos en 1903 por los de Meresamenti y en 1908 por los de Horemheb..., aunque en ninguna de esas tumbas han encontrado lo que me interesa: el rastro que me conduzca hasta Khay.

Por suerte para mí, tres mil años de encierro me han enseñado a ser paciente, así que no me queda más remedio que esperar a que los alemanes, los ingleses o quien decida aparecer más tarde por aquí consiga dar con su paradero. Y hablando de profanadores...

—¿Qué estás haciendo ahí arriba, mocosa? —La voz que suena a mis espaldas me arranca de mi ensimismamiento. Al darme la vuelta, me encuentro con la directora de las excavaciones de Akhetatón, una mujer de unos cuarenta y tantos años con el pelo oscuro y rizado recogido desastradamente en la nuca—. No se permite el acceso a nadie ajeno a la excavación —me dice malhumorada—. ¿Es que no has leído ninguno de los carteles?

—*Sólo estaba echando un vistazo a las ruinas.* —«Y de no ser por mí, ni siquiera habrías sabido dónde estaban esas tumbas reales que te han hecho tan famosa», pienso mordiéndome la lengua—. *Creía que se encontraban ocupados en otro de los sectores...*

—Eso no es excusa para que los curiosos se paseen a sus anchas por aquí —replica la mujer mientras se seca el sudor, por debajo del ala de su ajado sombrero—. Más vale que te largues ahora mismo si no quieres que te lleve de la oreja hasta el aparcamiento.

Algo reluce sobre el cuello de su camisa, una turquesa tallada con la forma de un escarabeo alado que, por alguna razón, me hace acordarme de un collar que le regalé a Ptahmai poco después de instalarnos en la ciudad. Pero, antes de que pueda decir nada, la inglesa se lo guarda dentro de la camisa y mi única respuesta es una sonrisa obediente.

—*Por supuesto* —digo mientras desciendo al suelo—. *Ya me iba, de todas formas.*

Sigo sintiendo sus ojos sobre mí hasta que dejo atrás el templo, emprendiendo el camino de regreso entre las carretas cargadas de escombros. Donde antes estaba la gran avenida de Akhetatón, en la que el pueblo se agolpaba cada tarde para presenciar el paso de la familia real en sus sillas gestatorias, no existe otra cosa que arena y olvido. El sol cae a plomo sobre las casas derruidas a ambos lados, cuyas entradas han sido precintadas por los arqueólogos pese a que tampoco quede nada de valor en ellas. Cuesta creer que esta fuera la ciudad más hermosa de Kemet, porque no parece haber ni una sola piedra que no haya sido pulverizada por el paso del tiempo… y por mi propia mano.

Durante los años que han pasado desde que me despedí de Shaheen y Gabriel, me he ido enterando de muchas cosas que ocurrieron después de mi muerte. He sabido que el reinado de Nefertiti, a quien los eruditos siguen sin identificar detrás del misterioso Smenkhara, fue más breve de lo que ella misma había imaginado. Que una mano en la que algunos reconocieron la de Ay, su propio padre, acabó con su vida un año después de que ascendiera al trono de las Dos Tierras. Que el hijo de su esposo y Kiya ocupó su lugar después de cambiar su nombre a Tutankhamón, «la imagen viviente de Amón», y que tras un reinado igualmente breve y seguido por otro de Ay, fue el general Horemheb quien se encargó de acabar con el recuerdo de aquella familia de herejes. Akhetatón (o lo que quedaba de ella después de mi plaga) fue abandonada, Uaset recuperó su estatus de capital y el clero de Amón, sus antiguas prebendas. Ningún cambio duraba mucho en Kemet; era lo que mi padre solía repetirnos a Kashla y a mí, y no podía tener más razón.

Más de una vez me he preguntado si Horemheb no habría tramado todo aquello en las sombras, ayudado por un Hori que, como todos daban por hecho, acabó convirtiéndose en el Primer Profeta de Amón de Ipet Sut. A estas alturas ha dejado de preocuparme que aquellos en los que confiaba pudieran ser unos traidores; supongo que la decepción por el género humano deja de doler como antes cuando has perdido lo que más te importaba. Como si mis pensamientos la hubieran conjurado ante mí, la silueta de la casa emerge entre el polvo en suspensión con su decrepitud habitual, y me dirijo hacia la entrada para deslizarme por debajo del precinto después de comprobar que no hay arqueólogos por allí.

También mi antiguo hogar parece haberse convertido en un fantasma. El pequeño jardín es ahora una planicie yerma salpicada de cascotes; la puerta de entrada ha perdido su dintel y de la mayoría de las paredes no se conservan más que los cimientos. Aun así, el efecto que sigue ejerciendo en mí es semejante al de un imán, y durante unos minutos me quedo de pie en medio de la habitación principal, casi esperando toparme con el semblante pensativo de Ptahmai o la sonrisa de Nuri entrando desde la cocina, antes de encaminarme entre los escombros hacia lo poco que sigue estando en pie de la escalera.

No hay demasiadas casas del distrito sur que se conserven como esta, quizá porque a la tribu de los Beni Amram le interesaba más lo que pudiera descubrir entre las ruinas del palacio real. Los pedacitos de estuco crujen bajo mis pies al subir poco a poco a mi alcoba, en la que tampoco ha cambiado nada desde mi última visita. ¿Persistirá en los lugares como ese el recuerdo de lo que sucedió en ellos? ¿Se habrán quedado impresas en las paredes, de algún modo, las emociones de los que vivieron allí tiempo atrás, como una especie de eco silencioso que sólo aquellos con una sensibilidad especial pueden captar?

«Estás poniéndote sentimental otra vez», me recrimino a mí misma, porque sé que es una pérdida de tiempo: el pasado no puede desenterrarse como un ajuar funerario o la momia de un faraón. Aunque mi cama regresara por arte de magia a aquella estancia, los recuerdos asociados a ella seguirían escapándose entre mis dedos; nada me devolvería el sabor de los besos de Khay durante nuestra primera noche allí, el consuelo del brazo de Ptahmai alrededor de mis hombros cuando creía que me había abandonado, la congoja que desde entonces se acostaría conmigo cada día. «Sin embargo, cuando estoy aquí me parece sentirlos más cerca», reflexiono antes de agacharme para recoger un trocito de estuco en el que reconozco algo familiar: una flor de loto pintada sobre el azul claro de la pared. Casi sin darme cuenta, me deslizo hasta el suelo en mi rincón de siempre, dando vueltas a aquel despojo insignificante que, entre mis dedos, parece una reliquia sagrada.

Mientras permanezco sentada, el sol se ha arrastrado lentamente hacia la orilla de los muertos y la alcoba ha pasado a estar inundada de un rosa evanescente. Me encuentro tan abstraída que pierdo la noción del tiempo, y hasta que no oigo otros pasos en la estancia, no soy capaz de despabilarme. Lo primero que pienso es que puede ser alguno de los arqueólogos, lo cual sería un auténtico contratiempo; si la condenada directora se entera de que sigo por aquí, le faltará tiempo para colocar más vigilancia en la zona.

Pero debe de tratarse simplemente de otro curioso, porque se apresura a regresar por donde ha venido al reparar en mí. Sólo me da tiempo a distinguir a un hombre joven, de facciones árabes y cabello rizado por las orejas, antes de que murmure una disculpa en el tono de quien es sorprendido haciendo algo inadecuado. Se da tanta prisa en marcharse que ni siquiera tengo la oportunidad de hablar y, mientras desaparece por la escalera, me quedo mirando de nuevo el estuco con la flor de loto que sigo sosteniendo en las manos.

Hasta que noto algo que he pasado por alto y que me hace experimentar una extraña sacudida, como si la casa entera estuviera temblando a mis pies. Demasiado perdida en mis pensamientos, no me había dado cuenta de que el hombre no ha hablado en árabe, sino en la lengua de Kemet. Me ha pedido disculpas en egipcio antiguo, como si mi presencia le hubiera desconcertado tanto como para no darse cuenta de lo que hacía.

La flor de loto se ha resquebrajado al resbalar entre mis dedos, pero estoy demasiado conmocionada para preocuparme por ello. Con unas piernas tan inseguras que casi parecen pertenecer a otro cuerpo, me dirijo lo más rápidamente que puedo hacia la destartalada escalera. El hombre aún está allí, acaba de desembocar en el piso de abajo…

—*¿Khay?*—pregunto en una voz que tampoco se parece a la mía. Mis palabras le hacen detenerse poco a poco, a punto de cruzar el umbral que conduce a la calle, y girar sobre sus talones con la expresión de quien se pregunta si no estará soñando.

Ahora puedo observarlo con más detenimiento, aunque el corazón me late de tal modo que tengo que apoyarme en la pared. No parece mucho mayor que yo, un hombre de unos veinticinco años con una pequeña cicatriz en la frente, el rostro impecablemente rasurado, bronceado por el sol y los ojos oscuros…, unos ojos que responden a todas mis preguntas, incluso si no soy capaz de pronunciarlas en voz alta. Porque, pese a que no se parezcan demasiado a los suyos, aquel destello de esperanza e inocencia sí es idéntico.

Cuando me habla, ya sé lo que voy a oír, aunque su voz tampoco sea igual.

—*¿Amunet?* —Su mirada resbala al cabo de un instante hasta mi mano, en la que aún reluce el anillo con la turquesa. No me he desprendido de él desde que lo recuperé; ha pasado conmigo de siglo en siglo, de cuerpo en cuerpo—. *Eres…, ¿eres de verdad…?*

Hasta que no me vuelve a mirar a la cara, no soy consciente de las lágrimas que han empezado a resbalar por ella. No puedo hacer otra cosa que seguir llorando en silencio mientras regresa paso a paso a la escalera, cuyos diez peldaños parecen una distancia más ardua de superar que la que nos separa de los Campos de Ialú. Pero, pasado un momento, se detiene de una vez frente a mí, envuelto en un silencio que amenaza con ahogarme.

Sus manos se encuentran con las mías y no necesito más respuestas. Sería capaz de reconocer su contacto entre cien millones de cuerpos, porque siempre era mi alma lo que acariciaba cuando nos tocábamos. Despacio, sus dedos ascienden hacia mi rostro y lo acunan sin decir nada, recorriendo con los pulgares mis párpados, mis mejillas y mis labios…, igual que la última vez que lo vi, cuando acababa de escapar de la prisión con Kashla y Hori y sus manos se encargaron de enjugar la sangre que me cubría.

Ni siquiera puedo preguntarme cómo ha llegado hasta aquí, cómo su camino ha acabado cruzándose con el mío después de todos estos años. Habrá tiempo de sobra para escuchar su historia más tarde, si es cierto que lo que está pasando no es un simple sueño…

—*Allá donde vaya a partir de ahora, tú también vendrás* —continúa diciendo en un susurro, y su entonación también es la misma—. *Juntos hasta el final, para siempre.*

Al sonreír poco a poco en medio de sus propias lágrimas, los últimos pedazos de mi armadura acaban cayendo al suelo y me arrojo sobre él sin decir ni una palabra. Sus brazos me estrechan con fuerza contra sí y volvemos a ser la misma escultura dividida en dos mitades que ni siquiera el paso del tiempo ha conseguido destrozar.

Nos ha separado durante miles de años, nos ha resquebrajado hasta amenazar con rompernos, pero, incluso con todas nuestras nuevas grietas, seguimos encajando a la perfección y no habrá ninguna fuerza en el mundo capaz de cambiar eso. Porque la eternidad, cuando la existencia tiene un sentido, puede ser una bendición más que una condena.

FIN

Agradecimientos

Escribir una novela de corte histórico, con elementos sobrenaturales o sin ellos, es uno de los retos más arduos a los que un autor puede enfrentarse, sobre todo cuando se trata de una época por la que siente auténtica pasión. *La voz de Amunet* ha sido, sin duda, la aventura más peliaguda en la que me he embarcado; llevaba desde los doce años queriendo escribir una novela ambientada en el Antiguo Egipto y desde 2015 trabajando en la historia concreta que ahora tenéis entre las manos. Por eso me gustaría dejar constancia de las fuentes que me han sido más útiles dentro de la fase de documentación y sin las cuales la creación de esta novela habría sido mucho más difícil.

Entre toda la bibliografía consultada, quiero destacar algunas obras de referencia obligada como *Akhenatón: El falso profeta de Egipto* de Nicholas Reeves (Oberón, 2002), *Amarna: La ciudad de Ajenatón y Nefertiti* de Teresa Armijo Navarro-Reverter (Alderabán, 2012), *The Amarna Letters* de William L. Moran (Johns Hopkins University Press, 1992), *La vida cotidiana en el Antiguo Egipto* de José Miguel Parra (La Esfera de los Libros, 2015), *Las mujeres en el Antiguo Egipto* de Gay Robins (Akal, 1996), *Prayer, Magic, and the Stars in the Ancient and Late Antique World* editado por Scott Noegel, Joel Walker y Brannon Wheeler (Penn State University Press, 2010), *Disability in Antiquity* de Christian Laes (Routledge, 2016), *The Physical Activity of Parturition in Ancient Egypt: Textual and Epigraphical Sources* de Susanne Töpfer (*Dynamis*, 2014), *France Under the Directory* de Martyn Lyons (Cambridge University Press, 1975), *Daily Life During the French Revolution* de James Maxwell Anderson (Greenwood Publishing Group, 2007), *Inventing the Louvre: Art, Politics, and the Origins of the Modern Museum in Eighteenth-Century Paris* de Andrew McClellan (University of California Press, 1999), *Bonaparte in Egypt* de J. Christopher Herold (Pickle Partners Publishing, 2016) y *Mirage: Napoleon's Scientist and the Unveiling of Egypt* de Nina Burleigh (Harper Collins, 2009). Igualmente útil ha resultado la consulta de la Lista de Gardiner y su clasificación jeroglífica gracias a *Hieroglyphic Sign List: Based on the Work of Alan Gardiner* de Bill Petty (Museum Tours Press, 2012) y algunas páginas web relacionadas con la vida en el Antiguo Egipto como *Amarna Project* y *Women in the Ancient World.*

Muchas fuentes antiguas, por otra parte, se encuentran presentes de manera más explícita en la novela. Los fragmentos del Himno a Atón, cuya autoría ha sido atribuida tradicionalmente a Akhenatón, fueron traducidos por W. J. Murnane a partir de los textos presentes en la tumba de Ay. El Himno a Hathor está inspirado en las estrofas de una canción amorosa presente en los Papiros Chester Beatty. El hechizo del *tyet* o nudo de Isis es mencionado con otros sortilegios en el capítulo 156 del *Libro de los muertos*. Las maldiciones pronunciadas por Amunet proceden en gran medida de la estela del nomarca Sarenput I en el santuario de Heqaib, en Elefantina. Los textos dictados por el maestro Nebmaat han sido extraídos, por su parte, de la *Sátira de los oficios*, mientras que los proverbios con los que le responde Khay se basan en las *Enseñanzas de Amenemope* y las reflexiones citadas por Nakhtpaatón, en el discurso titulado *La investidura del visir.* La correspondencia de la época también ha sido incorporada a la historia, como es el caso de la misiva remitida por una reina egipcia sin identificar al rey hitita Suppiluliuma, según consta en *Los hechos de Suppiluliuma*, o la misiva enviada a su vez por el rey mitannio Tushratta a Akhenatón y recogida en las *Cartas de Amarna.* Finalmente, algunas de las creencias egipcias relacionadas con el embarazo y el parto se inspiran en lo anotado en ciertos papiros médicos como los Papiros de Berlín y el Papiro de Ebers.

Como siempre, estoy en deuda con todas las personas que se han implicado en este proyecto y que no han dudado en echarme una mano cuando lo he necesitado. Gracias infinitas a Selene M. Pascual (esta novela siempre será tuya), cuya sabiduría me ha ayudado más de lo que imagina con cierto aspecto de la trama. Gracias también a Ana Roux por sus explicaciones médicas, por ser un pozo inagotable de información del mundo náutico dieciochesco y por el entusiasmo y el cariño que me ha dado durante los últimos meses. Gracias a Clara Largo por la farmacología, Nakhtpaatón y la Pimpinela Escarlata; a Georgia Costa, por la arqueología y el compañerismo; a Iria G. Parente, por hacer que me decantara por este final; a Álvaro Coll, por toda la información sobre el Antiguo Egipto que compartió conmigo; a Sebas G. Mouret, por permitirme sumar su apellido al Roux de Ana; y a Juana Rodríguez Cortés, primero profesora y después compañera y amiga, por sus maravillosas recomendaciones para la bibliografía.

Finalmente, gracias a los que me han cogido de la mano durante el trancurso de esta aventura: mis padres y Guillermo, como siempre, y mis maravillosos editores de Nocturna. A día de hoy continúa fascinándome la confianza absoluta que tuvisteis en esta historia incluso cuando sólo era un germen diminuto. Gracias también a Cecilia G. F. por dar vida a mis personajes en las preciosas ilustraciones que aparecen al final del libro. Y, por supuesto, gracias a todos mis lectores por el entusiasmo con el que me acompañaron durante todo este proceso; *La voz de Amunet* ya es vuestra, y para siempre.

AMUNET

KHAY

SHAHEEN

GABRIEL

Esta edición de *La voz de Amunet*
se terminó de imprimir en Salamanca el
2 de marzo de 2019, aniversario del fallecimiento
en 1939 de Howard Carter, descubridor de la tumba
de Tutankhamón en el Valle de los Reyes, Egipto, en 1922.
Su epitafio reza: «Tú, que amas Tebas, que tu espíritu
viva, que puedas pasar millones de años sentado
con el rostro vuelto hacia el viento del norte
y los ojos rebosantes de felicidad».